Gries — Die Rationen-Gesellschaft

Gefördert durch die Studienstiftung des Deutschen Volkes in Bad Godesberg.
Gedruckt mit Hilfe
- des Stadtarchives der Landeshauptstadt München,
- des Landschaftsverbandes Rheinland in Köln und
- der Geschwister Boehringer Ingelheim Stiftung für Geisteswissenschaften in Ingelheim am Rhein.

zum Autor:
Rainer Gries, Dr. phil., Jahrgang 1958, studierte Germanistik und Geschichte an der Universität Freiburg im Breisgau, arbeitet und publiziert vorwiegend zur Geschichte des Konsums und der Kommunikation. Veröffentlichungen: *'Gestylte Geschichte. Vom alltäglichen Umgang mit Geschichtsbildern'*, Verlag Westfälisches Dampfboot, Münster 1989 (gemeinsam mit V. Ilgen und D. Schindelbeck); *'Geschichtsmarkt. Vergangenheiten als Markenprodukte'*, Hamburg 1990 (Red. Geschichtswerkstatt 21); zahlreiche Beiträge im „Journal Geschichte", Weinheim/Basel.

Rainer Gries

Die Rationen-Gesellschaft

Versorgungskampf und Vergleichsmentalität:
Leipzig, München und Köln nach dem Kriege

Verlag Westfälisches Dampfboot

CIP-Titelaufnahme der Deutschen Bibliothek

Gries, Rainer:
Die Rationen-Gesellschaft : Versorgungskampf und Vergleichsmentalität: Leipzig, München und Köln nach dem Kriege / Rainer Gries. – 1. Aufl. – Münster : Westfälisches Dampfboot, 1991
Zugl.: Freiburg(Breisgau), Univ., Diss. phil., 1991
Leihverkehrssigel der Universität Freiburg: D 25
ISBN 3-924550-50-6

1. Auflage Münster 1991
©Verlag Westfälisches Dampfboot – 4400 Münster
Alle Rechte vorbehalten
Umschlag: Egbert Lütke-Fahle
Druck: Druckwerkstatt Hafen GmbH, Münster
ISBN 3-924550-50-6

Inhalt

1. *Einleitung: „Nivellierte Notgesellschaft"?*   11
   Fragestellung – Komparatistischer Ansatz und
   Vergleichsmentalität – Literatur und Quellen

2. *Das nationalsozialistische Versorgungssystem*   21
   Kommunale Versorgungsverwaltung im Ersten Weltkrieg –
   Autarkiepolitik der Nationalsozialisten –
   Zur Geschichte der NS-Versorgungsverwaltung –
   1933: Reichsnährstand – 1939: Kriegsbeginn –
   Versorgungsgeschichte bis Kriegsende –
   Verlust der Gebiete östlich von Oder und Neiße

3. *Leipzig, die sächsische Messemetropole*   41

3.1. *Zur Geschichte der Versorgung: Kartoffel-Anarchie*   41
   Amerikanische Besatzung – Das Leipziger „Bezirkskomitee
   Freies Deutschland" – Politik der leeren Läger –
   Besatzungswechsel: Übernahme durch die Rote Armee –
   1946: Kartoffelkrisen – Notjahr 1947: strenger Winter
   und sommerliche Hitze

3.2. *Sowjetische Besatzungspolitik: Versuch eines Modells?*   54
   Oberst Sergej I. Tjulpanow – Sowjetisches
   Sicherheitsstreben – Stalins Außenpolitik –
   Pragmatische Deutschlandpolitik – Bedingungen
   sowjetischer Besatzungspolitik – Gewinnungs- und
   Modellkonzept: Widerstände und Grenzen

3.3. *Versorgungsverwaltung: Domäne der Bürgerlichen ?*   64
   Sowjetische Militäradministration (SMAD) – Beschlüsse der
   Potsdamer Konferenz – Neue deutsche Selbstverwaltungen:
   Entnazifizierung und Neubesetzung – Antifaschistischer
   Block – Verwaltung für Handel und Versorgung –
   Verwaltungsalltag in der SBZ – Planungsbürokratie –
   „ambulante Verwaltung": Straßen- und Hausbeauftragte

3.4. *Versorgungskette: Planungsmängel*   80
Landwirtschaft: Bodenreform und Ernteergebnisse –
Ablieferungssystem: „Freie Spitzen", „Freie Märkte" –
Leipzigs Liefergebiete – Verkehrsprobleme und
Transportplanung – Handel: gesellschaftliche Situation,
Entnazifizierung – Ordnungspolitische Eingriffe –
Konsumgenossenschaften

3.5. *Versorgungssoziologie: Schlechte Karten für die Frauen*   93
Lebensmittel: Brot- und Mehlqualität, Salz- und
Essiggemüse – Rationengesellschaft: Differenzierungen,
Verteilungsziele – „Friedhofskarte" der
„Sonstigen"-Gruppe: für Nazis und Hausfrauen –
Leipziger Zuteilungsstatistik – Lebensmittelkarte:
Rationen und Kalorien

3.6. *Zusatzversorgung: Eine Lebensnotwendigkeit*   107
Hamsterfahrten – Städtischer Schwarzmarkt –
Strafen für Schieber und Schwarzhändler –
Grabelandvergabe – Schulspeisung – Volksküchenessen –
Versorgungsanstrengungen der Betriebsräte –
Kompensationsgeschäfte – „Essens"-Befehl Nr. 234
der SMAD

3.7. *Politische Implikationen: Hungerwahlen in Leipzig*   119
Gesundheit: Typhus und Tuberkulose – Zur Stimmung in
der Stadt – Abstimmungen des Jahres 1946:
Volksentscheid, Stadtratswahlen, Landtagswahlen –
Beeinflussung durch Versorgungsmaßnahmen –
Sieg der beiden bürgerlichen Parteien –
Scheitern des Modellkonzeptes in der Messe- und
Musterstadt Leipzig – Stetiger Blick in den
„goldenen Westen" –
Zonenvergleich als mentale Struktur von „Einheit"

4. München, die bayerische Landeshauptstadt 146

4.1. Zur Geschichte der Versorgung: Brotkrise und 146
Kartoffeltragödie
Einmarsch der Amerikaner – Zerstörungen und
Plünderungen – Neue Verwaltungsspitze –
1945: Semmeln-Intermezzo – 1946: Zeit der
Drei-Scheiben-Brot – 1947: Lebensbedrohliche
Versorgungserfahrungen im Agrarland Bayern

4.2. Amerikanische Besatzungspläne: Verhinderung 154
von Unruhen und Seuchen
Präsident Roosevelts Vertagungspolitik – Militärische
Besatzungsdirektiven – Positionen des Finanz-, Kriegs- und
Außenministeriums – Post-Surrender-Direktive JCS 1067 –
„Unruhen-und-Seuchen"-Formel – 1946: Von der
Kooperation zur Konfrontation – Truman-Doktrin
und Westmodell

4.3. Versorgungsverwaltung: Das „Kriegsbewährte" überdauert 164
Office of Military Government, United States (OMGUS):
Offiziere und Organisation – Deutsche Verwaltungen:
Land Bayern – Die Münchner Militärregierung: Personal und
Positionen – Städtische Versorgungsverwaltung:
Ernährungsamt und Referat 5 – Entnazifizierung und
Wiederaufbau – Münchener Besatzungs-Partnerschaft
zwischen Kooperation und Kumpanei –
Deutsch-amerikanische Vision: Produkte und Werbung
als Mittel der Besatzungspolitik

4.4. Versorgungskette: Der Kampf um Nahrungsmittel 177
Bayerische Landwirtschaft – Laxe Ablieferungspolitik:
Appelle und Hofbegehungen – Münchner Versorgungs-
geographie – Exporte: Kalorien-Kampf und
Kartoffelkrieg – Bauernminister Baumgartner –
US-Hilfe beim Kartoffeltransport – Großstadt ohne
Strom und Kohlen – Handwerk und Handel –
Großmarkt: Domäne der Parteigenossen – Händlerstreit
um Quoten

4.5. *Versorgungssoziologie: Das Rennen nach Zulagekarten* 194
Rationierungssystem – 100. Zuteilungsperiode – 1.550-
Kalorien-Versprechen – Münchener Zuteilungsstatistik –
Wucherndes Zulagensystem: Privilegierte und Benachteiligte
– Frauen und Kinder – Nachkriegsfamilie: eine
Versorgungsgemeinschaft? – Versorgungsprostitution –
Das Lohn-Preis-Gefüge – Lebensmittel: Bayerisches Bier
nach Amerika und US-Markenprodukte nach Bayern

4.6. *Zusatzversorgung: Die „Lieben Amerikaner!"* 204
Die Amerikaner und die Kinder: Schulspeisungsprogramme
und Schokoladengeschenke – Bild der Besatzungsmacht –
Volksküche: Gaststätten und Werkküchen – Arbeitsmoral –
Schwarzmarkt – Verwirtschaftungen beim Handel –
Karten-Kriminalität – Schwarzmarkt-Orte – Hamsterbahn

4.7. *Gesellschaftliche Implikationen:* 224
Hungermentalität in München
Warteschlangen als Gerüchteküchen – Stimmung in
der Stadt: Politische Apathie, Kritik der Bürokratie –
Utilitaristisches Demokratieverständnis –
Versorgungsvergleiche – Parteien und Versorgung:
Wahljahr 1946 – Die „bayerische Stimmung":
antipreußische Affekte und Ablehnung der Bizone –
Minister Baumgartner und die Bayernpartei –
Fehlende Alltags-Akzeptanz der Einheit

5. *Köln, die ruinierte rheinische Kapitale* 250

5.1. *Zur Geschichte der Versorgung:* 250
Hungern „mit mehr Grazie"?
Unter amerikanischer Kuratel: Colonia deleta –
Köln, geteilte Stadt – Britische Besatzung –
Entlassung Adenauers – 1946: Brotkollaps kurz vor
der Kommunalwahl – Das Streik- und Hungerjahr 1947:
Tiefstand des Nachkriegshungers –
1948: Generalstreik der 120.000

5.2. *Britische Besatzungspolitik: Pragmatisch*   259
    und konstruktiv
    Churchills Nachkriegsplanung: Stabilisierung eines
    friedfertigen Deutschland – Britisches Handbuch:
    Kolonialkonzept der „indirect rule" – Ökonomische
    Prioritäten: Kohlenexporte und Nahrungsmittelimporte –
    1947: Die Bizone entlastet den gebeutelten „british taxpayer"

5.3. *Versorgungsverwaltung: Die additive Demokratie*   266
    Die britische Kontrollkommission – Geschichte der britisch-
    deutschen Versorgungsinstanzen – Städtische Selbstver-
    waltung – Kölner Versorgungsbürokratie: Ernährungs-
    dezernent vor Gericht – Beibehaltung des
    Reichsnährstandes

5.4. *Versorgungskette: Konkurrenzkampf mit den Ruhrstädten*   278
    Landesernährungsamt Bonn – Kölner Versorgungstopographie
    – Beschaffungsprobleme – Prekäre Fleischversorgung –
    Treibstoffmangel und Gemüsezufuhren – Wege des
    Importgetreides – Klüngel-Wirtschaft bei der
    Mehlverteilung – Gaststätten und Handel: Zulassung
    und Reinigung

5.5. *Versorgungssoziologie: Die „lästigen Esser"*   290
    Lebensmittelkarten als Lebensberechtigungs-Ausweise –
    Kölner Kalorien-Statistik – Kranke und Alte – Umkämpfte
    städtische Zulagenquoten – Punkte-System für Bergarbeiter –
    Die Normalverbraucherinnen

5.6. *Zusatzversorgung: Das Credo der Selbsthilfe*   299
    Ortsausschüsse – Kölner Mehlopfer für die Schulkinder –
    Massenspeisungen für alle? – „Grenzstadt" im Hungerkäfig:
    gesperrte Obst- und Gemüsepfründe – Selbsthilfe: die
    Absolution des Kardinals – Braune Schwarzhändler-Mafia –
    Schwarzmarkt: „letzte Bastion der Freiheit"?

5.7. *Gesellschaftliche Implikationen: Hungerstreiks in Köln*   310
November 1946: erste Drei-Stunden-Streiks – März 1947: die
zweite Protestwelle – Gewerkschaftler als Streikführer wider
Willen – Kommunisten wegen des schlechten Essens? –
„Streikordnung" der Militärregierung – Januar 1948:
Generalstreik – Kein Stoff für proletarische
Revolutionsidyllen – Antibritische Stimmungen und
Public Relations-Kampagnen der Militärregierung

6. *Schluß: Von den Lebensmittelmarken zu den*   323
Markenprodukten
Vergleichende Zusammenfassung – „Moral der tausend
Kalorien" – Schaufenster-„Wunder" der Währungsreform –
Umwidmung des Glaubens: Qualitätsversprechen und
Markenvertrauen – DDR-Schaufenster: Aufführung von
Wort- und Verpackungshülsen – 17. Juni 1953: ein
Versorgungsprotest? – Deutsch-deutscher Konsumwettstreit

7. *Quellen- und Literaturnachweise*   336
Abkürzungsverzeichnis, Anmerkungen, unveröffentlichte
Quellen, gedruckte Quellen, Literaturverzeichnis,
Abbildungsnachweis

Dank   440

Einleitung: „Nivellierte Notgesellschaft"?

München im Sommer 1946: „Eine vor Fülle berstende Trambahn fährt vom Kurfürstenplatz zum Stachus. Mühsam zwängt sich der pflichtbewußte Schaffner durch die Menge. Einer langt vom hinteren Ende der Plattform seinen Fahrschein über Köpfe und Hüte. Mühsames Deutsch: 'Kalorienplatz!' Auf eine Gegenfrage wiederholt er noch einmal zum Gaudium der Umstehenden: 'Kalorienplatz!!!' und keine Macht der Erde kann diesem Kind der Zeit den Namen „Karolinenplatz" erläutern." [1]

Auf amüsante Weise führt uns diese Straßenbahn-Episode mitten in die Alltagsnöte der unmittelbaren Nachkriegsjahre. Jedermann in Deutschland spräche vom Essen, schrieb ein englischer Journalist: „Geh in irgendeine Familie, wie wichtig auch das Gesprächsthema sein mag, früher oder später wird sich die Unterhaltung den Lebensmittelrationen zuwenden.". [2] Der zermürbende Wettlauf um Unterkunft, um Hausbrand, um Nahrungsmittel, kurz, das Ringen ums schiere Überleben raubte alle Kraft. Angesichts des unentwegt drohenden „Hungergespenstes" verlor alles andere an Bedeutung. Das Alltagsbewußtsein teilte die Zeit nicht mehr nach Monaten ein, sondern nach den Zuteilungsperioden der Lebensmittel. Ein Leser schlug seiner Zeitung daher auch vor: „Liebe SZ (Süddeutsche Zeitung), vielleicht kannst Du die Kalendermacher rechtzeitig daran erinnern, daß sie in den Kalendern für 1948 die Lebensmittelkartenperioden eintragen. Die Hausfrauen brauchen dann nicht immer erst nachrechnen, wie lange die Karten noch reichen müssen." [3] Die 'Kölnische Rundschau' kommentierte: „Wir sehen uns der tödlichen Erkenntnis gegenüber: Nicht Parteien und Gewerkschaften bestimmen unser Leben, nicht die junge demokratische Regierung oder die Besatzungsmacht, sondern einfach der Hunger, nichts als Hunger. Er ist zum schlimmsten Diktator geworden, es gelten nicht mehr Gesetz, Moral oder gar die Vernunft." [4]

Die drei zu Weimarer Zeiten größten und bedeutendsten deutschen Städte -mit Ausnahme Berlins und Hamburgs- sollen hier als Brennpunkte des Versorgungsproblems stellvertretend für ihre Besatzungszonen zum Vergleich herangezogen werden: Leipzig, die sächsische Messemetropole, München, die bayerische Landeshauptstadt, und Köln, die ruinierte rheinische Kapitale. Das Hauptanliegen der Arbeit, die gesellschaftlichen und politischen Implikationen der Versorgung mit Nahrungsmitteln aufzuzeigen, läßt sich am besten aus lokaler Perspektive bewerkstelligen. Denn die Städte, so der damalige Münchner Oberbürgermeister, hatten durch ihre Dienststellen die „engste Verbindung mit der gesamten Bevölkerung", kannten die Bedürfnisse ihrer Bewohner am besten, verspürten ihre Stimmungen „am unmittelbarsten" und waren zu ihrem Leidwesen diesen Stimmungen „am ersten und am stärksten ausgesetzt". [5] Bei ihren politischen Beurteilungen, so auch ein zeitgenössischer Bericht des US-Geheimdienstes, ließen „sich die meisten Personen in der Hauptsache von den örtlichen Verhältnissen" leiten. [6] Zwar sind es gerade die örtlichen Lebenswelten, welche schon seit jeher politische Orientierungen „wesentlich über vorpolitische Beziehungsstränge und Kommunikationsnetze sowie Bindungen im Sozialmilieu" vermitteln. [7] In der unmittelbaren Nachkriegszeit jedoch, als das „Reich" zerschlagen und mit sämtlichen Mittelinstanzen obsolet geworden war, in jener Blütezeit eines radikalen Regionalismus, sind es mehr denn je die Alltagsräume der Städte, die soziale und politische Befindlichkeiten ausprägen.

Es sind daher auch Lokal- und Regionalstudien, die sich -während des vergangenen Jahrzehnts- des Themenkomplexes 'Versorgung in der Nachkriegszeit' angenommen haben. Anfang der achtziger Jahre legte Karl-Heinz Rothenberger die erste größere Regionalstudie zur Hungerproblematik vor. Sein Hauptaugenmerk lag auf ernährungs- und landwirtschaftsgeschichtlichen Gesichtspunkten. Rothenbergers Verdienst ist die akribische Bilanzierung der landwirtschaftlichen Produktivität und der Versorgungsziffern der Bevölkerung in Rheinland-Pfalz bis zum Jahre 1950. [8]

Gabriele Stüber, die sich mit der Ernährungslage in Schleswig-Holstein befaßt hat, ging es in erster Linie um die Geschichte der Institutionen: Dem „damaligen" Forschungskontext folgend, nahm für sie noch die „Entwicklung der Ernährungsverwaltung" den zentralen Stellenwert ein, „wobei Fragen nach der Kontinuität hinsichtlich der Verwaltung in der Zeit des Nationalsozialismus, Fragen nach der Effektivität und nach der Zusammenarbeit mit der Militärregierung im Vordergrund stehen." [9] Ohne Zweifel, der verwaltungsgeschichtliche Aspekt des Themas darf nicht vernachlässigt werden. Die Autorin erhob die Entwicklung der Verwaltung jedoch zum Gliederungsraster ihrer mehr als voluminösen Darstellung. So kommt es dazu, daß dieser Ansatz in Stübers Werk alle weiteren Fragestellungen beherrscht und geradezu erdrückt. Auch erwies sich die strikt chronologische Präsentation der Ergebnisse ihres enormen Forschungsfleißes als der Thematik wenig angemessen: Die Arbeit erstickt stellenweise in einem Wust von Fakten und Details, deren Aneinanderreihung eine Gewichtung vermissen läßt. Als Schauplätze politischer Manifestationen machte die Autorin vorwiegend die traditionellen Kräfte aus: Stadtrat, Landtag, Zonenbeirat. Selbstverständlich kann man den politischen Dimensionen des Hungers auf den institutionellen Ebenen nachspüren und auch begegnen, dies unternimmt zum Teil auch die vorliegende Arbeit. Die Hungermentalität, die sich am häuslichen Küchentisch, auf der Straße, in der Warteschlange, vor dem leeren Schaufenster äußert, bleibt so jedoch außerhalb des Blickfeldes. Hingegen muß der Arbeit die Aufarbeitung ausländischer Initiativen zur Linderung der Ernährungsnot zugute gehalten werden. Insbesondere die „Zusatzversorgung" durch caritativ-kirchliche Hilfsorganisationen, ein gewichtiger Teil des „zweiten Versorgungsnetzes", ist von Gabriele Stüber auf der Grundlage umfangreichen Quellenstudiums vorbildlich aufgearbeitet worden, so daß diese Arbeit auf eine erneute Darstellung dieser Versorgungsaspekte verzichten kann.

Uneingeschränkt gilt, was Michael Wildt in seiner Studie zu Hunger und Protest in Hamburg über die soziopolitischen Dimensionen des Versorgungsalltags schreibt: „Hamsterfahrten aufs Land, Schwarzmarkt auf der Straße, Tauschgeschäfte im Betrieb, sparsames wie erfindungsreiches Zubereiten von Mahlzeiten oder das Beackern des eigenen Kleingartens sind keineswegs 'nur' private oder gar unpolitische Subsistenzstrategien, sondern sind als Ausdruck gesellschaftlichen Verhaltens durchaus politisch." [10] Wie Lutz Niethammer stellt auch Wildt folglich die Frage nach dem „geheimen Lehrplan" des Alltags, nach der „Lektion der frühen Jahre". In diesem Zusammenhang diskutiert der Hamburger zu Recht die Alltagskriminalität zwischen juristischer Norm und existentieller Bedrohung. Freilich, Wildt hat in seiner übersichtlichen Lokalstudie nicht jede politische Dimension der Versorgungslage vollends ausgelotet. Themen wie 'Hungerprotest und Gewerkschaften', 'Rationen und Wahlverhalten', 'Entnazifizierung der Verwaltung' oder 'Probleme der Zusammenarbeit mit der Hamburger Militärregierung' hätten sicher noch weitere untersuchenswerte Fragen geboten. Auch wäre es wichtig gewesen, die Dokumente der deutschen Verwaltung mit den Berichten der britischen Militärregierung zu kontrastieren.

Die bizonale Ernährungspolitik der ersten vier Nachkriegsjahre beleuchtet eine Publikation aus dem Jahre 1955. Dieses Buch, die wichtigste publizierte Quelle zum Thema, war von dem ehemaligen Leiter des Zonenzentralamtes für Ernährung und Landwirtschaft in der britischen Zone, Hans Schlange-Schöningen, und seinem Mitarbeiter Justus Rohrbach verfaßt worden. Die Versorgungspolitiker haben mit diesem Werk keine Rechtfertigung ihres verbraucherfreundlichen und von allen Seiten vielfach angefeindeten Wirkens vorgelegt, sondern einen schlichten, dafür präzisen und informativen Arbeitsbericht, der auf jede Polemik verzichtet. [11] Sachlich und ernährungswissenschaftlich fundiert äußerte sich auch Schlange-Schöningens „ostdeutsches" Pendant, der damalige Vizepräsident der sowjetzonalen 'Deutschen Verwaltung für Handel und Versorgung' (DVHV), Wilhelm Ziegelmayer. [12]

Die Aufarbeitung der Geschichte der britischen und der amerikanischen Besatzungsintentionen und -planungen bereitet keine Schwierigkeiten. Besondere Erwähnung verdient in diesem Zusammenhang die mit größter Sorgfalt erarbeitete und als Handbuch anzusprechende Studie von Albrecht Tyrell zur Deutschlandplanung Großbritanniens und der Allierten. [13] Nach wie vor allerdings hat die Feststellung von Hans-Peter Schwarz aus dem Jahre 1966 Gültigkeit, wonach der außenpolitische Willensbildungsprozeß in der Sowjetunion der öffentlichen Diskussion weithin entrückt sei. [14] Die sowjetischen Archive sind westlicher Forschung weiterhin unzugänglich. Auch deutschsprachige Veröffentlichungen sowjetischer Autoren neueren Datums vermögen weder die Quellenlage zu verbessern noch weitergehende Aufschlüsse über die Motive der „sowjetischen Politik in den deutschen Angelegenheiten" zu vermitteln. [15] Nicht zuletzt die prekäre Quellenlage macht die sowjetische Deutschland- und Besatzungspolitik zu einem der kompliziertesten Probleme westlicher Zeitgeschichtsschreibung. [16] Um wenigstens zu den Axiomen sowjetischer Politik vorzustoßen, verbleibt lediglich der Weg, die veröffentlichten Quellen und Sekundärtexte intensiv auszuwerten und die großen, verbleibenden Defizite kombinatorisch zu erschließen. [17] Hinzu kommt die Möglichkeit, über die Analyse politischer Praxis einige übergeordnete Konzepte zu erschließen. [18]

Mit der Publikation der Erinnerungen von Sergej Tjulpanow, zuerst 1986 in Ostberlin erschienen, hat sich die Quellenlage zwar nicht grundlegend geändert; diese Monographie eröffnet aber doch erstmals einen umfassenden Blick aus sowjetischer Perspektive auf die Deutschland- und Besatzungspolitik. [19]

Die vorliegende vergleichende Regionalstudie fühlt sich primär alltagsgeschichtlichen Fragestellungen nach Erfahrungen und Mentalitäten verpflichtet. [20] Strukturgeschichtliche Momente sollen bei diesem Ansatz jedoch keineswegs außen vor bleiben. So werden auch die Geschichte alliierter Besatzungsplanungen und deutscher Versorgungsverwaltungen in die Überlegungen einbezogen. In jeweils sieben Kapiteln werden die Problemfelder kommunaler Versorgung bearbeitet: Auf die einführende chronologische Darstellung von „Versorgung und Geschichte" folgt ein Abriß der Besatzungsziele beziehungsweise Besatzungspolitik der jeweiligen Militärregierung. Je ein Kapitel widmet sich sodann der „Versorgungsverwaltung", und der „Versorgungskette" (von der Produktion der Nahrungsgüter über Transport und Handel zur Konsumtion). In den Kapiteln „Versorgungssoziologie" und „Zusatzversorgung" zeichnet sich das Bild einer hoch differenzierten Rationen-Gesellschaft ab, zu deren benachteiligten Gruppen im Osten wie im Westen die Frauen gehören. Die folgenden Kapitel eröffnen den vergleichenden Blick auf die ganz unterschiedlichen gesellschaftlichen und politischen Manifestationen der Versorgungslage: Je nach den örtlichen sozialen und mentalen Gegebenheiten sowie der politischen „Liberalität" oder Repression der jeweiligen Besatzungsmacht äußert sich der Versorgungsprotest bei vergleichbaren Alltagserfahrungen auf ganz unterschiedliche Weise: Hungerwahlen in Leipzig, Hungermentalität in München, Hungerstreiks in Köln.

Die vorliegende Regionalstudie beabsichtigt, die Versorgungs-Thematik erstmals dezidiert vergleichend aufzuarbeiten. Überdies wird mit Leipzig zum ersten Mal eine Stadt in der sowjetischen Besatzungszone in die westdeutsche alltagsgeschichtliche Forschung als integraler Bestandteil einbezogen. [21] Am Beispiel der Messestadt sollen zuerst die typischen Problemstellungen und die spezifischen sowjetzonalen Lösungsansätze eingehend vorgestellt werden. Auf der Basis dieses Leipziger Tableaus entwickelt sich anschließend Schritt für Schritt der Vergleich: zunächst mit dem doch leichteren Leben in München, sodann mit dem nicht minder kargen Alltag im völlig zerstörten Köln. Dabei wird auch deutlich, daß die beiden letztgenannten Städte manches gemein hatten. Aber Gemeinsamkeiten nahm in der Zeit des Versorgungskampfes keiner so recht wahr, im Alltagsbewußtsein zählten nur die Unterschiede.

Der komparatistische Ansatz dieser Alltagsstudie erwies sich geradezu als Königsweg, um die grundlegende mentale Struktur der Zeit nachzuzeichnen, regelrecht nachzumodellieren. Gemeint ist die vom Versorgungsdruck und vom Versorgungsneid geprägte Vergleichsmentalität, die das Bewußtsein der Zeitgenossen monoman bestimmte. Die bohrenden Fragen der Zeit, immer wieder gestellt, lauteten etwa: Welches ist die gewogenere Besatzungsmacht? Welche Zone, welches Land wird besser versorgt? Welche Stadt schafft mehr Nahrungsmittel heran? Welcher Betrieb sorgt mehr für seine Arbeiter – mit Deputaten und Werkküchen? Warum bekommt der Nachbar diese oder jene Zulage? Warum werden die Männer so bevorzugt? Alle diese Fragen waren stets mit dem Vorwurf verbunden, die eigene Zone, das eigene Land, die Heimatstadt seien schlecht versorgt, schließlich, die eigene Familie, der Mann, die Frau, die Kinder seien die eigentlich Benachteiligten. Der selbstmitleidige, permanente Vergleich mit den anderen reflektierte den unerbittlichen Kampf um Versorgungsvorteile, der auf allen gesellschaftlichen Ebenen tobte.

Für die Alltagsgeschichte der unmittelbaren Nachkriegszeit, aber auch für die Nachkriegsgeschichte generell, ergibt sich demnach eine außergewöhnliche Koinzidenz: Die wissenschaftliche Methode des Vergleiches gewinnt

zusätzliche argumentative Kraft aus der analog strukturierten Grundbefindlichkeit der untersuchten Zeit. [22)]
Eine Umfrage der 'Leipziger Zeitung' von 1946 ergab, daß „der erste Blick der großen Mehrzahl der Leser nach wie vor den Lebensmittel-Aufrufen" gelte. [23)] Die Plakatanschläge und die Zeitungsseiten mit den Versorgungs-Nachrichten waren für die Hungernden spannendste Lektüre. Die zuweilen drastischen Leserbriefe, die Kommentare zur Stimmung in der Stadt und selbst die stereotypen Rationenraster erwiesen sich für diese Studie als ergiebige Quellen. [24)] Für die Arbeit wurde vor der Wende in der DDR und vor der Öffnung der Mauer recherchiert; trotz mehrfacher Antragstellung, auf diplomatischem Wege auch von der Bundesregierung unterstützt, blieben mir die Archivalien des Stadtarchivs Leipzig und der „Kommission zur Erforschung der Geschichte der örtlichen Arbeiterbewegung" verschlossen. [25)] Im Falle der Messestadt stützt sich die Arbeit infolgedessen auf die in der Bundesrepublik zugänglichen Quellen zur Nachkriegsgeschichte der Sowjetischen Besatzungszone (SBZ), Sachsens und Leipzigs. Ausgewertet wurden nicht nur Titel der DDR-Historiographie -soweit im Westen greifbar-, sondern auch das „Amtliche Nachrichtenblatt der Stadtverwaltung Leipzig" (künftig zitiert: AN), die „Leipziger Zeitung" (künftig: LZ) und die traditionsreiche, 1894 gegründete, dann SED-eigene „Leipziger Volkszeitung" (LVZ). Die Durchsicht der Leipziger Tagespresse erfolgte in Zusammenarbeit mit dem Arbeitsbereich Geschichte und Politik der DDR am Institut für Sozialwissenschaften der Universität Mannheim. Weitreichende Aufschlüsse über die jeweils gültigen Durchführungsbestimmungen, aber auch zur Rationenpolitik als Gesellschaftspolitik vermittelte die Fachzeitschrift „Die Versorgung".

Einer Bearbeitung der beiden bundesdeutschen Städte standen archivalische Hindernisse kaum im Wege. Im Historischen Archiv der Stadt Köln (HAStK) wurden vorrangig die Bestände 'Oberstadtdirektor', 'Oberbürgermeister', der Bestand 'Stadtvertretung' mit den wichtigen Dokumenten der Kölner Ortsausschüsse sowie der Bestand 'Zeitgeschichtliche Sammlung' ausgewertet. In diesen Akten fanden sich erwartungsgemäß die Vorgänge der für die Versorgung politisch verantwortlichen Stellen in Köln. In der beratenden Kölner Stadtverordnetenversammlung wurde frank und frei polemisiert und diskutiert. Die Protokolle vermitteln einen lebendigen Eindruck von den Standpunkten der Parteien und der Stimmung in der Bevölkerung. Der für die Untersuchung grundlegende Aktenbestand der Kölner Ernährungsbehörden (Ernährungsamt und Ernährungsdezernat) dagegen war vom Archiv noch nicht aufgearbeitet worden. Ich bin der Leitung des Archives sehr dankbar, daß sie mir dennoch den Zugang zu diesen Überlieferungen ermöglicht hat. So mußten die ungeordneten und unbetitelten Akten meterweise durchkämmt werden.

Im Rheinisch-Westfälischen Wirtschaftsarchiv zu Köln e.V. (RWWA) fand sich eine für die lokale Wirtschaftsgeschichte höchst interessante und bislang unpublizierte Quelle. Ende der fünfziger Jahre hatte der ehemalige Geschäftsführer der Industrie- und Handelskammer zu Köln, Dr. von Thenen, mit namhaften Zeitzeugen Gespräche „über Verhältnisse in der Kölner Wirtschaft während und am Ende des Krieges" geführt. Die aufgezeichneten Gespräche vermitteln aufschlußreiche Einblicke in Interna der Versorgungsbürokratie, der Versorgungsindustrie, des Nahrungsmittelhandwerks und des Alltages in der Domstadt.

Die Durchsicht der „Gegenüberlieferung" der Organe der britischen Besatzungsmacht im Public Record Office (PRO) in Kew bei London bestätigte die Vermutung, daß die Akten der lokalen Militärregierungen nicht mehr vorhanden sind – über 70 Prozent sollen eingestampft worden sein. So konzentrierte sich die Suche auf die Unterlagen der höheren Dienststellen, insbesondere auf die Abteilungen „Public Safety", „Economic Group" und „Food & Agriculture" der „Control Commission for Germany (BE), North Rhine and Westfalia Region". Darüber hinaus wurden auch die für die Fragestellung dieser Arbeit relevanten Abteilungen der zonalen britischen Verwaltung eingehend überprüft.

Hinzu kommt die damalige Kölner Zeitungslandschaft, die ein breites Meinungsspektrum umfaßte. Von April 1945 an gab es zwar zunächst nur den von der Militärregierung kontrollierten „Kölnischen Kurier" (KR). Ab März 1946 erschienen in Köln jedoch drei parteiorientierte Lizenzzeitungen: die SPD-nahe „Rheinische Zeitung. Tageszeitung für die Schaffenden am Rhein" (RhZ), das KP-Blatt „Volksstimme. Zeitung für Einheit und Demokratie" (VS) und die christdemokratische „Kölnische Rundschau. Für Christentum und Fortschritt" (KR).

Auch in München erwies sich die genaue Lektüre der Tagespresse als sehr ergiebig, um sich der Alltagsatmosphäre der Zeit zu nähern. Hier gab die Nachfolgezeitung der „Süddeutschen Mitteilungen", die „Süddeutsche Zeitung" (SZ), seit Oktober 1945 den Ton an. Die Akten der US-Militärverwaltung des Landes Bayern (OMGBY) -nicht aber für das Münchner Stadt-Detachment- fanden sich mikroverfilmt im Bayerischen Hauptstaatsarchiv (Bay HStA) und im Archiv des Münchner Institutes für Zeitgeschichte (IfZ-Archiv). Das ausgedehnte Berichtswesen der US-Verwaltungen ermöglicht im nachhinein recht detaillierte Einblicke zumindest in lokale Vorgänge von Bedeutung; und die Meinungsumfragen der Amerikaner geben, wenn auch kein repräsentatives, so doch ein tendenzielles Bild von Einstellungen und Urteilen der besetzten Deutschen.

Das einschlägige Aktenmaterial der beiden städtischen Ernährungsämter (des für Erfassung zuständigen Ernährungsamtes A und des für Verteilung zuständigen Amtes B) ist im Stadtarchiv der Landeshauptstadt München (StadtA M) vorbildlich archivalisch aufgearbeitet. Die politischen Dimensionen der Versorgungslage erschlossen sich vornehmlich aus den Faszikeln des Bestandes 'Bürgermeister und Rat'.

Teils in diesem Bestand und teils im Staatsarchiv München (StA M) eröffnete sich eine hervorragende Quelle: die allwöchentlichen Berichte des Chefs der Münchner Schutzpolizei an die Public Safety-Abteilung der Besatzungsmacht. Der Polizeichef kommentiert in dieser Berichtsserie ausführlich und detailliert das Wochengeschehen in der Großstadt der Nachkriegszeit: Akribisch beschreibt er die politische Lage und die vielfältigen städtischen Sicherheitsprobleme, den Zustand von Wirtschaft und Verwaltung, das Auf und Ab der Versorgung, den Gesundheitszustand und –freilich aus polizeilicher Sicht– die mentale Befindlichkeit in der Bayernmetropole. Dabei nimmt er kein Blatt vor den Mund, sondern referiert beharrlich, was ihm die Kollegen vom Außen- und Streifendienst erzählen. Die Schreibintentionen des Polizeichronisten gingen weit über die bloße Berichtspflicht hinaus. Gegenüber der örtlichen Militärregierung unternahm er immer wieder den durchsichtigen Versuch, die Interessen der deutschen Polizeiführung zu vertreten. Darüberhinaus verstand er sich augenscheinlich als Sprachrohr des „kleinen Mannes" und der „Normalverbraucher"-Familie: regelmäßig kam er eindringlich auf deren Nöte und Ängste zu sprechen. Die Münchner Polizeiberichte erweisen sich damit als ein für die Stadt- und für die Alltagsgeschichte außergewöhnlich wertvoller Fundus. Der Polizeikommentator wird hier geradezu zum „teilnehmenden Beobachter", was dem Historiker ja versagt ist.

Quellen wie diese sollen in der vorliegenden Arbeit ausgiebig zu Worte kommen. Alltagsgeschichte stellt den Versuch dar, sich den Lebenswelten der „kleinen Leute" anzunähern: ihre Gedanken und Gefühle, ihre Erfahrungen und Einstellungen zu entdecken, nachvollziehbar zu machen und auf ihre gesellschaftlichen und politischen Wirkungen hin zu überprüfen. Solch historische Rekonstruktionen sind ohne die „tätige Mithilfe" der Betroffenen nicht möglich. Die Oral-History-Methode erschloß überzeugende Wege zur „Annäherung an das Einzelne". [26] Aber auch „konventionelle" Quellen -

wie beispielsweise die „Reportagen" des Polizeichronisten aus den Münchner Archiven- vermögen Alltagsgeschichte zu „schreiben". Diese Arbeit will den zeitgenössischen Quellen den ihnen zukommenden zentralen Stellenwert im geschichtswissenschaftlichen Diskurs einräumen: ihr Auftritt ist Teil alltagsgeschichtlicher Methode. Damit soll ein bescheidener Beitrag dazu geleistet werden, denjenigen, deren Stimme gemeinhin ungehört bleibt, wenigstens nachträglich zum Wort zu verhelfen. Und es sind gerade die Stimmen der Zeit, die einen gern gepflegten Mythos der ersten Nachkriegsjahre weitgehend Lügen strafen. Daß nämlich die Zeit des Darbens eine Zeit des Zusammenhalts, der Solidarität, der „großen Einheit in der großen Not", gewesen sei. Sie verdienen Gehör.

Revolutionäre Dimension habe der „Umbruch zwischen Stalingrad und Währungsreform" gewonnen, postulieren Martin Broszat, Klaus-Dieter Henke und Hans Woller in ihrer „Sozialgeschichte des Umbruchs in Deutschland": nicht allein durch die Zerschlagung des deutschen Reiches, den Verlust der Ostgebiete und die Entmachtung der alten aristokratischen Oberschicht, sondern ebenso infolge der Evakuierungen und der gewaltigen Völkerwanderung. Die ganze deutsche Gesellschaft sei durcheinandergerüttelt, die alte konfessionelle, soziale und kulturelle Segregation beseitigt worden. All' diese Bewegungen hätten schließlich „eine stark nivellierte 'Notgesellschaft'" entstehen lassen, worin die Autoren rückblickend bereits die Umrisse einer späteren westdeutschen Mittelstandsgesellschaft zu erkennen glauben. [27] Doch Helmut Schelskys Nachkriegs-Konzept der „nivellierten Mittelstandsgesellschaft", welches hier offenbar bis in die Wortwahl hinein Pate stand, bedarf weiterer Überprüfungen. Es mag auf den Entwicklungsprozeß gesellschaftlich verbindlicher Normvorstellungen durchaus zutreffen. Die Verteilungsrealitäten insbesondere der späteren Nachkriegsjahre trifft Schelskys Diktum freilich nicht. [28]

Verschmelzungsprozesse und Nivellierungstendenzen wird es in der Nachkriegszeit gegeben haben. Das Szenario einer „nivellierten Notgesellschaft" scheint mitgetragen von einer auf den ersten Blick plausibel anmutenden menschlichen Erfahrung: Im Elend, vor der Alltagsnot, so ist man versucht zu formulieren, sind alle gleich. Dies aber täuscht. Der Versorgungsalltag in Leipzig, München und Köln belegt, daß ein solches Bild mit der Wirklichkeit der Katastrophengesellschaft nichts gemein hat. Während möglicherweise traditionelle Trennlinien den gesellschaftlichen Verwerfungsprozessen zum Opfer fielen, taten sich neue, nicht weniger tiefe, ja existentielle Gräben auf. Das Alltagsbewußtsein der Zeit war ganz ausschließlich auf den individuellpersönlichen Horizont ausgerichtet und weit davon entfernt, im Sinne einer

Not-, „Schicksals-" oder Solidargemeinschaft Abstriche zu machen oder etwa Verzicht zu üben.

Hans Maier erinnert sich: „Wahrhaftig, will man das homo homini lupus des Naturstands an der Quelle studieren, so gibt es dafür kein besseres Beobachtungsfeld als jene Monate nach dem Krieg, als es zwar nichts zu essen, aber Kalorien gab, als die Todessignale der Sirenen schwiegen, aber auch noch kaum etwas zum Leben da war..." [29]

Das nationalsozialistische Versorgungssystem

„Die Lage ist ernst, und jeder verlorene Tag bringt einen nicht zu ersetzenden Verlust. Darum so bald wie möglich: Höhere Ausmahlung des Getreides, ein Roggenbrot, ein Weizenbrot, Einschränkung des Kuchens." [1] Die Diktion ist unverkennbar: Konrad Adenauer, seinerzeit Finanzdezernent der Stadt Köln, oblag die Verantwortung für die Versorgung der „Festungsstadt" während des Ersten Weltkrieges. Bereits Ende Juli 1914, also noch vor dem Kriegseintritt Deutschlands am 1. August, hatten die Kölner Vorsorge getroffen und beschlossen, umgehend lebenswichtige Grundnahrungsmittel zu beschaffen und einzulagern. Dezernent Adenauer und die städtische Finanzkommission bewilligten die nötigen Kredite in Höhe von sechs Millionen Reichsmark, und schon drei Wochen später verfügte Köln über Proviant für zweieinhalb Monate. Adenauer wurde Leiter des Einkaufsamtes und war bald für die Versorgungspolitik und die Zug um Zug entstehende Versorgungsverwaltung der Stadt verantwortlich. Der Dezernent ging mit großem Engagement an die neue Aufgabe; mit seinen Meinungen und mit manchen seiner Maßnahmen eilte der Stadtbeamte den Verordnungen der Reichsbehörden voraus. [2] Er forderte die Einführung eines Einheitsbrotes und entwickelte gemeinsam mit den Gebrüdern Oebel, den Inhabern der Rheinischen Brotfabrik, das sogenannte 'Kölner Brot' aus Mais-, Gersten- und Reismehl, das den unschätzbaren Vorzug besaß, nicht der Bewirtschaftung zu unterliegen. [3] Adenauer war gewillt, im Interesse der Sicherstellung der Versorgung hart durchzugreifen. Im dritten Kriegsjahr drohte er den Bäckern, sie von der Mehlbelieferung auszuschließen und so ein Backverbot für sie zu verhängen, falls die Verstöße gegen die Bewirtschaftungsordnung fortgesetzt würden. Die Brotfabriken sollten dann das Brot backen, die Bäckerläden zu bloßen Brotverkaufsstellen degradiert werden. Bis zu seinem Autounfall im März 1917 übte Adenauer das Amt des Ernährungsdezernenten der Stadt aus. Während dieser Kriegsjahre zwang „die drückende Ernährungslage... Adenauer zeitweise, wichtige gesellschaftspolitische Überzeugungen vorübergehend aufzugeben. Aus seiner pragmatischen Haltung heraus gelang es ihm verhältnismäßig leicht, sich den Erfordernissen anzupassen und in der Lebensmittelbeschaffung und -verteilung neue Wege einzuschlagen." Weiter konstatiert Everhard Kleinertz: „Die Ausschaltung oder zumindest starke Beschränkung des gewerblichen Mittelstandes in einigen Lebensmittelzweigen, die Befürwortung einer allgemeinen Kriegsbewirtschaftung, die Forderung nach landwirtschaftlichem Produktionszwang entsprangen allein dem Bemühen, die Lebensfähigkeit einer Großstadt zu erhalten." [4]

Von der Initiative der einzelnen Kommunen hing während des Ersten Weltkrieges die Versorgung der städtischen Bevölkerung weitgehend ab. Vorräte waren weder auf Reichs- noch auf Länderebene angelegt worden. Regulierende Eingriffe gab es zunächst weder im Agrarsektor oder der Nahrungsmittelproduktion noch in den Verteilungsstrukturen. Die Kommunen waren bei der Planung und Durchführung der Versorgungsmaßnahmen ganz auf sich gestellt, beschafften entsprechend ihren Möglichkeiten Lebensmittel, lagerten diese für den Notfall ein. Systemelemente einer Kriegsernährungswirtschaft wurden nur Schritt für Schritt eingeführt: regional und sektoral begrenzt immer dort, wo gerade die größten Versorgungsprobleme auftraten. Bis 1916, als eine „geschlossene Organisation der Kriegsernährungswirtschaft" zustande kam, war die Versorgungspolitik eine überwiegend kommunale Aufgabe. Die neue Konstruktion brachte keine Abhilfe, denn mit der Neuordnung der Kriegsernährungswirtschaft waren die gravierenden Mängel nicht beseitigt. So wurden die Reichsbehörden für die Versorgungsplanung und die Anordnungen zuständig, die Länder mußten für deren Durchführung Sorge tragen, und den Kommunen oblag weiterhin die eigentliche Organisation vor Ort. In solchem Kompetenzenwirrwarr konnte nur mit erheblichen Reibungsverlusten gearbeitet werden; die Administration verfehlte das erste Ziel einer jeden Versorgungsverwaltung, den überregionalen Versorgungsausgleich herzustellen. [5]

Die Sicherstellung der Versorgung gehörte nicht zur Strategie des schnellen Krieges. Die aufgestaute Unzufriedenheit, auch eine Folge der katastrophalen Versorgungspolitik der letzten Kriegsjahre, entlud sich in den revolutionären Ereignissen von 1918.

Die „nie überwundene Furcht vor einer Heimatfront aus unzufriedener Bevölkerung, die nicht nur die Kriegsmoral schwächen, sondern insgesamt systemgefährdend wirken könnte", [6] ließ die Nationalsozialisten aus den Erfahrungen des Ersten Weltkrieges ihre Lehren ziehen: Strikte Autarkiepolitik [7] sollte die Abhängigkeit des Reiches vom Weltmarkt reduzieren, wenn nicht sogar aufheben; die Agrarwirtschaft mußte unter dieser Prämisse auf ein Höchstmaß an Selbstversorgung ausgerichtet werden. Um dieses Ziel zu erreichen, sollten die Importe landwirtschaftlicher Produkte gedrosselt und der Anbau knapper Agrarerzeugnisse wie Ölsaaten oder Futtermittel gefördert werden. Ein effektives System der Produktionslenkung mußte installiert werden, das einerseits jedes Dorf erreichte und andererseits zentral steuerbar war. „Dies alles bedeutet im Kern die Etablierung einer Kriegsagrarwirtschaft schon im Frieden." [8]

Nachdem der deutschnationale Reichsernährungsminister Alfred Hugenberg nach nur knapp fünfmonatiger Amtszeit im Juni 1933 resigniert und den Weg für R. Walter Darré, den „Leiter des agrarpolitischen Amtes der NSDAP", freigemacht hatte, konnte der zielgerichtete Aufbau einer solchen Organisation in Angriff genommen werden. Ein „ernährungswirtschaftliches Ermächtigungsgesetz" 9) schuf die Rechtsgrundlage für die institutionelle Gleichschaltung der Landwirtschaft und der gesamten Ernährungswirtschaft. Mit der Errichtung des Reichsnährstandes (RNS) am 13. September 1933 beginnt die erste, die Vorkriegsphase der NS-Ernährungspolitik. 10) Fortan war diese Institution die alleinige „Vertretung der deutschen Bauernschaft und der deutschen Landwirtschaft einschließlich der landwirtschaftlichen Genossenschaften, des Landhandels (Groß- und Kleinhandel) und der Be- und Verarbeiter landwirtschaftlicher Erzeugnisse." 11) Mit dem Reichsnährstand wurden also nicht nur die Bauern und ihre traditionellen Berufsvertretungen -soweit sie nicht aufgelöst wurden- in eine autoritäre, gleichgeschaltete Organisation eingebunden, sondern sämtliche Betriebe des sogenannten 'Nährstandshandels' und 'Nährstandshandwerks'. Dazu gehörten auch der Handel mit Düngemitteln, die Mühlen und Mehlhandlungen, der Fleischwaren- und Süßwarenhandel, die Bäckereien und Fleischereien. R. Walter Darré stand in Personalunion als Minister dem Reichsernährungsministerium und als 'Reichsbauernführer' dem Reichsnährstand vor. In seiner Eigenschaft als Reichsbauernführer waren ihm auf Reichsebene das 'Verwaltungsamt' und das 'Stabsamt' in Berlin und Spitzenorgane wie der 'Reichsbauernrat', der 'Reichsbauerntag' und das 'Reichsbauernthing' nachgeordnet, alle gebildet aus ernannten Mitgliedern. Der Befehlsweg lief dann über die Führer der 26 Landesbauernschaften 12) zu den Kreis- und Ortsbauernschaften, denen wiederum ein 'Kreis-' und 'Ortsbauernführer' vorstand. Bei den Bauernschaften auf Reichs-, Landes- und Kreisebene gab es drei Abteilungen, deren Aufgabengebiete die zeitgenössischen Kommentatoren so umreißen:

Die erste Abteilung, genannt „Der Mensch", nahm diejenigen Aufgaben wahr, „welche die bisherigen freien Organisationen, Vereine und Verbände der deutschen Landwirtschaft sich gestellt hatten. Ihre Tätigkeit dient insbesondere auch der Verwirklichung des Staatsgedankens von Blut und Boden (z.B. Durchführung des Reichserbhofgesetzes, Neubildung deutschen Bauerntums usw.)" 13) Die Abteilung zwei, „Der Hof", „bearbeitet die fachlichen und betrieblichen Angelegenheiten der Landwirtschaft, die bisher von den öffentlich-rechtlichen landwirtschaftlichen Berufsvertretungen (Landwirtschaftskammern, Bauernkammern)... und dem Deutschen Landwirtschaftsrat wahrgenommen wurden. Ihr liegt insbesondere die Leitung und Durchführung der Erzeugungsschlacht ob." [14] Den Aufgabenbereich der dritten Abteilung, genannt „Der Markt", definierte der Reichsbauernführer 1935 so: „Sie hat die Aufgabe, die Verteilung der den Hof verlassenden Lebensmittel und ihre weitere Be- und Verarbeitung im Dienste der Volksernährung zu regeln." [15] Unter den beiden Schlagworten „Marktordnung und Marktförderung" wurde nun die gesamte Nahrungsmittelbranche im nationalsozialistischen Sinne geordnet: „Der gewöhnliche Weg zur Herbeiführung eines 'geordneten Marktes' in den einzelnen Bereichen der Ernährungswirtschaft ist die Bildung eines 'Zusammenschlusses'." [16] Mit Hilfe sogenannter Zusammenschlußverordnungen wurden -gleichfalls seit September 1933- die Produzenten, vor allem aber die Verarbeiter und Verteiler „bestimmter Urerzeugnisse" in Marktverbänden organisiert und auf diesem Weg in das System des Reichsnährstandes integriert. Es entstanden als „Reichsstellen" die Hauptvereinigungen für Getreide- und Futtermittelwirtschaft, für Milch- und Fettwirtschaft, Viehwirtschaft, für Kartoffelwirtschaft, Gartenbauwirtschaft, Fischwirtschaft, Brauwirtschaft und Weinbauwirtschaft. Gegenüber ihren Pendants auf Bezirksebene, den „Wirtschaftsverbänden", übten die Reichszusammenschlüsse Aufsichts- und Weisungsrecht aus. Die Reichsstellen ihrerseits unterstanden wiederum der Reichshauptabteilung III des RNS, „Der Markt". Zu den Aufgaben dieser Organe im Reichsnährstand zählte die Steigerung und Überwachung der Produktion, die Kontrolle des Marktes und der Preise sowie der angeschlossenen Firmen.

Bereits mit der Installierung des Reichsnährstandes war die gesamte Ernährungswirtschaft vollends nach dem Führerprinzip durchorganisiert, und ein einheitlicher Befehlsstrang lief von der Zentrale in Berlin zum Bauern oder Bäcker im kleinsten Dorf. Die zweite Phase jener -im damaligen Sprachgebrauch- „Führungswirtschaft" [17] begann termin- und kriegsgerecht mit dem 28. August 1939. Ein Führererlaß über die „Vereinfachung der öffentlichen Verwaltung" [18] galt als „allgemeiner Mobilmachungsbefehl an die... Verwaltung". [19] Da man die Instanzen des Reichsnährstandes, der bis dahin formal als eine selbständige Körperschaft des öffentlichen Rechts firmierte, von Anfang an parallel zu der staatlichen Verwaltungshierarchie aufgebaut hatte, war es jetzt ohne große Schwierigkeit möglich, beide Stränge zu einer einzigen Verwaltung zusammenzuschweißen. „Gerade mit Rücksicht auf die besonderen Aufgaben der Kriegsernährungswirtschaft schien aber eine Vorschrift nötig, die nicht nur den RNSt. näher an die Staatsverwaltung heranbrachte, sondern gleichzeitig auch auf der Mittel- und Unterstufe den staatlichen Behörden den entsprechenden Einfluß sicherte." [20] Auf jeder Ebene der neuen Verwaltung wurden jetzt Ernährungsämter mit jeweils zwei Abteilungen eingerichtet: Die Abteilung A, bestehend aus den Dienstkräften des RNS, war zuständig für die Bedarfsdeckung, die Abteilung B, gebildet aus Staatsbediensteten, befaßte sich mit der Verbrauchsregelung. [21] Die ursprüngliche RNS-Verwaltung der Produktionslenkung wurde nun um eine komplementäre Administration, die Lenkung von Verteilung und Verbrauch, ergänzt. Die Bauernführer hatten jetzt als Leiter in Doppelfunktion sowohl die Abteilungen A wie auch das gesamte Ernährungsamt in Händen.

Daß dieses Gebäude nationalsozialistischer Ernährungsverwaltung von 1933 an -und nicht erst ab 1936- für einen Krieg ausgelegt war, dürfte inzwischen außer Zweifel stehen. [22] Im Selbstverständnis nationalsozialistischer Ideologie war die Unterscheidung von Kriegs- und Friedenswirtschaft ohnehin nicht gegeben: Der Jurist Kurt Emig schrieb 1941 in seinem Kommentar zum „Recht der Ernährungswirtschaft", „daß es sich bei dieser Art von 'Einwirkung' des Staates auf die Wirtschaft nicht um eine aus der Not geborene und nur für Notzeiten bestimmte Ausnahmeregelung (unter Durchbrechung 'sonst' bestehender Rechtsschranken oder Grundsätze) handelt, sondern um eine durchaus 'gewöhnliche' und selbstverständliche Tätigkeit des völkischen Staates als 'Ordner der Wirtschaft'." [23]

Infolge des „Traumas von 1918" war es die oberste Maxime der NS-Machthaber, unter allen Umständen eine geregelte Versorgung der Reichsbevölkerung sicherzustellen, um unberechenbaren „Stimmungseinbrüchen" zuvorzukommen. Hierzu standen der Versorgungsverwaltung eine Vielzahl von wirtschaftlichen Lenkungs- und Propagandainstrumenten zur Verfügung: dazu gehörte die „politisch-psychologische Aufwertung des Bauerntums" [24] durch die Blut- und Boden-Ideologie und die jährliche Proklamation der Erzeugungsschlacht, die Kontrolle der Nahrungs- und Futtermitteleinfuhren durch die „Reichsstellen", [25] dazu gehörten Anbaubeschränkungen, die Einführung der Ablieferungspflicht für die Erzeuger, die zentrale Preisgestaltung, schließlich eine groß angelegte Vorratswirtschaft. Im Januar 1934 bestätigte ein Vertreter des Reichsernährungsministeriums, daß die Rahmengesetze zur Einführung eines Rationierungssystems bereits ausgearbeitet in den Schubladen liegen würden. [26] Nach sechsjähriger, zum Teil detaillierter Planung war es denn auch „schlagartig" [27] zu Kriegsbeginn möglich, daß am Sonntag, dem 27. August 1939, die erste Zuteilungsperiode beginnen und Lebensmittelkarten an die Bevölkerung ausgegeben werden konnten. Diese Lebensmittelkarten waren zunächst noch recht undifferenziert; mit den wachsenden Versorgungsproblemen während des Krieges vervollkommnete sich auch das Rationierungssystem. Die „Verordnung zur vorläufigen Sicherstellung des lebensnotwendigen Bedarfs des deutschen Volkes" [28] bezog zwar sämtliche Nahrungsmittel in die Bewirtschaftung ein, tatsächlich wurden Kartoffeln, Roggen- und Weizenmehl sowie Obst- und Gemüse weiterhin relativ frei verkauft. Im ersten Kriegsjahr, so Berechnungen des Statistischen Reichsamtes, kamen von 100 Kalorien noch mehr als 18 aus nicht rationierten Lebensmitteln, im zweiten Kriegsjahr waren es nahezu 21 und im dritten Kriegsjahr immerhin noch 10 Kalorien. [29] Von 1942 an waren allerdings auch Kartoffeln nur noch auf Bezugsschein zu erhalten: 1942 brachte nicht nur die endgültige Umstellung von einer faktischen Teilrationierung zur Vollrationierung, also der Erfassung und Zuteilung des gesamten Nahrungsmittelangebotes, sondern auch die ersten empfindlichen Kürzungen der Rationen. Mit der 35. Zuteilungsperiode (ZP) wurden die Brot-, die Fleisch- und die Fettrationen der Normalverbraucher spürbar herabgesetzt. Konnten im Oktober jenes Jahres die Brot- und Fleischrationen wieder angehoben werden, so blieb die „Fettlücke" ein ungelöstes Problem der Versorgungsbürokratie, das sich nach dem Kriege noch entscheidend verschärfen sollte. Ab 1943 wirkten sich die alliierten Bombenangriffe aus, die mit den Schienen und Straßen die Lebensnerven der Versorgungsmaschinerie trafen. Ende 1944 warf der drohende Zusammenbruch bereits seine Schatten voraus. Erzeugergebiete im Osten, von den deutschen Besatzern rigoros ausgebeutet, mußten im Zuge des russischen Vormarsches aufgegeben werden. Die Ernährungsbürokraten versuchten, den Versorgungsengpässen zu steuern, indem sie einer wachsenden Zahl von Verbrauchern die Schwer- und Schwerstarbeiterzulagen entzogen, die Normalverbraucherrationen jedoch gleichzeitig abermals kürzten. Im Jahre 1945 schließlich war vielerorts eine termingerechte Feldbestellung nicht mehr möglich, jetzt fielen auch die deutschen Überschußgebiete im Osten gänzlich aus. Noch im Februar 1945 entwarf man im Reichsernährungsministerium Rationspläne, die vom Verlust der Gebiete östlich der Oder einschließlich Schlesiens ausgingen: diese Pläne sahen weitere Kürzungen um 20 bis 50 Prozent vor. [30] Noch einmal wurden die Rationen gekürzt: Die 72. und 73. Zuteilungsperiode (vom 5. Februar bis 1. April 1945) wurden zusammengelegt und die ursprünglich für acht Wochen zugeteilten Lebensmittel mußten nun für neun Wochen reichen. Die Tatsache, daß Hitler diese Verfügung seines Versorgungsapparates persönlich angeordnet hatte, [31] bestätigt einmal mehr, welchen außerordentlichen politischen Stellenwert die NS-Führung der Versorgungspolitik beimaß.

Insgesamt könne festgestellt werden, „daß die nationalsozialistische Ernährungsverwaltung sich im großen und ganzen bewährt hatte. Während des Krieges war es möglich gewesen, die landwirtschaftliche Produktion unter schwierigen Bedingungen auf einem verhältnismäßig hohen Niveau zu halten, das lediglich im letzten Kriegsjahr stark absank." [32] Ein anderer Autor lobt das NS-System sogar als ein „geradezu vorbildliche(s) Instrument für die Kriegsernährungswirtschaft". [33] Im Vergleich zur unklaren Kompetenzverteilung und dem Versorgungsdesaster des Ersten Weltkrieges hatte sich die Verwaltung sicher bewährt. [34] Auch war das primäre Ziel der NS-Ernährungspolitik erreicht worden, durch zufriedenstellende Versorgung die politische Ruhe im Reich dauerhaft zu garantieren. Das -quantitativ- hohe Versorgungsniveau bis zum letzten Kriegsjahr war aber nur möglich durch planmäßige Ausbeutung der besetzten Länder, die zuallerst dazu herangezogen wurden, die Wehrmacht vor Ort zu verpflegen. Diese Versorgungsleistung der okkupierten Territorien entlastete die Situation im Reich erheblich. Das Fernziel der nationalsozialistischen Kriegsernährungspolitik jedoch wurde nicht erreicht: Im NS-Verständnis sollte die militärische Expansionspolitik die Grundlagen einer auf die Bedürfnisse des Reiches ausgerichteten europäischen Austauschwirtschaft schaffen: In diesem strategischen Sinne verstand sich die Eroberungspolitik als Ernährungspolitik. Mit dem verlorenen Krieg scheiterte dieses hegemoniale „Konzept einer arbeitsteiligen, kontinentaleuropäischen, großräumigen Ernährungswirtschaft". [35] Eine Bewertung muß fehlgehen, wenn sie ausschließlich die Elle der Effektivität anlegt. [36] Die nationalsozialistische Versorgungspolitik wurde getragen von einem zutiefst undemokratischen, autoritären Apparat und sie wurde ermöglicht durch die Ausbeutung ganz Europas.

Die Bilanz der Erzeugungsschlachten und des Ernährungskrieges war negativ. Die angestrebte Versorgungsautarkie blieb eine Utopie, „Kornkammer" und „Kartoffelkeller" des Reiches, nämlich die sowjetisch besetzte Zone und die Gebiete östlich von Oder und Neiße waren fortan abgeschottet. Allein diese Gebiete hatten zusammengenommen in Friedenszeiten gut die Hälfte der Getreideproduktion des ganzen Reiches, nämlich zwölf von 23 Millionen Tonnen Getreide, gestellt. Ihr Anteil am Viehbestand des Gesamtreiches betrug einst: 54 Prozent der Pferde, 44 Prozent der Milchkühe und 53 Prozent der Schweine. Zusätzlich zu seiner eigenen Bevölkerung hatte Ostdeutschland wenigstens vier Millionen Menschen in Westdeutschland ernährt. Der Wegfall allein der Gebiete östlich der Oder-Neiße-Linie verringerte die Anbaufläche um mehr als 120.000 Quadratkilometer, rund 28 Prozent. Für die vier Zonen Restdeutschlands fielen damit etwa 33 Prozent der Roggenernte, 29 Prozent der Kartoffelernte, ein Viertel der Zuckerrübenernte und ebenfalls ein Viertel der Getreideernte aus. Am schlimmsten traf der Verlust der landwirtschaftlichen Überschußgebiete die britische Zone. Nach dem Zustrom der

Flüchtlinge war dort die Relation der Bevölkerungsziffer zur Anbaufläche am ungünstigsten. Aber selbst ein Agrarland wie Bayern hatte unter den neuen Versorgungsgrenzen zu leiden. [37)]

„Ein November 1918" werde sich niemals mehr wiederholen, hatte Hitler in seiner Reichstagsrede zum Überfall auf Polen am 1. September 1939 geschworen. Die nationalsozialistischen Wirtschaftsplaner machten zwischen Krieg und Frieden keinen Unterschied. Schon kurz nach der Machtübernahme begannen sie zielstrebig mit den Vorbereitungen zum Krieg. Seit Sommer 1933 hatten sie mit dem Reichsnährstand eine schlagkräftige Ernährungsverwaltung aufgebaut, welcher die Erfassung und zugleich die Verteilung der Versorgungsgüter oblag. Das NS-Versorgungssystem war vor allem deswegen „erfolgreich" gewesen, weil es sich nach innen auf die totalitäre Gewalt des Regimes und nach außen auf die Ausbeutung der eroberten Länder stützen konnte. Allen Anstrengungen zum Trotz: die angestrebte Nahrungsmittelautarkie blieb ein unerreichtes Ziel. Der „totale Krieg" hatte bis zuletzt auch alle land- und versorgungswirtschaftlichen Ressourcen und Reserven mobilisiert. Am Ende waren die heimischen Böden ausgelaugt, Pferde und Wagen von der Wehrmacht requiriert, und besonders im Osten ganze Landstriche von den Kampfhandlungen verwüstet.

Leipzig

Abb. 1. *Leipzig*, 1945: Oberbürgermeister Dr. Erich Zeigner wirbt um „wirtschaftlichen Wiederaufbau" und warnt vor „kurzsichtiger Selbstsucht".

Abb. 2. Filiale der Leipziger Konsumgenossenschaft in der Querstraße, 1948: „Wir fahren für den freien Markt".

Abb. 3. Mölkau bei Leipzig, 1946/47: Demontage des zweiten Gleises.

Abb. 4. Ernüchterndes Leipziger Schaufenster, 1947: „Warum Fensterscheiben zerschlagen? Hier ist sowieso nichts zu holen."

Abb. 5. Leipziger Schaufenster, 1948/50: Markenfreie, falsche Bratheringe im Osten – markenfreie und echte Bratheringe im Westen?

Abb. 6. Versorgungshierarchie: Alte und Kranke, Frauen und ehemalige Nationalsozialisten bildeten als „sonstige Bevölkerung" das Schlußlicht der Rationen-Gesellschaft.

Abb. 7. Göbschelwitz bei Leipzig, 1947: Städtische Hungerleider beim Ährenlesen.

Abb. 8. Schwarzer Markt, 1948: Der schwarze Umsatz allein in der Messestadt wurde auf über 120 Millionen Reichsmark im Jahr geschätzt.

Abb. 9. „Großschieber sehen Dich an!" 1947: Schieber mußten damit rechnen, ins Arbeitslager nach Meusdorf eingeliefert zu werden. Seit 1947 drohte Ihnen in Sachsen die Todesstrafe.

Abb. 10. Hungerprotest 1945: Graffito an einer Leipziger Hauswand.

Abb. 11. Wahljahr 1946: 'Elf Pfund Brot mehr für die Kinder seit Juni 1945!' – Die Strategie der SED, Rationenerhöhungen allein ihrem Konto gutzuschreiben, verfing in der Messestadt nicht.

3. Leipzig, die sächsische Messemetropole

3.1. Zur Geschichte der Versorgung: „Kartoffel-Anarchie" [1)]

Am 18. April 1945 beginnen amerikanische Truppen mit der Besetzung Leipzigs. Arno Alther erinnert sich: „Gegen 9 Uhr begebe ich mich nach Hause. Vor den Lebensmittelgeschäften steht die Kundschaft in Schlangen. In der 18. Grundschule sind Hitlersoldaten stationiert. Vor dem Anmarsch der Amerikaner räumen sie ihre Proviantlager und verladen alles auf einen Lastwagen. Dann suchen sie das Weite. Unterwegs werfen sie der Bevölkerung Lebensmittel zu, die sich darum schlägt. Davon war ich Augenzeuge..." [2)] Tags darauf ist der Krieg für die Stadt beendet: „Es wird nicht gearbeitet. Der Augustusplatz hat sich in ein Feldlager verwandelt. Deutsche Kriegsgefangene werden abgeführt. In einem Auto wird ein General in Kriegsgefangenschaft transportiert. Amerikaner haben in der Querstraße Quartier bezogen. In der Tauchaer Straße plündern in- und ausländische Zivilisten die Spirituosen- und Weinhandlung Mücke. Durch die Eisenbahnstraße schleppen Männer und Frauen allerlei geplündertes Beutegut aus den Gefrierhallen und aus dem Zollamt Dresdner Bahnhof." [3)] Auf Initiative des „Bezirkskomitees Freies Deutschland" [4)] waren in allen Stadtteilen weiße Fahnen gehißt worden, und der Einmarsch der Besatzungstruppen verlief ohne „nennenswerten Widerstand". [5)] Vier alliierte Luftangriffe, [6)] der letzte Ende März 1945, hatten von 50.000 Gebäuden 9.700 völlig zerstört; von 225.000 Wohnungen, die 1942 noch vorhanden waren, gingen 44.000 gänzlich verloren, weitere 90.000 Wohnungen wurden zum Teil erheblich beschädigt. 700.000 Kubikmeter Trümmerschutt blockierten Straßen und Plätze. [7)] Über 40 Prozent der Wohnungen und 64 Prozent der Universitätsgebäude waren zerstört oder beschädigt. [8)] Noch größere Bombenschäden hatten Handel und Industrie zu beklagen. Leipzigs Messeanlagen und eine der bedeutendsten Branchen der Stadt, das graphische Gewerbe, waren jeweils zu rund 80 Prozent zerstört. [9)] Die Anlagen aller Leipziger Industriezweige waren insgesamt fast zur Hälfte beschädigt. [10)]

Die Stadt wurde von Einheiten der 2. Division der 1. US-Armee eingenommen, die seit 5. April 1945 von Kassel in Richtung Leipzig und Dresden vorgerückt waren. [11)] Der Chef der provisorischen Militärregierung der Stadt, Major Richard Eaton, berief am 24. Mai 1945 den Rechtsanwalt Dr. Hans Vierling zum Oberbürgermeister. [12)] Mit dieser Ernennung folgte der Militärkommandant einem Vorschlag aus bürgerlichen Kreisen [13)] und ignorierte Paul Kloss, der vom NKFD der Militärregierung als Oberbürgermeister benannt worden war. [14)] Zu seiner Unterstützung rief das Stadtoberhaupt einen „beratenden Ausschuß" ins Leben, in dem die großen Handelshäuser der Stadt das Sagen hatten. [15)] Als Polizeipräsidenten setzte der Militärkommandant Heinrich Fleißner [16)] ein, der dieses Amt bereits in der Weimarer Zeit ausgeübt hatte.

In einem Artikel über „die dringlichsten Aufgaben" formulierte Vierling: „Zwei Gebiete aber sind es, welche die gesamte Bevölkerung der Stadt in gleicher Weise berühren und mit Sorgen erfüllen: die Frage des Wohnraumes und die Frage der Ernährung." [17)] Das Stadtoberhaupt verwies auf die technischen Schwierigkeiten der Verwaltung: die Diensträume lägen verstreut und die Behörden könnten mangels Fernsprechern nur schwer miteinander Kontakt aufnehmen. Kompliziert werde die Verwaltungsarbeit zudem durch die „Bereinigung des Verwaltungskörpers der Stadt". [18)] Zunächst galt es, wenigstens die innerstädtischen Kommunikations- und Verkehrsadern schnellstens wiederherzustellen. Von dem 160 Kilometer langen Liniennetz der Straßenbahn zum Beispiel waren im April gerade noch 16 Kilometer durchgängig befahrbar. [19)] Die Reichsbahn konnte nach Genehmigung der Militärregierung bereits am 9. Juni den Güterverkehr in begrenztem Umfang wiederaufnehmen, [20)] während der Postverkehr, überdies beschränkt auf innerörtliche Sendungen, erst Ende Juli wieder in Gang kam. [21)]

Die Ernährungsfrage wurde nicht nur vom Oberbürgermeister, sondern auch vom Leipziger „Bezirkskomitee Freies Deutschland" thematisiert. Noch vor der Besetzung durch die US-Armee hatte sich der Leipziger antifaschistische Aktionsausschuß mit Flugblättern an die Öffentlichkeit gewandt: „Unsere Losung: Frieden-Freiheit-Brot!" [22)] Das Komitee forderte nicht nur die „Sicherstellung der Ernährung und Versorgung der Bevölkerung" [23)], sondern führte auch eine Plakataktion gegen die Plünderungen von Vorratslagern durch: „Lebensmittellager sind zu schützen und gegen Plünderer mit Gewalt zu verteidigen. Jeder Plünderer ist sofort zu erschießen. Die noch vorhandenen Lebensmittel sind Volkseigentum und müssen gerecht verteilt werden." [24)] Freilich wurden insbesondere kurz vor und nach der Besetzung „von weiten Kreisen der Bevölkerung aus öffentlichen und privaten Lagerräumen... Lebensmittel, Haushaltartikel und andere Gegenstände des täglichen Bedarfs... in erheblichem Umfang entnommen..." [25)] Wenn in Leipzig dennoch Lebensmittellager von Plünderungen verschont blieben, war dies dem Einsatz des NKFD und seiner 'Mitarbeiter' zu verdanken. [26)] Das Komitee übernahm also in der Zeit des geschwächten, teilweise handlungsunfähigen Verwaltungs- und Polizeiapparates Verantwortung für existentielle politische und administrative Belange der Stadt und ihrer Bewohner. Zehn Tage nach Übernahme der Stadt in amerikanische Verantwortung mußte das Leipziger NKFD auf Geheiß des Militärkommandanten seine Tätigkeit jedoch einstellen. [27]

Das nationalsozialistische Rationierungssystem wurde auch unter amerikanischer Besatzung beibehalten. Dieses System teilte die zu versorgende Bevölkerung grundsätzlich in drei Kategorien auf: Vollselbstversorger, Teilselbstversorger und Normalverbraucher. Die Städter stellten die große Mehrheit der letztgenannten Gruppe. Im Frühsommer 1945 galten 542.000 Leipziger als Normalverbraucher: die beiden Kinderkategorien [28] zählten 46.000, die Anzahl der versorgten Jugendlichen [29] wurde mit 76.000, und die Zahl der Erwachsenen mit 420.000 Personen angegeben. [30] Im Laufe der zweieinhalbmonatigen amerikanischen Besatzungszeit sanken die Rationen für diese Gruppen erstmals auf ein absolutes Minimum: Wer ausschließlich auf die zugeteilten Lebensmittel angewiesen war, sollte in der Zeit vom 28. Mai bis 24. Juni, also in der 76. Zuteilungsperiode, täglich mit etwa 214 Gramm (g) Brot, 89 g Kartoffeln, 10 g Nährmitteln, 9 g Zucker, 5 g Fett, 14 g Fleisch oder Fleischwaren, 4,5 g Kaffee-Ersatz und 2 g Käse auskommen. [31] Das entsprach einem Wert von höchstens 753 Kalorien pro Tag. [32] Bei diesen Quoten wird deutlich, daß der Bedarf eines arbeitenden Menschen schon in den ersten Monaten nach Kriegsende durch die offiziellen Rationen allein keineswegs abgedeckt war. So kam es bereits unmittelbar nach Kriegsende zu Hamsterfahrten auf das Land. [33]

Unter dem nationalsozialistischen Regime waren auch Zusatzkarten für Schwer- und Schwerstarbeiter und Zulagekarten für Lang- und Nachtarbeiter ausgegeben worden. [34] Diese Vergünstigungen für Arbeiter wurden zu einem politisch denkbar unglücklichen Datum, nämlich zum 1. Mai 1945, abgeschafft; nur werdende und stillende Mütter kamen noch in den Genuß zusätzlicher Nahrungsmittel. [35] Das Ernährungsamt der Stadt begründete diesen Schritt damit, daß zur Belieferung der bisherigen Zusatzkarten die nötigen Nahrungsmittel fehlten. [36] Weiter hieß es, die „gegenwärtige Versorgungslage" lasse besondere Zuwendungen für einzelne Berufs- und Bevölkerungsgruppen nicht zu, da es nicht einmal gelänge, die geringen Zuteilungen für die Normalverbraucher zu beschaffen. [37] Da die Versorgung der schwer Arbeitenden aber weiterhin ein Problem blieb, entschloß sich das Ernährungsamt, für die Zusatzverpflegung in Werkküchen Zuschüsse zu gewähren. Für jeden Arbeiter bekamen die betrieblichen Küchen jetzt 100 g Nährmittel, 125 g Hülsenfrüchte, Sago oder Mehl sowie 20 g Zucker zugewiesen. [38] Diese Leistungen erfolgten offenbar auf politischen oder ökonomischen Druck: Das Amt räumte ein, daß „schon diese Form der Sonderzuwendungen... eine kaum tragbare Belastung... der (städtischen, d.Verf.) Ernährungsbilanz" darstelle. [39] Von den rund zweitausend Betrieben im Stadtkreis Leipzig wurden daraufhin bis Anfang August 25.000 Schwerarbeiter zur Zusatzverpflegung angemeldet; [40] dieser Zahl standen jedoch lediglich dreißig Werkküchen gegenüber, die täglich maximal 1.950 warme Essen ausgeben konnten. [41]

In Leipzig mußten zudem 31.000 ausländische Zwangsarbeiter mit erhöhten Rationen versorgt werden. [42] Den ehemaligen Häftlingen der Konzentrationslager wurde für sechs Wochen die doppelte Ration zugeteilt. [43]

Eine halbwegs verläßliche Versorgung der Stadtbevölkerung gelang offensichtlich nur, indem man die kommunalen Lager räumte. Nur durch Freigabe zunächst der gesamten Roggenvorräte, dann der verfügbaren Weizenvorräte konnte eine Krise in der Brotversorgung in den ersten Monaten verhindert werden. [44] Keine Lagerbestände gab es bei Fettprodukten. Die Bereitstellung der nötigen Mengen an Quark, Käse und Frischmilch war äußerst problematisch: Die Molkereierzeugnisse waren während des Krieges aus Schlesien und Bayern herangeschafft worden; diese Lieferungen fielen nun aus, und die Produktion der umliegenden Molkereien war völlig unzureichend. [45] Zum unlösbaren Problem allerdings war die mangelhafte Fettversorgung geworden. Obwohl im Juni die letzten Ölreserven und der Rest der Talgvorräte ausgegeben worden waren, konnte die „Fettlücke" nicht geschlossen werden. [46] Dagegen gelang es, im Austausch gegen Kohle Fleisch aus Bayern zu besorgen. Die Anlieferung von Fleisch war dringend geboten, denn bereits Mitte Juni waren auch die städtischen Kühlhäuser leer. [47] In den ersten Nachkriegsmonaten zehrte man überwiegend von alten Lagerbeständen, die aber etwa zwei Wochen vor dem Wechsel der Besatzungsmacht aufgebraucht waren.

Die Anfuhr von Nahrungsgütern kam nicht ausreichend in Gang. Lebensmittel in die Stadt zu bekommen, war nicht nur ein Transportproblem. Die landwirtschaftlich geprägten Kreise schlossen sich ab und gaben ihre Produkte nicht zum „Export" frei. Es fehlten die Behörden der Länder und des Reiches, die eine flächendeckende Durchführung der Erfassungs- und Verteilungsbestimmungen hätten gewährleisten können. Ende Juni 1945 beklagte das Leipziger Ernährungsamt den Zustand, daß „eine straff durchgeführte Erfassung und Rationierung" noch immer nicht möglich sei. [48] Seit der Besetzung durch US-Einheiten waren die südwestlichen Gebiete Sachsens der Landesverwaltung Thüringen unterstellt, während der Regierungsbezirk Leipzig mit Grimma, Borna und Rochlitz der Landwirtschaftskammer in

Halle zugeschlagen wurde. Damit war eine Behörde in Sachsen-Anhalt für Leipzigs Versorgung, für Beschaffung und Verteilung, zuständig. [49] Der dortige Kammerpräsident ernannte auch die „Kreisbeauftragten", die nun die Aufgaben der NS-„Kreisbauernführer" wahrnahmen; zum „Beauftragten" für die Landwirtschaft im Stadt- und Landkreis Leipzig wurde der Gutsbesitzer Zerling aus Liebertwolkwitz ernannt. [50] Eine solche, offensichtlich provisorische Konstruktion, die alle traditionellen Verwaltungsstränge ignorierte, konnte ihre Aufgaben gar nicht erfüllen. Die Leipziger verhandelten folglich mit der Provinz Sachsen-Anhalt, einer landwirtschaftlichen Überschußregion, mit dem Ziel, gemeinsam ein einheitliches „Ernährungsgebiet" zu bilden. Das städtische Ernährungsamt war bestrebt, auf diesem Wege in der Provinz und im Regierungsbezirk gleiche Rationen zu verteilen. [51]

Für den Kommunisten Fritz Selbmann [52] „'verwalteten' (die Amerikaner) die Stadt im Stil einer Kolonialverwaltung, d.h. sie taten gar nichts, was die Lebenshaltung der Bevölkerung betraf. Es wurde kein Betrieb in Gang gesetzt, einige Straßenbahnwagen zuckelten durch ein paar notdürftig von den Trümmern gesäuberte Straßen, es gab keine Post, keine Kohlen und fast keine Lebensmittel." [53] Im Auftrag der Bezirksleitung der -noch illegalen- KP [54] wandte sich Selbmann in einem offenen Brief an den Oberbefehlshaber der Alliierten Streitkräfte in Deutschland, General Dwight D. Eisenhower. Das Schreiben datiert vom 10. Juni 1945; darin fordert Selbmann die „Beschlagnahme aller über den normalen Bedarf hinausgehenden Lebensmittelvorräte in den Händen von Nazis und deren Verteilung unter der Kontrolle von bewährten Antifaschisten." [55] Selbmann kritisiert, daß viele Nazis von Lebensmittelvorräten aus der Zeit der Naziherrschaft „sehr gut zu leben vermögen", während „die antifaschistischen Bevölkerungskreise heute bei der weitgehenden Destruktion der Ernährungswirtschaft buchstäblich hungern." Er verlangte, die ehemaligen Parteigenossen aus der Lebensmittelverteilung auszuschalten und letztere neu zu errichtenden Verbrauchergenossenschaften zu übertragen. In der Tatsache, daß die Händler „zum größten Teil Mitglieder der NSDAP" gewesen seien, sah Selbmann die Gefahr, daß diese die Mangelware Lebensmittel „ihren nazistischen Gesinnungsfreunden" bevorzugt zukommen ließen. Daß die Vorwürfe gegen braune Groß- und Einzelhändlerringe durchaus die leidige Wirklichkeit mancher Nachkriegsmärkte widerspiegelten, wird an den Beispielen der Münchner Großmarkthalle und der Kölner Mehlquotierung noch deutlich werden. [56] Fritz Selbmann, der spätere Industrieminister der DDR, forderte nicht nur die „radikale Säuberung" des Handels, sondern auch der kommunalen Verwaltung. Viele aktive Mitglieder der Nazipartei „sitzen heute noch in ihren Amtsstuben. Es ist also so, daß die Nazis nach wie vor das Volk 'regieren' und die Antifaschisten schikanieren können. Sie stützen sich heute nicht mehr auf die nazistische, terroristische Zentralgewalt, sondern auf die Organe der Besatzungsmächte... Die Nazis regieren, die Antifaschisten hungern." [57]

Oberbürgermeister Vierling, der sich nicht nur auf bürgerliche Geschäftskreise stützte, sondern auch „auf eine Gruppe strikt antikommunistischer Sozialdemokraten und Gewerkschafter", hatte den Kommunisten den Zugang zum Rathaus versperrt. [58] Ebenfalls im Juni zirkulierte in der Stadt ein Flugblatt mit der Schlagzeile „Was hat Herr Vierling bisher getan?" Es warf dem ersten Nachkriegsbürgermeister unter anderem auch vor, keinen Versuch unternommen zu haben, „die Mißstände in der Lebensmittelversorgung zu beseitigen." [59]

In seinem letzten ausführlichen Bericht über die Ernährungslage nimmt auch das Ernährungsamt Stellung zu dieser öffentlichen Kritik. „Daß in diese Diskussion auch die Ernährungsämter einbezogen werden, ist bei der augenblicklich überragenden Bedeutung der Ernährungsfrage nur zu sehr verständlich. Aber es ist in diesen Spalten jede Woche offen und freimütig Rechenschaft abgelegt worden über das, was bei dieser fürchterlichen Ernährungslage einer vom Hinterland bisher abgeschnittenen industriellen Großstadt unter Einsetzung aller Kraft hat geleistet werden können." Der Verfasser des Ernährungsberichtes meint zwar, daß der Beamtenkörper der Ämter nach den Anordnungen der Militärverwaltung politisch überprüft worden sei, gesteht aber zu, daß „der halbamtliche und private Teil des Ernährungswesens mit seinen Marktbeauftragten, dem Verbandswesen, der Monopolstellung einzelner Firmen usw. weitere Angriffsflächen" biete. [60] Nach offiziellen Angaben wurden bis Anfang Juli 1945 von den 7.539 Bediensteten der Stadtverwaltung nur 913, also rund 12 Prozent, entlassen. [61]

Die DDR-Literatur vergleicht die Besatzungspraxis der US-Truppen mit der sowjetischen Besatzungspolitik und hebt hervor, daß „die amerikanische Besatzungsmacht eine gerechte Differenzierung in der Lebensmitteleinstufung" abgelehnt und „eine besondere Schwerarbeiterzulage nicht für notwendig" erachtet habe. [62] Ob die amerikanischen Offiziere eine zusätzliche Versorgung tatsächlich nicht für notwendig erachteten, muß offen bleiben. Sicher ist dagegen, daß nicht genügend Lebensmittel für die Stadt beschafft werden konnten. Infolgedessen trieb die Leipziger Militärverwaltung eine Politik der leeren Läger.

Es besteht auch kein Zweifel, daß der amerikanische Major mit seiner Aufgabe überfordert war: „(Leipzig) war charakteristisch für die extreme Schwierigkeit, Militärregierungsoffiziere für die tatsächlich anstehende Aufgabe auszubilden.... Ich werde keine Bemerkung über Major E(aton) machen. Es war klar, daß er die Elemente, die er vorfand, nicht richtig einschätzen konnte und nicht richtig einschätzte. Und er hatte einen Offizier für öffentliche Sicherheit, der vor allem anderen daran interessiert war, Ruhe und Ordnung in Leipzig zu bewahren." [63] Für die administrativen Fehlleistungen gerade im Leipziger Raum wurden „die Probleme der regionalen Verdünnung und der Besetzung mit unqualifiziertem Personal" verantwortlich gemacht. [64] Erschwerend kam hinzu, daß die Stadt Leipzig einer anderen Militärverwaltung unterstand als das Umland. Eine solche „militärisch-administrative Absonderung" [65] mußte denkbar ungünstige Auswirkungen auf die Versorgungslage haben, die von einer reibungslosen Zusammenarbeit der deutschen und der amerikanischen Dienststellen abhing. [66]

Die amerikanischen Besatzungspraktiker auf dem Gebiet der späteren SBZ hatten zweifellos stets vor Augen, daß es sich bei ihrer Anwesenheit in Mecklenburg, Sachsen-Anhalt, Thüringen und Sachsen nur um ein Intermezzo handeln konnte. Ihr Engagement war begrenzt und die Sicherstellung der Ernährung gehörte nicht zu ihren besatzungspolitischen Prioritäten – schon gar nicht mit Blick auf die Zeit nach dem Wechsel der Besatzungsmacht. [67]

Ende Juni, Major Eaton hatte noch rasch einen provisorischen Stadtrat [68] berufen, fand das Zwischenspiel amerikanischer Besatzung in Leipzig seinen Abschluß. Vom 2. Juli 1945 an rückten Verbände der Roten Armee ein. [69] Zur Verwaltung der Stadt wurde, wie in anderen größeren Kommunen auch, eine gesonderte Militärkommandantur gebildet, die direkt der Sowjetischen Militäradministration in Deutschland (SMAD) unterstellt war. Zum Militärbefehlshaber von Leipzig und Chef der örtlichen Militäradministration wurde Generalleutnant N. I. Trufanow bestellt. [70] Zwei Wochen später setzte Trufanow den Sozialdemokraten Dr. Erich Zeigner als Oberbürgermeister der Messemetropole ein. [71]

„Als die sowjetischen Truppen in Leipzig einzogen, waren die Lebensmittelvorräte hier am Ausgehen." [72] Erna Trübenbach [73] erinnert sich an die damalige Lage in Sachsen: „Die ersten Bestandsaufnahmen nach dem Einmarsch der Roten Armee ergaben, daß die vorhandenen Vorräte durchschnittlich für 14 Tage zur Versorgung der Bevölkerung ausreichen würden. Der gesamte Verwaltungsapparat war zerschlagen, und einige der aktivsten Antifaschisten versuchten seinerzeit zu retten, was noch zu retten war. Unter den primitivsten Verhältnissen wurde selbstlos Tag und Nacht gearbeitet. Aber die Lage erschien trostlos. Da kam die Rettung." Enthusiastisch berichtet die Zeitzeugin von der Roten Armee, welche im letzten Drittel des Monats Mai Lebensmittel gebracht habe: Kartoffeln, Fleisch, Fett, Brotgetreide, Zucker, Salz, Marmelade. Lange Autokolonnen seien vor den provisorischen Ernährungsämtern aufgefahren, um die Lieferscheine in Empfang zu nehmen: „Damals ging ein Aufatmen durch das ganze Land." [74] Daß die sowjetische Besatzungsmacht im Mai 1945 die Besiegten in nennenswertem Umfang mit Versorgungsgütern beliefert habe, muß allerdings fraglich bleiben, denn schließlich nagten die siegreichen Sowjetsoldaten selbst am Hungertuch.

Die Angst vor einem harten Winter und einer drohenden Hungersnot war offenbar im ersten Friedenssommer bestimmend. [75] Fritz Selbmann sorgte sich im August: "... wir wissen heute noch nicht, ob wir in diesem Winter unser Volk ernähren können. Wir kämpfen heute fast Tag für Tag um das tägliche Brot im buchstäblichen Sinne des Wortes. Oder ist es vielleicht nicht so, wenn jeden Tag wieder von irgendwo eine Hiobsnachricht kommt? Heute sind zum Beispiel statt 80 Waggons Kartoffeln nur 20 angekommen, die und die Schwierigkeiten sind eingetreten, da muß sofort einer hingehen..." [76] Da die Lebensmittelreserven aufgebraucht waren, schlugen die täglichen Lieferprobleme direkt auf die Versorgung der Bevölkerung durch. So traten häufig „schwere Stockungen" ein. [77] Die Versorgung mit Molkereiprodukten, mit Käse, Quark und Fett blieb weiterhin gestört. Die am schlechtesten gestellte Verbrauchergruppe in Leipzig erhielt infolgedessen bis Mitte November 1945 keinerlei Fett zugeteilt. [78] Wer Angestellter war, mußte im Zeitraum vom 20. August (79. Zuteilungsperiode) bis zum 14. Oktober (80. Zuteilungsperiode) mit insgesamt 50 g Fett auskommen. Und auch dieses bescheidene Quantum wurde für viele nicht etwa in Form von Butter oder Margarine, sondern in Form von Pflanzenöl ausgegeben. Das Ernährungsamt warnte, dieses Öl sei ausschließlich zum Braten geeignet, da es „ähnliche Wirkungen hat wie Rizinusöl". [79]

Am 1. November 1945 traten dann neue Versorgungssätze in Kraft, die von jetzt an in der gesamten Sowjetischen Besatzungszone Gültigkeit haben und Verbesserungen auch für die Leipziger mit sich bringen sollten. [80] Die Versorgungsverwaltungen gaben sich jetzt deutlich Mühe, die neuen Normen zu erfüllen und auszugeben. In der Tat zeigt ein Überblick, daß sich die Versorgung mit Fleisch und Fleischwaren ab Mitte November 1945 spürbar verbesserte. Ein Beispiel: Wurden der Gruppe V, die immer das Schlußlicht bei der Zuteilung darstellte, von Mitte August bis Mitte November pro Zuteilungsperiode [81] 100 g Fleischwaren zugeteilt, in der Woche also gerade 25 g, so verdreifachte sich diese Menge im November und Dezember. Über die Kartoffelversorgung im Winter 1945/46 läßt sich leider aufgrund der Quellenlage wenig Verläßliches aussagen. Es scheint aber, daß es möglich war, im letzten Vierteljahr 1945 pro Person und Monat zwischen zehn und zwölf Kilogramm (kg) aufzurufen. [82] Im November gelang es sogar, den Engpaß in Molkereiprodukten vorübergehend zu entschärfen.

Im Januar 1946 wurde Stadtkommandant N. I. Trufanow zur Sowjetischen Militäradministration für Sachsen nach Dresden versetzt; [83] sein Nachfolger in Leipzig war zunächst Oberst Borissow, [84] ihm folgte 1947 Oberst Lewischin. [85] Bei einer Kundgebung im Neuen Schauspielhaus betonte der Oberbürgermeister voller Dankbarkeit, daß die Stadtverwaltung immer bei der russischen Besatzungsmacht volles Verständnis für ihre Nöte, Unterstützung und Hilfe gefunden habe. Gleichzeitig entwickelte Zeigner die Vision eines „neuen Leipzig": „Man kann den Forderungen des Tages nicht gerecht werden, wenn nicht ein größeres Ziel vor der Seele steht. Und dieses Ziel heißt: Leipzig muß mehr werden als es war! Es muß das Zentrum werden des mitteldeutschen Raumes..." [86]

Die Verantwortlichen für das „Tagesproblem" Ernährung wagten im Januar 1946 dagegen nur Prognosen für die ersten drei Monate des neuen Jahres: „Die Zuckerbestände Sachsens gehen diesen Monat zu Ende, der Fleischbedarf ist aus eigenem Aufkommen nur zu etwa 40 bis 50 von Hundert gedeckt, die Butterproduktion in den ersten Monaten des Jahres reicht nur zu etwa 75 von Hundert für die Belieferung der Lebensmittelkarten aus, die Vorräte an Brotgetreide werden bis Ende des ersten Quartals 1946 aufgebraucht sein." [87] Umfangreiche Lieferungen von Gebieten außerhalb Sachsens wurden notwendig: Im Laufe des Jahres war es möglich, 272.000 Tonnen Brotgetreide und 88.000 Tonnen Kartoffeln, 80.000 Tonnen Zucker, 38.000 Tonnen Gemüse und 8.500 Tonnen Fleisch aus den Ländern und Provinzen der SBZ nach Sachsen einzuführen. [88]

Anfang Februar nahm die Leipziger Universität mit einem Festakt im „Capitol" die wissenschaftliche Arbeit wieder auf, und Anfang März begannen etwa zweihundert „Arbeiterstudenten" mit der Vorbereitung auf das Studium in der Vorstudienanstalt Leipzig. [89] Ebenfalls im „Capitol", am Sonntag, dem 31. März 1946, fand der Vereinigungsparteitag der Leipziger Arbeiterparteien statt. Die neue Partei machte die einstige Forderung des Bezirkskomitees Freies Deutschland aus den ersten Nachkriegstagen geschickt zu ihrer Losung: „Die Sozialistische Einheitspartei Deutschlands – das *ist* Frieden, Freiheit und Brot!" [90]

Zwei Nahrungsmittel bereiteten den Leipziger Versorgungsplanern 1946 größte Schwierigkeiten: die Fettversorgung blieb mangelhaft, und über längere Zeit konnten keine Kartoffeln ausgegeben werden. Die Fettration für Versorgte der Gruppe V sank im Dezember 1946 wieder auf 100 g monatlich ab. In den Vormonaten war es immerhin noch möglich gewesen, dieser Gruppe etwas mehr als 200 g zur Verfügung zu stellen, was einer Tagesration von ungefähr 6 g entsprach. Das Problem der „Fettlücke" bestand nach Angaben des sächsischen Ministers für Handel und Versorgung, Dr. Georg Knabe (CDU), für alle Großstädte des Landes.

„Herrlicher Sonnenschein, ein Autogewühl wie in der besten Vorkriegszeit und Menschen über Menschen, das ist das Bild der Messestadt." [91] Auf den Tag genau ein Jahr nach Unterzeichnung der Kapitulationsurkunden, am 8. Mai 1946, konnte die erste Leipziger Nachkriegsmesse ihre Pforten öffnen: Die Messeleitung zählte 2.771 Aussteller und mehr als 172.000 Besucher, immerhin rund 12.500 waren aus den Westzonen und Westberlin und rund zweihundert aus dem „kapitalistischen Ausland" angereist. [92] Für die Leipziger begann noch im selben Monat die schwere Kartoffelkrise des Jahres 1946. Nachdem die Einkellerungskartoffeln aufgezehrt waren, gab es ab Mai keine weiteren Lieferungen. [93] Eine Begründung für den monatelangen, gänzlichen Ausfall der Kartoffellieferungen ließ sich nicht eindeutig ausmachen. Ein Grund dafür mag in der Bodenreform liegen, welche die leistungsfähigen Agrarfabriken des Großgrundbesitzes enteignete und parzellierte. Die neuen Kleinbauern jedoch produzierten nicht für den Markt, sondern bauten für den Eigenbedarf an. Man versuchte, diese „schlimme, die kartoffellose Zeit", [94] durch Gemüselieferungen notdürftig zu überbrücken. [95] Im Juni 1946 richtete das Ernährungsamt der Stadt einen dramatischen Aufruf an die sächsischen Bauern: „Die sächsischen Bauern", appellierte die Stadtverwaltung, „wollen nicht, daß in den Städten die Kinder, Frauen und Greise hungern." [96] Die Bauern wurden aufgefordert, den notleidenden Städtern dringend weitere Kartoffeln zukommen zu lassen. Doch auch bei der Wintereinkellerung 1946/47 konnte das gesteckte Ziel nicht erreicht werden. Es war anvisiert worden, in den beiden größten Städten Sachsens, in Dresden und Leipzig, für jeden Verbraucher 144 kg Kartoffeln bereitzustellen. Tatsächlich wurden für jeden Einwohner jedoch nur 100 kg zum Bezug freigegeben. Die Verhandlungen mit der SMAD über eine Erhöhung der Kartoffelration, die im Herbst 1946 stattfanden, waren offenbar gescheitert. In der Öffentlichkeit wurde verbreitet, die Aufstockung der Ration sei nicht durchführbar gewesen, weil „hauptsächlich durch Fäulnis ein erheblicher Ausfall eingetreten" sei. [97]

1946 gingen die Leipziger gleich dreimal an die Urnen: Am 30. Juni stimmten sie für den „Volksentscheid über die Enteignung der Betriebe der Kriegsverbrecher und Naziaktivisten", am 1. September entschieden sie in Gemeindewahlen über die Zusammensetzung des Stadtparlamentes und am 20. Oktober wurde in Sachsen der Landtag gewählt. [98]

Zum Jahreswechsel äußerte sich der Ernährungsdezernent der Stadt dennoch zuversichtlich: „Meine Mitarbeiter im Amt für Handel und Versorgung und ich blicken voller Hoffnung in das Jahr 1947. Wenn dieser Winter hinter uns liegt, werden sicherlich die größten Schwierigkeiten in der Versorgung der deutschen Bevölkerung überwunden sein." [99] Die Hoffnung trog. Zwei Naturereignisse prägten das Jahr 1947, die nachhaltige Auswirkungen auf die Versorgung hatten. Der strenge und ungewöhnlich lange Winter brachte viele in den ersten Monaten des Jahres in Not. [100] Der folgende Sommer war von Hitze und Dürre bestimmt, so daß die Ernte hinter allen Erwartungen zurückblieb. [101]

Der schwere Winter 1946/47 habe überall die Not verschärft, berichtet Gordon Schaffer, „und es besteht kein Zweifel, daß die Bevölkerung hungert, obwohl sie keineswegs verhungert." [102] Wieder spitzte sich die Lage nach der Frühjahrsmesse zu, die vom 2. bis 8. März stattfand und über 270.000 Besucher in die Stadt brachte, 34.650 davon aus den Westzonen und dem westlichen Ausland. [103] Sozialbürgermeister Eichelbaum erklärte vor der Stadtverordnetenversammlung, „daß ein großer Teil der Bevölkerung nicht mehr oder nur in sehr geringem Umfange über Lagermengen an Kartoffeln und Kohlen" verfüge. [104] Im März hatte das Sozialamt eine Umfrage bei 966 Haushalten der Stadt durchgeführt; 70 Prozent dieser Haushalte hatten zu diesem Zeitpunkt keine Kartoffeln und 75 Prozent hatten keine Kohlen mehr, 27 Prozent verfügten nurmehr über geringe Mengen Kartoffeln, und 17 Prozent besaßen weniger als einen Zentner Kohlen. [105] Angesichts der dramatischen Lage in der Stadt telegraphierte das Stadtparlament an Landesregierung und Landtag: "... erhebliche Teile der Bevölkerung befinden sich in größter Not. Leben und Gesundheit sind gefährdet. Die Regierung wird um Maßnahmen zur Überbrückung des akuten Notstandes ersucht, da Folgen sonst unabsehbar. Verschärft wird die Notlage durch ungenügende Versorgung mit Brennstoffen. Regierung wird um unverzügliche Verhandlungen mit der SMAD mit dem Ziel einer Milderung dieses Notstandes gebeten." [106] Der verhängnisvolle Mangel war nicht nur auf die vorzeitige Verwendung eingekellerter Kartoffeln durch die Verbraucher zurückzuführen. Die extremen winterlichen Fröste ließen große Mengen von Kartoffeln in Kellern und Mieten erfrieren und verderben. [107] Es kam hinzu, daß selbst im April 1947 noch nicht alle Kartoffelmarken voll beliefert waren. [108] Nach dem gültigen Versorgungsplan hätten die zugeteilten Kartoffeln aber bis zum 19. Mai 1947 reichen sollen. [109] Als Ersatz für die fehlenden Kartoffeln mußten die

Leipziger schließlich mit Essiggemüse Vorlieb nehmen. [110)]
Der strenge Winter, der Zuzug von Flüchtlingen und Umstellungen bei den Versorgungsgruppen hatten zur Folge, daß der Plan auch für das zweite Quartal des Jahres nicht rechtzeitig aufgestellt werden konnte. Im April und Mai kam es so über die Kartoffelkrise hinaus zu weiteren Rückständen in der Versorgung mit Fleisch und Fett. [111)] Quark oder Käse gab es im Mai und Juni für die große Mehrzahl der Leipziger überhaupt nicht, im Juli und August mußten die „Angestellten", die zahlenmäßig stärkste Verbrauchergruppe, wöchentlich mit weniger als 50 g Quark haushalten. Nachdem es schon seit Mai keine Kartoffelzuteilungen mehr in Leipzig gegeben hatte, [112)] erreichte die Kartoffelkatastrophe Anfang August 1947 ihren Höhepunkt. Die Provinz Sachsen-Anhalt stellte plötzlich ihre Lieferungen in die Stadt ein, um -nach Meinung der 'Leipziger Volkszeitung'- zunächst in ihren Gebieten Vorschußmengen an die eigene Bevölkerung auszugeben. „Nur ein paar Kilometer von Leipzig entfernt erhält die Bevölkerung nicht nur die ihr zustehenden Lebensmittelrationen pünktlich", kritisiert das Blatt, „sondern zum Teil noch auf Vorrat, während die Einwohner der Großstadt Leipzig Not leiden." [113)] Lieferkreise und Überschußgebiete haben die Tendenz, in Zeiten der Not möglichst zuerst die eigene Bevölkerung zu versorgen und ihren Lieferverpflichtungen an Zuschußgebiete in zweiter Linie oder gar nicht erst nachzukommen. Auch die öffentliche Diskussion konnte in diesem Falle die Fehlerquelle nicht eindeutig ausmachen; fest steht, daß für die „Kartoffelpanne" und die „Kartoffelgrenze", wie die 'Leipziger Zeitung' formulierte, die Verantwortung nicht bei der Leipziger Ernährungsverwaltung zu suchen war. [114)] Die Verteilungsfehler wurden entweder von der Provinzialverwaltung in Halle oder der Landesverwaltung in Dresden verschuldet. [115)]
Das Kartoffelproblem belastete die Bürger der Stadt während des ganzen Jahres. Über den Winter, bis Ende April 1948, standen den großstädtischen Verbrauchern auf dem Papier jeweils 112 kg zu. Auf Anordnung der Landesregierung mußten aber von den für die Stadt Leipzig bestimmten Kontingenten Kartoffeln für Zwickau und Dresden abgezweigt werden. Die Folge davon war, daß Anfang Dezember gerade 63 Prozent der Leipziger Bevölkerung vollständig mit Winterkartoffeln beliefert werden konnten, [116)] am 17. Dezember hatten 160.000 Leipziger noch keine einzige Kartoffel erhalten. [117)] Das kommunale Ernährungsamt forderte unter diesen Umständen die zusätzliche Freigabe von Saatgutkartoffeln aus sächsischen Kreisen, um die Zuteilung für alle Leipziger normgerecht gewährleisten zu können. [118)] Diese Forderung kennzeichnet ein typisches Dilemma der Ernährungsbüro-

kratie jener Zeit: die immer wieder grundsätzliche Entscheidung, ob Saatgutkartoffeln zur Linderung der größten Versorgungsnot freigegeben werden sollten oder nicht.

Nach Angaben des Oberbürgermeisters [119] fehlten am Ende des Jahres 1947 68.276 Wohnungen; der Wiederaufbau war nur äußerst schleppend vorangegangen. Es fehlte an Lebensmitteln, Kohlen und auch an Baumaterialien: 1947 waren der Stadt gerade 1.000 Tonnen Zement, knapp 3.000 Quadratmeter Glas, knapp 50.000 Quadratmeter Dachpappe und 850 Kilogramm Nägel zugewiesen worden. Leipzig hatte sich in den ersten Nachkriegsjahren nicht nur als Messezentrum behaupten können, sondern war auch im Metallgewerbe führend geblieben: über die Hälfte aller Metallbetriebe in der Sowjetischen Besatzungszone waren in Leipzig ansässig, 38.000 Leipziger waren allein in dieser Branche beschäftigt. Mit 18.500 Beschäftigten stand die papierverarbeitende Industrie an zweiter Stelle, es folgten das Textil- und Bekleidungsgewerbe mit zusammen 17.500 Mitarbeitern, die chemische Industrie und die Gummi- und Asbestproduktion.

Im Jahre 1945 konnte die Versorgung der Leipziger Bevölkerung mit Brot, Nährmitteln und Zucker ohne erhebliche Mängel aufrechterhalten werden. Die Amerikaner engagierten sich in Leipzig nicht. Unter versorgungspolitischen Aspekten trieben sie eine Politik der leeren Läger. Dennoch kann die Brotversorgung trotz der Produktions- und Transportbehinderungen durch Kriegsende und Besatzungswechsel durchgehend als gesichert gelten. Auch im Jahr 1946 bereitete die Versorgung mit Getreideprodukten, also mit Brot und Nährmitteln, die wenigsten Schwierigkeiten – trotz relativ ungünstiger Ernteergebnisse. Die unregelmäßige Fettversorgung ließ sich nicht beseitigen, und beim Kartoffelnachschub klaffte bis zur Frühernte eine mehrmonatige Versorgungslücke. Im Jahre 1947 war es den Versorgungsämtern zu keinem Zeitpunkt gelungen, die Kartoffelversorgung auch nur annähernd befriedigend sicherzustellen. Der Mangel an Vieh, insbesondere an Milchvieh, verursachte andauernde Schwierigkeiten bei der Versorgung mit Fleisch, Fleischwaren und Molkereiprodukten. Die Brot- und Nährmittelversorgung dagegen blieb auch in diesem Jahr, gemessen an den Umständen der Zeit, reibungslos.

Der Großteil der Großstadtbevölkerung war auf Gedeih und Verderb den offiziellen Rationen ausgeliefert. Andauernde Unterversorgung prägte nach dem Krieg die Alltagserfahrung der Leipziger: Ein jahrelanges Fett- und Fleischmanko, vor allem aber Extremfälle wie der monatelange völlige Ausfall der Kartoffelrationen, wirkten sich nicht nur bedrohlich auf die physische Verfassung aus, sondern bestimmten die politische Stimmung in der Stadt entscheidend mit. Ein Klima aus Rationenkampf, Versorgungspanik und Überlebensangst trug jedoch keineswegs dazu bei, den Bürgerinnen und Bürgern der Messestadt eine Besatzungspolitik glaubhaft zu machen, die womöglich auch darauf setzte, „die Deutschen" von der Überlegenheit des eigenen, des sozialistischen Systems zu überzeugen...

3.2. Sowjetische Besatzungspolitik: Versuch eines Modells?

Gerade auch die Geschichte der Versorgung reflektiert Bedingungen und Zielvorgaben sowjetischer Besatzungspolitik, die ihrerseits ungefähr den Prämissen sowjetischer Außen- und, insbesondere, Europapolitik folgte. Die Innenpolitik in den von der Roten Armee eroberten Ländern Europas wurde somit zum integralen Bestandteil sowjetischer Außenpolitik.

Sergej I. Tjulpanow [1], Oberst der Sowjetarmee, Teilnehmer des Bürgerkrieges, Politkommissar und Wissenschaftler, „bewährter Propagandist und Organisator internationalistischer ideologischer Arbeit", erhielt den Auftrag, „die verantwortliche und exponierte Funktion des Leiters jener Verwaltung der Sowjetischen Militäradministration zu übernehmen, der die politische Schlüsselstellung bei der Verwirklichung sozialistischer Besatzungspolitik zukam." [2] Tjulpanow wurde zum Leiter der Informationsverwaltung der Sowjetischen Militäradministration in Deutschland (SMAD) mit Dienstsitz in Berlin-Karlshorst berufen. Der Einfluß dieses Mannes, des obersten Politstrategen der sowjetischen Besatzungsmacht in Deutschland, [3] auf Parteien und Politiker, auf Presse und Publikationen kann gar nicht hoch genug eingeschätzt werden. Tjulpanow selbst schreibt über seine Tätigkeit: „Da aber die Demokratisierung des gesellschaftlichen Lebens Bestandteil *aller* [4] Maßnahmen, ganz gleich auf welchem Gebiet, war, nahmen die Mitarbeiter der Informationsverwaltung an der Durchführung aller Reformen und Maßnahmen in der Besatzungszone teil: an der Organisierung des Volksentscheids über die Enteignung der Nazi- und Kriegsverbrecher, an der Durchführung der demokratischen Schulreform und an der Bildung der örtlichen Verwaltungsorgane." [5] Eine vergleichbar machtvolle Position hatte nur noch der Politische Berater des Obersten Chefs der SMAD, der Diplomat Wladimir S. Semjonow, inne. „Er und Oberst Sergej I. Tjulpanow, der als Chef des Parteiaktivs (des Kerns der Parteiorganisation) der SMAD einer der wichtigsten KPdSU-Funktionäre der Behörde wurde, waren wohl die Persönlichkeiten, die die Politik der SMAD am nachhaltigsten bestimmten und zugleich (vor allem Tjulpanow) den stärksten Einfluß auf die politische Entwicklung des

Besatzungsgebietes nahmen. Denn in ihre unmittelbare Verantwortung fiel die Anleitung und Kontrolle aller politischen Aktivitäten der Deutschen."[6] Die folgende Skizze „sozialistischer Besatzungspolitik" (Tjulpanow) in der SBZ versucht, diese biographische Quelle einzubeziehen, indem sie Aussagen und Überlegungen des Besatzungsoffiziers mit den Ergebnissen bundesdeutscher Forschungen kontrastiert.[7]

Der deutsche Überraschungsangriff von 1941, unfaßbare Dimensionen des Verlustes an Menschen und Material, zerstörte Städte und verwüstetes Land: die Erfahrung des verheerenden Krieges bildete die Grundlage jeglicher sowjetischer Politik nicht nur in der unmittelbaren Nachkriegszeit.[8] Das Streben nach äußerer Sicherheit, seit 1917 eine Grundkonstante sowjetischer Außenpolitik, gewann mit dem Zweiten Weltkrieg absolute Priorität: sämtliche außenpolitischen Politikmodelle [9] mußten zuallererst dieser obersten Leitlinie gerecht werden – andere Ziele wie der wirtschaftliche Wiederaufbau der Sowjetunion oder die Sicherung „innerer Stabilität und Prosperität" [10] dienten diesem Ziel oder waren -im Konfliktfalle- nachgeordnet. Sicherheit sollte gewährleistet sein gegen einen möglicherweise wiedererstarkenden Aggressor Deutschland und gegen die kapitalistischen Mächte, wobei die Truppen der neuen Vormacht im westlichen Lager, der USA, nunmehr der Roten Armee mitten in Europa – und nicht nur auf deutschem Boden- gegenüber standen. Die „radikal dichotomische Natur des Weltbildes der damaligen sowjetischen Führer" [11]: Sozialismus versus Kapitalismus ging dabei keineswegs mit außenpolitischem Dogmatismus einher. Westliche Kommentatoren sind sich heute darin einig, daß die Sowjetunion in der unmittelbaren Nachkriegszeit prinzipiell eine offene und pragmatische Außenpolitik verfolgte.[12] Drei grundsätzliche Überlegungen lassen sich für den außenpolitischen Kurs Stalins rekonstruieren. Erstens konnte der Kremlchef auf die Botmäßigkeit der Roten Armee und der auswärtigen kommunistischen Parteien setzen. Diese beiden Machtinstrumente mußten uneingeschränkt im Interesse der Sowjetunion eingesetzt werden. Die Europapolitik durfte zweitens nicht monolithisch konzipiert sein, sondern mußte die ganz unterschiedlichen Ausgangspositionen in Osteuropa, Deutschland und Westeuropa berücksichtigen. Drittens: Sowjetische Außenpolitik wollte zwar der Expansion des amerikanischen Kapitalismus Einhalt gebieten wo immer möglich, war zugleich aber auch gehalten, die neue Kontinentalmacht USA nicht „unnötig" herauszufordern.[13] Es lassen sich drei unterschiedliche außenpolitische Aktionsmodelle unterscheiden, die, unter den jeweiligen regionalen geopolitischen und innenpolitischen Bedingungen, optimale Realisationschancen für diese Leitgedanken bieten sollten. In den von der Roten Armee besetzten Gebieten Europas und Asiens war es möglich, den kommunistischen Parteien -zunächst mit Hilfe von Volksfrontregierungen- an die Macht zu verhelfen. Osteuropa konnte auf diese Weise zu einem sowjetfreundlichen Glacis umgestaltet werden. Im Gegenzug hielt Stalin im „primären Expansionsbereich des amerikanischen Kapitalismus" still: In West- und Südeuropa, aber auch in China, sollten die bestehenden wirtschaftlichen und politischen Verhältnisse nicht in Frage gestellt werden. Die kommunistischen Bewegungen dieser Regionen wurden von Moskau geradezu an der kurzen Leine gehalten. Im gemeinsam besetzten Deutschland, also im unmittelbaren Kooperationsbereich mit den Westmächten, „wurde versucht, sowohl Garantien für eine künftige sowjetfreundliche Haltung zu erhalten, als auch eine Auslieferung des deutschen Industriepotentials an den angelsächsischen Kapitalismus zu verhindern." [14] Mehrgleisigkeit, Widersprüchlichkeit, Offenheit und Opportunismus: Diese Prädikate sind es, welche die sowjetische Deutschland- und auch Europapolitik am Ende des Zweiten Weltkrieges treffend kennzeichnen. [15] „Jedermann weiß, daß die vielfach vereinfachten Vorstellungen von einer überlegt geplanten, durchgehend expansiven sowjetischen Außenpolitik in der Kriegs- und Nachkriegszeit, die in Teilen der Geschichtsschreibung der fünfziger und sechziger Jahre ihren Niederschlag gefunden haben, auch den politischen Geist der Zeit zum Ausdruck brachten." [16] Im Kontext des Kalten Krieges erschienen die Geschichte und die Vorgeschichte des anderen deutschen Staates, im Gegensatz zum Werdegang der Bundesrepublik, demgemäß „als Plan-Produkt, als Ergebnis eines Epochen-Kalküls, das -noch im Kriege in Moskau entworfen- unbeirrt verfolgt, schrittweise verwirklicht wurde". [17] Wie eine Antwort auf dieses probate, westliche Deutungsmuster muten die wiederholten Beteuerungen Tjulpanows an, eine von langer Hand geplante Konzeption der Besatzungspolitik habe es nicht gegeben, so „wie man sich das vielleicht heute vorstellt, das heißt eine Konzeption, die all unsere konkreten Schritte, die Art der Hilfe für die wiederaufzubauenden demokratischen Massenorganisationen und Parteien, die Ziele und Modalitäten der Kontrolle, die eigenen praktischen Vorhaben und vieles andere festgelegt hätte. Auf jeden Fall lag eine solche in schriftlicher Form nicht vor." Tjulpanow bestätigt die Ansicht von einer global wie regional prinzipiell offenen, situationsbedingten Handlungsweise: „Ich maße mir nicht an, über all meine Vorgesetzten zu urteilen, glaube aber, daß auch sie nicht über eine geschlossene konzeptionelle Vorstellung verfügten. Erst in der politischen Praxis entstand eine solche Konzeption, nahm dabei immer konkretere Formen (und Formulierungen) an. Das ist völlig legitim." [18] Freilich, so Tjulpanow weiter, habe es „theoretische Grundsätze gegeben, von denen man ausgehen konnte und die danach vom Leben bestätigt" worden seien. [19] Sowjetische Sicherheits- und Wiederaufbauinteressen als Leitlinien sowjetischer Europapolitik bedeuteten, auf Deutschland angewandt:

Erstens: Sowjetische Deutschlandpolitik mußte darauf ausgerichtet sein, ein Maximum an politischem und ökonomischen Einfluß nicht nur in der eigenen Besatzungszone auszuüben, sondern auf ganz [20] Deutschland zu erlangen. Aus diesem Grundsatz ergaben sich zwei Folgerungen: Stalin gab im März 1945 die während des Krieges vielfach geäußerten Zerstückelungspläne auf; jetzt gewann sein Wort an die Rote Armee von 1942 politische und propagandistische Bedeutung: "... die Hitler kommen und gehen, aber das deutsche Volk, der deutsche Staat bleibt." [21] Die Politik in der eigenen Besatzungszone war dem Ziel, Optionen auf die Westzonen und deren Wirtschaftspotential offen zu halten, bis auf weiteres unterzuordnen. Tjulpanow formuliert diesen Zusammenhang so: „Das... Problem bestand in der besonderen Rolle der nationalen Frage, deren politische und praktische Bedeutung von Monat zu Monat zunahm. Dies wirkte sich sowohl auf die Theorie als auch die Praxis der revolutionären Umgestaltungen in der sowjetischen Besatzungszone aus." Der sowjetische Besatzungspolitiker spricht allgemein von der „dialektischen Beziehung zwischen der nationalen Frage, dem Problem der revolutionären Umgestaltungen in der sowjetischen Besatzungszone und dem Problem der Einheit Deutschlands". [22] Ein weiteres Axiom der Besatzungspolitik im Nachkriegsdeutschland klingt hier schon an: die politische Konkurrenz mit den Westalliierten. Besatzungspolitische Entscheidungen und Maßnahmen hatten zunächst natürlich unmittelbare Auswirkungen auf die eigene Zone, sie tangierten jedoch immer auch Interessen und Politik jenseits der Zonengrenzen. Mögliche Reaktionen der drei Westmächte, aber auch deutsche Reaktionen in den Westzonen, mußten in der besatzungspolitischen Praxis folglich von vornherein bedacht und einkalkuliert werden. Dieses Wechselverhältnis, das diffizile Geflecht von politischer Aktion und Reaktion auf deutschem Boden, wurde von Stalin und seinen Außenpolitikern für die Durchsetzung der eigenen Politik zunächst durchaus nicht als problematisch oder gar hinderlich betrachtet; im Gegenteil, in Moskau ging man nach dem Krieg von „einem erheblichen Prestigegewinn der Sowjetunion" aus. [23] Aus sowjetischer Sicht konnte eine Resonanz bei den Besetzten durchaus auch Chancen für eine offensive sowjetische Deutschlandpolitik eröffnen. Indirekt bestätigt auch Tjulpanow, daß die sowjetischen Besatzungspolitiker den Versuch unternahmen, sich so sensibel und flexibel wie möglich diesem System von Bedingungen und Abhängigkeiten der Besatzungspolitik in

Deutschland anzupassen: „Natürlich waren nicht alle konkreten Maßnahmen von Anfang an von der SMAD oder von der Parteiführung der SED vorausbestimmt, wie auch das Tempo der sozialökonomischen Umgestaltung nicht genau festgelegt werden konnte, obwohl all das im Prinzip bereits vor der vollständigen Zerschlagung des Faschismus formuliert worden war. [24] Die von der SMAD und der SED ergriffenen praktischen Maßnahmen berücksichtigten genauestens die Veränderungen des Kräfteverhältnisses, die als Ergebnis der allgemeindemokratischen Maßnahmen in unserer Besatzungszone sowie der Hindernisse bei ihrer Durchführung in den Westzonen eintraten, die Formen und Methoden des Klassenkampfes in der sowjetischen wie in den anderen Besatzungszonen und die Spalterpolitik, die die Westmächte sehr bald betrieben, sowie vieles andere mehr." [25]

Zweitens: Sowjetische Besatzungspolitik war immer auch Reparationspolitik. Der Bedarf an solchen Leistungen kann gar nicht überschätzt werden. [26] Tjulpanow äußert sich zum Reparationenproblem -wie erwartet- wortkarg. „Die Russen nehmen ebenfalls Reparationen. Ja, wir nehmen sie. Wir haben ein moralisches Recht, sie zu nehmen. Jeder aufrichtige deutsche Demokrat versteht, daß die deutsche Bevölkerung, und damit auch die Berliner Bevölkerung, eine moralische Verpflichtung hat, den angerichteten Schaden, wenn auch nur zum Teil, wiedergutzumachen." [27] In der besatzungspolitischen Praxis sollte sich jedoch bald zeigen, daß der Anspruch, -gerade auch im Interesse der eigenen Reparationspolitik- maximalen Einfluß auf ganz Deutschland zu erlangen, mit einer harten Entnahmepraxis in der eigenen Zone kollidierte und nicht vereinbar war. Tjulpanow erwähnt diesen gravierenden Zielkonflikt zwischen moderater gesamtdeutsch orientierter Politikkonzeption einerseits und konsequenter zonaler Ausbeutung andererseits nicht. Die beiden Grundsätze sowjetischer Besatzungspolitik werden zwar benannt, jedoch nicht hinsichtlich ihres Verhältnisses zueinander reflektiert.

Für die unmittelbare Nachkriegszeit, genauer: bis zum Winter 1947, können wir auf jeden Fall davon ausgehen, „daß die sowjetische Deutschlandpolitik... weder auf eine Teilung Deutschlands, noch auf eine Unterwerfung und Sowjetisierung ausgerichtet war. Man hielt von sowjetischer Seite vielmehr an dem Ziel wirtschaftlicher Ausbeutung im Rahmen der alliierten Reparationspolitik fest und bemühte sich auch um eine kurzfristige tragfähige Plattform für eine gemeinsame Besatzungspolitik in Deutschland." [28]

„Wir haben Berlin erstürmt, doch die Seelen der Deutschen werden wir erst erkämpfen müssen. Das wird eine schwere Schlacht sein,... Ich möchte glauben, daß uns auch an dieser Front ein glänzender Sieg erwartet." [29] Marschall Schukow, [30] der Oberste Chef der SMAD, soll mit diesen programmatischen Worten im Mai 1945 vor den Soldaten des Parteiaktivs der Berliner Garnison die künftige Hauptaufgabe sowjetischer Besatzungspolitik gekennzeichnet haben: den „Kampf um die Herzen der Deutschen", wie Tjulpanow ergänzt. Die Besatzungsoffiziere sollten versuchen, „möglichst breite Schichten der Bevölkerung für die antifaschistisch-demokratische Umwälzung heranzuziehen." [31] Noch im April 1947 instruierte der Chef der Informationsverwaltung seine Mitarbeiter: „In diesem Sinne stellt das, was wir zur Demokratisierung Deutschlands getan haben, inwieweit es uns gelungen ist, Gruppen und breite Schichten der Bevölkerung zu gewinnen, die später auf demokratischen Positionen stehen werden, bereits heute eine Unterstützung für den Kampf dar, den unsere Delegation auf der Moskauer Konferenz (...) führt." [32] Es gelte, so Tjulpanow in jener selbstkritischen, nur für den Dienstgebrauch bestimmten Rede, das Vertrauen der Deutschen zu gewinnen; um dieses -freilich politische- Ziel zu erreichen, müsse eigenes Mißtrauen abgebaut und auf „administrativen Druck" verzichtet werden: „Das sind gerade die Mängel, die sehr ernst zu nehmen sind. Die Ursache dafür, daß man uns mitunter kein Gehör schenken will, sollten wir bei uns selbst suchen." Tjulpanows Kritik an der gängigen Besatzungspraxis gipfelte in der Forderung, „daß wir, wenn wir von hier fortgehen, Hunderte von Menschen hinterlassen, die die sowjetische Politik in Deutschland wirklich verstanden haben, diese propagieren und unterstützen." [33] Noch im Frühjahr 1947 schien es den sowjetischen Besatzungspolitikern offenbar möglich, die Deutschen für sich zu gewinnen. Im Laufe des Jahres sollte sich diese Einschätzung allerdings entscheidend ändern. Da sowjetische Politik in den ersten Nachkriegsjahren immer Gesamtdeutschland im Blick behielt, zwischen zonaler und nationaler Politik oszillierte, darf als sicher gelten, daß das Überzeugungskonzept auch für die Westzonen Geltung haben sollte. Um die Deutschen für die eigene Sache einzunehmen, sollte mit der SBZ ein Modell geschaffen werden, das problemlose Akzeptanz auch im Westen versprach, zu einem späteren Zeitpunkt also leicht auf ganz Deutschland ausgedehnt werden konnte. Tjulpanow, welcher der deutschlandpolitischen Falken-Fraktion [34] zugerechnet wird, ist sicherlich ein unverdächtiger Zeuge für das Modellkonzept; er bestätigt die bereits 1966 aufgestellte These, wonach „die Sowjetzone ein Modell der politischen und gesellschaftlichen Verhältnisse darstellen (sollte), die Sowjetrußland in ganz Deutschland einzuführen wünschte." [35] Auch Tjulpanow spricht ausdrücklich von der „Gewinnung der Deutschen". [36] Zum „Modell Deutschland" auf sowjetisch besetztem Boden gehörte: die schnelle Gründung von Parteien und Behörden [37], die sich in Berlin etablierten und reichsweite Geltung reklamierten, die Einbindung der bürgerlichen Politiker im Block der antifaschistisch-demokratischen Parteien, die strikte Hintanstellung von Sozialisierungs- oder gar Sowjetisierungsforderungen, die Propagierung eines „besonderen deutschen Weges zum Sozialismus", [38] eine -trotz Bodenreform, Vereinigungsdruck, Entnazifizierung und Enteignung bis 1947- maßvoll zu nennende, nicht genuin sozialistische Umgestaltungspolitik, schließlich die Durchführung eingeschränkt freier Wahlen.

Das Modellkonzept hatte seine Vorläufer in den Plänen für ein „neues Deutschland", die Kommunistische Internationale (Komintern) und KPD während des Krieges entwickelt hatten. [39] So war der Weltkongreß der Komintern in Moskau 1935 von der Überlegung ausgegangen, daß für eine Übergangszeit die bürgerlich-demokratische Republik wiederherzustellen sei. Eine Volksfront-Regierung sollte im Rahmen einer „Demokratischen Republik" die Sozialisierung vorbereiten und die „Vorrechte" des Großkapitals beseitigen, hatte Anton Ackermann damals gefordert. [40] Dabei wollte man freilich darauf verzichten, diese Phase ausdrücklich als Übergangsperiode zum Sozialismus zu kennzeichnen. Bürger und Bauern sollten unter Führung der „proletarischen Einheitsfront" in die Umgestaltungen eingebunden werden. Mit dem Hitler-Stalin-Pakt und dem Kriegsbeginn hatten die Argumente der Komintern jedoch völlig an Überzeugungskraft verloren. Nach dem deutschen Überfall auf die Sowjetunion kam das 1935 entwickelte Republikmodell modifiziert zu neuen Ehren: noch deutlicher wurde jetzt die Mitarbeit aller Bevölkerungsschichten akzentuiert – zu Lasten des sozialrevolutionären Impetus. Noch im Krieg sollten breite nationale Bündnisse gemeinsam auf den Sturz des Faschismus hinarbeiten; solche „Nationale Fronten" sollten aber kein Programm, keine Vision für die Zeit nach dem Krieg entwickeln, um nicht, wie es Georgi Dimitroff formulierte, „jene Kreise der Kleinbourgeoisie, der Intelligenz und der Bauern abzustossen, die ehrlich hinter der nationalen Befreiungsbewegung stehen" [41]. Die KPD formulierte demzufolge 1944 das Konzept vom „Block der kämpferischen Demokratie". Anton Ackermann dachte sich diesen Block als „die nationale Wiederaufbau- und die demokratische Erneuerungsbewegung, die alle Kräfte des schaffenden deutschen Volkes aus allen Gauen, allen Altersstufen und Berufen über die weltanschaulichen und politischen Unterschiede hinweg erfaßt". Zu den „unmittelbarsten und dringlichsten Aufgaben" zählte der Entwurf des Aktionsprogrammes die Friedenssicherung, die „Sicherung der Freiheit und der Volksrechte", die Sicherstellung der Arbeit und die „Sicherung der Ernährung des Volkes". [42]

Der Sowjetführung schien dieses Konzept bei Kriegsende gerade auch für die deutschen Besatzungsverhältnisse adäquat. Vieles spricht denn auch „für die Annahme, die Sowjet-Führung sei von der Hoffnung ausgegangen, die Zusammenarbeit mit den Westmächten über das Kriegsende hinaus erhalten zu können, und sie habe sich auch deshalb darum bemüht, in ihrem eigenen Machtbereich wie in der kommunistischen Bewegung der westlichen Länder zunächst eine Politik zu gewährleisten, die diese Kooperation nicht entscheidend behinderte." [43] Das Nachkriegskonzept der kommunistischen Parteien trug also den sowjetischen Sicherheitsinteressen und den spezifischen Bedingungen kommunistischer Politik in Ost- wie in Westeuropa Rechnung: „Beides, die soziale und politische Umwandlung Osteuropas und die Mäßigung der Kommunisten im Westen, nützten der Sowjetunion und waren geeignet, ihr außenpolitischen Schutz für den Wiederaufbau des zerstörten Landes zu verschaffen. (...) Diese gemäßigte Politik in Ost wie West bedeutete keineswegs einen endgültigen Verzicht auf eine spätere radikale Gesellschaftspolitik, wenn auch offenbleibt, ob diesen Erwägungen ein eher lang- oder kurzfristiges Kalkül zugrunde lag." [44]

Die Taktik, sich mit einer Modellrepublik alle denkbaren Deutschlandoptionen so lang als möglich offen zu halten, stieß auf Widerstände. Die deutschen Genossen, die das nationalsozialistische Regime in Illegalität, Gefängnissen und Konzentrationslagern erlebt und überlebt hatten, wollten die Revolution. Anton Ackermann berichtet aus Sachsen: „Mit manchen Genossen der eigenen Partei und anderen Antifaschisten waren klärende Auseinandersetzungen notwendig, denn viele hingen noch an Vorstellungen aus der Zeit vor 1933. Die rote Arbeiter- und Bauern-Armee stand im Land – waren damit etwa nicht die Errichtung der Sowjetmacht und der Aufbau des Sozialismus auf die Tagesordnung gesetzt?" [45] Es bedurfte größerer Anstrengungen der Moskauer Gruppe, ihren Führungsanspruch und die vorerst zurückhaltende Linie gegen weite Teile der Partei durchzusetzen.

Auch den sowjetischen Besatzern fiel es offenbar schwer, die moderate Taktik zu akzeptieren und in die Praxis umzusetzen. Oberst Tjulpanow sah sich deshalb dazu veranlaßt, in der Zeitung für die sowjetischen Militärangehörigen und die Mitarbeiter der SMAD, 'Sowjetskoje slowo', zu verbreiten, „daß unsere Arbeit in Deutschland und unsere Hilfe für das deutsche Volk bei der demokratischen Umgestaltung nicht zuletzt dazu dienten, die Ergebnisse unseres Sieges im Großen Vaterländischen Krieg zu festigen. Dies erforderten... unsere Staatsinteressen, und es sei folglich unsere Pflicht als sowjetische Patrioten." [46] Tjulpanow sprach die psychischen Barrieren an, die das einst umgekehrte Verhältnis von Besatzern und Besetzten belastete. „In einer Beratung hatte ich von der Notwendigkeit gesprochen, eine solche

Lage zu schaffen, daß uns die Deutschen (die demokratischen Kräfte und die breiten Schichten der werktätigen Bevölkerung insgesamt) vertrauen. Die Mitarbeiter der Informationsabteilungen in den Provinzen und Ländern waren damit einverstanden, stellten aber auch zum Teil Gegenfragen: 'Warum müssen gerade wir ihr Vertrauen gewinnen? Ist es nicht eher umgekehrt, sie sollten sich um unser Vertrauen, das Vertrauen der sowjetischen Menschen, bemühen?'" [47] Nicht von allen Besatzungsoffizieren konnte man auf Grund ihrer Besatzungs- und Kriegserfahrungen, so der Oberst, verlangen, eine -dem Anspruch nach- konstruktive, gar exemplarische Besatzungspolitik umzusetzen. Er erinnere sich an zwei Hauptleute und einen Major, die man nicht habe zwingen wollen, am Wiederaufbau im Feindesland mitzuarbeiten: „Was wollten sie (die Deutschen, d.Verf.) denn bei uns? Bei mir im Gebiet Witebsk ist alles abgebrannt, und ich soll ihnen nun helfen, die Wirtschaft wiederaufzubauen, und ihnen Erklärungen geben? Das werde ich nicht tun." [48]

Das Modellkonzept traf nicht nur bei deutschen und sowjetischen Genossen auf wenig Gegenliebe: auch die breite Unterstützung durch alle Klassen und Schichten der Bevölkerung blieb aus. Goebbels Propagandamaschine hatte ein Russenbild gezeichnet, das nicht nur über den Krieg hinaus virulent war, sondern das sich nun zu bewahrheiten schien. Tjulpanow schreibt geradezu euphemistisch über die Fortwirkung nationalsozialistischer Haßtiraden im Nachkriegsdeutschland: „Trotz des Sieges der Sowjetunion über Hitlerdeutschland beeinflußte die These von der angeblichen wirtschaftlichen und kulturellen Rückständigkeit des 'bolschewistischen Rußland' auch weiterhin die Weltanschauung vieler Menschen; sie bewirkte eine 'vorsichtige' Haltung gegenüber den 'Russen', gegenüber ihren Anordnungen." [49] Für den Informationspolitiker gehörte daher die „Propagierung der Wahrheit über die Sowjetunion" zu den wichtigsten Aufgaben. [50] Die „antisowjetischen und antikommunistischen Stimmungen und Vorurteile" ließen sich durch Vorträge und Zeitungsartikel jedoch nicht überwinden. [51] Das lag freilich auch daran, daß die Besatzungserfahrungen, die die Deutschen mit der Roten Armee machten, das Russenbild nicht zu korrigieren vermochten. Der Alltag „sozialistischer" Besatzung ließ für die Deutschen Mustergültiges kaum erkennen, angefangen bei den Plünderungen und Vergewaltigungen beim Einmarsch der Kampftruppen bis zur rigiden Demontage- und Entnahmepraxis in der eigenen Zone.

Immer wieder stieß die Modellrepublik an die Grenzen, welche die wirtschaftlichen Interessen der Sowjetunion ihr setzten. „Versucht man..., die Widersprüche sowjetischer Deutschlandpolitik als Gegensätze im Politbüro und in den Stäben der SMAD zu begreifen, [52] so lassen sie sich freilich wiederum auf sachliche Gegensätze reduzieren. Was sollte die Priorität erhalten? Demontagen und Reparationen, also der Wiederaufbau Rußlands, oder das langfristige Ziel einer Gewinnung der Deutschen?... Alle diese Ziele ließen sich nicht gleichzeitig erreichen." [53] Spätestens im Laufe des Jahres 1947 mußten die sowjetischen Deutschland-Theoretiker feststellen, daß ihr Modellkonzept im Begriffe war, zu scheitern.

Die Außenministerkonferenzen im Frühjahr 1947 in Moskau und im Spätjahr desselben Jahres in London verliefen ergebnislos: 1947 zeigte sich für beide Seiten, daß an eine konstruktive gemeinsame Verwaltung in Deutschland nicht zu denken war. Der Kalte Krieg begann; mit dem Auszug der Sowjets aus dem Berliner Kontrollrat im Frühjahr 1948 wird der tiefe Dissens der Besatzungsmächte endgültig manifest. Die gesamtdeutsche Option des Modellkonzeptes war obsolet geworden, damit gewann die zonale Option an Relevanz: die Besatzungspolitik in der eigenen Zone bekam neue Konturen und nahm an Schärfe zu: „Mit der Abkehr von einer Deutschlandpolitik, die primär auf Gesamtdeutschland gerichtet war, und der Verlagerung des Schwerpunkts auf die eigene Besatzungszone (die freilich zunächst immer noch als deutscher 'Kernstaat' auf ganz Deutschland ausstrahlen sollte) änderte sich auch die Besatzungspolitik der UdSSR. Ihre bisherige Rücksicht auf die gesamtdeutsche Entwicklung, die gerade auch beim Aufbau des Parteiensystems eine erhebliche Rolle gespielt hatte, trat nunmehr noch stärker zurück hinter dem Bestreben, die Einbindung der Besatzungszone in den Machtbereich durch Übertragung der kommunistischen Herrschaftsmechanismen langfristig zu sichern." [54] Zunehmend entsprach die zonale Innenpolitik nicht mehr dem Bild einer Musterrepublik: weder die Deutschen der eigenen Zone, noch die Deutschen in den anderen Zonen konnten in dem System der SBZ ein Modell für ein künftiges Deutschland erblicken. Pressionen und Verfolgung setzten verstärkt ein: Im Dezember 1947 griff die SMAD zum zweiten Mal ohne Rücksicht auf die öffentliche Reaktion in die inneren Angelegenheiten einer bürgerlichen Partei ein, indem sie die CDU-Vorsitzenden Kaiser und Lemmer zum Rücktritt zwang. 1948 wurden die Ostberliner Zentralverwaltungen mit gesetzgeberischen Kompetenzen ausgestattet, die SED zur „Partei neuen Typus" umgewandelt, das duale Führungsprinzip abgeschafft, und Anton Ackermann widerrief seine hoffnungsvolle These vom „besonderen deutschen Weg zum Sozialismus". Ab 1948, so räumt auch Tjulpanow ein, habe sich das Leben in der sowjetischen Zone zu dem in den Westzonen diametral entgegengesetzt entwickelt. [55]

Im folgenden soll nun der Versuch unternommen werden, der Modellkonzeption am Beispiel der Versorgungspolitik nachzuspüren. Der Versorgung der Bevölkerung mußte bei dem Versuch, nicht nur Parteikader, sondern eine breite Mehrheit für die eigene Politik zu gewinnen, eine besondere Rolle zukommen. Die Überzeugungskraft des Modellkonzeptes hing entscheidend von seinen Leistungen für die Menschen ab, „die durch jahrelange Unterernährung, durch Hunger und ihren Kräften nicht angemessene Arbeit gequält wurden und vorzeitig gealtert waren... Auf den Bürgersteigen standen Tausende ehemaliger Nazis (...) und ehemalige Angehörige der Hitlerjugend, manche mit kraftlos geballten Fäusten, manche mit willenlos gesenkten Köpfen. Sie standen und schauten, viele teilnahmslos und ohne jegliche Neugier. Man sah viele trauernde Frauen, fast alle in abgetragenen alten Kleidern. Um sie alle mußte man kämpfen, ohne sie konnte man nicht die elementarsten Lebensbedingungen schaffen, geschweige denn ein neues Leben aufbauen." 56) Über ihre hungrigen Mägen bestand die Möglichkeit, zu den „Herzen der Deutschen" (Tjulpanow) vorzudringen. Läßt sich folglich ein Bemühen erkennen, die Modellvorstellungen -wenigstens teilweise- in die Besatzungspraxis einzubringen? Konnte nicht gerade Leipzig, als Messestadt Tor zum Westen, eine besondere Rolle in einem Gewinnungskonzept, das sich die gesamtdeutsche Option offenhalten wollte, spielen?

3.3. Versorgungsverwaltung: Domäne der Bürgerlichen ?

Sowjetische Besatzungspolitik vor Ort durchzusetzen war die Aufgabe der Sowjetischen Militäradministration: Sie war einerseits für die Verwaltung der eigenen Zone, andererseits für die Wahrnehmung gesamtdeutscher Interessen im Rahmen der Viermächtekontrolle zuständig. Zum ersten Chef der am 6. Juni 1945 auf Anordnung des Rates der Volkskommissare gebildeten Besatzungsbehörde wurde der Oberbefehlshaber der Besatzungstruppen in Deutschland, Marschall Georgi K. Schukow, berufen. [1] Im April 1946 übernahm sein bisheriger Erster Stellvertreter, bis dahin Armeegeneral, jetzt Marschall Wassili D. Sokolowski das Amt des „Obersten Chefs der SMAD". Die politische Verantwortung teilten sich der „Politische Berater des Obersten Chefs", Botschafter Semjonow, und der Leiter der für Ideologie und Information zuständigen Verwaltung, Oberst Tjulpanow. Die SMAD bestand horizontal aus vier solcher „Verwaltungen". Neben Tjulpanows Informationsverwaltung, die zuerst „Verwaltung für Propaganda" hieß, gab es in Karlshorst noch die „Verwaltung für Zivilangelegenheiten" und ihr Gegenstück, die „Militärverwaltung" sowie die „Verwaltung für ökonomische Fragen". Die Verwaltungen wiederum waren in Abteilungen untergliedert; die Ressorts „Landwirtschaft" und „Handel und Versorgung" beispielsweise waren Teil der Ökonomie-Verwaltung. Den Abteilungsleitern kam die wichtige Aufgabe zu, Verbindung zu den entsprechenden deutschen Verwaltungseinheiten zu halten und so die Ausführung sowjetischen Gestaltungswillens zu gewährleisten.

Am 9. Juli 1945 wurden die Militäradministrationen der fünf Länder und Provinzen eingesetzt; diese standen wiederum zwölf Bezirksadministrationen und 664 Stadt- und Ortskommandanturen vor. Einen Monat nach ihrer Gründung war somit auch der vertikale Aufbau der sowjetische Besatzungsverwaltung abgeschlossen. Die sowjetische Besatzungsbehörde in Deutschland beschäftigte 50.000 Mitarbeiter, [2] davon 32.000 Offiziere, Unteroffiziere und Soldaten. [3] „Für jeden von ihnen bedeutete die Arbeit in der SMA eine völlig neue Aufgabe, für die es keine vorher ausgearbeiteten Richtlinien, keine spezifische Ausbildung, keine Lehrbücher und keine Lehrmeister, vor allem keine Erfahrungswerte gab, auf die man sich hätte stützen oder die man zumindest hätte kritisch auswerten können... Als es dann deutlich wurde,... daß eine Selbstbefreiung des deutschen Volkes oder zumindest seine aktive Mitwirkung an der Beseitigung des faschistischen Regimes nicht erfolgen würde, war für eine umfassende Vorbereitung auf die neuen Aufgaben keine Zeit mehr. Auch fehlten die Kader, denn alle, die für die Arbeit der SMA geeignet waren, befanden sich in den Reihen der Roten Armee, kämpften an den verschiedensten Fronten des Krieges." So sei die SMA denn auch aus unvorbereiteten Frontoffizieren gebildet worden. [4] Diese Darstellung einer sozusagen spontanen Rekrutierung der Besatzungsoffiziere läßt erhebliche Zweifel aufkommen – vor allem, wenn man um die umfangreichen Ausbildungsmaßnahmen der Westmächte weiß. [5] Erstmals von Tjulpanow 1967 publiziert, verweist sie auf den Kalten Krieg: Sie mag Teil eines sowjetischen Antwortschemas sein, das die Funktion hat(te), die westliche These einer von langer Hand geplanten Sowjetisierung zu widerlegen. Sollten die Offiziere tatsächlich nur eine rudimentäre Vorbereitung für ihre Besatzungsaufgaben erfahren haben, läßt sich das nur mit dem Einsatz der „Gruppe Ulbricht" erklären. Auf die Unterstützung durch die gut vorbereiteten Moskauer Emigranten konnte die Besatzungsmacht unbedingt zählen. [6] Auch die Taktik der Arbeitsteilung zwischen sowjetischen und deutschen Genossen war Bestandteil des Modellkonzeptes: die sowjetischen Militärs sollten sich weitgehend zurückhalten, während die Deutschen die administrative und politische Verantwortung übernehmen sollten. „Die Sowjetregierung und die SMAD gingen stets von dem marxistisch-leninistischen Grundsatz aus, daß grundlegende sozialökonomische Umgestaltungen (...) ohne die aktive und schöpferische Teilnahme des Volkes selbst und insbesondere seines Vortrupps nicht zu verwirklichen sind. Unter den komplizierten Nachkriegsbedingungen... bildeten die kampferprobte KPD sowie andere standhafte Kämpfer... die Kraft, die imstande war, diesen Prozeß zu leiten." [7]

„Die Führung der SMA und die ihrer wichtigsten Stützen, wie der Informationsverwaltung, übten ihre Tätigkeit unmittelbar in Erfüllung von Direktiven des Zentralkomitees der KPdSU aus": [8] Eine Institution, die eigens die Anleitung der Besatzungsbehörde hätte übernehmen können, wurde in Moskau nicht eingerichtet. Die SMAD empfing ihre Anweisungen direkt vom Politbüro, dem Rat der Volkskommissare bzw. vom Ministerrat.

Als politische und juristische Grundlagen für die Tätigkeit der SMAD, so Tjulpanow, seien die Beschlüsse der Potsdamer Konferenz, die Rechtsdokumente des Alliierten Kontrollrats und die Befehle der SMAD anzusehen. [9] Die SMAD erließ insgesamt 1.134 Befehle. Es seien keine „starren Befehle" gewesen, behauptet Tjulpanow: „Sie ließen breiten Raum für die Berücksichtigung der örtlichen Bedingungen und die Entfaltung politischer Initiative, enthielten aber auch keine propagandistischen Erläuterungen oder Erklärungen. Marschall Shukow hielt das für überflüssig. Er bevorzugte die Argumentation durch die Tat. Die Befehle waren auf die Lösung der vordringlichsten Aufgaben gerichtet." [10]

Die Beschlüsse der Potsdamer Konferenz gehören für Tjulpanow nicht zu einer übergeordneten Besatzungskonzeption, sondern zu den unmittelbaren Arbeitsgrundlagen, den Befehlen der SMAD vergleichbar und diesen im Konfliktfalle sicherlich nachgeordnet. Gleichwohl beriefen sich SMAD und SED unermüdlich auf jene „Politische(n) und wirtschaftliche(n) Grundsätze, deren man sich bei der Behandlung Deutschlands in der Anfangsperiode der Kontrolle bedienen muß". [11] „In unserer gesamten Tätigkeit", bekräftigt Tjulpanow, „haben wir uns bei der Begründung der Rechtmäßigkeit aller in der sowjetischen Besatzungszone ergriffenen ökonomischen und sozialen Maßnahmen ständig auf die Beschlüsse der Potsdamer Konferenz gestützt." [12] – Die sowjetischen Besatzungspolitiker waren unablässig bestrebt, den Nachweis zu führen, daß sich nicht ihre Politik von der gemeinsamen Potsdamer Plattform entfernte, sondern diejenige der Westmächte. [13]

Präsident Truman hatte in Potsdam einen 14-Punkte-Katalog zur Behandlung Deutschlands eingebracht, eine ursprünglich amerikanische EAC-Vorlage, die von den Briten durchgesehen und neuformuliert worden war. [14]) Die Annahme der ersten Abteilung des Papieres, der „Politischen Grundsätze", machte keinerlei Schwierigkeiten und erfolgte bereits am zweiten Sitzungstag, dem 18. Juli 1945. Diesem allgemeinpolitischen Teil ist eine kurze Präambel vorangestellt, die erklärt, das deutsche Volk beginne, „die furchtbaren Verbrechen zu büßen, die unter der Leitung derer, welche es zur Zeit ihrer Erfolge offen gebilligt hat..., begangen wurden." [15]) Kurz darauf heißt es: „Das deutsche Volk muß überzeugt werden, daß es eine totale militärische Niederlage erlitten hat und daß es sich nicht der Verantwortung entziehen kann für das, was es selbst dadurch auf sich geladen hat, daß seine eigene mitleidlose Kriegführung und der fanatische Widerstand der Nazis die deutsche Wirtschaft zerstört und Chaos und Elend unvermeidlich gemacht haben." [16]) Der Deutschland-Abschnitt des Abkommens, der sich als Handlungsanweisung für den Kontrollrat versteht, gibt ferner detaillierte und praktikable Anweisungen zur Entmilitarisierung, zur Entnazifizierung und zu einer schrittweisen Demokratisierung. In Punkt zwei wird gefordert: „Soweit dieses praktisch durchführbar ist, muß die Behandlung der deutschen Bevölkerung in ganz Deutschland gleich sein." [17]) Dieses auch wirtschaftspolitisch höchst brisante Postulat findet seine Entsprechung in einem Passus der zweiten Abteilung des Deutschland-Papieres, den „Wirtschaftliche(n) Grundsätzen": „Während der Besatzungszeit ist Deutschland als wirtschaftliche Einheit zu betrachten. Mit diesem Ziel sind gemeinsame Richtlinien aufzustellen hinsichtlich: ... der Landwirtschaft,... der Löhne, der Preise und der Rationierung;... des Import- und Exportprogramms für Deutschland als Ganzes;... der Währung und des Bankwesens,... der Reparationen und der Beseitigung des militärischen Industriepotentials;... des Transport- und Verkehrswesens." Einschränkend wurde hinzugefügt: „Bei der Durchführung dieser Richtlinien sind gegebenenfalls die verschiedenen örtlichen Bedingungen zu berücksichtigen." [18])

Heftige Kontroversen gab es um die ökonomischen Prinzipien im allgemeinen und um die seit Jalta umstrittene Reparationenforderung der Sowjetunion. [19]) „Die Anweisungen zur Beseitigung des NS-Systems und des Militärapparats und zur Entwaffnung waren vergleichsweise eindeutig; die Richtlinien zur Reorganisation des politischen und gesellschaftlichen Lebens enthielten einen konstruktiven, auf die Grundtöne Demokratisierung und Liberalisierung gestimmten Klang, bedurften aber der Erläuterung durch eindeutige Definitionen; einige der Bestimmungen über die Behandlung der deutschen Wirtschaft schließlich bargen Widersprüche in sich, die sich beim Versuch einer Konkretisierung nahezu unvermeidlich zu tiefen Gegensätzen erweitern mußten." [20] Mit den Potsdamer Beschlüssen wurde erstmals der Versuch unternommen, relativ konkrete Grundlagen für eine gemeinsame Besatzungspolitik zu formulieren. Gleichwohl enthielt bereits jene Kompromißformel den Keim der Teilung, wonach die höchste Regierungsgewalt in Deutschland durch die Oberbefehlshaber „nach den Weisungen ihrer... Regierungen ausgeübt (werde), und zwar von jedem in seiner Besatzungszone, sowie gemeinsam in ihrer Eigenschaft als Mitglieder des Kontrollrates in den Deutschland als Ganzes betreffenden Fragen." [21]

Für die Verwaltung sollte, abgesehen vom Entnazifizierungsgrundsatz, gelten: „Die Verwaltung Deutschlands muß in Richtung auf eine Dezentralisation der politischen Struktur und der Entwicklung einer örtlichen Selbstverantwortung durchgeführt werden. Zu diesem Zwecke: (I) Die lokale Selbstverwaltung wird in ganz Deutschland nach demokratischen Grundsätzen, und zwar durch Wahlausschüsse (Räte)... wiederhergestellt.... (III) Der Grundsatz der Wahlvertretung soll in den Gemeinde-, Kreis-, Provinzial- und Landesverwaltungen, so schnell wie es durch die erfolgreiche Anwendung dieser Grundsätze in der örtlichen Selbstverwaltung gerechtfertigt werden kann, eingeführt werden. (IV) Bis auf weiteres wird keine zentrale deutsche Regierung errichtet werden. Jedoch werden einige wichtige zentrale deutsche Verwaltungsabteilungen errichtet werden, an deren Spitze Staatssekretäre stehen, und zwar auf den Gebieten des Finanzwesens, des Transportwesens, des Verkehrswesens, des Außenhandels und der Industrie." [22]

„Der Aufbau der Selbstverwaltungsorgane mußte ein gründliches und vollständiges Neubeginnen sein", schreibt Anton Ackermann, der während der ersten Nachkriegsmonate Leiter der in Sachsen tätigen „Initiativgruppe deutscher Kommunisten" gewesen war. „Nur von unten her konnte die radikale demokratische Erneuerung beginnen. Deshalb war, wie schon lange vor dem Abflug aus Moskau feststand, als erste Maßnahme die Bildung deutscher Selbstverwaltungsorgane auf unterster örtlicher Ebene, d.h. in den Städten und Gemeinden, vorzunehmen. Aus den besten und bewährtesten Menschen in diesen Organen waren dann, als der zweite Schritt, die Kreisverwaltungen, schließlich die Landesverwaltungen und die zentralen deutschen Verwaltungen zu bilden. So wurde die Stadtverwaltung von Dresden beispielsweise zum Muster und zum Ausgangspunkt für die Bildung der Landesverwaltung Sachsen. Die teilweise 'Personalunion', die dabei in Erscheinung tritt, war kein Zufall." [23] Der „gründliche und vollständige" Neuaufbau blieb zunächst auf die Personalpolitik, auf Entnazifizierung und Neubesetzung vorrangig

der kommunalen Ämter und Behörden, beschränkt; eine strukturelle Verwaltungsreform war für die unmittelbare Nachkriegszeit nicht vorgesehen.
Bei Kriegsende standen ungefähr 3.000 Beamte und 5.000 Angestellte im Dienst der Stadt Leipzig; [24] von diesen wurden 403 Beamte und 510 Angestellte aufgrund ihrer Nazi-Vergangenheit während der US-Besatzung, also bis Anfang Juli 1945, entlassen. [25] Bis Anfang November 1945 stieg die Zahl der Entlassenen auf das Sechsfache: Nach Angaben in der Leipziger Chronik wurden „insgesamt 5.591 ehemalige Mitglieder der NSDAP entlassen (rund 29 Prozent der Belegschaft), davon 2.047 Beamte (rund 69 Prozent der Beamten)", [26] 2.243 Angestellte und 1.301 Arbeiter. [27] Diese radikale personelle Säuberung [28] war das Werk eines „Reinigungs- und Prüfungsausschusses" für den Bezirk Leipzig, der Ende Juli aus Vertretern der drei Parteien gegründet worden war. Dem umstrittenen Gremium oblag die Durchführung der Entnazifizierung im Bereich der öffentlichen Verwaltungen. [29] „Die Tätigkeit des Reinigungsausschusses betraf im Verlaufe des Monats August auch eine ganze Reihe von Sozialdemokraten und das nicht nur deshalb, weil sie Mitglieder der NSDAP gewesen waren, sondern hauptsächlich, weil ihnen vorgeworfen wurde, daß sie die Verwaltungen nicht entschieden genug von ehemaligen Nationalsozialisten gesäubert oder gar belastete Personen neu eingestellt hätten." [30] Auf diese Weise war Raum geschaffen worden für eine aktive und planmäßige Besetzung der Stellen; allein in Leipzig sollen 3.224 Antifaschisten [31] neu in die Stadtverwaltung aufgenommen worden sein: „Tausende von Arbeitern vertauschten Werkbank oder Schraubstock mit der Arbeit in der Verwaltung." [32]

Daß in der Tat neues Personal ins Rathaus eingezogen war, läßt sich an der Parteizugehörigkeit der Beschäftigten beim Rat der Stadt ablesen. Ende des Jahres 1945 besaß von den insgesamt 18.998 Bediensteten bei Stadtverwaltung und Stadtwerken ein Prozent das Parteibuch der CDU, zwei Prozent waren bei der LDP eingeschrieben, zehn Prozent gehörten der KPD und 21 Prozent der SPD an; noch blieben 65 Prozent parteilos. Die überwiegende Mehrzahl politisch engagierter Beamter und Angestellter in der Verwaltung zählte zur SPD: 30 Prozent aller Beamter und 27 Prozent der Angestellten. Überraschend ist, daß die KPD ihre zahlenmäßig größte Hausmacht bei den Verwaltungsangestellten konzentriert hatte: mit 13 Prozent erreichte der Anteil kommunistischer Parteizugehöriger in dieser Gruppe den höchsten Wert. [33] Neun Monate später, Anfang Oktober 1946, waren über eintausend weitere Mitarbeiter in städtische Dienste übernommen worden: die SED stellte jetzt mit 56 Prozent das Gros der Stadtbelegschaft, CDU und LDP waren weiterhin mit sechs Prozent vertreten, parteilos waren 37 von hundert geblieben. [34)] An diesen parteipolitischen Zahlenverhältnissen änderte sich auch im darauffolgenden Jahr 1947 nichts. [35)] Die höheren, politischen Positionen wurden im Rahmen der Politik des „Blocks der antifaschistisch-demokratischen Parteien" besetzt. Es war taktisches Kalkül, die bürgerlichen Parteien und ihre Repräsentanten von Anfang an gezielt und gleichzeitig kontrolliert politisch einzubinden. Nach dem Einmarsch der Sowjettruppen war die Tradition des von den Amerikanern verbotenen NKFD im „Antifaschistischen Block Leipzig" wiederaufgelebt. Der Block jedoch wurde von Einzelmitgliedern getragen; bei der Delegiertenkonferenz vom 7. Juli 1945 und im Zentralausschuß waren einheitsbejahende Sozialdemokraten gegenüber den kommunistischen 'Mitarbeitern' leicht in der Überzahl. [36)] Struktur und Selbstverständnis dieses 'Blocks' machen die enge Verwandtschaft mit dem NKFD deutlich: „Der Antifaschistische Block ist keine neue Partei mit Mitgliedern, Beiträgen und Statuten, er ist lediglich eine über den Parteien stehende Bewegung mit Mitarbeitern und örtlichen Komitees..." [37)] Im Sommer 1945 fiel auch die Leipziger Blockorganisation der Politik der KP zum Opfer, antifaschistische Komitees sofort aufzulösen: lokale, selbständige Initiativen sollten der eigenen Politikkonzeption und ihres zentralistischen Machtanspruches nicht im Wege stehen. [38)] Das Berliner Zentralkomitee der KPD griff massiv in Leipzig ein und setzte schließlich im September ein gänzlich anderes Blockkonzept durch: Am 19. September 1945 wurde der „Antifaschistische Block" in eine strukturell und politisch völlig neue Organisation überführt, den „Arbeitsausschuß der antifaschistischen Parteien". Der Block war damit in ein Bündnis der vier Parteien umgewandelt worden, die im „Arbeitsausschuß" paritätisch vertreten waren. Dieser Block und die Parteien sahen sich jetzt in die alleinige „Verantwortung für die Arbeit der demokratischen Selbstverwaltungsorgane" gestellt. [39)] Die 'einvernehmliche' Blockpolitik ermöglichte es, bürgerlichen Politikern ganz bestimmte Positionen zuzuweisen. Ulbricht formulierte für seine Gruppe in Berlin regelrechte Besetzungsprofile: eher repräsentative Ämter wie das des Bürgermeisters sollten den Bürgerlichen überlassen bleiben, Schlüsselpositionen wie die Dezernate für Bildung, Personal und Polizei "- das müssen unsere Leute sein... Es ist doch ganz klar: es muß demokratisch aussehen, aber wir müssen alles in der Hand haben." [40)]

Die Leitung der Ernährungsämter und damit die politische Verantwortung für eines der heikelsten Sachgebiete in der Nachkriegszeit war überwiegend bürgerlichen Politikern vorbehalten. Am 1. Januar 1947 zum Beispiel waren in drei der fünf Provinzial- und Landesverwaltungen der SBZ Politiker

aus CDU und LDP für die Ressorts Handel und Versorgung zuständig. [41]
In Leipzig war es nicht anders: Am 7. Juli 1946 übernahm der Liberaldemokrat Johannes Sachse [42] neben dem Wirtschaftsamt auch das Dezernat für Ernährungswesen. [43] Gleichzeitig wurden das Wirtschaftsamt und das Ernährungsamt der Stadt unter der Bezeichnung 'Amt für Handel und Versorgung' zusammengelegt. [44] Sachse war seit dem 19. Juli 1945 stellvertretender Bürgermeister der Stadt.

Es ist kein Zufall, wenn im Bereich von Handel und Versorgung auffällig viele bürgerliche Politiker eingesetzt waren. Sicherlich wollte man sich ihrer Verbindungen zu den für die Versorgung relevanten Bevölkerungsgruppen bedienen: Handel und Handwerk stellten die politische Klientel von CDU und LDP. Bürgerliche Politiker an dieser Stelle konnten Händler und Handwerker leichter zur Mitarbeit bewegen und selbst mittelstandsfeindliche Politik reibungsloser umsetzen als beispielsweise ausgewiesene Kommunisten. Für Leipzig als Handelsmetropole mußten diese taktischen Gesichtspunkte ganz besonderes Gewicht gewinnen. Der Leipziger Liberaldemokrat Sachse war aufgrund seiner Biographie und seiner Parteizugehörigkeit ein glaubwürdiger Repräsentant der Messe und ihrer Stadt – gerade auch im Westen: Sachse war in Begleitung des Oberbürgermeisters, wenn dieser in die Westzonen (beispielsweise nach Bremen, [45] Hamburg, Lübeck, Schleswig-Holstein [46] und zur Messekonkurrenz nach Hannover [47]) fuhr, um für die Messe Aussteller und Besucher zu werben. Die beiden Bürgermeister standen in der amerikanischen und britischen Zone nicht nur für die Leistungskraft und Bonität der Stadt, sondern des Handels der gesamten Ostzone. [48] Zuhause dagegen war mit dem Versorgungsamt wenig Staat zu machen. In Zeiten der Verwaltung des Mangels mußte gerade das Arbeitsgebiet Versorgung zu den problematischsten und undankbarsten Aufgaben zählen: In diesem Sektor konnte man auch beim besten Willen und bei aller Anstrengung keine Erfolge erringen. Der damals stellvertretende LDP-Vorsitzende Wilhelm Külz weigerte sich, ein Amt in der Auftragsverwaltung zu übernehmen: "...auch diese Garnitur (von Persönlichkeiten, d.Verf.) wird sich bei den völlig im Fluß befindlichen schwierigen Verhältnissen totlaufen. Ich für meine Person habe es... abgelehnt, mich irgendwie für ein solches sogen. Staatsamt vorschlagen zu lassen." [49] Man überließ diese heiklen Funktionen lieber den Bürgerlichen, da es nicht im Interesse der SED lag, für die ungünstige Ernährungslage und die politisch brisante Versorgungsverwaltung verantwortlich gemacht zu werden. Als die beiden Lokalzeitungen [50] im Mai und Juni 1947 eine heftige publizistische Kampagne gegen das örtli-

che Ernährungsamt und Johannes Sachse eröffneten, versuchte sich die Einheitspartei von der prekären Versorgungslage und dem ins Schußfeld der Kritik geratenen Ernährungsdezernenten zu distanzieren. [51)]
„Das ist ja das Ziel und die Aufgabe des Amtes für Handel und Versorgung: der Bevölkerung die ihr zustehenden Lebensmittel und Bedarfsgüter pünktlich und regelmäßig zuzuführen." [52)] (Bürgermeister Sachse) Seit August 1945 war in der SBZ für die Aufgaben der Versorgung eigens ein Verwaltungsapparat, organisatorisch von den anderen Wirtschaftsverwaltungen getrennt, aufgebaut worden, die „Deutsche Verwaltung für Handel und Versorgung" (DVHV). „Es hat sich inzwischen gegenüber manchen anfänglichen Bedenken herausgestellt, daß eine selbständige Verwaltung Handel und Versorgung aus sozialen und ökonomischen Gründen erforderlich ist", schreibt „Die Versorgung" 1947, das Amtsblatt der ostzonalen Versorgungsverwaltung. „Der entscheidende soziale Grund ist, daß der Konsument im Mittelpunkt der Wirtschaft steht und unsere Friedenswirtschaft ausschließlich auf den Bedarf des letzten Verbrauchers abgestellt sein muß... Bedarfsermittlung und Bedarfsbefriedigung müssen gegenüber der Produktion vertreten werden. Diese Vertretung darf nicht in den Händen der Verwaltung für landwirtschaftliche oder industrielle Produktion liegen, da sonst die Interessenkonflikte zwischen Produktion und Konsumtion naturgemäß in der Regel zugunsten des Produzenten entschieden werden." [53)] Demzufolge waren der „Reichsnährstand", seine „Hauptvereinigungen" und „Reichsstellen" bereits 1945 aufgelöst worden: „Dieser Apparat ist in der sowjetischen Zone restlos verschwunden." [54)]

Der Aufgabenbereich der Versorgungsämter in der SBZ umfaßte zuerst die Organisation der Erfassung (Abteilung III) und der Versorgung (Abteilung V): die Erfassungsabteilung veranlagte die Produzenten und führte die Erzeugerkartei, sorgte für fristgerechte Ablieferung und sachgerechte Lagerung. Die Versorgungsabteilung teilte die Lebensmittel an Groß- und Kleinhandel zu, stufte die Verbraucher ein, verteilte die Lebensmittelkarten, beobachtete die Einhaltung der Versorgungspläne. [55)] Wenn auch diese beiden Abteilungen auf den ersten Blick den dualen Aufbau des nationalsozialistischen Reichsnährstandes (Abteilung A und B) widerzuspiegeln scheinen, [56)] dürfte doch der interessengebundene Einfluß der Landwirtschaft auf die Erfassung in der Tat unterbunden worden sein: Dafür spricht nicht nur die Wiederherstellung einer eigenen Landwirtschaftsverwaltung, sondern auch die konsequente personelle Entnazifizierung.

Zu Beginn des Jahres 1946 war zusätzlich eine Abteilung für Lebensmittelindustrie und Lebensmittelhandwerk eingerichtet worden: die Abteilung

IV, gebildet auf Befehl Nr. 108 der SMAD, überwachte die Produktion und sollte Roh- und Hilfsstoffe beschaffen. ⁵⁷⁾ Auftrag der Kontrollabteilungen (VII) war es, die bei der Belieferung der Bevölkerung immer wieder auftretenden „Schwierigkeiten und Verzögerungen" durch Überprüfungen beim Handel zu verfolgen und zu unterbinden. ⁵⁸⁾
Vertikal war die Versorgungsverwaltung in der SBZ dreifach gegliedert. Auf Kreisebene waren die „Ämter für Handel und Versorgung" eingerichtet, auf Landes- und Provinzebene die Ministerien und letztlich, auf Zonenebene, die „Deutsche Verwaltung für Handel und Versorgung". Die innere Struktur dieser Verwaltungsorgane war parallelisiert, wodurch ein „reibungsloser Arbeitsablauf gewährleistet" sein sollte. ⁵⁹⁾ Der organisatorische Aufbau der Zentralverwaltung war eher mit dem „russischen als irgendeinem deutschen Vorbild" zu vergleichen. ⁶⁰⁾ Sicher ist, daß auch der Apparat der Ernährungsverwaltung seine „Aufgaben und Befugnisse unmittelbar von der Sowjetischen Militär-Administration" ableitete und auf keinen Fall eigenständige Versorgungspolitik treiben konnte. ⁶¹⁾ Über die Weisungen von Seiten der SMAD hinaus dürften zudem auch die Militäradministrationen auf Landes- und Ortsebene in die Ernährungsverwaltung eingegriffen haben. In der Gründung der „Deutschen Wirtschaftskommission", ⁶²⁾ in welcher auch die Verwaltung für Handel und Versorgung durch ihren Präsidenten vertreten war, läßt sich dann ein entscheidender Schritt von nur ausführenden Funktionen zu „leitenden und verantwortungsvolleren Aufgabenbereichen" festmachen. Fortan wurden die Entscheidungen nicht mehr von der Besatzungsmacht selbst getroffen. Die „Deutsche Wirtschaftskommission" übernahm diesen Part. Entscheidungen der Kommission mußten gleichwohl „noch mit den Organen der Besatzungsmacht als derzeitigem Repräsentant einer deutschen Regierung abgesprochen und von dieser bestätigt"werden. ⁶³⁾

„Das Ernährungsamt Leipzig arbeitet in engster Fühlung mit der Kommandantur Leipzig, die alle Bemühungen unterstützt, reichlich Lebensmittel nach Leipzig heranzubringen. Damit wird der Gesamternährungsplan der SMA in Berlin-Karlshorst, den die Stadt Leipzig praktisch ausführt, wirksam unterstützt." ⁶⁴⁾ Generalleutnant Trufanow versichert, die Stadtverwaltung habe zur Bewältigung ihrer Aufgaben bereitwillige Unterstützung von allen Mitarbeitern der Militärkommandantur erfahren. ⁶⁵⁾ Im Oktober 1945 bekräftigt ein sächsischer Ministerialbeamter, „dass das Verhalten der russischen Besatzungsarmee z.Zt. keinerlei Anlaß mehr zu Klagen gäbe; die Offiziere (...) seien vollendete Kavaliere... Vergewaltigungen und Plünderungen oder sonstige Gewalttätigkeiten (kämen) überhaupt nicht mehr vor". ⁶⁶⁾ In Bremen unternahmen die beiden Leipziger Bürgermeister den Versuch, das gängige Russenbild mit ihren Leipziger Erfahrungen zu kontrastieren. [67] Es sei falsch zu glauben, die SMAD habe im Osten ein Terrorregime installiert. Die Russen hätten eine liebenswürdige, verbindliche Art, seien zwar sehr impulsiv und äußerst lebendig, aber immer guten Willens zu helfen. Was die Deutschen nicht verstehen könnten, sei ihre Art, plötzlich zu handeln und kurzfristig Befehle zu erteilen. Ihre Auflagen müßten dann auf jeden Fall durchgeführt werden, auch wenn die Voraussetzungen dafür oft fehlten. Auf der anderen Seite müsse man aber sehen, daß unter diesem Druck viele deutsche Ämter voller Angst aus ihrer Apathie herausgerissen würden und versuchten, das Unmögliche möglich zu machen. Wer solche Ordern mißachte, werde wenig später entlassen oder gar eingesperrt. Wer seine Amtspflichten aber erfülle, werde belohnt: da bekomme der Bürgermeister eine Lederjacke geschenkt, der Dolmetscher einen Radioapparat und der Finanzminister ein Lebensmittelpaket. Es werde als schwere Verfehlung gewertet, solche Aufmerksamkeiten nicht anzunehmen oder nicht für sich selbst zu verwenden.

Die Militärbehörde arbeite von acht Uhr am Morgen bis Mitternacht. Die Arbeit werde mit einer Geschwindigkeit verrichtet, die uns Deutschen fremd sei. Ein sächsischer Ministerialrat beklagte in diesem Zusammenhang, „öffentliche Funktionäre hätten kein Privatleben mehr, weil sie von den russischen Offizieren zu jeder Tages- und Nachtzeit zu Sitzungen, Besprechungen oder sonstigen Verwaltungsakten aus dem Bett geholt würden. Eine Bindung an irgendwelche Dienststunden kenne der Russe nicht." [68] Einen Geschäftsgang oder Schriftwechsel, wie bei unseren Behörden üblich, so Sachse und Zeigner in Bremen, gäbe es nicht. Der Schriftverkehr beschränke sich auf winzige Zettel, die hin und her geschickt würden. Bis März 1946 habe die Stadt Leipzig Besatzungskosten in Höhe von sieben Millionen Mark aufwenden müssen. [69]

Für das Jahr 1947 erwartete Bürgermeister Sachse den Übergang von der Improvisation zur konsequenten Planung in der Ernährungsverwaltung: Die „Mängel müssen... durch eine straffere Durchführung des Versorgungsplanes ausgemerzt werden." [70] Die vierteljährlichen Versorgungspläne bildeten das Kernstück sowjetzonaler Versorgungsbürokratie. [71] Die für Planung und Statistik zuständigen Abteilungen (II) der Versorgungsämter bei den Städten und Kreisen hatten die Zahl der zu versorgenden Menschen zu erheben und die Einstufungsquoten vorauszuberechnen. Diese sogenannten Bevölkerungs- Kontingente wurden an die Länder und von dort an die Zonenzentrale der Verwaltung für Handel und Versorgung weitergemeldet. Die Berliner Beamten erstellten auf der Grundlage dieses Zahlenmaterials den Versorgungsplan für die Zone, wobei zu den Lebensmittelfonds für die Bevölkerung die Nahrungsgüter für industrielle Verarbeitung und industriellen Verbrauch, die „Mengen zur Förderung der Erfassung" und schließlich der Bedarf der SMAD hinzuaddiert werden mußten. Die Sollseite der Versorgung mußte jetzt mit der Habenseite, Beständen, Produktion und Erfassung in Einklang gebracht werden. Stand die Versorgungsbilanz für das kommende Quartal fest, wurde sie als Befehl der SMAD vorformuliert und in Karlshorst zur Bestätigung vorgelegt. Den einzelnen Stadt- und Landkreisen wurden dann vom Landesernährungsamt laut Plan bestimmte Kontingente an Lebensmitteln zugewiesen. [72] „Mit diesen Kontingenten", so mahnt das Kreisernährungsamt Leipzig, „müssen die einzelnen Stadt- und Landkreise unter allen Umständen auskommen." [73] Allerdings wurden die vorgegebenen Planziffern oftmals nicht erreicht, und es scheint, daß die Pläne vor allem den Landesverwaltungen durchaus gewisse Freiräume eigenständiger Ernährungspolitik ließen. Der Erfassungsplan, schrieb der Zeitzeuge Günther Milling, der die Genese eines Planes idealtypisch skizzierte, „geht vom Versorgungsplan aus und hat die Aufgabe, die für die Versorgung der Bevölkerung verplanten Mengen aus der Landwirtschaft herauszuholen." [74]

Ganz so schematisch und unkompliziert waren die Planungsrealitäten freilich nicht. Die Planer mußten sowohl auf der Erfassungs- wie auch auf der Versorgungsseite mit einer Vielzahl von Variablen und Unwägbarkeiten rechnen. „An die Spitze ist dabei die Überlegung zu stellen, daß die Versorgungspläne für Nahrungsgüter... mit den anderen Wirtschaftsplänen in engster Wechselbeziehung stehen, insbesondere mit den Produktionsplänen... und mit den Transportplänen. Aber auch zu den Plänen über den Interzonen- und Außenhandel und zu den Finanzplänen bestehen starke Verbindungen." [75] Für die Arbeit im Planjahr 1948/49 diskutierten die Fachleute der obersten Versorgungsbehörde eine grundsätzliche versorgungspolitische Frage: „Welcher Plan soll zuerst aufgestellt werden? Der Anbauplan bzw. der Erfassungsplan? Oder der Versorgungsplan? Das hieße aber die Frage stellen, ob von den vorhandenen Möglichkeiten zur Bedarfsdeckung oder von den Bedarfsansprüchen ausgegangen werden soll. Man würde in normalen Zeiten dazu neigen, von den Bedarfsansprüchen auszugehen. Denn das Ziel jeder planvollen Wirtschaft ist die möglichst vollkommene Bedarfsdeckung aller. Unsere heutige wirtschaftliche Situation erlaubt das nicht." [76] Unter den Bedingungen des Mangels blieb das Primat des Versorgungsplanes ein uneinlösbarer Anspruch. In diesem Sinne mußte nicht nur die Planungstheorie nachgebessert, sondern auch die Planungspraxis gestaltet werden.

Zur Umsetzung der Planung in die Versorgungspraxis bediente man sich der zum 1. November 1945 eingeführten Lieferanweisungen. [77] Diese Anweisungen dienten dem Zweck, „den Warenverkehr vom Erfassungsbetrieb (...) oder von der Herstellerfirma bis zum Kleinhandel straff zu steuern und eine lückenlose Kontrolle über die Einhaltung des Verbrauchs zu gewährleisten." [78] Hatte sich das nationalsozialistische Bezugsscheinverfahren von unten nach oben vollzogen, so verfuhren die Lieferanweisungen gerade umgekehrt: Die Anweisungen wurden von den Ämtern für Handel und Versorgung der Stadt- und Landkreise ausgestellt, in deren Bereich die Lieferfirma ihren Sitz hatte. Der Lieferant erhielt von dort durch die Lieferanweisung die Ermächtigung, an seine Abnehmer Waren abzugeben. Da die Anweisungen jedwede Warenbewegung steuerten, mußte für jede einzelne Weiterleitung des Erzeugnisses eine besondere Lieferanweisung ausgefertigt werden; die erste Anweisung setzte beim Produzenten ein, die letzte beförderte die Ware zum Kleinverteiler: Sollte zum Beispiel Mehl von einer Mühle zum Bäcker transportiert werden, wurde zuerst der Müller per Lieferanweisung aufgefordert, eine bestimmte Mehlmenge an den Großhändler abzugeben. Der Händler erhielt dann die weitere Anweisung, den Bäcker zu beliefern. [79] Es wird deutlich, daß dieses Verfahren nicht beim Bedarf der Konsumenten und seines Kleinverteilers ansetzte, sondern bei den Versorgungsmöglichkeiten, welche die Produzenten anbieten konnten. Es handelte sich bei den Lieferanweisungen nicht um eine „belanglose Ersetzung der ehemaligen Bezugsscheine", „sondern um ein für das ganze planwirtschaftliche System wesentliches Instrument. Planung ohne Lieferanweisung ist von vornherein zum Scheitern verurteilt." [80] Hinzu kam die „ständige Überwachung" der Warenströme und der Händler: Produzenten, Großhändler, Genossenschaften, Auslieferungsläger, Einzel- und Kleinhändler sowie Bäcker und Konditoren waren verpflichtet, allmonatlich detaillierte Bestandsaufnahmen zu erstellen, die sämtliche Warenzu- und Warenabgänge verzeichneten. [81]

Manches Detail der Planung war zu Beginn des Jahres 1948 nicht nur der sowjetzonalen Bevölkerung, sondern „auch zahlreichen Mitarbeitern in der Versorgungsverwaltung oft selbst noch unklar." [82] Eine ehemalige Mitarbeiterin der Versorgungsverwaltung beklagte denn auch die mangelnde Kompetenz der Ernährungsbürokraten in Sachsen: „Es tritt immer klarer zutage, daß das Niveau der Verwaltungsarbeit nur durch eine gute Schulung verbessert werden kann." [83] In Leipzig rügte der sowjetische Stadtkommandant, daß „einige deutsche Kommunisten... unentschlossen an die Arbeit in der Stadtverwaltung (gingen) und... darauf hin(wiesen), daß sie sich früher mit solchen Fragen nicht zu beschäftigen gehabt hätten." [84] Den zahlreichen neuen Mitarbeitern mangelte es an Kenntnissen und Erfahrungen auf dem Verwaltungssektor; Folge war, daß sie ihre Aufgaben lediglich schematisch verrichteten oder sich in bürokratische Maßnahmen flüchteten: „Sie vermochten daher nicht viel mehr, als die von der SMAD entworfenen Formblätter... an die Unternehmen zu vermitteln... Die Mitarbeiter waren noch nicht imstande, die aus den industriellen Unternehmen übermittelten Informationen kritisch zu werten. Das wäre aber außerordentlich notwendig gewesen,..." [85] Der Kommunist Fritz Selbmann kritisierte schon 1947 die überdimensionierte Wirtschaftsbürokratie und sprach von „allzu starke(r) Belastung der Produktionsunternehmen mit Fragebogen, Meldebogen und einem ganzen Apparat von Kontrolleinrichtungen". [86] Auch Walter Ulbricht war klar geworden, „daß manche unserer Genossen, die neu in die Verwaltung gekommen sind, sich ausgerechnet die Untugenden alter Verwaltungsangestellter angeeignet haben." [87] Der Preis für eine weitgehende personelle Entnazifizierung in der SBZ war die unzureichende „Qualität der Planung", waren Inkompetenz und Ineffizienz der Verwaltung; die 'Leipziger Volkszeitung' schreibt in bezug auf die Ernährungsämter des Leipziger Stadt- und Landkreises gar von „bürokratischen Ausschreitungen". [88]

In den ersten Tagen nach Kriegsende, als eine Verteilung auf herkömmlichen Wegen durch Trümmerschutt und fehlende Transportmöglichkeiten erheblich erschwert war, hatten in Dresden [89] und Berlin [90] Hausobleute zeitweise die direkte Zuteilung übernommen.

Auch in Leipzig griff man auf die ehrenamtliche Hilfe von Mitbewohnern in der Straße und im Haus zurück: Hier wurden jedoch die „antifaschistischen Straßen- und Hausbeauftragten" regelrecht von der Stadtverwaltung rekrutiert; am 27. Juli 1945 veröffentlichte die Stadt eine „Anordung zur Gewinnung antifaschistischer Hausbeauftragter". [91] Bis Dezember des Jahres konnten 23.000 Hausbeauftragte, 2.200 Straßenbeauftragte, 300 Straßengruppenbeauftragte und 32 Distriktleiter zur unentgeltlichen Unterstützung der Stadt im Verwaltungsalltag verpflichtet werden. [92]

Die Hauptaufgaben „der untersten Zellen der neuen Staatsmacht" [93] lagen auf dem Gebiet der Versorgung. Den Straßen- und Hausbeauftragten kam für die Verbraucher eine lebenswichtige Rolle zu, da jedwede „Einstufung in die Gruppen der Lebensmittelkarten... in allen Fällen vom Straßenbeauftragten in Zusammenarbeit mit dem Hausbeauftragten vorzunehmen" war. [94] Die „Beauftragten" hatten die Befugnis, aufgrund „sachlicher Erwägungen" und bei Anlage eines „strengen Maßstabes" [95] zu entscheiden, ob die Voraussetzungen zur Einstufung in eine bessergestellte Kartengruppe gegeben waren oder nicht: Sie begutachteten beispielsweise die

Tätigkeit selbständiger Handwerker, Gewerbetreibender und Freiberufler sowie die Mitarbeit von deren Frauen und Familienangehörigen, um schließlich ihre Eingruppierung zu veranlassen. Sie waren sogar „als Kontrollorgane des Ernährungsamtes und mitverantwortliche Verwalter der ihnen zur gerechten Verteilung übergebenen Lebensmittelkarten... berechtigt, Lebensmittelkarten von den Versorgungsberechtigten sofort einzuziehen, die sich eines Vergehens... schuldig" gemacht hatten. [96] Indem sie über die Lebensmittelkarten verfügten, war den Feierabendhelfern eine große, ja existentielle Macht über ihre Mitmenschen in die Hände gegeben. Kein Wunder also, daß ihre Maßnahmen immer wieder Mißstimmung erregten und die Hausbeauftragten ständig in Konflikt mit ihren Hausgenossen brachten. [97] Überdies kontrollierten die Beauftragten die Warenbestände beim Handel, registrierten Wohn- und Transportraum [98] und standen den Behörden auch bei der Entnazifizierung mit Ermittlungen und Hinweisen zur Seite. [99]

Die gewählten Formulierungen über Pflichten und Rechte der Straßen- und Hausbeauftragten lassen den Schluß zu, daß nicht so sehr die Hausbeauftragten als vielmehr die Straßenbeauftragten auf dieser Verwaltungsebene die eigentliche Entscheidungsbefugnis innehatten. [100] Auch in dieser neuen, unteren, sozusagen ambulanten Verwaltung war es der KPD von Anfang an gelungen, eine zielstrebige Besetzungspolitik geradezu mustergültig in die Tat umzusetzen. Im ersten Nachkriegsjahr waren fast 52 von hundert Straßenbeauftragten und 66 von hundert Straßengruppenbeauftragten in der KPD organisiert. Die Leipziger SPD stellte in beiden Beauftragtengruppen einen Anteil von 26 Prozent. Praktisch keine Rolle spielten Mitglieder von CDU und LDP. Kein Parteibuch hatten von den Straßengruppenbeauftragten sieben, von den Straßenbeauftragten 20 und von den weniger einflußreichen Hausbeauftragten fast 70 Prozent. [101] Mit Hilfe des Systems ehrenamtlicher städtischer Beauftragter hatte sich die KPD vor Ort, auf der für den Verbraucher entscheidenden Stufe der Ernährungsverwaltung, ein für jeden einzelnen Kartenempfänger wichtiges Mitspracherecht gesichert: schon 1945 waren mehr als die Hälfte der Straßenbeauftragten in die Parteiräson eingebunden. Aus einem offenen Brief des Hausbeauftragten Anton Keil an alle parteilosen Kollegen geht hervor, daß im Jahr 1946 „viele Hausbeauftragten... zur SED gekommen" waren; Keil ruft dazu auf, diesem Schritt zu folgen. [102] Mit dem Beauftragtensystem war der Stadtverwaltung ein Mittel an die Hand gegeben, womöglich unberechenbare politische Aktivitäten von unten zu kanalisieren und zu absorbieren. Die Initiativen wurden institutionalisiert und in die traditionelle Verwaltungshierarchie als unterstes Glied integriert. Den Mitarbeitern des Leipziger antifaschistischen Blocks sollte auf diesem Weg Ersatz für die verlorenen Mitwirkungschancen angeboten werden: „Die Antifaschisten der meisten Ausschüsse stellten den Aufbau örtlicher Selbstverwaltungsorgane zielstrebig in den Mittelpunkt ihrer Tätigkeit. Sie lösten danach die Ausschüsse auf oder entwickelten aus ihnen Grundlagen für ein System der Straßen- und Hausvertrauensleute". [103] Diese Konzeption war bereits in den „Richtlinien für die Arbeit der deutschen Antifaschisten in dem von der Roten Armee besetzten deutschen Gebiet" [104] vorgegeben worden. Die eindeutige Besetzungspolitik und die unerwünschte Aufpasser- und Kontrolltätigkeit machten den „verlängerten Arm der Stadtverwaltung" [105] nicht nur bei Bürgern und Behörden unbeliebt. [106] Die Institution der Straßen- und Hausbeauftragten wurde daher in den Westsektoren Berlins bereits im August 1945 verboten. [107]

Als die neue Leipziger Stadtverfassung am 3. Dezember 1947 im Stadtparlament beraten wurde, ging es auch um den künftigen politischen Status der Straßen- und Hausvertrauensleute. In der neuen Hauptsatzung wurde die Einrichtung der „antifaschistischen Straßen- und Hausbeauftragten" festgeschrieben. Der eingebrachte Entwurf sollte die Stadtverwaltung ermächtigen, sich „für bestimmte Aufgaben auf dem Gebiete der Gesundheitspflege, des Ernährungswesens, der Wohnraumlenkung, der bevölkerungspolitischen und politischen Entwicklung" der Beauftragten zu bedienen. LDP und CDU stemmten sich gegen diese Vorlage und beschlossen gegen die Stimmen der SED, die weitreichenden Formulierungen „bevölkerungspolitisch" und „politisch" zu streichen. Die bürgerlichen Fraktionen wollten das Hausbeauftragtenwesen nur dulden, „solange es die Zeitumstände erfordern". [108]

Im August 1947 war in Leipzig ebenso wie in anderen Städten der SBZ ein Ernährungsausschuß ins Leben gerufen worden. In diesem Beirat versammelten sich Vertreter der drei Parteien, des Freien Deutschen Gewerkschaftsbundes (FDGB), des Demokratischen Frauenbundes (DFD), der Volkssolidarität, des Konsumvereins, der Industrie- und Handelskammer, der Freien Deutschen Jugend (FDJ) und der landwirtschaftlichen Genossenschaften. [109] Die Gründung der Ausschüsse ging auf einen Beschluß der Deutschen Wirtschaftskommission mit dem Titel „Maßnahmen zur Sicherung der Ernährung" zurück. [110] Die Befugnisse des neugeschaffenen Gremiums waren von den ersten Sitzungen an umstritten. Während „einzelne Vertreter", namentlich die bürgerlichen Politiker, dem Ausschuß nur eine beratende Funktion zubilligen wollten, sahen die SED-Parteigänger in ihm ein Organ „wirklicher Volkskontrolle". [111] CDU und LDP mußte es bei diesem Kompetenzstreit zweifellos darum gehen, einen wachsenden Zugriff der Partei und der von ihr geführten Massenorganisationen auf ihre „Domäne"

Handel und Versorgung einzudämmen.

Mitte 1946 konstatierte Oberbürgermeister Dr. Zeigner zufrieden, daß die Verwaltung der Messemetropole zuverlässig funktioniere und auswärts als vorbildlich für die ganze sowjetische Zone bezeichnet werde.[112] Zentren wie Dresden oder Leipzig waren keine beliebigen Städte. Daß sich die neue sächsische Landesverwaltung aus der Dresdener Stadtverwaltung entwickelte, war ebenso selbstverständlich wie die Tatsache, daß sich der Münchener Oberbürgermeister bis zur Bildung einer ersten Staatsregierung als Sachwalter Bayerns verstand. Für Leipzig konnte es daher nur von Vorteil sein, den prestigeträchtigen und gewinnbringenden Vorbildstatus für sich zu reklamieren: Die Verwaltung hatte man mustergültig „radikal" gesäubert und dabei gleich noch ein paar suspekte Sozialdemokraten mit entfernt. Der Topos von der radikalen personellen Entnazifizierung in der SBZ allerdings verdient es, mit Hilfe der nun zugänglichen Akten einmal gründlich überprüft zu werden. In Leipzig hatte man darüber hinaus die oberen politischen Positionen nach den Vorgaben der Partei besetzt. So war es gelungen, auf den Schleudersitz des städtischen Ernährungsdezernenten einen Liberaldemokraten zu plazieren. „Tausende" ehemaliger Arbeiter, die in die Stadtverwaltung eingezogen waren, vervollständigten das Vor-Bild einer neuen Selbstverwaltung. Die Schattenseiten der unter Führung der Partei umbesetzten Apparate traten bald überall in der sowjetischen Besatzungszone zutage: Inkompetenz und Ineffizienz. In der Verwaltungspraxis ungeübt, verschanzten sich die Werktätigen am Schreibtisch hinter Fragebögen und Formblättern, die Bürokratie wucherte. In dieser Situation kam den überforderten Staatsdienern die Planbürokratie entgegen: Der streng zentralisierte und schematisierte Planungsprozeß enthob vor allem die unteren und mittleren Instanzen der wirtschaftlichen und politischen Risiken eigener Entscheidungen.

3.4. Versorgungskette: Planungsmängel

„Auch in den Dörfern sah es teilweise recht, recht schlimm aus", schildert Anton Ackermann die Lage auf dem Lande. „Ganze Ortschaften waren verwaist, das Vieh fortgetrieben oder verendet, die Scheunen leer, wie ausgebrannt."[1]

Die Agrarproduktion der Nachkriegszeit litt vor allen Dingen an fehlenden Hilfsmitteln. „Etwa 30 Prozent aller landwirtschaftlichen Maschinen und Geräte sind durch Kriegseinwirkungen zerstört worden oder waren unbrauchbar, so daß der Bestand an landwirtschaftlichen Maschinen und Geräten einschließlich Traktoren, der sich in der deutschen Landwirtschaft im Vergleich zum Vorkriegsstand zwar wesentlich vergrößert hatte, zum Teil nicht voll einsatzfähig war und eine große Reparaturanfälligkeit aufwies." [2] Reparaturen waren wiederum problematisch, da die Mehrzahl der Landmaschinenfabriken in den Westzonen ansässig war, und Ersatzteile daher kräftig im Preis anzogen. Die Reparaturwerkstätten waren zudem ungenügend mit Kohle, Licht und Treibstoff ausgestattet. [3] Unter der Losung „Bauern und Arbeiter, Hand in Hand sichern Ernährung für unser Land!" stellten größere Industriebetriebe Reparaturkolonnen zusammen, die in die Dörfer gingen, um dort an Ort und Stelle defekte Gerätschaften wieder in Stand zu setzen. [4] Den sächsischen Handwerkern gelang es, bis April 1947 12.000 Pflüge, 7.000 Eggen, 2.600 Schlepper und 3.500 Getreidemäher und -binder wiederherzustellen. [5]

Dennoch konnten diese Engpässe nicht überwunden werden; im Sommer 1947 monierte die „Deutsche Wirtschaftskommission", daß es auf dem Lande weiterhin an Maschinen und Geräten, Ersatzteilen, Hufeisen und Hufnägeln, Säcken und Bindegarn sowie an Düngemitteln und Düngekalk mangele. [6] Die sächsischen Bauern wünschten sich nicht nur Traktoren, sondern auch Zugpferde und geeignetes Saatgut. [7] Die Düngung mit Stickstoff und Phosphor erreichte nach dem Krieg einen absoluten Tiefststand. Zwar besaß die SBZ mit dem Leuna-Werk eine der beiden größten deutschen Anlagen zur Produktion synthetischen Stickstoffes, jedoch schaffte die Fabrik infolge der Kriegszerstörungen, der Demontagen und des Kohlemangels nur ein Viertel der vor dem Krieg hergestellten Menge. [8] Im Jahr 1947 düngten die Bauern mit zehn Kilogramm Stickstoff pro Hektar, während des Krieges waren es 40 bis 60 kg gewesen. [9] 1945/46 standen der sowjetzonalen Landwirtschaft nur rund neun Prozent des Vorkriegsverbrauches an Kalk und rund sechs Prozent des Vorkriegsverbrauches an Phosphor zur Verfügung. [10] Ein Vorteil für die Zone war demgegenüber, daß sich in Mitteldeutschland die größten Kalivorkommen Deutschlands befanden. 1945 gewannen die sechs Kaligruben in der Provinz Sachsen-Anhalt monatlich zwar nur 3.500 Tonnen, bis 1947 aber konnte der Ausstoß im Monatsmittel auf 120.000 Tonnen gesteigert werden. Kali wurde zur Genüge gefördert, sodaß man zeitweise wegen des zu geringen Lager- und Transportraums die Produktion drosselte. Außerdem wurde Kalisalz schon 1947 von der Liste der Reparationsgüter gestrichen. [11]

Von September bis Mitte November 1945 wurde mit der Bodenreform eine grundlegende Umwandlung der Agrarstrukturen ins Werk gesetzt. Unter der Losung „Junkerland in Bauernhand" wurden allein im Bundesland Sachsen 1.212 Güter mit insgesamt 259.635 Hektar Grund und Boden entschädigungslos enteignet und aufgeteilt. [12] Mit dem gewonnenen Land wurden Kleinstwirtschaften unter fünf Hektar aufgestockt und neue Wirtschaften begründet: In Sachsen bekamen rund 13.000 Kleinbauern durchschnittlich 3,6 Hektar zugeschlagen, wurden 24.674 Landarbeitern, landlosen Bauern und Kleinpächtern im Mittel drei Hektar und 7.847 Flüchtlingen pro Person knapp vier Hektar Boden zugewiesen. Die Notwendigkeit, den wirtschaftlichen und politischen Einfluß des Großgrundbesitzes zu brechen, war innerhalb der Arbeiterparteien unumstritten; in den bürgerlichen Parteien formierte sich Widerstand nicht gegen eine Enteignung schlechthin, sondern gegen die entschädigungslose Enteignung. [13] Insofern wurde die Bodenreform von den Zeitgenossen auch nicht als eine genuin sozialistische Umgestaltungsmaßnahme verstanden. Der ökonomische Erfolg der Bodenreform stand in der SBZ außer Frage: Die Ernte des Jahres 1946 wurde propagandistisch voll dem Konto „Bodenreform" gutgeschrieben. [14] Im Westen war man anderer Meinung. Die extreme Parzellierung, die auch an den sächsischen Zuteilungsziffern deutlich wird, dürfte unzweifelhaft erhebliche Leistungsverluste mit sich gebracht haben: mit den Gütern seien funktions- und leistungsfähige, moderne Getreide- und Kartoffelfabriken [15] ausgelöscht worden zugunsten einer „Vielzahl zersplitterter, kaum lebensfähiger Wirtschaften". [16] Die Neubauern hatten an dem allgemeinen Mangel an Hilfsmitteln zudem besonders schwer zu tragen. [17] Auch die Akten der britischen Militärregierung lassen den Schluß zu, daß sich die zum Teil düsteren Vorhersagen über die ökonomischen Resultate der Reform weitgehend bewahrheitet haben. [18]

Die Ernte des letzten Kriegsjahres zählte zu den schlechtesten seit Jahrzehnten. [19] Infolge der direkten und indirekten Kriegseinwirkungen konnte bei keiner Fruchtart der durchschnittliche Hektar-Ertrag der Vorkriegszeit eingebracht werden. [20] Die Ernteerträge des darauffolgenden Jahres ergeben ein ähnliches Bild: bei einigen Fruchtarten konnte wiederum nur wenig mehr als die Hälfte der Ernte der Vorkriegszeit eingefahren werden. [21] 1946 erreichten die Hektar-Erträge bei Kartoffeln 70 Prozent, bei Zuckerrüben 68 Prozent und bei Getreide nur 57 Prozent des durchschnittlichen Hektar-Ertrages aus den Jahren 1934 bis 1938. [22] Im Jahr 1947 gefährdete die sommerliche Hitzewelle die Viehhaltung besonders in den südlichen Teilen der Zone. Der Heuertrag belief sich im Süden nur auf ein Drittel der Normalernte. [23] Um nicht das Risiko eines größeren, unkontrollierten Viehsterbens einzugehen, kam man gar überein, 30.000 Stück Vieh in den Norden der Zone zu evakuieren und dort mästen zu lassen. Im kommenden Jahr sollte das Vieh dann zurücktransportiert werden, sofern sich die Futterlage gebessert hätte. [24)] Die Ernte das Jahres 1947 geriet zur Mißernte, insbesondere bei Hackfrüchten und Kartoffeln. [25)] Die Getreideernte im Dürrejahr blieb nur geringfügig hinter den Erträgen der ersten beiden Nachkriegsjahre zurück. [26)]

Von großer Bedeutung für die Versorgung der städtischen Bevölkerung war das Ablieferungssystem. Im Dritten Reich hatten die Bauern die gesamte Ernte restlos abzuliefern; diese Erfassungsmethode wurde in der SBZ abgeschafft und durch ein „System gestaffelter Pflichtabgabenormen" ersetzt. [27)] Bei der Festlegung der Höhe der Pflichtabgabe sollten die Größe des bäuerlichen Besitzes, die Bodenqualität sowie wirtschaftliche und soziale Erwägungen berücksichtigt werden. Von der Pflichtabgabe befreit waren Bauernwirtschaften unter einem halben Hektar Land und die Erträge von Wirtschaften unter einem Viertel Hektar, die nebenher von Arbeitern, Angestellten und Handwerkern betrieben wurden. Für Neubauern war die Norm zusätzlich um 15 Prozent reduziert. [28)] Die Ablieferungsnormen waren nicht überhöht. Die Höhe des Abgabesolls betrug durchschnittlich die Hälfte einer Normalernte. [29)] Zumindest 1945 war die individuelle Veranlagung der Bauernwirtschaften „oft willkürlich ohne Berücksichtigung der aufgetretenen Schwierigkeiten und der Bodenbeschaffenheit" erfolgt. [30)] Wer sein Soll nicht erfüllte oder erfüllen konnte, mußte mit einem Gerichtsverfahren, mit Einsetzung eines Treuhänders und Zwangsverpachtung seines Betriebes rechnen. [31)] Zahlreiche Bauern wurden 1945 aus diesem Grunde verhaftet. Da die Landwirtschaft in manchen Dörfern dadurch zum Erliegen kam, mußten regelrechte „Dorfamnestien" befohlen werden. [32)] Noch 1946 wandte sich die Vereinigung der gegenseitigen Bauernhilfe (VdgB) gegen „schematisch" festgesetzte Ablieferungsnormen. [33)]

Nach Erfüllung seiner Abgabepflichten blieb dem Bauern die Differenz zwischen Abgabesoll und Ernte, die sogenannten Freien Spitzen. Mit diesen landwirtschaftlichen Produkten hatte der Bauer alle zur Selbstversorgergemeinschaft gehörenden Personen zu ernähren. Hierzu zählten nicht die eigenen Familienangehörigen, sondern sämtliche Mitarbeiter auf dem Bauernhof und deren Angehörige. [34)] Der Rest sollte auf „freien Märkten", organisiert von den Städten und Dörfern, bei freier Preisbildung von den Bauern feilgeboten werden. [35)] Mitte Dezember 1945 fand vor der Leipziger Großmarkthalle erstmals ein solcher „freier Markt" statt. Das Ergebnis war enttäuschend: nur einige Bauern aus Markkleeberg und Wiederitzsch waren gekommen, das Angebot blieb dürftig. [36)] Im nächsten Jahr fand der Markt einmal wöchentlich statt und versorgte dann angeblich 4.000 Menschen mit markenfreien Landprodukten. Allerdings benötigten potentielle Kunden nicht nur Geld: „Als Gegenleistung werden den Bauern industrielle Bedarfsgüter angeboten." [37] Die „freien Märkte" hatten keine große Bedeutung erlangt, weil es sich als notwendig herausstellte, die Überschüsse ohne den Umweg über Märkte für die Versorgung der großen Städte und Industriezentren heranzuziehen. [38] Man versuchte dies zu bewerkstelligen, indem man -mit Ausnahme der städtischen „freien Märkte"- den direkten Einkauf des Verbrauchers beim Bauern untersagte. Nur den Konsum- und landwirtschaftlichen Genossenschaften, Verarbeitungsbetrieben und bestimmten privaten Erfassungsbetrieben war es erlaubt, sich unmittelbar beim Bauern mit Landprodukten einzudecken. Der Erzeuger konnte in diesem Falle das Doppelte des Preises für Pflichtabgaben verlangen. [39]

Das duale Erfassungssystem von Pflichtabgaben einerseits und legalen Hochpreismärkten andererseits lehnte sich an die sowjetische Praxis an. Eine solche Aufteilung war bereits Bestandteil der sich von 1921 an in der Sowjetunion entwickelnden 'Neuen Ökonomischen Politik' gewesen. [40] Ziel dieser Erfassungspolitik war es, den Bauern materielle Anreize zu geben, die Produktion zu steigern und die Produkte offenen Märkten zuzuführen. [41] Mit dem Konzept des geteilten Marktes kam man zwar den Marktrealitäten nahe, indem man versuchte, den unvermeidlichen Schwarzmarkt quasi zu legalisieren und damit zu öffnen. Die Sogkraft des Schwarzmarktes blieb jedoch stärker; das System, später durch die Einrichtung von Hochpreisläden und -gaststätten fortgeführt, scheiterte. [42] Die Bauern tauschten und verkauften lieber auf dem -trotz Sperrung der Bankkonten- kapitalkräftigeren Schwarzmarkt.

Während die Gebiete der SBZ vor dem Kriege für sich genommen Überschüsse an Kartoffeln, Weizen, Roggen, Zucker und Schweinefleisch produzierten, zehrte Sachsen als Industrieregion schon immer von Nahrungsmittel„einfuhren". [43] Das gilt erst recht für eine Großstadt wie Leipzig. Im Jahre 1946, so der Oberbürgermeister, „mußten herangeschafft werden: 48.564 Tonnen Mehl, fast 6.000 Tonnen Nährmittel, fast 5.000 Tonnen Zucker, fast $5\frac{1}{2}$ Tausend Tonnen Marmelade, über $5\frac{1}{2}$ Tausend Tonnen Fleisch, fast 3.000 Tonnen Fett, $9\frac{1}{2}$ Tausend Tonnen Gemüse, $5\frac{1}{2}$ Millionen Liter Milch. Diese Mengen mußten auf Grund von Lieferanweisungen erfaßt und, was das wesentliche ist, oft aus sehr weit entfernten Bezirken herantransportiert werden. Was das bei dem allgemeinen Zustand unserer Kraftwagenparks, der Straßen und der Waggons bedeutet, ist verständlich. (...) Es sind insgesamt über 130.000 Tonnen Kartoffeln, also 26 mal hunderttausend Zentner herangebracht worden. Das sind 8.670 Waggons." [44] Nach dem

Krieg wurde Leipzig zum Großteil aus Sachsen, Sachsen-Anhalt und Mecklenburg versorgt: Das Brotgetreide kam 1946 aus der näheren westlichen und südwestlichen Umgebung. [45] Fleisch, Fett und Butter mußten aus 16 sächsischen Landkreisen, die sich bis zum Erzgebirge erstreckten, herangeschafft werden. [46] Vieh und Fleisch lieferten auch die Nachbarkreise Sangershausen und Merseburg. [47] Als Kartoffel- Lieferanten sah der Lieferplan die sächsischen Anbaugebiete um Grimma, Oschatz, Großenhain, Döbeln, Borna und Meißen vor, aber auch entfernte Teile der Provinz Sachsen-Anhalt wie Haldensleben, Salzwedel und Stendal. [48] Gemüse bezog die Stadt zum Teil aus den genannten sächsischen Kreisen, überwiegend aber wiederum aus der Provinz Sachsen, aus der Magdeburger Gegend, aus Calbe, Bernburg und Aschersleben. [49] Thüringen half Leipzig mit Fleisch und Butter aus, vom nördlichsten Land der Zone, Mecklenburg, kamen ebenfalls Butter und Fisch. [50]

Lebensmittel aus der Sowjetunion treffen in Leipzig erstmals 1948 ein: von Mai bis August insgesamt 4.000 Tonnen Getreide [51] und im Oktober 800 Tonnen Speiseöl. [52] Während die Darstellung der Hilfsaktionen der Roten Armee für Dresden und Berlin unmittelbar nach Kriegsende in der DDR-Historiographie immer wieder breiten Raum einnimmt, fanden die späteren Leipziger Lieferungen bislang keinerlei Resonanz. [53] Bezogen auf den Gesamtbedarf der Stadt waren diese Lieferungen sicherlich unbedeutend. Es scheint sich hier vielmehr um den Versuch zu handeln, der Überzeugungskraft westzonaler Lebensmittelimporte etwas entgegenzusetzen: Die sowjetischen Lebensmittel werden nicht in das alltägliche Verteilungssystem eingebracht, sondern zusätzlich verteilt. Im Sommer 1948 kommt jeder Leipziger Bürger so „dank der sowjetischen Getreidelieferungen" in den Genuß einer einmaligen Sonderzuteilung von einem halben Kilogramm Gerstenmehl oder Graupen. [54] „Trotz der durch den verbrecherischen Hitlerkrieg verursachten Versorgungsschwierigkeiten im eigenen Land hilft das Sowjetvolk auch der Leipziger Bevölkerung", vermerkt die Chronik der Messestadt dazu. [55]

Als im Winter 1947/48 der Messemetropole gar „eine Million Zentner Kartoffeln" aus Mecklenburg zugewiesen worden waren, organisiert das Leipziger Amt für Handel und Versorgung eine beispiellose Transportkampagne: „Ganz Leipzig sprungbereit!... Alles bereit zur Aufnahme der sehnlichst erwarteten Winterkartoffeln aus Mecklenburg. Die SMA stellte für den Antransport leere Kohlenwaggons zur Verfügung, Bedingung: Sie müssen innerhalb von 2 Stunden entladen sein. Die ATG [56] hat alle bürokratischen Regungen unterdrückt und den gesamten Transportraum schlagartig erfaßt. 50.000 t sind in 20 Tagen beinahe zusätzlich zu befördern. Im ganzen Monat September wurden im Fern-, Nah- und Stadtverkehr unter Ausnutzung der Gesamtkapazität von Transportraum und Treibstoff 125.000 t bewegt. Ab sofort sind daher alle Fahrten untersagt, die aufgeschoben werden können. Sogar die Gemüsetransporte aus Grimma, Borna, Oschatz werden davon betroffen... Mehrere Tankstellen bleiben Tag und Nacht geöffnet. Ein sorgfältiges Benachrichtigungssystem für alle Fuhrunternehmer und Fahrzeughalter wurde ausgeklügelt. Die Großhändler, die jeden Transport zunächst einmal auffangen, wissen, wo sie den Einzelhändler auch nachts erreichen können. Ja, selbst die Verbraucher stehen mit ihren Lieferanten in Verbindung, um gegebenenfalls auch nachts Kartoffeln abholen zu können. Ganz Leipzig ist auf Abruf bereit!" Mit Hilfe drastischer dirigistischer Maßnahmen [57] begegnete das Leipziger Amt für Handel und Versorgung, zuständig auch für die Transportplanung, dem „Kartoffelsegen"; für den Hallenser Reichsbahnpräsidenten Oelkers stand Leipzig damit „vorbildlich da in der Organisation für die Abfuhr seiner Einkellerungskartoffeln." [58]

Der Bericht der 'Leipziger Zeitung' über die Kartoffelkampagne 1947 vermittelt ein anschauliches Bild von der generalstabsmäßigen Organisation, um binnen kürzester Frist die kostbare Fracht umladen und einlagern zu können: andere Transporte wurden eingestellt, selbst Gemüsetransporte mußten eingeschränkt werden. Unter den Bedingungen desolater Verkehrsverhältnisse wurde allein schon der Kartoffeltransport zu einer gewaltigen logistischen Aufgabe, die selbst für eine Stadt wie Leipzig nur unter Einsatz aller verfügbaren Kräfte und Fahrzeuge zu bewältigen war.

Bei Kriegsende behinderten allein in Leipzig 1.255 Bombentrichter den innerörtlichen Verkehr. [59] In Sachsen, so Arbeits- und Industrieminister Fritz Selbmann, waren dreihundert Brücken gesprengt worden. [60] Erst Ende 1946 konnte das Teilstück Leipzig-Berlin der Autobahn von Berlin nach München nach umfangreichen Reparaturarbeiten wieder dem Verkehr übergeben werden. Von 29 zerstörten oder schwer beschädigten Autobahnbrücken in Sachsen konnten bis zu diesem Zeitpunkt elf durch Behelfskonstruktionen wieder befahrbar gemacht werden. [61] Zum mangelhaften Straßenzustand kam der Mangel an einsatzfähigen Kraftfahrzeugen. Eine große Sorge der Leipziger Fahrbereitschaft blieb die Treibstoffversorgung. Im November 1945 zum Beispiel waren der Stadt an Benzin lediglich 22 Prozent und an Dieselkraftstoff sogar nur 15 Prozent des tatsächlichen Bedarfs zugeteilt worden. [62] Solche Fehlmengen an Kraftstoff zu Beginn des Winters, also zur Einkellerungszeit, mußten sich katastrophal auf die Verteilung auswirken. Zeitzeugen berichten vom oftmaligen Ausfall der Fahrzeuge wegen Treibstoffmangels und Reifenschadens. [63] Die Leipziger behelfen sich, indem sie die Straßenbahn zur Beförderung von Lebensmitteln einsetzen. Im Sommer 1946 bringt die „Gemüsebahn" ein Drittel des Gemüseaufkommens vom Großmarkt zu den Einzelhändlern. [64]

Die Reichsbahn litt nicht nur unter den infolge von Kriegshandlungen zerstörten Strecken und Brücken. Aufgrund der sowjetischen Reparationsforderungen wurden in der SBZ bis Ende 1946 insgesamt 5.500 Kilometer Schienenwege, meist das zweite Gleis, demontiert; auch die Hauptstrecke von Leipzig nach Berlin war von den Demontagen betroffen. [65] Akuter Mangel an Waggons und Lokomotiven zwang zu Einschränkungen nicht nur im Reisezugverkehr. [66] Der Reichsbahndirektion Halle, zu deren Dienstbezirk Leipzig gehörte, standen im Mai 1946 zwar 1.397 Loks zur Verfügung, von diesen waren jedoch gerade 685 fahrbereit. [67] Befeuert wurden die Lokomotiven jetzt mit sächsischer Braunkohle, die einen erheblich niedrigeren Heizwert besitzt als Steinkohle. [68] Nach Angaben von Otto Grothewohl waren von 200.000 Waggons zu Friedenszeiten nach dem Krieg nur noch ein Drittel vorhanden. [69] Der prekäre Waggonbestand [70] in der SBZ führte dazu, daß ausrangierte Personenwagen reaktiviert und zur Beförderung von Nahrungsmitteln herangezogen wurden. [71] Die durchschnittliche Umlaufzeit der Güterwagen lag 1947 mit 4,9 Tagen unter dem Stand der Kriegszeit, während sie im Frieden vier Tage betrug. [72] Um die Umlaufzeiten zu beschleunigen, mußte auf Befehl der SMAD nachts und auch an Sonntagen be- und entladen werden. [73] Die Reichsbahn war bemüht, zur regelmäßigen Versorgung der Großstädte beizutragen und fuhr nach dem Leitsatz „In größter Not erst Kohle und Brot!" [74] Dennoch brauchten Kartoffelzüge von Greifswald nach Leipzig regelmäßig acht Tage, ein Zug aus Stendal brachte es gar auf 16 Tage Laufzeit. Die meisten Züge liefen, entgegen den Versicherungen des Versorgungsamtes, via Berlin; es kam vor, daß die Transporte dort 42 Stunden und länger in Tempelhof festlagen. [75]

Die Planungsbürokratie, so schwer sie es als Verwaltung des Mangels auch hatte, vergrößerte oft noch das Versorgungsdesaster; so wurden traditionelle Lieferbindungen ignoriert und unvermeidliche Liefer- und Transportschwierigkeiten nur unzureichend eingeplant. Eine Lieferplanung, die Leipzig auf 16 Landkreise allein im Bundesland Sachsen verwies, zog beispielsweise eine extreme Belastung der städtischen Transportkapazitäten nach sich. Diese Landkreise waren zum Teil sogar selbst Zuschußgebiete. [76] Der Versorgungsplan der Dresdner Landesverwaltung sah deshalb für Leipzig im Jahr 1947 die dringend notwendig gewordene Korrektur der Liefergebiete vor. Oberbürgermeister Zeigner äußerte sich optimistisch: „Einen nicht unwesentlichen Teil des Brotes und des Fettes werden wir nunmehr aus uns näher gelegenen und günstigeren Gebieten, insbesondere aus der Provinz Brandenburg und aus Thüringen erhalten. Das gibt uns die Legitimation dafür, daß wir den Schwierigkeiten des kommenden Quartals mit etwas erleichterten Gefühlen gegenüberstehen." [77] Inwieweit es der sächsischen Versorgungsverwaltung 1947 gelang, der Stadt Einzugsgebiete, die „von jeher die Versorgung von Leipzig zum wesentlichen Teil bestritten" hatten, zuzuweisen, muß offen bleiben. [78] Von Bayern aber, einem traditionellen und leistungsstarken Lieferanten, waren Sachsen und Leipzig nach dem Krieg abgetrennt. Im Jahr 1946 wird nur von einer Fleischladung aus Bayern berichtet. [79] Vor dem Krieg war Sachsen nach Württemberg der zweitgrößte Abnehmer bayerischer Lebensmittel gewesen. Bayern hatte hauptsächlich Weizen, Milcherzeugnisse und Speisefette geliefert, „eine ziemliche Menge von Obst sowie Kartoffeln, aber es (Sachsen, d.Verf.) hatte noch mehr Bedarf an Gemüse und dem typisch bayerischen Erzeugnis Bier." [80]

Eine Transportplanung, die sämtliche Güterbewegungen in der gesamten sowjetischen Besatzungszone einen Monat im voraus erfassen und dirigieren sollte, war unter den unübersichtlichen Verkehrsbedingungen der Nachkriegszeit zum Scheitern verurteilt. Zur Erstellung des monatlichen Transportplanes, der anschließend in Tageskontingente aufgeschlüsselt wurde, war wiederum eine umfangreiche Bürokratie erforderlich. [81] Transportbegehren mußten von den Betrieben einen Monat im voraus angemeldet werden, Transportunternehmen waren zweimal monatlich meldepflichtig. [82] Nicht vorhersehbar oder planbar waren die Anforderungen der sowjetischen Besatzungsmacht an die Reichsbahn. Sie erfolgten „stets kurzfristig und nahmen keinerlei Rücksicht auf bestehende Verpflichtungen". [83] In einer Stellungnahme zu den Einschränkungen im Eisenbahnverkehr machte die Reichsbahndirektion Halle nicht nur die „bekannten Engpässe im Transportwesen" verantwortlich, sondern beklagte denn auch die „Belastung der Reichsbahn mit vordringlichen, besonders von der Besatzungsmacht gestellten Aufgaben". [84]

Gerade in der Nachkriegszeit mußte es darauf ankommen, die oft leichtverderblichen Nahrungsgüter rasch und, wie die 'Leipziger Zeitung' schrieb, unbürokratisch zu bewegen. Deshalb konnte gerade dem Lebensmitteltransport eine langfristige, zentralistisch-umständliche Transportplanung, wie sie in der SBZ eingerichtet worden war, nicht gerecht werden.

Allein schon die alljährlich im Spätherbst anfallenden Kartoffeltransporte lösten regelrechte „Transportkrisen" aus. Es erwies sich als unmögliches Unterfangen, im Interesse einer regelmäßigen und vollständigen Versorgung der Bevölkerung den Transport von Lebensmitteln minutiös vorherzuplanen.

Als Ende Oktober 1947 die Kartoffellieferungen nach Leipzig anlaufen sollten, war, so Bürgermeister Sachse, „unerwartet der Waggonanteil für unsere Stadt auf 10 % gesenkt worden". [85] Es bedurfte „Vorstellungen bei Landesregierung, Zentralverwaltung und SMA zur baldigen Wiederaufnahme zügiger Lieferungen", um zu erreichen, daß täglich statt der ursprünglich zugesagten dreihundert Waggons wenigstens zwischen achtzig und hundert Wagen zur Verfügung gestellt wurden. [86] Gleichwohl wurde ausdrücklich betont, „daß die Sowjetische Militär-Administration ganz besonderen Wert auf die pünktliche und gerechte Versorgung der deutschen Bevölkerung mit Lebensmitteln legt und in allen einschlägigen Befehlen von der Deutschen Verwaltung für Handel und Versorgung eine scharfe und gut organisierte Kontrolle sowohl der an der Versorgung beteiligten Dienststellen als auch der privaten Unternehmungen und der Einzelhandelsgeschäfte fordert." [87]

Die Planwirtschaft hatte den Handel seiner Zwischenstellung beraubt: Die Disposition der Waren oblag gänzlich der staatlichen Versorgungsbürokratie. Gewachsene Geschäftsverbindungen zwischen Produzenten und Handelsunternehmen spielten spätestens seit Einführung des Systems der Lieferanweisungen keine Rolle mehr. Daher war es auch nicht mehr länger möglich, persönliche Beziehungen im Interesse regelmäßiger, quantitativ und qualitativ zufriedenstellender Anlieferungen einzusetzen. Die staatlichen Stellen wiesen die Grossisten an, von ihnen bestimmte Handwerker und Händler mit festgesetzten Mengen zu beliefern: dem Handel verblieb die bloße Verteilung der Waren. Die Mangelwirtschaft beraubte den Handel der zugkräftigsten Argumente für seine Existenz, der vollen Regale und Schaufenster. Die Verbraucher umgingen ebenfalls den Handel, der nichts anzubieten hatte, und versuchten, ihre kargen Kontingente durch Direkteinkauf beim Produzenten aufzubessern. Seiner ureigensten wirtschaftlichen Funktionen und Möglichkeiten ledig, fand sich der Handel bei Kriegsende in einer gesellschaftlich äußerst prekären Situation wieder – noch verschärft durch das politische Erbe der Allianz weiter Kreise des Mittelstandes mit dem Nationalsozialismus.

Bereits zu Zeiten amerikanischer Besatzung hatte der Altkommunist Fritz Selbmann in seinem Brief an General Eisenhower die „Ausschaltung der Nazis aus der Lebensmittelverteilung" gefordert und damit neben dem Ernährungsamt den Lebensmittelhandel gemeint. [88] Sofort nach dem Wechsel der Besatzungsmacht, so erinnert sich Selbmann, gab es große Probleme, gegenüber den Leipziger Genossen die moderate Linie in der Politik auch gegenüber Handel und Handwerk durchzusetzen: „Nicht wenige Genossen, berechtigt ungehalten darüber, daß die Wirtschaft noch voller Nazis war, wollten damit beginnen, den Kleinhandel, das Handwerk und die kleine private Wirtschaft zu säubern. Was soll geschehen, wenn wir die 30.000 Kleinhändler, die der Nazipartei angehört oder mit ihr sympathisiert haben, aus ihren Läden werfen? [89)] Sollen die Kommunisten, 30.000 Mitglieder unserer Parteiorganisation, fortan Grünkohl verkaufen, während die großen Nazis weiter in den Schlüsselpositionen der Wirtschaft sitzen, hielten wir entgegen." [90)] Das „Aktionsprogramm der Kommunistischen Partei" vom 11. Juni 1945 folgte der Modellkonzeption und forderte die „völlig ungehinderte Entfaltung des freien Handels und der privaten Unternehmerinitiative auf der Grundlage des Privateigentums." [91)] Die Sozialdemokraten dagegen wollten die Verbrauchergenossenschaften gefördert und den Kleinhandel neu geregelt wissen. [92)]

Bis Ende 1946 gab es in der Tat keine gravierenden Eingriffe in das ordnungspolitische Gefüge. Im Laufe des zweiten Nachkriegsjahres jedoch wurde die Kritik am Handel zunehmend lauter und gipfelte Anfang 1947 in der Forderung der SED, den Leipziger Handel drastisch zu reduzieren. Im Januar 1946 klagte das Leipziger Ernährungsamt: „Leider ist in den Händlerkreisen die Geschäftsmoral in den letzten Jahren stark gesunken. Falsche Bestandsmeldungen sind an der Tagesordnung." [93)] Immer wieder ist jetzt die Rede von „gesunkener Handelsmoral" [94)] und „unredlichem Verhalten". [95)] „Die Versorgung" führt Klage, daß „die Moral vieler Geschäftsleute einen außerordentlichen Tiefststand erreicht hat. Das Trachten vieler Geschäftsleute, sich auf Kosten der Allgemeinheit zu bereichern, findet sichtbaren Ausdruck in fingierten Geschäftseinbrüchen, der Verabfolgung der Lebensmittel mit Untergewicht und Einbeziehung des Verpackungsmaterials zu ungunsten der Versorgungsberechtigten. Auch die Preisverstöße sprechen eine sehr deutliche Sprache." [96)]

Am 29. Januar 1947 verabschiedeten die Leipziger Stadtverordneten nach „längerer Debatte" einen Beschluß mit weitreichender Bedeutung: die Verminderung der Zahl der Händler sollte in Angriff genommen werden. „Die Verteilung der bewirtschafteten Lebensmittel und sonstigen bewirtschafteten Waren darf nur solchen Betrieben übertragen werden, deren Inhaber oder Mitinhaber nicht Mitglied der NSDAP waren... Besteht darüber hinaus noch die Notwendigkeit zu weiteren Ausschaltungen, dann sind hierfür Gesichtspunkte der wirtschaftlichen Leistungsfähigkeit, der Zuverlässigkeit und der allgemeinen Geschäftsmoral anzuwenden." [97)] Es ging also nicht in erster Linie darum, die Entnazifizierung des Handels voranzutreiben, sondern „die überzähligen Händler auszuschalten." Sowohl der Groß- als auch der Einzelhandel sei, schrieb die 'Leipziger Zeitung', in der Stadt stark „überbesetzt". [98)] Die 'Leipziger Volkszeitung' argumentierte, die Händler versuchten, „trotz des geringen Warenkontingents ihre Betriebe aufrechtzuerhalten, obwohl es weitsichtiger wäre, wenn sie sich auf die veränderten Verhältnisse umstellen würden. Das Offenhalten aller dieser Läden ist ein großer Leerlauf und auch eine verhältnismäßig starke Steigerung der Unkosten bei geringeren Verdienstmöglichkeiten." [99)] Das Ausdünnungsprogramm der Handelsstadt kam in der ersten Hälfte des Jahres freilich „nicht recht vorwärts". Das zuständige Versorgungsamt unter dem Liberaldemokraten Sachse ließ sich Zeit. Im Juni 1947 brachte der Stadtverordnete Fischer (SED) erneut einen Antrag zu diesem Thema ein. Der Dezernent des Amtes für Handel und Versorgung wurde darin aufgefordert, „unverzüglich" die Verminderung der Zahl der Verteiler durchzuführen. Am 1. März 1947, gab Fischer an, habe es in Leipzig immer noch über 8.000 Einzelhandelsbetriebe, darunter 2.976 im Nahrungs- und Genußmittelhandel, 567 Bäckereien und 465 Fleischereien sowie mehr als 2.000 Großhändler gegeben. Fischer rechnete vor, damit komme auf 300 Einwohner ein Grossist und auf 80 Einwohner ein Kleinhändler. Die Stadtverordneten nahmen den Antrag mit den Stimmen der beiden bürgerlichen Fraktionen einstimmig an. [100)]

Die genossenschaftliche Konkurrenz erfuhr dagegen seit 1945 massive wirtschaftliche und politische Unterstützung. Die SMAD ermöglichte mit Befehl Nr. 176 vom 18. Dezember 1945 die Wiedergründung der von den Nazis zerschlagenen und von der „Deutschen Arbeitsfront" einverleibten Konsumvereine. Von Anfang an „erhielten (die Genossenschaften) überhaupt jede vertretbare Förderung und wirkten als treibender Motor auch für die Produktion, vor allem als wirksames Gegenmittel gegen den Egoismus des privaten Groß- und Einzelhandels." [101)]

Am 6. Februar 1946 faßt das „Organisationsbüro zur Gründung der Konsumgenossenschaften" den Beschluß, im Stadtgebiet Leipzig vier Genossenschaften, benannt nach den Himmelsrichtungen, zu gründen. [102)] Die Leipziger Konsumgenossenschaften nehmen bereits im Gründungsjahr einen rasanten Aufschwung; Ende 1946 hatten sich 73.000 Leipziger als Mitglieder eingeschrieben, die in 117 Lebensmittel- und 40 Fleischabgabestellen, in zwei Kaufhäusern und zwei Spezialgeschäften bedient wurden. Eine eigene Fleischerei und eine eigene Mühle mit Bäckerei in Plagwitz produzierten Frischwaren. [103)] Bereits 1947 zählten die sächsischen Konsumgenossenschaften 30 Prozent der Bevölkerung zu ihren Kunden, und bis Anfang 1949 entwickelte sich die Leipziger Genossenschaft zur größten in der SBZ. [104)]

In der sowjetischen Besatzungszone waren die Konsumgenossenschaften keineswegs auf versorgungspolitische Aufgaben eingeschränkt, sondern gewannen bald eine wichtige politische Bedeutung. Der damalige Vizepräsident der Zentralverwaltung für Handel und Versorgung, Georg Handke (SED), erläuterte auf einer Tagung der sächsischen Genossenschaften, es handele sich nicht um einen Wiederaufbau, sondern um einen Neuaufbau der Konsumgenossenschaften: „Die Zeit der absoluten politischen Neutralität sei vorbei, was aber nicht bedeute, daß die Konsumgenossenschaften Parteipolitik betreiben, sondern daß sie eine klare, antifaschistische Politik auf wirtschaftlichem Gebiet durchzuführen hätten... Die Konsumgenossenschaften müßten innerhalb der erfolgreich eingeleiteten Planwirtschaft angesichts der stark gesunkenen Handelsmoral für Sauberkeit und ehrliche Geschäftsgebahrung sorgen. Das bedeute keine Kampfstellung gegen den Privathandel." Handke fügte hinzu, „wenn jedoch die Anziehungskraft der Konsumgenossenschaften einem Teil des Handels die Grundlage entziehen sollte, so sei ihnen daraus ein Vorwurf nicht zu machen." [105] Genau darum ging es: Die steuerbaren Genossenschaften sollten die privaten Händler auf den lokalen Märkten in die Defensive treiben und der Partei auch auf der Ebene der Verteilung sukzessive Einflußmöglichkeiten eröffnen. Überdies sollten sie gewissermaßen als konsumdidaktische Instrumente dazu dienen, dem Verbraucher sozialistische Ideale offensiv nahezubringen. Indem die Verwaltungen die Genossenschaften demonstrativ bevorzugten, den Konsumgenossenschaften für manche Waren und Zusatzrationen sogar ein Verteilungsmonopol einräumten, [106] wollte man nicht nur den Kundenkreis erweitern, sondern gleichzeitig mit dem Verteiler für das neue „demokratische und sozialistische" Gedankengut werben. Die Lebensmittel, in der Verkaufsstelle der Genossenschaft erstanden, sollten so zu mentalen Wegbereitern des Sozialismus werden. Die sächsische 'Volksstimme' formulierte treffend, die Genossenschaften sollten dazu beitragen, „neben den allgemein bekannten Aufgaben..., auch unsere Frauen, die vielfach die politische Ansicht der Familie in der Einholetasche mitführen,... dem Ideenkreis der Demokratie und des Sozialismus zuzuführen. Um diesen Zweck zu erreichen, müssen die Konsum-Genossenschaften auch sozialistisch handeln..." [107] Freilich, die Lebensmittel in der Einkaufstasche ließen sich durchaus nicht als Symbole einer neuen Zeit und einer neuen Gesellschaft verkaufen. [108]

Auf ihrem Weg vom Produzenten zum Verbraucher mußten die Nahrungsmittel in der Nachkriegszeit eine Vielzahl von Hindernissen überwinden: In der Landwirtschaft fehlten die Produktionsmittel, und für die von der Bodenreform begünstigten Kleinbauern war die Belieferung städtischer Märkte uninteressant. Von Einbußen, wie sie die Bodenreform in der SBZ mit sich brachte, blieben die Westzonen verschont. Es mangelte an Reifen und Treibstoff für die Lastkraftwagen, Straßen, Schienen und Brücken waren zerstört, in der SBZ wurde zusätzlich das zweite Gleis demontiert: Kartoffeltransporte nahmen so das Ausmaß von Staatsaktionen an, die man in Leipzig mit dirigistischen Maßnahmen zu bewältigen suchte. Eine Planung, die traditionelle Lieferbeziehungen außer Acht ließ und die sich abmühte, vier Wochen im voraus detaillierte Transportpläne aufzustellen, zeigte sich den Umständen nicht gewachsen, sondern war zum kläglichen Scheitern verurteilt. Ungewiß stellte sich die Zukunft für die Händler dar: Im Jahr 1947 begann die Einheitspartei, ihre ordnungspolitischen Vorstellungen durchzusetzen. Die Verteiler mußten nicht nur aus Warenmangel um ihre berufliche Existenz bangen wie ihre Kollegen in den Westzonen. In der Ostzone waren Handwerk und Handel zunehmend von den sich verschärfenden gesellschaftspolitischen Umbaumaßnahmen bedroht. Während die Konsumgenossenschaften als vermeintliche Exponenten der neuen Zeit alle Unterstützung erfuhren, beauftragte das Leipziger Stadtparlament das Amt für Handel und Versorgung, unverzüglich damit zu beginnen, die Zahl der Groß- und Einzelhändler in der Stadt zu vermindern. Ganz anders in München: dort konnten sich die Verteiler trotz knapper Warendecke der wirtschaftlichen und politischen Fürsorge der Stadt sicher sein.

3.5. Versorgungssoziologie: Schlechte Karten für die Frauen

In der Sowjetischen Besatzungszone hatte das von den Nationalsozialisten eingeführte Rationierungssystem bis Ende Oktober 1945 seine Gültigkeit. Mit der großen Umgestaltung im Ernährungswesen am 1. November 1945 wurde auch das Zuteilungsverfahren radikal geändert: Das neue, von den Sowjets installierte System erwies sich als hoch differenziert. [1]

Grundlegend war die räumliche Abstufung nach der Größenklasse des Wohnortes; danach gab es vier verschiedene Kategorien: In Berlin lagen die Rationen höher als in den beiden Großstädten Dresden und Leipzig, und in 16 weiteren größeren Städten der SBZ lagen die Rationssätze wiederum über den Zuteilungen der kleineren Städte und Gemeinden und der ländlichen Regionen. [2] Demzufolge standen den Dresdnern und den Leipzigern die höchsten Rationssätze auf dem Gebiet der SBZ zur Verfügung. Diese grobe, auf den Wohnort bezogene Abstufung wurde zu Recht damit begründet, daß in den Großstädten für die Verbraucher erheblich ungünstigere Lebensbedingungen herrschten als auf dem Lande. [3] Heftige Proteste bewirkte diese

Regelung nur in den Randgemeinden, die ähnliche Bedingungen wie die nahen Großstädte aufwiesen, aber in die Land-Kategorie eingestuft worden waren. [4)]

Neben der räumlichen bestand eine persönliche Differenzierung. In jeder Gemeinde unterschied man zunächst zwischen drei Hauptgruppen nach den Möglichkeiten, sich selbst zu versorgen: Vollselbstversorger (Bauern), Teilselbstversorger und Haushaltbevölkerung, die typischen Normalverbraucher. Die letzte Hauptgruppe war unterteilt in sechs hierarchisch abgestufte Versorgungsgruppen: Am besten versorgt wurden die Verbraucher in der Gruppe I und II (Schwerst- und Schwerarbeiter), es folgten die Gruppen der Arbeiter (III) und Angestellten (IV), das Schlußlicht bildeten die Kindergruppe (V) und die Gruppe der sogenannten „sonstigen Bevölkerung" (VI). In den beiden sächsischen Metropolen fielen die ersten beiden Gruppen zusammen, so daß dort nur insgesamt fünf Gruppen unterschieden wurden: [5)]

Gruppe I. Als Schwer- und Schwerstarbeiter galten: Ingenieure, Techniker und Arbeiter an Schmelzöfen, in der Schwerindustrie und in Kohlebergwerken, die unter Tage arbeiteten; aber auch: die Präsidenten und Vizepräsidenten der Länder und Provinzen, die Oberbürgermeister der Städte Dresden, Leipzig und Chemnitz, [6)] die Leiter der antifaschistischen Parteiorganisationen der Länder, Provinzen und großen Städte, die Landräte, die Präsidenten der Eisenbahn- und Postdirektionen, die Bürgermeister der Städte mit mehr als 30.000 Einwohnern, leitende Ärzte in großen Krankenhäusern; sodann ordentliche und emeritierte Professoren, auch wenn sie keine volle Tätigkeit ausübten, sofern sie nach ihrer Person politisch für das Lehramt in Betracht kamen; schließlich besonders namhafte antifaschistische Künstler, Dichter, Maler und Schauspieler.

Gruppe II. Zu den Arbeitern zählten: Staatsanwälte und Richter, Schutz- und Kriminalpolizisten, Ortsgruppenleiter der antifaschistischen Parteiorganisationen, Mitglieder der Bezirksausschüsse sowie Bedienstete der öffentlichen Verwaltungen mit vorwiegender Reisetätigkeit; weiterhin selbständige und unselbständige Handwerker (wie beispielsweise Fleischer, Müller, Bäcker, Tischler, Schneider und Optiker), Ärzte, Tierärzte, Zahnärzte und Dentisten; Hochschullehrer, soweit sie nicht zur ersten Gruppe gehörten, Lehrer an Schulen, Geistliche und Bibliothekare; wiederum namhafte Künstler, Schriftsteller, Maler, Schauspieler, Sänger und Musiker.

Gruppe III. Als Angestellte wurden eingestuft: „Angestellte" in Behörden, öffentlichen Betrieben und in der Privatwirtschaft; Reinemach-, Abwasch- und Waschfrauen; Rechts- und Patentanwälte, Wirtschaftsprüfer und Steuerberater; Studenten und Schüler an Fachschulen sowie Schriftsteller, Kunstmaler, Schauspieler und Musiker.

Gruppe IV. Kinder: Hierunter fielen Kinder bis zu 15 Jahren und Schüler der Mittelschulen unabhängig vom Lebensalter.

Gruppe V. Der „sonstigen Bevölkerung" wurden alle übrigen zugerechnet: Personen ohne regelmäßige Tätigkeit oder „Tätige, die sich mit rein privater Arbeit beschäftigen, die nicht im allgemeinen Interesse liegt", sowie nicht arbeitende Besitzer von Betrieben; dazu kamen Rentner und Invalidenrentner, Gebrechliche, Schwerbeschädigte, Schwerkörperbehinderte und dauernd Kranke, sodann ehemalige Mitglieder der nazistischen Organisationen und „nicht berufstätige Hausfrauen".

Diese Zuteilungshierarchie fand ihre Ergänzung in der gezielten Zuwendung von Lebensmittelpaketen an Funktionsträger, 'Pajoks' oder auch 'Stalin-Pakete' genannt. Selbst diese Zusatzrationen waren, je nach Bedeutung der „Sonderverpflegten", verschieden sortiert. [7] Das persönliche Differenzierungsschema richte sich „keineswegs danach, wieviel Schweiß bei der Arbeit des einzelnen trieft", verteidigte das Amtsblatt der „Deutschen Verwaltung für Handel und Versorgung" den neuen Zuteilungsschlüssel, der die bisherige deutsche Zuteilungspraxis gänzlich beseite schob. Es erfolge in der SBZ „eine bestimmte Bewertung... auf Grund einer Erwägung der volkswirtschaftlichen beziehungsweise gesellschaftlichen Bedeutung der Arbeit des einzelnen Verbrauchers." [8]

Durch den Primat der gesellschaftlichen Wertung wurde der tatsächliche Kalorienbedarf zu einer nachrangigen Größe der Zuteilungspolitik. Das Blatt verdeutlichte die neuen Verteilungsmaximen an einem eindringlichen Beispiel: „Es kann durchaus vorkommen, daß... ein Schmied, der sehr schwere körperliche Arbeit leistet, eine weniger gute Versorgung erhält, als irgendein Werktätiger in einem Elektrizitätswerk, der 'lediglich' Schalter zu bedienen hat, ohne dabei persönlich eine große Kraftleistung vollbringen zu müssen. Aber die Bedeutung der Tätigkeit dieses Arbeiters am Schalter ist im Vergleich zu der Tätigkeit unseres Schmiedes von einer größeren Wichtigkeit für die gesamte Volkswirtschaft." [9]

Dieses System feingliedriger Abstufung und Bevorzugung reflektiert Gesellschaftsentwurf und soziale Wirklichkeit der Sowjetunion: „Eine Besonderheit unseres differenzierten Versorgungssystems ist die, daß wir eine Reihe von Grundsätzen übernommen haben, die sich in der Sowjetunion praktisch bewährt haben, in einem Lande, in dem die Werktätigen bereits über alle wirtschaftlichen Maßnahmen selber bestimmen." [10] Beim Vergleich des Rationierungs- und Zuteilungssystems in der Sowjetunion während des Krieges mit dem System in der Sowjetischen Besatzungszone nach dem Krieg lassen sich die parallelen Strukturen leicht feststellen. Die Verbraucher in Moskau beispielsweise waren ebenfalls in fünf Gruppen eingeteilt; auch dort bildeten die „Schwerarbeiter" die erste Gruppe, in der zweiten Gruppe wurden „Arbeiter" verpflegt und in der dritten Gruppe die „Angestellten". Schlußlicht bildeten auch in der sowjetischen Hauptstadt die Gruppe der sonstigen „Familienmitglieder" und die fünfte Gruppe, die Kinder unter zwölf Jahren. [11] Wie in der Sowjetunion, so konstatierte Wolfgang Leonhard, gab es auch in der SBZ große Unterschiede zwischen den Rationen der einzelnen Versorgtengruppen. [12] Ein Unterschied bestand nicht so sehr im Aufbau des Systems, sondern darin, daß in der Sowjetunion unvergleichlich größere

Beschaffungsprobleme die Zuteilungen während des Krieges lahmlegten, teilweise unmöglich machten, so daß sich „die rationierte Versorgung auf die mehr oder minder regelmäßige Ausgabe von Brot und – seltener- Kartoffeln" beschränkte. [13]

„Diese Staffelung der Lebensmittelrationen nach der gesellschaftlichen Bedeutung des einzelnen wirkte anregend und belebend auf den Arbeitsgeist. Manch einer erkannte," so Walter Ulbricht, „daß für Parasiten und Nichtstuer künftig kein Platz sein würde, und überwand seine bisherige Zurückhaltung." [14] An Ulbrichts Einschätzung des arbeitsmarktpolitischen Erfolges des Verteilungssystems sind erhebliche Zweifel angebracht. Ein sächsischer Arbeiter stellte schon 1945 fest, „daß der Nichtarbeitende oft mehr und besser ißt, als der schaffende Genosse." [15] Diese Beobachtung gilt in vollem Umfang auch für die folgenden Jahre. Arbeitsmarktpolitisch gesehen, sollte das System gestaffelter Zuteilungen nicht nur Arbeitskräfte in die Betriebe locken, sondern auch in bestimmte Branchen lenken. Mit Hilfe der Versorgungsanreize sollten Arbeiter in den lebenswichtigen Industriezweigen gebunden werden. Stahlarbeiter, Bergarbeiter und Transportarbeiter erhielten beispielsweise grundsätzlich die Rationssätze der Schwerstarbeitergruppe. Trotzdem fehlten Mitte 1947 „für vordringliche Arbeiten in der Industrie" in Leipzig mehr als 16.000 Arbeitskräfte, davon 4.500 in der Metallindustrie und ein weiterer großer Teil in der Bauindustrie. [16] Die SMAD schuf später mit dem Befehl Nr. 234 vom 9. Oktober 1947 zur „Steigerung der Arbeitsproduktivität und der weiteren Verbesserung der materiellen Lage der Arbeiter und Angestellten" ein weiteres Lenkungsinstrument, das materielle Anreize mit arbeitspolitischen und ökonomischen Erfordernissen verband. [17]

Der arbeitsmarktpolitische Impetus des Systems mußte wirkungslos bleiben, weil die amtliche Verpflegung von den Warenströmen des Schwarzmarktes unterlaufen wurde. Einer regelmäßigen Arbeit nachzugehen, war „zunächst nicht oder nur in geringem Maße mit einer Verbesserung" der Lebensbedingungen verbunden. Im Gegenteil, die Arbeit führte zu fortschreitendem körperlichen Substanzverlust statt eine bessere Versorgung zu gewährleisten. [18] Es entwickelte sich der Typus des „Halbproletariers": Man arbeitete nur, um die Lebensmittel, die es auf Marken gab, bezahlen zu können und bewirtschaftete darüberhinaus ein kleines Stück Land, hamsterte oder betätigte sich im Schwarzhandel. [19]

Die gesellschaftspolitischen Ziele der Zuteilungspolitik blieben in den ersten Nachkriegsjahren ebenfalls unerreicht. Die bis ins Feinste abgestimmte Zuteilungsleiter sollte Hebel bereitstellen, sowohl Einzelpersonen wie auch gesellschaftliche Gruppen nach politischen Gesichtspunkten mit Lebensmitteln zu fördern, somit einzubeziehen und zu gewinnen, andere zu disziplinieren und an den Rand zu drängen. Quantität und Qualität der Lebensmittelzuteilung wurden so zu Statussymbolen der neuen Gesellschaft; für diese sowjetische Auffassung von Verteilungspolitik konnten die Hungernden in der Ostzone kein Verständnis aufbringen: Von Nachteil sei, räumte das Amtsblatt der Versorgungsverwaltung ein, „daß die Lösungen der Probleme wegen ihrer Neuheit von unserem Volke teilweise noch nicht verstanden werden." [20]

Während Politiker, Parteifunktionäre und die „technische Intelligenz" alle Versorgungsprivilegien der Schwerstarbeiter genossen, mußte der Handarbeiter mit den Rationen der dritten, (in Leipzig: der zweiten) Gruppe auskommen. Wie sollte es dem Facharbeiter mit knurrendem Magen einsichtig gemacht werden, daß gerade Bürgermeister, Politiker und Professoren mehr Brot verdient hätten als er? Am schlimmsten diskriminierte die Verteilungspolitik die Frauen, die als „Waschfrauen" gerade die dritte Gruppe erreichten, als „Hausfrauen" jedoch in die letzte Gruppe der „sonstigen Bevölkerung" rigoros zurückgestuft worden waren. Dort wurden sie mit Nazis und „Nichtarbeitenden" in einen Topf geworfen. [21] Auch in der SBZ galt, was für die Frauenarbeit im Westen festgestellt werden kann: „Die Hausarbeit als traditioneller Arbeitsbereich der Frauen ist aus der öffentlichen Produktion ausgelagert und damit unsichtbar gemacht und vom gesellschaftlichen 'Fortschritt' ausgeschlossen. Sie gilt als überzeitlich, immer gleichbleibend, als unproduktiv, als gesellschaftlich wertlos, als Privatangelegenheit, als 'Nicht-Arbeit'". [22] Ganz ohne Zweifel: Für die ehemaligen Nazis war die Eingruppierung in ebendiese Versorgungskategorie als physische Strafe gedacht. Im Jahre 1945 war die Leipziger Gruppe V der „Sonstigen" nochmals unterteilt: Lebensmittelkarten dieser Gruppe ohne Fleisch- und Fettmarken erhielten Hausfrauen ohne Kinder und Mütter mit Kindern über acht Jahren. [23] Ehemalige Mitglieder der NSDAP und deren Untergliederungen erhielten Karten der Gruppe V in gelber Farbe, die ebenfalls nicht zum Bezug der vollständigen Ration dieser Gruppe berechtigten. [24] Die Zuteilungspolitiker in der SBZ nahmen die fast übermenschliche Überlebensarbeit vieler Frauen nicht wahr, die seit den letzten Kriegsjahren alle psychische und physische Kraft aufbieten mußten, um ihre Angehörigen und sich mit dem Lebensnotwendigen versorgen zu können. Vielmehr wurden soziale Realitäten der Sowjetunion schematisch auf das Deutschland der Nachkriegszeit übertragen. [25] Für die Frauen als die eigentlichen „Trägerinnen des zermürbenden Überlebenskampfes" [26] bedeutete dies, daß sie in die Kategorie der gesellschaftlich Verfemten, der Außenseiter, eingestuft wurden. Die Rationenpolitik legt diese eklatante Diskrepanz zwischen neu errungener sozialer Kompetenz und Relevanz einerseits und mangelnder gesellschaftlicher Akzeptanz andererseits schonungslos offen: Die Frauen wurden für ihre existentielle Arbeit in Familie, Wirtschaft und Gesellschaft tagtäglich zuteilungspolitisch regelrecht bestraft. [27]

Daß die amtliche Herabstufung allenthalben zur innerfamiliären Diskriminierung gerade der Ernährerinnen ausartete, beschreibt ein Kommentar der 'Leipziger Zeitung': „Wie war es denn bisher in fast allen Familien...? Es wurde, wie es recht und billig war, aus einem Topf gewirtschaftet. Und was bislang die Lebensmittelkarte Nummer 6 (in Leipzig Nummer V, d. Verf.) vorenthalten mußte, das steuerten die anderen Karten des Haushalts in diesen Topf hinzu. Wenn nun -und das kam häufig vor- die Hausfrau und Mutter es mit fraulichem Heroismus ablehnte, einen solchen Gnadenanteil von den anderen Familienmitgliedern zu beziehen, wenn sie im Gegenteil den Kindern noch ein wenig mehr zuschanzen wollte, dann ging das auf Kosten ihrer Gesundheit." [28]

Die Gruppe der Habenichtse entwickelte sich zum permanenten Unmuts- und Unruheherd in der SBZ, so daß sich die SMAD, offenbar auf Drängen deutscher Verantwortlicher, genötigt sah, die weithin verhaßte Kategorie abzuschaffen. Am 1. Februar 1947 wurde in der gesamten Besatzungszone die Lebensmittelkarte VI und in den Städten Dresden und Leipzig die „Sonstigen"-Karte V aufgehoben. In den groß aufgemachten Meldungen wurde nicht versäumt, darauf hinzuweisen, die SED habe sich bekanntlich mehrmals, unterstützt durch die Bevölkerung, mit der Bitte um Aufhebung dieser Kategorie an die Militärverwaltung gewandt. Die SMAD sei der Bitte der SED gefolgt. Eine Lokalzeitung faßt die Erleichterung der Leipziger „Sonstigen" in Worte: „Das Tagesgespräch in Leipzig, in der ganzen Sowjetzone: die überraschende und bedeutende Erhöhung der Lebensmittelrationen... Vor allem: Die Sonstigen! Sie waren bisher die Stiefkinder unter den Kartenempfängern... Sie werden jetzt aus ihrer negativen Sonderstellung herausgenommen und sollen die bisherigen Angestellten-Rationen erhalten. Das ist nicht nur eine Anerkennung ihrer Leistung in Haus und Familie, sondern auch ihres physischen Bedarfs. Die Menschen, die für unser Wohl sorgen -in erster Linie rekrutieren sich die Sonstigen ja aus Frauen-, standen bisher am ungünstigsten. Es macht unseren Gerechtigkeitssinn zufriedener, daß ihnen jetzt nicht nur die platonische Zusicherung unseres Respekts vor ihrer Arbeit, sondern auch die materielle Anerkennung in puncto Ernährung zuteil wird." Der Kommentator der Zeitung sah darin „ein verheißungsvolles Zeichen hoffnungsvoller Zeiten". [29]

Es war denn auch keine gesellschaftliche Minderheit, sondern eine relative Mehrheit, die 15 Monate lang mit den Minimalrationen der „Sonstigen"-Karte, auch „Friedhofskarte" genannt, auskommen mußte.

Im August 1946 wurden 210.000 Leipziger, das sind fast 35 Prozent aller Versorgungsberechtigten oder 43 Prozent aller Erwachsenen in der „Sonstigen"-Kategorie (V) verpflegt. 98.000 Personen, 16 Prozent der Gesamtziffer und 20 Prozent der Erwachsenenziffer, zählte Gruppe III, die sogenannten Angestellten. Die beiden bestversorgten Arbeitergruppen stellten insgesamt 183.000 Personen, also 30 Prozent aller Versorgungsberechtigten oder 37 Prozent der Erwachsenen. Die Kindergruppe brachte es auf 117.500 Köpfe, 19 Prozent aller Normalverbraucher. [30]

Ebenfalls im August 1946 waren es insgesamt 608.500 Personen, die im Stadtkreis Leipzig von Lebensmittelkarten abhängig waren. [31] Im Juni des Vorjahres waren es 546.300 Personen gewesen; innerhab von 13 Monaten war die Anzahl der Versorgungsberechtigten also um 10 Prozent angewachsen. [32] Um dem Zuzug in die Messemetropole einen Riegel vorzuschieben, hatte der Rat der Stadt bereits am 4. September 1945 ein Zuzugsverbot verhängt, das mit der kritischen Versorgungslage der Stadt begründet worden war. [33] Dennoch mußte Leipzig nach Angaben des Umsiedleramtes von Kriegsende bis zum Dezember 1947 insgesamt 83.365 Flüchtlinge einbürgern; 32.570 davon allein im Jahre 1947. [34] Die nunmehr mit zu versorgenden Neubürger stellten Ende 1947 knapp 13 Prozent der rund 648.600 Einwohner Leipzigs. [35] Im Vergleich zu anderen Städten in der SBZ hatte Leipzig relativ wenige Heimatvertriebene aufgenommen: schon 1946 hatten Städte wie Schwerin, Greifswald, Görlitz, Stralsund oder Erfurt einen Anteil von teilweise weit über 30 Prozent Flüchtlingen an der Wohnbevölkerung zu verkraften, Leipzig hingegen wies 1946 den zonenweit geringsten Anteil von neun Prozent auf. [36] Leipzig wurde offenbar bevorzugt und wegen der Messe zeitweilig von weiteren Flüchtlings-Zuweisungen befreit. [37] Dennoch kam auch in der Messestadt Futterneid auf: „Ängstliche Gemüter haben sich die Frage vorgelegt: Wie sollen die vielen tausend Umsiedler, die jetzt als Neubürger in unsere Heimatstadt kommen, ernährt werden?" Gerüchte kursierten Ende 1946 in der Stadt, wonach die Rationen für die Einheimischen wegen der Flüchtlinge gekürzt werden müßten. [38] Oberbürgermeister Dr. Zeigner sprach vom „bedrohlichen Charakter" des Problems der Ost-Umsiedler und forderte angesichts der „Not von Hunderttausenden" seine Mitbürger zu Opfern auf. [39] Im März 1947 warteten darüberhinaus noch rund 80.000 „alte Leipziger Bürger" auf ihre Wiedereinbürgerung, die aber mit Hinweis auf die problematische Versorgungslage der Stadt nicht vorgenommen wurde. [40)]

Das für den Verbraucher wichtigste Dokument der Zeit war die Lebensmittelkarte. Jede Person erhielt eine solche Karte, auf die sogenannte Marken oder Abschnitte gedruckt waren, die sie dazu berechtigten, das ihr zustehende Quantum bewirtschafteter Waren beim Einzelhändler zu beziehen. Die Karten waren jeweils für eine Zuteilungsperiode gültig; bis November 1945 umfaßte eine Periode den Zeitraum von vier Wochen, ab Dezember 1945 wurden monatlich neue Karten ausgegeben. [41)] Einzelne Lebensmittel, zum Beispiel Brot, waren nach Tagesrationen, andere nach Dekadenrationen bemessen. [42)] Eine Lebensmittelkarte bekam nur, wer eine „Meldekarte" oder eine „Arbeitsbescheinigung" des Arbeitsamtes und einen „Zuweisungsschein des Wohnungs- und Siedlungsamtes" für seine Unterkunft vorlegen konnte. [43)] Beide Nachweise wurden vom Hausbeauftragten ständig kontrolliert. [44)] Die Abschnitte der Lebensmittelkarte, also Brot-, Fleisch-, Nährmittel- und Fettmarken, bezeichneten zusammen die Lebensmittelration. Neben den Grundrationen, die je nach Einstufung allen Einwohnern der SBZ zustanden, wurden bestimmten Personengruppen Zusatzrationen bewilligt. Solche Zusatzrationen erhielten wiederum Ingenieure und Bergarbeiter in Gruben und Brikettfabriken, Eisenbahnpersonal, Tuberkulose-Patienten, werdende und stillende Mütter, Muttermilchspenderinnen und Blutspender. [45)] Auf die zusätzlichen Rationen soll nicht weiter eingegangen werden. Versuchen wir uns vielmehr einen Eindruck davon zu verschaffen, von welchen Lebensmittelmengen die Normalverbraucher in Leipzig nach dem Kriege leben sollten. Unser besonderes Augenmerk wird dabei der Gruppe V gehören, jenem unglücklichen Drittel der Verbraucher, das am schlechtesten versorgt wurde und dennoch irgendwie durchkommen mußte – nicht nur in Leipzig, sondern in der gesamten SBZ. [46)]

Am 1. November 1945 wurden die Grundrationen für die Sowjetische Besatzungszone einheitlich festgelegt. Den sonstigen Versorgten (Gruppe V) wurden von jetzt an täglich 250 Gramm Brot, 20 g Fleisch, 7 g Fett, 15 g Nährmittel und 15 g Zucker zugebilligt. Die Unterschiede zwischen den Zuteilungen für die verschiedenen Gruppen waren beträchtlich: Mit täglich 450 g Brot, 50 g Fleisch, 31 g Fett, 40 g Nährmittel und 25 g Zucker erhielten die Schwerarbeiter (Gruppe I) nahezu die doppelte Menge Brot und mehr als das Doppelte an Fleisch und Nährmitteln. Ein Verbraucher in Gruppe I erhielt sogar mehr als das Vierfache an Fett; bis Ende November 1945 war ein ganzer Kreis von Personen in Gruppe V überdies von der Versorgung mit Fett und Fleisch ganz ausgeschlossen: [47)] Erhebliche Differenzen im

Einkaufskorb sollten in der Zeit des Hungers den sozialen Abstand für jedermann und für jede Frau nicht nur erkennbar markieren, sondern körperlich spürbar machen. Bei den genannten Lebensmitteln kam die Gruppendifferenzierung in Mengenunterschieden zum Tragen. Darüber hinaus hatten alle Leipziger unabhängig von ihrer Gruppenzugehörigkeit täglich Anspruch auf 30 g Marmelade, 17,85 g Quark und 400 g Kartoffeln. [48]

Diese Sätze wurden auf Befehl der SMAD neun Monate später, ab 1. August 1946, teilweise angehoben. Die Zuteilungssätze wurden jetzt leicht zugunsten der bislang Benachteiligten korrigiert. So sollten Kinder bis zu 14 Jahren und die „sonstige" Bevölkerung täglich 50 g Brot mehr erhalten – „eine Bemme", wie Leipzigs Oberbürgermeister stolz verkündete. [49] Schwerarbeiter, Arbeiter und Angestellte profitierten nicht von der Erhöhung der Brotration, hatten aber Anspruch auf mehr Nährmittel: Gruppe I erhielt einen Zuschlag von 10 g täglich, alle anderen Verbrauchergruppen von 5 g am Tag. Eine gute Nachricht für alle Gruppen war auch die Ankündigung, die Kartoffelration werde um 100 g auf 500 g aufgestockt. [50] Ein tiefgreifender Eingriff ins Rationierungsgefüge war schließlich der Wegfall der Benachteiligtengruppe V und die Einstufung dieser Verbraucher in Gruppe III (Angestellte) ab 1. Februar 1947.

Selbst der Vizepräsident der obersten Versorgungbehörde der SBZ, Wilhelm Ziegelmayer, sprach hier von „Hungerrationen". [51] Und auch Walter Ulbricht räumte ein: „Zweifellos waren diese Normen (gemessen am normalen Lebensstandard) sehr klein und reichten vorerst nur zur Befriedigung des größten Hungers." [52] Bereits die Soll-Rationen haben gezeigt, mit welch kargen Zuteilungen sich die Verbraucher begnügen mußten. Wenn wir die Ist-Rationen verfolgen, zeichnet sich ein noch düsteres Bild der Leipziger Versorgungswirklichkeit in der unmittelbaren Nachkriegszeit ab. [53] Da die Abschnitte auf den Lebensmittelkarten erst dann gültig wurden, wenn die bewirtschafteten Waren in den Geschäften der Stadt eingetroffen waren und das örtliche Amt für Versorgung sie zum Bezug aufrief, ist es möglich, die wirklich verausgabten Lebensmittelmengen anhand der Aufrufe in der Tagespresse nachzuvollziehen. Eine exemplarische Erhebung dieser Versorgungsdaten für die Leipziger Gruppe V in der Zeitspanne von Mai 1946 bis Januar 1947 ergibt folgendes Bild: Die vorgeschriebene Brotration konnte offenbar mühelos erfüllt werden; die Nährmittelration war ebenso zu keinem Zeitpunkt ernstlich gefährdet. Die Ausgabe von Fett und Zucker war zwar Schwankungen unterworfen, das jeweilige Soll wurde aber dennoch erreicht oder im Folgemonat wenigstens ausgeglichen. Zu keinem Zeitpunkt war es jedoch möglich, die volle Ration an Fleisch oder Fleischwaren aufzurufen.

In den genannten neun Monaten wurde das geforderte Soll in dieser Sparte durchschnittlich nur zu etwa 69 Prozent erreicht. Das heißt, die Verbraucher der Gruppe V bekamen von ihrem Fleischer in Wirklichkeit nur zwei Drittel der Menge an Fleisch, die ihnen nach offiziellen Angaben zustand. Beim Quark ergibt sich eine noch tiefere Kluft zwischen Soll und Haben: Im selben Zeitraum konnten sich Rentner und Hausfrauen nur 42 Prozent der versprochenen Menge an Quark abholen. Schließlich mußten diese Verbraucher auch beim Brotaufstrich jeden Monat Einbußen hinnehmen; grob geschätzt betrug die Ist-Ration an Kunsthonig und Marmelade ebenfalls nur zwei Drittel der Soll-Ration. Für den Leipziger Normalverbraucher konzentrierte sich die Versorgungsproblematik also -einmal abgesehen von den Kartoffeln- vor allem auf Fleisch und Wurstwaren sowie auf Molkereiprodukte. Nur die Brot- , Nährmittel- und Zuckerabschnitte seiner Lebensmittelkarte erwiesen sich nicht als 'ungedeckte Schecks'.

Die Nahrungsmittel, die seit Dezember 1945 an die Versorgten der ersten Gruppe ausgegeben worden seien, entsprächen 2.186 Kalorien je Person und Tag, gibt ein Ernährungsphysiologe aus der DDR an. Für die Gruppe der Arbeiter (II) habe es 1.743 Kalorien, für die der Angestellten (III) 1.382 Kalorien am Tag gegeben. Die Kinder (IV) hätten noch 1.334 Kalorien über die amtlichen Rationen bekommen und die „Sonstigen" (V) 1.171. [54] Das Leipziger Ernährungsamt veröffentlichte im Jahr 1947 sogar zweimal die neuesten Kalorienwerte. Danach gab es im März für die Schwer- und Schwerstarbeiter 2.030, im Mai 2.088 Kalorien; für die Angestellten -nach dem Wegfall der Gruppe V das Gros der Leipziger Versorgungsberechtigten- im März 1.625 und im Mai 1.517 Kalorien täglich. Die Kalorienziffern der Kindergruppe sollen im Mai 1947, je nach Alter, zwischen 1.480 und 1.740 Kalorien gelegen haben. [55] So gesehen, stand einer Hausfrau in Gruppe V nur wenig mehr als die Hälfte der Kalorien zu, die beispielsweise ein Parteifunktionär als Schwerstarbeiter beanspruchen konnte. Erst 1947 reduzierte sich der gravierende Unterschied, als die „Sonstigen" den „Angestellten" zugeschlagen wurden. Nun sollten nur noch um die 500 Kalorien zwischen der schlechtest- und der bestversorgten Erwachsenengruppe liegen.

Schon ein Soll-Wert von nicht einmal 1.200 Kalorien täglich für die Verbraucher der Gruppe V war verheerend. Das Bild der Kalorienversorgung dieser Gruppe erhält noch schärfere Konturen, wenn man die reale Kalorienmenge in diesen Monaten errechnet. [56] Der Kalorien-Wert von 1.200 wird in der Zeit von Mai 1946 bis Januar 1947 nur in zwei Monaten, im August und September 1946, erreicht; die Sommermonate des Jahres 1946 liegen mit Werten zwischen 738 und 961 Kalorien täglich gefährlich unter dieser

Marke. In den Wintermonaten 1946/47 pendelt sich der Istwert bei ungefähr 1.060 Kalorien ein. Die durchschnittliche tägliche Kalorienmenge im gesamten neunmonatigen Versorgungszeitraum beläuft sich auf lebensgefährliche 960 Kalorien.

Allein der sogenannte Grundumsatz, der den menschlichen Ruhestoffwechsel bei vollkommener Muskelruhe umfaßt, beträgt bei Männern zwischen 1.500 und 1.700 Kalorien. Bei Frauen wird ein mittlerer Grundumsatz von etwa 1.300 Kalorien pro Tag angenommen. [57] Selbst die Papier-Kalorien der Gruppe V hätten nicht ausgereicht, um auch nur den weiblichen Grundumsatz zu decken. Zum Grundumsatz kommt der Tätigkeitsstoffwechsel hinzu, „der Verdauungsarbeit, den Freizeit- und den Arbeitsaufwand umfaßt". [58] Ernährungswissenschaftler gingen davon aus, daß 2.000 Kalorien je Person und Tag mindestens erforderlich sind, „um Hungererscheinungen und Epidemien zu verhindern"; [59] der Völkerbund hatte eine Norm von 2.700 Kalorien pro Tag festgesetzt. [60] Nicht nur lebensnotwendige Kalorien fehlten; auch unter ernährungsphysiologischen Gesichtspunkten war die Hungerkost ungünstig zusammengesetzt: es mangelte an Fett und Eiweiß. [61]

Für den Ernährungswissenschaftler Gerhard Winkler aus der DDR steht daher fest: „Um Schädigungen des Organismus zu begegnen, waren somit alle Verbrauchergruppen gezwungen, sich illegal mit Nahrungsmitteln zu versorgen, um wenigstens die für das Existenzminimum unter Berücksichtigung eines gewissen Arbeitsaufwandes benötigten Energiemengen sicherzustellen." [62]

„Im August 1947 untersuchte die Versuchsanstalt für Getreideverwertung (VfG) im Auftrage des Kreises Osthavelland eine größere Anzahl von Broten. Dabei stellte sich heraus, daß 10 % als 'ungenießbar' und 63 % als 'mangelhaft' bezeichnet werden mußten. Nur 27 % der untersuchten Brote konnten 'befriedigend' genannt werden. Das Prädikat 'gut' und 'sehr gut' erhielt kein Brot." [63] Im selben Jahr stellte ein Leser der 'Leipziger Zeitung' die Frage, „weshalb das Brot jetzt so furchtbar bröckelt" und reklamierte „Risse im Brot". [64] Die Mängelrügen lassen sich zuerst darauf zurückführen, daß das Brotmehl mit Futtergetreide, zuweilen mit Kastanien- oder Eichelmehl gestreckt wurde. [65] In Sachsen setzte sich das Brotmehl zu 70 Prozent aus Roggen- und zu 30 Prozent aus Hafermehl zusammen; in Leipzig wurden nur 20 Prozent Hafer untergemischt. [66] Hafermehl ist kein Brotmehl und eigentlich nicht backfähig; bei ausschließlicher Verarbeitung von Hafermehl würde man kein typisches Brot erhalten. [67] Hinzu kam, daß die SMAD den Bäckern im Vergleich zur Kriegszeit höhere Backausbeuten vorschrieb. [68] Nicht nur der Wassergehalt des Mehles, sondern auch des Brotes war sehr hoch. [69] „Daß man in Mangelzeiten versucht, die Brotausbeute durch Zusatz von Wasser möglichst hochzutreiben, ist verständlich", bemerkt dazu L. Wassermann, der in der unmittelbaren Nachkriegszeit in einem Lebensmitteluntersuchungsamt in der Nähe von Leipzig tätig war. [70] Der sachverständige Zeitzeuge erinnert sich, daß die Brote zu krümeliger Krume neigten und zuweilen der Spelzengehalt zu hoch gewesen sei. [71] Nachbackversuche ergaben einen saueren und sehr bitteren Geschmack des Brotes. [72] Der Gehalt an Nährstoffen und Kalorien jedoch war trotz des hohen Anteils an Futtergetreide nicht geringer als derjenige herkömmlicher Roggenbrote. [73] Der höhere Fettgehalt des Hafermehles wirkte sich sogar positiv aus und führte zu einer Anreicherung von hochkalorischem Fett im Brot. [74]

Jedoch nicht die Versorgung mit Mehl war das Hauptanliegen der Leipziger Bäckermeister, sondern die Beschaffung von Kohle. Im Mai 1947 klagte die Bäckerinnung Leipzig, ihre Mitglieder seien in letzter Zeit im wesentlichen auf Kohlenstaub als Brennmaterial angewiesen gewesen. [75] Im Juli 1947 bekannte sich die Stadtverwaltung dann einmütig zur „Kohleselbsthilfeaktion", nachdem der Versorgungsdezernent eingestanden hatte, er müsse sich alle zwei Tage an die Kommandantur wenden, um überhaupt kleinste Mengen zu bekommen. [76] Obgleich lebenswichtige Betriebe wie Mühlen und Bäckereien bei der Kohlezuteilung grundsätzlich bevorzugt wurden, [77] erhielt die Stadt im Oktober 1947 gerade 4.400 Tonnen Kohlen zugewiesen – bei einem Bedarf von 70.000 Tonnen! [78] Die unzureichende Backhitze hatte zur Folge, daß die Brote zu schwach ausgebacken waren.

Da nicht genügend Auflage für das Brot vorhanden war, verwertete man das Brot manchmal in einer Brotsuppe. In Suppenform ließen sich die dürftigen Rationen gut strecken: häufig wurden feingeriebene Kartoffeln oder andere Nahrungs- und Nährmittel beigegeben, die hierdurch aufgewertet wurden. Auf diese Weise konnte auch trockenes oder geschmacklich nicht gerade ansprechendes Brot der täglichen Ernährung zugute kommen. [79]

Auch über das ausgegebene Mehl wurden Klagen laut. Eine Leipziger Hausfrau meinte in einer Leserzuschrift, das Markenmehl sei „eine einzige Pleite", es sei grau, und vor allem quille es nicht. [80] Nährmittel wurden in der SBZ nur aus den Futtergetreidesorten Hafer und Gerste hergestellt. [81] Als Nährmittel kamen somit hauptsächlich Hafergrütze, Hafernährmehl, Haferflocken sowie Gerstengraupen und Gerstengrütze in die Regale des Einzelhandels. [82] In Leipzig gab es auch oftmals Fertigsuppen aus der Tschechoslowakei, die bei der Bevölkerung als versalzen galten. [83] Abgesehen

von dem Unmut über Mehl und Suppen war die Nährmittelversorgung regelmäßig und zufriedenstellend.
Das Hauptproblem der Ernährungsverwaltung blieben die Kartoffeln. Wenn Frischkartoffeln nicht ausreichend vorhanden waren, wurden Getreideerzeugnisse wie Nährmittel und Gerstenmehl sowie Trockenkartoffeln angeboten. [84] Auch Produkte wie Kartoffelwalzmehl, Kartoffelgrieß und Kartoffelflocken waren als Ersatz für fehlende Frischkartoffeln gedacht. Diese Kartoffelerzeugnisse sollten als Beilagen zu Gemüse, als Brei und als Suppenbestandteile Verwendung finden. [85] Kartoffelwalzmehl konnte dem Brotmehl ebenfalls zum Strecken untergemischt werden. [86]

„Eine ehrliche Zeitung sollte die Leser ehrlich beraten und dem Wirtschaftsamt und den Herren Fleischern einmal die Wahrheit sagen", beschwert sich ein erboster Leser der 'Leipziger Zeitung': „Auch der Schaffende will einmal gute Wurst und keinen Dreck essen." [87] Die Klagen über die Qualität der Wurst seien in den meisten Fällen berechtigt, kritisierte das Amtsblatt der DVHV, „Die Versorgung". Die Bevölkerung sehe sich bei dem hohen Wassergehalt der meisten Wurstsorten betrogen. [88] Die 'Allgemeine Fleischer-Zeitung' stellte im März 1947 fest, daß unverarbeitetes Fleisch einen Kalorienverlust von mindestens 10 Prozent und bestimmte Wurstsorten von 60 Prozent gegenüber Friedensqualitäten aufwiesen. [89] Rindfleisch gab es nicht, da es hätte eingeführt werden müssen; so wurde auf Marken in der Regel Schweinefleisch und -zumindest im Mai 1947- auch Pferdefleisch abgegeben. [90] War Fleisch nicht im Angebot, wurden auf Fleischmarken als Austauschprodukte häufig Käse, Quark, Eier und Fisch aufgerufen, bestenfalls gab es auf Fleischmarken Wurstwaren im Verhältnis 1 zu 1. [91]

Auch sämtliche heimischen Gemüsearten waren bewirtschaftet; die Landesregierung hatte 1946 jedem Einwohner des Stadt- und Landkreises Leipzig monatlich zwei Kilogramm Gemüse zugestanden. Dieses „Gemüsesoll" konnte nicht eingehalten werden, da im Anbauplan als Liefergebiet der Landkreis Leipzig vorgesehen war, dessen Böden für den Gemüsebau nicht geeignet waren. [92] Die Gemüsehändler führten jetzt nicht nur traditionelle Sorten wie Möhren, Zwiebeln, Kohlrabi, Wirsing und Salat, sondern auch Rüben und Rübenblätter. Die Zuckerrübenblätter sollten als Ersatz für Spinat dienen. [93] Dem hungrigen Verbraucher wurde zudem empfohlen, Wildgemüse zu sammeln und zuzubereiten. So könne beispielsweise das Unkraut Melde gefahrlos als Salat, Gemüse oder als Spinat angerichtet werden. [94]

Salz- und Essiggemüse, im Jahre 1947 statt Frischgemüse und Frischkartoffeln im Handel, waren bei den Verbrauchern denkbar unbeliebt: „Salzgemüse will die Bevölkerung auf keinen Fall mehr sehen, insbesondere nicht

Kürbis und Rote Beete in Salz, zumal der Preis hierfür in gar keinem Verhältnis zu den Einkommen der Werktätigen steht." [95] In der Tat beklagt sich ein Leipziger Arbeiter in einem Leserbrief an die 'Leipziger Volkszeitung' bitter und rechnet vor, er habe für zehn Pfund Gemüse 10,30 Reichsmark zahlen müssen, wohingegen sein Wochenlohn nur 40 Reichsmark betrage. [96] Die Gemüsekonserven wurden zum Politikum, und Mitte Mai beschloß die Leipziger Stadtverordnetenversammlung, den augenscheinlich unsozialen Gemüsepreisen auf kommunaler Ebene abzuhelfen. Auf Antrag der SED- Fraktion wurde das Salz- und Sauergemüse subventioniert, sozial Schwachen wurden Beihilfen zum Kauf eingelegten Gemüses gewährt. [97]

Die Fettversorgung blieb in Leipzig „infolge des Rückgangs der Milchablieferung und unbefriedigender Erfüllung des Schweineaufkommens" während der gesamten Nachkriegszeit kritisch. [98] Je nach Lieferlage konnte sich der Verbraucher ein karges Quantum Butter, Margarine, Öl, Schlachtfett oder Fettkäse abholen. [99] Die „Deutsche Wirtschaftskommission", das provisorische Wirtschaftsministerium, forderte aufgrund des chronischen Fettdefizites, zur Sicherstellung der Speiseölversorgung die freien Spitzen aus der Ölfruchtproduktion zu deutlich erhöhten Preisen unverzüglich anzukaufen. [100] Pflanzenöle aus Ölsaaten wie Raps, Rübsamen, Mohn, Lein und Hanf trugen dazu bei, daß die Fettrationen mindestens in bescheidenem Maße eingehalten werden konnten. [101] Dennoch mußten die Verbraucher in Zeiten andauernden Fettmangels an Stelle der Fettration Zucker im Verhältnis 1 zu 2 akzeptieren. [102]

Zeiten des Mangels wirken sich unmittelbar auf die Beschaffenheit und die Qualität der Nahrungsmittel aus, denn nahezu alle Erzeugnisse wurden durch Zusätze gestreckt. So läßt sich schließlich auch die Marmelade der Nachkriegszeit nicht mit heutigen Produkten vergleichen. Infolge der geschlossenen Zonengrenzen blieben die Früchtelieferungen von der Bergstraße aus, und die Leipziger mußten sich am Morgen mit Rüben- oder Tomatenmarmelade als Brotaufstrich begnügen. [103]

Der Lebensmittelmangel trieb zur Selbsthilfe, die unter Umständen für Leben und Gesundheit gefährlich werden konnte. So hatte die Leipziger Stadtverwaltung im Juli 1946 Veranlassung, davor zu warnen, gesundheitsschädliche Öle als Speiseöle zu gebrauchen: Rizinusöl zum Beispiel wurde nicht nur als Heilmittel, sondern auch in der Küche verwendet. [104] Der Genuß anderer Ersatzlebensmittel erwies sich als noch gefahrvoller; Mitte 1947 meldete die 'Leipziger Zeitung' sieben Todesfälle und eine Erblindung, die auf den „Genuß" von Methylalkohol zurückzuführen waren. [105]

Wenige Monate nach Kriegsende hatte man in der sowjetischen Besatzungszone einen radikalen Schlußstrich unter das von den Nationalsozialisten errichtete Versorgungswesen gezogen. Während das bisherige Rationierungssystem in Köln und München weiterhin gültig blieb, mußten sich die Leipziger mit einem völlig neuen Schema, einer Kopie sowjetischer Zuteilungspraxis und -politik, abfinden. Dieser Zuteilungsplan erhob anstatt des physiologischen Bedarfes die politische und gesellschaftliche Bedeutung des Verbrauchers zum obersten Verteilungskriterium. Sein fein ziseliertes Geflecht von Abstufungen und Gunstbeweisen läßt ihn zum Entwurf einer hoch differenzierten Rationengesellschaft werden. Das Schlußlicht der steilen Versorgungsleiter bildete die Kategorie der „sonstigen Bevölkerung". Mit dieser -so der Volksmund- „Friedhofskarte" kennzeichnete das System die gesellschaftlichen Außenseiter: Alte, Kranke, ehemalige Mitglieder der NSDAP – und die „nichtarbeitenden" Hausfrauen. Über 40 Prozent der Leipziger Erwachsenen vegetierten in dieser Strafkategorie und mußten die Ungerechtigkeiten des neuen Zuteilungssystems tagtäglich am eigenen Leib schmerzlich erfahren. Erst ein Vierteljahr nach dem letzten der drei Urnengänge des Jahres 1946 wurde dieser versorgungspolitische Kerker abgeschafft. Weite Teile der sowjetzonalen Nachkriegsgesellschaft, vor allem die Frauen, hatten die erbarmungslose Versorgungshierarchie, die verhaßten Hungerkarten und die minderwertigen Lebensmittel jedoch längst zu erbitterten Gegnern der so sehr beschworenen „neuen Zeit" gemacht.

3.6. Zusatzversorgung: Eine Lebensnotwendigkeit

Fritz Selbmann erinnert sich: „Die letzten Ersparnisse wurden aufgegessen, noch vorhandene Textilien, Bettwäsche und Teppiche vor allem, wurden aufs Dorf gebracht und gegen Lebensmittel eingetauscht, die im Rucksack in die Stadt geschleppt wurden. Überhaupt beherrschte der Schwarzhandel weite Teile des Wirtschaftslebens..." [1] Ein ehemaliger Mitarbeiter der Deutschen Wirtschaftskommission schreibt: „Städter streiften in Massen mit allen möglichen Dingen durch die Dörfer, um sie gegen Butter, Speck oder ein Säckchen Kartoffeln zu tauschen. Die bösen Worte vom 'Teppich im Kuhstall' und vom 'Rucksackindianer' hatten da ihren Ursprung." [2] Die Hamsterfahrten aufs Land setzten kurz nach Kriegsende, also noch zur Zeit amerikanischer Besatzung, ein. [3] Um dem „Hamstererunwesen" Herr zu werden, kündigte die Leipziger Polizei schon 1945 schärfste Maßnahmen an. Auf Bahnhöfen und Ausfallstraßen wurden Kontrollen durchgeführt. Wer mit landwirtschaftlichen Produkten ohne Bezugsberechtigung angetroffen wurde, mußte mit Beschlagnahme der Waren, „in schweren Fällen" mit Bestrafung rechnen. Die konfiszierten Waren sollten dem Ernährungsamt überstellt werden. [4]

Ganz überraschend kam es im Sommer des Jahres 1946 zu einer auffallend nachsichtigen Regelung für die Hamsterer: Nach Ansicht der Bezirksleitung Westsachsen der SED war es nicht richtig, „wenn eine Arbeiterfrau oder ein kleiner Angestellter sich auf dem Dorf zehn oder zwanzig Pfund Kartoffeln von einem Bauern holt(e) oder sonst kleinere Mengen Lebensmittel", und diese Rationsaufbesserungen dann von der Polizei eingezogen wurden. [5] Das Leipziger Polizeipräsidium erinnerte gleichzeitig daran, „welche Verbitterung und Verärgerung unter der Bevölkerung... die Beschlagnahme der kleinsten Mengen Lebensmittel..., die sich der einzelne der Not gehorchend vom Lande holte, hervorgerufen (habe)". [6] Die Dienststellen der Polizei seien deshalb Anfang Juni 1946 angewiesen worden, „keine Kartoffeln mehr zu beschlagnahmen, wenn es sich um Mengen bis zu 200 Pfund handelt". Ebenso unterlagen Lebensmittelmengen, die eine dreimonatige Schwerarbeiterzulage nicht überschritten, nicht länger der Beschlagnahme. [7] Dies waren in der Zeit des Hungers geradezu unglaubliche Freimengen, die man nunmehr bei „individueller Einfuhr" in die Stadt zu dulden bereit war. Diese mehr als liberale Hamsterverordnung stand in krassem Gegensatz zu der sonst von der SED geforderten und vielfach praktizierten harten Linie in der Versorgungspolitik. Der Zeitpunkt der Neuregelung weist auf die eigentlichen, politischen Beweggründe hin: Am 30. Juni 1946 waren die Sachsen zum Volksentscheid über „die Übergabe von Betrieben von Kriegs- und Naziverbrechern in das Eigentum des Volkes" aufgerufen. Es handelte sich also augenscheinlich um ein Geschenk an die sächsischen Wähler, von dem man sich einen positiven Einfluß auf die Abstimmung erhoffte. Indem man die Tore der Stadt für die Hamsterer weit öffnete, war es möglich, unter Umgehung einer offiziellen Rationenerhöhung, die Leipziger durch Lebensmittelzuwendungen im Sinne des gewünschten Abstimmungsverhaltens zu beeinflussen. Im September 1947 wurde nochmals eine ähnliche Verfügung getroffen, die jedoch zwei Monate später mit sofortiger Wirkung aufgehoben wurde. [8]

Unzählige Kontrollen und alle Appelle, die Hamsterfahrten zu unterlassen, konnten nichts fruchten: „Diese Not treibt Tausende und aber Tausende von Müttern und auch von Vätern auf die Dörfer,... um ihren hungrigen Kindern die notwendigste Nahrung reichen zu können", bemerkte die 'Leipziger Volkszeitung' im Mai 1947. [9] „Stoppeln" und „Ährenlesen", also die Durchforstung bereits abgeernteter Felder, waren erlaubt. Welche körperlichen und psychischen Strapazen die Städterinnen auf sich nahmen, um die

Speisevorräte der Familie um wenige hundert Gramm Nahrung aufzustocken, veranschaulicht eine Reportage, geschrieben im Hochsommer 1947:

„Der kleine Wolfgang von gegenüber bringt die Nachricht: heute wird oberhalb Wachau an der Landstraße nach Güldengossa das große Weizenfeld eingefahren... Da heißt es laufen bei 38 Grad in der Sonne. Den Rucksack um, eine Flasche mit Kaffee drin, die alten Tennisschuhe an den Füßen, das Kopftuch weit ins Gesicht gezogen, so saust man los... Die Sonne liegt wie eine glühende Platte auf dem Schädel, aber man beeilt sich immer mehr und beobachtet mißtrauisch einige Frauen, die in der gleichen Richtung mit verdächtiger Unauffälligkeit vorwärtsstreben... Wir rennen das letzte Stück und drängen uns zwischen die Wartenden, die den Zuwachs mit mißgünstigen Blicken beobachten und die winzigen Lücken vollends abdichten. Die Ablenkung durch das sich darauf erhebende giftige Gezeter benutzend, stehen wir plötzlich in der vorderen Reihe – und in diesem Augenblick wird das Feld freigegeben. Wie eine Woge spült die Menge nach vorn, die Rücken krümmen sich in einem Augenblick bei allen zur Erde, die Hände greifen, das Stroh fliegt weg, die kostbaren Ähren verschwinden in Schürzen, Taschen und Beuteln... Man erhebt sich nicht aus der gebückten Stellung beim Laufen, die Hitze drückt einen noch mehr zu Boden, und die Füße schmerzen. In zwanzig Minuten ist das Feld leer. Bestimmt ist keine einzige Ähre mehr darauf. Gruppen stehen noch und besprechen die Aussichten bei anderen Feldern. Man ist erschöpft. Groß ist die Ausbeute nicht, dazu waren es zuviel Menschen, aber auch für das wenige ist man dankbar... Wird ein Feld eingefahren, lesen oft erst die Angehörigen des Bauern, oder die bei ihm beschäftigten Frauen, oder die ortseingesessenen Ährenleserinnen gefallen sich in Gehässigkeiten gegenüber den Großstädtern, die der weite Weg bei der Hitze auch nicht gerade umgänglicher gemacht hat.

Wenn man Glück hat, dann kann man fünf Pfund Korn von einemmal Ährenlesen heimbringen. Fünf Pfund Korn! Das wird im Winter die Kleinen daheim eine ganze Reihe von Tagen sattmachen können, wenn es nichts anderes gibt. Und man läuft wieder und wieder, läuft vergeblich und mit Erfolg, bei Hitze und Wind – um ein Stück Brot und ein wenig Suppe für die Kinder. Frauen aller sozialen Schichten sind draußen, fahren und laufen stundenweit, unterernährt und übermüdet, eine Tagesarbeit noch vor sich, wenn sie am späten Nachmittag erschöpft heimkommen. Und ist auch die noch getan, während die Kinder längst schlafen, dann legen sie den schmerzenden Kopf auf die Hände, denken an den Mann, der vielleicht noch in Gefangenschaft ist, sorgen sich um die Ernährung ihrer Lieben im kommenden Winter und können sich nur das eine zum Trost sagen: sie haben getan was sie konnten!" [10]

Beim Hamstern trafen die städtischen Hungerleider Angesicht zu Angesicht auf die doch wohlversorgte Landbevölkerung. Aus der bilderreichen Schilderung wird die tiefe Kluft zwischen Stadt und Land überdeutlich: Diese Versorgungsopposition galt im vollen Umfange auch für den Westen.

Ungesetzlich war dagegen der städtische Schwarzmarkt. „Allabendlich bietet sich dasselbe Bild: In den Dämmerstunden üben die Ruinen der Gerberstraße eine unwiderstehliche Anziehungskraft auf die Gilde der Schwarzhändler aus. Da flanieren auffällig viel unauffällige Gestalten durch die stille Straße, stehen hier und dort ein Weilchen mit lässig-müder Haltung und gelangweiltem Blick, um dann plötzlich in den Trümmern unterzutauchen..." [11)]

Auf den Schwarzmärkten wurde entweder Ware gegen Ware getauscht oder aber zu immensen Preisen mit Reichsmark bezahlt. Schätzungen zufolge betrugen die Schwarzmarktpreise für Konsumgüter im Jahre 1946/47 das Zehnfache des Preisniveaus von 1935, Lebensmittel waren sechzehnmal so teuer. [12)] Mitte 1947 kostete auf dem Berliner Schwarzmarkt beispielsweise ein Zentner Kartoffeln 400 Reichsmark (RM), ein Drei- Pfund-Brot bis zu 50 RM und ein Pfund Butter oder Fett gar 300 RM. [13)] Wer seine Ration aufbessern wollte, mußte entweder Hab und Gut tauschen oder große Geldbeträge zur Verfügung haben. An Geld heranzukommen, war in der SBZ jedoch bedeutend schwieriger als in den Westzonen. Es bestand ein allgemeiner Lohn- und Preisstopp; die offiziellen Preise waren amtlich auf dem Niveau von 1944 eingefroren und die Bankkonten gesperrt. [14)] Diese Maßnahme, welche die umlaufende Geldmenge und damit den Schwarzen Markt eindämmen sollte, traf die Sparer und die Inhaber kleiner Konten hart. Die Schließung der Banken war deshalb gerade bei Angestellten und Arbeitern in der Ostzone äußerst unpopulär, denn sie verminderte ihre von vornherein geringen Chancen, an den umfangreichen schwarzen Warenströmen zu partizipieren, noch weiter. [15)]

Dennoch florierten die Schwarzmärkte: Bis zum Jahreswechsel 1945/46 hatte sich Leipzig zunehmend zu einem Zentrum des Schwarzhandels entwickelt; im Februar 1946 verhafteten die Leipziger Ordnungshüter binnen zweier Wochen 70 Personen wegen Schwarzhandels. [16)] Während einer Offensive im letzten Quartal des Jahres 1946 führte die Polizei 220 Sondereinsätze gegen den Schwarzmarkt und über 10.000 Fahrzeugkontrollen durch; im Verlauf dieser großangelegten Aktion konnten eintausend Zentner Lebensmittel sichergestellt werden. [17)] Die 'Leipziger Zeitung' bezifferte im Oktober 1947 den Schwarzmarktumsatz in der Messestadt auf durchschnittlich 120 Millionen Reichsmark im Jahr, nach Friedenspreisen berechnet. Im selben Jahr registrierte die Polizeistatistik von Januar bis September insgesamt 3.350 Fälle, weniger als die Spitze des Eisberges. Nach amtlichen Feststellungen bewegten allein die 'kleinen Hamsterer' in der sowjetisch besetzten Zone im Sommer täglich etwa 12.000 Zentner Kartoffeln. [18)] Diese wenigen Daten lassen die enormen Dimensionen der Schattenwirtschaft freilich nur ahnen.

Wer in Leipzig als professioneller Schieber auf dem Schwarzen Markt angetroffen wurde, war schon 1945 und 1946 für mindestens sechs Wochen in ein Arbeitslager nach Meusdorf eingeliefert worden. [19)] Nach dem sächsischen „Gesetz gegen Schieber und Schwarzhändler" vom 8. Mai 1947 hatten Täter, die „gewerbs- oder gewohnheitsmäßig in gemeingefährlicher Weise" handelten, hohe Strafen zu gewärtigen: Nicht nur Geld- und Gefängnisstrafen, sondern auch eine lebenslängliche Zuchthausstrafe, ja sogar die Todesstrafe, konnten verhängt werden. Auch die Einweisung in ein Arbeitslager bis zu zwei Jahren war im Strafenkatalog vorgesehen. [20] Um die Todesstrafe für „Saboteure der Versorgung" hatte es im Frühjahr des Jahres 1947 in Sachsen monatelange heftige Auseinandersetzungen gegeben. Erst nach einer Kampagne, in deren Verlauf sich auch die Leipziger Polizei für die Todesstrafe in bestimmten Fällen aussprach (Abb. 9), [21] und im dritten Anlauf gelang es der SED, die drakonische Strafe im Sächsischen Landtag gegen die Stimmen der beiden bürgerlichen Fraktionen durchzusetzen. [22]

„Zwischen den scharfen Ausführungen der Urteilsbegründung und der Strafzumessung im größten der Prozesse gegen diebische Eisenbahnbedienstete, die im Laufe der letzten Woche im Hauptbahnhof durchgeführt wurden, klaffte ein Widerspruch: Ausdruck menschlichen Gehemmtseins vor einer Situation, die Strafe gegen Not zu stellen scheint. Was die Serie der Verhandlungen enthüllte, ist nicht eine zufällige Häufung von Einzelfällen, sondern Symptom einer Seuche, die auf dem Nährboden der Not -als einer Folgeerscheinung der verbrecherischen Katastrophenpolitik des Naziregimes- gedeiht und die insbesondere genährt wird durch jene zunehmende Skrupellosigkeit, die ein Erbe des nazistischen Ungeistes ist. Gewiß, es gab selbst im Hintergrunde des Geschehens in einem kleinen Bahnhof,... viel wirkliche Not, die bis dahin unbescholtene, arbeitsame Familienväter in den Strudel pflichtvergessener Hemmungslosigkeit zog. Aber dabei dürfen wir uns nicht beruhigen. Millionen stehen im Bann der gleichen Not, ohne straffällig zu werden, ohne -und hier enthüllt sich sinnfällig das Maß der Strafwürdigkeit all dieser Räubereien- unser mit unendlichem Bemühen aufgebautes Versorgungssystem zu unterhöhlen." [23] Für die unbescholtenen Familienväter und -mütter bewies die staatliche Organisation der Lebensmittelfürsorge, eben das Versorgungssystem, tagtäglich seine Unzulänglichkeit und Unfähigkeit. Der Normalverbraucher sah in seinem Unglück nicht so sehr die Folge einer verbrecherischen Nazipolitik, sondern registrierte vielmehr jeden Tag aufs Neue am eigenen Leib das vermeintliche und tatsächliche Unvermögen der „neuen Selbstverwaltungsorgane", dem Mangel zu steuern. Die Tatsache, daß der Verwaltungsapparat seinen Anspruch, eine gerechte und zulängliche Versorgung sicherzustellen, nicht einzulösen vermochte, war einer der zahlreichen Gründe dafür, daß die Verwaltung keine Autorität aufbauen konnte.

Das aktive Mißtrauen in die staatliche Lebensfürsorge wurde lebensnotwendig, selbst für einen biederen 'Beamten' der Reichsbahn.

Zusätzliche Nahrungsquellen erschlossen sich nicht nur über persönliche Initiativen, sondern auch durch kommunalen und betrieblichen Einsatz. Die Nahrungsmittelknappheit zwang nicht nur die Dörfer, sondern auch die Städte, zusätzliche Anbauflächen zu schaffen. Bereits im Mai 1945 war in Leipzig mit der Vergabe von Grabeland begonnen worden: Sportvereine und Eigentümer zerstörter Grundstücke wurden aufgefordert, Land zur Bebauung zur Verfügung zu stellen. [24] Grünflächen, die nicht als Grabeland geeignet waren, dienten der Futterproduktion. Im September 1945 sollen im Rahmen der städtischen Bodenreform 200 Hektar Land an die Bevölkerung und an Schulen abgegeben worden sein. [25] Dennoch gab es mehr Interessenten als verfügbares Land. [26] In Leipzig konnte grundsätzlich jeder Bürger eine Parzelle zur Bearbeitung zugewiesen bekommen; in Dresden waren 1946 bestimmte Landstücke kinderreichen Familien vorbehalten. [27] Möglicherweise wurden auch in Leipzig mit der Zeit bestimmte Auswahlkriterien für die Vergabe von Grabeland eingeführt. 1947 gab es im Stadt- und Landkreis Leipzig 150.000 Kleingärtner und 30.000 Grabelandbesitzer. [28] Der Ertrag an Obst und Gemüse, der von Kleingartenbesitzern und 'Grabeländlern' erwirtschaftet wurde, belief sich in Leipzig auf 11.200 Tonnen im Jahr 1946. Dies ist eine stattliche Bilanz, wenn man bedenkt, daß damit auf jeden Leipziger zusätzlich 19 Kilogramm an Obst und Gemüse gekommen wären, wenn dieser Ertrag gleichmäßig an alle verteilt worden wäre. [29] Gemüse wurde auch in städtischer Regie angebaut. Die Ernteerträge dieser Kulturen wurden nach Abzug der ablieferungspflichtigen Mengen an die Krankenhäuser, Kindertagesstätten und Altenheime abgegeben. [30] Seit 1945 unterhielt die Messestadt sogar eine eigene Schweinezucht. Zur Mast wurden Küchenabfälle von Speiseanstalten und von privaten Haushalten verwertet. [31] Im September 1946 standen in den städtischen Mästereien in Portitz und Meusdorf insgesamt 400 Tiere; Schweine im Lebendgewicht von zusammen zehn Tonnen waren bis dahin an den Schlachthof geliefert worden. [32] Obwohl die Erfolge dieses Versuchs, die Fleischversorgung der Stadt durch eine eigene Produktion aufzubessern, bescheiden blieben, wurde die Idee in Dresden als vorbildlich gelobt. [33]

In Zusammenarbeit mit der wohltätigen Organisation „Volkssolidarität gegen Wintersnot" war es bereits im Oktober 1945 aus städtischem Antrieb gelungen, etwa 60.000 Leipziger Schülerinnen und Schülern fünfmal in der Woche einen Liter warmes Essen zukommen zu lassen. [34] Anfang 1946 jedoch zwang die Lebensmittelknappheit „zu einschränkenden Maßnahmen in der Schulspeisung". [35] Auf Anordnung der SMAD war ab 16. September 1946 für die Schulkinder in der SBZ täglich eine Zusatzverpflegung auszugeben. Die Schüler bekamen ein Brötchen und eine Tasse heißen Kaffee. Dazu wurden täglich für jedes Schulkind 35 g Mehl und 5 g Kaffee freigegeben. [36] In Leipzig kamen bald 70.000 Kinder in den Genuß der Schulspeisung. [37] Die Schulspeisung war in der Ostzone -und in den Westzonen- ein wichtiger Bestandteil des Wettlaufes um die politische Gunst der Deutschen: „Es handelte sich hierbei zwar nur um kleine Aufbesserungen, die aber dennoch den Willen der sowjetischen Militärverwaltung zu ständiger Hilfe und Unterstützung unterstrichen. Nicht zuletzt drückte sich in einer solchen Handlungsweise der humanistische Charakter der sozialistischen Gesellschaftsordnung aus, in der die Kinder als kostbares Gut gepflegt und behandelt werden. Die Sorge und Pflege der jungen Generation gehört zur Wesensart des sozialistischen Staates und auch darin drückt sich eine Überlegenheit gegenüber der kapitalistischen Gesellschaftsordnung aus." [38]

Die Volksküchen konnten in Leipzig erst relativ spät, nämlich am 6. Januar 1947, ihre Arbeit aufnehmen. [39] Träger der Einrichtung waren die „Volkssolidarität", der kommunale Frauenausschuß und die Stadt. [40] Mit Hilfe der Gemeinschaftsküchen sollte, so das 'Notprogramm' des FDGB vom Dezember 1946, „allen eine warme Mahlzeit am Tage" ermöglicht werden. [41] Streng genommen wurde hier also kein Zusatzessen, sondern die eigentliche warme Mahlzeit ausgegeben. Dazu war die Abgabe von Lebensmittelmarken für Brot, Nährmittel, Fett, Fleisch und Kartoffeln erforderlich. [42] Im Jahre 1947 mußten die Teilnehmer am Volksküchenessen die Kartoffeln sogar in natura abgeben, um einen Liter Mahlzeit zu erhalten. [43] Das Essen wurde in 15 Küchenbetrieben zubereitet und an 52 Stellen in der Stadt ausgegeben. [44] Im Juli 1947 wurden täglich 27.000 Leipziger von der Großküche verköstigt. [45] Etwa ein Drittel der Essensteilnehmer waren Rentner und sozial Schwache, deren monatliches Einkommen 90 RM nicht überstieg. [46] Öffentliche Speiseanstalten hatten während des Zweiten Weltkrieges in der Sowjetunion für die Versorgung der arbeitenden Bevölkerung eine bedeutende Rolle gespielt. [47] Die Erfahrungen, gewonnen aus der sowjetischen Praxis, fanden in der SBZ konsequente Anwendung: von der Förderung der kommunalen und betrieblichen Gemeinschaftsverpflegung erhoffte sich die SMAD wichtige gesellschaftliche und ökonomische Anreize. [48]

Die Aufgabe, zusätzliche Nahrungsmittel auf betrieblicher Ebene zu beschaffen, übernahmen nach Kriegsende sogleich die neugebildeten Betriebsausschüsse und Betriebsräte. Diese neuen 'Firmenleitungen' bestanden aus

Kommunisten und linken Sozialdemokraten; sie setzten sich nicht nur zum Ziel, die Produktion wieder in Gang zu bringen, Demontagen zu vermindern und die Betriebe zu entnazifizieren, sondern kümmerten sich auch um die sozialen Belange der Arbeiterschaft. [49] In einem Bericht des Arbeitsausschusses im Leipziger Werk der ASW Espenhain, [50] die ganz Sachsen und Thüringen mit Strom, Kohle und synthetischem Benzin versorgte, hieß es ausdrücklich: „Der Arbeitsausschuß nimmt an allen Fragen der Produktionsgestaltung, der Wiederaufbauarbeit im Werk, des Arbeitseinsatzes, der Lebensmittelversorgung und der sozialen Betreuung der Belegschaft teil." [51]

Zur Sicherstellung der Versorgung bedurfte es direkter Verbindungen zwischen Arbeitern und Bauern. Bereits im Mai 1945 gingen die ersten Betriebsräte dazu über, „Erkundungsfahrten in die nächstgelegenen Bauerndörfer zu unternehmen und so Kontakte als Basis zukünftiger Zusammenarbeit herzustellen." [52] Es eröffneten sich für die Arbeiter verschiedene Möglichkeiten, mit Hilfe der betrieblichen Warenproduktion Zugang zu landwirtschaftlichen Erzeugnissen zu bekommen. Die einfachste Form war die Ausgabe von Deputaten der im Betrieb hergestellten Industriewaren. Diese auf dem Lande oftmals begehrten Waren, die als Teil des Lohnes ausgegeben wurden, konnte der Arbeiter eintauschen oder durch einen Vertrauensmann eintauschen lassen. [53] „In manchen Gegenden gehen Industriearbeiter in die Dörfer", beobachtete der britische Journalist Gordon Schaffer, „um den Bauern gegen Lieferung von Lebensmitteln... bei der Reparatur und Erhaltung ihrer Maschinen behilflich zu sein." [54] Diese Reparaturkolonnen haben wesentlich zum Gelingen der Frühjahrsbestellung 1946 beigetragen. [55] Nach Angaben des sächsischen Landesvorstandes des FDGB wurden 1946 im Rahmen solcher 'Bauernhilfsaktionen' von 130 Arbeiterkolonnen rund 8.000 Maschinen und Geräte in Stand gesetzt. Damit konnte 160 bis 200 landwirtschaftlichen Betrieben geholfen werden. [56]

Auch die Kompensationsgeschäfte der Betriebe, eine Form des Schwarzmarktes, galten der Beschaffung weiterer Nahrungsmittel. Unter Ausschaltung des Handels wandten sich die Unternehmen direkt an die Bauern, um im großen Stil zu tauschen. [57] Am leichtesten konnten natürlich diejenigen Betriebe Kompensationen betreiben, die Waren herstellten, welche auf dem Land dringend benötigt wurden. Es war sicher nicht nur eine pazifistisch motivierte Entscheidung, wenn unter der Leitung von Betriebsräten in der Leipziger Firma Rudolph Sack nach Kriegsende die Produktion von Maschinengewehren auf Pflugscharen und landwirtschaftliche Kleingeräte umgestellt wurde. [58] Ein Betriebsrat erläuterte: „Wir zahlen feststehende Preise... Durch dieses Entgegenkommen hoffen die Bauern, Maschinen von uns zu erhalten, wenn wieder ein Angebot vorhanden ist." [59)] Ein größeres Tauschgeschäft der Leuna-Werke wurde 1947 zum Gegenstand öffentlicher Kritik. Das Werk hatte Düngemittel gegen landwirtschaftliche Produkte für die Werksküche getauscht, „da es nicht möglich war, die planmäßigen Nahrungsmittelmengen für die Werksverpflegung im näheren Bereich zur Verfügung zu stellen." Die Werksleitung argumentierte weiter, sie habe mit stillschweigendem Einverständnis der zuständigen amtlichen Stellen gehandelt. [60)] Obwohl Kompensationsgeschäfte seit Oktober 1945 bei strengen Strafandrohungen verboten waren, blieb diese Form des Schwarzmarktes gang und gäbe. [61)] Ernährungsämter und andere Behörden duldeten die Kompensationen nicht nur, sondern griffen selbst zu diesem Mittel, um Nahrungsgüter für die eigene Stadt heranzuschaffen. [62)] Im Interesse der Belegschaften hatten die Betriebsräte die Kompensationen befürwortet und oft selbst in die Wege geleitet. [63)] Die zusätzlichen Nahrungsmittel wurden unter der Belegschaft verteilt oder den Betriebsküchen übergeben, wobei es sich häufig nur „um primitive Feuerstellen mit notdürftig eingerichteter Kochgelegenheit" handelte: [64)] Gleichwohl, die warme Suppe zusätzlich am Tag, herbeiorganisiert von den Betriebsräten, konnte große Sympathien wachrufen.

Bis 1947 dominierten in den größeren Firmen die spontan entstandenen, kollektiv entscheidenden und politisch nur schwer kontrollierbaren Betriebsräte. Ab 1947 verstärkten SMAD und SED ihre Bemühungen, auch die betrieblichen Machtverhältnisse zugunsten steuerbarer zentralistischer Lösungen umzugestalten. Die auch wegen ihrer fürsorgerischen Leistungen beliebten Betriebsräte wurden in ihren Kompetenzen gestutzt und letztendlich, 1948, von ihrer innerbetrieblichen Konkurrenz, den Betriebsgewerkschaftsleitungen (BGL), beerbt. Die betriebliche Zusatzversorgung sollte eine wesentliche Rolle bei der „Zerschlagung der Betriebsräte" [65)] spielen, denn: „Ein wichtiger Bestandteil dieses Kampfes waren die Anstrengungen der SED zur Unterbindung von Kompensationsgeschäften und jeglicher Versuche der reaktionären Kräfte, die Belegschaften durch verschiedene Zuwendungen zu korrumpieren. Dieser Kampf konnte nicht mit administrativen Mitteln allein ausgetragen werden. Vor allem galt es, der Arbeiterklasse die Schädlichkeit dieser Korrumpierungsbestrebungen zu zeigen." [66)] Der Korruptionsvorwurf wurde nicht nur gegen Unternehmer, [67)] sondern vor allem gegen die mißliebigen Betriebsräte ins Feld geführt: Ernst Lohagen (SED) stellte im Juni 1947 die Leipziger Firma Heine & Co. A.G. an den Pranger, die Lebensmitteldeputate an ihre 60 Belegschaftsmitglieder weitergereicht hatte: „Wir fragen den Betriebsrat, warum er zu diesen Dingen seine Zustimmung gegeben hat, wir fragen die Staatsanwaltschaft..."[68] Ein weiteres Leipziger Beispiel, vier Monate später: „Betriebsgruppen decken Kompensationen! Die bei Stöhr & Co. durchgeführte Belegschaftsversammlung... ließ in diesem Betrieb ein außerordentlich niedriges politisches Niveau erkennen. Das ist nicht verwunderlich, wenn man auch auf dieser Versammlung wieder hören konnte, daß der Betriebsratsvorsitzende Wolf nicht nur seine bisherigen Kompensationsgeschäfte verteidigt, sondern sich auch für die Zukunft trotz eingehender Aufklärung für Kompensationsgeschäfte aussprach."[69] Gleichzeitig drängten FDGB und Betriebsgewerkschaftsleitungen im Laufe des Jahres 1947 zusehends in die Verantwortung für die betriebliche Versorgung und wurden als „neuer Faktor im Mechanismus der Versorgungswirtschaft und in der Produktionsgestaltung" etabliert.[70] Bereits Ende des Jahres konnte die Gewerkschaft in Leipzig einen ersten großen Erfolg verbuchen: Die Kraftfahrzeuge der Betriebe wurden zum Transport der Winterkartoffeln eingesetzt, so daß 220.000 Leipziger ihre Einkellerungskartoffeln über die Betriebsgewerkschaftsleitungen des FDGB bezogen.[71]

Hinzu kam Befehl Nr. 234 der SMAD vom 9. Oktober 1947, der die betriebliche Versorgung auf eine völlig neue Grundlage stellte und deshalb auf heftigen Widerstand der Betriebsräte stieß; der Befehl versprach, „zur Verbesserung der Ernährung von Arbeitern und Angestellten der Betriebe der führenden Industriezweige und des Transportwesens... ab 1. November 1947 eine tägliche warme Mahlzeit über die auf die Hauptkarten erhaltenen Rationen hinaus einzuführen." Wieder wurden Unterschiede gemacht. „Für hochqualifizierte Arbeiter der führenden Berufe, für Arbeiter in körperlich schwerer und gesundheitsschädlicher Arbeit sowie für Ingenieure und Techniker nach den Normen für warmes Essen der ersten Gruppe, für die übrigen Arbeiter und Angestellten dieser Betriebe nach den Normen für warmes Essen zweiter Gruppe": sogenannte A- und B-Rationen.[72] Erneut wurden bestimmte Personen und Branchen bevorzugt. Als Kehrseite der von vielen Arbeitern zunächst als „Essenbefehl" aufgefaßten SMAD-Order entpuppten sich die „Maßnahmen zur Steigerung der Arbeitsproduktivität" wie Wiedereinführung des Leistungslohnes und des Akkordsystems. Wer seine Arbeitsnormen nicht erfüllte, mußte mit Strafen wie Essensentzug, Tadel oder Entlassung rechnen.[73] Die tägliche Mittagsmahlzeit im Betrieb wurde zu einem Instrument innerbetrieblicher Disziplinierung gemacht. In einem Betrieb in Chemnitz zum Beispiel kamen nur sogenannte „vorbildlich arbeitende Belegschaftsmitglieder" in den Genuß der Zusatzrationen.[74]

„Das mit dem Befehl Nr. 234 angewandte Leistungsprinzip bedeutete selbst für Arbeiterfunktionäre oft einen völligen Bruch mit alten Vorstellungen. Manche Gewerkschaftsfunktionäre und Betriebsräte konnten diese strikte Absage an jede Gleichmacherei, diesen zielstrebigen Einsatz des materiellen Interesses mit ihren gefühlsmäßigen Vorstellungen von einer volkseigenen Wirtschaft nicht in Einklang bringen." [75] Die Betriebsräte, geschickt zu Vollstreckern und Kontrolleuren der bei der Arbeiterschaft ungeliebten Neuregelungen bestimmt und somit in die Verantwortung eingebunden, versuchten, die befohlene Küchenhierarchie zu umgehen. Sie ließen „auf Grund eines Mehrheitsbeschlusses ihrer Betriebsangehörigen aus den Rationen der Norm A und B ein gemeinsames Essen herstellen und ausgeben. Ihre Zahl ist nicht unbeträchtlich. Die Betriebsräte und Vertreter des FDGB sind häufig auf dieses völlig am falschen Platze angebrachte Solidaritätsgefühl der Belegschaft sehr stolz..." [76] Von Seiten der Versorgungsbürokratie wurde in der Folge ein „ideologischer Feldzug" gegen „den Mißbrauch der Werkküchenverpflegung" gefordert, damit „nicht in mißverstandener 'sozialer' Einstellung der tiefere Sinn des Gesetzes durch eine Nivellierung verwässert wird." [77]

In Leipzig wurden im vierten Quartal 1947 in 173 Betrieben 40.600 Betriebsangehörige mit der zusätzlichen warmen Mahlzeit verköstigt. Im selben Zeitraum wurden 11.950 sogenannte A-Portionen und 28.650 B- Portionen über die kurzfristig eingerichteten zahlreichen Leipziger Betriebsküchen ausgegeben. Im folgenden Jahr erreichte die Zusatzmahlzeit über 50.000 Beschäftigte in 233 Betrieben der Stadt. [78] Etwa zwei Drittel des Essens war „mit Fleisch und Fett zubereitet". [79]

Arbeitsminister Selbmann erklärte auf einer Wirtschaftskonferenz der SED in Leipzig zum volkswirtschaftlichen Zweck der Order: „Jeder Krieg hat eine Verringerung der Arbeitsproduktivität zur Folge. Die sinkende Arbeitsproduktivität ist von der schlechten Versorgung verursacht, die unzureichende Versorgung kommt vom Rückgang der Produktion, und daran ist wieder die verringerte Arbeitsproduktivität schuld – ein Zirkel ohne Ende. Diesen Zirkel kann man durch eigene Kraft durchbrechen, durch einen Umschwung der Stimmung der Massen. Ihre Initiative zu wecken, ist der Sinn des Befehls Nr. 234, der damit weit mehr als nur der Befehl einer Besatzungsmacht ist, der damit zum Weg aus der deutschen Not wird... Deshalb ist der Befehl Nr. 234 eine politische Angelegenheit und kein Kochtopfbefehl." [80] Die Stimmung der Arbeiter war miserabel, für sie galt „die lähmende Parole: 'Erst mehr essen, dann mehr arbeiten'". [81] Um auf den viel beschworenen „Umschwung in den Auffassungen der Massen" [82] hinzuarbeiten, genügte es sicherlich nicht, die beiden Forderungen umzustellen und an die Arbeiter zurückzugeben: Auf dem 2. FDGB-Kongreß im April 1947 war erstmals die

Losung ausgegeben worden: „Mehr produzieren, richtig verteilen und besser leben!" [83)] Um diesem Leitspruch auch nur eine gewisse Glaubwürdigkeit zu verleihen, mußte man den existentiellen Bedürfnissen der Arbeiterschaft entgegenkommen.

Im Jahr 1947 erreichte die Arbeitsproduktivität gerade 56 Prozent derjenigen des Jahres 1936. [84)] Der sächsische Ministerpräsident Max Seydewitz berichtete, gerade im Sommer und Herbst jenes Jahres sei sie auf einem absoluten Tiefstand angelangt. [85)] Der Leipziger FDGB mahnte im September: „Stärkt die Arbeitsmoral!" Die angespannte Lage auf allen Gebieten des Lebens habe dazu geführt, daß eine große Anzahl von Belegschaftsmitgliedern der Leipziger Betriebe der Arbeit fernbleibe, um persönliche Besorgungen zur Verbesserung des Lebensunterhaltes zu machen. Die Gewerkschaft hielt sich ferner zugute, „daß gerade solche Betriebe einen geringeren Ausfall an Arbeitskräften haben, die fast vollzählig gewerkschaftlich organisiert sind." [86)]

In den Monaten Juli und August fehlten beispielsweise in der Leipziger Baumwollspinnerei von 1.700 Beschäftigten, zumeist Frauen und Jugendlichen, täglich zwischen 150 und 200 Personen. Im November des Jahres, so ein „Bericht über die Durchführung und die Auswirkungen des Befehls Nr. 234", zählte der Betrieb nur noch 20 bis 25 „Bummelanten". [87)] Einen geradezu atemberaubenden Leistungsanstieg reklamierte die Leipziger Kunststoffindustrie für sich: von Juli 1947 bis Juli 1948 soll dort die Produktion auf das Neunfache angestiegen sein. Steigerungsraten von immerhin 70 Prozent meldeten die Gießereien der Metallurgie und der Hoch- und Tiefbau. Die Leder- und Textilbranche, der Maschinenbau und die papierverarbeitenden Betriebe waren zwar auch von Anfang an in den „Aufbauplan 234" [88)] einbezogen, verzeichneten jedoch nur einen Produktionszuwachs zwischen 10 und 28 Prozent, während die ebenfalls geförderte Leipziger Chemische Industrie sogar um 22 Prozentpunkte zurückfiel. [89)] Die erstgenannten Ziffern dürften überwiegend propagandistischen Wert haben; das Programm zur Steigerung der Arbeitsproduktivität mit Hilfe materieller Anreize wurde in den Leipziger Betrieben offenbar nicht wie gewünscht angenommen. [90)]

Die Kartenrationen garantierten den meisten nicht einmal das Existenzminimum. Wer überleben wollte, war darauf angewiesen, in Eigeninitiative weitere Nahrungsquellen für sich und die Seinen zu erschließen: Dieses Über-Lebensgesetz galt uneingeschränkt in allen Zonen. Auf ihren Hamsterfahrten bekamen die hungrigen Städter die große Diskrepanz zwischen Stadt und Land überdeutlich zu spüren: dort die Bauern, Herren über Felder und Mieten, hier die Frauen und Kinder, schon „zufrieden" mit einer Handvoll

Stoppelähren. Um die Kinder sorgten sich die Besatzungsmächte ganz besonders. Die Schulspeisung geriet in allen Zonen zum Prestigeobjekt und sollte zur politischen Werbung für die jeweilige Gesellschaftsordnung beitragen. Auch Kommunen und Betriebe engagierten sich. Seit Kriegsende hatten sich Betriebsausschüsse für die sozialen Belange ihrer Belegschaften erfolgreich eingesetzt und bis 1947 Hilfsaktionen und Kompensationen in die Wege geleitet. Dann entfesselte die SED eine Kampagne gegen die beliebten Ausschüsse, riß die Organisation betrieblicher Versorgung an sich und politisierte sie: Der Befehl Nr. 234 der SMAD wollte die Arbeitsproduktivität steigern. Um dieses Ziel zu erreichen, wurden wieder Leistungslöhne eingeführt, und die Betriebsangehörigen mit unterschiedlichen Werksessen belohnt oder bestraft – Maßnahmen, die eine Welle von Kritik in den Betrieben auslösten und vielfach unterlaufen wurden.

3.7. Politische Implikationen: Hungerwahlen in Leipzig

Existenzkampf und Unterernährung schwächten die körperliche Widerstandskraft der Bevölkerung und begünstigten den Ausbruch von Tuberkulose und anderen Infektionskrankheiten. Im Jahr 1945 befand sich das städtische Gesundheitswesen „in einem sehr schlechten Zustand", befand Generalleutnant Trufanow, der erste russische Stadtkommandant. [1] Im selben Jahr registrierten die Leipziger Gesundheitsbehörden wöchentlich 63 neue Fälle von Typhus-Erkrankungen, 148 Fälle von Ruhr und 151 von Diphterie. [2] Nach amtlichen Angaben erkrankten insgesamt eintausend Leipziger an Typhus, so daß die sächsische Landesverwaltung für die Stadt besondere Maßnahmen zur Typhusbekämpfung anordnen mußte. [3] Eine Ruhr-Epidemie im selben Jahr nahm noch größere Ausmaße an. [4] Krankheiten grassierten, und operative Eingriffe mußten wegen der physischen Schwäche der Patienten oftmals hinausgezögert werden. [5] Besonders bei alten Menschen, die über Monate hinweg nur von den offiziell zugeteilten Rationen leben mußten, wurden Hungerödeme festgestellt. [6] Frauen, Kranke, Alte und Flüchtlinge, also die Bezieher der Kartengruppe V, wurden von den gesundheitlichen Folgen der Mangelernährung am schlimmsten getroffen. Die Leipziger Ärzteschaft verfaßte in Anbetracht dessen 1946 eine Denkschrift, in der vor allem die Abschaffung dieser Lebensmittelkarte gefordert wurde. [7]
Im Jahr 1947 erkrankten mindestens 700 Leipziger Bürger an Paratyphus-B, einer bakteriellen Lebensmittelvergiftung. Diese Epidemie, die auf den Verzehr von ungenießbarem Pferdefleisch zurückzuführen war, forderte allein sechs Todesopfer. [8]

Zur Bekämpfung der bedrohlich ansteigenden Tuberkulose-Erkrankungen wurde 1947 eigens ein Komitee gegründet. [9] Allein im ersten Vierteljahr des Jahres 1947 mußten 500 Leipziger, die an verschiedenen Tuberkuloseformen erkrankt waren, ihr Leben lassen. In dieser Zeit war in knapp neun von hundert Todesfällen Tbc die Ursache. [10] Der Krieg war zwar vorbei, nicht aber das Sterben. Die Säuglingssterblichkeit erreichte traurige Rekorde. In der sächsischen Landeshauptstadt Dresden betrug sie im Sommer 1945 73 Prozent! [11] Im selben Jahr starben in Leipzig von 7.273 Lebendgeborenen 1.138, also nahezu 16 Prozent, im ersten Lebensjahr. [12] 1946 waren es immer noch zehn von hundert Säuglingen, die das erste Lebensjahr nicht überlebten. In den ersten Nachkriegsjahren bis 1947 starben in der Stadt jährlich etwa 15.700 Menschen, in den Kriegsjahren 1942 bis 1944 waren es dagegen 9.100 Todesfälle im Jahr gewesen. [13] In den Jahren nach dem Krieg mußten also weit über die Hälfte mehr Menschen ihr Leben lassen als in den letzten Kriegsjahren.

Die chronische Unterernährung zehrte an den physischen und an den psychischen Kräften: Die Menschen waren nicht nur bei der Arbeit apathisch und lethargisch (Fritz Selbmann), [14] sondern die „seelische Depression" erfaßte alle Lebensbereiche. [15] Leipzigs Oberbürgermeister Zeigner warnte im Februar 1947 vor den gesellschaftlichen und politischen Folgen jener „Verbitterung weiter Bevölkerungskreise". [16] Die 'Leipziger Zeitung' kommentierte die Mahnung des Stadtoberhauptes: „Stille Wasser sind tief, und die aus Entbehrungen erwachsene, durch die Kälteeinbrüche der letzten Wochen verschärfte Verbitterung derer, die wirklich Not leiden, ist viel ernster zu nehmen als anonymes Gekläff und vernehmlich polternde Verärgerung." Die Zeitung rät den Zuständigen dringend: „Hier tagtäglich zu loten, ist unabweisliches Gebot verantwortungsbewußter Gemeindepolitik." [17]

Über die Stimmungen in der Bevölkerung lediglich Bescheid zu wissen, konnte den „Selbstverwaltungsorganen" in der SBZ nicht genügen. Eine effektive Durchsetzung sowjetischer Besatzungspolitik und die Konsolidierung der eigenen Positionen machten es erforderlich, diese Stimmungen zu kennen und zu lenken. Hierzu bot sich als unmittelbares Instrument die Versorgungspolitik an.

Fritz Selbmann, der seine Erfahrungen aus der unmittelbaren Nachkriegszeit in einem Roman mit dem Titel „Die Heimkehr des Joachim Ott" verarbeitet hat, thematisiert dort das sowjetische Modell- und Gewinnungskonzept. Ein Major der SMAD ergreift auf einer ersten gemeinsamen Betriebsversammlung der beiden Arbeiterparteien das Wort und erläutert: „Aber mit wem wollen Sie den Sozialismus aufbauen? Mit den Menschen, die gestern noch beim Faschismus waren? Müssen Sie diese Menschen nicht erst gewinnen, damit sie mit Ihnen durch alle Not, die noch vor Ihnen steht, fest verbunden bleiben? Wie werden Sie diese Menschen gewinnen? Indem Sie ihnen vom Sozialismus reden oder nicht vielleicht dadurch, daß Sie ihnen helfen, das Elend zu überwinden und ihre Not zu lindern?" [18] Der Offizier erinnert die Genossen an Lenin, um die politische Rolle zu veranschaulichen, welche die Ernährungspolitik aus der Sicht der SMAD während der 'antifaschistisch-demokratischen Umwälzung' spielen sollte: „Ich habe damals mit Lenin gekämpft. Warum? Weil ich für den Sozialismus war? Ach nein, damals wußte ich davon noch nicht viel... Nein, ich habe damals mit Lenin gekämpft, weil er gegen den Hunger war und für den Frieden. So hat unsere Revolution gesiegt. Wir haben dann den Sozialismus aufgebaut. So wird es auch bei Ihnen sein! Wenn Sie die Arbeiter jetzt führen im Kampf gegen Hunger und das Elend, für ein Leben, das ein wenig besser ist als heute, dann werden Sie sie auch für den Sozialismus gewinnen." [19]

Ging das versorgungspolitische Kalkül der östlichen Besatzungsmacht auf? Dreimal wurde im Jahre 1946 in Sachsen abgestimmt oder gewählt. Bei diesen Urnengängen ging es immer auch darum, „ein Bild von der im Volke herrschenden Stimmung zu erhalten." [20]

Am 30. Juni 1946 war die Bevölkerung des Bundeslandes Sachsen zum Volksentscheid „über die Enteignung der Betriebe der Kriegsverbrecher und Naziaktivisten" aufgerufen. [21] Alle Parteien und Massenorganisationen forderten dazu auf, mit „Ja" zu stimmen und somit die „Übergabe von Betrieben von Kriegs- und Naziverbrechern in das Eigentum des Volkes" nachträglich zu bestätigen. [22]

Bereits im Vorfeld der Abstimmung wurden Versorgung und Volksentscheid propagandistisch verknüpft. Der Leiter der Ernährungsabteilung des Leipziger Amtes für Handel und Versorgung, Stadtrat Bauer, antwortete auf die rhetorische Frage, ob hier ein Zusammenhang bestehe: „Dieser Meinung bin ich unbedingt. Die Frage der Erhaltung der physischen Existenz steht schon aus Gründen des Selbsterhaltungstriebes im Mittelpunkt des Denkens von jedem einzelnen. Die Politik kann an den Fragen, die um den Magen und den Kochtopf der Bevölkerung kreisen, nicht achtlos vorübergehen. Die Sorge um das tägliche Brot beschäftigt auch die Stadtbehörden. Gerade in diesem Zusammenhang blickt sie erwartungsvoll auf den Ausgang des Volksentscheids. Die Bevölkerung des Bundeslandes Sachsen hat bei der Abstimmung eine Bewährungsprobe ihrer Zuversicht zu bestehen; sie wird den Beweis erbringen, daß ihre politische Erkenntnis nicht durch augenblickliche Sorgen getrübt werden kann." [23] Drei Tage vor der Abstimmung beschwört der Stadtrat die benachteiligten „Sonstigen Verbraucher", die „besondere Härten" auf sich nähmen: „Wenn wir uns... weiterhin den Frieden bewahren, so wird auch bald für alle eine ausreichende Ernährung zur Verfügung stehen. Doch vergessen wir nicht, daß hierfür das Bestehen unserer politischen Bewährungsprobe am 30. Juni eine unerläßliche Voraussetzung bildet." [24)]

Der Ausgang des Referendums, insbesondere das Abstimmungsverhalten der Frauen, bereitete offenbar nicht nur dem für die Versorgung verantwortlichen Stadtrat große Sorgen. Jetzt, kurz vor der Abstimmung intensivieren Besatzungsmacht und Behörden ihre Bemühungen um die benachteiligten Frauen. In der 'Leipziger Zeitung' können die Frauen über sich nachlesen, „die Sorgen des täglichen Brotes, die Last, die hungrigen Mäuler satt zu kriegen, (liegt) auf ihren Schultern." Und: „Der Volksentscheid drückt ihnen... das Instrument in die Hand, nicht mehr tatenlos zuzuschauen, sondern einen Stein mit hineinzumauern in der Wahl gegen künftige Kriege, gegen die Not, gegen den Hunger und für das Glück ihrer Familie." [25)] Mit Worten allein freilich ließen sich die Frauen nicht abspeisen und gewinnen. Am 28. Juni 1946, zwei Tage vor der Abstimmung, kann die 'Leipziger Volkszeitung' das Versprechen der SMAD vermelden, wenigstens für werdende und stillende Mütter sowie für Tbc-Kranke werde die Ration sofort aufgebessert. [26)]

In letzter Minute versuchten die Verantwortlichen, dem Unmut der Bevölkerung über die Lebensbedingungen etwas entgegenzusetzen. In Leipzig machte sich die Unzufriedenheit in Flugblättern und Parolen, auf Mauern und Häuser geschrieben, Luft: „Wir wollen keine Bolschewisierung", wurde da gefordert, „weil unsere Wirtschaft sich nicht dazu eignet und der Lebensstandard der gesamten Bevölkerung dadurch wesentlich schlechter wird." [27)] Die Versprechungen der Behörden und der Besatzungsmacht, die Versorgungslage werde sich bei gefälligem Abstimmungsergebnis bessern, fanden kein Gehör: „Wenn ich mit 'Ja' stimme, werde ich arbeitslos, wenn ich 'Ja' stimme, stimme ich für 7 Jahre Hunger." [28)] „Wartet nur, nach dem Volksentscheid wird es noch viel schlimmer," konnte man in der Stadt hören, „denn dann werden die Russen die Waren beschlagnahmen." [29)] Für die DDR-Historiographie waren hier „volksfeindliche Kräfte" am Werk, die „angesichts der Volksstimmung nicht offen auftreten konnten" und „durch Gerüchte, Versprechungen, Zuwendungen und Korruption unter den Werktätigen Verwirrung" stifteten. [30)]

Das Ergebnis des Plebiszits jedoch zeigt, daß solche Äußerungen durchaus die Stimmung in der Großstadt wiedergaben. „Die intensive Mobilisierungskampagne, die umfangreichen propagandistischen Aktivitäten und die ausufernde Materialschlacht" [31] trieben sicherlich die Stimmbeteiligung hoch, die in Leipzig mit 92,8 Prozent um nur einen Prozentpunkt unter dem Landesdurchschnitt blieb. [32] In der Messestadt waren 433.215 Bürger stimmberechtigt. Von den rund 402.000 Leipzigern, die an die Urnen gingen, gaben 23.344, also 5,8 Prozent, ungültige Zettel ab, 95.014, knapp 24 Prozent, votierten mit 'Nein' und 283.453, wenig mehr als 70 von hundert, stimmten mit 'Ja'. [33] Einmal abgesehen von den 30.000 Einwohnern, die keinen Gebrauch von ihrem Stimmrecht machten, weigerte sich demnach genau ein Drittel der Wähler, mit 'Ja' zu stimmen. Dieses Ergebnis war für die Leipziger Propagandisten des Volksentscheides enttäuschend und zugleich ein erstes Votum gegen die Kommunalpolitik der SED. Ganz deutlich wird dies, wenn wir das Leipziger Resultat mit den Ziffern aus Chemnitz und Dresden vergleichen: In diesen beiden sächsischen Großstädten sprachen sich über 80 Prozent der Abstimmenden für die Enteignung aus und nur 12,5 beziehungsweise 14 Prozent erklärten sich nicht einverstanden. [34] Im Landesdurchschnitt gaben nahezu 78 Prozent ihr Einverständnis. [35] Um gegen diese Resultate nicht mit teilweise mehr als zehn Prozentpunkten abzufallen, wandten die Leipziger Statistiker einen Kunstgriff an. Sie bezogen die 'Ja'-Stimmen kurzerhand nicht auf alle abgegebenen, sondern nur auf die gültigen Stimmzettel: Der so erhaltene Wert von 74,9 Prozent 'Ja'-Voten ließ sich politisch gerade noch vertreten. [36]

Die Mißstimmung aufgrund der unzureichenden Versorgungslage stellte sich schon bei der Stimmauszählung als ein entscheidender Grund für das - gemessen an den Erwartungen von SED und SMAD- miserable Leipziger Abstimmungsergebnis heraus. „Bei Durchsicht der durch Beschriftung ungültig gewordenen Stimmzettel begegnete man... anderen 'Argumenten'": Die Leipziger sahen in den „neuen Verwaltungsorganen" die Verantwortlichen für ihre Nachkriegsmisere. „Anstatt ein gerechtes Urteil über die Kriegsschuldigen, über die Verantwortlichen für dieses Elend zu fällen, machten diese Wahlberechtigten ihre Stimmzettel durch Aufschriften: 'Hunger!', 'Mehr Butter und Kartoffeln!', 'Wir hungern!', 'Gebt uns mehr zu essen!', 'Mehr Brot für Sonstige!', 'Gebt den Kindern mehr zu essen!' und 'Mehr Lebensmittel!' ungültig." [37]

In einer Stellungnahme zu den Resultaten in seiner Stadt zählte Oberbürgermeister Zeigner vier Negativ-Punkte auf, von denen sich drei mit der Ernährungssituation der Messemetropole befaßten:

„Erstens: Leipzigs Bevölkerung ist ernährungsmäßig durch viele Monate hindurch wesentlich günstiger gestellt gewesen als die Bevölkerung in den übrigen sächsischen Kreisen. Ausgerechnet in den letzten Wochen haben sich aber Schwierigkeiten dadurch ergeben, daß die uns zustehenden Kartoffelmengen,... nicht hereingebracht werden konnten, weil sie überhaupt nicht mehr vorhanden waren. Das hat unbestreitbar auf die Stimmung der Bevölkerung sehr nachteilig gewirkt. Die Schuld an diesem Vorgang trifft nicht das Leipziger Ernährungsamt, sondern diejenigen Kreise, die über diese für den Stadtkreis Leipzig beschlagnahmten Kartoffeln hinter unserem Rücken anderweitig verfügt haben." [38] Die Versorgungsvorteile, die man der Stadt monatelang und offenbar nicht nur zu Messezeiten eingeräumt hatte, waren durch den akuten Kartoffelmangel in den Wochen vor der Abstimmung obsolet geworden.

Nicht nur im Wahljahr 1946 war die Messestadt bevorzugt beliefert worden: Schon für das Jahr 1945 konnte der Oberbürgermeister zufrieden feststellen, die Lebensmittelversorgung in Leipzig sei besser als in anderen Großstädten gewesen. [39] Zu Messezeiten, wenn die Stadt zum Schaufenster der Leistungskraft der neuen Ordnung avancierte, verbesserte sich die Versorgungssituation allemal. [40] „Leipzig hatte das festlichste Kleid angelegt, das es für die Messe zur Verfügung hatte, und es war nicht schlecht gearbeitet. ... Die Gaststätten spendeten alles, was sie zur Verfügung hatten, und die Lebensmittelrationen für die Messegäste übertrafen die der Bevölkerung um das Dreifache. Die letzten Gäste aus den westlichen Zonen hatten Leipzig noch nicht verlassen, als aller Zauber von der Messestadt abfiel. Die Taxen waren plötzlich wieder verschwunden und man mußte auf die Trambahn warten, und die Messe-Lebensmittelmarken, die bis zum 14. oder 15. Mai ausgegeben worden waren, wurden bereits am 13. ungültig. In den Gaststätten gab es nichts mehr zu essen, und diejenigen, welche die Zigaretten-Sonderzuteilung oder die Flasche Schnaps für Messebesucher erst am Tage des Abganges ihres Sonderzuges einkaufen wollten, hatten das Nachsehen. Es gab nichts mehr! Der kurze Zauber war vorbei." Joachim Slawik, Redakteur bei der 'Süddeutschen Zeitung', nahm diesen Eindruck von den letzten Tagen der Frühjahrsmesse 1946 mit nach München. [41] Auch 1948 traten nach der Messe immer wieder Versorgungsprobleme auf: „Der für Handel und Versorgung verantwortliche Bürgermeister (LDP) berichtet über die vergeblichen Bemühungen seines Amtes, den nach der Messe eingetretenen Stockungen vorzubeugen. Sie entwickelten sich dadurch, daß andere sächsische Gemeinden während der Messe zurückstehen, jedoch danach vorrangig beliefert werden mußten." [42] Die Benachteiligung anderer Städte und Gemeinden zugunsten der Messemetropole war eine heikle Angelegenheit, die man verständlicherweise nur ungern in der Öffentlichkeit verhandeln wollte. Als im Leipziger Stadtrat im Februar 1947 einige Anträge die Aufbesserung der Versorgung der Stadt einforderten, beklagten der Oberbürgermeister und die Dezernenten, „daß eine klärende Fühlungnahme mit dem Rat nicht schon vor der Formulierung der Dringlichkeitsanträge erfolgt sei. Dieser Wunsch ist berechtigt, denn es gibt Fragen, die man öffentlich nicht in allen Einzelheiten erörtern kann, ohne dem Interesse Leipzigs zu schaden, und dazu gehören in erster Linie die Bemühungen der Stadtverwaltung und der Wirtschaft um Versorgungsvorteile." [43]

In seiner Analyse des alarmierenden Abstimmungsverhaltens gerade der Leipziger suchte der Oberbürgermeister durchaus selbstkritisch auch nach hausgemachten Ursachen: „Es wäre möglich, daß gewisse Maßnahmen der Stadtverwaltung gegenüber den Kleingärtnern diese Verstimmung ausgelöst haben. An keiner Stelle im Bundesland Sachsen ist die Kündigungsverordnung, nach der den aktivistischen Nazis die Gärten weggenommen werden können, so rigoros durchgeführt worden wie hier in Leipzig." [44]

Dr. Zeigner weiter: „Die Leipziger Bevölkerung ist an sich überaus kritisch, andere Städte und Kreise haben unvergleichlich Schwereres durchgemacht und sind von schweren Hungerseuchen heimgesucht gewesen. Dieser entsetzliche Anschauungsunterricht hat sie auch kritisch gemacht, aber nicht kritisch im Sinne der Einsicht..." [45] Immer wieder war auch gegenüber den Leipzigern der „Bewährungs-" und „Prüfungs"charakter dieser Abstimmung angemahnt worden. Die -den Umständen entsprechend- mustergültig versorgten sächsischen Großstädte sollten der Dramaturgie des Volksentscheides zufolge durch vorbildliche Ergebnisse „Beispiel (geben) auch für die anderen Länder und Provinzen der sowjetischen Besatzungszone." [46] Rund 150.000 Stimmberechtigte hatten dagegen dem Volksentscheid ihr 'Ja'-Wort verweigert. Insofern konnte für das Ergebnis gerade in der Messemetropole nicht gelten, was womöglich für ganz Sachsen seine Gültigkeit hatte: „Diesem... Ergebnis kam repräsentative Bedeutung nicht nur für die Bevölkerung der anderen Länder der sowjetischen Besatzungszone, sondern auch für die westlichen Besatzungszonen zu... Der Volksentscheid war ein revolutionärer Sieg, von dem eine große historische Wirkung ausging." [47] Im Laufe des Sommers wurden in den anderen Ländern der SBZ die Enteignungsverfahren nicht durch Volksabstimmungen, sondern administrativ, durch Verordnungen, sanktioniert.

Schon elf Tage nach dem Plebiszit konnten die Sachsen und mit ihnen alle Verbraucher in der östlichen Besatzungszone die Erfahrung machen, daß „richtiges" Abstimmungsverhalten von der SMAD materiell belohnt wurde – mit höheren Lebensmittelzuteilungen. Am 11. Juli 1946 vermeldeten die Zeitungen, daß „in Auswirkung des positiven Ausgangs des sächsischen Volksentscheids" die Rationen angehoben werden sollten. [48] Diese Rationsaufbesserung, angekündigt kurz nach dem Volksentscheid und durchgeführt im Vorfeld der Gemeindewahlen, wurde publizistisch als Initiative der Partei werbeträchtig aufbereitet: In einem Schreiben des Zentralsekretariates der SED an Marschall Sokolowski vom 7. Juli 1946 war die „Bitte der SED an die SMA" als fällige Belohnung dargestellt worden: „Die Bevölkerung des Landes Sachsen hat mit überwältigender Mehrheit in geheimer und freier Abstimmung ein Bekenntnis gegen die Kriegs- und Naziverbrecher, für Frieden und Demokratie abgelegt. Damit ist der Welt gezeigt, daß das deutsche Volk nicht an eine neue Aggression gegen andere Völker denkt und sich auf den Boden der Demokratie stellt. Diese Tatsache bestärkt unsere Erwartung, daß Sie, Herr Marschall, unserer Bitte Gehör schenken werden." [49] Ein solches Prozedere fand gleichzeitig auf Landesebene statt. Auch im Bundesland Sachsen war es allein der Landesvorstand der SED, der sich an Generalmajor Dubrowski, den Chef der sächsischen SMA, wandte, „um eine baldige Aufbesserung der Rationen... zu erreichen." [50] Mitte Juli 1946 verkündeten dann die Schlagzeilen: „Marschall Sokolowskij hat die Bitte der SED erfüllt". [51] Dieses Schema sollte es ermöglichen, die Lichtblicke im Versorgungsalltag voll und ganz dem Konto der SED gutzuschreiben: Rationserhöhungen wurden so zum „ausschließlichen Erfolg der Politik der SED" stilisiert (Abb. 11). „Sie hat als Partei aller Schaffenden ihr besonderes Augenmerk vor allem auf die ständige Verbesserung der Ernährung und Versorgung gerichtet. Ihrer Initiative sind im wesentlichen alle Verbesserungen auf dem Gebiete unserer Versorgung zuzuschreiben." [52] Dankadressen wie diejenige des Leipziger Aufzugswerkes Berger & Hauptmann feiern jetzt den „Erfolg der SED": „Die Belegschaft ist sich klar darüber, daß der SED dieser Erfolg nur möglich war, weil zum Volksentscheid die Bevölkerung Sachsens ihre Abkehr von Nazismus so entschlossen unter Beweis stellte." [53] Für die Schattenseiten des Versorgungsalltags freilich mußten die bürgerlichen Politiker in den Verwaltungen den Kopf hinhalten. Als zu Pfingsten 1947 das Frühjahrsgemüse auf sich warten ließ, entfesselte die 'Leipziger Volkszeitung' eine Kampagne gegen den amtierenden Liberaldemokraten Sachse. Der Bürgermeister warf daraufhin dem SED-Blatt vor, es versuche, die Bevölkerung „aufzuhetzen" und „aufzuputschen". [54]

Am 1. September 1946 fand die Wahl zum Leipziger Stadtparlament statt, und am 20. Oktober 1946 wurde der Sächsische Landtag gewählt. Der Kampf um die Wähler hatte schon mit dem Volksentscheid Ende Juni und der versprochenen Rationserhöhung im August begonnen: „1.260.000

Pfund Brot erhält Leipzig ab 1. August zusätzlich – Das ist unser Werk! Wählt SED, Liste 1". [55] Im Gemeindewahlprogramm der SED für Leipzig wurde gefordert: „Durch einen besseren und planmäßigeren Einsatz unserer Transportmittel ist die regelmäßige Belieferung der Lebensmittelkarten sicherzustellen und dadurch das Schlangestehen vor den Läden zu überwinden." [56] Zudem wurde die Einrichtung einer zentralen städtischen Einkaufsstelle verlangt, deren Aufgabe die Beschaffung zusätzlicher Nahrungsmittel sein sollte. [57] Erster Vizepräsident Fischer von der Landesverwaltung Sachsen argumentierte, da Verteilung und Versorgung zum Aufgabenbereich der Gemeinden gehörten, sei „vom Ausgang der Gemeindewahlen auch die gerechte wirtschaftliche und rationelle Verwertung der... zur Verfügung stehenden Bedarfsmittel in bedeutendem Maße abhängig." [58] Im Mittelpunkt des Gemeinde- und Landtagswahlkampfes im Herbst 1946 standen jedoch die kargen Lebensmittelrationen der Verbrauchergruppe V (beziehungsweise VI). Die Leipziger SED, aufgeschreckt auch durch das Ergebnis des Volksentscheides, zeigte sich jetzt entschlossen als Verfechterin der Fraueninteressen. „Ernst Lohagen stellte... die Forderung der SED, die voll im Haushalt ausgelasteten Hausfrauen als Werktätige einzustufen. Denn eine Frau, die drei Kinder zu versorgen hat, muß viele Arbeit leisten und kommt auf die Dauer nicht mit der Sonstigen-Verbraucher-Karte aus. Er erweiterte diese Forderung noch und verlangte, daß die Sonstigen-Karte überhaupt wegfällt." [59] Das Verlangen, die Karte der Unterprivilegierten ersatzlos zu streichen, kam dem Großteil der Bevölkerung in der SBZ ohne Zweifel sehr entgegen. Ob den Frauen das vage Versprechen -vorgebracht in der Form einer kompromißlosen Forderung- tatsächlich glaubhaft zu machen war, sollte sich an den beiden Wahltagen erweisen. Die Einlösung des zunächst nur verbalen Wahlgeschenkes erfolgte mit der Aufhebung der Kartengruppe ein Vierteljahr später, zum 1. Februar 1947.

Nicht nur mit Worten suchte man die Entscheidung zu beeinflussen. Es war kein Zufall, wenn kurz vor den Wahlen zum Berliner Stadtparlament im Ostsektor jede Familie zehn Zennter Kohlen erhielt. [60] „Vor den Wahlen hatte der Landrat oder Bürgermeister vom Ortskommandanten Befehle für die Ausführung bestimmter Aufgaben erhalten. Er wurde beispielsweise beauftragt, die Anlieferung wichtiger Lebensmittel oder in kritischen Augenblicken Hilfeleistungen für die Bauern zu organisieren. Wenn ein Beamter bei der Erfüllung solcher Aufgaben versagte, konnte er von der Sowjetkommandantur seines Amtes enthoben werden." [61] Durch gezielte Lenkung und Verteilung von Versorgungsgütern war den Behörden in der Nachkriegszeit ein „überzeugendes" Hilfsmittel an die Hand gegeben, politisches Wohlverhalten zu fordern und erwünschtes Wahlverhalten zu fördern. [62] Einen Tag vor den Kommunalwahlen in Sachsen versprachen die Zeitungen in der SBZ in großen Lettern auf den Titelseiten: „Zusätzliche Verpflegung für die Bergarbeiter!" [63] Just vom Wahltag an verbesserte sich demnach die Verpflegung der Arbeiter und Angestellten, die im Bergbau beschäftigt waren: Ein weiterer Versuch der SED im Zusammenspiel mit der SMA, die Wähler in Sachsen, dem Zentrum mitteldeutschen Bergbaues, für sich zu gewinnen.

Erneut konnte die SED mit dem errungenen „Sieg" nicht zufrieden sein – vor allem nicht in den großstädtischen Zentren. Bei der Wahl zum Leipziger Stadtparlament entfielen von den gültigen Stimmen 46,26 Prozent auf die SED, 29,68 auf die LDP und 21,56 Prozent auf die CDU. Die Wahlbeteiligung lag bei 92,17 Prozent. Bei der Landtagswahl eineinhalb Monate später entschieden sich 45,5 von hundert für die SED, 34,1 für die LDP und 18,8 von hundert für die CDU. Die Beteiligung war um einen Prozentpunkt zurückgegangen. Kulturbund, Frauenausschuß und Bauernhilfe (VdgB), die ebenfalls zur Wahl zugelassen waren, kamen bei beiden Wahlgängen zusammen auf etwa zwei Prozent. [64]

In Leipzig entfielen auf die beiden bürgerlichen Parteien sowohl bei der Wahl zur Stadtverordnetenversammlung wie auch bei der Landtagswahl mehr als die Hälfte aller gültigen Stimmen. Bei der Oktoberwahl errangen Liberal- und Christdemokraten sogar insgesamt knapp 53 Prozent, also 7,4 Prozentpunkte mehr als die SED, die als stärkste Partei aus den Wahlen hervorging. Ebenso verhielt es sich in den anderen Städten Sachsens und der ganzen Besatzungszone, wo die beiden bürgerlichen Parteien zusammen regelmäßig die Einheitspartei deutlich überflügeln konnten. Leipzig ist somit repräsentativ für städtisches Wahlverhalten nicht nur in Sachsen, sondern in der gesamten SBZ. [65] Ein spiegelverkehrtes Bild zeigen die Landkreisergebnisse: Auf dem Land ging die SED aus beiden Wahlen nicht nur als die stärkste Partei hervor, sondern hier war es die Einheitspartei, welche die bürgerlichen Konkurrenten überrundete. Ausgerechnet aber in Städten wie Freital, Gera, Jena und Leipzig, [66] zu Zeiten der Weimarer Republik Hochburgen der Arbeiterparteien KPD und SPD, konnten die Bürgerlichen den Sieg davontragen. [67]

Wo lagen die Ursachen für diese auf den ersten Blick überraschende Verteilung der politischen Sympathien? Der hohe Anteil von SED-Stimmen auf dem Lande erklärt sich zum Teil daraus, daß sich CDU und LDP vor allem bei den Gemeindewahlen in den Landkreisen Zulassungsbehinderungen und anderen Restriktionen ausgesetzt sahen. [68] Andererseits wirkte sich der integrative Effekt der Bodenreform sicherlich günstig auf das Stimmverhalten von Kleinbauern und Flüchtlingen aus.

Ganz anders stellte sich die Stimmungslage in den Städten dar. Der Journalist Isaak Deutscher zeichnet in einer Reportage für den 'Observer' ein Bild von der Stimmung in Berlin vor den Wahlen: „Um es genauer zu sagen, sie werden gegen den Osten oder gegen den Westen stimmen. Denn 'gegen' drückt viel besser die wirkliche Stimmung der Wählerschaft aus als 'für'. Berlin ist ganz überwiegend gegen den Osten, gegen Rußland und gegen den Kommunismus, der als Sozialistische Einheitspartei verkleidet erscheint." [69] Die SED, die ja im Wahlkampf die Möglichkeiten ihrer besonderen Beziehung zu den Besatzern deutlich herausgestellt hatte, galt als „Russenpartei". [70] Die vorgeführte besatzungspolitische Eintracht von SED und SMAD hatte sich jetzt als Bumerang herausgestellt. Der Versorgungsalltag erwies sich dabei für die Sozialistische Einheitspartei nicht als Pluspunkt, sondern als Defizit: Die 'Leipziger Volkszeitung' hatte schon wenige Tage vor dem Volksentscheid diejenigen scharf kritisiert, die „glaub(t)en, es ist damit abgetan, die Schuld für alle Erschwernisse der heutigen Zeit auf die verantwortungsbewußten Frauen und Männer abzuwälzen, die seit dem vergangenen Jahre ihre ganze Energie eingesetzt haben, das Chaos, das uns der Faschismus nach dem Kriege hinterlassen hatte, zu überwinden... Das Verdienst dieser aufbauwilligen Kräfte ist es auch, daß in der Versorgung der Bevölkerung mit Lebensmitteln bisher jede Schwierigkeit überwunden und die Ernährung auch in den schwersten Wintermonaten durch die großzügige Hilfe der Besatzungsbehörden sichergestellt werden konnte." [71] Gerade im Wahljahr 1946 gingen denn auch bei der Stadtverwaltung „viele(...), teils anonyme(...) Briefe" ein, „in denen Rat und Oberbürgermeister für die Versorgungslage verantwortlich gemacht und deshalb hemmungslos beschimpft" wurden. [72] Die Bevölkerung machte primär der SED die alltäglichen Versorgungs- und Verwaltungsmängel zum Vorwurf: Deren Taktik, Versorgungslob selbst einzustreichen, Versorgungskritik aber den bürgerlichen Amtsträgern zuzuschieben, war gescheitert. Im Gegenteil, CDU und LDP war es gar gelungen, das Stadtthema schlechthin, die Versorgungsmisere, für sich zu münzen. Die Christdemokraten hatten Flugblätter gedruckt, welche die Leipziger aufforderten, „keine Partei zu wählen, 'die den Kampf der Arbeiter gegen die Bauern duldet und auch den Bauern den roten Hahn auf's Dach setzt' und damit 'Tausende Deutsche dem Hungertode nahebringt'." [73] Defensiver argumentierten die in der Verwaltungsverantwortung stehenden Liberaldemokraten: „Man sagte, wir hätten mitgemacht. Das ist übertrieben, wir waren nur mit dabei... Wir konnten nur das Schlimmste verhüten, die unheimliche Aktivität etwas zurückhalten, bremsen und vorsichtig wieder ermahnen." [74] Die Stimmabgabe für diese beiden Parteien ist sicher zum großen Teil Ausdruck des Protestes gegen Verwaltung und Versorgung, gegen SED und „Russenknechte"; [75] sie läßt weniger „auf eine durchweg stabile Bindung an Politik und Programmatik dieser Parteien schließen." [76] CDU-Generalsekretär Georg Dertinger kam in einer Bewertung der Septemberwahlen zu dem Ergebnis, daß die SED gerade von den versorgungspolitisch benachteiligten Frauen die Quittung bekam: „In den Wahlbezirken, in denen nach Geschlechtern getrennt gewählt worden ist, hat sich im übrigen gezeigt, daß die Frauen in starkem Maße Union gewählt haben. Es gibt Gemeinden, bei denen die Männer marxistische Mehrheiten und die Frauen CDU-Mehrheiten gewählt haben." Als Konsequenz für die CDU räumte der Politiker „notgedrungen" sogar ein: „Wir werden... in den Versammlungen möglichst neben den Männern auch noch Frauen sprechen lassen müssen." [77]

Die hohe Anzahl ungültig abgegebener Stimmen unterstrich überdies den Protestcharakter. Bei den Leipziger Stadtverordnetenwahlen stimmten 17.200 Personen, mithin 4,28 Prozent, ungültig. [78] Bei der Landtagswahl stieg die Zahl der ungültigen Stimmen auf 18.377. [79] Ein Grund für diese Werte war sicherlich der Aufruf des Berliner SPD-Landesvorstandes an die ehemaligen Sozialdemokraten, ungültig zu stimmen. [80] Die Durchsicht der ungültigen Stimmzettel ergab wiederum, daß es gerade auch die Lebensumstände und die Versorgungsverhältnisse waren, die manchen bewogen, aus Unmut die beiden bürgerlichen Parteien oder aber gar keine Partei zu wählen. [81]

„Man hat uns die Frage gestellt: Werdet ihr in der sowjetisch besetzten Zone auch Wahlen durchführen? Wir sagen: Jawohl, und wie werden wir diese Wahlen durchführen! Wir werden sie durchführen mit dem Verantwortungsbewußtsein, das bei der Durchführung solcher demokratischer Wahlen notwendig ist, und wir werden sie so durchführen, daß unter Garantie in allen Städten und Orten eine Arbeitermehrheit zustande kommt..." [82] Walter Ulbrichts Erwartungen an die Herbstwahlen erfüllten sich nicht. Wiederum hatte man sich vom traditionell „roten Sachsen" als Vorreiter ein gutes Beispiel für die eigene Zone versprochen. [83] „Doch das von der SED-Führung selbstgestellte Ziel, ein übergroßer Wahlsieg, eine Bestätigung ihres Hegemonieanspruches, wurde trotz größter propagandistischer Anstrengungen, der ständigen Diskreditierung der bürgerlichen Parteien und demagogisch geführter Wahlkämpfe gegen die 'Blockpartner' vor allem bei den Landtagswahlen nicht erreicht." [84]

Schmerzlich für die SED, daß just die Großstädte im Musterland Sachsen ihr die Gefolgschaft mehrheitlich verweigert hatten. Mehr noch: Die Herbstwahlen, selbst Bestandteil des Modellkonzeptes, hatten den Nachweis erbracht, daß eine moderate Besatzungspraxis von der Bevölkerung augenscheinlich nicht wahrgenommen worden war. Besonders schwer wog die Wahlniederlage in der Schaufensterstadt Leipzig: Die Sachsenmetropole, in der alle Welt zur Messe zusammenströmte, war seit jeher auf Kosten anderer Städte bevorzugt bedient worden. Die westalliierten Wirtschaftsoffiziere und die westzonalen Geschäftsleute und Journalisten sollten einen guten Eindruck mit nach Hause nehmen: die Stadt stand schließlich für die Leistungskraft der gesamten Sowjetischen Besatzungszone. Obwohl die 'Leipziger Volkszeitung' nie einen Zweifel an ihrem parteilichen Standpunkt hatte aufkommen lassen, die SED sich unermüdlich zum Anwalt der Normalverbraucher stilisiert und die Bürgerlichen für alle Unbill der Versorgung verantwortlich gemacht hatte – der unbestechlichen Realität leerer Regale gegenüber mußten Worthülsen wirkungslos bleiben.

Nur eine gelungene Versorgungspolitik hätte in der Zeit des großen Hungers die Einladung an die Deutschen, einen „besonderen Weg zum Sozialismus" einzuschlagen, halbwegs glaubwürdig unterfüttern können – aller nationalsozialistischer Propagandahypotheken zum Trotz. Dies wurde von Parteiökonomen wie Fritz Selbmann wohl erkannt. Die Botschaft aber kam bei den Verbraucherinnen und Verbrauchern nicht an: Das von der Sowjetischen Militäradministration befohlene Versorgungssystem und der düstere Versorgungsalltag in der Zone waren absolut nicht geeignet, die Hungernden von der sozialen Gerechtigkeit, dem wirtschaftlichen Leistungsvermögen, kurz der Zukunft des ostzonalen Deutschlandmodells zu überzeugen.

Denn vor Ort herrschte nicht kluge Zurückhaltung, sondern schiere Machtpolitik. So wurde die Leipziger Stadtverwaltung mit Parteigängern der SED überflutet, und das System der „antifaschistischen Straßen- und Hausbeauftragten" erinnerte fatal an die nationalsozialistischen Blockwarte. Bereits im November 1945 war das Versorgungswesen in der SBZ tiefgreifend umstrukturiert worden. Die Planungsprozesse hatte man perfektioniert und die ständige Überwachung der Warenströme intensiviert. Selbständige Beschaffungsinitiativen von Gewerbetreibenden oder von Betriebsräten wurden zunehmend reglementiert und später ganz unterbunden. Der zentralistische Planungsapparat wuchs sich zum Moloch aus, „bürokratische Ausschreitungen" hemmten die Produktion, für den Privathandel bot sich keine Perspektive. Das neu eingeführte, hoch differenzierte Verteilsystem kopierte das sowjetische Vorbild, erwies sich als streng hierarchisch und mußte von der körperlich arbeitenden Bevölkerung als himmelschreiendes Unrecht empfunden werden. Die „Werktätigen" nämlich hatten hinter den bevorzugten gesellschaftlichen, politischen und technischen Eliten zurückzustehen. Eine der schlimmsten Fehlentscheidungen war es, die Frauen zusammen mit den ehemaligen NSDAP-Mitgliedern in die Strafkategorie der „sonstigen Bevölkerung" einzureihen. In dieser Versorgungsgruppe fiel das Rationenbarometer im Jahr 1946 monatelang auf die lebensgefährlichen Werte von 700 bis 950 Kalorien täglich! Selbst der Schwarzmarkt konnte nur bedingt Abhilfe schaffen, weil in der SBZ die Bankkonten eingefroren waren und den Leipzigern damit erheblich weniger Bargeld zur Verfügung stand als den Münchnern oder Kölnern.

Auch in Köln fiel der Kalorienpegel zeitweise auf ebenso extrem niedrige Werte. Auch im Westen wurden bestimmte Personengruppen durch das Rationierungssystem bevorzugt und benachteiligt. Die „neue Ordnung" in der Sowjetzone aber verlangte Verzichtleistungen, die nicht mehr glaubhaft vermittelbar waren. Die Leipziger sahen sich gefangen in einer ausweglosen, tristen Lebenswelt. Es gab nichts, was sie Hoffnung schöpfen ließ. Schon gar nicht die „russische" Besatzungsmacht.

Zwar hatte man eine „zahme" [85] Umgestaltung mit bestimmten spektakulären besatzungspolitischen Maßnahmen wie der Bodenreform oder der frühzeitigen Zulassung von Parteien und Wahlen vorgeführt. Das Modell-Deutschland auf dem Boden der sowjetisch besetzten Zone scheiterte aber vor allem an seiner mangelnden Alltagsfähigkeit: Der besatzungspolitische Anspruch der Sowjetunion, zumindest „ihre" Deutschen für sich zu gewinnen, wurde den Umworbenen erst gar nicht bewußt. Einerseits hatte man von „den Russen" von vornherein nichts Gutes erwartet: Die Sowjets waren diejenige Besatzungsmacht, vor welcher die Soldaten flüchteten und die Frauen sich fürchteten. Andererseits ließ der karge Besatzungsalltag, der allzuoft die sowjetischen Verhältnisse bloß kopierte, für die Bürger einen „besonderen deutschen Weg" nicht erkennen. Die sowjetischen Besatzungsbehörden verfuhren in den alltäglichen Detailentscheidungen unbesehen nach heimischen Mustern. Trotz aller „Überzeugungsarbeit" der Sowjetemigranten galt dies auch für die deutschen Genossen: „Heute würde man es wahrscheinlich anders machen. Aber damals fehlten auch die Erfahrungen. Die Leute, die damals die geschenkte, die stellvertretende Macht in der Hand hatten, hatten doch kein anderes Vorbild als die stalinsche Sowjetunion. Also wurde das, was dort gang und gäbe war, hier mit Gewalt eingeführt, obwohl es sehr starke Strömungen gegeben hat, einen deutschen Weg zu suchen..." (Stefan Heym) [86]

Das Gros der Bevölkerung orientierte sich demgegenüber beharrlich an den westlichen Besatzungsmächten und verfolgte wie gebannt die Entwicklung der Verhältnisse in den Westzonen. Der ständige Blick über die Zonengrenze gen Westen war nicht erst eine Folge bundesdeutscher Prosperität der fünfziger Jahre, sondern bereits in der unmittelbaren Nachkriegszeit üblich: [87)] Die „Ostdeutschen" fühlten sich schon in jenen Jahren von den -damals ja noch bescheidenen- Segnungen des Westens abgeschnitten. Für die -in ihrem Selbstverständnis- Ausgeschlossenen stand schon kurz nach Beginn der Besatzungsherrschaft fest, daß im Westen vieles zum Besseren gestellt sei. Dort spielte sich das „eigentliche" Leben ab.

Der Wettlauf um die Deutschen fand nicht nach ideologischen Maximen, sondern nach den Regeln des Alltagsbewußtseins statt: Tagtäglich wurden Besatzungsmächte und -zonen miteinander verglichen. Parameter dieses Vergleiches waren, freilich nicht nur in den ersten Nachkriegsjahren, die Lebens- und Versorgungsverhältnisse. Dabei wurden der prekären eigenen Alltagsrealität zumeist verklärte Bilder von den Westzonen entgegengesetzt – eine Gegenüberstellung, die selbst in der bevorzugten Messemetropole nur zuungunsten der Sowjetzone ausgehen konnte. Verständlich, daß die Vergleichsmentalität bei den Sowjets unbeliebt war. Sie mußte aber keineswegs, wie Sergej Tjulpanow scharf kritisierte, von Offizieren der westlichen Militäradministrationen eigens forciert werden. [88)] Der permanente Zonenvergleich gehörte vielmehr zum Bestandteil des Alltagsbewußtseins der Nachkriegszeit; für die Bürger in der SBZ gab der Vergleich als mentales Schema die grundlegende und alltagswirksame Struktur des Bewußtseins von der 'deutschen Einheit' ab. [89)]

Dem selbstmitleidigen Blick in den tatsächlich oder vermeintlich besseren Westen versuchten die Parteiideologen der SED mit Schlagzeilen wie „Hessen vor Hungerkatastrophe", [90)] „Hungerlöhne und Hungerrationen", [91)] „Ohne Hoffnung auf die Zukunft" [92)] oder „Katastrophale Verzweiflungsstimmung in Nordrhein-Westfalen" [93)] ein Schreckbild von den Westzonen entgegenzusetzen. Zuweilen bedienten sich auch sowjetische Offiziere wie der Chef der sächsischen SMA des Vergleiches, um die Fortschritte in der eigenen Zone ins rechte Licht rücken zu können. [94)] Und der ehemalige Oberst Tjulpanow schrieb resigniert: „Viele Bürger, unter ihnen auch Angehörige der Intelligenz, ganz zu schweigen von den Vertretern des Kleinbürgertums, ließen sich davon beeindrucken, daß die amerikanischen Soldaten Schokolade, gute Zigaretten, Kaffee usw. im Überfluß hatten, während diese Dinge unseren Soldaten nicht zur Verfügung standen. Eindruck hinterließ auch die sicherlich attraktivere Uniform der 'Amis' im Vergleich zu den ausgewaschenen Feldblusen der sowjetischen 'Iwans'." [95] Die Amerikaner hatten Schokolade und Kaffee nicht nur für sich im Überfluß, sondern sie verteilten sie auch...

München

Abb. 12. *München* bei Kriegsende: Plünderung eines Schuhlagers, hastig eingefangen mit versteckter Kamera.

Abb. 13. Kartoffelverteilung in München 1945: Der Transport der Kartoffeln verlangte den Großstädten gewaltige logistische Leistungen ab. In Bayern half die US-Army mit 2.000 Wagen aus.

Abb. 14. Amerikanische GIs und deutsche Jugendliche, Mai 1945: „Beglaubigung" mit Kaugummi und Schokolade.

Abb. 15. Lebensmittelausgabe an Flüchtlinge, ebenfalls 1945: US-Markenkonserven werden zu köstlichen Zeichen einer beginnenden Teilung.

Abb. 16. „Markenkreislauf" in einer Bäckerei: Der Verbraucher löste seine Wertbons im Laden ein (oben).
Abendbeschäftigung des Verteilers: Die eingegangenen Märkchen wurden auf Bogen geklebt und gingen so an das Ernährungsamt zurück (unten).

Abb. 17. Münchener Schaufenster in der Neuhauser Straße, 1946: Die 100. Zuteilungsperiode gerät zum 'Denkmal des Hungers'.

Thomasbräukeller München

Max Schreier, München, Kapuzinerplatz 5, Telefon Nr. 71287

Abend-Speisen-Karte   Sonntag,   den 23. Juni 1946

Die Gäste werden ersucht, bei Bestellung der Speisen die Lebensmittelmarken bereit zu halten.
Beilagen werden nicht gewechselt.

		R.M	Erforderliche Marken in Gramm
Suppe:	Erbsensuppe	-.15	
Fische:	Goldbarschfilet m.gem.Salat	1.50	20 Fett
Fleischgerichte:	Beinfleisch/Rettichsalat	1.20	100 Fl.M. 5 Fett
	Kalbsstück garniert	1.30	100 Fl.M. 10 Fett
	Hammelschlegel m.Röstkart.	1.-	100 Fl.M. 10 Fett
	Filetbraten m.Bratkart.	1.40	100 Fl.M. 15 Fett
	Bauernschmaus	1.20	100 Fl.M. 20 Fett
	Schnitzel natur.m.Bratkart.	1.30	100 Fl.M. 15 Fett
	Kalbsfilet m.Erbsen & Püree	1.60	100 Fl.M. 20 Fett
	Ochsenfleisch m.Ei & gem.Salat	1.-	100 Fl.M. 10 Fett
	Kalbszüngerl pikant m.Püree	-.70	50 Fl.M. 10 Fett
	Kalbsherz ged.m.Röstkart.	-.80	50 Fl.M. 15 Fett
	Kalbskopf en tortue m.Püree	-.70	50 Fl.M. 10 Fett
	Schmorbraten m.Knödel	-.70	50 Fl.M. 5 Fett
	Hackbraten m.Gemüse & Salat	-.80	50 Fl.M. 5 Fett
	Rahmsteak m.Püree	-.80	50 Fl.M. 10 Fett
	Leberfilet m.Röstkart.	-.70	50 Fl.M. 15 Fett
	Ochsenfleisch m.Gemüse	-.70	50 Fl.M. 5 Fett
	Tiroler Gröstl m.Kraut	-.70	50 Fl.M. 10 Fett
Kalte Speisen:	Sardinenbrot	-.60	50 Brot
Kartoffelgerichte:			
	Gemüseplatte	-.80	10 Fett
Gemüse:	Junge Karotten m.Kart.	-.60	5 Fett
	Saueres Kartoffelgemüse	-.40	5 Fett
	Pickelsteiner Gemüse	-.40	5 Fett
Salat:	Petersiliengemüse	-.40	5 Fett
	Rettichsalat	-.20	
	Kopfsalat	-.20	
Käse:	Kartoffelsalat	-.20	
	Camembert	-.40	60 K.M.
	Für jedes Essen mit Kartoffelbeilage 1/2 Tagesration Kartoffelmarken		
1 Stück Schwarzbrot		—.04	50 Brotmarken

Abb. 18. Abendkarte im Thomasbräu, 1946: „Kalbszüngerl pikant mit Püree" für 70 Pfennige, 50 Gramm Fleisch- und 10 Gramm Fettmarken.

Abb. 19. Razzia gegen Jugendliche, 1946: Frauen und Kinder trugen die Hauptlast der „zusätzlichen Versorgung".

Abb. 20. Brienner Straße/Ecke Türkenstraße, 1947: Frauen protestieren gegen den Schwarzmarkt.

Abb. 21. Hungerdemonstration in München, 1948: Studenten fordern die uneingelösten Versorgungsversprechen der Besatzungsmacht ein!

4. München, die bayerische Landeshauptstadt

4.1. Zur Geschichte der Versorgung: Brotkrise und Kartoffeltragödie

Am Montag, dem 30. April 1945, kurz nach 16 Uhr, hatte sich der erste US-Jeep durch die Schuttmassen Münchens einen Weg zum Marienplatz gebahnt. Widerstand war den einrückenden Verbänden der 7. US-Armee nur von einer SS- und Volkssturm-Gruppe in Pasing und von der SS-Kaserne in Freimann entgegengesetzt worden. NS-Oberbürgermeister Fiehler, Gauleiter Giesler und die Ratsherren der Stadt hatten sich längst abgesetzt. Noch am Sonntag hatte der Stellvertreter des Oberbürgermeisters der „Hauptstadt der Bewegung" den städtischen Oberrechtsrat Dr. Michael Meister und acht Beamte des Ernährungsamtes bevollmächtigt und beauftragt, dessen Geschäfte fortzuführen und im Rathaus zu verbleiben. [1] Pflichtgemäß hatte die kleine Gruppe das Kriegsende im Rathaus abgewartet, denn die Versorgungsbehörden mußten, so die Anweisungen seit Kriegsbeginn, jederzeit besetzt sein. Meister und seine Mitarbeiter vom Ernährungs- und Wirtschaftsamt wurden so zu den ersten Ansprechpartnern der Amerikaner. Diese befahlen den Versorgungsbeamten denn auch, sich bis auf weiteres zur Verfügung zu halten; das Not-Ernährungsamt verharrte also auch in der Folgezeit bis zum 10. Mai Tag und Nacht im Rathaus. Meister: „So wurde ich mit den... tonangebenden Besatzungsoffizieren bekannt, was sich später, als ich Leiter des Ernährungsamtes war, von Anfang an positiv auswirkte." [2]

Bis Ende April 1945 hatten 74 Luftangriffe die Stadt in Trümmer gelegt. 450 Luftminen, 61.000 Sprengbomben, 142.000 Flüssigkeitsbrandbomben und mehr als 3,3 Millionen Stabbrandbomben waren über der Stadt niedergegangen. Dabei waren nahezu 16.000 Menschen verwundet und 6.632 Personen getötet worden. [3] Wilhelm Hoegner, der zweite bayerische Ministerpräsident nach dem Kriege, wanderte tagelang durch die Straßen: „In der Innenstadt, in Schwabing und Sendling, in Giesing und Neuhausen lagen ganze Stadtviertel in Trümmern oder waren doch ausgebrannt... Das ausgegrabene Pompeji schien mir im Vergleich zu München gut erhalten zu sein." [4] Mit den fünf Millionen Kubikmetern Schutt hätte man, um einen weiteren historischen Vergleich zu ziehen, die 150 Meter hohe Cheopspyramide zweimal auffüllen können. Die Altstadt war zu 90 Prozent getroffen, die Bausubstanz der ganzen Stadt zur Hälfte vernichtet: 81.500 zerstörte Wohnungen machten 300.000 Münchner obdachlos. Von den 824.000 Einwohnern

vor dem Kriege (1939) hausten bei Kriegsende noch 479.000 in der Stadt.
Auf Geheiß der Militärregierung versah der ehemalige Oberbürgermeister von Würzburg, Dr. Franz Stadelmayer, kurzfristig die Münchner Amtsgeschäfte. Fünf Tage nach dem Einmarsch, am Freitag, dem 4. Mai 1945, betraute die Militärregierung wieder Karl Scharnagl mit dem Amt des Oberbürgermeisters von München. Der gelernte Bäckermeister hatte die Geschicke der Stadt bereits zur Weimarer Zeit geleitet. [5] Die gut vorbereiteten Offiziere der Münchner Militärregierung griffen nicht nur bei der Wahl des Oberbürgermeisters, sondern auch bei der Berufung der leitenden städtischen Beamten überwiegend auf Personal der Weimarer Zeit zurück. [6] Das galt auch für den ersten Polizeipräsidenten nach dem Kriege, Hans von Seisser, [7] und für seinen Nachfolger, Franz X. Pitzer. [8]

„In der schwersten Zeit, die jemals unsere liebe Stadt München durchzumachen hatte," blieb Oberbürgermeister Scharnagl nur die inständige Bitte „um Ruhe, Ordnung und Verständnis für die Schwierigkeit der gegenwärtigen Tage." Wenn auch die Versorgung mit Lebensmitteln durch Zufuhren zunächst aufgebessert werden könne, so sei doch mit Kürzungen zu rechnen. Alle Maßnahmen seien eingeleitet, „um die Ruhe und Ordnung, die in den letzten Tagen zu empfindlich gestört waren, wieder sicherzustellen, die bedauernswerten Plünderungen auszuschließen und das Leben und Eigentum der Mitbürger zu schützen." [9] Rückhaltlose Plünderungen hatten schon zwei Tage vor dem Einzug der Besatzungsmacht eingesetzt. Mit Genehmigung des Ernährungsamtes bediente sich das Volkssturm-Bataillon 101, das 500 Flaschen Branntwein und 1.000 Kilogramm Fleischkonserven aus Beständen der Stadt mitgehen ließ. Eine „Kampfgruppe Schwarz" schaffte ebenfalls aus Vorratslagern des Ernährungsamtes noch rasch 4.000 Büchsen Wurst und Schmalzfleisch fort. [10] Einen antifaschistischen Aktionsausschuß wie in Leipzig, der womöglich versucht hätte, sich den Plünderern in den Weg zu stellen, gab es in München nicht. Was in den Tagen des Machtvakuums geplündert wurde, „waren Millionenwerte... In den Verpflegungsmagazinen wurde in Zucker gewatet, Schnaps, Reis, Gerste, Weizen, Kaffee, Milch, Bestände von ganzen Armeen wanderten in dieser kurzen Zeit aus ihren Lagern in die Hände der Plünderer aller Nationalitäten. Aber nicht nur auf dem Oberwiesenfeld setzte die Aktion ein, (sondern) in allen Stadtteilen, wo nur Ware lagerte: aus dem Güterbahnhof heraus wurde Käse durch die Straßen gerollt, im Arzberger Keller stand knietief der Wein, in dem ertrunkene Frauen lagen. Die Gier war nicht mehr zu bändigen..." [11] Auch die „Räumung" des Löwenbräukellers forderte zwei Todesopfer. [12] Die 'Süddeutsche Zeitung' legte ein Jahr später Wert auf die Feststellung, daß es „durchaus nicht nur Ausländer, sondern viele, viele Deutsche (gewesen waren), die plünderten. Und selbst die Frauen -das schwache Münchner Geschlecht- standen nicht nach." [13]

Eine erste Bestandsaufnahme am 5. Mai 1945 ergab, daß die städtischen Vorräte „nahezu restlos geplündert worden" waren. [14] Obermeister Max Bauer von der Bäckerinnung schätzte, daß die Bäcker der Stadt gerade noch vier oder fünf Tage backen könnten, dann seien die letzten Mehlvorräte aufgebraucht. [15] Es galt, so bald als möglich wieder Mehl und Grundnahrungsmittel in die Stadt zu bekommen. Unter den Verhältnissen der ersten Nachkriegswochen blieb den Verantwortlichen nichts übrig, als persönlich in die Liefergebiete zu fahren, um dort Nahrungsmittel für die Stadt aufzuspüren. Sodann mußten Erzeuger und Händler zum Verkauf überredet und die örtlichen Militärkommandanten zur Freigabe bewegt werden. Der Chef des Münchner Ernährungsamtes wurde auf seiner „Mehlentdeckungsfahrt" vom Vorsitzenden des Bayerischen Mühlenverbandes begleitet, da er natürlich „alle Mühlenbesitzer kannte und auf diese Weise unsere Gespräche von Anfang an einen persönlichen Hintergrund hatten." [16]

Äußerst schwierig blieb zunächst die Organisation der Transporte, da bis Mitte Mai 1945 in der Region München kein Schienenverkehr möglich war. Zugelassen waren nur Güterzüge, welche die Stadt erst wieder ab 15. Mai erreichten, acht Tage später zeigten die Signale auch stadtauswärts Freie Fahrt. [17] Im ersten Nachkriegsmonat mußten die lebensnotwendigen Transporte infolgedessen ausnahmslos mit Lastkraftwagen durchgeführt werden, wofür erst mit großem bürokratischen Aufwand von der US-Militärverwaltung eine Genehmigung einzuholen war. Neuzugelassen wurden Fahrzeuge nur unter der Bedingung, daß sie der Versorgung dienten. Der innerörtliche Verkehr war durch Schuttbarrikaden und Straßensperren erheblich behindert: Wichtige Straßenzüge waren ausschließlich Militärfahrzeugen vorbehalten. In der vierten Maiwoche konnte die Straßenbahn den Betrieb auf einigen Teilstrecken wieder aufnehmen. Bis Ende Juli sollte es noch dauern, daß bestimmte Münchner Firmen wenigstens Geschäftsbriefe innerhalb Bayerns versenden durften, Privatbriefe wurden erst im September zugelassen.

Scharnagl hatte Ende Mai die Einwilligung der Militärregierung erhalten, einen Stadtrat einzuberufen. Dessen Hauptaufgabe sollte darin bestehen, das Stadtoberhaupt beratend bei der Verwaltungsarbeit zu unterstützen und so einen größeren Kreis von Mitbürgern in die Verwaltungsarbeit einzubinden. Nach amerikanischem Verständnis trug der Oberbürgermeister gleichwohl allein die volle Verantwortung für die Stadtpolitik. [18] Im Einvernehmen mit der Besatzungsmacht ernannte Karl Scharnagl schließlich 36 „ehrenamtliche

Stadträte aus allen Schichten und Berufen". [19] Aufgrund des Parteienverbotes durften keine Fraktionen im Rat gebildet werden. Dennoch konnte man 22 der Stadträte der im Entstehen begriffenen CSU, 12 der SPD und 2 der KPD zurechnen. [20] Im Ernährungsausschuß des Nachkriegsparlamentes saßen Fachleute wie die Geschäftsfrau Zita Zehner (CSU), der Kaufmann Oskar Dürr und der spätere Ernährungsreferent Anton Weiß (beide SPD). [21]

Für die Münchner Normalverbraucher waren die ersten Monate nach Kriegsende die kritischste Zeit des Jahres. Im Mai und Juni 1945 hatten die Versorgungsbeamten die Rationssätze spürbar herabgesetzt, „um den Anschluß an die neue Ernte zu erreichen." [22] Der erwachsene Münchner lebte in der 76. Zuteilungsperiode, also in den vier Wochen vom 28. Mai bis zum 24. Juni, am Tag von 150 g Brot, 7 g Nährmitteln, 18 g Fett, 28 g Fleisch, 1,7 g Kaffee-Ersatz, etwas mehr als 4 g Käse und ebensoviel Quark. Zucker gab es keinen. [23] Der „Anschluß" an die Ernte gelang. Um dieses Ziel zu erreichen, wurden auch in Bayern Läger geräumt, zum Beispiel die Bestände der 'Reichsstelle für Getreide' und umfangreiche Wehrmachtsbestände. [24] In den folgenden Monaten war es dann möglich, die Brotration kontinuierlich anzuheben. Ab Mitte September gab es pro Versorgungstag 214 g Roggenbrot und zusätzlich 57 g Weizenbrot, am Jahresende war die Tagesration Schwarzbrot auf 366 g angestiegen. Die Fleischrationen konnten, bis auf einen Engpaß im Oktober, relativ konstant gehalten werden, während Obst- und Gemüseversorgung sowie Zucker- und Fettzuteilung durchweg problematisch waren. Die Butterration mußte zunächst in der 78. Zuteilungsperiode um 3,5 g pro Tag reduziert werden, stabilisierte sich im letzten Vierteljahr aber immerhin bei täglich 14 g. [25]

Schon in der zweiten Augusthälfte hatten die Münchner Bäcker ihren hungrigen Kunden wieder Semmeln anzubieten. Welch große mentale Bedeutung das Weizenbrötchen für die Münchner hatte, ergibt sich allein schon daraus, daß der Oberbürgermeister das Thema Semmeln gleich dreimal in seinen sonntäglichen Rundfunkansprachen aufgriff. Scharnagl sah sich veranlaßt, vor Semmel-Gerüchten zu warnen: „Im Untergrund geht wieder ein dummes Geschwätz, die so sehr begrüßten Semmeln kämen wieder in Wegfall. Glaubt es nicht,... es ist nicht wahr!... Ihr seht an diesem Beispiel, wie alles herhalten muß, daß die versteckten Nazischwätzer Eure Stimmung verderben und unsere mühevolle Arbeit in Mißkredit bringen könnten." [26] In seiner nächsten Ansprache am 14. Oktober 1945 mußte der Oberbürgermeister seine „schwere Enttäuschung" eingestehen und zugeben, daß die Münchner künftig tatsächlich wieder auf ihre geliebten Semmeln würden verzichten müssen. [27)] Möglicherweise hatten die Münchner in den Semmeln die frühen Vorboten einer sich normalisierenden Versorgung gesehen; davon konnte 1945 und in den folgenden beiden Jahren jedoch beileibe keine Rede sein.

Es sei zwar kein Trost, aber für eine richtige Würdigung der Ernährungslage sei doch wichtig, so Scharnagl in seiner Ansprache einen Monat später, „daß in anderen besetzten Gebieten, diese Ernährungslage noch ungünstiger ist und wir daher froh sein dürfen, daß bei uns noch solche Zuteilungen möglich sind." [28)] Im Anschluß an eine Reise nach München im März 1946 verglich der Leipziger Christdemokrat und Historiker Hermann Mau die Atmosphäre in den beiden Großstädten:

"... ich fuhr hier (in Leipzig) ab, mißmutig, pessimistisch hinsichtlich meiner Existenzmöglichkeiten in dieser Zone, verärgert über soviel deprimierende Erfahrungen im Täglichen und voller Hoffnung, in der anderen Zone andere Perspektiven zu finden. Was ich fand, war in mancher Hinsicht lockend: ein Leben, das soviel bunter, entspannter und bürgerlicher ist, als wir es hier in Leipzig haben, wo das Leben allerdings schon immer sehr viel grauer war als anderwärts;... Und doch schien mir, im Vergleich zu meinem ersten Besuch vor fünf Monaten, über vieles, was mir damals als hoffnungserweckende Triebe zu einem neuen Leben erschien, der Frost gekommen und die allgemeine Stimmung sehr viel gedrückter. Und dann bin ich doch in keinem Augenblick das unbehagliche Gefühl losgeworden, daß über all dem, was mich... anzog, ein 'noch' steht, daß dies alles heute 'noch' so ist und man dort morgen die Nöte und Sorgen haben wird, mit denen wir uns heute hier herumschlagen." [29)]

Ebenfalls im März 1946 mußten die Münchner die Erfahrung machen, daß ihre vergleichsweise „gut" dotierten Brotrationen nicht so sicher waren, wie sie gerne glauben mochten. Zum ersten Mal bildeten sich für einige Tage Schlangen vor den Bäckereien „und die Schilder 'Brot ausverkauft' waren nicht selten". [30)] Die Bevölkerung war jetzt zunehmend beunruhigt und fürchtete eine regelrechte Hungersnot. Auf ausdrücklichen Befehl der US-Militärregierung hatte die Brotration im ersten Vierteljahr 1946 den Spitzenwert von 12.000 g pro Zuteilungsperiode, 428 g pro Tag, erreicht. Gegen diese „großzügige" Rationspolitik der Amerikaner hatte die bayerische Ernährungsverwaltung immer wieder Einspruch erhoben, da die deutschen Stellen befürchteten, aufgrund der entstehenden Getreidelücke den Anschluß an die Ernte 1946 zu verpassen. Als die von den Amerikanern in Aussicht gestellten Importe nicht im erforderlichen Umfang eintrafen, mußten die städtischen Verbraucher letztlich die Zeche zahlen. [31)] Im Blick auf die neue Ernte geriet die Brotzuteilung wie im Vorjahr schmerzlich ins Rutschen: Anfang

April 1946, mit der 87. Zuteilungsperiode, wurde die Brotration für vier Wochen auf 6.400 g (228 g am Tag) und im Mai, in der 88. Periode, auf 6.000 g (214 g am Tag) radikal heruntergefahren. Mit dem 89. Versorgungszeitraum, der am 27. Mai 1946 einsetzte, war die Brotzuteilung auf den Tiefstpunkt des Jahres 1946 abgesunken: Nurmehr 4.000 g Brot standen für 28 Tage zur Verfügung, 143 g täglich – ein Drittel der Menge, die in den ersten drei Monaten des Jahres aufgerufen worden war. [32] „Mit 143 Gramm...", also mit etwa drei Scheiben Brot am Tag, „kann man keine großen Sprünge machen, und die 'Brotzeit' fehlt dem Redakteur genauso wie dem Bauhandwerker. Wie oft kommt es heute vor, daß die vier Kilo Brot, die den ganzen Monat reichen müßten, bereits in der ersten Woche fast aufgebraucht sind." [33] Die Getreideernte und, vor allem, Getreideeinfuhren sorgten in der zweiten Hälfte des Jahres für eine Entspannung der Krise; am Ende des Jahres wurden den Normalverbrauchern im amerikanischen und britischen Besatzungsgebiet für die 96. Versorgungsperiode 9.700 g Brot (also 346 g täglich) zugebilligt. [34] Das Fleisch-, Käse- und Fettaufkommen bereitete den städtischen Versorgungsbeamten 1946 weit weniger Sorgen. Bis Mitte September hielt sich beispielsweise die Fettration bei 400 und 500 g pro Periode. Erst im Herbst wurde sie auf 300 g herabgesetzt; langsam aber stetig fiel sie dann allerdings im darauffolgenden Jahr bis auf 150 g (also 5,3 g am Tag) ab. [35]

Am Sonntag, dem 26. Mai 1946, einen Tag vor Beginn der Drei-Scheiben-Brot-Periode, hatten die Münchner in der ersten Nachkriegswahl die Zusammensetzung des Stadtparlamentes zu bestimmen. 1946 war in München wie in Leipzig „Wahljahr", zwei weitere Urnengänge folgten. Die Wahlen zur Verfassunggebenden Landesversammlung fanden am 30. Juni 1946 statt: sie fielen in die 90. Versorgungsperiode, die vom 24. Juni bis 21. Juli 1946 lief. Dieser Versorgungszeitraum sticht deshalb ins Auge, weil man mit deutlichen Aufbesserungen bei anderen Nahrungsmitteln dem schlimmen Brotdefizit abzuhelfen suchte: „Erwachsene erhalten statt 800 g 1.000 g Fleisch. Die Zuckerzuteilung ist... verdoppelt worden. Die Milchration wurde bei den Erwachsenen von 4 auf 8 Liter, bei Jugendlichen und Kindern von 8 auf 16 Liter festgesetzt... Alle Versorgungsberechtigten erhalten... 200 g Trockengemüse. Kinder, Kleinkinder und Kleinstkinder bekommen 100 g Puddingpulver. An Erwachsene und Jugendliche werden je 400 g Trockenmilch und 200 g Trockenei verteilt." Herabgesetzt wurde nur die Käseration, und zwar von 312,5 g auf ihren üblichen Wert von 250 g. [36] Am 1. Dezember schließlich bestätigten die Bayern in einem Volksentscheid ihre Verfassung und wählten zugleich den Landtag.

„Sehr erbittert ist die Bevölkerung immer noch wegen der Kartoffelfrage", schrieb der Münchner Polizeiberichterstatter Anfang Dezember 1946 an Public Safety Office. [37] Nur einen Monat zuvor hatten maßgebliche Versorgungsoffiziere der amerikanischen Militärregierung noch das Versprechen abgegeben, daß 2,5 Zentner Einkellerungskartoffeln ausgegeben werden würden. [38] In München hatte man mit der Zuteilung der Winterkartoffeln längst begonnen und bis Mitte November rund 340.000 Einwohner mit der vollen Menge beliefert, [39] als die Anweisung kam, die Ausgabe sofort zu stoppen. Der bayerische Landwirtschaftsminister erklärte dazu im Rundfunk, die Notlage Millionen Deutscher im Rhein- und Ruhrgebiet sei so groß geworden, daß die Militärregierung befohlen habe, den Kartoffelversand in diese Gebiete bevorzugt durchzuführen. Durch den „Export" würden Bayern selbst Schwierigkeiten größeren Ausmaßes entstehen, so daß fortan nur ein Zentner pro Person zugestanden werden könne. Die Fehlmenge von anderthalb Zentnern sollte im kommenden Frühjahr nachgeliefert werden. [40] Über die Hälfte der Münchner mußte sich also mißmutig mit dem geringeren Vorrat abfinden, die Stadt war im Winter 1946/47 in zwei Kartoffel„klassen" geteilt. „Das hat sich schon jetzt in vielen Familien katastrophal ausgewirkt. Man hat auf die ursprüngliche Menge gerechnet und dementsprechend seinen Haushalt eingeteilt. Für viele war es trotz stärkster Bemühungen nicht möglich, sich mit Kartoffeln einzudecken." [41] Im Frühjahr 1947 bewahrheiteten sich die schlimmsten Befürchtungen der Münchner: die einst feierlich versprochenen Kartoffeln fanden nicht den Weg in ihre leeren Keller. Seit Öffnung der Mieten hätten bis Anfang Mai 1947 insgesamt etwa 1.500 Eisenbahnwaggons mit Kartoffeln ankommen müssen, „um den laufenden und den in den Wintermonaten noch nicht ausgelasteten Bedarf an Kartoffeln zu decken". Stattdessen wurden nur 331 Waggons gezählt. [42] In diesem Frühjahr und Sommer nahm die Kartoffelnot ein verheerendes Ausmaß an. Die Bezirksinspektion von Allach-Untermenzing meldete ins Rathaus: „Täglich spielen sich erschütternde Szenen ab, weil die Frauen für ihre in der Industrie arbeitenden Männer und Söhne wegen Kartoffelmangel nichts kochen können. Aus den vorgezeigten Lebensmittelkarten ist zu entnehmen, daß alle Brot-, Nährmittel- und Fettmarken -trotz Verbot des Vorgriffs- abgeschnitten und verbraucht sind. Ein großer Teil der Leute hält sich nur noch durch Bettelei über Wasser. Die Hungersnot ist entsetzlich." [43] Trotz einer infolge der großen Dürre mageren Kartoffelernte wiederholte sich das Verteilungsdesaster des Vorjahres im Herbst 1947 so nicht. Von vornherein gab es heuer nur einen Zentner Einkellerungskartoffeln, und Ende Oktober hatten die Münchner Kartoffelgroßhändler ihre Lieferquoten gegenüber den

Einzelhändlern bereits zu 83 Prozent erfüllt; Anfang November hatte ein Viertel der Verbraucher das kostbare Gut bereits in Empfang genommen. Diesmal sollten andere Großstädte, Nürnberg zum Beispiel, das Nachsehen haben. [44)]

Zur Kartoffel-Tragödie [45)] kam die Getreide- und Brotkrise. Am 24. März 1947 hatte der Münchner Oberbürgermeister in einem eindringlich formulierten Schreiben das wiederholte „Auseinanderklaffen zwischen papiermäßiger und tatsächlicher Lebensmittelzuteilung" angemahnt. Scharnagl und der zuständige Referent forderten den bayerischen Ernährungsminister auf, „mit allem Nachdruck... auf eine restlose Einhaltung" der Zuteilungen hinzuwirken. Die Verantwortlichen der Landeshauptstadt listeten auf, daß vom 3. bis 30. März, „in der 99. Zuteilungsperiode für den Normalverbraucher 10.500 g Brot, 800 g Fleisch und 1.000 g Nährmittel offiziell vorgesehen, tatsächlich... aber nur 600 g Fleisch, 600 g Nährmittel und mit Hängen und Würgen schließlich zu guter Letzt wenigstens noch 8.000 g Brot zur Verteilung (gekommen waren)." Nach dem strengen und entbehrungsreichen Winter vermochten viele Münchner die haushälterische Disziplin nicht mehr aufzubringen, die Ration über vier Wochen hinweg konsequent aufzusparen. Sie hatten „bereits nach 14 Tagen kein Stückchen Brot mehr zu Hause". [46)] Auch die folgenden Monate brachten keine Erleichterung – im Gegenteil, die Brotration fiel im Frühsommer auf 214 g täglich ab. [47)] Erst Ende Juli 1947, mit der 104. Versorgungsperiode, gab es wieder mehr als gerade vier, fünf Scheiben Brot am Tag. Im Herbst pendelte sich die Ration dann auf den Wert von 357 g täglich ein: das entsprach zehn Kilogramm Brot für vier Wochen.

Die Aussichten blieben düster. Zum Jahreswechsel schrieb der Oberbürgermeister der Landeshauptstadt erneut einen Appell an die Staatsregierung. Die Rationen für Januar 1948, so prophezeite er, „führen zu einer katastrophalen Lage, deren Auswirkungen noch nicht abzusehen sind." Brot sei in der kommenden 110. Zuteilungsperiode nur in den ersten beiden Wochen zum Aufruf freigegeben, gleiches gelte für die wöchentlichen 50 g Fett, Käse und Fisch seien gänzlich gesperrt. Es sei zu befürchten, so Scharnagl weiter, daß Streiks ausbrechen, um eine Änderung zu erzwingen: „Ich möchte, verehrter Herr Ministerpräsident, auf die Sachlage aufmerksam machen, da ich mit größter Besorgnis den Auswirkungen entgegensehe, die bei Bekanntwerden dieser Zuteilungen entstehen müssen. Ich habe auf jeden Fall Anweisung gegeben, daß vor den Weihnachtsfeiertagen nichts über diese Regelung verlauten darf." [48)] In der Tat, 1948 trieb hungriger Protest gegen die Alltagsmisere auch die Münchner, Arbeiter, Frauen und Studenten, mehrfach auf die Straße (Abb. 21).

„Grimmiger Humor" schaffte in dieser Zeit der wachsenden Angst vor der nahen Zukunft ein Ventil. In der Stadt raunte man sich den Witz zu, der Entnazifizierungsfragebogen werde um eine letzte Frage ergänzt: „Gedenken Sie im Jahr 1948 noch zu leben? Wenn ja, wovon?" [49]

Mit dem Kriegsende waren auch für die Münchner die entbehrungsreichsten Monate des Jahres 1945 gekommen. Während sich in Leipzig schon im ersten Nachkriegssommer bange Sorge um den kommenden Winter breit machte, wähnten sich die Einwohner der Bayernmetropole vorerst im tiefsten Versorgungsfrieden – bestärkt durch das verheißungsvolle sommerliche Semmeln-Intermezzo. Der Anschluß an die neue Ernte gelang denn auch, und ab Herbst zogen die Brotrationen kontinuierlich an. Zwar fehlte es auch in Leipzig nie an Brot, in München jedoch befahlen die Amerikaner bis zum Frühjahr 1946 Spitzenrationen. Den ersten Einbruch in der Brotversorgung mußten die Münchner im Frühjahr 1946 erleben, als sich erstmals Schlangen vor den Bäckereien bildeten. Die Versorgungssicherheit war von jetzt an erschüttert, und auch in bayerischen Großstädten hielt die Angst vor einer Hungersnot Einzug. „Infolge der Brotknappheit bedeutet die Kartoffelversorgung ein Lebensproblem für alle arbeitenden Menschen", kommentierte die 'Süddeutsche Zeitung' im Mai 1947. [50] Das Jahr 1947 brachte den Münchner Bürgerinnen und Bürgern erstmals eine lebensbedrohliche Versorgungserfahrung, nämlich diejenige, daß zu gleicher Zeit Brot und Kartoffeln, die kalorischen Grundnahrungsmittel, ausfallen konnten. Überdies schien die stetige Talfahrt der Käse- und vor allem der Fettzuteilung unaufhaltsam – und dies im Agrarland Bayern und im ersten Jahr der Bizone!

4.2. Amerikanische Besatzungspläne: Verhinderung von Unruhen und Seuchen

Die Entwicklungslinien amerikanischer Europapolitik und Deutschlandplanung während der Kriegs- und Nachkriegszeit ergeben ein diffuses Bild. Präsident Roosevelt hatte es zwar verstanden, die „alt überkommenen Ideen eines von messianischem Selbstbewußtsein beflügelten Liberalismus" Wilsonscher Prägung „zur volkstümlichen Kriegsideologie" zu machen. Dazu gehörten „Unabhängigkeit und Selbstbestimmung der Völker, Verantwortlichkeit des Machtgebrauches, Freiheit, Gerechtigkeit, Fortschritt für die vom Faschismus und Kolonialismus unterdrückten Nationen, Verzicht auf Einflußsphären, auf Blockdenken und auf nationale Machtpolitik zugunsten internationaler Kooperation, freier Welthandel, Entwaffnung aggressiver Friedensstörer". [1] Dieses -nicht nur auf die amerikanische Öffentlichkeit zugeschnittene- idealistische Image des Präsidenten verdeckte freilich die machtpolitisch-pragmatischen Motive Rooseveltscher Politik. Sein Ja zu einer „progressiven internationalistischen" Politik, also zur europäischen Kooperation mit der Sowjetunion und zum weltweiten Engagement im Rahmen der Vereinten Nationen, basierte auf der lakonischen Feststellung: „Be as it may, the U.S. and Britain cannot fight the Russians." [2] Folglich mußte man sich, im ureigensten Interesse, mit der kommunistischen Weltmacht arrangieren. Nicht nur machtpolitischer Realitätssinn, auch weltwirtschaftliche Optionen der USA gehörten bereits zum Motivkomplex des fortschrittlichen Internationalismus. Schon zeichnete sich ab, daß die auf Hochtouren laufende US-Industrie neue Absatzmärkte brauchen würde, um einer drohenden Überproduktionskrise begegnen zu können. Gleichwohl, während des Krieges und noch im Sommer 1944, nach der erfolgreichen Invasion, standen militärische Überlegungen ganz im Vordergrund. Politische Langzeitanalysen waren in Washington nicht gefragt: der Präsident wollte als überzeugter Pragmatiker keine unabsehbaren Verpflichtungen eingehen, zog es vielmehr vor, ad hoc aus der Situation heraus zu handeln. Mit diesem Credo vertagte der amerikanische Präsident politische Entscheidungen zu Europa und Deutschland auf die Nachkriegszeit; seine Politikphilosophie sollte schon wenig später treffend als „policy of no policy" oder als „policy of postponement" betitelt werden. [3] „Die Mehrzahl der später so bitter kritisierten Entscheidungen, deren Gesamtresultat Sowjetrußland zur ost- und mitteleuropäischen Hegemonialmacht emporwachsen ließ, war so paradoxerweise nicht nur das Resultat einer langfristigen Politik, die jede Spannung mit Rußland zu vermeiden suchte, sondern ebensosehr des Verzichts auf langfristige Politik zugunsten nur-militärischer Erwägungen." [4] So ist es kaum verwunderlich, daß die Roosevelt-Administration nicht deutschlandpolitische Entwürfe, sondern militärische Handreichungen produzierte – zunächst einmal für die Zeit vor der Kapitulation.

Auf Anforderung von General Eisenhower machte sich das Combined Civil Affairs Committee (CCAC) zu Beginn des Jahres 1944 an die Aufgabe, grundlegende Richtlinien für die Besatzungsoffiziere auszuarbeiten. Im April 1944 wurde der Vorschlag dieser britisch-amerikanischen Militärdienststelle vom alliierten Generalstab, den Combined Chiefs of Staff (CCS), approbiert und unter der Nummer CCS 551 als „Direktive für die Militärregierung in Deutschland vor der Niederlage oder der Kapitulation" in Kraft gesetzt. [5] Weitere militärische Operationen zu unterstützen, „Nazismus-Faschismus und () Nazi-Hierarchie zu beseitigen, Recht und Ordnung aufrechtzuerhalten, und „normale Verhältnisse" für die Zivilbevölkerung wiederherzustellen, galten als erste Besatzungsziele. Die militärischen Planer waren dabei wie selbstverständlich davon ausgegangen, daß die siegreichen Truppen überwiegend funktionsfähige und einsatzbereite Verwaltungen und Produktionsstätten vorfinden würden. Der überkommenen deutschen Apparate, auch der zentralistischen, sollten sich die Besatzer bedienen. „Generell sollte() die Militärregierung indirekt, und zwar am zweckmäßigsten auf Bezirks- oder Kreisebene, ausgeübt und die deutschen Behörden nachdrücklich zur Weiterarbeit verpflichtet werden. Die Ersetzung lokaler Amtsträger durch deutsche Kräfte oder durch Besatzungsoffiziere wurde ins Ermessen des Oberbefehlshabers gestellt." Für den Entnazifizierungs-Imperativ galt allerdings: „Mit Ausnahme des Justizwesens und der Polizei wurde eine Beschäftigung von politisch sonst unbelasteten Mitgliedern der NSDAP ebensowenig grundsätzlich ausgeschlossen wie die Weiterarbeit von Parteigliederungen und Organisationen, deren Tätigkeit dem Oberbefehlshaber vorerst noch nützlich erschien." [6] Nach diesen Grundsätzen sollte die Wirtschaft möglichst uneingeschränkt und ununterbrochen weiterlaufen, die Nahrungsmittelproduktion eingeschlossen. Unverändert sollte auch das geltende Lohn-, Preis- und Rationierungssystem beibehalten werden. Zum ersten Mal taucht in der Direktive CCS 551 eine Formulierung auf, die, wie auch immer interpretiert, zum Grundgesetz amerikanischer Versorgungspolitik werden sollte: Die Mindestversorgung der deutschen Bevölkerung war danach in einem Maße zu gewährleisten, daß „Seuchen und Unruhen", „unrest and desease", vermieden würden. [7]

Auch das „Handbuch der Militärregierung für Deutschland" [8] war von den amerikanisch-britischen Militärs der Civil Affairs Abteilung (CAD) des Alliierten Oberkommandos (Supreme Headquarters, Allied Expeditionary Force, SHAEF) bar jeder politischen Rahmenvorgabe zusammengestellt worden. Für die Planer der German Country Unit, wie diese personelle Keimzelle der späteren Militärverwaltung seit Frühjahr 1944 hieß, war die Besatzung kein politisch-theoretisches, sondern ein praktisch-technisches Problem: „Weder vom Umfang der Aufgabe noch von der Tendenz her scheint es die Planer in der German Country Unit beunruhigt zu haben, daß sie bei ihrem Versuch, eine offenkundige Lücke in der Besatzungsplanung rechtzeitig durch konkrete Anweisungen zu schließen, in Ansätzen ein politisch-ökonomisches Programm formulierten, das diesen provisorischen Auftrag praktisch auf eine Gesamtverantwortung für die Reorganisation des zivilen Lebens in den von SHAEF besetzten Teilen Deutschlands ausdehnte." [9] Aus der Sicht der Militärbehörden sollte das Handbuch den künftigen Besatzungsoffizieren einen Leitfaden für die Zeit nach der Kapitulation an die Hand geben. Immer noch ging man davon aus, daß sich die Dienststellen der Militärregierung auf intakte Verwaltungs- und Wirtschaftsstrukturen würden stützen können. Die überwiegend 'milden' Regelungen der Direktive CCS 551 wurden im Handbuch in Grundzügen wieder aufgenommen und präziser ausformuliert. Die Militärplaner wollten zuvorderst, daß die Verwaltungs- und Wirtschaftsmaschinerie „arbeitet, effizient arbeitet" (Kapitel I.003). Die Entnazifizierung war diesem besatzungspolitischen Ziel ausdrücklich nachgeordnet: Die Offiziere wurden im Handbuch gewarnt, daß die Entlassung eines jeden kompromittierten Beamten die Arbeit der Militärregierung „paralysieren" könne (III.163). Durch Beschaffung und Verteilung von Lebensmitteln sollten die Militärdienststellen Sorge für die Zivilbevölkerung tragen: Eine tägliche Zuteilung von 2.000 Kalorien wurde als Versorgungsziel angepeilt. Für den Fall, daß die Aufteilung in Besatzungszonen die notwendigen Einfuhren unmöglich machen würde, sollten die benötigten Lebensmittel importiert werden (X.029 und XI.005). [10] Keineswegs gab das Handbuch bloß allgemeine Informationen zum besten. [11] Diese ursprünglich besatzungspraktisch gemeinten Richtlinien, verfaßt aus der Sicht derjenigen, die in Kürze vor Ort in der Verantwortung stehen würden, formulierten vielmehr implizit eine weitreichende besatzungspolitische Strategie: Deutschland, der besiegte Feindstaat sollte den befreiten Freundstaaten langfristig gleichgestellt werden. Diese unausgesprochene Prämisse der Militärs brachte im Sommer 1944 die Gegner einer pragmatisch orientierten, milden Besatzungspolitik auf den Plan, allen voran Finanzminister Henry Morgenthau.

Im Sommer und Herbst 1944 befanden sich die alliierten Truppen in Westeuropa auf dem Vormarsch, das Ende des Krieges schien absehbar. Anfang August hatte Morgenthau auf einer Europareise erstmals die amerikanischen Nachkriegsszenarien studiert und in London mit General Eisenhower konferiert. Nach Washington zurückgekehrt, schlug der Finanzminister Alarm: In der Überzeugung, seit der Konferenz von Teheran sei die Zerstückelung Deutschlands beschlossene Sache, forderte er in einem Memorandum an den Präsidenten eine harte Behandlung Deutschlands ein. Er wollte zur militärischen auch die ökonomische Zerschlagung des Kriegsgegners: Demilitarisierung und Reagrarisierung sollten es den Deutschen in Zukunft unmöglich machen, einen Dritten Weltkrieg anzuzetteln. Konsequent durchgeführte Demontage sollte dem Reich eine überwiegend landwirtschaftliche Prägung geben, kalkuliertes wirtschaftliches Chaos sollte der ganzen Bevölkerung -und nicht nur den Nazis- Strafe und Lehre sein. Keinesfalls aber sollten die Besatzer Verantwortung für das Wohlergehen der Zivilbevölkerung übernehmen. [12] Dem Chef der Treasury gelang es zunächst, den Präsidenten für seinen wirtschaftsradikalen Deutschlandentwurf zu überzeugen: Morgenthau hatte sich das besatzungspolitische Vakuum in Washington zunutze gemacht; zweifellos war es sein Verdienst, die politische Diskussion des Besatzungsthemas angefacht zu haben.

Ebenfalls Anfang August waren auch im State Department Überlegungen zur „Behandlung Deutschlands" herangereift und vom Ausschuß für Nachkriegsprogramme gebilligt worden. [13] Das im Außenministerium erarbeitete Papier ließ sich von dem Gedanken leiten, die pragmatisch-milde mit der radikal-harten Besatzungspolitik zu verbinden. Zu Beginn der Besatzungszeit sollte gegen das nationalsozialistische Herrschaftssystem, gegen die deutsche Militärmaschine und Rüstungsindustrie rigoros vorgegangen werden. Einem so „geläuterten Deutschland" sollte nach der Radikalkur sodann der „Weg zur Rückkehr in den Kreis der anderen Nationen" geebnet werden. [14] Als Grundkonstituenten dieses neuen Deutschland nach amerikanischem Muster sollten gewährleistet sein: „die Lebensfähigkeit einer freigewählten Regierung, die 'psychologische Abrüstung' der deutschen Bevölkerung" und als dritter wichtiger Faktor ein „erträglicher Lebensstandard". [15] Folgerichtig wollte man, als Fernziel immer eine Resozialisierung Deutschlands vor Augen, auf strukturelle Veränderungen nach der ersten Säuberungsphase weitgehend verzichten. Deutschlands Wirtschaft sollte, im Interesse des Friedens, vom Autarkiestreben abgebracht werden und, durchaus im Interesse seiner unmittelbaren Nachbarn und der Vereinigten Staaten, in das europäische und globale Wirtschaftsgefüge reintegriert werden. Diese liberale, wirtschaftspolitisch akzentuierte Linie konnte Möglichkeiten eröffnen, auf die deutsche Wirtschaft einzuwirken und zugleich amerikanische Exportinteressen mitzuverfolgen.

Die drei grundsätzlichen Positionen, die wirtschaftsliberale des Außenministeriums, die agrarisch-radikale des Finanzministeriums und die besatzungspragmatische des Kriegsministeriums, konkurrierten jetzt im politischen Washington und gewannen wechselweise an Einfluß. Beispielsweise stand Morgenthaus Deutschlandentwurf dem „Agrar-Brief" Pate, den Roosevelt und Premier Churchill auf der Konferenz von Quebec billigten. Wenige Tage später freilich widerrief Amerikas Präsident. Kurz darauf, im Februar 1945, auf der Krim-Konferenz in Jalta, stützte sich Roosevelt wiederum auf die Vorschläge des Außenministeriums. Gleichwohl, Roosevelt blieb letztlich unbeirrt seiner Handlungsmaxime treu: Er verschob die Entscheidung über die Grundaxiome amerikanischer Besatzungspolitik, da er „nicht gern detaillierte Pläne für ein Land, das wir noch nicht besetzt haben", machen wollte. [16]

Das Handbuch wurde aufgrund des lautstarken Einspruches von Morgenthau nur mit einem deutlich gehaltenen Vorspann in kleiner Auflage publiziert und erhielt, wie CCS 551, nur eingeschränkte Gültigkeit für die Zeit vor der Kapitulation: Ganz im Gegensatz zum Handbuchtext war im Vorwort jetzt eindeutig festgelegt worden, daß keine Schritte zum wirtschaftlichen Wiederaufbau Deutschlands zu unternehmen seien, daß Importe von Lebensmitteln verboten seien, es sei denn, um „Seuchen und Unruhen" oder Behinderungen militärischer Operationen zu verhindern, daß Nazis aus ihren Positionen zu entfernen seien, schließlich, daß Deutschland als besiegtes, nicht als befreites Land zu behandeln sei. [17] Somit fehlte weiterhin ein Leitfaden, der wenigstens für die erste Zeit der Besatzung Richtschnur für die Truppe sein konnte. Im September 1944 wurde von einer Arbeitsgruppe, in der unter Federführung des Kriegsministeriums nunmehr Beamte aus den drei betroffenen Ministerien mitwirkten, eine solche Direktive ausgearbeitet. Dieses Papier ließen die amerikanischen Joint Chiefs of Staff noch im selben Monat unter der Registriernummer JCS 1067 passieren. [18] In der Folgezeit weigerten sich die Briten, die Order mitzutragen. Nach mehreren Revisionen des Textes genehmigte Präsident Truman am 10. Mai 1945 die Endfassung der Weisung, nurmehr adressiert an Eisenhower in seiner Eigenschaft als Oberbefehlshaber der US-Truppen. JCS 1067 blieb also ein rein amerikanisches Besatzungsdokument und wurde später von einem „Großteil der historischen Literatur... als Bibel der US-Besatzungspolitik, wenigstens bis Herbst 1946," betrachtet. [19]

Im allgemeinen Teil wies die Post-Surrender-Direktive JCS 1067 keine wesentlichen Unterschiede zur Pre-Surrender-Direktive CCS 551 auf. Gleich zu Anfang wurde ausdrücklich klargestellt, daß die folgenden Anordnungen nicht das letzte Wort zur Deutschlandpolitik der US-Regierung darstellten, daß diese vielmehr nur für die unmittelbare Nachkriegszeit relevant seien: auch JCS 1067 verstand sich primär als militärische Handreichung. Daß die neuen Anweisungen jedoch ein Kind des Morgenthau-Planes und der „Washington-Kontroverse" um die Behandlung Deutschlands waren, ließ sich unverkennbar aus den politischen und wirtschaftlichen Paragraphen herauslesen. Keinesfalls sollten Nazis in ihren Ämtern und Betrieben belassen werden, nur damit „die Maschine effektiv" funktionierte. Mehr noch, grundsätzlich hatten alle Deutschen als verdächtig zu gelten – es sei denn, es gelang ihnen, ihre Unschuld nachzuweisen. Noch deutlicher zeigte sich die harte Linie in den ökonomischen Bestimmungen. Jetzt wurden die Besatzungsoffiziere aufgefordert, „keinerlei Schritte zu unternehmen, die auf die Wiederherstellung der deutschen Wirtschaft gerichtet oder dazu bestimmt sind, die deutsche Wirtschaft in Gang zu halten oder zu stärken." Die Verantwortung für Detailprobleme wie Preiskontrolle, Rationierung oder Arbeitslosigkeit oblag den Deutschen. Erneut galt der Grundsatz, daß die Militärregierung nur insoweit verantwortlich sein sollte, als „Seuchen und Unruhen" sie selbst, die Besatzungsmacht, in Gefahr bringen könnten. Um den genauen Wortlaut jener „disease-and-unrest"-Formel kam es zu einem Tauziehen zwischen den Ministerien: Wäre es nach den Vertretern des Finanzministeriums gegangen, hätten nur „schwere" oder „epidemische" Seuchen und „schwere" Unruhen verhindert werden sollen. Mit diesen attributiven Einschränkungen versuchte das Treasury Department einer weitherzigen Auslegung der „Seuchen-und-Unruhen"-Formel von vornherein einen Riegel vorzuschieben. Mit Recht befürchteten die Vertreter des Finanzministers, daß diese Floskel später von den Besatzungspraktikern zitiert werden würde, um den harten, mühsam ausgehandelten Geist der Direktive unterlaufen zu können. Im Streit um die Formulierung setzten sich dann doch die Militärs durch: Den Besatzungsoffizieren wurde aufgetragen, Versorgungsnachschub so zu veranschlagen, daß Hungersnot, die Ausbreitung von Krankheiten und zivile Unruhen, welche die Sicherheit der Besatzungstruppen gefährden könnten, vermieden würden. Deutsche Ressourcen waren zuerst vollauf zur Versorgung der Bevölkerung heranzuziehen. Der Verbrauch der Zivilbevölkerung war auf einem Minimum zu halten, damit Importe eingeschränkt und Überschüsse zur Versorgung der Besatzungstruppen, der verschleppten Personen, der Kriegsgefangenen und für Reparationszwecke verfügbar blieben. Die Offiziere sollten darauf achten, daß der Lebensstandard in Deutschland nicht etwa ein höheres Niveau als in den europäischen Nachbarländern erreichte. Im Kontrollrat, also in Zusammenarbeit mit den anderen Besatzungsmächten, sollten die US-Vertreter darauf hinwirken, daß ein einheitliches Rationierungssystem in ganz Deutschland angewandt werden würde; wichtige Grundnahrungsmittel sollten in allen Zonen gleichmäßig ausgegeben werden. [20]

Wenn auch im Zusammenhang mit der anzustrebenden Versorgungspolitik von gesamtdeutschen Rationen gesprochen wird, gesamtdeutsche Verwaltung und gesamteuropäische Verantwortung beschworen werden, die Autoren der Order hatten ursprünglich nur die eigene, die amerikanische Zone als oberste Verwaltungseinheit vor Augen. Der überzonale Bezug war später auf Betreiben des State Department nur hinzugefügt worden. Unausgesprochen schätzten die militärischen Besatzungsplaner die Chancen alliierter Verwaltung offenbar gering ein und antizipierten so eine Entwicklung, die im Herbst des Jahres 1946 manifest werden sollte.

Präsident Truman, außenpolitisch unerfahren, hielt sich zunächst an die ambivalente Politik seines Amtsvorgängers; die Rußland-Politik der neuen Administration pendelte weiter zwischen Pression [21] und Kooperation. Das Bild amerikanischer Außenpolitik blieb verworren. [22]

Unentschiedene Außenpolitik, uneindeutige Deutschlandplanung und Kompetenzwirrwarr eröffneten den Besatzungspraktikern weitgehende Mitsprache und Freiräume. „'Schlechte Befehle, pflegte Clay zu sagen, 'aber wir müssen etwas daraus machen.'" [23] Zwar ließ JCS 1067, erinnert sich Lucius D. Clay, [24] „nur begrenzte Vollmachten... Wir waren entsetzt, -nicht wegen der vorgesehenen Strafmaßnahmen, sondern über das Versagen, das in dem Mangel zum Ausdruck kam, die finanziellen und wirtschaftlichen Zustände, denen wir uns gegenübersehen würden, zu erkennen. Wie die anderen grundlegenden Schriftstücke, in denen die alliierte Politik bestimmt wurde, war auch dieses... ohne Wissen um die Wirklichkeiten, die wir vorfinden sollten, aufgesetzt worden." [25] Von Lewis Douglas, Clays erstem Finanzberater, der, entmutigt durch die Direktive, bald wieder von seinem Amt zurücktrat, ist der Ausspruch überliefert, „dieses Ding sei von ökonomischen Idioten zusammengestellt" worden. [26] Dennoch, es fanden sich Wege aus der Zwangsjacke JCS 1067: „Zum Glück," so Clay, „waren die Vorschriften... in mancher Hinsicht allgemein gefaßt, so daß die Auslegung dem Militärgouverneur überlassen blieb." [27] Erleichterung verschaffte dem Praktiker auch das Potsdamer Abkommen, das manch' ungünstige Vorschrift der Direktive relativierte: „Die wirtschaftlichen und finanziellen Bestimmungen des Potsdamer Abkommens heben die Verfügungen von JCS 1067, nach denen wir Kontrollen in finanziellen und wirtschaftlichen Angelegenheiten nicht durchführen durften,... auf. Dies verdient hervorgehoben zu werden. Jetzt waren wir direkt verpflichtet, eine ausgeglichene Wirtschaft zu entwickeln, die Deutschland auf eigene Füße stellen sollte. Das war eine sehr bedeutsame Änderung unserer offiziellen Linie, die unsere Verwaltung Deutschlands fast von Anfang an beeinflußte." [28] Nicht nur aus diesem Grund stuften die US-Militärdienststellen die alliierten Beschlüsse von Potsdam höher ein als die eigenen, unilateralen Besatzungsrichtlinien: 1945 suchte man zweifellos die Kooperation. Selbst mit der ungeliebten Nachkriegs-Direktive ließ sich jetzt „leben", [29] ja sogar konstruktive Politik in Deutschland machen.

Schon im folgenden Jahr änderten sich die Richtlinien amerikanischer Europapolitik grundlegend. 1946 brachte die entscheidende „Wende" von der Kooperation zur Konfrontation, vom Bemühen um gesamtdeutsche alliierte Verwaltung zu den ersten Schritten zur Teilung. Seit George F. Kennans „langem Telegramm" vom Februar 1946 gewannen die Verfechter einer Strategie der Eindämmung (policy of containment) zusehends an Boden. Der sowjetischen Expansionspolitik in Osteuropa und in Ostdeutschland, so ihre Auffassung, sollte eine gemeinsame westliche Politik der Stärke entgegengesetzt werden. Die sukzessive Abkehr vom Kooperationspartner Sowjetunion zog ein liberaleres Deutschlandbild und -programm nach sich. „In der Deutschlandfrage begann die amerikanische Regierung im Jahre 1946, die sowjetische Deutschlandpolitik den Dogmen der Eindämmungsdoktrin folgend als Versuch, ganz Deutschland in den sowjetischen Einflußbereich einzubeziehen, zu interpretieren; vor der vermeintlichen Alternative, Deutschland an die Sowjetunion zu verlieren oder die Teilung Deutschlands zu akzeptieren, entschied sie sich, dem Aufbau eines westdeutschen Teilstaates Priorität vor einer gesamtdeutschen Lösung einzuräumen." [30] Außenminister James F. Byrnes setzte mit seiner Stuttgarter Rede vom 9. September 1946 das öffentliche Signal; es war die Konzeption des State Department, die sich durchgesetzt hatte, von Clay nicht nur eifrig unterstützt, sondern schon 1946 ins Werk gesetzt. „Wir sind entschlossen, uns weiter für die Angelegenheiten Europas und der Welt zu interessieren." Und auf besetztem Territorium proklamierte der Außenminister der Vereinigten Staaten nunmehr: „Das amerikanische Volk will dem deutschen Volke helfen, seinen Weg zurückzufinden zu einem ehrenvollen Platz unter den freien und friedliebenden Nationen der Welt." Entmilitarisierung und Entnazifizierung galten ihm weiterhin als „Hauptzweck der militärischen Besetzung", „nicht aber, den Bestrebungen des deutschen Volkes hinsichtlich einer Wiederaufnahme seiner Friedenswirtschaft künstliche Schranken zu setzen." Die Zeit sei gekommen, wo die Zonengrenzen nicht mehr „als () Kennzeichnung für in sich abgeschlossene wirtschaftliche oder politische Einheiten" angesehen werden sollten. Morgenthaus Deutschlandplan war damit endgültig vom Tisch. Byrnes versprach: „Wir treten für die wirtschaftliche Vereinigung Deutschlands ein." Und er fügte, wohl wissend, hinzu: „Wenn eine völlige Vereinigung nicht erreicht werden kann, werden wir alles tun, was in unseren Kräften steht, um eine größtmögliche Vereinigung zu sichern." Folgerichtig trat der Außenminister auch für die „baldige Bildung einer vorläufigen deutschen Regierung ein." [31] Byrnes sprach von deutscher Einheit, als ein wichtiger Schritt auf dem Wege zur Teilung längst beschlossene Sache war. Seit dem 12. Juli 1946, dem Ende der Pariser Außenministerkonferenz, stand fest: die britische und die amerikanische Besatzungszone würden zum 1. Januar 1947 ökonomisch fusionieren. Die Viermächtekontrolle war dem Scheitern nahe, die Amerikaner verfolgten bereits die Westlösung – nicht nur ökonomisch, sondern auch politisch. „Das Denken im Schema der Bipolarität" [32] griff Platz und wurde bis Anfang 1947 zur bestimmenden mentalen Struktur – in West und Ost. Mit der Truman-Doktrin, die der Präsident im März 1947 verkündete, avanciert das bipolare Weltbild zum (außen)politischen Programm. Zwei „Lebensweisen" ringen danach um die Vorherrschaft: „Die eine Lebensweise gründet sich auf den Willen der Mehrheit und zeichnet sich durch freie Einrichtungen, freie Wahlen, Garantie der individuellen Freiheit, Rede- und Religionsfreiheit und Freiheit vor politischer Unterdrückung aus. Die zweite Lebensweise gründet sich auf den Willen einer Minderheit, der der Mehrheit aufgezwungen wird. Terror und Unterdrückung, kontrollierte Presse und Rundfunk, fingierte Wahlen und Unterdrückung der persönlichen Freiheiten sind ihre Kennzeichen." [33] Dem Feindbild folgend, entwickelte sich die amerikanische Deutschlandpolitik zur antikommunistischen Realpolitik: Auf dem Boden des besiegten Deutschland würde die Auseinandersetzung stattfinden, und sie würde primär mit wirtschaftlichen Waffen ausgetragen werden. Westdeutschland sollte als Bollwerk gegen den Osten [34] aufgebaut werden. Die aktive ökonomische Stabilisierungspolitik nach dem Ersten Weltkrieg konnte künftig Vorbild sein, „Kernstück dieser Stabilisierungspolitik war Deutschland." [35] Die willkommenen Perspektiven der Byrnes-Rede konnten freilich nicht für ganz Deutschland gelten. „Die Deutschen in der Ostzone wurden von Briten und Amerikanern zunächst abgeschrieben. Dies war der -offensichtlich geringe- Preis, den die Westdeutschen zu zahlen hatten für ein Experiment, das sie aus wirtschaftlichem Chaos und rechtlosem Zustand herausführen sollte. Mit einer von den Sowjets systematisch ausgeplünderten und revolutionierten Ostzone, die man dann zusätzlich ernähren müßte, mußte dieses Experiment, davon war man überzeugt, scheitern." [36] Im Rahmen des ökonomischen Modells Bizone lautete die versorgungspolitische Devise jetzt nicht mehr, Seuchen und Unruhen zu verhindern, sondern ein wirtschaftlich starkes, prosperierendes, konsumversprechendes Deutschland anzubieten. „Ein Lagebericht, den (der Publizist) Joseph Alsop im Spätsommer 1946 in Berlin verfaßte, gipfelte in der Feststellung: wenn in Jahresfrist das Lebenshaltungsniveau in Westdeutschland gut sein würde, während in Ostdeutschland Elend an der Tagesordnung wäre, werde der Kampf um Deutschland zu drei Vierteln für den Westen gewonnen sein." [37] Die Westzonen sollten nach den Vorstellungen des Clay-Vertrauten nicht nur -defensiv- sowjetischer Expansion Einhalt gebieten, sondern -offensiv- die Grundlagen sowjetischer Herrschaft in Frage stellen. Alsop machte den Vorschlag, sich zu diesem Zweck der verbreiteten Vergleichsmentalität der Menschen zu bedienen: „If the comparison is strongly favorable, Western Europe will then magnetically attract the Eastern European countries within the Soviet sphere..." ³⁸⁾ Mit der Stuttgarter Byrnes-Rede, mit der Gründung der Bizone und schließlich mit dem Marshallplan hatte die Washingtoner Außenpolitik den „Wettlauf um die Gunst der Deutschen" aufgenommen. ³⁹⁾

Zum großen Bedauern von Oberst Tjulpanow gehörte der neidisch-vergleichende Blick auf die Lebensverhältnisse der Nachbarn in den anderen Zonen zum existentiellen Bewußtseinsinventar der Zeit. Zum Prüfstein des westlichen Magnet- und Musterkonzeptes, der Bizonenvereinigung, mußte zwangsläufig deren Versorgungsvermögen werden. ⁴⁰⁾

4.3. Versorgungsverwaltung: Das „Kriegsbewährte" überdauert

Insgesamt sollte die Bedeutung amerikanischer Deutschlandpolitik für die Besatzungspraxis nicht zu hoch veranschlagt werden. ¹⁾ Die Vorschriften für den Besatzungsalltag gaben den Offizieren einerseits Handhabe, politische und materielle Unterstützung aus Washington einzuklagen, andererseits ließen sie Raum für ihre individuelle Handschrift: Alles hing von der Militärregierung und ihren Repräsentanten vor Ort ab.

Seit 1942 war das künftige Führungspersonal in einer „School of Military Government" für seine Aufgaben vorbereitet worden. Diese Elite-Einrichtung war der Universität von Virginia (Charlottesville) angegliedert. In Zusammenarbeit mit „Civil Affairs Training Schools" an weiteren Hochschulen liefen in Fort Custer (Michigan) Ausbildungsprogramme auch unter militärischem Kommando. Harold Zink, der ehemalige Chefhistoriker beim US-Hochkommissar in Deutschland, ging mit Erfolg und Leistung dieser Vorbereitungsschulen hart ins Gericht: ²⁾ Die Absolventen seien mit oberflächlichen Kenntnissen der deutschen Psyche, Geschichte, Politik, Wirtschaft und Institutionen dort eingetreten und hätten die Studienanstalten mit nicht viel mehr Kenntnissen wieder verlassen. Sicher, schon in Charlottesville habe man Teams zusammengestellt, welche die Arbeit bestimmter späterer Verwaltungseinheiten (Detachments) simuliert hätten. Diese Arbeitsgruppen hätten dann über ziemlich viele Einzelheiten einer einzigen Stadt, eines Kreises oder irgendeines Spezialproblems genau Bescheid gewußt; wenige hätten jedoch einen wirklich angemessenen und umfassenden Wissensstand über das zu besetzende Land erlangt. Im Manko an breitgestreutem Wissen sah Zink ein ernstes Hindernis amerikanischer Besatzung. ³⁾ Die größte Enttäuschung sei die Spracherziehung gewesen: Nach verläßlichen Schätzungen hatten gerade fünf von hundert Besatzungsoffizieren genügend Kenntnisse der deutschen Sprache, um deutsche Beamte verstehen, Berichte und Zeitungen lesen zu können. Zink vergleicht die Amerikaner in Deutschland mit kleinen Inseln, unfähig, ohne Dolmetscher zu kommunizieren.

Mit 150 britischen und amerikanischen Offizieren plus Mannschaftsdienstgraden hatte die German Country Unit, eine SHAEF-Dienststelle speziell für Deutschland, 1944 in Shrivenham bei London mit der Planungs- und Vorbereitungsarbeit begonnen. Dort, so Walter L. Dorn, einer der Mitarbeiter, arbeiteten „die meisten Leute... jedoch in einem luftleeren Raum, wie auch die ganze Planung in einem luftleeren Raum stattfand... Die wirkliche Lage, die wir antrafen, erforderte jedoch eine vollständig andere Art von Planung." [4] In Manchester hatte anschließend die zweite Phase der Ausbildung stattgefunden: Hier wurden die Gruppen für die jeweiligen Zielgebiete zusammengestellt, welche die spätere Militärverwaltung „ihres" Landes oder „ihrer" Stadt im vorhinein durchexerzierten. Das Bayern-Team stand unter dem Kommando von Oberst Keegan. [5] Viele der künftigen Besatzungsoffiziere waren unzufrieden mit der Fortbildung über Deutschland; sie galten als Spezialisten ihres Faches und glaubten, eine zusätzliche Ausbildung nicht nötig zu haben. Bankiers, Politiker, Rechtsanwälte, Journalisten, Professoren, Erfinder, Philosophen, Schriftsteller und Künstler – zum Teil hochqualifizierte Führungskräfte warteten voller Ungeduld zunächst in England, dann in Frankreich auf ihren Einsatz. Soziologisch zählte die Mehrzahl zur US-Mittelklasse, der typische Offizier der Militärregierung war ein sogenannter „white Anglo-Saxon protestant American". [6] Ihre wenig komfortable Unterkunft in Rochefort, „einem gräßlichen Ort" in der Nähe von Paris, und die unbeliebten, endlosen Ausbildungsprogramme drückten die Stimmung. Die Moral der Besatzungstruppe in spe sei, so Dorn, „natürlich extrem schlecht" gewesen. [7] Noch im Mai 1945 beklagte sich Clay über die unzureichende personelle Ausstattung der Dienststellen: es mangele an qualifizierten Leuten, schrieb er nach Washington. [8]

Von März 1942 bis April 1945 hatte sich der West Point-Absolvent Clay im amerikanischen Kriegsministerium, wo er für Produktion und Nachschub der US-Armee verantwortlich war, als erfolgreicher Rüstungsmanager einen Namen gemacht. Vor seiner Berufung nach Deutschland war Clay im Ministerium zum Beispiel als Direktor für Kriegsmaterial und im Amt für Kriegsmobilisierung und Umstellung auf Friedenswirtschaft als Vizedirektor tätig gewesen. Auf dem Posten des Stellvertretenden Militärgouverneurs in Deutschland wünschte sich Kriegsminister Stimson einen militärischen Leiter; Clay erschien aufgrund seiner Erfahrungen sowie organisatorischen und logistischen Fähigkeiten als der geeignete Mann. Jedoch, „von den Verhältnissen in Deutschland (hatte er) kaum eine Ahnung", [9] die alliierten Vereinbarungen über Deutschland kannte er nicht, und die amerikanische Besatzungsdirektive JCS 1067 bekam er erst unmittelbar vor dem Abflug nach Europa ausgehändigt. [10] Zwei Jahre lang diente Clay im Range eines Generalleutnants als Stellvertretender Militärgouverneur unter den Generälen Eisenhower und McNarney, weitere zwei Jahre hatte er das Amt des Militärgouverneurs für Deutschland inne.

Clay mußte bald feststellen, wie negativ sich die mangelhafte inhaltliche und personelle Vorbereitung auf die Organisation der Besatzungsherrschaft auswirkte. Gleich zwei Militärapparate konkurrierten um die Kompetenzen der Zivilverwaltung. Bei den kämpfenden Einheiten der US-Armee bestanden eigens Stäbe für zivile Angelegenheiten. Diese Abteilungen G-5 der U.S. Forces, European Theatre (USFET), arbeiteten militärisch-schwerfällig: „Weil im dienstlichen Verkehr bei der Militärregierung der reguläre Dienstweg eingehalten werden mußte, gab es keine direkten Verbindungen zwischen den G-5 Stäben auf den verschiedenen Kommandoebenen. So mußte zum Beispiel ein Befehl der Abteilung G-5 bei SHAEF auf dem Wege bis zur nächsten Kommandoebene durch drei Büros laufen, bevor er den Adressaten erreichte. Das gleiche galt für die unteren Ebenen." [11] Daneben versuchte die U.S. Group, Control Council for Germany, die aus der German Country Unit hervorgegangen war, im besetzten Deutschland Fuß zu fassen. Die Befehlsgewalt über diese Einheit, welche die Militärverwaltung von der kämpfenden Truppe übernehmen sollte, wurde Lucius D. Clay übertragen. Während der ersten Besatzungsmonate kam es zu heftigen Auseinandersetzungen zwischen den beiden Verwaltungskörpern für die deutsche Zivilbevölkerung. Die Kommunikation untereinander lief -via Generalstab und Gebietskommandeure- nur unzureichend, die beiden Militärbehörden sahen sich als Rivalen, betrachteten einander als „eine Art Feinde": „There was much duplication of effort, and the fight raged... furiously at times..." [12] Clay wußte, daß er alles daransetzen mußte, um diesem mehr als hinderlichen Verwaltungs-Dualismus rasch ein Ende zu bereiten. Anfangs unterstanden die Chefs der Länder-Militärregierungen den Armeebefehlshabern und nicht dem Befehl des Militärgouverneurs. Clays Amt, das in Berlin residierte, konnte im Oktober 1945 einen entscheidenden Erfolg erzielen: Die Stabsabteilungen G-5 wurden von „den Aufgaben der Miliärregierung entbunden. Das mit diesen Aufgaben beschäftigte Personal wurde dem Amt der Militärregierung zugewiesen." [13] Noch behielt sich die in Frankfurt untergebrachte Militärverwaltung der Armee die Kontrolle über sensible Ressorts wie Justiz, Verwaltung, öffentliche Gesundheit und Wohlfahrt vor. Sukzessive rang Clays Berliner Amt, das längst als Office of Military Government, United States (OMGUS) firmierte, den Armeedienststellen Verantwortungsbereiche ab. Noch bis zum 9. März 1946 sollte dieses unsägliche, besatzungspraktisch und -politisch hemmende Nebeneinander andauern. Erst dann konnte Clay zufrieden sein: „Die Trennung vom Armeekommando (war) abgeschlossen. Das Frankfurter Amt für Militärregierung wurde aufgelöst. Die Länderdirektoren wurden dem Amt für Militärregierung in Berlin direkt unterstellt." [14]

Geradezu abenteuerlich mutet es an, daß bis November 1945 die Befehls- und Kommunikationswege zwischen den US-Ministerien und den US-Dienststellen in Deutschland ungeklärt blieben: „Zahlreiche Telegramme des Kriegsministeriums... kamen in Berlin an, während andere wieder nach Frankfurt gingen. Kabel des Außenministeriums wurden uns manchmal durch das Kriegsministerium übermittelt, dann wieder von Robert Murphy, dem politischen Berater von General Eisenhower und mir." [15] Clay wollte die Anbindung von OMGUS an die Washingtoner Administration in Zukunft festgelegt wissen; in einem Telegramm vom 17. November versicherte Clay deshalb die beiden zuständigen Ministerien seiner Loyalität: „Wir sind bereit, Instruktionen sowohl vom Kriegsministerium als vom Außenministerium anzunehmen;... Militärgouverneur und Stellvertreter sollten... als für das Außenministerium tätig angesehen werden." [16] Im Ergebnis erhielt das Kriegsministerium die Federführung.

Horizontal kannte die OMGUS-Organisation drei Verwaltungsebenen: die Zentrale in Berlin, die Direktorate auf Länderebene (im Flächenstaat Bayern zusätzlich auf Regierungsbezirksebene) und die regionalen oder örtlichen Military Government-Detachments. [17] Dem Office Military Government Bavaria (OMGBY) standen als Direktoren zunächst Brigadegeneral Walter Muller, später der ehemalige Gouverneur von Michigan, Murray D. Van Wagoner, vor. [18] Die vertikale Gliederung fand sich im großen und ganzen, den jeweiligen Bedingungen angepaßt, auf allen Ebenen wieder: Bei OMGBY, das seinen Sitz in München hatte, gab es beispielsweise eine Finance Division (Finanzen), eine Manpower Division (Arbeit), eine Legal Division (Justiz), eine Internal Affairs Division (Inneres) und eine Information Control Division (Kultur und Zensur). Zur Economics Division (Wirtschaft) zählten die Abteilungen: Industry Branch (Industrie), Restitution Branch (Wiedergutmachung), Trade und Commerce Branch (Handel) und Food and Agriculture Branch [19] (Ernährung und Landwirtschaft).

12.000 Personen waren im Stab der US-Militärregierung Ende des Jahres 1945 beschäftigt. Das erste Vierteljahr 1946 brachte eine drastische Verminderung des Personalstandes. Am 1. April 1946 war die Gesamtstärke von OMGUS auf wenig mehr als die Hälfte dieser Höchstzahl geschrumpft: nurmehr rund 6.500 US-Bedienstete kontrollierten fortan die deutschen Verwaltungen. Bis zum Beginn des folgenden Jahres waren nochmals 1.500 Planstellen abgebaut worden. Clays Personalpolitik verfolgte zwei Ziele. Erstens: Die deutliche Reduzierung setzte personelle Reserven frei und sparte Besatzungskosten; nur ungern hatte die US-Armee die undankbare und kostspielige Aufgabe der Militärverwaltung übernommen. [20] Zugleich war die entschlossene Verminderung auch Ausdruck amerikanischer Deutschland- und Demokratisierungspolitik, die -im Einklang mit den Potsdamer Vereinbarungen- dezentrale Selbstverwaltung auf allen Ebenen nach Kräften förderte: „Diese Einschränkung verursachte damals einige öffentliche Kritik; aber es war ein Teil unseres Programms, die Verantwortung für örtliche Verwaltungsaufgaben so schnell wie möglich den Deutschen zu übertragen." [21] Zweitens: Clay strebte die rasche „Zivilisierung" der Militärregierung an. Zivilisten sollten zwei Drittel des Personals stellen, OMGUS sollte sich zu „eine(r) überwiegend zivile(n) Organisation" entwickeln. Dieses Ziel peilte die Möglichkeit an, die Armee eines Tages von der Besatzungsverantwortung entbinden und die Anleitung dem Außenministerium übergeben zu können. [22] Obwohl 1947 die Hälfte des Personals Zivilisten waren, verlor OMGUS doch nie seinen militärischen Charakter. [23] Auch nach der großen Personal- und Strukturreform vom Frühjahr 1946 sollten die örtlichen Büros weiterhin mit Armeeangehörigen besetzt bleiben, „da es offensichtlich vorteilhaft war, jene Uniform tragen zu lassen, die tagtäglich mit den deutschen Stellen Berührung hatten." [24]

Bis zum Frühjahr 1946 richteten die US-Militärbehörden ihr besonderes Augenmerk auf die Städte und Gemeinden. Als sie die gesteckten Besatzungsziele dort erreicht glaubten, verminderten sie ihre Präsenz vor Ort, den kommunalen Militärverwaltungen wurde die Aufsicht über wichtige Belange entzogen. Die lokalen Detachments wurden ab Mitte 1946 nur noch als „Liaison and Security Offices" geführt, alle Entscheidungen wurden von den Stäben bei den Länder-Direktoraten gefällt. Dies entsprach dem föderalen Imperativ amerikanischer Besatzungspolitik und war nur durch die baldige Anerkennung der Länder in der US-Zone möglich geworden. Schon am 28. Mai 1945 hatten die Amerikaner das Land Bayern de facto restituiert, indem sie Fritz Schäffer zum Ministerpräsidenten ernannten. [25] Die Bedingungen für die bayerische Auftragsverwaltung waren vergleichsweise günstig: das Land blieb im Kern territorial unangetastet, mußte nur auf die bayerische Pfalz und den Landkreis Lindau verzichten. Die neue Verwaltung konnte auf „gewachsene, traditionsreiche Strukturen zurückgreifen", was „der bayerischen Politik... einen hohen technischen Vorsprung beim Aufbau der Landesverwaltung" verschaffte. [26] Mit der „Proklamation Nr. 2" vom 19. September 1945 wurden die drei Flächenstaaten der US-Zone de jure geschaffen; Ende des Jahres erhielten sie als oberste Verwaltungskörper staatliche Vollmachten: „In Bayern besteht eine autonome Staatsregierung... Sie besitzt alle Zuständigkeiten und Machtbefugnisse, die früher durch den Staat ausgeübt wurden..." [27] Die Kommunikation mit den deutschen Verwaltungen wurde schon 1945 zunehmend auf die Länderebene verlagert: Der bayerische Ministerpräsident hatte die Anweisungen von OMGBY über die zuständigen Ministerien auf den deutschen Dienstweg nach unten zu bringen. [28] Die Verantwortung für die bayerische Landwirtschafts- und Ernährungspolitik hatte zunächst „der in den Kreisen der Landwirtschaft sehr geschätzte Grundbesitzer" Ernst Rattenhuber übertragen bekommen. [29] Im Oktober 1945 berief der sozialdemokratische Ministerpräsident Wilhelm Hoegner dann den Bauernsohn und ehemaligen Bauernfunktionär Josef Baumgartner zum Staatsminister für Ernährung, Landwirtschaft und Forsten. [30] Baumgarter sollte sich -nicht nur im „Kartoffelkrieg" 1947- als entschlossener Vorkämpfer bayerischer Versorgungsinteressen profilieren. Im Stuttgarter Länderrat, der als Koordinierungsinstanz auf keinen Fall mit einer zonalen Zentralgewalt verwechselt werden darf, sollten die Länder eine gemeinsame Politik absprechen. Der frühere Reichsminister Hermann Dietrich übernahm Ende Juli 1946 die Leitung der Ernährungsabteilung im Sekretariat des Länderrates. [31]

Die Besatzungsverwaltung an Ort und Stelle, die in der Verantwortung stand und effizient arbeiten sollte, mußte sich erst einmal von dem nachrichtlichen „Durcheinander" (Clay) und dem organisatorischen Gegeneinander, der Erblast einer unentschiedenen „policy of postponement", befreien. Diese Grabenkämpfe im eigenen Lager absorbierten viel Kraft und Energie. So kam es schon in den ersten Besatzungswochen vor, daß Verantwortliche der US-Militärregierung mit deutschen Stellen gemeinsame Sache machten – gegen die örtlichen Dienststellen der US-Army. Oft gab es zwischen den Truppenteilen, welche die Lebensmittellager bewachten, und Offizieren der Militärregierung handfeste „Meinungsverschiedenheiten". Wenn beispielsweise von der Münchner Militärregierung Mehl aus der Kunstmühle Tivoli freigegeben worden war, „so verweigerte trotzdem die bewachende Einheit mit aufgepflanzten Gewehren die Herausgabe. Nun mußten wieder die Offiziere der Militärregierung gegen die Truppen zu Hilfe gerufen werden, die sich aber auch nicht... in allen Fällen durchsetzen konnten." [32] Im Mai 1945 ließ Captain Elmore R. Torn, im Münchner Detachment zuständig für Ernährungsfragen (Food and Agriculture), [33] Dr. Michael Meister, den kommissarischen Leiter des Ernährungsamtes, wissen, „er habe soeben erfahren, die Army werde am nächsten Tag das Heeresverpflegungsamt an der Dachauer Straße besetzen." Der US-Offizier gab den Tip, „das Lager zu räumen, bevor die Amerikaner aufziehen". Torn fertigte für diese Nacht-und-Nebel-Aktion sogar Transportbescheinigungen aus. Die frühe amerikanisch-deutsche Komplizenschaft [34] schaffte 200 Tonnen Getreide für die Ernährung der Münchner Bevölkerung beiseite: „Milde gesagt war es ein etwas anrüchiges Unternehmen. Deshalb habe ich mich bei Beginn der Aktion dem Captain Torn gegenüber zum strengsten Stillschweigen verpflichtet und versprochen, alle Unterlagen zu vernichten." [35]

„Die Arbeit für die Militärregierung war zu Beginn beträchtlich", erinnerte sich der Chef der Militärregierung in München, Colonel Eugene Keller, nach dem vorläufigen Abschluß der Reorganisation im Mai 1946, „da es nach dem Zusammenbruch in Bayern nichts mehr gab, was Ähnlichkeit mit einer Regierungsgewalt hatte. Mit nazistisch belasteten Beamten zusammenzuarbeiten, mußte ja von vornherein wegfallen. Daher hatten die Offiziere der Militärregierung anfangs alles praktisch selbst zu tun. Seit einiger Zeit ist das Münchner Detachment erheblich verkleinert worden; beispielsweise sind die Abteilungen Public Health (Gesundheitswesen), Food and Agriculture (Ernährung), Trade and Industry (Handel und Industrie), sowie Transportation (Verkehrswesen) auf die Zuständigkeit der Militärregierung für Oberbayern übergegangen. Nach dem ersten Juni werde ich im Rathaus mit fünf leitenden Offizieren allein sein. Das bedeutet eine größere Selbständigkeit für die Münchner Beamten." [36] Der fünfzigjährige Keller, Ingenieur und Geschäftsmann aus Memphis (Tennessee), war seit dem zweiten Besatzungstag Direktor der Militärregierung in München. [37] Der „allenthalben als wohlwollende Persönlichkeit beliebt(e)", deutschsprechende Keller wurde am 1. November 1946 von Oberst James K. Kelly abgelöst. [38] Kellers leitende Mitarbeiter waren keine Soldaten, sondern Freiberufler oder -wie er selbst- Geschäftsleute – Männer jedenfalls, denen man ein amerikanisch-pragmatisches Verständnis für wirtschaftliche Fragen unterstellen darf: Das Justizressort, die Legal Section, hatte bis zum Frühjahr der New Yorker Anwalt Major Davis R. Blossom unter sich gehabt. Blossom blieb erster Stellvertreter des Münchner Military Government-Chefs. Kellers zweiter Stellvertreter war Executive Officer Major Wendell W. Perham, als Bürgermeister und Fabrikant aus Kansas ein „praktischer Geschäftsmann". Major Frank C. Smith, ehemals in leitender Stellung bei der New Yorker Polizeiverwaltung, befehligte die Abteilung Public Safety. Der Chef der Abteilung Historical Information and Political Intelligence, Major Robert K. Lieding, war für das politische Leben der Stadt verantwortlich. Eine Schlüsselposition kam Captain Kurt A. Baer als Leiter des Denazification Office zu. Baer war im Zivilberuf Großkaufmann in Philadelphia. [39]

Auf der ersten Konferenz mit den für die Versorgung der Stadt wichtigen Personen, sechs Tage nach Übernahme der Stadt durch US-Truppen, erklärte Captain Torn die wenigen Grundsätze seiner städtischen Versorgungspolitik. Torn ließ seine deutschen Zuhörer wissen, die Organisation bleibe ganz ihnen „überlassen, zumal das deutsche Volk dafür bekannt sei, daß es organisieren könne. Die Militärregierung wolle lediglich überwachen." Zur personellen Entnazifizierung stellte der Offizier fest, die Militärregierung „wolle zunächst die massgebenden Herren, die bisher die Sache gemacht haben, heranziehen. Es kann durchaus möglich sein, dass der eine oder andere mit der Zeit ausscheiden müsse, aber jetzt sei wichtig, daß jeder an seinem Platze mitarbeite." [40] Diese politische Grundhaltung vertrat auch Captain Vick, damals zuständig für Polizei und Schwarzmarkt. „Er mache den städtischen Dienststellen keine Vorschriften in der Art, wie sie ihre Aufgaben durchführen. Er müsse sie aber verantwortlich machen für diese Durchführung..." Scheinbar unbekümmert fügte Vick an, „die Aufgaben sollen etwa so fortgeführt werden, wie sie vor dem Umsturz behandelt wurden, da dieses System sehr gut gewesen sei nach Auffassung der Amerikaner." [41]

In der Tat, die „im Krieg bewährten" nationalsozialistischen Verwaltungsstrukturen überdauerten mit Billigung der Besatzungsmacht den „Umsturz". Im Gegensatz zum Leipziger Ernährungsamt blieb die Münchner Versorgungsbürokratie weiterhin dual organisiert: Die Abteilung A des Ernährungsamtes bemühte sich, Lebensmittel zu beschaffen und sicherzustellen. Dazu zählte die Betreuung und Überwachung der Erzeuger- und Verarbeitungsbetriebe sowie der firmeneigenen und städtischen Warenläger, die Regelung der Lieferbeziehungen zwischen Groß- und Kleinhändlern und die Ausgabe, Kontrolle und Entwertung von Bezugsscheinen. [42] Diese Abteilung des Ernährungsamtes gehörte zwar zur Münchner Stadtverwaltung, aufgrund der gesellschaftlichen und politischen Brisanz ihrer Aufgabenstellung war sie jedoch wohlweislich dem Bayerischen Staatsministerium für Ernährung, Landwirtschaft und Forsten direkt unterstellt. Das „Ernährungsamt A" genoß somit eine Sonderstellung unter den kommunalen Ämtern: es war „dem unmittelbaren Einfluß der Stadt" entzogen. [43] Der Vorstand des Amtes, Josef Fortner, und sein Stellvertreter waren unbelastet und verblieben in ihren Positionen. [44] Der Abteilung B des Ernährungsamtes oblag die Verteilung der rationierten Lebensmittel. Die zwölf Unterabteilungen des Amtes sollten für den Druck und die sichere Verwahrung der Lebensmittelkarten Sorge tragen, sie bewerkstelligten die Ausgabe der Karten an Normalverbraucher und Gemeinschaftsverpflegte und entschieden über Zulagen. 45)

Zum einstweiligen Leiter des Münchner Ernährungsamtes war Michael Meister am 3. Mai 1945 vom amtierenden Oberbürgermeister Stadelmayer und vom designierten Oberbürgermeister Scharnagl bestellt worden. Aufgrund seiner Parteizugehörigkeit befahl die Militärregierung schon zwölf Tage später Meisters Entlassung aus dem Amt. Da ein „Ersatzmann nicht zu finden war", 46) konnte Stadelmayer den sofortigen Vollzug der Order bis 20. Juni 1945 hinauszögern. 47) Die Chefstelle im Ernährungsamt der Stadt wurde danach nicht mehr besetzt – das war keine Sparmaßnahme, sondern ein Tribut an die politischen Dimensionen der Versorgungspolitik. „Es mag dies gerade im Zeitpunkt der grössten Schwierigkeiten der Lebensmittelversorgung eigenartig erscheinen. Der Grund hie(r)für ist aber der, daß gerade das Ernährungsproblem im Vordergrund stehen muss und daher der Referent über alle Ereignisse auf dem Gebiete der Ernährungswirtschaft unmittelbar Kenntnis erlangen muss." 48) Die Stadt nutzte die Gelegenheit und hob die Verantwortung für die Versorgung schon im Sommer 1945 auf die politische Ebene. Sie trug so der Tatsache geschickt Rechnung, daß das Ernährungsamt „wie selten ein() Amt() mit den unmittelbaren Lebensinteressen der Bevölkerung verbunden (war) und... dementsprechend auch im Lichte der öffentlichen Kritik und Beobachtung" stand. 49)

Das Ernährungsamt, das Wirtschaftsamt, der Schlacht- und Viehhof, die Großmarkthalle, die Preisbehörde und, ganz konsequent, das Straßenverkehrsamt waren der Dienstaufsicht des „Ernährungs- und Wirtschaftsreferates" unterworfen. „Das bedeutungsvolle Referat 5... habe ich einer jungen Kraft, Herrn Dr. Kroth, übertragen, der die volle Frische seiner Lebenskraft der Erledigung dieser schwierigen Aufgaben widmen kann." Mit diesen wohlwollenden Worten führte Oberbürgermeister Scharnagl den Referenten Alfred Kroth im Stadtrat ein. 50) Schon wenige Wochen später, am 24. September 1945, mußte Kroth, dessen „antifaschistische Gesinnung unumstritten war" ('Münchner Mittag'), 51) aus dem Stadtrat ausscheiden. Der kommunistische Parteifunktionär hatte sich „auf Betreiben der KPD", deren Mitglied Kroth seit 1932 war, bei HJ und NSDAP eingeschrieben. Alfred Kroth, der für den Posten eines Staatssekretärs im bayerischen Wirtschaftsministerium vorgesehen war, erfuhr keine Entlastung und wurde von der Münchner Berufungskammer im Dezember 1946 als 'Mitläufer' eingestuft –

nach Auffassung von SPD und KPD ein politisches Urteil. [52)] Bis zum 1. Juli 1946 führte Stadtdirektor Dr. Richard Wunderer die Geschäfte des heiklen Ressorts. Nach den ersten Stadtratswahlen übernahm der Sozialdemokrat Anton Weiß, ein „energischer Referent", [53)] die politische Verantwortung für die Versorgung der Landeshauptstadt, Wunderer wurde sein Stellvertreter. [54)]

Das Referat 5 habe einen erheblichen Teil seiner eingearbeiteten Sachbearbeiter aufgrund politisch motivierter Entlassungen eingebüßt, klagte Richard Wunderer Anfang Dezember 1945. Die Zahl der engsten Mitarbeiter des Referenten, vor allem auf dem Gebiete des Ernährungswesens, sei „verschwindend klein geworden". Unter lebhaftem Beifall versprach Wunderer den Stadträten die „rastlose() Arbeit aller Beteiligten zum Wohl unserer Heimatstadt München". [55)] Von den Leitern der zwölf Unterabteilungen im Ernährungsamt B mußten bis Anfang Juli 1945 mindestens drei wegen Nazimitgliedschaft den Dienst quittieren, [56)] darunter der Leiter der Abteilung 1 „Sonderfälle", dem unter anderem die Betreuung ausländischer Missionen anvertraut war. Der Abteilungsleiter war ein „alter Marschierer", seit 1932 in der Partei. [57)] Von der Belegschaft der Abteilung 12 „Lager" war am 1. Dezember 1945 nurmehr eine einzige Kraft übrig geblieben; die belasteten Kollegen gingen freiwillig oder wurden entlassen. Im Interesse der von dieser Abteilung Betreuten war ein personeller Neuaufbau ganz besonders notwendig. Im Dritten Reich war die Abteilung 12 für die Hungerverpflegung der Zwangsarbeiterlager zuständig gewesen. Just diese Abteilung führte 1945 die den Besatzungsbehörden wichtige Sonderverpflegung der befreiten Lager fort und übernahm die Kartenausgabe an Ausländer und ehemalige KZ-Häftlinge. [58)] Nach den dürftigen Zahlenangaben im Leistungsbericht des Ernährungsamtes B zu urteilen, war dessen Personalstand Ende 1945 um mehr als 30 Prozent reduziert. Die Entlassungsziffer lag freilich weit höher, da Wieder- und Neueinstellungen die Personalbilanz aufhellten. [59)] Auch gelang es der Stadtverwaltung häufig, den Abgang Belasteter hinauszuzögern. Immer wieder intervenierte das Ernährungsamt bei der Militärregierung, um solche Mitarbeiter im Dienst behalten zu können. Das Amt argumentierte dann, der oder die Betreffende habe sich mustergültig geführt, sei mehrfach ausgebombt, entwickle gutes Improvisations- und Organisationstalent. So auch im Fall des Otto S., bislang Leiter der Markenrücklaufstelle für Bäcker: „Aus Mangel an geeignetem Nachwuchs und wegen Vernichtung der Kartei durch Feindeinwirkung dürfte ein Nichteingeweihter schwerlich in der Lage sein, mit Erfolg die Bevorratung der Bäcker und deren laufende Überwachung zu vollziehen..." Das Ernährungsamt vergaß in solchen Fällen nicht warnend hinzuzufügen: „Versorgungsstörungen oder Verwirtschaftungen aus Sachunkenntnis dürften gerade im Sektor Brot nicht vertretbar sein." [60] Das Argument, bei Entlassung drohe ein Versorgungsdefizit, hat seine Wirkung sicher selten verfehlt. In der gesamten Stadtverwaltung blieben auf diese Weise 1945 900 Beamte auf Widerruf weiterbeschäftigt. [61]

Personalreferent Dr. Josef Zink, zur NS-Zeit selbst in städtischen Diensten, hatte am 1. Mai 1945 in manchen Ämtern bis zu 87 Prozent Nationalsozialisten gezählt. [62] Von den 13.421 Beamten und Angestellten, die am 20. April in Diensten der „Hauptstadt der Bewegung" standen, waren bis Mitte Dezember 1945 3.239, also 24 von hundert, „auf Anordnung der Militärregierung vom Amt entfernt" worden. [63] Im selben Zeitraum waren in Leipzig von etwa 8.000 Beamten und Angestellten 5.500, 69 von hundert, wegen Mitgliedschaft in der NSDAP entlassen worden. In Leipzig mußten von den Beamten zwischen 70 und 90 Prozent gehen, in München 30 Prozent; in der Messestadt verloren 40 Prozent, in der Landeshauptstadt 25 Prozent der Angestellten ihren städtischen Arbeitsplatz. 46 Prozent der Mitarbeiter in Führungspositionen (höherer Dienst) standen in München auf der „schwarzen Liste" der Militärregierung. Mit absteigendem Verwaltungsrang sank auch deutlich die Entlaßquote: im gehobenen Dienst lag sie noch bei 33 von hundert, im mittleren und einfachen Dienst bei rund 18 von hundert und bei den Arbeitern unter sieben Prozent. [64] Während man die Personallücke in Leipzig mit der Einstellung von mehr als „3.000 Antifaschisten" schließen wollte, füllte München das Entlaßdefizit mit 1.000 zurückgekehrten Wehrmachtsangehörigen und 800 Neueinstellungen auf. [65]

Für den Oberbürgermeister war die Personalpolitik der Militärregierung ein „Unglück": „Der Maßstab, der angelegt wurde, wirkte sich... verheerend aus. Jeder geringe Verdacht einer leisen Zugehörigkeit genügte schon, eine Entfernung aus dem Amte zu verlangen." Scharnagl weiter: Captain Baer, ein Mann von „sehr angenehmen, gewinnendem Wesen", sei „in der Sache... ohne jede Kompromissneigung" gewesen. [66] Daß dieses rigorose Bild die Wirklichkeit Münchner Entnazifizierung *so* nicht trifft, läßt nicht nur der Vergleich der Münchner Eckdaten mit dem Leipziger Ergebnis vermuten. Selbst das Münchner Personalreferat stellte in einer vertraulichen Studie am 8. Januar 1946 fest: „Unter den geklärten, in Verwendung bleibenden Bediensteten sind nicht wenige, die irgendwie politisch belastet sind und zwar auch durch die Mitgliedschaft bei der NSDAP (ausnahmslos allerdings nur ab 1937), wenn sie auch... nicht gesinnungsmäßig als Anhänger der Partei in Erscheinung getreten sind." [67]

Trotz seiner Probleme mit dem vermeintlich harten Säuberungsoffizier Baer und dem „direkt kommunistenfreundlich(en)" Kulturoffizier McMahon urteilte der Oberbürgermeister rückblickend: „Es ist erstaunlich, wie verhältnismässig bald sich ein angenehmes Zusammenarbeiten zwischen den heimischen Verwaltungsstellen und der amerikanischen Besatzungsmacht ergab, ungleich freundlicher und erfolgversprechender als es mit den englischen Besatzungsbehörden oder gar in der französischen Zone der Fall war." [68)]
In dieser Einschätzung waren sich Münchner Militärregierung und Stadtverwaltung einig. Captain Torn bekräftigte schon im November 1945, in „Ernährungsfragen (habe er) immer das Beste" gewollt und sei „mit dem Erfolg der Arbeit der Beteiligten" zufrieden. [69)] Regelmäßig fand sich schon 1945 in den Wochenberichten des örtlichen OMGBY-Büros der Satz: „Cooperation of city officials excellent." [70)] Auch die Deutschen sparten nicht mit Lob für die örtlichen Dienststellen der Amerikaner. [71)]

Trotz aller Mißhelligkeiten, besonders in Fragen der Entnazifizierung der Verwaltung, ergab sich in München rasch eine „exzellente" Zusammenarbeit zwischen Amerikanern und Deutschen. Ungleich schwerer hatten es da Kölner und Leipziger, Kommunisten eingeschlossen, die großen politischen, geistigen und menschlichen Barrieren zu den Repräsentanten ihrer Besatzungsmächte halbwegs zu überwinden. Konrad Adenauer, der erste Kölner Oberbürgermeister nach dem Kriege, pflegte zeit seines Lebens hervorragende Beziehungen zu den Amerikanern, mit den Briten aber kam er nicht zurecht. In Leipzig trafen allein die denkbar unterschiedlichsten Arbeitsweisen aufeinander: Die Sowjets kannten keine geregelten Dienstzeiten und keinen Dienstweg. Ohne Rücksicht beorderten sie zu sich, wann immer sie einen vermeintlichen Verantwortlichen zu sprechen wünschten. In München dagegen störten solche Konflikte das Verhältnis nicht. Weder in der Verwaltungspraxis, noch in den politischen Zielvorstellungen gab es schwerwiegende Differenzen. Amerikaner und Deutsche führten dort seit Kriegsende eine fast harmonisch zu nennende Besatzungs-Partnerschaft vor, die sich vielfach auf dem schmalen Grat zwischen Kooperation und Kumpanei bewegte.

Ganz im Gegensatz zu Leipzig blieben in München Verwaltungstraditionen und -kontinuitäten bruchlos gewahrt: Unter den Kommunikations- und Verkehrsbedingungen der unmittelbaren Nachkriegszeit bedeutete es einen unschätzbaren Vorteil, daß die höheren amerikanischen und deutschen Verwaltungsstufen (Bezirks- und Landesverwaltung) am selben Ort beheimatet waren. Köln dagegen litt sehr unter den „weit entfernten" zuständigen Behörden in Bonn und Düsseldorf.

Grundlegende Dissonanzen um Besatzungspolitik und -praxis gab es zwischen Besatzern und Besetzten in München nicht: Es waren die überkommenen Strukturen, welche, um der Effizienz willen, für beide die Leitlinien des Wiederaufbaus abgaben. Ein struktureller oder personeller Neuaufbau stand auch in der bayerischen Landeshauptstadt weder für die amerikanische noch für die deutsche Verwaltung zur Debatte. [72]

Wir können getrost annehmen, daß solch amerikanische Besatzungspraxis nicht nur in München den weltpolitischen Entwicklungen weit vorauseilte. Denn Washington gab erst in der zweiten Hälfte des Jahres 1946 grünes Licht für eine entschlossen konstruktive Deutschlandpolitik. Die Stuttgarter Rede von Byrnes und die Gründung der Bizone legalisierten im nachhinein einen Kurs, der im Besatzungsalltag längst verwirklicht war: Dieser Kurs kam den Westdeutschen nicht nur mit finanzieller und materieller Hilfe entgegen, sondern machte sie zu Juniorpartnern im Kampf gegen die „kommunistische Bedrohung der freien Welt". Alltagsgeschichtlich gesehen, begann die transatlantische Partnerschaft durchaus nicht mit der Gründung der NATO, nicht mit dem Marshall-Plan, nicht mit der Byrnes-Rede, sondern schlicht mit dem ersten Tag amerikanischer Besatzung!

Das Fundament der neuen Partnerschaft legten nicht die großen politischen Gesten, sondern die Waren: US-Soldaten verteilten Süßigkeiten an die Kinder, US-Konserven beglückten Hausfrauen und US-Getreide stillte den Brothunger. Die hochqualitativen, ansprechend verpackten Markenprodukte aus Übersee wurden den Hungerleidern zur Offenbarung. Schon in der unmittelbaren Nachkriegszeit lautete die Gleichung einer hoffnungsvollen Zukunft: Amerika ist Demokratie – Demokratie ist Konsum.

Das Demokratie-Konzept, das auf die gewinnend-unwiderstehliche Überzeugungskraft von Produkten setzte, hatte ein deutscher Emigrant mit großem publizistischem Erfolg bereits seit Jahren in den Vereinigten Staaten propagiert. Eric W. Stoetzner, der ehemalige Anzeigendirektor der 'Frankfurter Zeitung', [73] hatte Furore mit einer einzigen Rede gemacht. Der aus Deutschland Geflohene war von einem renommierten Zirkel US-amerikanischer Werbeprofis nach Philadelphia eingeladen worden. Wenige Wochen nach der Wende von Stalingrad, in die antideutsche Stimmung hinein, hatte der Frankfurter Werbemann Anfang Februar 1943 seinen 'Great Design' entworfen.

„Die Amerikaner müssen lernen, mit den Deutschen nach dem Krieg zu leben", hatte Stoetzner damals zum Erstaunen seiner Zuhörer ausgerufen. Er glaube, daß die amerikanische Werbewirtschaft in der Zeit nach dem Kriege eine weit größere Aufgabe zu erfüllen habe, als nur den Verkauf von Produkten zu fördern: „Sie haben als Experten der Werbung die einmalige Chance, nicht nur Produkte zu verkaufen, sondern Ideen, die zu einem besseren Leben führen können, in Europa und möglicherweise auf der ganzen Welt." Das mentale Terrain dafür müsse ab sofort vorbereitet werden, dozierte der deutsch-amerikanische Werbefachmann weiter. „Sie müssen mit den Methoden der Public Relations dafür sorgen, daß wir uns nicht nach dem Sieg mit der Absicht in den Sessel zurücklehnen, uns nur noch um unsere eigenen Probleme zu kümmern und den Rest der Welt seinen eigenen Geschicken zu überlassen." Der Leipziger Arbeitersohn erinnerte an Amerikas Fehler nach dem Ersten Weltkrieg: „Damals haben, wie Sie wissen, Hilfsorganisationen großzügig Nahrungsmittel an das hungernde Europa, vor allem aber in Deutschland, verteilt. Es wurde Nahrung für den Magen, nicht aber für die entwurzelten und ausgehungerten Seelen gespendet. Die Hilfsorganisationen predigten da, wo klare Erklärungen erwartet wurden, weil sie nicht wußten, daß die deutsche Mentalität, die damals für alles Amerikanische sehr aufgeschlossen war, nach Erklärungen dürstete. Das ist deutsch. So wurde nach dem Ersten Weltkrieg zwar gefüttert, der Gedanke an Demokratie jedoch nicht mit den Nahrungsmittelsendungen verpackt." Das dürfe sich künftig nicht mehr wiederholen. Die innere Leere der Deutschen werde viel Raum dafür bieten, ein „tiefes Vertrauen" in amerikanische Produkte und mit ihnen in amerikanische Vorstellungen von Ethik, Religion und Demokratie zu schaffen. Die US-Werbewirtschaft habe „für das Programm der geistigen Umformung eine große Mission, eine historische Mission zu erfüllen", für Generationen der Werbung werde es keine größere Herausforderung geben, schloß der Werbe-Atlantiker Stoetzner: „Der europäische Boden ist reif für den amerikanischen Pflug." [74]

Stoetzners scheinbar bizarre Idee, Produkte und Werbung als Mittel einer konstruktiven Besatzungspolitik zu konzipieren, fand dennoch große Resonanz in der amerikanischen Öffentlichkeit. Das National Trade Council, das Office of War Information, Präsident Roosevelt, Thomas Mann und Pearl S. Buck traten mit ihm in Kontakt.

Eric Stoetzners werbepolitische Visionen wurden Wirklichkeit.

4.4. Versorgungskette: Der Kampf um Nahrungsmittel

Die „kritischen Probleme" der bayerischen Landwirtschaft, die der Operational Plan der Food and Agriculture Section von OMGBY im August 1945 aufzählte, unterschieden sich zunächst nur wenig von den Produktionshemmnissen in Sachsen oder in Mecklenburg. [1] Auch im Süden und Westen Deutschlands mangelte es an leistungsfähigen Maschinen und Geräten, an Kohlen und Treibstoff, an Düngemitteln und Saatgut. [2] Die bedeutendsten Saatgutbetriebe für Getreide, Zuckerrüben, Flachs, Mais und Kartoffeln lagen östlich der Elbe. Saatgut, das den deutschen Boden- und Klimaverhältnissen angepaßt war, kam größtenteils aus Ostdeutschland, wo sich 87 Prozent der Anbaufläche für Saatkartoffeln befanden. [3] Bis zu 70.000 Tonnen Kartoffelsaatgut hatten die früheren preußischen Provinzen Ostelbiens, insbesondere Pommern und Ostpreußen, gewöhnlich im Jahr nach Bayern geliefert. Wegen der geschlossenen Zonengrenze gelangte 1947 keine einzige Tonne mehr nach Bayern. Die Tschechoslowakei lieferte im selben Jahr nur die Hälfte des angekündigten Kontingentes von 14.000 Tonnen Kartoffelsaatgut. [4] Es sei nicht so, daß für die Bauern überhaupt nichts geschehe, wiegelte Staatsminister Baumgartner im September 1947 ab. Bei den Düngemitteln habe es kleine, mühsame Fortschritte gegeben. Im Jahr 1947 habe sein Ministerium bei Phosphorsäure 18 Prozent des früheren Bedarfes zuweisen können, 1946 waren es 0,8 Prozent gewesen. Vom Normalbedarf an Kali seien im Vorjahr knapp 20 Prozent, heuer schon 30 Prozent, und vom wichtigen Stickstoff im vergangenen Jahr gerade 15 Prozent, 1947 aber 44 Prozent, an die bayerischen Bauern ausgegeben worden. [5] Vor allem das Stickstoffaufkommen litt unter dem durch die Zonengrenze unterbrochenen Warenaustausch: die Leuna-Werke, der traditionelle Hauptlieferant, lagen in der SBZ. Infolge des reduzierten Viehstapels gab es zudem weniger Stalldung.

So merkwürdig es zunächst klingen mag, es fehlte auch an Land. Die Anbauflächen waren, im Vergleich zum Vorkriegsstand, deutlich zurückgegangen. Im Wirtschaftsjahr 1945/46 wurden in Bayern 671.000 Hektar mit Brotgetreide bestellt, 1946/47 nur 649.000 Hektar; 1937/38 dagegen war noch auf 796.000 Hektar Getreide angebaut worden. In jenem Vorkriegsjahr waren auf 316.000 Hektar Kartoffeln angepflanzt worden, diese Ziffer ging auf 264.000 Hektar im Jahr 1945/46 und 278.000 im folgenden Jahr zurück. [6] Das Ministerium sah sich Anfang 1948 zu einer Rüge für die Bauern veranlaßt: „In der derzeitigen furchtbaren Notlage bedeutet es einen unmöglichen Zustand, wenn in Brotgetreide und Kartoffeln, den beiden Grundpfeilern der Ernährung, im Jahre 1946/47 noch nicht einmal die Anbauflächen von 1937/38 erreicht sind. Es ist auch ein unmöglicher Zustand, daß die Gesamtanbaufläche im Jahre 1946/47 mit 2.159.000 Hektar gegenüber der Anbaufläche des Jahres 1937/38 mit 2.374.000 Hektar um 215.000 Hektar zurückbleibt. Die Gründe für diese Entwicklung des Nachweises der Anbaufläche liegen auf der Hand. Es werden eben in vielen Fällen von den einzelnen Bauern geringere Flächen angegeben, als tatsächlich zum Anbau gelangten. Wer so gewissenlos handelt, versündigt sich in der schwersten Weise an seinem Volke." [7] Der „Schrumpfungsprozeß" rührte -neben der korrumpierten „statistischen Moral" der Bauern- auch vom landfressenden Bau von Reichsautobahnen, Truppenübungsplätzen und Fliegerhorsten während des Krieges her. [8)] Solch krasse Fehlziffern jedoch mußten bei der Besatzungsmacht auf Unverständnis stoßen – besonders dann, wenn es darum ging, die dringende Notwendigkeit von Nahrungsmittel-Importen glaubhaft zu machen.

Die bayerische Getreideernte des Jahres 1945 war, bei durchaus günstigen Witterungsverhältnissen, mittelmäßig. Im Vergleich zur recht guten Ernte des Jahres 1944 betrug die Einbuße bei den Brotgetreidesorten Roggen und Weizen 4,8 Prozent, bei Gerste 14 und bei Meng- und Futtergetreiden mehr als 18 Prozent. In der gesamten US-Zone blieb die Ernte um 25 Prozent unter dem Durchschnitt der Kriegsjahre. Auch qualitativ kam die neue Ernte, Gerste ausgenommen, nicht an die Ergebnisse früherer Jahre heran. [9)] Problemlos war im ersten Nachkriegsjahr die Kartoffelernte; der eingebrachte Ertrag erwies sich überraschend quantitativ und qualitativ als gut. [10)] Im nächsten Jahr fiel die Kartoffelernte in der amerikanischen Zone um 30 Prozent niedriger aus, was auch die Münchner im Spätherbst so schmerzlich zu spüren bekamen. [11)] Die gesamte Agrarproduktion sank 1946 und -noch mehr im Dürrejahr- 1947 kräftig ab. Der Stärkewertertrag der Ernte 1946 erreichte, so zeitgenössische Berechnungen des Landwirtschaftsexperten Hans Liebe, in der US-Zone 76 von hundert der durchschnittlichen Vorkriegsernte, in der britischen Zone 68 und in der sowjetischen Zone 60 von hundert. Im August 1947, dem trockensten Monat seit über einhundert Jahren, verdorrte die Frucht auf den Feldern. Der Stärkewert entsprach jetzt in der amerikanischen Zone 51 von hundert, in der britischen Zone immerhin noch 62 und in der SBZ nurmehr 47 von hundert einer durchschnittlichen Friedensernte. [12)] Ungefähr die Hälfte des Getreides und der Hackfrüchte des Vorjahres konnten die bayerischen Bauern einfahren; die 'Süddeutsche Zeitung' kommentierte: „Die Unerbittlichkeit der Natur, die uns den Regen versagte und vielversprechende Ernteaussichten des Frühsommers in eine katastrophale Mißernte verwandelt hat, wie sie seit Menschengedenken nicht dagewesen ist, wirft alle Berechnungspläne und Hoffnungen über den Haufen." [13)]

Ganz im Gegensatz zur sowjetischen Besatzungszone brachte die „Bodenreform" im Westen „weder eine nennenswerte Umwandlung der Agrarstruktur noch eine Veränderung der gegebenen Besitzverhältnisse", so daß von daher kein Leistungsverlust der Landwirtschaft eintrat. [14)] Dennoch waren das Dorf und sein Sozialgefüge „einschneidenden Veränderungen unterworfen, so daß mit Recht von einer 'Revolution des Dorfes' und einer 'Entprovinzialisierung dörflichen Lebens' gesprochen werden konnte. Eine Hauptursache dafür war der Strom von Evakuierten und Flüchtlingen, der sich damals auch in die bayerische Provinz ergoß; es war der massivste Einbruch an Fremdem und Neuem seit den Napoleonischen Kriegen." [15]

Den Macht- und Autoritätsverlust staatlicher Gewalt bekamen sogleich natürlich diejenigen Behörden zu spüren, deren Aufgabe die Erfassung landwirtschaftlicher Produkte war. Im Sommer führte Ernst Rattenhuber, der provisorische Ernährungs„minister", Klage bei der Militärregierung: „Vielfach stellen sich die Bauern gegen besseres Wissen auf den Standpunkt, daß durch den Einmarsch der Amerikaner jedes deutsche Gesetz und insbesondere jede Vorschrift über die Ernährung aufgehoben sei und daß amerikanische Gesetze noch nicht vorhanden seien. Außerdem sei ein derartiger Zwang mit dem Wesen der Demokratie absolut unvereinbar. Diese Ernährungsvorschriften seien Nazigesetze. Die guten Ablieferer seien die Kriegsverlängerer... Die neuen Landräte zeigen auch großenteils wenig Neigung, sich durch... Maßnahmen, die nun einmal zwangsläufig unpopulär sein müssen, gleich bei Arbeitsbeginn unbeliebt zu machen." [16] Gleich nach Kriegsende griff hier ein eigennütziges, ganz vom Eigeninteresse bestimmtes „Verständnis von Demokratie" Platz; [17] mit solch spitzfindiger Argumentation reagierte die bäuerliche Ablieferungsmoral rasch und unmittelbar auf die jeweilige (agrar-)politische Großwetterlage. Diese Erfahrung mußte auch Stadtdirektor Wunderer machen, als in der Zeit des Vakuums zwischen dem Ausscheiden von Staatsrat Rattenhuber und dem Amtsantritt von Minister Baumgartner die Anlieferung von Schlachtvieh derart zurückging, daß der Bedarf der Stadt München nur zu einem Bruchteil gedeckt werden konnte. [18] Eine Münchnerin berichtete dem Oberbürgermeister von ihren Erfahrungen mit der Viehzählung auf dem Lande. Wenn der Beamte „das Haus betritt, bekommt er erst mal eine pfundige Brotzeit vorgesetzt und dabei sagt man ihm gleich, wieviel Stück Vieh sich im Stall befinden. Und damit ist dann seine Tätigkeit beendet, er steht auf und geht. Zur gleichen Zeit wird schwarz geschlachtet und die Polizei holt sich ihren ersten Anteil... Wissen Sie, wie es allgemein heißt: 'Wir haben ja jetzt die Demokratie, da liefern wir überhaupt nur noch nach gutem Zureden ab.'" Die Stadtbügerin meint schließlich: „Hinter jeden Deutschen gehört die Peitsche wie Tatsachen beweisen..." [19] Nicht eine Politik der Peitsche, sondern die gegenteilige Konzeption, das gute Zureden, vertrat Landwirtschaftsminister Baumgartner – offenbar im Einvernehmen mit den US-Versorgungsoffizieren: „Es soll unter keinen Umständen vom Bürotisch aus ein Zwang ausgesprochen werden, der praktisch eventuell nicht erfüllt werden kann, sondern der Bauer soll seelisch so beeinflusst werden, daß es zur weiteren Ablieferung kommt." [20]

Im Interesse eines psychologisch guten Ablieferungsklimas nahm der Minister seine Klientel in Schutz, schimpfte zuweilen, es sei „primitiv und dumm, zu behaupten, unsere Bauern seien an der jetzigen Lage schuld." [21] Nur ein Beispiel für die schleppende Ablieferungpraxis, ja für den „Ablieferungsboykott", [22] sei in diesem Zusammenhang erwähnt: Am 31. Oktober 1946 hätten 40 Prozent des Getreidesolls abgeliefert sein sollen; einen halben Monat vor diesem Stichtag hatte Niederbayern tatsächlich zehn Prozent, Oberbayern und die Oberpfalz je acht Prozent ihrer Umlageverpflichtung erfüllt. [23] Bis Ende März 1947 steigerten sich die bayerischen Bauern noch einmal und lieferten -nach Angaben Baumgartners- 91 Prozent des geforderten Brotgetreides, 77 Prozent der Gerste und die Hälfte des veranschlagten Hafers ab. Der Minister verbuchte diese Werte als Erfolg seiner moderaten, einfühlsamen Politik, da die Ziffern allemal höher lägen als in den Vorjahren. [24]

Allerdings war das Liefersoll durchaus keine fixe Größe. Im Oktober 1946 waren „die Bauern... zum großen Teil über das geringe Ablieferungssoll von Weizen überrascht. Sie hatten damit gerechnet, viel größere Mengen abliefern zu müssen und suchen sich Gründe hierfür zurechtzulegen. Dabei befürchten sie, daß die Besatzungsmacht die Einfuhr großer Weizenmengen aus dem Auslande beabsichtigt, was eine Entwertung des Produkts zur Folge haben wird. Was die Bauern aber noch mehr in Unruhe versetzt, ist die Angst, daß es nicht bei der Einfuhr des Weizens bleiben wird..." [25] Sicherlich verfolgte Baumgartners Ablieferungspolitik auch das Ziel, ein Maximum an Nahrungsgütern ins eigene Land zu bekommen und US-Importen alle erdenklichen Wege zu ebnen; sie wollte zugleich die Ausfuhr aus Bayern auf ein Minimum beschränken und „Export"verpflichtungen drosseln.

Im Mai 1947 forderte die Stadt München von der Staatsregierung Auskunft über die Praxis der Eierablieferung im Jahr 1947. Der Stadt sei beispielsweise ein Eier-Sammelbezirk mit 115 Gemeinden bekannt, erläuterte Referent Anton Weiß. In diesem Bezirk lasse sich bei einer Gegenüberstellung des Liefersolls im Wirtschaftsjahr 1945/46 und der Eierumlage 1946/47 feststellen, daß das neuerliche Soll um etwa 35 von hundert niedriger sei. Es komme hinzu, daß die Ablieferungspflichtigen, „klug geworden durch die Lehre der vergangenen Jahre", den Hühnerbestand zu niedrig angäben. Die „schwarzen" Eier der ungemeldeten Hühner gingen der Stadtbevölkerung sound so schon verloren. Die Stadt vermutete eine landesweite Rückstufung um ein Drittel und rechnete vor, daß infolgedessen 1947 für die Stadtbevölkerung nur etwa noch 15 Eier statt 28 ausgegeben werden könnten. Die mündliche Auskunft des Staatsministeriums warf ein bezeichnendes Licht auf die insgeheim-egoistischen Prinzipien bayerischer Erfassungs- und Versorgungspolitik: Dr. Müller „gibt zu, daß die Hühnerbestandsmeldungen in keiner Weise den tatsächlichen Verhältnissen entsprechen, vielmehr durchwegs weniger Hühner angegeben wurden als vorhanden sind. Es soll aber kein besonderer Druck auf die Hühnerhalter ausgeübt werden, weil die Befürchtung besteht, daß, je größer der Anfall der Eier ist, umsomehr an die britische und französische Zone geliefert werden müssen. Aus diesen Gründen übt das Ministerium in dieser Frage Nachsicht." [26]

Auch der Bayerische Städteverband, unter dem Vorsitz des Münchner Oberbürgermeisters, kritisierte die vorsätzlich laxe Ablieferungspolitik. Die Bevölkerung habe längst erkannt, daß eine mangelhafte Erfassung letzten Endes der Eigenversorgung zugute komme, weil die Ausfuhrquoten entsprechend geringer würden. Das habe zur Folge, daß die Ablieferungsmoral im ständigen Absinken begriffen sei [27] – bliebe nur noch hinzuzufügen: selbstverständlich mit der politischen Absolution der bayerischen Staatsregierung.

„Ich möchte wünschen, daß meine heutigen Ausführungen besonders in den Bauernkreisen starke Beachtung finden. Von ihrer fleißigen Tätigkeit, ihrer pflichtgetreuen Erfüllung der Ablieferung, von ihrem guten Willen und Verständnis hängt ja unsere Lebensmittelversorgung ab... Wenn ich doch recht eindringlich Euch, liebe Bauern und besonders Euch Bäuerinnen vorstellen könnte, was es für eine Haufrau in der Stadt bedeutet, mit 100 Gramm Fett in der Woche und pro Kopf ein Mittag- und Abendessen herstellen zu können, und wie unsere Kinder nach Milch sich sehnen,..."

appellierte Karl Scharnagl an die Gebefreudigkeit der Bauern. [28] Die zahllosen Aufrufe an die Bauernschaft, vorgetragen vom Minister, vom Bauernpräsidenten, vom Münchner Kardinal Faulhaber und von den Bürgermeistern der Großstädte, waren im bayerischen Milieu von vornherein zum Scheitern verurteilt. [29] Die „böswilligen und säumigen Ablieferer" seien, schon im Interesse der „anständigen Erzeuger" zu bestrafen, dekretierte Minister Baumgartner Mitte 1946 scheinbar entschlossen. „Es mü(ssen) vor allen Dingen zur Hebung der Ablieferungsmoral... Verstöße gegen die Bewirtschaftung so geahndet werden," verlangte die Richtlinie, „daß nicht der Eindruck entsteht, als ob die aus den Schwierigkeiten des letzten Jahres entstandenen Mängel der Bewirtschaftung auch im neuen Wirtschaftsjahr geduldet würden." Ein Strafenkatalog sah für verwirtschaftete Kartoffeln zum Beispiel eine Buße im zwei- bis dreifachen Wert vor: [30] bei solchen Sätzen blieb das Schwarzgeschäft natürlich weiterhin lukrativ. Im Jahr 1947 wuchs die Unzufriedenheit unter den städtischen Normalverbrauchern: Vielfach werde die Forderung erhoben, so der Münchner Polizeichronist, „daß endlich einmal gegen die Bauern strenger vorgegangen werde wie bisher. Mit Lob, wie es Minister Dr. Baumgartner für seine Bauern immer hat, kommt man diesen nach Ansicht des Städters keineswegs bei, es stärkt sie vielmehr nur in ihrem Bewußtsein, Herren der Lage zu sein, von deren Gnade oder Ungnade es abhängt, wie hoch der Brotkorb des Städters zu hängen ist." [31]

Notgedrungen ließ das Staatsministerium 1947 wieder Hofbegehungskommissionen zu. Jedoch, diese Gruppen sollten sich ausschließlich aus Ortsansässigen der inspizierten Gemeinde zusammensetzen! Und „um den heftigen Angriffen von Seiten der sieben Millionen Verbraucher..., daß der bayerische Bauer seiner Ablieferungspflicht nicht nachkommen würde, zu begegnen, muß einem Vertreter der Verbraucher aus dem Grunde Gelegenheit zur Beteiligung an den Kommissionen gegeben werden." [32] Das fiel dem Bauernminister schwer. Im Herbst durchforschten dann die Bauern eines Ortes die Höfe im Nachbarort nach Kartoffeln. Wie zu erwarten war, versandete die Aktion und zeitigte nicht den „gewünschten Erfolg" ('Süddeutsche Zeitung'). Die Stadt München schlug daraufhin einen erneuten Kontrollgang über die Höfe mit Vertretern der Gewerkschaften, der Ernährungsämter und der Kartoffelgroßhändler vor. Jetzt stellte sich heraus, daß annähernd 80 von hundert Bauern korrekt abgeliefert hatten, „die restlichen 20 Prozent sich aber teilweise schwere Verstöße zuschulden kommen ließen." Das Münchner Ernährungsamt hatte große Hoffnungen in diese Durchsuchungen gesetzt. Sie erfüllten sich und viele Städter verdankten ihren Zentner Einkellerungskartoffeln dieser zweiten Hofüberprüfung im Jahr 1947. In einer einzigen Ortschaft zum Beispiel holten die Kartoffel-Rechercheure 2.500 Zentner Qualitätsware aus Mieten und Verstecken. [33] Die Bilanz der kritischen Inventur auf dem Lande war überwältigend: 230.000 Tonnen Kartoffeln, 38 Prozent des bisherigen Gesamtaufkommens, kamen zusätzlich ans Tageslicht. Die Menge reichte hin, um 4,6 Millionen Verbraucher mit der ihnen zustehenden Zentnerration an Winterkartoffeln auszustatten. [34]

Wenn wir die Karte Münchner Liefergebiete nachzeichnen, sehen wir, daß die Kartoffelzüge geradezu sternförmig auf die Stadt zurollten, die südbayerischen Regionen ausgenommen. Die mittelfränkischen Versandgebiete um Weissenburg, Gunzenhausen, Ansbach und Rothenburg ob der Tauber hatten 1945 zusammen 30 Prozent des Bedarfes der Stadt abzudecken. Unterfränkische Sendungen aus Marktheidenfeld und Hammelburg, die fünf Prozent des Solls aufzubringen hatten, und Kartoffeln aus dem bayerisch-thüringischen Grenzgebiet, aus Münnerstadt und Neustadt an der Saale (sieben Prozent), hatten die weiteste Anfahrt. Die Oberpfalz sollte drei Prozent liefern, von den niederbayerischen Anbaugebieten an der Donau, aus Straubing und Deggendorf, wurden acht Prozent des Münchner Bedarfes erwartet. Die Gegend um Dingolfing sollte ebensoviel schicken. Das oberbayerische Donaumoos, Neuburg und Ingolstadt, lieferte 23 Prozent, Schrobenhausen sechs und die nahegelegene Hollertau, Mainburg und Freising, zehn von hundert Münchner Kartoffeln. Von diesen 17 Versandplätzen hatten vier die Hälfte ihrer lokalen Ernte oder mehr, sechs die gesamte Ernte nach München abzuführen. [35)] Konkurrenzlos in Größe und Bedeutung, konnte die Landeshauptstadt Lieferungen aus allen bayerischen Produktionsgebieten beanspruchen und als zentraler Umschlagplatz mühelos auf sich ziehen: Einer Drohne gleich, regierte sie die bayerischen Agrarlandschaften. Diese außerordentlich günstige Versorgungsgeographie brachte der Landeshauptstadt -gerade Städten wie Leipzig und Köln gegenüber- enorme, nicht zu unterschätzende Platz- und Verkehrsvorteile.

Weitgehend verzichten mußten die Münchner auf die Obst- und Gemüselieferungen vom bayerischen Bodenseekreis Lindau, der zum französischen Besatzungsgebiet gehörte. [36)] Auf dem Münchner Großmarkt wurde 1946 keinerlei einheimisches Obst wie Kirschen, Beeren, Birnen oder Zwetschgen angeboten – lediglich 560 Tonnen Äpfel fanden den Weg in die Stadt. Südfrüchte wie Zitronen, Orangen und Kastanien, aber auch Trauben und beispielsweise Blumenkohl fielen natürlich ebenfalls aus, denn die traditionellen bayerischen Lieferbeziehungen auf den Balkan, nach Ungarn und nach Italien waren bis zum Frühjahr 1948 unterbrochen. [37)]

Das Agrarland Bayern, das Überschüsse an Vieh, Fleisch- und Fleischwaren, Eiern, Milcherzeugnissen, Speisefetten, Malz und Kartoffeln produzierte, versuchte, die „Staats"grenzen so dicht wie möglich zu machen. Von dem Vieh, das im Münchner Schlachthof täglich aufgetrieben wurde, mußten die Bayern im Rahmen des übergebietlichen Ausgleichs festgesetzte Kontingente an andere Zonen, Länder und Städte weiterleiten. Das kam die zuständigen Behörden hart an, heftig tobte „Bayerns Kampf um Kalorien" (SZ). [38)] Der Direktor des Münchner Veterinärwesens hatte schon im November 1945 die Meinung vertreten, „daß der Bevölkerung zur Zeit ein höherer Fleischsatz bewilligt werden und auch eine Fleischreserve im Kühlhaus angesammelt werden könnte, wenn nicht der Mangel an Fleisch in anderen Gebieten der amerikanischen Besatzungszone die Versorgung aus den bayerischen Viehbeständen notwendig machen würde." [39)] Insbesondere die Viehtransporte nach Berlin waren den Bayern ein Dorn im Auge. Anläßlich seines „Staatsbesuches" in der Landeshauptstadt formulierte Ministerpräsident Ehard spitz: „Wir müssen heute z.B. das letzte Kilo nach Berlin liefern, und Berlin und die heutige britische Zone haben früher von Bayern nie

Lieferungen dieser Art, geschweige denn in dieser Menge erhalten, sondern die Versorgung ist aus der Ostzone gekommen." [40] In der Tat wollten die Amerikaner der Versorgung Berlins absolute Priorität eingeräumt wissen. [41] Bayerische Ausfuhren nach Württemberg-Baden, Großhessen und selbst ins Ruhrgebiet besaßen demgegenüber nur nachrangigen Charakter: Die Versorgung der Stadt, in der die konkurrierenden Systeme unmittelbar aufeinanderstießen, mußte unter allen Umständen gewährleistet sein. SZ-Kommentator von Elmenau sah in den Lieferungen in die ehemalige Reichshauptstadt eine Art bayerisches Berlin-Opfer, „Bayerns Beitrag für Deutschland": „Die Entscheidung Berlins für die abendländische Form der Demokratie bei der jüngsten Wahl entspringt den westlichen Quellen seiner geistigen Energie; doch nicht minder ist die Stadt in den Dingen des äußeren Lebens auf die ausgiebigste Hilfe der westlichen Zonen angewiesen..." [42] Ihren Höhepunkt erlebten die innerdeutschen Auseinandersetzungen zwischen Überschuß- und Zuschußzonen, zwischen Haben- und Soll-Ländern, im Jahr 1947. Nicht nur die Bayern, sondern vor allem auch die Arbeiter im Ruhrgebiet hätten darunter zu leiden, meldete Minister Baumgartner seinem Ministerpräsidenten, „dass die Versorgung Berlins auf Weisung der Militärregierung den Vorrang hat." [43] Als die Militärbehörden Ende Mai 1947 von Bayern die „Ausfuhr von rund 65.000 Stück Großvieh nach außerhalb Bayern allein im Monat Juni 1947" forderten und Anweisung erteilten, „sofort eine Million Kartoffel(n) von Bayern nach Westfalen und Württemberg-Baden zu liefern", [44] wuchs sich der Kalorien-Kampf zum regelrechten Kartoffel- Krieg aus. Heftige Fehden wurden im Dürresommer 1947 zwischen den deutschen Ländern ausgetragen, die Landwirtschaftsminister lieferten sich erbitterte Wortgefechte; die Konfliktlinien liefen dabei nicht nur zwischen den Ländern, Bayern machte auch Front gegen den konsumentenfreundlichen [45] Chef der Frankfurter Verwaltung für Ernährung, Landwirtschaft und Forsten des Vereinigten Wirtschaftsgebietes, Hans Schlange-Schöningen. [46] Erst im November 1947 gelang es, den Krieg der deutschen Länder um die Kartoffelanteile beizulegen. [47]

„Wir glauben der Bedeutung unserer Landwirtschaft dadurch Rechnung getragen zu haben, daß wir ihr als Minister einen führenden Mann der Bauernorganisationen zur Verfügung stellen." [48] Mit diesem Satz hatte Ministerpräsident Hoegner seinerzeit die Berufung von Josef Baumgartner zum Minister begründet. Baumgartner bewährte sich in der Tat als Bauernminister, die Interessen der städtischen Verbraucher hingegen waren bei ihm schlecht aufgehoben. Das zeigte sich nicht zuletzt auch in seinen Leitlinien für die Lenkung amerikanischer Lebensmittelimporte. [49] Zur Münchner

Brotkrise im Frühjahr 1947 kam es auch deshalb, weil im bayerischen Versorgungsministerium eine für die städtische Brotversorgung gefährliche Lenkungspolitik betrieben wurde. Die Länder der britischen Zone hingen bereits seit März am Tropf amerikanischer Getreideimporte. Von April an war auch Bayern vom Überseegetreide abhängig, das in Bremen gelöscht wurde. An den bayerischen Großstädten jedoch rächte sich die dezidiert bauernfreundliche Planung des bayerischen Ernährungsministeriums. Der Minister hatte „Wert darauf gelegt..., die Bestände aus der eigenen Erzeugung mehr auf dem Lande selbst zu belassen, um beim Eintreffen der Importe von der Verteilung dieser Ware auf die vielen Plätze des ganzen Landes Abstand nehmen zu können." [50] Demzufolge sollte das Importgetreide nach Ankunft allein den sogenannten Hauptverbrauchsplätzen, den Städten also, zugute kommen. Sicher gab es verkehrs- und verarbeitungstechnische Gründe für eine solche Planung. Das entscheidende Argument gegen eine solche Lenkungspolitik wollte man im Staatsministerium offenbar nicht in die Überlegungen einbeziehen: Da die Städte über keine nennenswerten Getreidevorräte verfügten, lieferte der Ernährungsminister die Hauptverbrauchsplätze voll und ganz den unsicheren Einfuhren aus. Selbst wenn die Getreidefrachter in planbarer Folge angekommen wären, so blieb doch der Weitertransport durch die Reichsbahn mit erheblichen Terminrisiken behaftet. Pro Zuteilungsperiode mußten insgesamt etwa 330.000 Tonnen Brotgetreide vom Bremer Hafen weg bewegt werden. Der Minister selbst bezweifelte, ob Transporte in der erforderlichen Größenordnung bewältigt werden könnten. Dem Ministerpräsidenten gegenüber räumte er ein, „auf Grund der Erfahrungen der Vergangenheit ist das nicht der Fall." [51]

„Der Hunger ist für Bayern zu einem Transportproblem geworden," stellte die 'Süddeutsche Zeitung' Mitte März 1947 fest, als 30.000 Tonnen, 600.000 Zentner, Importgetreide in Bremen festlagen, die für Bayern bestimmt waren. Wäre dieses Kontingent rechtzeitig in den Süden gelangt, hätten die Münchner durchaus das ihnen zustehende Brot-Soll von 10.750 Gramm pro Versorgungsperiode in den Bäckerläden abholen können. Die enormen Transportschwierigkeiten verhinderten das; für die Münchner gab es infolgedessen nur rund 6.000 Gramm Brot. Lokomotiven und Leergüterzüge, von den Bayern eigens ins Rheinland und nach Norddeutschland geschickt, um Nahrungsgüter stracks herunterzubringen, erlitten das Schicksal aller Güterzüge: an den größeren Eisenbahnknotenpunkten mußten sie oft tagelang warten, bis sie mit in den Fahrplan eingeschoben werden konnten – eine unglaubliche Verschwendung von kostbaren Kohlen und knappen Frachträumen. [52] Die Reichsbahn, die nicht nur unter dem Mangel an Kohlen, Lokomotiven [53] und Waggons litt, sondern auch unter zerstörten Anlagen und Strecken, war mit der Bewältigung des Importaufkommens 1947 völlig überfordert.

Vor der verzweifelten Situation, daß auswärts mitunter Nahrungsgüter vorhanden waren, diese aber nicht auf den Weg gebracht werden konnten, hatten die Münchner Versorgungsbeamten schon im Sommer 1945 gestanden: „Die gesamte Gemüseversorgung ist lediglich eine Transportfrage, deren Lösung nur durch Bereitstellung von Fahrzeugen entgegengetreten werden kann. Der Anfall an Gemüse dürfte augenblicklich keine Schwierigkeiten bereiten." [54] Lastkraftwagen erhielten von der Militärregierung keine Transporterlaubnis über einen Radius von einhundert Kilometern hinaus. Alle wichtigen Obst- und Gemüseanbaugebiete, die den Münchner Markt seit jeher belieferten, Mainfranken zum Beispiel, lagen aber jenseits dieses Kilometerlimits. Außerordentliche Mengen von Zwetschgen warteten im badischen Bühl vergebens auf ihre Abfuhr nach Bayern; die Münchner Lastzüge durften nicht fahren und die Bahnstrecke München-Stuttgart-Karlsruhe-Offenburg war ausschließlich für Militärzüge reserviert. [55] Offen waren die Bahnverbindungen von München nach Straubing, Landshut, Mühldorf und Ingolstadt – aus diesen Richtungen waren im Sommer jedoch keine landwirtschaftlichen Erzeugnisse zu erwarten. Auch die Trasse nach Lindau war für deutsche Züge befahrbar. Bei Einfahrt in den bayerischen Bodenseekreis liefen die Zuggarnituren allerdings Gefahr, von den französischen Militärbehörden beschlagnahmt zu werden. Deshalb hielten die Züge in Immenstadt, der letzten „amerikanischen" Station vor der Zonengrenze an, und Lindauer Lastzüge beförderten die begehrten Äpfel und Birnen über die Grenze. [56]

Reifen waren nicht nur in Sachsen, sondern auch in Bayern rar und praktisch nur illegal zu beschaffen. Etwa 54.000 Lastzüge standen aus diesem Grund 1947 in der Bizone still. [57] Mit dem Problem der LKW-Reifen befaßte sich sogar der bayerische Landtag und verabschiedete eine Resolution, mit der die Staatsregierung aufgefordert wurde, „unverzüglich Maßnahmen zu treffen, daß schleunigst die... Erfassungsbetriebe mit dem notwendigen Reifenmaterial versorgt werden". [58] Im Interesse der Erntesicherung versprachen die Amerikaner, im Herbst 1947 100.000 LKW-Reifen aus amerikanischer und europäischer Produktion einzuführen. [59]

Auch in Bayern machte der herbstliche Umschlag der Einkellerungskartoffeln eine leistungsfähige Transportorganisation nötig. Da der Wagenpark der Kartoffelgroßhändler bei weitem nicht ausreichte, ermunterte das Münchner Ernährungsamt die Staatsregierung, „bei der amerikanischen Militärregierung einen Vorstoß dahingehend zu unternehmen, daß Militärkolonnen eingesetzt werden, um die Zufuhr von Kartoffeln nach München zu steigern." [60]

Die Amerikaner halfen in großem Stil. Mitte November 1946 standen in ganz Bayern 2.000 US-Fahrzeuge im Dienst der Kartoffelversorgung, über einhundert Armeelastwagen beteiligten sich an der Anfuhr der 50.000 für München bestimmten Tonnen. Voller Stolz vermeldete die 'Süddeutsche Zeitung': „Bayerische Kartoffeln im US.-Auto"! [61] Die deutschen Behörden, so erklärte in München General C.B. Majurder, der Beauftragte für das Transportwesen in der US-Zone, trügen die Verantwortung für die sinnvolle Inanspruchnahme der Transporthilfe. [62] Die deutschen Behörden waren in der Disposition der US-LKWs offenbar völlig frei und setzten sie nach „eigenem Ermessen" ein; die Münchner Kartoffelgroßhändler äußerten sich hernach voll des Lobes über die „tadellose Zusammenarbeit" mit den Militärs. [63] Wie anders war es in Leipzig oder Köln; dort waren die deutschen Versorgungsämter ganz auf sich gestellt, behalfen sich mit aufwendigen und unliebsamen dirigistischen Maßnahmen. Eine unkompliziert-verbindliche logistische Zusammenarbeit solchen Ausmaßes zwischen Besetzten und Besatzungsarmee war sicherlich nur in der amerikanischen Zone möglich. Die um ihre Kartoffeln bangende Bevölkerung wußte Wert und Bedeutung der US-Transporthilfe sicher zu schätzen, auch wenn die Verteilung der Winterkartoffeln 1946/47 letztlich im Debakel endete. [64]

„Großstadt ohne Strom und Kohlen": „Die Belastung der Bevölkerung erreichte durch den Mangel an Heizmaterial und Strom einen Höhepunkt, der hart an die Grenze des Ertragbaren führt." Die Redaktion der SZ hatte sich im Februar 1947 ins Kesselhaus zurückgezogen und bat „dringend, von Besuchen Abstand zu nehmen!" [65] Im Katastrophenwinter 1946/47 hatte sich die Versorgung der Stadt mit Brennstoff dramatisch verschlechtert. Der Kohlemangel traf die Backbetriebe arg; Ende Dezember 1946 blieben in zehn von hundert Bäckereien die Öfen kalt. Die oft unkalkulierbaren Stromabschaltungen und -sperren verursachten erhebliche Lebensmittel-Verluste in Kühlhäusern und Großbäckereien. In den Automatiköfen der Münchner Konsumbäckerei verbrannten an einem Tag etwa 300 Zentner Backwaren, weil plötzlich der Strom weg war. [66] Das Wirtschaftsreferat der Stadt beurteilte die Stimmung im Frühjahr 1947 resigniert: „Aus der Lethargie, in welche die Wirtschaft infolge des Fehlens von Kohle, des Mangels an Rohstoffen usw. verfallen war, konnte sie sich nach Eintritt wärmerer Witterung nicht ohne weiteres lösen. Es zeigt sich, daß die Lähmungserscheinungen noch lange weiterwirken werden..." [67] In der Tat, akuter Strommangel sollte in diesem Jahr die Geißel für Wirtschaft und private Haushalte der Stadt bleiben. Die Elektrizitätswerke waren überwiegend auf Strom aus Wasserkraftwerken angewiesen, nicht so sehr deshalb, weil Kohlen zum Betrieb der Dampfkraftwerke fehlten, sondern vielmehr, weil die Hälfte der Kapazität der bayerischen Kohlekraftwerke wegen Reparaturbedarfes ausfiel. [68] Infolge der großen sommerlichen Dürre war es den Wasserkraftwerken verwehrt, in die Bresche zu springen. Radikale Stromsparmaßnahmen galten ab September 1947 für den Omnibus- und Straßenbahnverkehr ebenso wie für die privaten Haushalte. Industrie- und Gewerbebetrieben wurde der Strom gar „bis auf weiteres völlig" abgestellt. Notstrom konnten jetzt nurmehr versorgungswichtige Betriebe beanspruchen. [69] Ihre Angst vor der nahen Zukunft: ohne Essen, ohne Hausbrand, ohne Strom kleideten die Münchner in den bangen Satz: „Niemand soll im Winter im Dunkeln frieren ohne zu hungern". [70]

Um Brennstoff zusätzlich hereinzubekommen, war bereits von der Naziverwaltung eine städtische „Holzaktion" initiiert worden. Im Herbst 1945 wurde der Holzeinschlag fortgesetzt; Arbeiter, die für die Stadt in die Wälder gingen, bekamen Lohn, Mittagessen und Bier. [71] Zu dieser gemeinnützigen Arbeitsleistung sollten auch ehemalige Nazis herangezogen werden, darunter 173 belastete Münchner Bäckermeister. Eine Auflistung der vom Arbeitsamt angeforderten backenden Parteigenossen gruppierte diese recht gleichmäßig verteilt in sieben Belastetengruppen ein. [72] Von den etwa 540 Meistern, die im ersten Nachkriegsjahr den Backbetrieb wieder aufgenommen hatten, [73] war also rund ein Drittel durch Parteimitgliedschaften kompromittiert. Nach Auskunft der Innung waren 70 Prozent der Bäckereien sogenannte Einmannbetriebe, die von einem Meister mit Hilfe höchstens eines Lehrlings oder eines Gesellen geführt wurden. Durch die „sofortige Ausschaltung der Betriebsinhaber der kleinen Geschäfte", so trugen die Bürgermeister der Stadt gemeinsam bei Entnazifizierungsoffizier Captain Baer vor, würden „diese Geschäfte... zur Schließung gezwungen, wodurch ein sehr bedeutsamer Ausfall in der Versorgung unserer Bevölkerung entsteht." Bei „Erteilung des Auftrages zur Bereinigung der Wirtschaft" sei von den Amerikanern doch ausdrücklich betont worden, „daß die Entlassungen so erfolgen müßten, daß die Wirtschaft keine Störung erfährt." Jetzt klagten die Stadtoberen diesen Grundsatz ein und wollten genehmigt haben, „daß dieser Gesichtspunkt nach wie vor in erster Linie gewahrt bleibt." Oberbürgermeister Scharnagl bekräftigte gleichwohl die Notwendigkeit, „daß die Anordnungen zur Bereinigung der Wirtschaft strikte durchgeführt werden. Andererseits bitte ich aber doch Rücksicht nehmen zu dürfen, daß die Versorgung der Bevölkerung keine Beeinträchtigung erfährt." [74]

General Clay habe anläßlich eines Essens in Augsburg darüber räsonniert, woher das Fleisch auf seinem Teller stamme. Es stellte sich heraus, daß es von einem Metzger geliefert worden war, der als Amtsträger der NS-

DAP wohl wirtschaftlichen Nutzen aus seinem braunen Engagement gezogen hatte. Der General, bei der Mahlzeit zu der Erkenntnis gekommen, daß auch die kleinen Geschäftsleute dem Entnazifizierungsprozeß zu unterwerfen seien, habe sogleich eine Direktive ausarbeiten lassen. Die sogenannte 'Augsburger Metzgerdirektive' formulierte gleichwohl recht vage: „Die Schuld und der gefährliche Einfluß solcher Personen könnte denen von Nazi-Beamten gleichkommen." „Mehr als nominelle", einflußreiche und bekannte Handwerker sollten danach von ihren Firmenposten entfernt werden. [75] Mit dem Gesetz Nr. 8 der Militärregierung, das die Entnazifizierungspraxis kodifizierte, war die Metzger-Direktive Ende September 1945 wieder vom Tisch. [76] Das neue Gesetz folgte bereits der amerikanischen Generallinie, eine Vielzahl von Verantwortlichkeiten möglichst rasch in deutsche Hände zu übergeben. Für die Durchführung war in München das Wirtschaftsbereinigungsamt zuständig. Nach den Bestimmungen dieses Gesetzes waren durch NS-Mitgliedschaften belastete Arbeitnehmer und Unternehmer sofort zu entlassen, ein Treuhänder sollte den Betrieb weiterführen. Die Entlassenen hatten sodann die Möglichkeit, ein „Vorstellungsverfahren" zu beantragen und nachzuweisen, daß sie sich nicht aktiv für Naziorganisationen eingesetzt hatten. [77]

Das Münchner Problem der 173 Pg.-Bäckermeister war Anfang Dezember auch mit den Offizieren der örtlichen Militärregierung besprochen worden, die, liest man ihren Wochenbericht an OMGBY, in der Sache hart geblieben waren. [78] Dessen ungeachtet kam es bereits im Januar 1946 zu einer zufriedenstellenden „Abmachung" der Innung mit dem Wirtschaftsbereinigungsamt – „im Interesse der Brotversorgung". In Bäckereien sollten demzufolge vorläufig keine Treuhänder mehr eingesetzt werden; die „entlassenen" Handwerker konnten zunächst weiter backen, waren aber gehalten, baldmöglichst die Unterlagen für das Vorstellungsverfahren über die Innung an das Amt einzureichen. Erst wenn ein solches Begehren abgelehnt werden würde, sollte der Einsatz von Fachkräften, nämlich fliegergeschädigten Kollegen, in Frage kommen. [79] Bis Juni 1946 hatte das Wirtschaftsbereinigungsamt für 122 Münchner Industriebetriebe, für 168 Handwerks- und 276 Handelsbetriebe Treuhänder bestellt. [80]

Während der Oberbürgermeister es ablehnte, sich -„im öffentlichen Interesse"- für belastete Betriebsangehörige schriftlich einzusetzen, [81] fertigte das Ernährungsamt die gewünschten Bescheinigungen aus. Es befürwortete die Zulassung von Firmenfahrzeugen und die Ausstellung von Tankausweisen, die Bereitstellung von Geschäfts- und Wohnräumen sowie die Genehmigung von Telefonanschlüssen. Das Ernährungsamt schrieb aber auch Eingaben, Geschäftsinhaber wie Alois D. bis zum Spruch im Interesse der Versorgung weiterzubeschäftigen. Der Direktor des Ernährungsamtes A ließ sich derartige Bescheinigungen sogar vorformuliert einreichen; so hielt sich Alfred B., der „Betriebsführer" einer Münchner Knäckebrotfabrik und Parteigenosse seit 1933, -ernährungsamtlich beglaubigt- zugute: Bis zur Entscheidung des Vorstellungsgesuches „wird im Hinblick auf die ernährungswichtigen Aufgaben dieser Spezialbrotfabrik... wärmstens befürwortet (,) Herrn B. als technischen Berater, bezw. als für die Rezepte Verantwortlichen im Betrieb zu belassen. Das Ernährungsamt legt grossen Wert darauf, dass weder der Produktionsausstoß noch die Qualität dieser Spezialbrote absinken." [82]

Als letztes Beispiel, das ein bezeichnendes Licht auf die Entnazifizierungspraxis in der Versorgungswirtschaft wirft, sei die Großmarkthalle erwähnt. Dort waren die Parteigenossen während des Krieges und ebenso nach dem Krieg in erdrückender Überzahl: von 270 Firmen war in der Großmarkthalle gerade ein knappes Dutzend unbelastet! Mit namhaften Summen hatten die Obst- und Gemüsehändler die NSDAP unterstützt, einige von ihnen durften seinerzeit gar in der Reichskanzlei mit dem Führer dinieren. Anfang August 1945 hatte Oberbürgermeister Scharnagl gemahnt, „daß einmal diese Zustände in der Großmarkthalle eine Besserung erfahren." Der alte Ton herrsche dort ungebrochen weiter, beschweren sich die unbelasteten Handelsfirmen zehn Tage später, denn auf den für die Warenverteilung maßgeblichen Posten säßen weiterhin Parteigenossen. Es sei ja wohl so, „dass die Inhaber der Import- und Großhandelsfirmen der Münchner Großmarkthalle mit wenigen Ausnahmen Pgs. sind, so dass also der Umstand, dass sie von Pgs. regiert werden, kaum als störend empfunden wird, eher ist das Gegenteil der Fall." [83] Als aufschlußreiche Quelle erweist sich der Bericht des neu eingesetzten und -in seinem Selbstverständnis- „antinazistischen" Direktors der Großmarkthalle, Josef Pfeiffer. Über die Zustände in der braunen Versorgungs-Bastion berichtete er:

> Die Verteilung der Waren erfolge durch den Gartenbauwirtschaftsverband; dieser sei personell identisch mit der Abteilung für Obst und Gemüse des Amtes für Ernährung und Landwirtschaft der Nazizeit. Leiter und Stellvertreter des Verbandes waren Parteimitglieder seit 1933. Die Vorstände der Arbeitsgemeinschaft der Obst-, Gemüse- und Südfruchthändler, gleichfalls unbehelligt im Amt, hätten sich als Nazis „in ganz besonderem Maße" erwiesen. „Unter diesen Umständen", so stellte der Direktor fest, „ist es wohl verständlich, wenn auch heute noch die Ware fast ganz innerhalb des ehemaligen nationalsozialistischen Kreises bleibt": „Nur aus dieser Vergangenheit ist es erklärlich, daß gerade die großen Nazifirmen sich noch heute die Bälle zuwerfen können." [84] Da sei er nicht imstande, Abhilfe

zu schaffen, „denn für die Direktion sind alle Raumbenützer in der Großmarkthalle gleichberechtigte Mieter, denen ihr Mietrecht, solange sie ihren Verpflichtungen... nachkommen, gewahrt bleiben muß." Und außerdem: „Ein Eingreifen in die politischen Verhältnisse eines Betriebes kann doch wohl nur in Erfüllung eines besonderen Auftrages erfolgen, schon deshalb, weil dabei mit größter Vorsicht zu verfahren ist, nämlich dann, wenn es sich um Fragen der Versorgung der Bevölkerung handelt." Mit lebhaftestem Widerwillen sehe er diese Dinge ihren Lauf nehmen, versicherte der Direktor, „ohne wirksam dagegen einschreiten zu können, weil er als Beamter ganz und gar auf das legale Recht angewiesen ist und weder die Anwendung eines diktatorischen Rechts, soweit nicht die Militärregierung davon Gebrauch macht, noch gar eines revolutionären Rechts zulassen darf." Aus seiner Sicht war „nur die Militärregierung... im Stande, Wandel zu schaffen". [85]

Der deutsche Beamte verschanzte sich hinter dem Mietrecht, beschwor drohende Versorgungsmängel, kurz, beharrte auf seiner Ohnmacht und setzte seine Hoffnung auf die Militärregierung, die alles richten werde. Dies wiederum entsprach ganz und gar nicht der Philosophie der Besatzungsmacht, die gerade damit begann, Aufgabe um Aufgabe an die Deutschen abzugeben. Kein Wunder, daß die Bereinigung des Großhandels kaum vorankam. [86] Anfang 1947 zählte die 'Süddeutsche Zeitung' bei 200 Firmeninhabern noch immer 95 ehemalige Parteigenossen. „Von den verbleibenden 105 haben 60 Firmen ausländische Inhaber, von ihnen sollen etwa 50 Faschisten sein. Es bleiben also ganze 55 Unternehmen, welchen man eine 'zeitgemäße Einstellung' nachsagen kann." Die Ware, hier Kisten voller Äpfel, wurde weiterhin unter Parteigenossen verschoben. [87] Ein Antrag anerkannt politisch Verfolgter dagegen, zum Großmarkt zugelassen zu werden, wurde vom Staatsministerium 1947 abschlägig beschieden. In der Begründung der Ablehnung stand zu lesen, mit 270 Großhändlern sei der Münchner Markt übersetzt. „Inwieweit auf Grund des Säuberungsgesetzes Betriebe ausscheiden, steht bis heute noch nicht fest. Aber selbst wenn, was auf Grund des Säuberungsgesetzes nicht anzunehmen ist, ein verhältnismässig grosser Teil der belasteten Firmen aus dem Grosshandel ausgeschaltet würde, bestünde noch kein Bedürfnis für eine Neuzulassung." [88]

Zu heftigen Kontroversen kam es auch bei den Kleinverteilern von Obst und Gemüse: Die beiden Konkurrenten, Einzelhandelsgeschäfte und ambulantes Gewerbe, erhielten ihre Warenkontingente nach den überholten Kundenlisten von 1944 zugewiesen. Das hatte beispielsweise zur Folge, daß es einem ehemaligen KZ-Häftling im Sommer 1945 nicht gelang, Gemüse zu bekommen, da überall zuerst die eingetragenen Stammkunden bedient wurden. [89] Denn als die Kundenlisten aufgelegt worden waren, war er im

KZ Buchenwald gewesen! Um mit dem tatsächlichen Nachkriegs-Bedarf der Geschäfte rechnen zu können, sollten sich die Kunden im Herbst 1945 bei den Obst- und Gemüsehändlern ihrer Wahl in Listen einschreiben. Die Ambulanten befürchteten, bei dieser „Abstimmung" gegenüber den Ladengeschäften schlecht abzuschneiden, da sie während des Krieges Kunden verloren hatten, und weil sie naturgemäß ein weitaus kleineres Reservoir an Stammkunden mobilisieren konnten. Die Straßenhändler vermuteten hinter der vom Einzelhandel kräftig unterstützten Kundenerhebung einen Angriff auf ihre Existenz: „Wenn der Einzelhandel die Einschreibung nur als eine rein technisch-problematische Methode hinstellt, um irgendwelche statistische Feststellungen damit machen zu können, so steht mit dieser offiziellen Auslegung, die man uns und den Herren vom Städtischen Ernährungsamt am grünen Tisch immer vorrechnet oder vorflunkert, im großen Widerspruch die praktische Seite: das ist eine ungeheure Propaganda, die die Obstlergemüter seit ca. 10 Tagen schon zur Siedehitze gebracht hat... Die Einschreibung hat ihre Hintergedanken, ihre Hinterlist! So stehen die Dinge in Wirklichkeit. Wir fallen auf diese Finte nicht herein. Wir lehnen die Einschreibung ab, glatt und unbedingt." [90]

Die Einschreibung fand dennoch statt. Bei der ersten freien Abstimmung nach dem Kriege ging es also nicht um politische Ideen oder Parteien – sondern um Konsumverheißungen: Sie wird zur rudimentären Einübung in die Konsumdemokratie der Fünfziger Jahre. Der Händler-Kampf um die Quoten ging weiter. [91]

Immer noch gültig war auch der Verteilungsschlüssel für Seefische, Salzheringe und Fischkonserven, welcher auf den veralteten Umsatzziffern von Groß- und Kleinverteilern des Jahres 1938 fußte. Der Verteilungsmodus habe sich „zu ca. 90 %" bewährt, allerdings seien nun Umbesetzungen aus politischen Gründen zu berücksichtigen, formulierte das Ernährungsamt im November 1945. [92] Die Firma „Nordsee" AG erhielt danach mit 50 Prozent den Löwenanteil der angelieferten Fische zugewiesen, drei weitere Fischgroßhändler belieferten rund 200 Fischeinzelhändler. [93] Als 1946 eine weitere Großhandelsfirma zugelassen wurde, versuchte das Ernährungsamt, die Zuteilungen der „Nordsee" um 20 Prozent zu kürzen. Das Ansinnen scheiterte am Widerstand des Marktführers, und das Ernährungsamt verfiel auf die undurchsichtige Lösung, den Mitkonkurrenten „nach einem besonderen Schlüssel ohne Einfluß auf die festgelegten Verteilungsquoten vorweg" zu beliefern. [94]

Der Verteilungskampf tobte nicht nur zwischen Stadt und Land, zwischen Zonen und Ländern, sondern auf allen Ebenen der Versorgungskette: „Wer

seinen Verkaufsraum durchbrachte, steht im schwersten Existenzkampf." [95)]
Ganz im Gegensatz zu Leipzig wurden in München gravierende ordnungspolitische Eingriffe in das überkommene Marktgefüge nicht angestrebt. Sorgen bereitete nicht die Reform, sondern vielmehr der Erhalt der Münchner Marktstrukturen – der knappen Warendecke zum Trotz. So sah Bürgermeister Thomas Wimmer (SPD) in den niedrigen Fleischrationen eine Gefahr für die Metzger: „Wir als Stadtverwaltung haben kein Interesse daran, dass die Münchener Metzgerläden, wenn sie kein Frischfleisch mehr verkaufen können,... zu Filialen auswärtiger Wurstfabriken herabsinken." [96)]

4.5. Versorgungssoziologie: Das Rennen nach Zulagekarten [1)]

Für Wilhelm Ziegelmayer, den Vizepräsidenten der Deutschen Verwaltung für Handel und Versorgung der SBZ, beruhte „die Ernährungswirtschaft in der amerikanischen und der sowjetischen Zone... auf völlig verschiedenen Grundlagen. In der USA-Zone gilt im wesentlichen noch das alte Kriegsernährungsrecht, das die grosse Masse der versorgungsberechtigten Bevölkerung mit Karten von Normalverbrauchern versieht, während nur gewisse Gruppen (Schwerarbeiter usw.) bestimmte Lebensmittelzulagen erhalten. In der Sowjetzone hingegen sind die Verbraucher in sechs Gruppen eingeteilt, von denen jede eine besondere Karte erhält. Dabei kann aber keinesfalls die Gruppe VI in der Sowjetzone, die nur knapp ein Drittel der Bevölkerung umfasst, gleichgestellt werden mit den Normalverbrauchern der USA-Zone, die den Grossteil der Bevölkerung ausmachen... Auch die übrigen Gruppen können nicht ohne weiteres miteinander verglichen werden. So erhalten in der Sowjetzone die Rationen für Arbeiter nicht nur Handarbeiter, sondern auch geistige Arbeiter, wie z.B. die Lehrer. Völlig unvergleichbar sind die beiden mit dem Stichwort 'Arbeiter' bezeichneten Kategorien. In der sowjetischen Besatzungszone fallen hierunter sämtliche vollbeschäftigten Arbeiter, während in der USA-Zone diese im allgemeinen als Normalverbraucher behandelt werden und nur bestimmte Gruppen (Teilschwerarbeiter) Zulagen erhalten." [2)]

Nachdem es in München nach dem Kriege zeitweise nur drei Versorgungsgruppen gegeben hatte, [3)] galten ab 17. September 1945, also mit der 80. Zuteilungsperiode, einheitliche Rationssätze für die gesamte US-Zone. [4)] Ab 3. November 1945 (82. ZP) wurde die Altersstaffelung reformiert. In drei Kindergruppen wurden eingeteilt: 12.600 Kleinstkinder bis zu zwei Jahren, 21.235 Kleinkinder vom dritten bis zum fünften Lebensjahr und 29.582

Kinder vom sechsten bis zum neunten Lebensjahr. 54.475 Köpfe zählte die Gruppe der Jugendlichen vom zehnten bis zum 17. Lebensjahr. Die fünfte Gruppe bildeten die Erwachsenen über 17 Jahre mit 495.693 Personen. Anfang November 1945 empfingen in München demnach insgesamt 613.585 Personen Lebensmittelkarten. [5] Zwei Monate später, mit der am 7. Januar 1946 einsetzenden 84. Periode, änderte sich die Einteilung erneut. Die drei Kinderkategorien wurden um eine Säuglingsgruppe erweitert: Die Allerkleinsten bis zum vollendeten ersten Lebensjahr erhielten jetzt eigene Karten, dann folgten die Kleinstkinder bis zum vollendeten dritten, die Kleinkinder bis zum sechsten und die Kinder bis zum vollendeten zehnten Lebensjahr. Die deutlichere Differenzierung bei den Kindern verschob auch die Einstufung bei Jugendlichen und Erwachsenen. Vom elften bis zum 18. Lebensjahr zählte man zu den Jugendlichen, vom 19. Lebensjahr an zu den Erwachsenen. [6] Dieser Altersschlüssel galt ab April 1946 auch in der britischen Zone und behielt in der Folgezeit bis 1948 seine Gültigkeit. [7] Damit gab es in der US-Zone und später in der Bizone, wie in der SBZ, sechs Verbrauchergruppen. Ein extensives Zulagensystem sorgte darüberhinaus für weitere Differenzierung: In den Genuß solcher Zusatzkarten kamen Arbeiter, die als Teilschwerarbeiter, Schwerarbeiter oder Schwerstarbeiter eingestuft werden konnten, Kranke, Alte und Schwerbeschädigte, werdende und stillende Mütter, politisch Verfolgte und ehemalige KZ-Häftlinge. Aus russischer oder französischer Gefangenschaft entlassenen Soldaten wurden nur dann Heimkehrer-Zulagen gewährt, wenn sie eingesessene Münchner waren, also vor Kriegsbeginn ihren ständigen Wohnsitz in der Stadt gehabt hatten. [8] Nicht die gesellschaftliche Relevanz des einzelnen dominierte in den Westzonen als Ordnungsprinzip, sondern das Lebensalter. Mit Hilfe eines weit gefächerten Zulagensystems wurde überdies dem physischen Mehrbedarf bestimmter Bevölkerungsgruppen Rechnung getragen. Eine nach politischen Vorgaben strukturierte Rationengesellschaft wie in der SBZ gab es im Westen also nicht. Und dennoch provozierten auch in München politische Rationen und markante Unterschiede im Versorgungsniveau zeitweiliges Aufbegehren der Benachteiligten.

Als am Montag, dem 31. März 1947, die einhundertste Zuteilungsperiode begann, mußte Münchens Ernährungsreferent, Stadtrat Weiß, eingestehen, daß die „Jubiläums"zuteilungen die schlechtesten seien, „die wir seit Beginn der Bewirtschaftung in München hatten. Ich beobachte hin und wieder die Hausfrauen in den Läden und nicht selten sehe ich Tränen der Verzweiflung. Die gegenwärtigen Rationen würden in normalen Zeiten einer Hausfrau kaum eine Woche reichen." [9] Oberbürgermeister Scharnagl hatte einige Wochen zuvor noch mit dem Gedanken gespielt, aus Anlaß des runden Datums eine Sonderzuteilung auszugeben. Aus diesem Ansinnen wurde nichts. [10] 21,4 g Nährmittel, ebensoviel Fleisch, 17,8 g Zucker, 7,1 g Fett, 357 g Roggenbrot, ein Zehntelliter Milch, 429 g Kartoffeln, ganze 2,2 g Käse, schließlich 4,5 g Kaffee-Ersatz: Das waren die „Werte", nach denen der Münchner Normalverbraucher während der Jubiläumswochen sein tägliches Leben ausrichtete. Die 100. Periode geriet zum „Denkmal des Hungers" [11] (Abb. 17).

Diese Ration ergab gerade 1.075 Kalorien pro Tag in der 100. Periode, im darauf folgenden Versorgungsabschnitt fiel die Ziffer auf 909 Kalorien. [12] Damit war der Kalorienwert, just zur Jubiläumszeit, in der Tat auf ein absolutes Minimum abgesunken. In der ersten Hälfte des Vorjahres hatte es durchschnittlich noch 1.423 Kalorien täglich gegeben, [13] in der zweiten Hälfte des Jahres 1947 stieg der Wert immerhin wieder auf knapp 1.400 Kalorien, [14] erreichte -aufs ganze Jahr gesehen- jedoch nur 1.314 Kalorien. [15] Mit diesen Kaloriensätzen mußte der erwachsene Normalverbraucher, der keine Zulagen zu beanspruchen hatte, auskommen. Ein Redakteur der SZ beobachtete diesen bedauernswerten Nachkriegstypus einen Tag lang: „Das Frühstück ist rationiert, eine Scheibe Brot -von den drei, die ihm 'zustehen'- und den ungezuckerten Kaffee meist schwarz, damit die Milch für die Kinder oder zum Kochen bleibt. Zur Trambahn hat er ein gutes Stück zu laufen und wenn es regnet, bekommt er nasse Füße, weil die Schuhe schon längst zum Schuster müßten. An seiner Haltestelle bekommt er nie einen Sitzplatz, manchmal muß er auf dem Trittbrett mitfahren... Die Brotzeit, seine zweite Scheibe von der Tagesration, kann er während der Arbeit essen, sie macht keine Fettflecken. Dann schlägt es zwölf und er geht in die kleine Wirtschaft nebenan. Eine Salatplatte, für fünf Gramm Fett ein Stammgericht. Er versteht, daß seine Frau die Fleischmarken nicht aufteilen will, dann 'hat man wenigstens einmal in der Woche eine richtige Mahlzeit.'... Das Abendessen ist am Mittag mitgekocht worden. Es wird nur aufgewärmt, um das Gaskontingent nicht zu überschreiten. Es besteht hauptsächlich aus Kartoffeln. Nur mehr selten gibt es eine Maß Bier dazu, seit es so teuer geworden ist... Zweimal in der Woche kann er die Zeitung lesen, die er sich vom Nachbarn ausleihen muß. Wann wird's besser? ist die Frage, die er täglich stellt." [16]

„Wir werden mit der am 1. Januar beginnenden Zuteilungsperiode eine 1.550 Kalorien-Ration genehmigen. Hungersnot ist noch nie ein politisches Ziel der Vereinigten Staaten gewesen. Meine Regierung ermächtigt mich, Ihnen zu sagen, daß sie bereit ist, eine 1.550- 1.550-Kalorien-Ration zu sichern." [17] Dieses große Versprechen hatten die Amerikaner bereits im Dezember 1945 gegenüber dem Länderrat abgegeben. Im August jenes Jahres hatte diese Kalorienmarge den US- Versorgungsoffizieren noch als Obergrenze und nicht als Mindestwert gegolten. [18] Für die Amerikaner blieb die 1.550-Kalorienhürde eine magische Ziffer. Clay forderte, mit ihr argumentierend, Importe aus Amerika an, um das „antikommunistische Bollwerk" versorgungspolitisch absichern zu können – Kalorien-Krieg zwischen den beiden großen Besatzungsmächten gehörte zum Wettlauf um die Deutschen. Nie verlor die amerikanische Import- und Rationenpolitik die kommunistische Kalorien-Konkurrenz außer acht: Ende März 1946 schrieb General Clay nach Washington, er glaube, in der russischen Zone würden bis zur nächsten Ernte 1.500 Kalorien ausgegeben. Den hungernden Deutschen bliebe da gar keine Wahl, als mit 1.500 Kalorien Kommunist zu werden statt mit 1.000 Kalorien an die Demokratie zu glauben. [19] Im September 1946 erneuerten die beiden stellvertretenden Militärgouverneure der amerikanischen und britischen Zone mit Blick auf die im Entstehen begriffene Bizone die 1.550-Kalorien-Garantie des Westens. [20]

Mit den Versorgungsrealitäten hatte die Ziffer jedoch schon 1946 wenig zu tun, nur im Frühjahr des Jahres hatte es ausnahmsweise mehr als 1.550 Kalorien in München gegeben. Unwillig und gleichwohl wie gebannt verfolgten die Normalverbraucher das Auf und Ab der Kalorienwerte: Die rapide Talfahrt des Kalorienkurses im Frühjahr 1947 führte das angloamerikanische Ehrenwort endgültig ad absurdum und diskreditierte zugleich den ökonomischen West-Zonenverband. Zur Jahreswende hatte Werner Friedmann, der Herausgeber der 'Süddeutschen Zeitung', vor uneinlösbaren Versprechungen gewarnt: „Es ist besser, kein Wort über Kalorienerhöhungen und über geplante Zuweisungen irgendwelcher Art zu verlieren, als hungernden und hoffenden Menschen, die sich an jede Verheißung klammern, weil man nun einmal das Gute glauben will, Versprochenes vorenthalten zu müssen, weil es etwa an Transportmitteln fehlte... Jede angekündigte Sonderzuteilung, die ausbleibt -und sei es nur Trockengemüse oder Puddingpulver- macht ein gläubiges Herz schwankend. Enttäuschungen dieser Art aber sind nicht nur schwer zu ertragen, sie haben auch politische und wirtschaftliche Folgen: jene, daß sie die Menschen in die Opposition zur Demokratie treiben, diese, daß sie ihren Aufbauwillen lähmen." [21] Als die Münchner Studenten 1948 vor Hunger auf die Straße gingen, erinnerten ihre Transparente nicht ohne Grund an die zahlreichen enttäuschten Versorgungsversprechen (Abb. 21).

Der SZ-Chef hatte mit seiner Warnung ein fundamentales Erfahrungsschema der unmittelbaren Nachkriegszeit und – selbstverständlich auch- der Nazizeit beschrieben: die prägende Alltagserfahrung des uneingelösten Versprechens. Die komplementäre Pattern des -materiell und konsumtiv- eingelösten Versprechens sollte schon weniger als ein Jahrzehnt später das Bewußtsein der fünfziger Jahre bestimmen und regieren. [22]

Auch die deutsche Seite unternahm den Versuch, über die Rationenpolitik auf Washington einzuwirken. Durch die -wider besseres Wissen- strikte Befolgung offensichtlich überdimensionierter Rationssätze sollten die Amerikaner zu größeren Importanstrengungen gedrängt werden. Mitte August 1947 instruierte das Ministerium leitende Ernährungsbeamte aus ganz Bayern, die von OMGUS verordnete Vier-Wochen-Ration von zehn Kilogramm Brot auf alle Fälle auszugeben – ungeachtet der Tatsache, daß die Brot- und Nährmittelrationen in den nächsten beiden Monaten nicht ausgelastet sein würden. Dr. Müller gab die Parole aus: „Die vorgeschriebenen Rationen jedoch müssen unbedingt nach General Clay aufgerufen werden. Wir sitzen dazwischen drin. OMGUS! Wenn wir weniger aufrufen, bekommen wir weniger Importe." Auf einen Einwand von Stadtrat Weiß, der sich mit diesem „politischen Satz" nicht einverstanden erklären wollte, entgegnete der Ministerialbeamte, dies sei die „geschlossene Linie innerhalb der vier Minister" der US-Zone gegenüber der Besatzungsbehörde. [23] Landdirector Murray D. van Wagoner wies Ende 1947 die Kritik des Bayerischen Städteverbandes an der Versorgungs- und Importpolitik der USA energisch zurück. Der Militärregierung liege das Problem, die bayerischen Städte ausreichend zu ernähren, besonders am Herzen, schrieb der OMGBY-Chef ins Münchener Rathaus. „Es wurden daher im Laufe des Jahres 1947 469.467 to Nahrungsmittel, hauptsächlich Weizen und Mehl,... nach Bayern importiert. Die Regierung der Vereinigten Staaten hat seit dem 1. Juli 1947 alle dem deutschen Volk versprochenen Importe restlos durchgeführt. Der Kalorienwert dieser Importe betrug ungefaehr 1/3 der Gesamtzuteilung... Die Nahrungsmittel wurden von der Regierung der Vereinigten Staaten gegen Kredit auf unbestimmte Zeit geliefert. Noch niemals in der Geschichte hat ein siegreiches Volk so gehandelt." [24]

Um seine Ration auf legalem Wege spürbar aufzubessern, mußte der Normalverbraucher um Zulagen ringen. Einem amtlich anerkannten Teilschwerarbeiter verhalf seine Arbeit 1947 zu rund 550 Kalorien zusätzlich am Tag, das machte 42 Prozent der Normalverbraucher-Ration aus. Schwerarbeit wurde mit 1.090 zusätzlichen Kalorien am Tag „honoriert", 83 Prozent der Grundration. Schwerstarbeiter kassierten Zusatzkarten, die ihnen die fünffache Menge Fett eines Normalverbrauchers, mithin ein Kalorien-Plus von 122 Prozent, 1.604 Kalorien im Tagesmittel, gewährten. Diese Gruppe hatte demnach insgesamt 2.918 Kalorien täglich zur Verfügung, Schwerarbeiter brachten es auf 2.404 Tageskalorien. Werdenden oder stillenden Müttern stand ein Extra-Quantum von 1.061 Kalorien zu; sie blieben damit knapp unter dem Versorgungsniveau der Schwerarbeiter. Diese erheblichen Kalorien-Distanzen zum Normalverbraucher mit seinen 1.314 Tageskalorien im Versorgungsjahr 1947 kamen in Teilbereichen zuweilen an die dezidiert ausgeprägte Differenzierung in der SBZ heran, die dort freilich bereits seit November 1945 praktiziert wurde. [25]

An 689.129 Münchner Bürger und Bürgerinnen waren im August 1946 Lebensmittelkarten ausgehändigt worden – in Leipzig waren es zur selben Zeit 80.600 Personen weniger. 548.343 Personen, nahezu 80 von hundert Münchner Kartenversorgten, zählten zu den Erwachsenen, die Gruppe der Jugendlichen stellte mit 58.759 Köpfen knapp neun von hundert, und die vier Kindergruppen kamen mit zusammen 82.027 Versorgten auf elf von hundert. Weitere 28.175 Menschen wurden in Lagern, Krankenhäusern und Gefängnissen nicht mit Karten, sondern gemeinschaftlich verpflegt. 209.051 Münchner, also 30 von hundert Kartenempfängern oder 38 Prozent der Normalverbraucher, genossen die Vergünstigung einer oder mehrerer Zulagen. 998 Beschäftigte waren als Schwerstarbeiter, 54.960 als Teilschwerarbeiter und 64.637 als Schwerarbeiter gemeldet. Die Statistik verzeichnete noch 9.114 Zulagen für ehemalige KZ-Häftlinge, 11.081 Sonderkarten für werdende und stillende Mütter, 33.741 Milchzulagen für Alte und 34.520 Zulagen für Kranke und Amputierte. [26] Der Zuzug in die Stadt war seit 1. August 1945 für alle Personen gesperrt; die Rückkehr der evakuierten „alten Münchner" sollte nur schrittweise erfolgen. Dem Münchner Zuzugskommissar Willi Irlbeck gelang es mit einer rigoros-eigennützigen Politik, die Stadt gegenüber dem starken Flüchtlingsstrom nach Bayern abzuschotten. 1947/48 lebten wenig mehr als 47.000 Flüchtlinge und Vertriebene in der Landeshauptstadt, ihr Anteil an der Nachkriegsbevölkerung betrug „in den ersten drei Nachkriegsjahren also zwischen sechs und acht Prozent, während er im bayerischen Umland bereits auf über 22 Prozent angestiegen war." [27] Mit den Vertriebenen und Flüchtlingen blieb eine Vielzahl sozialer, fürsorgerischer, versorgungstechnischer und politischer Probleme vor den Toren der Stadt. 1945 bekamen täglich 800 Personen den begehrten Aufenthalt (wieder)bewilligt; [28] die Zahl der Einwohner erhöhte sich im Laufe des Jahres 1945 absolut um mehr als 90.000 und im folgenden Jahr um nahezu 98.000 Personen. Im Jahr 1947 reduzierte sich die Zuwachsrate dann deutlich auf 20.000 Personen und im Folgejahr auf 8.100 Personen. [29]

Während die Zahl der Gemeinschaftsverpflegten bis zur Jahresmitte 1947 leicht rückläufig war, erhöhte sich die Gesamtzahl der Kartenversorgten um 44.700 auf 733.880, die Zahl der Erwachsenen kletterte auf 560.450 Personen, das waren 76 Prozent der Kartenempfänger. In nicht einmal einem Jahr war demgegenüber die Zahl der Zulageberechtigten auf 323.826 Personen hochgeschnellt: damit hatten sich mittlerweile 44 Prozent der Kartenversorgten oder 57 Prozent der erwachsenen Normalverbraucher ein Anrecht auf eine Zulage erworben und – erstritten! 25.211 Arbeiter hatten mit der 103. ZP das Glück, auf Anhieb in den Genuß einer weiteren, vierten Arbeiterzusatzverpflegung zu kommen – in der 106. Periode umfaßte die neue Stufe bereits 46.000 Arbeiter. [30] Weitere 175.000 Münchner verblieben in den bisherigen drei Zulagegruppen für Arbeiter. [31]

Eine äußerst besorgniserregende Entwicklung nahm die Zusatzkost für ambulante Kranke. Bei Kriegsende lag die Anzahl der Kranken bei 21.000, im Januar 1946 waren es nicht einmal 1.000 Personen mehr, bis August 1946 aber stieg die Ziffer kontinuierlich auf 41.000 Personen an, stand zum Jahreswechsel 1946/47 bei 46.100 und verdreifachte sich bis zum Frühjahr 1948! [32] Das Zulagensystem wucherte: Mehr als die Hälfte aller Münchner Einwohner holte sich bei den Kartenstellen des Ernährungsamtes nicht nur die Normalverbraucherkarte, sondern auch eine Zulagenkarte ab. Manchen gelang es, gleichzeitig mehrere Zulagen zu ergattern; bis zu drei verschiedene Zulagen für eine Person waren erlaubt: „Bei diesem Rennen nach der Zulagekarte laufen bei jeder Periode einige tausend neuer Bewerber mit." [33] Eine Münchner Denkschrift formulierte treffend: „Die Zusatzverpflegung stellt... nicht nur ein Ernährungsproblem dar, sondern auch ein ernstes politisches Problem. Das deutsche Volk, das heute ohnehin in Zonen, Parteien, Unitaristen, Föderalisten, Neureiche, Totalausgebombte usw. aufgesplittert ist, erfährt noch eine weitere Spaltung in Ernährungsaristokraten und Ernährungsproletarier." [34] Der Leiter des Ernährungsamtes Fürth, Fischer (SPD), attackierte im Landtag das „Heer von 'Zulagepensionisten'" [35] und für seinen Münchner Kollegen Weiß war „das derzeitige Zulagewesen ein ganz grober Unfug." [36] Das Rationierungssystem „dokumentiere nunmehr drastisch, daß unsere ganze Ernährungswirtschaft auf eine große Lüge aufgebaut sei, nämlich daß man mit solchen Hungerrationen auskommen könne. Man müßte das Zulagewesen vernünftig gestalten, dann wäre es möglich, die gesamten Rationen für alle zu erhöhen." [37]

Unzufrieden waren nicht nur die kommunalen Versorgungsbeamten, sondern auch die städtischen Versorgten. Adolf B. beklagte sich, es sei ein offenes Geheimnis, „daß die Nazigegner sehr enttäuscht sind, daß sie hinsichtlich der Lebensmittel nach solch langen Jahren bitterer Not jetzt immer noch nicht irgendeine Bevorzugung in der Menge der Zuweisung erleben, sondern in gleicher Weise wie irgend ein Nazi hungern müssen." [38] Andererseits wurde im Ernährungs- und Wirtschaftsausschuß darüber beratschlagt, daß die Münchner Bevölkerung „bei allem Verständnis" für die NS-Opfer nicht einsehe, „daß dieser Personenkreis ständig bevorzugt werde." [39] Die geistig Schaffenden in Verwaltung, Wissenschaft und Kunst zählten unbestritten zu den Stiefkindern des westlichen Versorgungssystems. Rechtsanwalt Rudolf D. hatte einen Antrag auf Zulage gestellt: „Es ist mir nicht verständlich, warum ich zu den 30 % 'Nichtstuern' gehören soll... Als ich im Hochhaus persönlich nach meinem Antrag nachfragte, hieß es: Rechtsanwalt? Ach, das ist sicher abgelehnt! Gegen eine derartige Klassifizierung der Berufe möchte ich mich energisch verwahren. Eine Reform der Lebensmittelzuteilung ist dringend erforderlich." [40] Auch der Antrag eines Landgerichtsdirektors auf Gewährung einer Zulage wurde vom Ministerium abgelehnt. Im Gegensatz zu Leipziger Gepflogenheiten mußte, wer in München ernährungsmäßig besser gestellt sein wollte, „körperliche Arbeit, d.h. Arbeit, in deren Natur bereits eine körperliche Anstrengung liegt," verrichten. [41] Für diese Gruppe von Ausgeschlossenen machte sich Oberbürgermeister Scharnagl stark: „Diese für das deutsche Kulturleben so wichtigen, unentbehrlichen Leistungen müssen wir unter allen Umständen erhalten, und diese Erhaltung ist nur möglich, wenn auch die geistige Schwerarbeit in der Lebensmittelzuteilung ihre volle Berücksichtigung findet." [42]

Zum Kreis zulagebegünstigter Tätigkeiten zählte auch die Hausfrauenarbeit nicht. Die Frauen, die auch in München den Großteil der Bevölkerung stellten, [43] und von deren Leistungsfähigkeit das Überleben der Bevölkerung weitgehend abhing, [44] wurden auch im Westen über die Rationspolitik diskriminiert. Hausfrauen wurden als „nicht berufstätig" eingestuft und damit als Nichtarbeitende abgestempelt. [45] Selbst berufstätige Frauen, die „nebenher" ihren Haushalt führten, mußten sich mit der Ration für Normalverbraucher bescheiden. [46] Als Münchnerinnen begannen, sich über ihre Benachteiligung bei der Zuweisung von Tabak zu beschweren, beschied sie das Stadtoberhaupt in patriarchalischer Manier, „jede betroffene Frau möge bedenken, daß dieser Fall, der sie betrifft, nicht das Briefpapier wert ist, das sie mit ihrer Klage beschreibt"! [47] Mit der geringeren Tabakzuteilung war den Frauen überdies eine Möglichkeit genommen, sich am von der Zigarettenwährung dominierten Schwarzmarkt zu beteiligen. „Auch das Familienleben leidet unter den derzeitigen Verhältnissen sehr", meldete der Polizeiberichterstatter 1947. „Die Männer sind böse, wenn sie müde und hungrig heimkommen und sich nicht sattessen können, und die Frauen überlegen jeden Morgen weinend, was sie kochen sollen." [48] Erbitterte Auseinandersetzungen um Nahrungsmittel wurden nicht nur auf allen politischen

Ebenen, sondern auch zuhause, am Küchentisch ausgetragen. In ihrer aufschlußreichen Studie kam eine zeitgenössische Autorin zu dem Ergebnis, daß Spannungen und Streit in den Familien überwiegend durch die Nahrungsfrage ausgelöst wurden. Der „ewige Hungerreiz" von Mann und Kindern habe zu einer Art Zwangsvorstellung geführt, durch die sich bald der Vater, bald eines der Kinder benachteiligt und zurückgesetzt fühlten. Der innerfamiliale Konflikt ums Essen läßt sich an einem extremen Beispiel aufzeigen: „In einer Familie, die aus Vater, Mutter und drei Schulkindern bestand, war im Frühjahr 1947 das erste Care-Paket aus Amerika eingetroffen. Der... ausgehungerte Vater schleppte das Paket heimlich in den Keller und aß dort in wenigen Tagen den Inhalt allein auf..." Die hintergangene Frau wollte sich daraufhin scheiden lassen. [49] Zum Schutz vor unbeherrschten und unsolidarischen Familienmitgliedern mußten Brotkästen und Speisekammern vielfach abgesperrt werden. Die Kriegs- und Nachkriegsfrauen übernahmen nicht nur die Verantwortung für die Versorgung der Familie, sondern opferten teilweise ihre eigene, spärliche Ration – womöglich, um den Familienfrieden wieder herzustellen, oder aber, um den hungernden Kindern das Allernötigste zukommen zu lassen. Eine 42jährige Putzfrau und Mutter – Normalverbraucherin- erzählte Bauersleuten von ihrem Alltag: Wie so viele Frauen verzichtete sie auf ihr Frühstück, „damit meine Buben ein bißchen mehr haben". [50] Die familialen Verteilungskonflikte vor Augen und aus Sorge um ihren Nahrungsanteil lehnten die Münchner Hausfrauen denn auch das ostzonale Rationssystem scharf ab. „Begründet wird dies damit, daß die Hausfrau selbst dabei schlechter wegkommt, vor allem aber damit, daß an einem Familientisch dann Personen mit verschiedenen Quanten an Lebensmitteln... teilnehmen. Das muß, so wird erklärt, unbedingt zu Unzuträglichkeiten bei den gemeinsamen Mahlzeiten führen, weil jeder dann die ihm laut Karte zukommende Menge beansprucht." [51]

Die Not der unmittelbaren Nachkriegszeit brachte in der Tat, wie der Soziologe Schelsky meinte, eine Renaissance der Institution Familie mit sich. [52] Richtig ist im Zusammenhang mit der Versorgung auch, daß „familiale Selbsthilfe... die ausgefallenen öffentlichen Sicherheits-, Vorsorge- und Versorgungsleistungen (ersetzte)... kurzum, die Familie sprang überall dort ein, wo Staat und Gesellschaft ausfielen." [53] Die mangelnde Binnenstabilität der Familie, die René König 1946 unter dem Begriff „Desorganisation" [54] faßte, war mit dieser Hinwendung jedoch keineswegs überwunden. Vielmehr boten sich im Rahmen des Familienverbandes dem einzelnen unter den gegebenen Umständen eben die besten Chancen, existentielle Grundbedürfnisse wie Wohnen und Essen halbwegs zu befriedigen. Die Familie gewährleistete eine -unter zeitlichen und wirtschaftlichen Aspekten- optimale Organisation des Versorgungsalltags. Gerade die gesellschaftlichen und insbesondere natürlich die innerfamilialen Verteilungskämpfe werfen ein bezeichnendes Licht auf die engen Grenzen jener utilitaristischen „Konsolidierung der Familie": die Familie erwies sich als probates Mittel zum Zweck, als „heimatliches Selbsthilfenetzwerk". [55]

Die Analyse des Versorgungsalltags zeigt, daß nicht regelmäßig „die" Familie insgesamt eine Solidargemeinschaft bildete, sondern vielmehr die Mütter mit ihren Kindern schon zu Kriegszeiten zu einer echten Versorgungs- und Lebensgemeinschaft zusammengerückt waren. [56] Während die Väter im Krieg und nach dem Kriege ausschließlich die Erfahrung der Gemeinschaftsverpflegung machen konnten, hatten sich Mütter und Kinder in die Karten- und Schwarzmarktgesellschaft eingelebt. Sie waren es gewohnt, die karge Ration klug einzuteilen, sie wußten, wo und wie es etwas Eßbares zu organisieren gab, sie verstanden es, bei den Bauern zu hamstern. Mit den Versorgungswirklichkeiten der Kriegswirtschaft waren Mütter und Kinder also bestens vertraut, die Daheimgebliebenen hatten Übung in der täglichen Versorgungsarbeit, für sie war es selbstverständlich, daß die Kinder für die Mütter und die Mütter für ihre Kinder sorgten. Vielen heimkehrenden Soldaten ging diese soziale Kompetenz völlig ab; ja, sie weigerten sich sogar, die Regeln der Versorgungsgemeinschaft anzuerkennen, die ihren familiaren Status als Oberhaupt zu bedrohen schienen. [57]

Vor diesem Hintergrund ist es kein Wunder, wenn Münchens Mütter vehement für ihre Kinder und deren Versorgung Partei ergriffen. Im November 1945 war die Alterseinteilung der Kinder bei einer Mutter auf großes Unverständnis gestoßen, deren Tochter soeben fünf Jahre alt geworden war und „jetzt noch das Pech (hatte), dass sie von ihrer täglichen Milchration von 3/4 l Vollmilch auf 1/8 l Magermilch gesetzt worden ist." Sie stellte die Frage, warum der Unterschied zwischen den Kindergruppen bei diesem für Kinder so wichtigen Nahrungsmittel so krass ausfalle. „Dass die Milchration für die alten Leute reichlicher geworden ist, ist sehr zu begrüssen, aber muss das auf Kosten der Kinderration geschehen?... Gerade den Kriegskindern, die zwangsweise so viel Leid und Entbehrungen, ganz abgesehen von den vielen Strapazen des Bombenkrieges, erleben mussten, sollte in erster Linie unsere Sorge gelten, um ihnen nicht noch bewusster die Härte unseres Schicksals fühlen zu lassen." [58] Die Zuckerrationen für Klein- und Kleinstkinder lösten Anfang 1946 eine regelrechte Protestwelle der Mütter aus: Frau Johanna W. schrieb ans Ernährungsamt: „Es heißt hier für Säuglinge $2\frac{1}{2}$ Pfund Zucker und ein halbes Pfund Marmelade. Man muß sich unwillkürlich an den Kopf greifen, wenn man weiter liest, daß Kinder bis zum 3. Jahr ein halbes Pfund Zucker und ein halbes Pfund Marmelade bekommen. Derjenige, der dies festsetzte, hat entweder für ein Kind gar nichts übrig, oder er versteht nicht, daß ein Säugling doch nicht so viel Zucker benötigt, ganz abgesehen von der Marmelade, was ja direkt lächerlich ist. Daß die Mütter auf diesen Herrn geladen sind, ist nicht zu verwundern." Frau W. vergißt nicht, einen gängigen Entlastungs-Topos hinzuzufügen, der ihre Kritik legitimieren soll: „Ich bin kein Nazi und war keiner, denn mit Verbrechern habe ich nichts zu tun, aber das muß ich sagen, daß man für die kleinen Kinder besser und gerechter sorgte." [59] Lilly Z. bringt das neue gesellschaftliche Selbstverständnis mancher Frau auf den Punkt, wenn sie fordert: „Sagen Sie mir nur um Gotteswillen, warum läßt man in Fragen, die ein Mann scheints nicht richtig versteht, nicht eine Frau eingreifen?" [60] Bezeichnenderweise ist es just ein Mann, der zu gleicher Zeit den Kindern ihre Fleischration streitig macht: „Das hat sich unter Hitler so eingebürgert und bleibt... Die Erwachsenen mußten den ganzen Krieg arbeiten, sollen heute arbeiten und haben weniger als ein spielendes Kind." [61]

Der verbreitete, zuweilen explosive Versorgungsneid der Nachkriegsgesellschaft bot einerseits moralisierendem Rassismus eine Plattform, andererseits dem Versuch, das gestärkte Selbstverständnis mancher Frauen zurückzudrängen. Frau R. formuliert im Naziton: „Sagen Sie, warum machen Sie es nicht wie Herodes und lassen unsere Babys gleich ganz umbringen, statt langsam zu verhungern?... Und was ist mit den Huren -verzeihen Sie das Wort- die jetzt Negerbastarde zur Welt bringen, im Februar und März gehts an. Sie brauchen notwendig $2\frac{1}{2}$ Pfund Zucker. Macht nur so zu, Ihr Demokraten in spe." [62] In diese Kerbe schlägt auch Frau Trudl Sch.: „Wissen Sie, was der Volksmund sagt? Daß jetzt nach 9 Monaten die Ami-Babys auf die Welt kommen und deswegen die Zuteilungen so hoch sind." [63]

Manche Frau, urteilte der Polizeichronist, sei gezwungen, sich durch Prostitution ein Einkommen zu verschaffen, „wobei Angehörige der Besatzungsmacht und Ausländer wegen der heißbegehrten Lebens- und Genußmittel den Vorrang erhalten." [64] Die Mädchen, die am Sendlinger-Tor-Platz auf einen Kunden warteten, „wollten kein Geld. Sie wollten Zigaretten oder Schokolade oder Kaffee oder zumindest ein paar Lebensmittelmarken. Aber die ewige Frage, ob der knurrende Magen oder die knurrende Liebeslust stärker seien, die war hier, im Nachkriegsdeutschland, längst endgültig entschieden: Wer Lebensmittelmarken besaß, der gab sie nicht her für Liebe; Lust begann erst, wenn die Kalorien genügten. Die Amerikaner aber, die Liebeswährung besaßen, Zigaretten und Konservendosen, die warteten darauf, angesprochen zu werden." [65] Die hungrigen Frauen, wie sie vor den amerikanischen PX-Läden „triefend dastanden, Kinder beiseite schiebend, weil sie die Konkurrenz fürchteten; oder Kinder vorschickend, damit sie allzu eilige GIs aufhielten; andere wieder in lautem Handel mit den Schwarzhändlern, die auf ihre alten oder neuen Kunden warteten – da waren sie Bettlerinnen eher als Huren", schrieb Hans Habe mit Empathie für die Zeit und ihre Menschen. [66] Ohne jedes Verständnis für die Nöte und Verzweiflung der Ernährerinnen geißelte dagegen das Stadtoberhaupt die Versorgungsprostitution: „Mütter heranwachsender Kinder empfangen zu jeder Tages- und Nachtzeit ihre Freunde und rühmen sich noch, ihren Kindern Gutes zu tun, wenn sie sich auf diese Weise zusätzlich Lebensmittel verschaffen. Andere Mütter begünstigen die Verhältnisse ihrer halbwüchsigen Töchter aus dummer Eitelkeit oder gemeiner Profitsucht. Väter nehmen von ihren Töchtern Zigaretten, Geschwister nehmen Schokolade, obwohl ihnen allen deren Herkunft nicht unbekannt sein kann. Sie alle reden sich aus, daß andere es auch tun und noch viel Schlimmeres treiben." Karl Scharnagl äußerte seine tiefe „Abscheu" vor so viel „Ehrlosigkeit", „Fäulnis" und „Sittenverderbnis" der Frauen „seiner" Stadt. [67]

Ein Versorgungssystem, das männlichen Konzepten (von „Arbeit" zum Beispiel) folgte, trieb benachteiligte Gruppen wie Kinder und Frauen geradezu in die Arme der Besatzer: Dort bekamen sie die Über-Lebensmittel, welche ihnen die deutsche Versorgungsbürokratie vorenthielt: „Natürlich haben die meisten Frauen nur an Zigaretten und Brot gedacht. Sollte man diese Frauen deswegen verachten? Wir wußten ja nie, warum eine das tat. Vielleicht wegen ihrer Kinder. Und der Tausch ist schon uralt: Bett gegen Brot." Frau Marquardt fügte selbstbewußt hinzu: „Die ersten menschlichen Kontakte mit den Alliierten sind über uns Frauen gelaufen." [68] – Und, nicht zu vergessen, über die Kinder.

In Arbeiterkreisen werde die Not immer größer, weil das Einkommen mit den Lebenshaltungskosten nicht Schritt halte, stellte das wöchentliche Polizeiprotokoll fest. [69] Zur sommerlichen Obst- und Gemüsezeit 1946 erregte ein Zeitungsartikel „besonders in der minderbemittelten Bevölkerung Ärgernis". „Der Artikelschreiber wollte... zweifellos nachweisen und in der Öffentlichkeit den Eindruck erwecken, daß der Arbeiter so bezahlt wird, daß er sich mit seiner Familie genügend versorgen könne. Dabei wurde aber vergessen, daß z.B. heute das Gemüse für eine Familie mit 3 bis 4 Köpfen 3,- bis 4,- RM. und schon eine kleine Portion Suppengrün –,50 RM. kosten, nicht zu vergessen alle erhöhten Preise für handwerkliche Arbeiten..." [70] Da die

Zufuhr billiger Ware aus traditionellen Liefergebieten in diesem Jahr ausblieb, waren die Kartoffel- und Gemüsepreise für Arbeiterfamilien in schier unerschwingliche Höhen geklettert. [71] Dem amtlich verordneten Preisstopp zum Trotz stiegen die Lebenshaltungskosten von Oktober 1945 bis Oktober 1946 um 11 Prozent; [72] eine Münchner Hausfrau registrierte Anfang April Preisaufschläge bis zu 30 Prozent. [73] „'Lohnstop- Preisstop' – aus alter Erfahrung noch immer eine Kombination, bei der die Preise den Löhnen davonlaufen", gab Gerhard Kreyssig in der SZ zu bedenken. Die Löhne waren theoretisch auf der Tariflohnbasis von 1933 eingefroren, erreichten in der Praxis aber gerade die Krisenlöhne von 1932, die wiederum um ein Viertel unter dem Lohnniveau von 1930 lagen. Es bestehe die Gefahr, daß „ausgerechnet die produktivsten Kräfte für den Wiederaufbau der deutschen Wirtschaft an den Rand der Verelendung abgedrängt (würden), nämlich: die Werktätigen!" [74] In der Stadt gab es Menschen, die nicht in der Lage waren, sich die volle Lebensmittelration für eine Markenperiode zu kaufen, obwohl den Normalverbraucher eine ganze Periode nicht ganz zwölf Mark [75] kostete. Rund 29.000 von ihnen erhielten vom städtischen Wohlfahrtsamt eine Unterstützung von durchschnittlich 38 Mark im Monat. [76]

Stürme der Entrüstung entfachte das zweimal von der Militärregierung verhängte Brauverbot. Um die Gerste als Zusatz für das Brotmehl zu gewinnen, durfte seit Oktober 1945 in den sieben Münchner Brauereien kein Bier mehr produziert werden. [77] „Daß die Biererzeugung bis auf weiteres eingestellt wird, ist wohl eine der härtesten Maßnahmen für die bayerische Bevölkerung und dürfte... erstmalig in der bayerischen Geschichte zu verzeichnen sein", schrieb die Polizei an die örtliche Militärregierung. [78] Wer freilich wisse, was das Bier für den darauf eingestellten Bayern, sei er Arbeiter oder Bauer, bedeute, der müsse diesem Bedürfnis Rechnung tragen. [79] Ende November 1945 waren die Amerikaner überzeugt und gaben 21.000 Tonnen Braugerste frei. Ab Mitte Februar 1946 durften die Brauereien in beschränktem Umfang wieder ihren Betrieb aufnehmen. [80] Der Lockerung des Bierverbotes stand man in Washington skeptisch gegenüber. Lucius D. Clay argumentierte mit dem psychologischen Effekt des Bieres für die Deutschen und bemühte -wie so oft- die „unrest-and-desease"-Drohung: „Beer is of course the native drink, particularly in Bavaria. If 'unrest' in 'disease-unrest formula' means anything, the availability of beer does have important effect." Selbst die kleinste Menge Bieres würde, verteidigte der General seine Maßnahme, die Arbeitsmoral steigern und den Ablieferungswillen der Bauern stärken. [81]

Ein schwerer Schlag traf die Münchner im Jahre 1947, als erneut das

„totale Brauverbot" verfügt wurde. [82)] Genaugenommen handelte es sich um ein Bierverbot für die deutsche Zivilbevölkerung, denn gebraut wurde weiter: Während man den Bayern das Dünnbier nehmen wollte, produzierte die Münchner Paulanerbrauerei wöchentlich 5.000 Kisten für den Export nach USA: „Prosit-Amerika!" [83)] Dieses helle Vollbier kam auf einen Stammwürzegehalt von zwölf Prozent, während das Dünnbier der Deutschen, ein „bierähnliches Notgetränk" (Staatsminister Baumgartner), mit 1,7 Prozent Malzgehalt nahezu alkoholfrei war. Vor Bürgermeisterkollegen erklärte Scharnagl: „Wir sind es in Bayern gewohnt, daß jede Erörterung der mit der Biererzeugung zusammenhängenden Fragen außerhalb unseres Landes ein überlegenes Lächeln und eine überaus unverständige Beurteilung findet. Man hat... nicht die geringste Ahnung, welche Auswirkung die Biererzeugung für unsere heimische Landwirtschaft besitzt." [84)] Das Bierverbot würde, so befürchteten die Städter zu Recht, weniger Milch für sie bedeuten, welche die Bauersleute künftig anstatt des Bieres trinken würden. [85)] Der Kampf ums Bier erreichte im März 1948 seinen Höhepunkt, als die Münchner Brauereien die letzten Biervorräte an die Wirte auslieferten. „Bierausgabe wegen Rohstoffmangels eingestellt", verkündeten Plakate an den Brauhäusern. [86)] Am 13. April 1948 legten rund 500 Arbeiter der Krauss-Maffei-Werke aus Protest gegen das Brauverbot für vier Stunden die Arbeit nieder. Sie verlangten, daß Schwerarbeiter weiterhin mit Bier versorgt werden sollten. [87)] Zwei Wochen später genehmigte das Zweimächte-Kontrollamt den Deutschen wenigstens wieder das Dünnbier. 1,5 Liter des „Bierersatzgetränkes" waren 50 g Brotmarken wert. [88)]

Für Aufregung ganz anderer Art sorgten die US-Importwaren. Die Lebensmittel aus Amerika galten als Märchengaben im dunklen Versorgungsalltag und erfuhren „freudigste", geradezu euphorische Aufnahme: „Die Kunden in den Lebensmittelgeschäften verraten frohe Laune und die Nachfrage nach den 'Amiwaren' ist auffallend groß. Eine Filialleiterin in der Reichenbachstraße stellte fest, daß heute beinahe 60 Prozent der täglich zum Verkauf kommenden Waren amerikanischer Herkunft sind." Qualität und Verpackung, die Siglen des Markenproduktes, ließen selbst die 'Süddeutsche' in Verzückung geraten: „Die amerikanische Art der Lebensmittelverpackung ist äußerst fortschrittlich und wir bewundern die Weißblechdosen [89)] und luftdichten Kartonpackungen. Die Qualität der Waren entlockt unseren so genügsam gewordenen Hausfrauen manches Ah und Oh. Trockenmilch und Trockenei erhalten bestimmt den meisten Beifall. Beide Pulverprodukte sind in Blechdosen verpackt, werden von einer New Yorker Firma hergestellt und wurden schon während des Krieges für die Verpflegung der amerikanischen Soldaten verwendet." Schließlich: „Die Haferflocken sind in luftdichten Schachteln und kommen aus Chicago. Die knusprigen, *wirklichen* 'Flocken' sind eine sehr nahrhafte Zusatzmahlzeit für die Kinder." [90] Die Markenprodukte aus USA wurden unversehens zu Botschaftern einer funkelnden Produkt-Welt, kündeten von einem „wirklichen" und „demokratischen" Versorgungsalltag, [91] mit dessen Details die Deutschen durchaus nicht vertraut waren. Die Medien erteilten also rasch Nachhilfe und gaben den Münchnerinnen Gebrauchsanweisungen an die Hand. Die SZ klärte ihre Leser über die Erdnußbutter auf, [92] das „tönende Kochbuch" von Radio München verbreitete Tips für die Zubereitung der fremden Dosenware. [93] „An Dosengemüse kam bis jetzt teilweise Spinat, Erbsen, Bohnen, Tomaten, Sauerkraut, Mais und Tomatensaft zur Verteilung. Der Mais ist schon als fertige Mahlzeit in der Dose, er schmeckt süß und ist wohl für einen Großteil der Bevölkerung etwas 'komisches Neues'. Der Blattspinat muß gekocht, je nach Art und Belieben zubereitet werden. Der köstliche Inhalt der Dosen macht es verständlich, daß die Amerikanerin viele Zutaten für ihre Mahlzeiten aus Dosen nimmt." [94]

Mit jeder US-Konserve, die sie zugeteilt erhielten, hatten die Münchnerinnen schon im Jahre 1946 Gelegenheit, -dosenweise sozusagen- eine Versorgungswirklichkeit einzuüben, die sich erst in der zweiten Hälfte der fünfziger Jahre durchsetzen sollte. [95] Die US-Konserven repräsentierten insofern ein reales, „echtes" Stück Zukunftshoffnung inmitten der allgemeinen Versorgungstristesse.

Schon ein Jahr nach dem Kriege machten die Münchner und die Leipziger auf diese Weise gänzlich unterschiedliche Versorgungserfahrungen; mit „Konserven" verbanden die einen das verhaßte Salz- und Essiggemüse oder die versalzenen Beutelsuppen aus der Tschechoslowakei, die anderen hochqualitative und viel-versprechende Konservendosen aus Chicago oder New York. Eine alte Nachkriegserfahrung sollte sich abermals bewahrheiten: „'Ja', meinte ein altes Mutterl, 'diese Amisachen sind wirklich gut, aber a bisserl an Kaffee und an Butter sollten s'halt auch rüberschicken.' Sie erzählte dann ganz begeistert von dem amerikanischen Speck und der Margarine, die es nach dem letzten Krieg gegeben hat." [96] Für die betagte Münchnerin stellte sich wie selbstverständlich die Frage, was die Amerikaner wohl nach diesem Krieg alles spendieren würden? Bei aller Befangenheit, Besorgnis und mancher Enttäuschung also, mit der man auch in München der Besatzungsmacht gegenüberstand, konnte man sich doch zu den Beschenkten zählen, wußte man eines sicher: Im Gegensatz zu „den Russen" würden „die Amis" nichts nehmen, sondern geben. Und die Warenfülle, die sie mitbrachten, war nicht nur einigen wenigen Kadergenossen vorbehalten, sondern kam allen zugute. In den Augen der Münchner führten die Amerikaner die Standarte des Schlaraffenlandes, und die offenen Arme, mit denen sie empfangen wurden, würden rasch prall gefüllt werden. Ganz anders die Stimmung in der sowjetischen Besatzungszone: Von der Roten Armee, das wußten die Leipziger ebenso sicher, war nichts zu erwarten, die Feindschaft währte weiter.

4.6. Zusatzversorgung: Die „lieben Amerikaner!" [1)]

„Meine Tochter Ute, damals noch die jüngste Isar-Nixe, erfaßte die Situation sehr schnell. Sie sprang vom 5 Meter-Brett wunderschön herunter und verlangte von den umstehenden US-Soldaten ganz kategorisch – Chocolate, please! Der Erfolg war umwerfend, wir profitierten auch von den Süßigkeiten..." [2)] Zum Bild der unmittelbaren Nachkriegszeit in der US-Zone gehören die schenkenden Soldaten, von Hungerkindern umringt. [3)] Ein dankbarer Vater setzte diesem kinderfreundlichen Typus des „unbekannten Soldaten" ein Denkmal: „Ich spreche auf diesem Wege dem Amerikaner, der am 2. September im Luitpold-Park an alle anwesenden Kinder Schokolade verschenkte, meinen herzlichsten Dank aus." [4)] „Die Amerikaner" existierten also eigentlich nicht: „Sehr bald nach dem Einmarsch löste sich die scheinbar geschlossene Gruppe der Besatzer in viele Einzelindividuen auf, die zwar unter militärischem Befehl standen, jedoch ihre Richtlinien verschieden anwendeten." [5)]

Die große Mehrzahl der Trümmerkinder befand sich in einem erbärmlichen Zustand. „... Die Kinder sahen krank aus, sie hatten leuchtend blasse, schmale Gesichter und jämmerlich dünne Körperchen, armselige Geschöpfe, vor denen man als Erwachsener etwas wie Schuld fühlte." [6)] Der achtjährige Richard Bauer war ein kleiner, blasser Münchner Bub, der die zweite Volksschulklasse besuchte. Richard, so die SZ in ihrem Kinderporträt, war erst 98 cm groß und wog bei der letzten Schuluntersuchung 25 Kilo. Die Eltern des Jungen waren nur als Normalverbraucher eingestuft, da blieben ihm zum Frühstück bloß zwei dünne Scheiben Brot und eine Tasse schwarzen Kaffees – für ein Pausenbrot langte die Brotzuteilung schon nicht mehr. Kein Wunder, daß Richard den ganzen Tag über Hunger hatte. „Die ersten und einzigen Orangen, die der... Bub gesehen und versucht hat, schenkten ihm amerikanische Soldaten in den ersten Besatzungstagen. 'Bananen sind gelb', sagt er, 'ich schaue sie immer auf dem Plakat im Laden der Gemüsefrau an.' Schokolade und Bonbons gäbe es nur in Amerika, meint er. Auf die Frage, ob er einen ganz besonderen Wunsch hätte, antwortet Richard: 'Eine Buttersemmel mit Marmelade möcht ich halt einmal'." Seine Mutter setzte all ihre „Hoffnung darauf, daß die Schulspeisung wieder eingeführt wird. Das wäre wenigstens ein kleiner Hoffnungsstrahl für die Kinder." [7]

Ein Vorstoß der Münchner Stadtbehörden und der bayerischen Staatsregierung, die Schülerspeisung einzuführen, war im Mai 1946 am Widerstand von OMGUS Berlin gescheitert. Die bayerische Militärregierung dagegen hatte den Plan unterstützt, 60.000 unterernährte Schulkinder in Nürnberg, Augsburg, Regensburg und München mit einem Viertelliter Suppe, 160 Kalorien täglich, zu erfreuen und zu stärken. [8] Erbost kommentierte die SZ, „daß andere Großstädte wie Berlin, Hamburg, Frankfurt und Stuttgart in Hinsicht auf zusätzliche Ernährung für die Schuljugend voraus sind." [9] Eine ärztliche Untersuchung in Münchens Schulen hatte zum Ergebnis, daß 65 Prozent der Schulkinder ohne Frühstück in die Schule kamen, daß 55 Prozent der 6- bis 14jährigen unterernährt waren und weitere 25 Prozent an Tuberkulose, Bronchitis oder Hautkrankheiten litten.

Den Wettlauf um die psychologisch und propagandistisch wichtige Schulspeisung gewann so die SMAD. Einen halben Monat nach Einführung der generellen Schulspeisung in der SBZ zog die US-Zone -allerdings begrenzt und befristet- nach. Amerikanische Hilfsorganisationen hatten die erforderlichen Lebensmittel zur Verfügung gestellt, um 100.000 bayerische Schulkinder für etwa zweieinhalb Monate mit 400 Kalorien schultäglich zu versorgen. Die Schülerinnen und Schüler waren zuvor in drei Gruppen eingeteilt worden, in „normal genährte", „speisungsbedürftige" und „dringend speisungsbedürftige". Nur diejenigen in der letzten Gruppe, 25 Prozent der Volksschüler und 30 Prozent der Mittelschüler, insgesamt 17.000 Kinder im Alter von sechs bis 14 Jahren, kamen in den Genuß der „Amerika-Speisung". [10] Ende Januar 1947, während des schlimmsten Nachkriegswinters, lief die CRALOG-Schulspeisungsaktion aus. [11]

Am 1. Mai 1947 konnte die Kinderspeisung wieder aufgenommen werden. Das neuerliche, groß angelegte Programm ging auf einen Vorschlag des republikanischen Expräsidenten Herbert Hoover („Onkel Hoover") zurück, der 1947 zum zweiten Mal eine Bestandsaufnahme der Versorgung in den Westzonen unternommen hatte. [12] Importe und Armeebestände wurden nun eigens für die Kinderspeisung in der britischen und amerikanischen Zone bereitgestellt. Erst jetzt sollten auch im Westen nach und nach alle Schüler in größeren Gemeinden und Städten fünfmal die Woche am Schulfrühstück teilnehmen: 3,5 Millionen Jugendliche in der Bizone, davon allein 700.000 in Bayern. [13] In den Münchner Schulen wurden im Laufe einer Maiwoche

Milchnudeln, Kartoffel-Tomatenbrei, Eiscremepudding, Erbseneintopf und ein Schokoladegetränk mit weißen Brötchen ausgegeben – die Zusammenstellung der Schulmahlzeit traf allerdings, so das Schulreferat, „nicht ganz den Münchener Geschmack". [14] Im Ferienmonat August 1947 erhielten täglich 55.000 Münchner Kinder die Schulspeise; aufgrund von 30prozentigen Kürzungen gerade bei hochwertigen Zutaten sank die Qualität im Sommer merklich ab. [15] Welch gewaltige Sympathiewelle [16] die ersehnte Schulspeisung auslöste, zeigen die Dankesbriefe, die Münchner Schüler und Schülerinnen ihren Wohltätern schrieben oder malten. „Riesige Dampfwolken steigen aus den Kübeln auf, lange Schlangen von Kindern warten vor Säcken, auf denen zu lesen ist: 'Semmeln-USA', andere sitzen mit hängenden Köpfen in den Bänken, das sind diejenigen, die leer ausgehen... 'Liebe Amerikaner!', 'An unsere amerikanischen Freunde!' ist meist die Anrede. 'Wir lieben Amerika!' fängt ein Klassenbrief an und fährt fort: '... aller Augen warten auf Dich und Du gibst ihnen ihre Speise zur rechten Zeit.'... Sogar in Versen strömt das Lob: 'Das Essen schmeckt so wunderbar/es kommt ja aus Amerika.' Ein Bub reimt: 'Und wir sind auch sehr zufrien/mit den Ami-Kalorien.'... 'Die Ami-Speisung ist sehr fein/sie dürfte fast noch mehrer sein!" [17] Eltern und Kinder hätten, so erinnerte sich General Clay, „aufrichtig und rührend ihre Dankbarkeit" gezeigt. Mehr als jede andere Maßnahme sei die Schulspeisung ein überzeugendes Signal für die Deutschen gewesen, „daß wir die Absicht hatten, ihrem Volk wieder aufzuhelfen." [18]

Das typische Szenario der Begegnung mit den schenkenden US-Soldaten, gewonnen mit Hilfe der Oral-History-Methode, stellt sich so dar: „Immer wieder wird die Kinderfreundlichkeit der Schwarzen hervorgehoben. Manchmal erscheint ein Bericht über den Einmarsch beinahe wie die Erinnerung an einen Karnevalszug: plötzlich sind die Deutschen abgezogen, die Bevölkerung hißt die Bettücher, und die Sieger kommen, chic und lässig auf ihren Jeeps und Panzern, und sie verteilen Südfrüchte und Süßigkeiten an die Kinder. Dabei waren die Erwartungen der Deutschen ganz anders, eher eine Mischung aus Gericht und Vergewaltigung." Der Alltagsgeschichtler faßt die Implikationen dieses Nachkriegsbildes zusammen: Die Geschichte lebe von dem, was nicht passiere, die Vergewaltigung der besiegten Frauen. Und: „Die 'Moral von der Geschicht' bleibt ambivalent. Daß die Sieger hilfreich sind, hat... erstaunt. Der Befreier-Status wird mit Schokolade statt mit Gewalt beglaubigt". [19]

Verfolgen wir diesen alltagssemiotischen Ansatz weiter: Die amerikanischen Genußmittel verorteten nicht nur die schenkenden Sieger ganz menschlich in „ihrem" Teil Deutschlands, sondern offerierten umgekehrt den besiegten Beschenkten zugleich einen neuen und verheißungsvollen weltpolitischen Standort: den Westen. Hingegen konnte sich das Besatzungsregime in der Sowjetischen Zone ganz und gar nicht durch Kaugummi und Schokolade legitimieren. Im Osten zu leben, bedeutete, von derlei Zugaben ausgeschlossen zu bleiben. Das bipolare Weltbild erfuhr so durch die -tatsächlich vom ersten Besatzungstag an- auseinanderdriftenden Versorgungserfahrungen regelmäßig eine für jedermann fühlbare Bestätigung. – In einer Zeit, in der zudem „Einheit" überwiegend über das mentale Raster des Vergleiches erfahren wurde, gerieten Schokolade, Südfrüchte und US-Konserven gar zu höchst willkommenen, köstlichen Signalements der beginnenden Teilung. [20]

„Als auf dem Rathaus das Sternenbanner zum erstenmal das Hakenkreuz ablöste, gab es Leute, die darin weniger ein Symbol des Zusammenbruchs des Hitlerreiches als das Emblem eines kommenden Schlaraffenlandes sahen. Sie glaubten, nun, da wir uns von den Amerikanern gütigst... befreien ließen, habe alle Not ein Ende. Muß man nicht von den Abgesandten einer glücklichen, freien Demokratie verlangen..., daß sie das Glück in die Gefilde des Elends postwendend importieren werden?" [21] Das anspruchsvoll-strahlende Amerikabild aus der ersten Zeit wurde -wie soeben beschrieben- vielfach bestätigt und -natürlich auch- bitter enttäuscht: [22] Die Trümmerwüste der unmittelbaren Nachkriegszeit konnte nicht das geeignete Terrain für eine solch allzufrühe deutsche Version des amerikanischen Traumes abgeben. Im Frühjahr 1946, als Kälte und Hunger eine unheilige Allianz eingingen, registrierte die Militärregierung „an increasing amount of criticism of, and hostility towards, the occupation." [23] Die Stuttgarter Rede von Byrnes und die Anhebung der Rationen bewirkten dann im Herbst 1946 ein „ziemlich gutes", „freundliches" Besatzungsklima. [24]

Während des folgenden schlimmen Winters hieß es, die Amis hätten nur Interesse an Schnaps, Frauen und Leicas: „Sie wollen uns verrecken lassen, jetzt entpuppen sie sich als das, was sie immer waren: als unsere Feinde." Das Stimmungsbarometer fiel „in einem beängstigend rapiden Tempo" weiter. [25] Im Jahr der größten Versorgungsprobleme, 1947, kam eine Geheimdienststudie im Sommer zu dem Resultat, daß die feindselige Stimmung seit Februar nicht habe abgebaut werden können. Die Bayern machten viele Kritikpunkte gegenüber der US-Besatzung geltend, gleichwohl räumten sie aber meist ein, in der besten aller Zonen zu leben. [26] Versorgungsmängel, Beschlagnahme von Wohnraum und verschwenderischer Umgang mit Küchenabfällen brachten die Münchner gegen ihre örtliche Militärregierung auf. Immer wieder mußten die Hungernden zusehen, wie amerikanische Dienststellen große Mengen an Brot, Fett und anderen Lebensmitteln vernichteten, obwohl diese augenscheinlich noch genießbar waren „und in Güte den großen Teil der Nahrungsmittel der deutschen Bevölkerung übertreffen. Derartige Vorkommnisse bestärken viele Kreise in der Ansicht, daß die schlechte Ernährungslage nicht Tatsache sondern gewollt ist, um das deutsche Volk büßen zu lassen." [27] Es war die Idee des Oberbürgermeisters gewesen, diese überzähligen US-Nahrungsmittel Münchner Heimküchen zugänglich zu machen. Die Bitte der Stadt wurde 1945 erstmals abgewiesen; endgültig scheiterte das Vorhaben 1947. Das US-Hauptquartier hatte zwar grundsätzlich die Möglichkeit eröffnet, Küchenreste an die Besetzten abzugeben. In München war dem deutschen Verpflegungslager jedoch untersagt worden, von sich aus an die Truppenkantinen heranzutreten. Diese wiederum dachten gar nicht daran, den Deutschen Abfälle anzubieten. [28] „Was uns an den Amerikanern enttäuscht, ist dies: Daß sie nicht dem Traumbild entsprechen, das wir uns von ihnen gemacht haben. Was wir von den Amerikanern als Selbstverständlichkeit erwarteten, war nämlich nicht weniger als: Alles! 'Wenn erst einmal die Amerikaner da sind, wird alles, alles recht' pflegten wir, bewußt oder unbewußt, zu denken... 'Amerikanismus bedeutet Vollkommenheit auf allen Gebieten' – auf dieser simplen Formel bauten sich die Erwartungen auf." [29]

Montag, den 8. Oktober 1945, gab es „Eintopf mit Fleisch-Einlage", am Dienstag „Kartoffelsuppe, Salzkartoffeln und Blaukraut", am Mittwoch „Grießsuppe, Goulasch mit Salzkartoffeln", donnerstags „Salzkartoffeln und Kohlraben, Linsensuppe", freitags „Ochsenfleisch mit Salzkartoffeln und Weißkraut" und am Samstag „Gemüse-Pichelsteiner". So las sich der Speiseplan der Münchner Großküche in der zweiten Woche nach ihrer Gründung. [30] Zweck des gemeinnützigen Stadtbetriebes war es, „der werktätigen Bevölkerung gerade in der gegenwärtigen Notzeit ein bekömmliches Essen zu erschwinglichen Preisen zu bieten." [31] Gemeinschaftsküchen wie in der Gaststätte „Milchhäusl" im Englischen Garten waren in München bereits 1942 eingerichtet worden: sie dienten nach Luftangriffen zur Verpflegung der Obdachlosen und konnten zusammen im Juli 1944 350.000 Portionen täglich ausstoßen. [32] Der Aufbau einer Münchner Großküche stieß im Hauptausschuß auf starke Bedenken: Grundsätzlich esse der Münchner lieber zu Hause, das Essen der Mutter könne niemand ersetzen. Politisch argumentierte Polizeipräsident Pitzer; er wandte ein, „bei diesen Massenzusammenkünften werden auch Reden geführt, wie wir sie nicht immer wünschen, darüber wollen wir uns vollkommen klar sein. Wir dürfen das Gutgemeinte nicht durch Gegner verbauen lassen. Es sind genügend Kräfte am Werk, solche Einrichtungen von allem Anfang an in den Schatten zu stellen..." Die

Hauptsorge des Polizeichefs war, daß die Großküche zugleich zum Ort und zum Anlaß unliebsamer Propaganda werden könne. Um den sozialen Sprengsatz Großküche zu entschärfen, forderte er: „Die Leute also, die dort essen, müssen das absolute Empfinden, die absolute Gewißheit haben, daß alles absolut rein nach jeder Richtung zugeht. Das ist die allererste Voraussetzung, und wir als Vertreter der Stadt müssen jederzeit einen solchen Raum betreten können, um uns zu überzeugen, wie das Essen schmeckt, und wie die Leute zufrieden sind und vielleicht auch, welche Reden geführt werden..."
Der Sozialdemokrat und Stadtrat Dr. Max Grasmann sah die Notwendigkeit der Großküche, aber auch deren weitreichende mentale und politische Bedeutung: „Im Volk war während der NS-Zeit immer ein Schreckgespenst, daß eines Tages zwangsläufig die Volksküche marschiert. Ich glaube, man muß sich überlegen, wie man das dem Volk beibringt, damit es nicht eines Tages heißt, was uns der Nationalsozialismus nicht gebracht hat, die Massenabfütterung, die Volksküche, das tritt nun ein. Die Gefahren sind sehr groß, die Aufgabe ist ungeheuerlich, wenngleich der Idealismus, der aus diesem Werke spricht, nicht verkannt werden kann." [33] Das Risiko Volksküche gingen die Leipziger Partei- und Stadtoberen denn auch erst im Jahre 1947 ein.

Die Skeptiker hatten den Geschmack der Bevölkerung richtig eingeschätzt. Mit bis zu 200.000 Interessierten, mindestens jedoch 30.000 Teilnehmern werktäglich, hatten die Initiatoren des ehrgeizigen Küchenprojektes gerechnet. [34] Bis Mai 1946 stieg die Zahl der Verpflegten auf höchstens 10.500 am Tag und sank in der zweiten Jahreshälfte deutlich auf 5.000 Personen ab. [35] Anfänglich, ja bis vor wenigen Wochen, seien ihre Angestellten mit dem Essen der Großküche recht zufrieden gewesen, schrieb die Münchener Lebensversicherungsanstalt AG im September 1946. Qualität und Quantität des Essens seien aber -bei zu hoher Markenabgabe- so zurückgegangen, daß viele Belegschaftsmitglieder ihr Abonnement gekündigt hätten. [36] Betriebsrat und Geschäftsleitung der Firma Hans Miller, Werkzeug- und Apparatebau KG, reklamierten: „Mit Wassersuppen und ähnlichem kann man niemand, der inclusive Fahrzeit zwischen dem heimatlichen Frühstück und Abendessen 10 und mehr Stunden auf den Beinen ist und nicht immer gerade leichte Arbeit verrichten muss, so bei Kräften halten, dass er die von ihm erwartete Minimalleistung noch vollbringen kann. Die Leistungen gehen in einer für den Betrieb kaum noch tragbaren Weise zurück... Eine derartige Verschlechterung der Grossküchen-Verpflegung erscheint uns aber im Widerspruch zu den ständigen Pressenachrichten zu stehen, dass nämlich gerade die Grossküchen erhebliche Sonderzuteilungen erhalten." [37] Den größten

Zulauf konnte die städtische Gemeinschaftsverpflegung 1947 verzeichnen, als in 318 Essensausgabestellen täglich 92.000 Portionen ausgegeben wurden. [38]

Neben Werkküchen waren auch rund 90 Gaststätten als Essensverteiler in das Netz der Großküche eingebunden. [39] Von der traditionell hohen Gaststättenkultur der Stadt war am 1. Mai 1945 nur wenig übrig geblieben. Die leistungsfähigsten Betriebe waren zerstört oder schwer beschädigt, Vorräte, Inventar und Geschirr geplündert. Doch den Münchner Wirtsleuten gelang ein zügiger Wiederaufbau, so daß Ende 1945 in 864 Gasthäusern täglich wieder 147.000 Essen zubereitet wurden. Das Ernährungs- und Wirtschaftsreferat der Stadt hatte die Wirte dabei kräftig unterstützt. [40] Pro ausgegebenem Essen erhielten die Gaststätten 175 g Kartoffeln zugewiesen, [41] auf ihre abgelieferten Brotmarken bekamen sie einen Bonus von 20 Prozent, auf abgelieferte Nährmittelmarken eine Sonderzuweisung von zehn Prozent. [42] Im Dezember 1946 gab es in der Stadt 1.025 Gaststättenbetriebe mit einer Gesamtkapazität von 212.385 Essen am Tag. [43] Die Speisekarten der Zeit informierten nicht nur über den Preis der angebotenen Gerichte, sondern auch über die „erforderlichen Marken in Gramm". Im Thomasbräukeller „kostete" zum Beispiel an einem Sonntag im Juni 1946 ein „Hammelschlegel mit Röstkartoffeln" eine Mark sowie 100 g Fleisch- und 15 g Fettmarken; mit 70 Pfennigen, 50 g Fleisch- und zehn g Fettmarken kam der Gast beim „Kalbszüngerl pikant mit Püree" günstiger weg (Abb. 18). [44] Die von den Wirten geforderten Fettmarken stünden in keinem Verhältnis zum tatsächlichen Aufwand an Fett, lautete eine häufige Kritik der Gäste. [45] Ludwig M., als Pendler und Normalverbraucher auf ein Mittagessen in der Stadt angewiesen, wunderte sich: „Scheinbar ist eine Monatsfettportion so reichhaltig, daß man die Gaststätteninhaber füttern kann bis sie Speckfalten im Nacken bekommen und der Verbraucher an Fettmangel verreckt ist." [46] Viele Berufstätige mußten auf das Tagesessen in ihrem Stammlokal verzichten; Kohlen- und Kartoffelmangel zwangen im Jahr 1947 300 Gaststätten, zeitweilig zu schließen. [47]

Die 235 Werkküchen in Münchener Betrieben verpflegten Ende 1945 54.619 Berufstätige, zwei Jahre später nahmen 87.187 Arbeiter und Angestellte eine Mahlzeit in einer der 423 Betriebskantinen ein. [48] Während die Gaststätten ausdrücklich alle Förderung erfuhren, sollte die Werkküchenverpflegung durch Reduzierung der Sonderzuweisungen eingedämmt werden. Kleinere Kantinen sollten so zum Anschluß an die Münchner Großküche gedrängt werden. Eine Studie zur Ernährungslage kritisierte scharf die vom Ministerium verfügte Streichung der Fettzulage in Höhe von 3 g pro Essen: [49)] „Es ist den einzelnen Werkküchen nunmehr unmöglich gemacht, für ihre Betriebsangehörigen ein mengenmässig auch nur annähernd ausreichendes und geniessbares Essen herzustellen. Mit etwas Kartoffeln, Suppenerzeugnissen und Kaffeersatz kann einfach auch die erfahrenste Kochkunst kein sättigendes Essen herstellen... Auf keinen Fall wird die Schlechterstellung der Werkküchen der Arbeitslust unserer arbeitenden Bevölkerung einen besonderen Auftrieb verleihen, was an sich, nachdem die Arbeitszeit nunmehr wieder auf 45 Stunden hinaufgesetzt ist, dringend notwendig wäre." [50)]

Auch im Westen schafften es weder Werkküchen noch Zulagen, Arbeitskräfte in die Betriebe zu locken und die Arbeitsmoral zu heben. Sehr viele an sich Arbeitswillige, so das Wirtschaftsreferat der Stadt, waren für schwere körperliche Aufgaben einfach nicht mehr geeignet. [51)] Die Arbeitsleistung war auf maximal 50 bis 60 Prozent gegenüber der Vorkriegszeit abgesunken. [52)] Wer regulär arbeitete, galt auch in München als „der Dumme" – „er wird zu den Steuern herangezogen, muß sich zu seiner Arbeitsstätte auf der Straßenbahn oder mit dem Fahrrad durchkämpfen, hat Schwierigkeiten über Schwierigkeiten..." [53)] Kein Wunder, daß in München ganze Fabrikhallen menschenleer blieben. Die Süddeutsche Bremsen AG suchte händeringend nach 400 zusätzlichen Mitarbeitern; nach der Demontage der Berliner Konkurrenz war die Münchener Firma das einzige Unternehmen in Deutschland, das komplette Eisenbahnbremsen fertigte. Von der 800köpfigen Belegschaft waren 35 Prozent wegen Urlaub und Krankheit abwesend. Der mit 3.600 Beschäftigten größte Münchener Betrieb, das Reichsbahn-Ausbesserungswerk in Freimann, hätte sofort 1.100 Kräfte einstellen können; die Fehlziffer betrug dort „nur" 24 Prozent. Dem Bauunternehmer Karl Stöhr fehlte regelmäßig jedes fünfte Belegschaftsmitglied. Liebend gern hätte die Firma 300 Leute für die Schutträumung und weitere 200 für laufende Bauvorhaben engagiert. Insgesamt zählte das Arbeitsamt im Sommer 1947 46.000 offene Stellen in der Stadt. [54)] Arbeit, so der Wirtschaftsreferent, berufsmässiger Stadtrat Karl Erhart, müsse wieder „lohnend erscheinen – es sei denn, man versuchte es mit einem Arbeitsverpflichtungsgesetz, das Bayern aber vorerst einmal abgelehnt hat." Mit der trostlosen Wirtschaftsperspektive täglich konfrontiert, ließ sich selbst der sozialdemokratische Ressortchef zu dem Satz hinreißen: „Man muss wissen, ob man sich die demokratischen Regungen, die bei dieser Ablehnung eine Rolle gespielt haben, leisten kann!" [55)]

Stadtrat Gustav Schiefer, der alte Münchner Sozialdemokrat und Gewerkschaftsführer, geriet in einer Sitzung des Stadtrates außer sich: „Die Arbeiterschaft soll an der Demokratie verzweifeln durch die Hungerrationen, die man ihr zuteilt, und in demselben Atemzuge -ich bin deshalb innerlich so furchtbar erregt- lässt man uns als Gewerkschaftsvertreter kommen und appelliert an unsere Vernunft, an unseren Einfluss auf die Massen, um nicht die Dinge zu begehen, die nach meinem Dafürhalten unabänderlich sind... Bildet sich denn jemand ein, dass unsere Arbeiter... auf die Dauer bei 4.000 gr. Brot, bei 125 gr. Fett, bei 400 gr. Fleisch noch an die Arbeit gehen werden? Ich glaube es nicht... Wissen Sie, was die Kollegen sagen? Wir haben sie bis jetzt davon abzuhalten versucht. Sie bilden in den Betrieben Kolonnen -gehen Sie einmal nach Allach, wo wir 12.000 Leute sitzen haben- und marschieren in die Stadt München und schlagen jeden Schwarzhändler nieder, dringen in jeden Laden ein, wo unter dem Ladentisch die Kompensationsgeschäfte gemacht werden, wo das Pfund Rinderfett elendester Art zu 80, 90 und 100.- RM gehandelt, die Butter zu 150.- RM, Tee um 800.- RM, Kaffee um 500.- RM verhandelt wird. Diese Geschäfte wollen sie kurz und klein schlagen (Zuruf: Da haben sie nur recht!). Was ist dann, wenn sie das tun?... Das ist der Kampf, das sind die Auseinandersetzungen, die wir heute mit unseren Kollegen zu pflegen haben. Wir sehen den Widerstreit des Hungers mit der Vernunft, die die Grundlage ist zum Wiederaufbau des demokratischen Deutschlands, das vor aller Welt bestehen soll." [56]

Der Zorn der Allacher Arbeiter auf manchen Ladenbesitzer und Gewerbetreibenden war begründet: Händler und Handwerker wurden vielfach ihrer treuhänderischen Verteilungsaufgabe nicht gerecht und ließen Nahrungsmittel versickern. Der Verlust wurde mit natürlichem Schwund, angeblichem Verderb sowie mit fingierten Diebstählen und Einbrüchen entschuldigt. Diejenigen Fehlmengen, die beim besten Willen unerklärlich blieben, registrierten die Markenrücklaufstellen unter dem Rubrum „Differenzen". Ende Juli 1946 ging die Rechtsabteilung des Ernährungs- und Wirtschaftsamtes 200 Fällen von „Zuckerdifferenzen" bis zu 100 kg nach. Bei rund 100 Einzelhändlern vermißte das Amt gleichfalls bis zu 100 kg Fett, und bei den Münchner Bäckern summierten sich die „Mehldifferenzen" auf 23.000 kg. Bis Mitte 1946 hatten die schuldigen Gewerbetreibenden in München nichts zu befürchten. Durch Untätigkeit der Stadtbehörden wurden ihre schwarzen Machenschaften geradezu gefördert. Vor seiner Amtszeit, so der neue, energische Leiter der Rechtsabteilung des Ernährungs- und Wirtschaftsamtes, Dr. Hans Seiß, [57] „war die Rechtsabteilung offenbar für die Geschäftsleute nur die Melkkuh für ihre private Bestandsergänzung. Was sie behaupteten, wurde fast immer geglaubt und bewilligt. Daher sind auch für jene Zeit keine für eine Statistik brauchbaren Zahlen vorhanden." [58] Nicht einmal Strafen hatten diese „Schwarz-Händler" zu gewärtigen, „da im allgemeinen die Sachen nicht unter strafrechtlichen Gesichtspunkt gewürdigt, sondern nur Gebühren für die... veranlaßte Glattstellung dieser Konten erhoben wurden". [59] Seiß gab Anweisung, von der Möglichkeit Gebrauch zu machen, Verwirtschaftungen mit Zuteilungssperren und Ordnungsstrafen bis zu 5.000 RM zu ahnden. Die neue, strikte Linie stieß nicht nur bei den Geschäftsinhabern auf wenig Gegenliebe. Um den schwarzen Schafen unter ihnen auf die Spur zu kommen, wäre eine enge Zusammenarbeit der Fahnder des Ernährungsamtes mit der Polizei vonnöten gewesen. Leider waren „die hiebei gemachten Erfahrungen nicht gerade ermutigend." Polizeidienststellen blockten Nachforschungen, die Einbruchs- oder Diebstahlsmeldungen aufklären sollten, ab: „Die Anfragen des Amtes nach dem Ergebnis (der Ermittlungen) [60] werden kaum beantwortet. Erfolgen Antworten, so ist mit ihnen nichts anzufangen, da sie nicht über angestellte Ermittlungen berichten, sondern sich auf die nichtssagende Formel beschränken, dass die Angaben des Geschäftsinhabers glaubhaft erscheinen. Was ja gerade zu beweisen war. Man gewinnt den Eindruck, als ob auf die zahlreichen Anzeigen hin, die von betroffenen Geschäftsinhabern... erstattet wurden, grundsätzlich überhaupt keine Ermittlungen angestellt wurden bezw. werden." [61]

Heftige Kontroversen focht der entschlossene städtische Rechtsrat mit dem Bayerischen Staatsministerium für Ernährung, Landwirtschaft und Forsten aus, das immer wieder Vorgänge an sich riß, das Ausmaß der Verwirtschaftung im Verein mit den zuständigen Wirtschaftsverbänden herunterspielte, schließlich der Stadt Weisung erteilte, milde Bußen zu verhängen. Im Fall einer Gaststätte im Englischen Garten insistierte der städtische Beamte, „dass es als unzulässig erachtet werden muß, wenn eine obere Behörde Geschäfte einer untergeordneten Stelle nur von Fall zu Fall ohne eine vorherige generelle Regelung an sich zieht, da dies bei Aussenstehenden den Eindruck einer willkürlichen, nicht durch sachliche Momente veranlassten Einmischung erwecken muss und sich mit den Rechtsprinzipien einer demokratischen Verwaltung nicht verträgt." [62] Mehldifferenzen bei einer Bäckerei in der Giselastraße, die Seiß' Behörde mit 2.000 bis 4.000 Mark abstrafen wollte, bezeichnete das Ministerium als „verhältnismäßig normal" und reduzierte die Geldstrafe auf 400 RM – Seiß sah die „Freiheit der Untersuchung" bedroht. [63] Ein Metzgermeister aus der Gassnerstraße hatte zunächst eine „Fleischdifferenz" von 515 kg schriftlich zugegeben. Nachdem sich der Viehwirtschaftsverband und das Ministerium seines Falles angenommen hatten, verblieb unter dem Strich eine „tatsächliche Fehlmenge von nur 248 kg". Der Sachbearbeiter des Verbandes bemerkte dazu ganz unverblümt: „Wir haben Metzger, bei denen bereits 1.000 kg Schulden gestrichen wurden und die schon wieder 1.000 kg Schulden haben und bei denen kein Mensch etwas sagt oder macht." Die Beamten der Rechtsabteilung zogen daraus den

Schluß, daß „selbst die gröbsten Fälle von Verwirtschaftung durch den Viehwirtschaftsverband einfach niedergeschlagen... werden." [64]

Während diese falschen Treuhänder auf „großzügige Weise... mit Ersatz begünstigt" wurden (Seiß), [65] bekamen die Normalverbraucher für abhanden gekommene Lebensmittelkarten nichts, bestenfalls einen Vorschuß auf die nächste Zuteilungsperiode. Früher, als die Karten noch teilweise ersetzt wurden, reklamierten monatlich bis zu 10.000 Münchner den angeblichen oder tatsächlichen Verlust ihres Versorgungsdokumentes. [66] Gestohlene Lebensmittelkarten und gefälschte Lebensmittelmarken lenkten bedeutende Warenströme auf den Schwarzen Markt. Nicht selten gelang es Einbrechern an den Polizeistreifen vorbei, in die Kartenverteilungsstellen einzudringen. Im September 1946 landeten Unbekannte einen großen Coup und ließen in der Ausgabestelle Riedlerschule 18.000 Lebensmittelkarten für Erwachsene mitgehen! [67] Professionelle Markenfälscher druckten nicht die ganze Karte nach, sondern nur einzelne, besonders wertvolle Abschnitte wie die Bons für Butter und Käse. Diese Schwarzmarkt-Branche expandierte seit Ende 1946 und drohte katastrophale Formen anzunehmen. Von den Marken, die ein Geschäft in der Nähe des Hauptbahnhofes bei der Rücklaufstelle einreichte, erwiesen sich 87 Prozent als gefälscht; gar nicht selten war eine Falschmarkenquote von bis zu 50 Prozent! [68] 13.000 kg Nahrungsmittel wurden dem offiziellen Markt allein durch die gemeldeten Waren-, Marken- und Bezugscheinverluste im Monat August 1947 entzogen. [69] Als die Fälschungen von Fett- und Fleischmarken 1948 nach Angaben des Landwirtschaftsministers die Versorgung „ernsthaft gefährdeten", wurde in Bayern unterstellt, die Falsifikate würden aus der Ostzone hereingeschmuggelt, „um die Ernährungslage zu erschüttern und den Radikalismus zu stärken." [70]

Im Juli 1945 glaubte Oberbürgermeister Scharnagl noch, der Münchner Schwarzhandel ließe sich durch hundert amerikanische Militärpolizisten in den Griff bekommen: „Wenn die einmal schießen, ist der ganze Spuk vorbei." [71] Die Wirklichkeit sah anders aus. Im gleichen Monat mußten die US-Militärs im Kampf gegen den Schwarzmarkt eine erste Niederlage einstecken. Ohne Absprache mit den Deutschen hatten die Amerikaner den Sendlinger Tor-Platz kurzerhand abgesperrt und Fußgängern das Betreten verboten. Voller Stolz berichteten sie tags darauf dem Leiter der Kriminalpolizei, „daß die Militärpolizei nach amerikanischem Muster den Schwarzen Markt bereits beseitigt hätte." Davon freilich konnte keine Rede sein: Im Eifer des Gefechtes war den Amerikanern entgangen, daß Schwarzhändler und -kunden einfach auswichen und das Marktgeschehen auf unbehelligte Plätze verlagerten. Auch die Deutschen mußten die Erfahrung machen, daß nach Razzien gegen „öffentliche Marktplätze" die Geschäfte in Kellern und Wohnungen, Hinterhöfen und Hauseingängen sowie in Gastwirtschaften weitergingen. Wenige Tage später endete der Versuch der -unbewaffneten- deutschen Polizei im Debakel, den Schwarzhandel am Viktualienmarkt zu unterbinden. „Gleich bei der Anfahrt stürzte sich eine große Zahl Ausländer und KZler auf den... Wagen, brachte diesen zum Stehen und bemächtigte sich zunächst des Fahrers. Die Beamten wurden auseinandergerissen, von einzelnen Gruppen umstellt und angegriffen... Unter dem nun folgenden Steinhagel waren die Beamten gezwungen, fluchtartig den Viktualien-Markt zu verlassen. Steine standen genügend aus den von Luftangriffen herrührenden Trichtern zur Verfügung." Der Prestigeverlust, den die Kriminalpolizei durch diesen Mißerfolg erlitten habe, sei so stark, schrieb Dr. Wunderer, daß man es vorerst nicht noch einmal wagen dürfe, durch solche Aktionen den Ruf der Polizei aufs Spiel zu setzen. [72]

Der im August 1945 gegründeten Schwarzmarkt-Sonderdienststelle der Polizei „K 3 E" [73] gelang es zwar noch im selben Jahr, „Schwarzhandelsplätze, an denen für jedermann öffentlich Waren jeder Art zum Kaufe angeboten werden," auszumerzen. Dennoch wurden 1947 allein im Stadtgebiet bis zu sechzig Schwarzhandels-Zentren gezählt. Zu den bekanntesten Schwarzmarktorten Münchens gehörten der Vorplatz des Pasinger Bahnhofes, die Gegenden um Hauptbahnhof und Deutsches Museum, Mathäser und Thomasbräu, die Bogenhauser Möhlstraße und die Zweibrückenstraße vor Spateneder, Café Neptun und Hotel Grünwald. [74] Dort wurden die Geschäfte scheinbar im Vorübergehen und flüsternd angebahnt: „Zucker, wer hat? Öl, wer kauft?"; [75] zum Austausch der Ware wurde sodann ein weiterer, verschwiegener Ort vereinbart.

In einem ersten Zwischenbericht hielt sich die mit rund dreißig Beamten hoffnungslos unterbesetzte Schwarzmarkt-Dienststelle der Polizei Anfang April 1946 zugute, 2.543 Schieber und Schwarzhändler „zur Strecke gebracht" zu haben. Die Polizeistatistik führte 1.416 der angezeigten Personen als „Inländer" und 1.127 als „Ausländer"; bezogen auf die Einwohnerschaft [76] der Stadt errechneten die Beamten ein auf den ersten Blick scheinbar überdeutliches Verhältnis dieser beiden Schwarzhändlergruppen von 1 zu 15. [77] Sicher wurde in Lagern der 'Displaced Persons' wie dem Deutschen Museum oder der Simmernschule Schwarzhandel getrieben. [78] Letztlich vermag jedoch auch diese Polizeiquelle wenig zu einer weiterhin fehlenden Soziologie des Schwarzmarktes beizutragen, [79] da sie keinerlei Aussagen über Umfang und Umsatz der Schwarzhandelsgeschäfte macht. Über größere Ressourcen in regelrechten schwarzen Lägern zum Beispiel, die Stadtrat Gustav

Schiefer 1945 ansprach, dürften 'Displaced Persons' kaum verfügt haben: „Mitteilungen... zeugen von einem menschlichen Tiefstand von Deutschen, nicht von Ausländern, dass einen das Grauen erfasst. Lager von Tausenden von Zentnern Weizen sind vorhanden, die nicht erfasst werden, von denen der Herr Landwirtschaftsminister weiss... Ebenso werden Waren aller Art wie Zucker in Mengen von Lumpen zurückgehalten, die sich Deutsche nennen. Es war mir interessant, dass die Herren, die von diesen Lagern Kenntnis bekamen, bei der Besatzungsbehörde mehr Verständnis gefunden haben als bei den deutschen Stellen. Wenn wir nur einmal in der Öffentlichkeit reden dürften!..." [80] Mancher Schwarzhändler genoß aufgrund seiner Überlegenheit und seiner Beziehungen großen Respekt bei seinen polizeilichen Verfolgern. Zwischen der deutschen Polizei und den amerikanischen Polizeibehörden bestehe eine ausgezeichnete Zusammenarbeit. Nach dieser absichernden Floskel räumten die Beamten von „K 3 E" -vorsichtig in ihrer Wortwahl- allerdings ein: „Leider ist es aber in vielen Fällen so, daß die deutschen Polizisten in kaum tragbarer Weise mehr zur Klärung von Fällen herangezogen werden, wo beim Zugriff Hemmungen auftreten, die in der Zuständigkeit gegeben sind. In diesen Diensten werden ohne Rücksicht auf die eigenen schwierigen Fälle die besten Kräfte verlangt, was sich immer fühlbarer auswirkt. Die großen Schieber und Schwarzhändler sind die gerissensten Menschen, die durch ihre Verbindung zu hohen einheimischen und ausländischen Dienststellen und untreuen Personen der Besatzungsmacht sich Rückendeckung verschaffen, so daß ihnen nur mit den besten Kräften entgegengewirkt werden kann." [81] In einer konzertierten Großaktion gingen so am 14. Februar 1947 900 Polizisten gegen die deutsch-amerikanische Schwarzmarktszene in der Siedlung am Hart vor. Die gleichfalls deutsch-amerikanische Einsatzgruppe nahm 86 US-Soldaten und 200 Zivilisten fest. [82] Im Jahr 1945 waren bei der Polizei 3.785 Schwarzhandelsfälle aktenkundig, 2.543 Personen wurden festgenommen. Bis Ende 1947 war die Zahl der bearbeiteten Fälle auf insgesamt 8.327 und die Zahl der Festnahmen auf 6.225 angestiegen. [83] Jedoch, beileibe nicht alle Verhafteten wurden verurteilt: 1945 mußten nur etwa 30 von hundert Festgenommenen eine durchschnittliche Freiheitsstrafe von 55 Tagen absitzen. [84] In diesem Jahr drohte einem Schwarzhändler als Höchststrafe ein halbes Jahr, 1946 ein ganzes und 1947 zwei Jahre und acht Monate Freiheitsentzug. [85] 1947 wurde eine Forderung erfüllt, die nicht nur von der Polizeiführung regelmäßig erhoben worden war: Rückfällige Schwarzhändler konnten -wie in Sachsen- bis zu zwei Jahren in ein Arbeitslager eingewiesen werden. [86]

Im Gegensatz zum Oberbürgermeister wußte Polizeipräsident Pitzer, daß dem Schwarzmarkt mit den Mitteln der Polizei oder Strafjustiz nicht beizukommen war. Er gab zu bedenken, der Schwarzmarkt werde sich erst dann überlebt haben, wenn die Währung in Ordnung gebracht und dem Volke wieder die Möglichkeit einer ausreichenden Ernährung gegeben sein werde. [87]

Auch in Bayern wurden Straßen und Züge von Polizei- und Preisbehörden überwacht. Besondere Aufmerksamkeit galt dabei den Fernstraßen und Fernzügen nach Norden und Westen. – Unter anderem, so Münchens Polizeichef, weil die unkontrollierte Ausfuhr von Nahrungsmitteln die Versorgung Bayerns gefährden könne, vor allem aber, weil „draußen" durch die exportierten Waren „der Anschein vorhandener Lebensmittelüberschüsse in Bayern erweckt" werde. [88] Willkommen war, wer jedoch jenseits der bayerischen Grenzen Produkte organisiert hatte und damit „einreiste". Ansonsten machten auch in München die Überfallwagen, welche die Ausfallstraßen versperrten, primär Jagd auf die Schwarzhandels-Profis und nicht auf die kleinen Hamsterer. [89]

Als „paradiesisch" empfand Senatspräsident Kaisen die Stimmung in München – verglichen mit seiner Heimatstadt Bremen. Kaisen führte dies im Gespräch mit Stadträtin Adelheid Ließmann [90] darauf zurück, daß ein Großteil der Münchner Verwandte auf dem Lande habe und durch illegale Kanäle zusätzliche Nahrung beischaffen könne. [91] Eine wichtige Rolle spielte dabei die Bahn. Die Personenbeförderung bildete bei der Münchner Eisenbahnverwaltung die Haupteinnahmequelle: Im Juli 1945 wurden auf dem Münchner Hauptbahnhof 55.500 Fahrkarten verkauft – im Juli 1946 traten 1,1 Millionen Menschen eine Reise vom Hauptbahnhof aus an. 40 von hundert dieser „Reisenden" gingen auf Hamsterfahrt! [92] Sie stiegen vielleicht in den Frühzug Richtung Kreuzstraße, im Juli 1947 „Himbeerzug" genannt, oder sie nahmen den „Obstzug" nach Württemberg. [93] Die Bahn profitierte nicht nur von der Versorgungs-Mobilität, sondern kam auch den Hamsterern entgegen: Im September 1946 wurden an Züge, die in die bayerischen Obstbaugebiete fuhren, eigens „Hamstererwagen" angehängt: „Sie sind groß und geräumig, ehemals waren es Lazarettwagen, die nun ihre Betten losgeworden sind." [94]

„Kaufen Sie schwarz?" Mit dieser Gewissensfrage konfrontierte die 'Süddeutsche Zeitung' 1947 eine Reihe von Normalverbrauchern. Da gestand ein Oberwachtmeister, er sei „vielleicht nur ein verhinderter Schwarzhändler". Stadtrat W. berichtete „ganz im Vertrauen", ein Pferdemetzger schiebe ihm ab und zu ein Stück geräucherter Lende zu. Ein Oberstaatsanwalt traute sich zwar nicht auf den „regulären" (sic!) Schwarzmarkt, fuhr aber alle 14 Tage zum Hamstern aufs Land. Der Heimkehrer K. Sp. schließlich erklärte:

„Ich kann mir nichts kaufen, denn ich habe kein Geld, aber wenn ich welches hätte, würde ich ohne alle Hemmungen vom Schwarzen Markt beziehen. Auf Moral pfeife ich, wenn mein Magen knurrt. Man hat es nun endlich soweit gebracht, daß wir bei jedem anständigen Gedanken über unsere Gedärme stolpern. Deshalb hätte ich auch nicht die geringsten Gewissensbisse, mir das zu verschaffen, was wohl zu den primitivsten Menschenrechten gehört – genug zu essen." [95]

München entwickelte sich unter amerikanischer Besatzung zu einem Dorado des Schwarzen Marktes. Weit mehr als Leipzig zog die Bayernhauptstadt die illegalen Warenströme auf sich, hier konzentrierte sich eines der größten Schwarzangebote Zonendeutschlands. Zu keinem Zeitpunkt war die Stadt von ihrem Umland abgetrennt, die „überzähligen" Agrarerzeugnisse des Landes fanden immer ihren Weg in die Stadt. Nicht so in Köln, der „Grenzstadt" wider Willen. Entscheidend aber war, daß die Münchner Schwarzhandelsszene unmittelbaren Zugang zu den unerschöpflichen Nachschubdepots der US-Streitkräfte hatte. Nicht nur der einfache GI machte von dieser nie versiegenden Quelle eifrigen Gebrauch, indem er ab und an eine Stange Zigaretten zum Markte trug. Die Ressourcen der US-Armee ermöglichten deutsch-amerikanischen Schieberringen einen schwunghaften Großhandel. Beizukommen war diesen schwarzen Kartellen und ihren lukrativen Geschäften kaum, denn sie genossen vielfach die Protektion höchster deutscher und amerikanischer Dienststellen! Korruption und Klüngelwirtschaft waren auch in Köln an der Tagesordnung. Diese Form früher Komplizenschaft zwischen Besatzern und Besetzten aber war mit den britischen Kontrolloffizieren nicht möglich. Im Kampf gegen Verfilzung und Korruption war nicht nur das Schwarzmarktdezernat der Münchner Polizei hoffnungslos überfordert, sondern auch die Rechtsabteilung des Ernährungs- und Wirtschaftsamtes. Machtlos mußten die Ordnungshüter zusehen, wie bei Händlern und Handwerkern regelmäßig enorme Mengen von Rohstoffen in dunkle Kanäle verschwanden. Als die Stadt Anstalten machte, diese Verwirtschaftungen nicht mehr als Kavaliersdelikte zu behandeln, sondern nach Recht und Gesetz zu ahnden, wurde sie von oben harsch in die Schranken verwiesen. Im Verein mit dem Ernährungsministerium schlugen die Wirtschaftsverbände selbst die gröbsten Fälle von Mißwirtschaft nieder: Die hungernden Verbraucher hatten in den leitenden Etagen der bayerischen Versorgungsverwaltung alles andere als entschiedene Anwälte ihrer Interessen.

4.7. Gesellschaftliche Implikationen: Hungermentalität in München

„Sie hatte Hunger... Sie hatte schon früher Hunger gehabt, im Krieg, aber wenn sie daran zurückdachte, dann schien der Hunger von damals wie Völlerei. Jetzt spürte sie den Hunger ununterbrochen und schmerzhaft. Wenn sie Hunger hatte, mußte sie immer an eine tote Maus denken. Es war, als hätte sie eine tote Maus im Mund. Und ihr Magen war wie ein schmerzendes Loch. Sie konnte nicht sagen, wo der Hunger weh tat, denn der Schmerz wanderte vom Magen in die Brust und von der Brust in den Nacken..." [1]

Der Hunger fand seine Sprache in der Schlange. Wer eine Fahrkarte brauchte, seine Lebensmittelkarte abholen oder, sagen wir, ein Brot ergattern wollte, mußte beim Anstehen unendliche Geduld, militärische Disziplin und eisernen Willen unter Beweis stellen. Das Anrecht, in der Freibank am Viktualienmarkt ein Stück Fleisch zu verlangen, erwarb 1947, wer die Probe dreißigstündigen Wartens bestanden hatte. [2] Kurz vor der Währungsreform harrten 3.270 Personen vor der Freibank an der Blumenstraße aus. [3] Solche Schlangen wurden mit drei bis vier Ablösungen bewältigt; Ruinenziegel gaben provisorische Sitzgelegenheiten ab, nachts kauerten die Wartenden auf dem Straßenpflaster. „Schlangenordner" gaben gedruckte Nummernschilder aus; gegen Bezahlung hielt die selbsternannte Schlangenaufsicht für andere den errungenen Platz und Rang in der Wartegesellschaft frei. [4] Schlangen waren und sind soziale Organisationen [5] und Kommunikationsorte des Mangels. In der unmittelbaren Nachkriegszeit wurden sie zur Börse, weniger von Hoffnungen und Nachrichten, als vielmehr von aufgeputschten Befürchtungen und Gerüchten. In dieser Situation, in diesen Reihen wurde über Rationen und Politiker verhandelt, über Besatzungsmächte und Weltpolitik räsonniert, Meinung gebildet und Stimmung gemacht. Daß die Meinungen der Schlange nicht positiv ausfielen, kann nicht überraschen. Quälendes Warten und beißender Hunger ließen die Schlangen leicht zu Orten von Verbalrevolten [6] werden: Die Amerikaner vermuteten unter den Anstehenden „subversive Elemente", die dort mit Erfolg -nicht nur gegen die Besatzung- „Propaganda" trieben. [7]

Die Schlangen vorm Milch- oder Bäckerladen, die Haltestellen und die Straßenbahnen avancierten zu den Gerüchteküchen und -börsen der Zeit. Gerüchte, jene Fetzen von Pseudo-Information, möglicherweise mit politischer Intention in die Welt gesetzt oder kolportiert, wurden im angsterfüllten Hungerklima gern aufgenommen. Sie verbreiteten sich wie Lauffeuer, prägten und lenkten -wenn nicht politische- so doch politikwirksame Meinung. Die „Flüsterpropaganda, die Verwirrung stiftet und Unzufriedenheit sät, die die Gemüter erhitzt und Panik erzeugt", wurde von der Besatzungsmacht genauestens beobachtet und zuweilen publizistisch heftig bekämpft. Die 'Süddeutsche Zeitung' richtete von ihrer ersten Ausgabe im Oktober 1945 an zu diesem Zweck die Spalte „Das tägliche Gerücht" ein: „Die Maulhelden von einst, die an das 'Herrenvolk' und das 'Tausendjährige Reich' glaubten und Herrn Goebbels' marktschreierische Phrasen gierig aufnahmen und mit geschwellter, abzeichengezierter Brust weitergaben, mit der Gestapo drohend, wenn sich auch nur eine Miene des Widerspruches zeigte, sind zwar nach außen hin bescheidener geworden... Aber ganz vermögen sie auf die gewohnte 'politische Tätigkeit' doch nicht zu verzichten... Mit Raketengeschwindigkeit jagt das tägliche Gerücht umher, die Unruhestifter, Nazi-Agenten, die man leider noch nicht zum Schuttwegräumen geholt hat, sind eifrig tätig und finden gläubige Opfer als Ziele ihrer Schreckschüsse... Den Lügen, die herausgeflogene Blockwarte und ihre entrüstete Verwandtschaft aus allzudurchsichtigen Gründen in die Welt setzen, wollen wir unser Ohr verschließen." [8] Wöchentlich registrierten die ICD-Berichte vier, fünf neue Gerüchte in Bayern, zumeist ging es dabei um das immer problematische und deshalb dankbare Thema Versorgung. Ende 1945 hieß es, die Rationen würden gekürzt, denn die in Straubing und Herrsching gefangenen SS-Leute erhielten die doppelte Ration, damit sie im Frühjahr „gegen den Iwan" einsatzbereit seien. [9] Im Juni 1946 versuchten die Desinformanten, die US-Importe in Mißkredit zu bringen: „Grüne Erbsen, Bohnen, Grieß, Mehl, Teigwaren, geschrotete Rollgerste... sind nicht amerikanischen Ursprungs, wie man uns weismachen will! Die Amerikaner möchten nur recht schön dastehen, damit sich beim leichtgläubigen Volk die Meinung herausbilde, sie seien besser als die Nazis!!" Die Wahrheit sei, daß man bayerische Landesprodukte in amerikanische Säcke, Tüten und Konservenbüchsen abgefüllt habe, um die Verbraucher zu täuschen. [10] Dieses Standard-Gerücht war auch 1947 noch virulent. [11] Eine etwas andere Fassung behauptete, bayerische Butter werde in amerikanischen und englischen Lebensmittelgeschäften verkauft. Die Annahme, „dass dieses Gerücht, wahrscheinlich von Nazisten verbreitet, nur zeitweilig auftauchen würde, hat sich nicht bestätigt, denn Briefe mit diesem Inhalt sind im Gegenteil in der letzten Zeit vermehrt an die einzelnen Zeitungen gelangt." Um diesen wahrheitswidrigen und desorientierenden Angriffen Einhalt zu gebieten, riet Georg Wulfius von der Münchner Briefüberwachung (Mail Analysis Unit) zu einem amtlichen Dementi der Militärregierung. [12]

Gerüchte konnten in haltloser Zeit Orientierungswissen vorgaukeln – à la longue vermochten sie nichts gegen die meinungsbildende Kraft amerikanischer Importrealitäten auszurichten.

Die Stimmung in der Stadt war gereizt. Bei den kleinsten Anlässen und Widerreden lagen sich die Leute in den Haaren. „Eine Aggressivität, eine Untoleranz, die nur in der Überspannung der Nerven, der Unterernährung, dem mitgemachten Schrecklichen und dem noch Drohenden ihren Grund hat." [13] Die Angst vor dem kommenden Winter erzeugte schon im Sommer und Herbst „Niedergeschlagenheit und Hoffnungslosigkeit". [14] Im Dezember 1946 warnte eine ICD-Studie vor „hysterischen respektive revolutionären Zügen", vor einer „Art geistiger und politischer Anarchie", die im Schwange sei. „Das Bedrohliche daran ist, daß diese Stimmung nicht nur die urteilslose Masse beherrscht, die ja durch eine Besserung der Situation schnell wieder herumgeworfen werden kann, sondern daß sie auch jene wenigen noch verbliebenen wirklich demokratischen Kreise auffrisst." [15] „Nach Meinung des Volkes müssen in diesem Winter", so der Polizeikommentator im September des folgenden Jahres, „unzweifelhaft viele Menschen Hungers sterben." [16] Im Frühjahr 1947 hatte der Oberbürgermeister im Rundfunk gemahnt, sich „in der Gestaltung der sog. öffentlichen Meinung davon ferne zu halten, ... ganz schiefe Beurteilungen hervorzurufen, die nicht der Aufrechterhaltung einer gesunden Stimmung in unserem Volke zu dienen vermögen." [17] Zwei Monate später hatten sich General Clay und Marschall Sir Sholto Douglas an das deutsche Volk gewandt: Als einzigen Weg zur Besserung der Ernährungs- und Wirtschaftslage hatten die Militärgouverneure der amerikanischen und der britischen Zone „harte Arbeit" empfohlen – nicht „Klagen und Apathie". [18]

Rationenkürzungen riefen regelmäßig größte Beunruhigungen hervor. Besonders dann glaubten viele, „die Amerikaner" hätten mit ihrer Versorgungspolitik „eine bewußte und gewollte Dezimierung der deutschen Bevölkerung" im Visier. [19] Der deutsche Mensch solle auf diese Weise noch lange für das angerichtete Elend gezüchtigt werden. [20] Diese, so der Polizeichronist, „selbstverständliche Allgemeinheitsanschauung", die im Hungerleid gern eine gezielt auferlegte Strafe sah, eröffnete manchem einen Königsweg zur persönlichen Ent-Schuldung: am Ende, mit Verbüßung der entbehrungsreichen, mehrjährigen Versorgungsstrafe, konnte alle Schuld an der Nazivergangenheit subjektiv als gesühnt gelten.

Vergangenheit und Gegenwart, Krieg, Krisen und Katastrophen seit 1915, steckten den Nachkriegsdeutschen in den Knochen. Auf Versprechungen und auf die Zukunft gaben sie nichts. [21]

Von Politik oder gar eigenem politischen Engagement wollte die übergroße

Mehrzahl in der unmittelbaren Nachkriegszeit nichts wissen. [22] Am ehesten wurden Desinteresse und Apathie noch auf kommunaler Ebene durchbrochen. In der US-Zone kannten immerhin fast 90 Prozent den Namen ihres (Ober-)Bürgermeisters, aber nur 47 Prozent den Ministerpräsidenten ihres Landes. [23] Das hieß allerdings nicht, daß die Stadtverwaltungen etwa gut wegkamen. Die zornigen Schimpfkanonaden mußten vor allem diejenigen Bediensteten des Ernährungsamtes über sich ergehen lassen, deren Aufgabe es war, die Lebensmittelkarten auszugeben. „Noch nie wurde so viel geschimpft und kritisiert wie jetzt. Man ist beim Münchner in dieser Hinsicht viel gewöhnt, selbst in den guten Zeiten. Bezeichnend ist, daß man nicht mehr die Schuld etwa dem vergangenen Naziregiment in die Schuhe schiebt, sondern vor allem die derzeitige Regierung dafür verantwortlich macht. Je mehr man sich zeitlich vom Kriegsende entfernt hat, je mehr also die Zeit für die Regierung gewesen wäre zu zeigen, ob sie etwas vorwärts bringt, destomehr muß sich die Kritik gegen diese Regierung richten, weil in den wichtigsten Dingen der Alltagsbedürfnisse tatsächlich auch nichts vorwärts geht." [24] 1947, als Brot und Kartoffeln fehlten, ging es mit der „Volksstimmung" rapide bergab. „An der Regierung und an der Besatzungsmacht, kurz an allem, was mit dem Sammelbegriff Behörden bezeichnet wird, üben Leute nicht selten eine Kritik, die nicht als einwandfrei und gerecht bezeichnet werden muß." [25] Solche Vorsicht in seiner Wortwahl gibt der Polizeibeobachter in diesem Krisenjahr zusehends auf. Im März berichtet er von „scharfer Kritik ... in den Kreisen der Arbeiter, der berufstätigen und minderbemittelten Bevölkerung ... wobei nicht wiederzugebende Ausdrücke" fielen. [26] Nach dem Brauverbot von Ende Mai nahmen die „bösartigen und gehässigen Bemerkungen über die Regierung und die Besatzungsmacht" überhand; aus den Alltagsreden könne man entnehmen, „daß die Entbehrungen ein unerträgliches Maß erreicht haben." [27] Im Juni gab „die Bevölkerung... zum großen Teil die Schuld an den sich immer mehr verkürzenden Lebensmittelrationen den deutschen Regierungsstellen..., denn die Amerikaner, so wird argumentiert, werden sich doch durch Verwaltungsmaßnahmen, die eine stetige Unterstützung des besetzten Landes erfordern, nicht ins eigene Fleisch schneiden. Also könne nur die Unfähigkeit oder der schlechte Wille der deutschen Regierungsstellen die Schuld tragen." [28] Ministerpräsident Hans Ehard gab denn auch freimütig zu, niemals so unter den Hemmnissen der Bürokratie gelitten zu haben wie jetzt. Viel Gutgemeintes erstarre, so kommentierte Werner Friedmann, „zu Papier- und Formelkram" – „durch den Leerlauf einer Staatsmaschine, deren Räder durch das Nebeneinander von Aemtern,

Ausschüssen, militärischen und zivilen Instanzen nicht aufeinander abgestimmt sind". [29)] „Wir Normalverbraucher haben es satt," schreibt Ludwig M. im Dezember 1947 an die Stadt, „für die Versäumnisse der zuständigen Instanzen hungern zu müssen." [30)]

Die Stimmungskurve in München fiel, dank der anwesenden Amerikaner und der insgesamt spürbar günstigeren Versorgungsvoraussetzungen, nicht so jäh ins Bodenlose wie es in Leipzig oder in Köln der Fall war. [31)] Gleichwohl, apathische Hoffnungslosigkeit, gepaart mit aktivem Egoismus, bildeten den mentalen „Nähr"boden aller gesellschaftlichen und politischen (Re-) Konstruktionsbemühungen. Die amerikanischen Nachkriegsplaner hatten sich vorgenommen, „Demokratie" in den kleinsten politischen Einheiten, in Städten und Gemeinden, einüben zu lassen. Wie füllten die Münchner in dieser Nachkriegsatmosphäre den Begriffsbaustein „Demokratie", den alle so fleißig und beflissen im Munde führten? Was für ein „Erfolg" war dem Projekt Bizone in München beschieden, betrachtet nicht sosehr unter dem Aspekt ihrer ökonomischen Leistungen, sondern als Prüfstein bayerischen Deutschlandverständnisses?

Einen „Sargnagel der Demokratie" sah ein Landtagsabgeordneter in dem Beschluß des Münchner Stadtrates, künftig nur denjenigen Bürgerinnen und Bürgern ihre Lebensmittelkarte auszuhändigen, die einen Steuernachweis vorlegen konnten. Mit bissiger Ironie geißelte Werner Friedmann jene gängige utilitaristische Demokratie-Interpretation, die alle Maßnahmen als „Nazi-Methoden" verunglimpfte, die dem eigenen Vorteil nicht nützlich zu sein schienen: „Wie undemokratisch ist es, wenn erpresserische Hofbegehungskommissionen armen Bauern die Kartoffeln abholen oder... wenn Luxuslokale, die gutgekleideten Leuten die Flasche Wein zu 100 Mark aufzutischen bereit sind, von Preiskommissaren belästigt werden! Solche Zwangsmaßnahmen sind ganz einfach 'Sargnägel'. Wo bleibt da die demokratische Freiheit, wenn sich eine Polizei untersteht, im Interesse der Frierenden fremde Keller nach 'schwarzen' Kohlen zu durchsuchen?" [32)]

Besetzten und Besatzern war in Leipzig, in Köln und in München ganz klar, daß „den Hungrigen nicht gut predigen ist". [33)] Drüben sollten die Deutschen für „den Sozialismus", hüben für „die Demokratie" gewonnen werden. Beide Begriffe wurden mit -vergleichbaren- Versorgungsforderungen konfrontiert und mit -verschiedenen- Versorgungsrealitäten konnotiert. Das Demokratie-Postulat gab den Besetzten im Westen einen wichtigen Hebel an die Hand, bei den Besatzern die Besserung der Versorgung einzuklagen. Mit flehender Geste stellte SZ-Redakteur Gerhard Kreyssig pathetisch fest: „Für die Demokratien ist die Rettung der Menschheit vorm Hungertod, ist die

Vernichtung des Hungers statt der Vernichtung von Millionen menschlicher Existenzen der einzige Weg, der die Wirksamkeit und Gültigkeit demokratischer Ueberlegenheit in der gesellschaftlichen Ordnung beweist. Deshalb -und weil die Demokratien aus geschichtlicher Erfahrung wissen, wer der Weggefährte des Hungers in einer modernen Gesellschaft ist- tritt Amerika in Aktion, wo immer das drohende Revoltengespenst des Hungers sich gesellschaftszerstörend erheben will. Deshalb muß auch der jungen deutschen Demokratie geholfen werden, solange wir mehr Steine als Brot haben... Wir stehen vor einer Schicksalsentscheidung, die für ein demokratisches Europa in Deutschland fällt." [34]

Im Alltagsverständnis der Zeitgenossen waren „Demokratie" und Versorgung engstens miteinander verknüpft. Dabei lag die Bringschuld, so die Alltagsattitüde, bei „der Demokratie": Im amerikanisch besetzten München bedeutete „Demokratie" schon 1946 mehr als nur Brot; „Demokratie" wurde darüberhinaus gleichgesetzt mit ansprechender, guter Versorgung. Damit waren vor allem amerikanische Nahrungsmittel gemeint. Lösten die Verantwortlichen diesen Versorgungsanspruch nicht im erwarteten Maße ein, wurde das Versagen herausfordernd „der Demokratie" angelastet, und auf der Straße konnte man Floskeln hören wie: „Das haben wir jetzt von der vielgepriesenen Demokratie." [35] Diesem Demokratieverständnis lag die Prämisse zugrunde, in der Nazi-Zeit sei doch gerade auf dem Gebiet der Versorgung vieles besser geregelt gewesen: „Man mag sagen, was man will, aber das muß man den Nazis lassen, daß..." [36] Das Rezept für eine erste, oberflächliche „Entnazifizierung" des Alltagsbewußtseins [37] und die Einführung eines Begriffes von Demokratie „lautete ganz einfach: 'Man nehme einen Kochtopf, drei Pfund Fleisch, ein halbes Pfund Schmalz –...' Alle anderen Rezepte sind weniger gut, denn sie wenden sich unter Umgehung des Magens an den guten Willen, an Herz, Seele, Charakter, Pflichtbewußtsein und ähnliche Dinge ohne Kaloriengehalt." [38]

„Wenn jetzt ein Wunder geschähe und jeder so viel und so gut essen könnte, wie er will, dann würden die Herzen selbst in der verstocktesten Brust demokratisch zu schlagen beginnen, und Ablehnung und Unlust würden schmelzen wie Schnee im Föhn." [39] Unter akzeptablen Versorgungsbedingungen war der „Glaube an die Demokratie" in der Tat überraschend schnell und „unproblematisch" herzustellen: „Aber dieser häßliche Pessimismus, der sich, durch boshafte Gerüchte genährt, auszubreiten droht, ist doch nicht am Platz, selbst wenn die Liebe zur Demokratie (bzw. zur Besatzungsmacht) durch den Magen geht. Freilich – welcher Stimmungsbarometer der Magen ist, konnte man daran beobachten, daß die Amerikaner, seit sie mit ihren köstlichen Gaben wie Hühner-, Erbsen- und Tomatensuppen, Trockenmilch, Eipulver und Eiskreme die dummen Behauptungen von dem Versand der bayerischen Lebensmittel in amerikanischen Verpackungen nach dem Ausland schlagend widerlegten, weit bessere 'Kritiken' finden, als vorher. Primitiv ausgedrückt: Ein Ministerpräsident, dem es gelingt, zwei Scheiben Brot täglich mehr zu gewähren, ist populärer, als einer, der die glänzendste Verfassung zustande bringt." [40]

Nährmittel, Zucker und Marmelade habe es auf die Lebensmittelkarten extra gegeben: Das Parteiblatt des KPD-Unterbezirks München-Oberbayern zitierte verlockende Leipziger Juni-Rationen: „So sahen die Zuteilungen für die 'armen Leipziger' aus... Vergleiche nun, lieber Leser, deine entsprechenden Rationen im Agrarlande Bayern und du wirst sehr schnell merken, daß unsere 'besseren' bayerischen Demokraten wahrlich Gründe haben, weiterhin die Arbeitereinheit und die Bodenreform zu sabotieren: Es könnte uns 'so schlecht gehen' wie den Leipzigern mit Nährmitteln, Zucker, Marmelade und Süßwaren. Langsam wird es immer schwerer," warb die KP-Schrift 1946, „vom eigenen Hunger auf den noch größeren anderer abzulenken, denn langsam merken auch die gemütlichen Bayern, daß die Tatsachen andere sind und die Falschmelder Schwindlern gleichen..." [41] Personen, die aus der SBZ nach München kämen, meldeten übereinstimmend, so der Polizeibeobachter im Herbst, daß sich die Zuteilungen dort „tatsächlich steigern". „Schon jetzt seien in vielen Gebieten die Lebensbedingungen erträglicher wie bei uns. Wenn auch darin eine kommunistische Taktik gesehen wird, so ist sie jedenfalls klug gedacht, so wird erklärt." Der Polizist belehrte sein amerikanisches Lesepublikum weiter: „Die Russen wissen ganz genau, daß heute die Bannung des Hungers wichtiger ist, wie alle geistigen Umschulungen auf Demokratie usw." [42] Im Katastrophenjahr 1947 trafen die Ostzonenvergleiche bei den Münchner Arbeitern auf „sehr offene Ohren". Die KP-Betriebsfunktionäre argumentierten, daß die Amerikaner im Begriffe seien, die Rationen zu senken, wohingegen die Russen die schlechtesten Kartenstufen gerade abgeschafft hätten. [43]

Die bayerischen Kommunisten hatten es allerdings versäumt, die latente Vergleichsmentalität [44] frühzeitig, also vor den Wahlgängen des Jahres 1946, in ihre propagandistischen Dienste zu stellen. „Wählt nicht kommunistisch, sonst schicken uns die Amerikaner nichts" [45] : Das Import-Argument und die Berichte über russische Repressionen in der Ostzone machten die KP zum großen Verlierer der ersten Nachkriegswahlen in München. Bei den Stadtratswahlen vom 26. Mai 1946 votierten nur 6,4 Prozent kommunistisch; bei den folgenden Wahlen zur Verfassunggebenden Landesversammlung am 30. Juni brachte die Partei 8,4 Prozent der Münchner Wähler hinter sich. Zu spät, erst nach diesen Mißerfolgen besann sich die Partei auf das wichtige Stimmenpotential der benachteiligten Mehrheit, der Frauen, die 60 Prozent aller Wahlberechtigten stellten. [46] Die Partei konnte ihren Stimmenanteil in München bei den Landtagswahlen vom 1. Dezember 1946 nochmals auf 10,2 Prozent steigern; die landesweite Zehn-Prozent-Hürde verhinderte aber ihren Einzug in den Bayerischen Landtag. [47] Von der zunehmenden Zahl der Unzufriedenen profitierten bei der zweiten Stadtratswahl am 30. Mai 1948 die Kommunisten und die Bayernpartei. Drei Wochen vor der Währungsreform, als Handwerker und Händler ihre Produkte zurückhielten, die Läden leer und die Schlangen endlos waren, schaffte die KP mit 11,1 Prozent ihr bestes Nachkriegs-Ergebnis in München. [48]

„Das Elend ist überparteilich." [49] Dieses Diktum eines Münchner Stadtrates, das zur parteiübergreifenden Bekämpfung der Hungersnot aufrufen wollte, charakterisiert zugleich treffend die Wahloptionen des Jahres 1946. Während die Leipziger CDU und LDP deutlich den „Hunger zum Koalitionspartner" [50] hatten, lassen die Münchner Ergebnisse dieses Wahljahres keine signifikanten Schlüsse darauf zu, daß Proteststimmen vorzugsweise dem linken oder gar dem bürgerlichen Lager zugeflossen wären. Die politisch -und speziell parteipolitisch- desinteressierten Münchner hatten die Import-Imperative verstanden, die amerikanischen Wahlerwartungen erfüllt und und ihren „besten Willen für eine Demokratie" [51] signalisiert: Respektable 85 Prozent machten beim Wahlauftakt von ihrem Stimmrecht Gebrauch: mit 44,9 Prozent und 20 Stadtverordneten wurde die CSU stärkste Fraktion im Rat. Die SPD, die Partei mit dem größten Mitgliederstamm, erhielt 38,4 Prozent und stellte 17 Stadträte. Zwei Kommunisten, ein Parteiloser und ein Anhänger der Wirtschaftlichen Aufbauvereinigung (WAV) errangen die restlichen Mandate. [52] Die folgenden Wahltermine änderten im Prinzip an diesen Stimmverhältnissen nichts. Am dritten Urnengang, den Landtagswahlen, beteiligten sich in München noch knapp 77 Prozent der Wahlberechtigten. Im Vergleich zu den Stadtratswahlen mußte die CSU eine Einbuße von mehr als zehn Prozentpunkten und die SPD von mehr als zwei Prozentpunkten hinnehmen; der Stimmenanteil der Loritz-Partei stieg von 4,2 auf 13,4 Prozent. [53] Die ehemaligen Wähler der Bayerischen Volkspartei und schätzungsweise 70 Prozent der Wählerinnen waren der CSU gefolgt. [54] Mit ihrem Abschneiden in den Großstädten, traditionell sozialdemokratischen Hochburgen, konnte die SPD nicht zufrieden sein: „Viele Wähler und besonders Wählerinnen gaben, noch immer im Kommunistenschreck, der ihnen im Dritten Reich eingejagt worden ist, befangen, ihre Stimmen statt der Sozialdemokratie der Union, aus der Befürchtung heraus, daß, wie in Berlin und der Ostzone, so auch in den westlichen Zonen eine Sozialistische Einheitspartei unter kommunistischer Führung zustande kommen könnte, der sie ihre Stimmen verweigern." [55]

Auch die Nichtwähler, bei der Stadtratswahl 15 von hundert und bei der Landtagswahl 23 von hundert Stimmberechtigten, hatten Angst vor ostzonalen Verhältnissen in Bayern. Ein Bäckermeister aus der Sendlinger Straße boykottierte zwar die Wahl, die er für „faulen Zauber" hielt, da der Amerikaner die Bayern ja doch „anschaffe" (befehlige). Grundsätzlich habe er aber nichts dagegen, daß die Amerikaner „uns... in der Hand behalten, wenn sie uns dafür helfen und Mehl und Nahrungsmittel nach Deutschland schaffen, damit wir nicht ohne Wahl den Russen reinlassen müssen, einfach, weil die Massen auf der Straße umkommen vor Hunger und dann dem Bolschewismus anheimfallen." Seine Kunden, so der Geschäftsmann weiter, Handwerker, Offiziere und Frauen jeden Alters, teilten diese Befürchtung. [56]

Die Grundhaltung der Zeit, in der Forschung gern als 'bayerische Stimmung' [57] apostrophiert, läßt sich als mentales Feld von ineinander greifenden Selbst- und Fremdstereotypen verstehen. Das bayerische Eigenstaats-Bewußtsein rekurrierte auf Staatsproklamation, territoriale Integrität und intakte Traditionen. [58] Und es reklamierte für sich eine „mehr als tausendjährige Geschichte" – so die Verfassungs-Präambel. Der überzeugte Föderalist Wilhelm Hoegner erklärte seinem Kabinett am 20. Oktober 1945: „Bayern sei ein selbständiger Staat. Wenn Bayern künftig in ein Bundesverhältnis eintrete, dann binde es sich freiwillig und gestehe nur soviel Rechte zu, als es selber zugestehen wolle". [59] Das unbedingte Bayern-Primat galt uneingeschränkt auch für den Mann auf der Straße und die Frau in der Schlange. [60] Es erfuhr durch die teilweise erbitterten Konkurrenzen mit alteingessenen Nachbarn und mit zugereisten Flüchtlingen um Zugplätze und Wohnraum, um Hamster- und Versorgungsvorteile eine vehement egoistische Aufladung. Keineswegs soll damit die „Artikulierung bayerischer Sonderinteressen ausschließlich auf einen zeitspezifischen wirtschafts- und ernährungspolitischen Egoismus" zurückgeführt werden. [61] Es sind zweifellos langfristig wirksame mentale Muster individueller und zugleich gesellschaftlich-politischer Krisenbewältigung, die eben auch nach dem Zweiten Weltkrieg aufgerufen wurden. Wie sehr jedoch einzelne Komponenten jenes bayerischen Stimmungsfeldes gerade durch die Versorgungsproblematik gespeist und immer wieder aufs Neue angefacht wurden, soll hier an zwei dieser Motivkomplexe verdeutlicht werden: Antipreußische Affekte begegnen uns sofort nach Kriegsende, antizentralistische Inhalte bekommen mit der Bizonengründung enormen Auftrieb und gipfeln letztlich in der Ablehnung

jedweder Verbindung mit anderen deutschen Ländern oder Zonen.
„Es gibt kein Fleisch mehr! Und warum? Weil die Preußen alles aufessen! Das gesamte bayerische Schlachtvieh geht jetzt nach Berlin!" [62)]
Den Einbruch in der Fleischversorgung erklärten sich die aufgebrachten Bayern damit, „daß große Viehlieferungen nach außerbayerischen Gebieten daran schuld sind und wir so wieder wie bisher den Preußen miternähren müssen." [63)] Ihrer antipreußischen Einstellung ließ die 'Süddeutsche' wenige Tage später freien Lauf. Ein Redakteur mokierte sich über die Münchner Speisekarte, die „eine ärgerliche Verpreußung" aufzeige. Statt „Knödel" gebe es „Klöße"; und „'Leberkloß' klingt dem bayerischen Ohr wie der Name einer gefährlichen Krankheit... Wohin bin ich geraten? denkt sich der Münchner in seiner eigenen Stadt, die jetzt wieder so zuversichtlich 'Landeshauptstadt' heißt. Langsam ans Übersetzen gewöhnt, gelingt es ihm, 'Rotkohl', 'Kohlsuppe', 'Pellkartoffeln', 'Karotten' und ähnliche vegetarische Zeiterscheinungen wieder zu bajuwarisieren." [64)] Bei der Forderung nach einer antipreußischen Sprachbereinigung blieb es nicht. Die geographisch-landsmannschaftliche Semantik von „Preuß" und „Preußen" trat gegenüber den sozialen Konnotationen völlig in den Hintergrund. „Preußen" waren im damaligen Zeitkontext Fremde, die den Bayern Lebensraum, Lebenschancen und die einheimischen Nahrungsmittel streitig machten. Mit dem Preußenetikett versehen wurden die 2,1 Millionen unliebsamen Evakuierten und Heimatvertriebenen, [65)] die Eindringlinge und „lästigen Fresser" [66)] : „Wo ma hischaugt – nix als wia lauter Breißn!" [67)] Der Polizeibericht beschwor die kriminelle Gefahr, die davon ausgehe, daß „Bayern das Sammelbecken aller möglichen internationalen und norddeutschen (gemeint sind: nichtbayerischen, d. Verf.) Elemente bleibe, Schieber und Schleichhändler ein Schlemmerleben führen können, während der ehrlich schaffende" Bayer hungere. [68)]
Die Bayerische Heimatbewegung hatte in ihrem „Bayerischen Memorandum" bereits 1943 -kurzerhand und bequem- postuliert, die Ausrottung des Nationalsozialismus bedeute für Bayern bloß die Beseitigung alles Preußischen. Mitunterzeichner des Manifestes war der spätere Bevollmächtigte Bayerns beim Länderrat des Vereinigten Wirtschaftsgebietes, Staatsrat Dr. Gebhard Seelos (CSU). [69)] Die Ansicht, eine personelle „Entpreußifizierung" sei allemal wichtiger oder identisch mit der Entnazifizierung überlebte in der Bayernpartei. [70)] In München erreichte die Preußenhatz ihren Höhepunkt, als diese Partei im Sommer 1948 von der Verwaltung verlangte, den Anteil der bei der Stadt beschäftigten Nichtbayern offenzulegen und diese zu entlassen. [71)] Unter den Preußen-Popanz wurden natürlich auch all jene deutschen Städte und Länder subsumiert, die im Rahmen des zonalen oder überzona-

len Ausgleiches Nahrungsmittellieferungen aus Bayern beanspruchen konnten. Mitten ins bayerische Mark trafen die verhaßten Fleischexporte nach Berlin. Der Münchner Polizeichef referierte die Volksmeinung, wonach es niemals gelingen werde, den Gegensatz zwischen Bayern und Preußen auszugleichen. Wöchentlich, so höre man, gingen 84.000 kg Fleisch nach Berlin. „Was gibt uns Berlin dafür?... Niemals, so sagt sich der einfachste Bayer, wird aus der Reichshauptstadt, aus Berlin, etwas anderes als der Zentralpunkt des Preußentums. Zu klar beweist die Geschichte, daß man 'Reich' sagte und damit 'Preußen' meinte." Einen großen Wunsch habe das bayerische Volk, nämlich „für immer frei zu werden von jeglicher preußischen Bevormundung." [72]

Geradezu apokalyptisch malten sich die Münchner die Zeit nach der wirtschaftlichen Vereinigung der amerikanischen mit der britischen Zone aus. Nur Nachteile werde die Zusammenlegung dem bayerischen Volke bringen. „In verstärktem Ausmaße wird das Land an Lebensmitteln ausgesaugt werden. Schaaren von Aufkäufern und Schwarzhändlern treten bereits überall in Erscheinung, besonders in den 'kalorienreichen' Landstrichen... Selbst die Kartoffeln, die das Brot des Armen waren, werden rar werden, wenn diese Invasion so weitergeht. Es wird eine Preistreiberei ohnegleichen werden und man glaubt nicht, daß die Behörden noch die Macht haben werden, eine Inflation zu verhüten." [73] Die angsterfüllten Prophezeiungen, das bayerische Versorgungsniveau werde zugunsten der britischen Zone absinken, [74] traten schon bald ein. Unter Hinweis auf die im Rheinland drohende Hungerkatastrophe wurden im Februar die Fleisch- und Fettzuteilungen und im März die Brotrationen gesenkt. [75] Mit dem Begriff „Bizone" verbanden „große Volkskreise" die einfache Gleichung: „Vor der Vereinigung hatten wir keine Kohlen, aber doch eine etwas bessere Versorgung mit Lebensmitteln, insbesondere Fett, heute haben wir weniger Fett und trotzdem keine Kohlen..." [76] „Groll und Haß" empfanden die Bayern gegen die vermeintlich bessergestellten anderen Deutschen, [77] und im September 1947 stand für sie fest, daß Bizone und Wirtschaftsrat für den Süden nur Nachteile, Druck und Drohungen gebracht hätten und Bayern zur „Melkkuh" für alle anderen Länder geworden sei. [78] Drei Tage vor der Währungsreform gingen auch die Münchner Studenten und Studentinnen auf die Straße; sie verlangten Zulagekarten und die Abschaffung des Frankfurter „Hungerrates" [79] (Abb. 21).

Aufgegriffen und aufgepeitscht wurde die (Versorgungs-) Feindlichkeit gegen Fremde, Flüchtlinge und Nichtbayern vom bayerischen Landwirtschaftsminister. Josef Baumgartner avancierte im Jahr des Kartoffelkrieges zu *dem* Exponenten kämpferischen Bayerntums. Er war es, der das bayerischdichotome Weltbild rhetorisch und politisch umsetzte: hie stand Bayern, der unbeugsame Hort des Föderalismus, des Rechtes, der Moral, Kultur und der Demokratie – dort die nichtbayerische Verschwörung von Zentralismus, Unrecht, Unmoral und Diktatur. [80] Das schwarz-weiße Deutschland- und Bayernverständnis hatte –sozialpsychologisch gesehen- einen großen Vorteil: Es konnte in einem Zuge als „geschlossenes System bayerischer Vergangenheitsbewältigung" [81] und als probates Raster gegenwärtiger Krisenbewältigung in Dienst gestellt werden. Bei seinen Auseinandersetzungen mit dem „Frankfurter Zentralismus" und seinem dortigen Widersacher im Ernährungsressort, Hans Schlange-Schöningen, zog der Staatsminister alle Register. Eine Rede vor Betriebsräten schloß er mit dem markigen Satz: „Lieber bayerisch sterben, als noch einmal zentralistisch verderben." [82] Die geschickte demagogische Verknüpfung von Gegenwartskrise und Geschichtsbild wird noch augenfälliger in einer Rundfunkrede Baumgartners vom Mai 1947: „Wir haben es schon einmal erlebt, daß landesfremde Elemente gegen unseren bayerischen Staat gearbeitet haben und uns ins Unglück stürzten. Der arbeitsscheue Hitler kam aus Österreich, der blinde Heß aus Ägypten und der schauspielerische Rosenberg aus Rußland. Soll uns das nicht eine Lehre sein, wenn heute in Bayern schon wieder landesfremde Elemente... gegen unseren bayerischen Staat und seine führenden Männer ungestraft arbeiten können?" [83] Unablässig stellte der Minister den Zonenzusammenschluß an den politischen Pranger, [84] Bayern hatte aus seiner Sicht der Bizone nur „Opfer" [85] gebracht und keinerlei Gegenleistungen erhalten: Eine beeindruckend negative Bilanz des ersten Bizonenjahres zog Baumgartners Statthalter in Frankfurt, Staatsrat Seelos, Weihnachten 1947 in der SZ. [86] Wenige Tage zuvor war Baumgartner von seinem Ministeramt zurückgetreten. Als offizielle Begründung für diesen mehrfach angedrohten Schritt ließ der Staatsminister verlauten, er weigere sich, zum bloßen Gerichtsvollzieher bizonaler Bürokratie herabgewürdigt zu werden. [87]

Hauptnutznießer [88] der bayerischen Stimmung war die Ende 1946 gegründete Bayernpartei (BP). Deren Vorsitzender, Ludwig Max Lallinger, gab sich auf der ersten Großkundgebung der Partei im Januar 1948 als entschlossener Kartoffelkrieger: „Wir lehnen Berlin und Frankfurt samt seinen Kartoffelgenerälen ab." Baumgartner, die künftige Symbolfigur der Partei, war als Gast dabei und äußerte treffend, seine Anwesenheit könne als „symptomatisch" für die politische Entwicklung in Bayern gelten. [89] Am 26. Januar 1948 trat der ehemalige Landwirtschaftsminister der Partei bei, die separatistische und radikal-föderalistische Kräfte organisierte. Die BP war die Partei der Einheimischen und Unzufriedenen. Ihr ältester

Kreisverband, München, zählte im Dezember 1946 95 Mitglieder; in den Krisenjahren 1947/48 drängten im Monat bis zu 200 Neumitglieder allein in die Münchner Partei. 90) Zum Aufmarsch militanten Bayerntums gerieten die BP-Großkundgebungen im Circus Krone. Als ein Zuhörer auf das Verlangen nach bayerischer Souveränität mit der lauten Frage: „Und wo bleibt Deutschland?" reagierte, kam es noch im Mai 1948 zu einer Schlägerei. Der Zwischenrufer und ein Kriminalbeamter, der ihm beispringen wollte, wurden auf der Stelle niedergeprügelt. 91)

Partikularismus und Protektionismus waren willkommen, für einen konstruktiven „Reichs-" respektive Deutschlandgedanken ließ das Alltags- und Bayern-Bewußtsein keinen Raum. Je nach Konkurrenz- und Versorgungsdruck pendelte es im diffusen Feld zwischen rigorosem Föderalismus und Separatismus. 92) Bereits Mitte Januar 1946 hatte in einer OMGUS-Umfrage knapp die Hälfte die Loslösung vom Reich und die Installierung eines unabhängigen und souveränen Bayernstaates gewünscht. 93) Im Krisenjahr 1947 versagte die Bizone in den Augen und Mägen der Normalverbraucher. 94) Der starke Widerwille gegen den Zweizonenverein wirkte als Katalysator der bayerischen Stimmung: der „bayerische Separatismus" bot das scheinbar naheliegendere, einfachere Lösungsmuster an: „'Sollen doch die anderen ihre Kohle behalten und wir behalten unsere Lebensmittel, dann werden wir schon sehen, wer es länger aushält', ist die Meinung der Bayern und die Reaktion auf die allenthalben angekündigten Drohungen." 95)

Im Agrarland Bayern war die Bizone, das westliche Einheitsmodell, mangels Leistung desavouiert und galt als ausbeuterischer Versager. Aus der Alltagssicht in der amerikanischen Zone konnte bei diesem Gebilde von einem Magneten, Muster oder Prototyp des künftigen Deutschland gar keine Rede sein. Ganz im Gegenteil: ihre Geburtsfehler und Konstruktionsmängel ließen die abgelehnte „Vorform des 'Weststaats'" (Theodor Eschenburg) 96) nach wenigen Monaten zum Negativ-Beispiel werden. „Die Mehrung der Stimmen gegen weitere Zonenvereinigungen oder gegen einen Einheitsstaat ist die Rückwirkung, die in Bayern durch die vorstehenden Ausführungen erzielt wurde." 97) Knapp zwei Jahre nach Kriegsende konnten die bayerischen Normalverbraucher einer „Wiedervereinigung" der Deutschland-Partikel nichts Positives abgewinnen: In der Bevölkerung könne man hören, so das Landratsamt Hersbruck, „dass man keine Veranlassung hätte, z.B. die Vereinigung mit der französischen Zone zu fördern, weil man schon von vornherein sieht, daß diese Vereinigung eine weitere Verschlechterung der Lebensmittelversorgung für die amerikanische Zone bringen würde..." 98)

Für den politischen Einheitsgedanken 99) gab es in der unmittelbaren

Nachkriegszeit der US-Zone keine Alltags-Akzeptanz. Auch die Kölnerinnen und Kölner waren von den Leistungen der Bizone bitter enttäuscht; sie sahen sich ganz auf sich gestellt und setzten auf die Kraft der Selbsthilfe. „Herr und Frau Wenig", [100] die hungrigen Normalverbraucher, waren ganz sicher alles andere als Verfechter der Einheit. Die Alltagsgeschichte der Teilung ist noch nicht geschrieben: Die deutschlandpolitische Maxime des Bundeskanzlers Konrad Adenauer „Freiheit vor Einheit!" baute auf den Erfahrungsschatz der Rationen-Gesellschaft und half mit, ein geteiltes Rationen-Deutschland für vierzig Jahre festzuschreiben. [101]

Köln

Abb. 22. *Köln* im 'arktischen Winter' 1946/47: Trümmerlandschaft um den Dom und Eisschollen auf dem Rhein.

Abb. 23. Verantwortung für eine ruinierte Stadt: Kommandant Lt.Col. White und Oberbürgermeister Dr. Pünder eröffnen die Schutträumaktion Ende April 1946.

Abb. 24. „Schuttehrendienst", Sommer 1946: Ernährungsdezernent Rolf Kattanek und sein Chauffeur im Einsatz.

Abb. 25. Kölner Schlachthof, Frühjahr 1947: Halb verendetes Vieh aus Norddeutschland soll den Fleischbedarf der Rheinmetropole decken – geradezu 'eine Verhöhnung der Not der Städter'.

Abb. 26. Bäckerei in der Bismarckstraße, November 1946: In diesem Herbst stand die Brotversorgung in Köln vor dem Kollaps; der Rationenpegel sank auf ganze 800 Kalorien täglich!

Abb. 27. Neumarkt, März 1946: Frauen kehren von der Hamsterfahrt ins Vorgebirge zurück. Ein Jahr später wollte man die aktive Selbsthilfe abstellen, indem man das Vorgebirge zum Sperrgebiet erklärte.

Abb. 28. Stapelhaus, Januar 1947: Die Polizeikontrolle fördert zwölf Riegel Schokolade zutage.

Abb. 29. „Familienalltag", Römerturm 1947: Die „Vorratskammer" birgt keine Hoffnung, die Regale sind leer...

Abb. 30. Zeitungsfrau in ihrer zerbombten Wohnung, 1946: Mit siebzig Jahren trägt sie immer noch die Zeitung aus.

Abb. 31. Luftschifferkaserne Köln-Bickendorf, Februar 1946: Ein Mädchen hat einen Laib Brot ergattert.

Abb. 32. Hungerdemonstration vor dem Kölner Rathaus im Allianzgebäude, März 1947: „Ich habe auch Hunger", entgegnete der Oberbürgermeister den Arbeitern.

5. Köln, die ruinierte rheinische Kapitale

5.1. Zur Geschichte der Versorgung: Hungern „mit mehr Grazie"? [1)]

Colonia deleta: [2)] Köln, die Kapitale der preußischen Rheinlande, „ist heute einer der großen Trümmerhaufen der Welt. Von der Zerstörung dieser einst so blühenden, drittgrößten Stadt Deutschlands kann sich kaum jemand, der nicht dort gewesen ist, eine Vorstellung machen. Minutenlang fährt man im Jeep an gähnend leeren Häusern vorbei. Der Kaiser-Wilhelm-Ring, einstmals eine der schönsten Straßen Deutschlands, ist ein wirres Durcheinander von Schutt, elektrischen Drähten, Bombentrichtern, umgestürzten Bäumen..." [3)]
Als erste Stadt war Köln im Mai 1942 einem „Tausend-Bomber-Angriff" ausgesetzt gewesen, und 1944, im für Köln schlimmsten Kriegsjahr, kamen die alliierten Bomberverbände 88 mal. [4)] „In den fünf Kriegsjahren hatten mehr als 10.000 Flugzeuge bei 262 Angriffen über 1,5 Millionen Bomben und Minen abgeworfen. 20.000 Menschen starben, 40.000 wurden verletzt, 700.000 mußten evakuiert werden oder flüchteten. In der Altstadt standen nur noch zwei Prozent aller Häuser von 1939 – ganze 113. Von 150 Kirchen und Kapellen wurden 91 völlig zerstört, unter ihnen die weltberühmten romanischen Basiliken. Alle fünf Brücken lagen im Rhein, 100 versenkte Schiffe blockierten die Fahrrinne und die Kais." [5)] Insgesamt waren 70 Prozent des Wohnungsbestandes vernichtet.

Köln, zerstört und entvölkert: Unter den Schuttbergen, in Trümmerhöhlen und -kellern, vegetierten die wenigen verbliebenen Kölner, vielleicht 40.000 links und 30.000 rechts des Rheines. Es gab kein Gas, kein Wasser, keinen elektrischen Strom. Gekocht, so Konrad Adenauer, [6)] der designierte Oberbürgermeister, wurde auf primitiven Feuerstellen, Wasser wurde mit Eimern und Blechnäpfen an wenigen Pumpen geholt: [7)] Das Bombeninferno hatte sie zu Höhlenmenschen der Neuzeit gemacht. Sie konnten sich nur noch an Rhein und Dom klammern. Diese beiden mentalen Fixpunkte hatten überdauert, spendeten jetzt Trost inmitten einer unüberschaubaren, verheerenden Trümmerlandschaft: „Es ist ja noch derselbe Strom, der zu unseren Füßen fließt, unser Rhein, der Strom, dem Köln seinen Wohlstand und seinen Glanz, dem es den offenen und heiteren Geist verdankt, der seine Bewohner auszeichnet. Er strömt nach wie vor durch Köln, und nach wie vor weisen die Türme, die unser Dom gen Himmel reckt, ungebrochen zum Himmel empor." [8)]

Am 6. März 1945 hatten die Fahrzeuge der 3. US-Panzerdivision den Rhein erreicht: das linksrheinische Köln war in amerikanischer Hand. Über einen Monat, bis zum 14. April etwa, sollte es noch dauern, bis auch die Ostseite der Stadt erobert war; nur knapp eine Woche mehr benötigten die Amerikaner dann, um in Leipzig einzuziehen. Die Westseite Kölns aber stand bereits acht Wochen unter amerikanischer Kuratel, als die 7. US-Armee München einnahm. Gauleiter Josef Grohé und die Stadtverwaltung hatten sich längst über den Rhein davongemacht und die Stadtkasse mit 100 Millionen RM mitgehen lassen. Wie in München war es ein Beamter des Ernährungsamtes, nämlich Oberinspektor Fritz Knaup, der für die Stadt erste Kontakte mit den US-Offizieren knüpfte. Das Ernährungsamt stand „praktisch ohne Leitung und ohne Angestellten, ohne Diensträume für die zentrale Verwaltung und ohne Außenstellen da. Nur einige Beamte und Angestellte, die sich nach der Zerstörung des Stadthauses am 2. März 1945 in die Kellerräume des Kaufhofes geflüchtet und der Aufforderung der NSDAP., sich auf rechtsrheinisches Gebiet zu begeben, keine Folge geleistet hatten, waren im linksrheinischen Teil des Stadtgebietes verblieben... Bereits am zweiten Tage der Besetzung wurde diesen Beamten die Verantwortung für die weitere Versorgung der noch in Köln verbliebenen Einwohner übertragen. Am 12. März 1945 zog das Amt aus den Kellerräumen des Kaufhofes, der in dem zu räumenden Sperrgebiet lag, nach Köln-Sülz... um." [9] Drei Tage zuvor hatte der Kölner Stadtkommandant, Lt. Colonel Raymond L. Hiles, die Arbeit in seinen Diensträumen im Kaiser-Wilhelm-Ring 2 aufgenommen. Er ließ sogleich nach Konrad Adenauer fahnden, dem am 13. März 1933 entmachteten Altoberbürgermeister. Der damals 69jährige war grundsätzlich gewillt, die Verantwortung für die Stadt erneut zu übernehmen. Der Wunschkandidat der Amerikaner blieb zunächst als Schatten-OB hinter den Kulissen. [10] Aus Sorge um seine beiden noch kämpfenden Söhne hielt er sich bis zum 4. Mai 1945, dem Tag seiner offiziellen Bestallung, zurück. Bis dahin hatte der frühere Stadtkämmerer, Adenauers Schwager Dr. Willi Suth die ganze Last des Wiederaufbaus der städtischen Verwaltung aus dem Nichts zu meistern: Die Amerikaner und ihr deutscher Interims-Verwaltungschef fanden nurmehr spärliche Reste einer Stadtverwaltung vor, Polizei, Feuerschutz, ganze Ämter hatten aufgehört zu existieren. [11] Ende März stand die verschwindend geringe Zahl von 289 Beamten, Angestellten und Arbeitern zur Verfügung – „angesichts der zu bewältigenden Aufgaben ein unvorstellbarer Aderlaß an geschultem Personal, zugleich aber auch eine einzigartige Gelegenheit zur demokratischen Erneuerung des Apparates, der im wesentlichen durch den kaiserlichen und nationalsozialistischen Obrigkeitsstaat geprägt worden war." [12] Diese Chance verstrich in Köln bekanntlich ungenutzt; bis Mitte Oktober 1945 taten wieder 9.885 Personen, die vielfach aus der freien Wirtschaft kamen, im „neuen" Verwaltungsapparat Dienst, nahezu die Hälfte des früheren Bestandes. [13] Im Allianzhaus am Kaiser-Wilhelm-Ring, dem provisorischen Rathaus, fehlte es nicht nur an Personal, sondern ebenso an Fenstern und Türen, an Heizung, Strom und Wasser, schließlich an Schreibtischen und Schreibmaschinen. Wilhelm Hoegner verglich Trümmer-München mit Pompeji. Die Bewohner der Steinwüste Trümmer-Kölns fühlten sich noch viel weiter in die Menschheitsgeschichte zurückgeworfen. Ein städtischer Beamter meinte: „Wir müssen wieder wie aus der Steinzeit neu aufbauen." [14]

Köln, die geteilte Stadt: Die Amerikaner erklärten die Militärringstraße zur unpassierbaren Sperre, undurchlässig auch für Versorgungsgüter: Die US-Kampfkommandanten sahen nicht, wie sehr die Stadt von den Ressourcen des Umlandes abhängig war. [15] Also blieben nur die innerhalb der engeren Stadtgrenze eingelagerten Lebensmittelvorräte zugänglich. Überdies verlief die Front mehr als einen Monat mitten durch die Stadt: Zwischen den seit jeher rivalisierenden Stadthälften wurde der Rhein, die Lebensader Kölns, zum eisernen Vorhang, zur Kampfzone, angefüllt mit zerstörten Brücken und gesunkenen Lastkähnen: „Es gab keine Brücken, es gab keine offiziellen Übergänge und es war für uns, die wir hier auf der Kölner Seite lebten, Niemandsland, die rechte Rheinseite." [16] Die städtische Teilung setzte sogleich divergierende politische Entwicklungen in Gang und war auch versorgungspraktisch von großer Wichtigkeit, denn der Westseite war so der Zugang zu Lägern, Lieferanten und zu dem relativ intakt gebliebenen Straßen- und Schienennetz auf der Ostseite verwehrt. [17] In der ganz und gar zersplitterten Stadt, bar jeglicher städtischer oder staatlicher Autorität, gewann so der Gedanke der Selbsthilfe [18] weitaus größere existentielle Bedeutung als in München. Die „Plünderungen" im Proviantamt, in den Häfen, bei den Speditionsgesellschaften und von Wehrmachtslägern fanden vor diesem Hintergrund später in Köln verständnisvolle Kommentatoren. Der Lebensmittelgroßhändler Bruno Jöster urteilte: „Es war für meine Begriffe sehr gut, daß die Bevölkerung sich selbst versorgen konnte, wenn es auch auf die unschöne Art des Plünderns geschehen war, aber ich hätte nicht gewußt, wie diese Menschen in den ersten Wochen hätten existieren sollen, denn es war ja nicht mehr möglich, einen Bezugsschein zu erfüllen". [19] Der Zeitzeuge erinnerte sich weiter: „An unseren Großhandelslägern versammelten sich die Einzelhändler mit Handwagen, Heuwagen, mit einem vielleicht requirierten

Pferd... Ich entsinne mich, daß eine Frau aus Niehl, die noch gelernt hatte, auf dem Kopf zum Markte die Körbe mit Fischen zu tragen, mit beinahe einem Zentner Nährmitteln vom Gottesweg... nach Niehl zu Fuß zurückging." [20]

Die für Köln charakteristische Selbsthilfementalität galt nicht nur für Verbraucher und Verteiler, nein, sie galt für die Beschaffungspolitik der ganzen Stadt: „So betrieb Adenauer Selbsthilfe in großem Stile, indem er alle noch im Kölner Stadtgebiet vorhandenen Fahrzeuge beschlagnahmen ließ, um auf ihnen die bei den Bauern des Umlandes aufgekauften Nahrungsmittel -Kartoffeln, Getreide, Gemüse und Vieh- nach Köln bringen zu lassen." [21] Adenauer, der väterlicherseits aus einer Bäckerfamilie [22] stammte und im Ersten Weltkrieg die Ernährungsgeschicke der Stadt gelenkt hatte, wußte nur zu gut um die Relevanz der großstädtischen Versorgung. Die Ernährung der Bevölkerung war für ihn „die größte und schwierigste Aufgabe, der sich die Stadtverwaltung gegenübersah." [23] So können wir es seiner politischen Erfahrung und seinem versorgungspolitischen Kalkül zuschreiben, daß er im September just einen hohen Beamten aus dem Dezernatsbüro Ernährung und Landwirtschaft, Oberinspektor Signon, zum Ständigen Vertreter der Stadt bei der Militärregierung ernannte. [24]

Die wichtigste und brennendste Frage sei die Sicherstellung der Ernährung, meinten auch die mit städtischen Autobussen rückgeholten Kölner Buchenwald-Häftlinge. In einer Denkschrift beschwerten sie sich am 9. Juni über die Zustände in ihrer Heimatstadt: Sie müßten feststellen, „daß die Lebensmittelversorgung unzureichend und die Verteilung der Lebensmittel ungerecht ist." Sie verlangten deshalb von Adenauer, alle vorhandenen Fahrzeuge „nach einem vorher ausgearbeiteten Plan" in den Dienst der Versorgung zu stellen, „zentrale Lebensmittel-Ablieferungsstellen" einzurichten, alle Nazi-Geschäfte zu schließen und Pgs. aus Verwaltung und Wirtschaft zu entfernen. [25]

Am 21. Juni 1945 ging die Befehlsgewalt über Köln auf die Briten über. In der Rheinmetropole hatte bis dahin eine der „tatkräftigste(n) und ideenreichste(n) Abteilung(en) der (US-)Militärregierung" [26] ein strengeres Regiment als andernorts geführt. [27] Im Gegensatz zu seinen leitenden Beamten war Adenauer mit den amerikanischen Gesprächspartnern sehr gut ausgekommen, mit den maßgebenden britischen Offizieren geriet er bald in Konflikt. [28] „Die Briten hatten... oft nur junge und unbeholfene Besatzer an den Rhein geschickt; die besseren kamen in das Ruhrgebiet. Ein Kontrolloffizier war im Zivilberuf Versicherungsvertreter, ein anderer Kassierer bei den Stadtwerken, ein dritter, als bekannter Stadtplaner avisiert, war in Wirklichkeit Glasgroßhändler. Kölns neuer Stadtkommandant, Major J. Alan Prior, gerade 29, war daheim Industrieberater, Oberst Muirhead, der Adenauer sogleich angenommen hatte, gab freimütig zu verstehen, von Verwaltung verstünde er nichts..." [29] Am 1. Oktober trat die erste Kölner Stadtverordnetenversammlung nach dem Kriege zusammen, bestehend aus 24 ernannten Vertretern der Bürgerschaft. Stadtkommandant Prior [30] machte in seiner Eröffnungsansprache auf den drohenden Winter aufmerksam, forderte Notmaßnahmen zum Wohnungsbau, zur Gesundheitsfürsorge, zur Massenspeisung und zur Beschaffung von Brennmaterialien. [31] Wenige Tage später, am 6. Oktober 1945, nimmt der Kommandant der Nord-Rheinprovinz unter anderem auch diese, seiner Ansicht nach, mangelhafte Vorsorge für den Winter zum Anlaß, Adenauer mit Schimpf und Schande aus seinem Amte zu schicken. Er sei unzufrieden mit dem Fortschritt, der in Köln im Zusammenhang mit der Instandsetzung von Gebäuden, der Straßenreinigung und der allgemeinen Aufgabe der Vorbereitung für den kommenden Winter erzielt worden sei, schrieb Brigadier Barraclough. Trotz aller Verkehrs-, Kohlen- und Transportprobleme sei er überzeugt, daß „mehr hätte getan werden können, um diese Probleme zu lösen... Nach meiner Ansicht haben Sie Ihre Pflicht gegenüber der Bevölkerung Kölns nicht erfüllt." [32] Daß die „reine Absetzung" -und nicht etwa das Verbot weiterer politischer Betätigung- „tatsächlich auf die äußerst ungünstigen Zustände im stark zerstörten Köln zurückzuführen" ist, konnte die Forschung zwischenzeitlich schlüssig nachweisen und detailgetreu begründen. [33] - Zur katastrophalen Situation in Köln [34] gehörte eben auch, daß dort -nach dem Augenschein der Besatzungsoffiziere- „tausende von Deutschen verhungerten". [35]

In Leipzig, in München und in Köln waren es amerikanische Verbände, genauer: die jeweiligen Truppenkommandanten, welche -vielfach an den zuständigen Abteilungen G-5 vorbei- die ersten Fundamente der Besatzung legten. Mit der Entlassung Adenauers war diese Phase in Köln endgültig vorüber. Das machten die Briten deutlich, als sie nach reiflicher Überlegung, am 18. November 1945, ihren Wunschkandidaten zum Stadtoberhaupt der Rheinmetropole kürten: Hermann Pünder, einst Chef der Reichskanzlei unter den Kanzlern Marx, Müller und Brüning. [36] Er brachte es fertig, den Briten für die Übernahme des Bürgermeisterpostens eine geradezu unerhörte Bedingung zu stellen. Er wünschte die Abberufung des angeblich „bei den deutschen Stellen wenig beliebte(n) jugendliche(n) Major(s) Prior". Pünder hatte Erfolg; er bekam einen neuen Stadtkommandanten vorgesetzt, Kavallerie-Colonel J.M. White. „Der neue Herr... war ein aufgeschlossener Offizier, der mit Liebe an seine ihm bis dahin völlig fremde Aufgabe heranging." [37]

Bis Mitte Januar 1946 war allein das Kölner Kartoffelmanko auf 185.000 Zenter angestiegen, der Rückstand schien sich, so das Ernährungsamt, ins Uferlose zu steigern. Da konnten rund 300.000 kg Steckrüben, die in die Stadt gelangten, kein Ersatz sein, zumal jegliches Gemüse seit Wochen fehlte. [38)] Im März 1946 bekamen die Kölner, gleich den Münchnern, die Folgen verfehlter Import- und Brotpolitik am eigenen Leib zu spüren: In der britischen Zone wurde die Brotration pro Zuteilungsperiode für erwachsene Normalverbraucher von 10.000 g auf 5.000 g glattweg halbiert, die Kinder mußten hinfort mit zwei, die Jugendlichen mit drei Kilogramm Brot weniger auskommen. [39)] Auch für die Rheinländer bedeutete diese erste Brotkrise ein böses Erwachen: „Ueber Nacht nun sieht sich die Bevölkerung vor veränderte Tatsachen gestellt, die in ihrer Härte sie die Bitterkeit ihrer Enttäuschung über die Maßnahme an sich so wie über ihre eigene Vertrauensseligkeit doppelt schmerzlich empfinden lassen. Die Bevölkerung ist in ihrer guten, vertrauensvollen Meinung über die zuständigen Stellen, zu der sie im Laufe der vergangenen Monate seit der Besetzung Kölns allmählich gekommen war, mit einem Schlag... eines 'Besseren' belehrt worden." [40)] Der Erzbischof von Köln akzeptierte die unfreiwillige Abstinenz und suspendierte die Fastengebote der vorösterlichen Zeit. [41)] Trotz aller Niedergeschlagenheit bemühten sich die „an Entbehrungen gewöhnten" Kölner aber doch, die Kürzungen mit Geduld und in der leider allzu vagen Hoffnung zu ertragen, daß „die Rationssätze in kurzer Zeit wieder auf die bisherige Höhe gebracht" würden. [42)] Auch der Stadtkommandant rechnete zuversichtlich mit einer Besserung gegen Ende Mai. [43)] Jedoch, die ersehnte Rationenwende blieb aus.

Die Stadt blieb mehr denn je den unzureichenden und unzuverlässigen Mehleinfuhren auf Gedeih und Verderb ausgesetzt. Im Mai waren die Vorräte für die Brotversorgung auf zwei Tage zusammengeschrumpft. [44)] Im Juni/Juli, bis zum Anschluß an die neue Ernte, litt die Bevölkerung „buchstäblich schwarzen Hunger" [45)] : Jetzt wurde auch die Fettration auf die Hälfte reduziert und der Versorgungsspegel sackte auf die Elendsziffer von 775 Kalorien täglich ab! [46)] „Die Bevölkerung unserer Stadt hungert. Keine Beschönigung, welcher Art auch immer, täuscht darüber hinweg. Die einfache, aufrüttelnde Tatsache bleibt bestehen: Köln hungert!" [47)] Erzbischof Kardinal Frings appellierte zur Lebensmittelsammelwoche an die Bauern, ihre Ablieferungspflichten überzuerfüllen: „Es geht diesmal darum, die Menschen in der Stadt vor dem Hungertod zu bewahren." [48)] Die Hamburger Wochenzeitung „Die Zeit" glaubte -all der kölnischen Unbill zum Trotz- in der „zerbrochenen Stadt" doch „ungebrochene Menschen" ausmachen zu können. In einem Restaurant am Ring begegnete dem „Zeit"-Kolumnisten

„gelächelte Ironie": „Es ist schwer zu erklären, aber eben darin erkennt man, daß sich der höhnische Esprit nicht zugleich mit der Stadt in Schutt und Mörtel auflöste. So verwegen es klingt – man darf doch sagen, daß dort mit mehr Grazie gehungert und schlecht gewohnt wird als anderswo". [49]
Ganz andere, weit weniger subtile Eindrücke nahm ein Journalist der Zürcher „Weltwoche" im Sommer 1946 mit. Ihm wurde die Visite in dieser Stadt zur Qual: „Die Zerstörungen sind zu ungeheuerlich, der Hunger ist zu offensichtlich, um Anteilnahme an irgendwelchen anderen Dingen aufkommen zu lassen." Ihn schaudere. Und es seien nicht die Ruinen allein, die ihn am liebsten kehrt machen ließen: „Ich habe noch nirgends Menschen gesehen, die das Elend so eindeutig zur Schau trugen, wie die Schattengestalten, die hier zwischen den Mauerstümpfen irren." [50]
Im August 1946, als die Wählerverzeichnisse für die Kommunalwahlen auslagen, war die angekündigte Zusatzkarte für die Großstadtbewohner in aller Munde. Von der 92. Zuteilungsperiode an, also ab 19. August, sollten die besonders geplagten Städter in den Genuß von zusätzlich 200 Kalorien täglich kommen. Die 'Kölnische Rundschau' verwahrte sich energisch gegen kursierende „Verleumdungen", wonach die Zusatzkarte bloß ein „Zuckerbrot" sei, damit die Hungernden nicht revoltierten; die Extraportion sei eine üble Wahlpropaganda der CDU, hieß es zuweilen, die nach den Wahlen wieder sang- und klanglos verschwinde. [51] Die Skeptiker behielten Recht. Das Rationen-Barometer kletterte gerade auf 1.105 Kalorien pro Tag. [52] Kurz vor den Wahlen am 13. Oktober 1946 stand die Brotversorgung in Köln gar vor dem Kollaps. Ohne Sofortmaßnahmen könne ein Aussetzen in der 94. Periode (vom 14. Oktober bis 10. November) nicht mehr abgewendet werden, telegraphierte Hermann Pünder nach Hamburg. [53] Für den Versorgungszeitraum nach der Wahl hatte man erstmalig einen Tagessatz von 1.550 Kalorien zugesagt. Das Wahlversprechen erwies sich rasch als wertlos. Im November eskalierte die Situation: Brot gab es nur noch nach längerem Anstehen (Abb. 26), die Firmen- und Gemeinschaftsverpflegung wurde vorläufig gestrichen, die Einkellerungsaktion wurde -wie in München- mangels Kartoffeln gestoppt. [54] „Inzwischen hat der Ausfall von 700 bis 800 Kalorien, die uns nur noch auf der papierenen Lebensmittelkarte zur Verfügung stehen, unsere Ernährungslage auf den Stand von rund 800 Kalorien herabgedrückt." Die Kölner 'Volksstimme' scheute nicht den Vergleich mit den Todesrationen der Nazis: „800 Kalorien waren auch ungefähr der Satz, den die Nazis als hinlänglich bezeichneten, um Millionen von Antifaschisten, Fremdarbeitern und Kriegsgefangenen in den Konzentrations- und Gefangenenlagern planmäßig dem langsamen aber desto sicherern Hunger-

tode entgegenzutreiben." [55] Die Fiktion von 1.550 Kalorien jetzt aufrechtzuerhalten, wirke irreführend und aufreizend, warnten die Stadtverordneten. [56] Versorgungslügen und Versorgungskatastrophen provozierten im November die ersten Arbeitsniederlegungen und Protestversammlungen nach dem Kriege. [57]

In den folgenden anderthalb Jahren erreichten Hunger und Protest ihre Höhepunkte: In Köln wurde das Hungerjahr 1947 zum Streikjahr. Im Januar hatte das Ernährungsamt erstmals wieder über eine halbe Million stadtkölnischer Bewohner mit dem Lebensnotwendigsten zu versorgen. [58] Ende Februar setzte die übliche Frühjahrskrisis ein. In der Woche vom 24. Februar bis zum 2. März gab es keine Frischmilch, die Brotausgabe lag mit 1.000 g im Rückstand, statt einem Kilo gab es 750 g Nährmittel, statt einem Kilo Fleisch gab es ein Pfund und statt 125 g Käse gab es die Hälfte. Zum Glück kamen, trotz des klirrenden Frostes, noch einmal Kartoffeln herein: fünf Kilogramm konnte jeder in Empfang nehmen. [59] Bis Ende Juli, für nahezu fünf Monate, blieb dies die letzte Kartoffelzuteilung! Stattdessen sollte vermehrt Brot ausgegeben werden. Doch schon Mitte März war die Kölner Bevölkerung gänzlich ohne Nährmittel und „zu einem großen Teil ohne Brot". [60] Ungeliebte Abhilfe brachte da der Import-Mais. Die Maiszeit hatte in Köln schon im Februar begonnen; [61] jetzt mußte zuweilen 100prozentiges, wochenlang aber 70prozentiges Maisbrot gebacken werden. [62] Das kompakte, schwer verdauliche Brot stieß auf große Ablehnung: „So gelb, als wären Eier drin... und man hat das Gefühl, als ob man Eier legen müßte, wenn es einem im Magen liegt – ärgerte sich eine Hausfrau, die in der Maisbrotschlange stand. Jeder pflichtete ihr bei." [63] Im Mai ebbte die Maisschwemme wieder ab, der Maisanteil im Brot wurde auf ein bekömmliches Drittel reduziert.

Bis zur Landtagswahl am 20. April 1947 war es leidlich gelungen, die tägliche Kalorienziffer knapp über dem Wert von 1.100 zu halten. Am Montag nach der Wahl kam der rigorose Einschnitt, der absolute Tiefpunkt des Nachkriegshungers. Just die 100. Zuteilungsperiode führte den Rheinländern vor, wie das alliierte 1.550-Kalorien-Versprechen nicht einmal zur Hälfte eingelöst wurde. In der letzten Woche des Rationenjubiläums gab es nichts zu essen – außer: 125 g Zucker, 15,6 g Käse, seit zwei Wochen wieder einmal 62,5 g Fett, 250 g Fisch und 1.500 g Brot! Das machte 737 Kalorien am Tag aus. [64] Bis Anfang Juli vegetierten die Kölner Normalverbraucher durchschnittlich bei unsäglichen 900 Kalorien am Tag. [65] Die Grabesziffer von 739 Kalorien wurde nochmals Mitte Juni erreicht, als ein Kilogramm Brot für eine ganze Woche ausreichen sollte, ohne Fleisch, ohne Fett. [66] Die 'Rheinische

Zeitung' stellte angesichts der drei Scheiben Brot am Tag die bange Frage: „Werden wir 700 Kalorien erreichen?... Ist das das Ende?" [67] Eine Inventur hatte schon im Mai ergeben, daß inzwischen allein ein Nährmitteldefizit von über 3,1 Millionen kg aufgelaufen war: „Über die Nachbelieferung ist nichts bekannt." [68]

„Keine Kartoffeln, kein Hausbrand, keine Schuhe, keine Kleidung, zu wenig Brot, zu wenig Fleisch, zu wenig Fett, zu wenig Nährmittel, und an allem, was der Mensch sonst noch braucht, drückende Knappheit, das ist die Lage der Kölner Bevölkerung!... Die Rettung kann... für unsere Stadt nur von auswärts kommen. Bleibt sie aus, so ist das Schicksal der Kölner Bevölkerung und nicht zuletzt der Kölner Jugend Not und Verzweiflung." [69] Auch die neue Ernte vermochte die bedrohliche Lage nicht zu entschärfen. Der verheerende Dürresommer ließ Feldfrüchte, Obst und Gemüse verdorren, und die chronische Fettlücke ließ sich jetzt erst recht nicht mehr schließen, da Futtermangel den Milchertrag um vierzig Prozent drückte. [70] Fettimporte galten den Besatzungsmächten als Luxus; sie waren auf die Kalorienkurve fixiert und ließen es mit Getreideaufkäufen bewenden. Die hoffnungslose Talfahrt der Fettration erreichte im Januar 1948 den Vierwochenwert von 75 g, also 2,6 g am Tag. [71] Dank regelmäßiger Einfuhren von Auslandsweizen gestaltete sich die Brot- und Nährmittelversorgung im Herbst stabil und flüssig. Im Oktober beherbergte die Stadt sogar Mehlvorräte für drei Wochen. Zucker, Marmelade und Kunsthonig stellten die Kölner nie vor größere Probleme, die Kartenansprüche konnten 1946/47 immer voll erfüllt werden. Diese erfreuliche Feststellung gilt auch für die Fischzuteilung. [72]

In das Jahr 1948 gingen die Kölner mit quälendem Hunger; in der ersten Woche des Neuen Jahres wurden für den Normalverbraucher 2.500 g Brot und 100 g Fleisch aufgerufen, sonst nichts. [73] Zu allem Übel trat der Rhein in der Neujahrswoche über die Ufer und drohte in den Hafenlägern 7.695 Tonnen Nahrungsmittel zu überschwemmen. Mindestens 360 Tonnen Milchpulver konnten kurzfristig nicht evakuiert werden und waren den Fluten ausgesetzt. Stadtkommandant White warf den Verantwortlichen vor, nicht ausreichend Vorsorge getroffen zu haben, um die kostbaren Lebensmittel zu schützen. [74]

Rund 120.000 Arbeiter, Angestellte und Beamte beteiligten sich allein in Köln am Mittwoch, dem 21. Januar 1948, am großen, 24stündigen Generalstreik gegen die miserable Versorgungslage. „In bezug auf Umfang und Geschlossenheit hatte die Kölner Bewegung gegen den Hunger mit der Aktion vom 21. Januar 1948 ihren Höhepunkt erreicht; ihren Abschluß fand sie damit noch nicht." [75] Erst Mitte des Jahres, wenige Wochen vor der

Währungsreform und nach zahlreichen weiteren Versorgungsprotesten im ganzen Land, hatte die stets schwankende Kurve der Habenrationen die bislang unerfüllbaren Sollvorgaben eingeholt.

Köln hatte unvergleichlich mehr Elend zu tragen als München und Leipzig: Es litt am Exodus seiner Bürger und an seinen gewaltigen Zerstörungen. Und Köln litt Hunger.

Der erste große Versorgungsschock der Nachkriegszeit traf die Kölner -wie die Münchner- im März 1946: Die überraschende Halbierung der Brotration stürzte die Verbraucher in eine tiefe Vertrauenskrise. Die Stadt hing mit der gesamten britischen Zone am unsicheren Tropf amerikanischer Importe. Im Sommer und im Herbst 1946 vegetierten die Leipziger Verbraucherinnen in der „Sonstigen"-Gruppe bei Skandalwerten von rund 740 bis 960 Kalorien täglich. Den Kölner Normalverbraucherinnen ging es um keinen Deut besser. Sie litten gleichfalls bei 775 Normalverbraucher-Kalorien am Tag „buchstäblich schwarzen Hunger". Wenigstens auf ihre regelmäßige Brotversorgung konnten sich die Leipziger verlassen, nicht so die Kölner. Im Herbst 1946 fiel der Kölner Rationenpegel erneut auf rund 800 Tages-Kalorien; wiederum fehlte es am Grundnahrungsmittel Brot! Für fünf Monate kamen im Frühjahr 1947 keine Kartoffeln in die Stadt. Mit der 100. Zuteilungsperiode sank die Kalorienziffer in Köln auf das absolute Minimum von 737! Die Stadt wähnte sich am Ende. Erst im Herbst konnten die gebeutelten Kölner ein wenig aufatmen: Weizeneinfuhren stabilisierten endlich die Versorgungslage der Stadt.

Zwar mangelte es auch in München 1947 bedrohlich an Kartoffeln und Brot, in Köln jedoch ging es in den ersten Nachkriegsjahren immer ums schiere Überleben. Obwohl es auch in der Messestadt kaum Fleisch und Fett gab, und obwohl die Kalorienziffern dort zeitweise ebenso ins Bodenlose fielen, die Leipziger konnten sich ihrer täglichen Brotration sicher sein. Und die Münchner konnten in der allergrößten Not auf die Fürsorge ihrer potenten Besatzungsmacht zählen. Für die Kölnerinnen und Kölner aber gab es keinen Rettungsanker, keine letzte Versorgungssicherheit.

5.2. Britische Besatzungsplanung: Pragmatisch und konstruktiv

Profillos weil erfolglos: bis vor wenigen Jahren strukturierten diese beiden Negativ-Attribute das gängige Bild britischer Besatzungspolitik. „Wenn man so will, mochte hiernach das eigentliche Profil der britischen Besatzungspolitik eben in ihrer Erfolglosigkeit bestanden haben, in der Unfähigkeit, auch nur gemäßigte ökonomische und soziale Strukturreformen gegen den Willen der USA durchzusetzen." [1] Hart ins Gericht mit der Wirtschaftspolitik der britischen Regierungen ging der britische Wirtschaftshistoriker Alan S. Milward. Von Anbeginn, so lautet sein Befund, sei diese völlig konzeptionslos gewesen. [2] Daß diese vernichtenden Urteile so nicht zutreffen, zeigen neuere Forschungsergebnisse und eine Skizze britischer Deutschlandplanung.

Grundverschieden von den Amerikanern unter dem zaudernden Präsidenten Roosevelt hatten die Briten unter ihrem entschlossenen Kriegspremier Churchill die Nachkriegsplanungen angepackt. Nicht untergeordnete Militärs wie in Washington, sondern Wissenschaftler und leitende politische Beamte dominierten in London von vornherein die Planungsgruppen. Seit 1943 war das Kabinett beziehungsweise ein interministerieller Ausschuß mit dem Komplex Deutschland befaßt: hier, auf höchster Ebene, wurden frühzeitig Strategien und Grundsätze künftiger Politik diskutiert und verabschiedet. Keinerlei Gerangel gab es um die Planungskompetenz; daß dem Foreign Office die Formulierungshoheit zukam, stand auf der Insel vorerst gänzlich außer Frage. [3] – Kompakte Organisationsstrukturen boten also denkbar beste Voraussetzungen für politische Entscheidungen.

„Die Briten... bestanden nicht wie die Franzosen auf bestimmten strategischen Grenzen, empfanden sich nicht wie die Amerikaner als Gralshüter der Demokratie und des Freihandels und versprachen sich schon gar nicht, wie die Führer des Kremls, alles Heil von sozialistischen Verhältnissen in Mitteleuropa." [4] Nicht Politikmodelle oder Visionen bestimmten die britischen Nachkriegskonzeptionen, sondern Analysen, mit „geradezu wissenschaftlicher Abgeklärtheit" erstellt. In den Londoner Ministerien war man sich von Anfang an sehr wohl bewußt, daß das Empire mit diesem Krieg Gefahr lief, den prekären Großmachtstatus nicht zu stabilisieren, sondern weiter zu gefährden. Und man rechnete damit, daß durch den unvermeidlichen Waffengang die eigene ökonomische Substanz keineswegs Zugewinn, sondern eine bedrohliche Aushöhlung erfahren würde. Die gewaltigen Kriegsinvestitionen drohten Großbritannien in den finanziellen Ruin und weltpolitischen Bankrott zu treiben. Das Interesse, die gewaltige Kriegsanstrengung politisch zu überleben, brachte die britischen Nachkriegsstrategen dazu, die wirtschaftlichen und finanziellen Risiken des Unternehmens beständig einzukalkulieren und zu minimieren. Das dem britischen Steuerzahler gerade noch Zumutbare markierte so die Grenze des besatzungspolitisch Machbaren – wenigstens in der öffentlichen Diskussion.

Politisch mußte es den Engländern selbstverständlich zuerst um die Wiederherstellung der kontinentalen Mächtebalance und die Sicherstellung der eigenen europäischen Führungsrolle gehen. Dazu bedurfte es der Ausschaltung des deutschen Rivalen. Mehr noch: Britische Deutschlandplanung war darüberhinaus integraler „Bestandteil der Doppelaufgabe, im Interesse Großbritanniens und der... Mittel- und Kleinstaaten Frieden und Stabilität in Europa gegen Deutschland und gegen die Sowjetunion zu sichern, die seit 1941/42 als potentielle Hegemonialmacht auf dem Kontinent ins Kalkül gezogen werden mußte. Damit gehört die britische Deutschlandplanung in den umfassenderen Kontext des Kalten Krieges." [5]

Seit 1941 zählte die Forderung, die deutsche Wirtschaftskraft zu schonen, sofern sie nicht der Rüstungsindustrie zuzurechnen sei, zu den Essentials britischer Nachkriegsüberlegungen. Schonung – wohlverstanden im Sinne eines europäischen Wiederaufbaues, aber auch als Grundlage für die politische und soziale Stabilisierung eines friedfertigen Deutschland. Es versteht sich von selbst, daß diese moderate Wirtschaftsidee nicht die repressiven Komponenten verdrängen wollte oder sollte. Politische und ökonomische Strukturen, welche den Nationalsozialismus ermöglicht und gefördert hatten, sollten abgeschafft werden. Natürlich galt das Postulat, das NS-Regime und seine Schergen zu beseitigen und die deutsche Militärmacht zu zerschlagen. Churchills Außenminister Anthony Eden bekräftigte dieses insgesamt aber „bemerkenswerte Zeugnis nüchterner politischer Vernunft" im Juli 1941, als er vor der Infektionsgefahr warnte, die von einem „hungernden und bankrotten Deutschland in der Mitte Europas" für alle seine Nachbarn ausgehen könne. Dieses Diktum „blieb den ganzen Krieg über ein Hauptwegweiser der britischen Deutschlandplanung." [6]

Je nachdem, welche Deutschlandstrategie in Washington gerade Oberwasser hatte, kam es zeitweilig zu grundlegenden Differenzen zwischen den beiden angelsächsischen Verbündeten. Die Pre-Surrender-Anweisung CCS 551, in ihrem Economic Guide noch konstruktiv, ließen die Briten anstandslos passieren. Die von Morgenthaus Agraridee inspirierte Direktive JCS 1067 aber mußte bei den Londoner Deutschlandspezialisten zwangsläufig auf heftigen Widerstand stoßen. Es waren die hanebüchenen ökonomischen Vorgaben, welche für die Briten „völlig unannehmbar" waren. Die Vorschrift, wonach die Rekonstruktion der Wirtschaft nur in Ausnahmefällen vorgesehen war, bedeutete im britischen Verständnis, dem Chaos freien Lauf zu lassen. Obwohl grundsätzlich auf koordinierte und kooperative Besatzungsplanung und -politik bedacht, lehnten die Briten diesen Zukunftsentwurf ab. Ein britischer Militärhistoriker kommentierte: „It was an odd situation. British and Americans favoured contrary economic policies towards Germany." [7]

Im Jahr 1944 begann das Armistice and Postwar Committee (APW), der

Londoner Kabinettsausschuß, eigene militärische Handlungsanweisungen zu formulieren. Die 36 Einzeldirektiven gab das Kriegsministerium in einem Loseblatt-Handbuch [8] heraus und stellte sie sogleich in der alliierten European Advisory Commission (EAC) [9] zur Diskussion – ein diplomatischer Versuch auch mit dem Ziel, die moderate Fraktion in den USA zu stärken und dem in britischen Augen törichten Wirtschaftskurs entgegenzuwirken. Whitehall war bestrebt, die Alternative Konfrontation oder Kooperation voraussetzend, die Sowjetunion sooft und soweit als möglich in die Gesamtverantwortung künftiger Besatzungspolitik einzubinden. Noch setzten die Briten auf die Fiktion der „Einheit der Alliierten". Folglich betrachteten sie „ihre" Besatzungsprinzipien nicht als zonale Grundsätze, sondern als gemeinsame Grundgesetze. Folgerichtig beschränkten die Planer ihre Voraussicht nicht auf bestimmte Monatsfristen vor oder nach der Kapitulation, sondern entwickelten längerfristige Besatzungsperspektiven.

Das Wirtschaftskonzept hatte sich nicht verändert; die Direktiven forderten die Besatzungsoffiziere unmißverständlich auf, die Wiederankurbelung der Wirtschaft zu betreiben. Die Ernährungsdirektive (No. 34: Food and Agriculture) widmete sich ganz pragmatisch Lösungsmöglichkeiten für akute Versorgungsprobleme. Die „Frage des Grundbesitzes (wurde) nicht einmal erwähnt, nachdem Attlee durch eine kritische Bemerkung bei der Beratung... für die Streichung der Bestimmung gesorgt hatte, daß die Maßnahmen des Reichslandwirtschaftsministeriums 'und des Reichsnährstandes im allgemeinen fortgesetzt werden und die allgemeine Form der Landwirtschaft' unverändert bleiben sollten." [10] Der Reichsnährstand blieb denn auch bis 1948, wenngleich auch ohne schriftlichen Befehl, strukturell unangetastet.

Zwar traten Labour-Chef Clement Attlee und der Gewerkschaftler Ernest Bevin „energisch dafür ein, jeden Anschein zu vermeiden, daß Gesichtspunkte der Verwaltungseffizienz über die Prinzipienfestigkeit bei der Beseitigung nationalsozialistischer Institutionen, Amtsträger und Symbole gestellt würden." [11] Der charakteristische Widerstreit jedoch zwischen Prinzip und Effizienz offenbarte sich beispielsweise schon in den ungenauen Entnazifizierungsbestimmungen. Entsprechend den britischen Anweisungen waren die politischen und leitenden Beamten, wozu auch Landräte und Bürgermeister zählten, ihres Dienstes zu entheben – zwingende Ausnahmen waren zugelassen. Verwaltungsbeamte der unteren Ränge sollten ihre Amtstätigkeit fortführen – wenn nicht die Amtsenthebung ausnahmsweise unabdinglich war. Auf Wirtschaftsspezialisten sollten die Vorschriften gemeinhin erst gar nicht so streng angewandt werden, in diesem Ressort hatte die Sicherung der Effizienz allemal Vorrang vor automatischer Suspendierung. [12] Solche Kompromißformeln überantworteten die Entscheidung zum guten Schluß doch den Praktikern vor Ort.

Vor Ort aber taugten die Direktiven oftmals wenig. Was konnte das aus der kolonialen Erfahrung gewonnene Herrschaftssystem der „indirect rule" im total zerstörten Nachkriegs-Köln nutzen? Das Kriegskabinett hatte 1943 dekretiert, daß die britische Militärregierung eine direkte Verantwortung für die Verwaltung Deutschlands nicht übernehmen solle. Indirect rule sollte sich einer funktionsfähigen, also intakten, Auftragsverwaltung bedienen, bestehend aus den überkommenen deutschen Institutionen und Behörden. Die Aufgabe der Besatzungsoffiziere sollte es demzufolge sein, diesen nachgeordneten Apparat anzuleiten und zu überwachen. Die „Kontrolle" im englischen Wortsinne sollte mit Ausnahme der Gemeindeebene auf sämtlichen Verwaltungsstufen gegenüber den Behörden- und Amtsleitern ausgeübt werden. [13] Die Bezeichnung Control Commission for Germany, British Element (CCG/BE) für die Militärverwaltung brachte dieses Konzept sinnfällig zum Ausdruck. Wie sich aber auf eine Verwaltung stützen, die, wie für Köln soeben eingehend beschrieben, einfach obsolet war, die keine Telefone, keine Schreibmaschinen, ja, nicht einmal ein ordentliches Rathaus zur Verfügung hatte? Auch auf zonaler Ebene blieb der 21. Army Group nichts übrig, als zunächst selbst die Fäden in die Hand zu nehmen und direkte Besatzungsarbeit zu leisten. [14] Für Robert Birley, den ehemaligen Educational Adviser des Militärgouverneurs, war die Kontrolltätigkeit etwas Persönliches, Individuelles – „Direktiven" hätten keinen Nutzen gehabt. Es seien die informellen Kontakte zwischen Briten und Deutschen gewesen, welche letztlich die Besatzungspolitik geprägt hätten. [15]

Tatsächlich „erfolglos" mußte die Suche nach „Großbritannien als sozialistische(r) Besatzungsmacht in Deutschland" bleiben. [16] „Realistisch, tüchtig, robust, unintellektuell und wenig phantasievoll betrachtete (Ernest Bevin) die Probleme der britischen Außenpolitik vorwiegend unter dem Gesichtspunkt des Wohlergehens des britischen Arbeiters." [17] In diesem Sinne setzte die Labourregierung die eingeschlagene Europa- und Deutschlandpolitik nach dem Krieg fort. Wie zu erwarten war, entwickelte sich die britische Zone im Nu „zum Rechenexempel, aus dem die roten Zahlen immer bedrohlicher hervorstachen." [18]

Während des Krieges stand auf der wirtschaftspolitischen Prioritätenliste für Deutschland die industrielle Abrüstung obenan. Es folgten die Reparationslieferungen für die Verbündeten und erst danach sollte die Mindestversorgung der Deutschen ins Kalkül gezogen werden. Angesichts des drohenden Problemberges verfügte das APW-Committee eine signifikante

Umstellung; seit Mai 1945 galt: Bei Bedarf müsse die Deckung der Kosten für die deutsche Versorgung Vorrang vor den Reparationslieferungen an die geschädigten Länder erhalten. [19] Unablässig stieß die britische Besatzungspolitik an die ökonomischen Grenzlinien jenes circulus vitiosus von Versorgung und Produktion: Miserable Versorgung der deutschen Arbeiter an Rhein und Ruhr bedeutete unzureichende Kohle- und Stahlproduktion; kostspielige Nahrungsmittelimporte standen zonenökonomisch unvertretbaren Kohleexporten gegenüber. Die Importrechnungen beliefen sich auf 91 Millionen – die Exporterlöse der britischen Zone kamen demgegenüber auf lediglich 49 Millionen Pfund Sterling. [20] Für die Differenz mußte sich „the british taxpayer" bei den amerikanischen und kanadischen Verbündeten hoch verschulden. Dem britischen Oberbefehlshaber war also aufgetragen, zu sparen und nur solche Waren einzuführen, welche „für die Aufrechterhaltung von Ruhe und Ordnung unbedingt erforderlich waren". Dazu zählten in erster Linie Lebens- und Düngemittel: Weizen aus Amerika, Saatkartoffeln aus England, Gemüse aus Holland, Butter aus Dänemark und Fisch aus Norwegen, Phosphate aus Nordafrika, Düngemittel und Magnesit aus Österreich. [21] Maßnahmen, welche die katastrophale Handelsbilanz der Zone hätten entlasten können, scheiterten am Veto der Alliierten. Kein Erfolg war dem Ruf nach einem viermonatigen Kohlemoratorium beschieden, den Zonengouverneur Luftmarschall Sir Sholto Douglas aufgegriffen hatte. [22] Keine Chance hatte der Vorschlag, die deutsche Stahlquote anzuheben, um mit den Deviseneinnahmen aus dem Produktionsüberschuß den Dollarschuldenberg einzudämmen. [23] Die Sowjetunion und Frankreich profitierten von dieser „luftdichten" (Clay) zonalen Wirtschaftspolitik, Großbritannien und die Vereinigten Staaten zahlten die Zeche. – Sie mußten unmittelbar für den Versorgungsbedarf der eigenen Zone aufkommen und darüberhinaus mittelbar die Defizite auffüllen, welche die Reparationslieferungen in die anderen Zonen hinterließen: Keine der Besatzungsmächte konnte sich jedoch auf Dauer auf ein solches „Minusgeschäft im Interesse der Einheit" [24] einlassen.

Angewiesen auf den interzonalen Produktions- und Nahrungsmittelgüter-Ausgleich, sahen die britischen Emissäre in Potsdam ihr Heil darin, die deutsche Wirtschaftseinheit (im Artikel 14) zu festigen. Mit der Wirtschaftswirklichkeit Zonen-Deutschlands konfrontiert, verloren die britischen Einheits-Postulate jedoch rasch an Boden: Weder die „Einheit der Alliierten" noch die -freilich ökonomisch aufgefaßte- „Einheit Deutschlands" hatten die Finanznöte limitieren können. Noch 1945 geriet die einst so klar und vernünftig konzipierte Besatzungspolitik des Vereinigten Königreiches ins Schlingern, 1946 endgültig ins Schlepptau der Vereinigten Staaten.

Die Räumung der eigenen Lagerreserven, wozu die Amerikaner ihren europäischen Juniorpartner 1946 zunächst drängten, konnte bei dem chronischen Versorgungsdefizit keine grundlegende Abhilfe schaffen. Die Briten sahen sich gezwungen, Getreideanleihe nach Getreideanleihe in Übersee aufzunehmen. Auf der Pariser Außenministerkonferenz erklärte Bevin am 10. Juli 1946, seine Regierung sei zur Kooperation mit allen Zonen auf der Basis von Gegenseitigkeit bereit. Falls diese aber nicht im Sinne des Potsdamer Protokolls gewährleistet sei, müsse die britische Regierung ihre Besatzungszone dergestalt organisieren, daß auf den britischen Steuerzahler keine weiteren Zahlungsverpflichtungen zukämen. [25] Die Antwort seines amerikanischen Kollegen Byrnes kam prompt; die US-Zone sei für den wirtschaftlichen Zusammenschluß mit jeder anderen Zone offen, erklärte er. Für die britische Diplomatie bedeutete diese Offerte „geradezu ein Geschenk des Himmels". [26] Zwar dürften politische Motive für das britische Einverständnis zur Bizonengründung im Vordergrund gestanden haben, [27] gerade aus britischer Perspektive rangierten aber die wirtschafts- und versorgungspolitischen Vorteile eines gemeinsamen Wirtschaftsgebietes natürlich ganz oben. Die Bizone wäre sicherlich auf jeden Fall gekommen; daß sie zu diesem frühen Zeitpunkt kam, war auf die Ernährungskrisen des Jahres 1946 zurückzuführen. [28] Einen mit den Potsdamer Beschlüssen begründeten Vorschlag, in den angelsächsischen Zonen gleiche Rationsskalen und -sätze anzuwenden, hatten die Briten schon Monate zuvor in Washington forciert. Das vereinte Rationengebiet sollte aus einem gemeinsamen Versorgungspool der Westmächte gespeist werden. Clay hatte diesen frühen Annäherungsversuch der Briten erfolgreich abgeblockt, indem er ihnen schlechte Haushaltsführung vorwarf, für die er und die US-Zone nicht einstehen wollten. [29]

Mit dem vereinten Wirtschaftsgebiet hatten die britischen Wirtschaftspragmatiker ein Ziel erreicht, das sie seit Monaten verfolgten: Amerika die alleinige Verantwortung auch für die Versorgung der britischen Zone aufzubürden. [30] Mit der Bizone war der gebeutelte britische „taxpayer" erleichtert, dem ausgezehrten Königreich der Alpdruck der Zonenversorgung genommen. Die britische Deutschland- und Europapolitik schloß sich seit Mitte 1946 wie selbstverständlich der in den USA vollzogenen antikommunistischen Kehrtwende an. [31] Mit der amerikanischen Bizonen-Versicherung verlor eine weitere Zusammenarbeit mit der Sowjetunion ihre vormalige Attraktivität.

Nüchtern schätzten die Briten ihre Risiken und Chancen ein. Weder verfolgten sie die große weltpolitische Mission, noch verzettelten sie sich in unpolitischen Detailplanungen. Auf der Insel orientierte man sich an den stetig schrumpfenden politischen Möglichkeiten und an den begrenzten ökonomischen Ressourcen des Empire. Illusionslos begaben sich die Briten im Krieg unter die schützenden Fittiche des starken Verbündeten. An diesem Verhältnis konnte und sollte sich nach dem Krieg nichts ändern: Hellsichtig rechneten die kolonialerfahrenen Briten nicht mit Gewinnen, sondern mit gewaltigen Belastungen, welche eine eigene Besatzungszone mit sich bringen würde. Gerade auch die Last der Versorgung der Zuschußzone wollten sie auf mehrere Schultern verteilt wissen. Im wohlabgewogenen eigenen Interesse führten sie ihre 1940 eingeschlagene Politik der Anlehnung daher konsequent und bruchlos über das Kriegsende fort.

5.3. Versorgungsverwaltung: Die additive Demokratie

Die Briten, die ursprünglich mittels eines indirekten Regimentes nur zu kontrollieren beabsichtigten, beschäftigten Ende 1945 26.000 Personen bei ihren Besatzungsdienststellen: immerhin rund 14.000 mehr als die Amerikaner und schätzungsweise 10.000 bis 24.000 weniger als die Sowjets. Ihre Weisungen erhielten die künftigen Besatzer während des Krieges vom Außenministerium, seit dem 1. Juni 1945 vom Kriegsministerium. Bei dieser Anbindung blieb es nicht, da mit Kriegsende die täglichen Probleme der Besatzung nun auch in London Auseinandersetzungen zwischen den zuständigen Ressorts provozierten. Am 22. Oktober 1945 trug die neue britische Regierung den zunehmend drängenden Besatzungsfragen Rechnung, indem sie das „Control Office for Germany and Austria" (COGA) einrichtete. Diese Vermittlungs- und Clearingstelle leitete ein „Minister" mit dem Ehrentitel „Chancellor of the Dutchy of Lancaster", der allerdings wiederum dem Kriegsminister verantwortlich war. Zunächst übte der Gewerkschafter und Labourabgeordnete John B. Hynd dieses Amt des sogenannten Deutschlandministers aus. Im April 1947 wurde dessen Aufgabenbereich seinem Parteigenossen Lord Francis A. Pakenham im Foreign Office übertragen, 1948 übernahm schließlich Außenminister Bevin persönlich die Führung des verbliebenen britischen Besatzungsapparates. [1)]

In Deutschland standen der britischen Kontrollkommission die zonalen Militärgouverneure, zunächst Feldmarschall Bernard L. Montgomery, später Luftmarschall Sir Sholto Douglas, vor. Die alltägliche Besatzungspraxis fiel jedoch auch bei den Briten in den Zuständigkeitsbereich des Stellvertreters des Gouverneurs: General Sir Brian Robertson [2)] befehligte in den ersten Nachkriegsmonaten eine gänzlich von Militärs beherrschte Besatzungsmaschine: Zivilisten wurden für Besatzungsaufgaben erst seit Ende 1945 angeworben. Der ideale Besatzungsoffizier sollte in der Zivilverwaltung erfahren, dennoch ein Generalist sein und Gemeinsinn, Initiative, Integrität und Improvisationsvermögen mitbringen; er sollte sich Wissen um das besetzte Land aneignen und dort nicht die Haltung eines überheblichen Kolonialoffiziers einnehmen. Durchschnittlich 66 Prozent aller Kandidaten verfehlten dieses hochgesteckte Anforderungsprofil und wurden nicht in den Besatzungsdienst übernommen. [3]

Die Grenze zwischen der britischen und der französischen Besatzungszone teilte die preußischen Rheinlande in zwei Teile. Die Regierungsbezirke Koblenz und Trier wurden als Süd-Rheinprovinz der französischen Zone zugeschlagen, während die Bezirke Aachen, Düsseldorf und Köln als Nord-Rheinprovinz unter britischer Besatzungshoheit standen. Die anfänglich amerikanische Besatzung verzögerte den raschen Aufbau der britischen Militärverwaltung für die nördliche Provinzhälfte. Erst am 21. Juni 1945 zog das britische Provinz-Detachment 714 in Düsseldorf ein, und es dauerte einen weiteren Monat, bis der organisatorische Aufbau einstweilen abgeschlossen war. [4] Das Kommando über die Militärregierung des Rheinlandes in Düsseldorf übernahm zunächst der Brigadier der Fallschirmjäger Sir John A. Barraclough. Im Mai 1946 wurde die Leitung auf dieser Ebene der Militärregierung Zivilisten übertragen. Nachfolger des im Umgang „ruppigen", „altgedienten Kolonialoffiziers" Barraclough [5] wurde Regional Commissioner William Asbury. Die Militärregierung für den Regierungsbezirk Köln residierte in Köln-Marienburg; dort hatte von 1945 bis Ende 1947 Colonel M. St. Oswald die Entscheidungsgewalt inne.

Die Exekutive im Zonenrahmen übten 14 fachpolitische Divisions aus, welche vor allem auch aus politischen Erwägungen über das Besatzungsgebiet verstreut untergebracht worden waren. Die versorgungspolitisch wichtigen Hauptabteilungen saßen 1945 in Minden, nämlich die „Trade and Industry Division" und die „Reparations, Deliveries & Restitutions Division", in Hamburg: die „Food, Agriculture and Forestry Division" und in Bad Oeynhausen die „Transport Division". Welche Zeit-, Kommunikations- und Reibungsverluste allein durch diese räumliche Trennung der obersten Besatzungsbehörden entstanden, läßt sich unschwer erraten. Erst im Sommer 1946 wurden wenigstens die genannten vier Wirtschaftsabteilungen zur „Economic Sub-Commission" mit Sitz zunächst in Minden, dann in Bad Oeynhausen, zusammengefaßt. [6] An der Spitze der zonalen Landwirtschafts- und Versorgungsverwaltung standen Guy Hughes und Frank Hollins. [7] Auch die Briten hatten, den traditionellen preußischen Verwaltungsstufen folgend, Detachments auf Provinzebene, auf Länder- und Regierungsbezirksebene [8] und auf Stadt- beziehungsweise Landkreisebene eingerichtet. Die föderalistisch eingestellten Amerikaner stützten sich so früh als möglich auf die von ihnen geförderten Länder. Die Briten, welche bekanntlich einen zentralistischen Verwaltungsansatz favorisierten, hätten sich gerne fortexistierender Reichsbehörden als Ansprechpartner bedient. Nachdem diese Stufe obsolet war, schufen die britischen Versorgungsorganisatoren einstweilen mangelhaften Ersatz: sie richteten vier regional zuständige „Zentralstellen für Ernährung und Landwirtschaft" ein, die „Regional Food Offices" (RFO). Diese neuen Ämter wurden in den überkommenen deutschen Dienstweg eingebaut. Sie hatten die Aufgabe, ihre britischen Pendants, die mit jeweils rund 35 Offizieren besetzten „Regional Food Teams" (RFT) [9] zu beraten und deren Weisungen wiederum über die ihnen nachgeordneten Landesernährungsämter in den deutschen Verwaltungsstrang einzuspeisen. Die Befugnisse des RNS-„Landesbauernführers" blieben weitgehend unangetastet; als „Landesbauernvorsteher", so seine neue Dienstbezeichnung, fungierte er als Berater der britischen Versorgungsoffiziere im Regional Food Team.

Die regionalen „Zentral"stellen, die de facto ja nur Mittelinstanzen waren, konnten übergeordnete Behörden auf Landes- oder Zonenebene nicht ersetzen: Ihnen blieb die existentielle Möglichkeit versagt, wenigstens den innerzonalen Ausgleich zwischen Überschuß- und Zuschußgebieten in Gang zu bringen. Zur Keimzelle einer künftigen Zentralinstanz für die gesamte britische Zone wurde eine anfangs zwölfköpfige Dienststelle, welche die Briten im August 1945 in Obernkirchen eiligst zusammengerufen hatten. Unter denkbar primitivsten Bedingungen, in einem „stark demolierten" Haus ohne Türen, Fenster, Möbel und Schreibzeug begann diese oberste deutsche Versorgungsbehörde unter der Bezeichnung „German Interregional Food Allocation Committee" (GIFAC) ihre in dieser Zeit so wichtige Arbeit. Als Fachkräfte wurden unter anderem ehemalige Beamte der Reichsministerien auf Befehl der Besatzungsmacht von der Internierung „vorübergehend" freigestellt. „Die Dienststelle besaß keine verantwortliche deutsche Spitze und konnte aus eigener Machtvollkommenheit überhaupt keine Entscheidung treffen. Alle Schreiben der deutschen Sachbearbeiter mußten von einem britischen Offizier gegengezeichnet oder abgestempelt werden." [10] Noch verharrte der deutsche Verwaltungsaufbau also in einer lähmenden Ambiguität: die provisorischen Mittelinstanzen (RFO) konnten nicht effektiv arbeiten, die „neue" oberste Behörde (GIFAC) war zu schwach und verfügte über keinerlei Machtmittel. Die Probleme des Winters 1945/46 brachten die Entscheidung: Die Briten entschlossen sich endgültig dafür, eine „verantwortliche deutsche Zentralbehörde mit eigener Initiative und Exekutive" zu schaffen, „Zentralamt für Ernährung und Landwirtschaft" (ZEL) genannt. [11] Im Januar 1946 übernahm der ehemalige Reichsminister Dr. Hans Schlange-Schöningen [12] dessen Leitung, im März siedelte die mittlerweile auf 120 Bedienstete angewachsene Behörde aus der Provinz nach Hamburg um, im Juli schließlich gewährte die Instruction No. 108 der Militärregierung die geforderte Weisungsbefugnis gegenüber allen ernährungs- und landwirtschaftlichen Verwaltungsstellen der Zone: Das Zonenzentralamt arbeitete quasi als Reichsersatz unter britischer Kontrolle; die Regional Food Offices hatten damit ausgedient. Strukturell war im Herbst des Jahres 1946 -freilich unter weitestgehender Beibehaltung der dualen Organisation des Reichsnährstandes- ein funktionsfähiger Instanzenzug auf deutscher Seite aufgebaut, jedoch: „Die Effektivierung des Verwaltungsapparates, seine Zentralisierung, kamen... zu spät für die erste schwere Ernährungskrise in der Nachkriegszeit." [13]

Mit der Gründung der Bizone und des Landes Nordrhein-Westfalen komplizierte sich die Versorgungsbürokratie erheblich. Das Landwirtschaftsministerium des neuen Landes, gebildet im Sommer 1946 aus der Konkursmasse der beiden ehemaligen preußischen Provinzen, unterstand dem Hamburger Zonenzentralamt. [14] Als Minister fungierte zunächst der parteilose Hermann Heukamp. Anfang 1947 wurde der Westfale Heinrich Lübke [15] als Ernährungsminister in Rudolf Amelunxens umstrittenes Allparteienkabinett berufen. Der Christdemokrat war nach dem Krieg als Mitglied des Provinzialrates von Westfalen in Münster bereits mit den organisatorischen Aufgaben der Nahrungsmittel-„Erfassung- und Verteilung" betraut. Lübke hatte schon vor der Machtübernahme durch die Nazis als Sachwalter der katholischen Kleinbauern und Pächter gegolten. Jetzt „nannte (man) ihn den 'roten Lübke' wegen seiner Einstellung gegen das Großagrariertum." [16] Ein halbes Jahr nach seinem Amtsantritt hatte sich der Minister bereits das Food & Agriculture Department der Militärregierung von Nordrhein-Westfalen zum Gegner gemacht. Der Dissens ging so weit, daß der Direktor der Versorgungskontrolle nach einem siebenstündigen Meinungsaustausch den zuständigen Minister als einen Gefahrenherd für Nordrhein-Westfalen ansah: „According to British ideas a Minister in his position should resign and fight the Allied policy from outside and no one would deny him this right; but for him to stay in office at the present critical time is, in my opinion, serious for the Land"! [17]

Seit März 1947 hatten die Länderregierungen -theoretisch- auch den Anordnungen des deutschen Zweizonen-Verwaltungsrates Folge zu leisten; die britischen Kontrollorgane wollten im Gegenzug auf direkte Anweisungen von nun an verzichten. Das Bayerische Staatsministerium konnte von seinen Entscheidungs- und Weisungsbefugnissen extensiv Gebrauch machen und seine Entschließungen an die 31 Stadt- und Landkreisernährungsämter (A) ohne Umwege rasch und schlagkräftig weitergeben. In Nordrhein-Westfalen dagegen behaupteten die ehemaligen Ernährungsämter auf Provinzebene ihre Stellung; sie wurden einem eigens geschaffenen „Landesernährungsamt", welches der Hauptabteilung 3 „Nahrungsverteilung" im Ministerium unterstand, eingegliedert. Die einstige „Abteilung Landwirtschaft, Ernährung, Domänen, Forsten und Landeskultur beim Oberpräsidenten" firmierte jetzt als „Landesernährungsamt Düsseldorf, Abteilung Bonn", gemeinhin „Landesernährungsamt Bonn" genannt. [18] Diese aufgebläht-bürokratische Konstruktion und insbesondere das überzählige Landesernährungsamt mitsamt seinen Außenstellen gerieten unter heftigen Beschuß aus den Städten. Diese forderten kurzerhand die Abschaffung des Landesamtes, denn das Chaos der Kompetenzen ging letztlich zu Lasten der städtischen Versorgung. [19] Die Großstädte, allen voran Köln, verlangten weiter, die für die Erzeugung und Erfassung von Nahrungsmitteln zuständigen Abteilungen A der Ernährungsämter aus dem Dienstbereich der Kreisbauernschaften herauszulösen. [20] Lübke wollte auch an diesem Grundsatz des Reichsnährstandes nicht rütteln lassen: Bei den Abteilungen A könne man, so Lübke in seiner Replik, vom „Bauernvorsteher als internem Leiter (nicht) absehen... Er ist unentbehrlich, weil die praktische Mitarbeit dieses Mannes überhaupt erst die positive Mitarbeit der Bauern gewährleistet." [21]

Die Stadtverwaltungen zeigten sich dem deutsch-britischen Verwaltungsdickicht durchaus gewachsen. Gewiefte Beamte versuchten, die offenkundigen Schwachstellen des Systems für ihre Stadt zu nutzen. Die Lokalbehörden würden es geradezu als Zeitvertreib ansehen auszuloten, wieweit sie die Wünsche der Militärregierung hintertreiben könnten. Geschickt spielten die Deutschen, so die gängige Meinung in Colonel Oswalds' Dienststelle, auf der Klaviatur der verschiedenen Ebenen der Militärregierung. Die fehlende Koordination zwischen Regierungsbezirk- und Land-Level-Detachments beispielsweise ermögliche es den Städten, die Kontrollorgane gegeneinander auszuspielen. [22] Die Stadträte hätten die Angewohnheit, auf „ihre Rechte zu pochen", und tendierten rasch dazu, vermeintliche Eingriffe von oben übelzunehmen. [23] Die selbstbewußten Stadtverwaltungen und -vertretungen wußten sehr wohl, mit dem britischen Demokratie-Postulat eigennützig zu wuchern. Er wolle sich nicht zu weit vorwagen, aber doch ganz deutlich bekunden, erklärte der sozialdemokratische „Fraktionsgeschäftsführer" Theo Burauen, [24] „daß gewisse organisatorische Maßnahmen und gewisse Einrichtungen, die von britischen militärischen Dienststellen angeordnet und eingerichtet worden sind, wenig Gewähr dafür bieten, jemals zu einem ordentlichen, umfassenden Ablauf der Dinge zu kommen..." „Lebhafte Zustimmung" im Stadtrat erntete der Redner für seine herbe Kritik an den Attitüden des Besatzungspersonals: „Man hätte dies weit früher und viel, viel leichter haben können, hätten an manchen Stellen der Militärbehörden Menschen gesessen, denen der Sinn für eine hohe Aufgabe... eingegangen wäre... Bei allem Respekt, den wir gegenüber den Militärbehörden und dem gesamten britischen Volk haben und einhalten wollen, sei jedoch vor aller Welt einmal deutlich festgestellt, daß es sich beim deutschen Volk nicht etwa um ein Volk von Kulis handelt..., deren Lebensinhalt nur aus der dankbaren Entgegennahme einer Schüssel warmer Suppe oder einer Handvoll Reis oder Mais besteht." [25]

Ganz im Sinne nicht nur des städtischen Selbstverwaltungs-, sondern ebenso des Selbsthilfegedankens setzte der Kölner Oberbürgermeister denn auch zuerst auf die Tatkraft seiner Kommunalverwaltung: „Lieber scheintot im Massengrab, als Minister in Düsseldorf", verkündete Hermann Pünder einmal scherzhaft. [26] Während der ersten beiden Besatzungsjahre kümmerte sich eine Abteilung der lokalen Militärverwaltung um die Versorgungsbelange der Stadt, das „Office Food and Agriculture" (im Köln-Detachment 622). Anfang Juni 1947 wurde die Versorgungskontrolle für die Stadt Köln dem Detachment für den Regierungsbezirk (808) überantwortet. [27] Die Leitung der deutschen Versorgungsverwaltung versah für die ersten Nachkriegsmonate „der jugendfrische Senior des (Beigeordneten-) Kollegiums" [28] der parteilose Gustav Adolphs. [29] Mitte September 1945 hatte Konrad Adenauer dem Drängen der Sozialdemokratie [30] und der Militärregierung [31] nachgegeben und einen Sozialdemokraten in das ausnahmslos konservativ-katholische Stadtkabinett berufen: Der Kölner Rolf Kattanek [32] übernahm als Beigeordneter die schwere Bürde des Hauptamtes Ernährung und Landwirtschaft. Bis zum großen Revirement im April 1946 [33] blieb der Ernährungsdezernent Vorzeige-Sozialdemokrat der Stadtverwaltung (Abb. 24). Der 'Kölnische Kurier' wertete seinen Amtsantritt unter diesen Umständen denn auch als ein „schönes Zeichen beginnender demokratischer Einstellung". Mit verbissener Energie und nimmermüdem Fleiß habe sich Kattanek als Mann der mittleren Beamtenlaufbahn an den Wiederaufbau der Verwaltung gemacht. Bei der ersten Dezernatssitzung erläuterte der später führende Sozialdemokrat sein pragmatisches Programm: „Wir wollen jetzt einmal die Politik beiseite lassen und nur auf ein Ziel hinarbeiten: unter Ausschaltung jeglicher bürokratischer Hemmungen alle Möglichkeiten

auszuschöpfen, die Kölner Bevölkerung... hinreichend zu versorgen..." [34]
1946 waren Kattaneks Dienstaufsicht 32 Beamte, 786 Angestellte und 236 Arbeiter unterstellt. Nur sieben von hundert Stadtbediensteten waren demnach im sensiblen Bereich der Versorgungsbürokratie beschäftigt. [35] Das Dezernatsbüro führte Verwaltungsrat Signon, an der Spitze des Kölner Ernährungsamtes standen Direktor Peter Adams [36] und sein Stellvertreter Dr. Hermann Mariaux, die Organisation der Bezirksstellen des Amtes leitete der CDU-Mitbegründer Theodor Scharmitzel, für das Verpflegungsamt/Amt für Massenspeisungen zeichnete Frau Dr. Werner, für die Schlacht- und Viehhöfe Direktor Dr. Müller verantwortlich, und Chef der Marktverwaltung war Direktor Meyer. [37] Kattanek, von der Stadtverordnetenversammlung am 11. April 1946 einstimmig in seinem Amt bestätigt, achtete offenbar peinlich auf eine paritätische Besetzung der leitenden Positionen innerhalb seines Dezernates: Von den elf Spitzenbeamten waren drei parteipolitisch ungebunden, je vier bekannten sich zur CDU und zur SPD, und die KPD war nicht vertreten. [38] Über die Anzahl der ehemaligen Nazis im Bereich des Versorgungsdezernates liegen keine Angaben vor. Im Jahre 1945 hatten sich knapp 2.000 Beamte der Kölner Stadtverwaltung zur NSDAP bekannt, 324 von ihnen zählten zum NS-Adel der „alten Kämpfer". Im Gegensatz zu anderen Städten führte die US-Militärregierung anfangs ein strenges Entnazifizierungs-Regiment: Bis Mai 1945 durften grundsätzlich keine ehemaligen Nationalsozialisten in der Kölner Verwaltung beschäftigt sein. Später galt dann der Satz des obersten Kölner Kontrolloffiziers: „Wenn jemand wirklich Tüchtiges auch Pg. gewesen sei, so sei er, Colonel White, durchaus bereit, den Fall zu untersuchen." [39] Bis Mitte 1948 hatte man 20 Prozent der Parteigenossen rehabilitiert [40] und weitere 34 Prozent versahen wieder wie früher ihren Dienst. Mit der künftigen Übernahme von zusätzlich 563 belasteten Beamten (rund 28 Prozent) rechnete man. Das Personalamt bilanzierte: „Nach Abschluß aller Verfahren wird sich für die Beamten der Hundertsatz der Wiederbeschäftigten ehemaligen Mitglieder der NSDAP... höchstens auf 80% belaufen." [41] – In Leipzig waren rund 80 Prozent der Beamtenschaft entlassen worden!
Ende 1947 geriet der Hoffnungsträger von 1945 selbst unter schweren Verdacht. Dem Ernährungsdezernenten war von vornherein bewußt, daß „billige Lorbeeren" in seinem „unpopulären" Amt nicht heimzuholen sein würden. [42] Trotzdem besaß Rolf Kattanek das Vertrauen der Rathausfraktionen von SPD und CDU, als er sich 1948 der britischen Militärgerichtsbarkeit stellen mußte. Die Staatsanwaltschaft warf ihm vor, die mutmaßliche

Mitgliedschaft in der NSDAP und im Stahlhelm auf zwei Fragebögen nicht korrekt angegeben zu haben. Kattanek bestritt mit Erfolg den Vorwurf der Mitgliedschaft in der Nazipartei und gestand seine Zugehörigkeit zum Stahlhelm in der Zeit von Januar bis Herbst 1933 ein. [43] Er wurde im Mai 1948 vom Vorwurf der Fragebogenfälschung freigesprochen. Nicht nur der Dezernatschef mußte in dieser Zeit vor die Schranken eines Gerichts treten, denn zahlreiche Mitarbeiter im Ernährungsamt verstrickten sich in Korruptionsaffären.

Ein neuralgischer Punkt in der Versorgungskette war die Nahtstelle, wo hungernde Verwaltungsbeamte und gleichfalls hungernde Verbraucher aufeinandertrafen: In den kalten, zugigen Räumen der 46 Bezirksabgabestellen entschied sich das Wohl und Wehe der Konsumenten für den jeweils nächsten Versorgungszeitraum. Spätestens in diesen, oft improvisierten Amtsstuben mit zuweilen primitivsten sanitären Verhältnissen, geradezu coram publico, entlarvt die Nachkriegsnot den Mythos vom unanfechtbaren, unbestechlichen deutschen Beamten. [44]

„Ein Wort noch zu den Bezirksstellenangestellten: Sie haben den unpopulärsten Dienst. Sie müssen den Kopf hinhalten für die bankrotte Wirtschafts- und Ernährungspolitik der obersten Verwaltungsstellen. Da sie mit den unzulänglichen Mitteln, die zur Verfügung gestellt werden, nicht jedem helfen können, sind sie bei der Masse des Volkes als korrupte Elemente verschrien... Die Besoldung dieser Angestellten ist ein Kapitel für sich." [45] Schon im Sommer 1945 hieß es bei den Ortsausschüssen, bestechliche Bedienstete in den Bezirksstellen des Ernährungsamtes verschacherten für rund 250 RM Lebensmittelkarten. [46] „Je umfangreicher ein Versorgungsgebiet ist und je größer die Spanne zwischen Bedarf und Belieferung ist, desto verführerischer wird jede Verwaltung von dem Gespenst der Korruption heimgesucht", mußte der Dezernent in seiner Antrittsrede vor dem Stadtrat einräumen. „Keine Verwaltungssparte, keine Altersklasse, kein Beruf kann sich dagegen mit Sicherheit schützen." [47] Teils durch fahrlässiges Handeln, teils durch Unterschlagung gingen in der ersten Hälfte des Jahres 1946 innerhalb des Ernährungsamtes „erhebliche Mengen an Marken verloren". Im Juni 1946 unternahm Kattanek den bodenlosen Versuch, die rapide schwindende Amtsautorität innerhalb seines Dienstbereiches wiederherzustellen. Er bot reuigen Sündern Amnestie an und mahnte: „Es ist von keinem Gefolgschaftsmitglied... zu verantworten, sich hemmungslos über die Gesetze des Rechtes hinwegzusetzen und Lebensmittelkarten zu veruntreuen." Einen Tag zuvor war eine ehemalige Angestellte der Bezirksstelle 2 wegen Unterschlagung von Lebensmittelmarken zu zwei Jahren Gefängnis und 10.000 RM

Geldstrafe verurteilt worden. [48] Nur einen Monat später flog erneut eine Gruppe von Sachbearbeiterinnen in einer Bezirksstelle auf, die mindestens 480 Lebensmittelkarten gefälscht hatte. In einer Presseerklärung wiegelte die Amtsleitung ab: Die Bevölkerung habe keine Veranlassung, hieß es, an dem Vertrauen in das durchaus korrekte und, wo notwendig, rücksichtslos zupackende Verhalten der städtischen Behörden irre zu werden. [49]

Das Kölner Ernährungsamt habe es zu einer traurigen Berühmtheit gebracht, formulierte die 'Volksstimme' im Sommer 1947, „denn so alle Monate oder auch in kürzeren Zeitabständen wird die Bevölkerung entweder von einer neuen Schiebung, Unterschlagung, Fälschung, Diebstahl oder etwas ähnlichem unterrichtet." Die kommunistische Zeitung berichtete über einen Schieberring, bestehend aus sieben Einzelhändlern und einer 44jährigen Angestellten der Verrechnungsstelle des Amtes. Das Blatt kommentierte, daß es nun an der Zeit wäre, „mit einem Schlage das Hirn eines großen Korruptionsgetriebes" auszuschalten. Zwischen den Zeilen wurde deutlich, daß damit das Ernährungsamt gemeint war. [50] „Sollten von allen Menschen ausgerechnet die im Ernährungsamt Beschäftigten von der allgemeinen Demoralisierung verschont geblieben sein?" [51] konterte die 'Rheinische Zeitung' und erzählte die Geschichte eines Sachbearbeiters in der Markenverrechnungsstelle, der ebenfalls vor Gericht stand. 23 Jahre war er in Diensten der Stadt gestanden, als er einige Marken entwendete, mit denen er die Heimkehr seines halbverhungerten Sohnes aus der Kriegsgefangenschaft „feierte". Das Gesetz, so die Zeitung, habe ihn nun zum Verbrecher gemacht. Er müsse bestraft werden, denn gewiß, Ordnung müsse sein. Aber trotz der Strafen sei seine Weste „blütenweiß" geblieben. [52] Ein interner Verwaltungsbericht aus München beschwor die Verzweiflung und die Not, die ja nicht vor den Türen der Amtsstuben Halt mache: Dort sei infolgedessen nicht nur das Verständnis für die aus der Not geborenen Verfehlungen von Verteilern und Verbrauchern gewachsen, „sondern sie sind auch selbst anfälliger geworden für moralische Defekte. Der gleiche Hunger, die gleichen Sorgen... verbinden." Treffend hieß es weiter: „Beaufsichtigte und Beaufsichtigende bilden so mehr und mehr eine Front auf Kosten der öffentlichen Ordnung." [53]

Gezielt setzte die 'Volksstimme' denn auch bei den -in der Publikumsmeinung- zwielichtigen Bezirksstellen an, als sie im März 1947, also mit Blick auf die April-Wahlen, eine Kampagne gegen das Ernährungsdezernat entfesselte. Der Sozialdemokrat Kattanek hatte den inzwischen umfänglichen Apparat der Bezirksstellen aus der Dienstaufsicht des Ernährungsamtes herausgelöst und die neue Organisation Theodor Scharmitzel von der CDU unterstellt. Die Zeitung sah auch hier den üblichen „CDU-Klüngel" im Kölner Rathaus am Werke und feixte: „Trotzdem ein kleiner Angestellter diese Angelegenheit korrekter und besser leiten würde als ein Mann, dessen verwaltungstechnische Unfähigkeit die Spatzen von den Dächern pfeifen, hat man diesen, einen Siebzigjährigen, mit dem Direktortitel... auf einen solchen Posten gesetzt." [54] Die Anschuldigungen erwiesen sich als haltlos, die 'Rundschau' vermeldete das „klägliche() Ende eines Lügenfeldzuges" [55] und in der Debatte über den „Fall Ernährungsamt" sah sich selbst die Kommunistische Rathausfraktion gezwungen, sich von dieser Aktion zu distanzieren. [56] Die Affäre kostete die beiden Spitzenbeamten im Ernährungsamt, welche die Interna gestreut hatten, ihre Stellungen. Das Blatt bauschte das Thema kurz vor den Wahlen nochmals kräftig auf, witterte „Diktatur" und „Machenschaften aus der Nazizeit" -fälschlicherweise- im Kölner Ernährungs*amt*. [57] Derartige Inszenierungen einer tatsächlichen oder vermeintlichen -in der Diktion der Zeit- ordnungs- und rechtswahrerischen Pose erwiesen sich als unerhört publikumswirksam: [58] Der durchsichtige Versuch, mit populären Stimmungen auf Stimmenfang zu gehen, zahlte sich aus – für die Kölner Kommunisten bei der Landtagswahl am 20. April 1947. [59] Mit 17,5 Prozent der abgegebenen gültigen Stimmen erreichten sie ihr bestes Nachkriegsergebnis in Köln.

Nach Abschluß der Potsdamer Konferenz hatten die Briten mit den fälligen Bemühungen um Demokratisierung in ihrer Zone begonnen. Kernstücke dieses „zweiten Stadiums alliierter Politik" [60] (Montgomery) bildeten die Genehmigungen zur Gründung von Parteien und Gewerkschaften und die bis Mitte 1946 durchgeführte Gemeindereform nach britischem Vorbild. [61] Vier Monate später als in München wurde in Köln eine beratende Stadtverordnetenversammlung vom Oberbürgermeister einberufen. Die 24 Mitglieder dieses Gremiums waren augenscheinlich nach ständischen Gesichtspunkten, inoffiziell aber auch nach parteipolitischem Proporz ausgewählt worden. Diese 'Nominated Representative Councils' können durchaus als parlamentarische Vorformen gelten. [62] Die beigestellten Bürgerausschüsse dienten zugleich dazu, das Verlangen nach Partizipation der vielerorts „sehr aktiven Linksgruppen, die auf eine Beteiligung an der Verwaltung drängten" [63] aufzufangen. [64]

Die Versorgungsbürokratie des Reichsnährstandes blieb von personellen und strukturellen Entnazifizierungs- und Demokratisierungsansätzen verschont. Diese Politik forderte den entschlossenen Widerstand der Städte, der Gewerkschaften, der Sozialdemokratie und Kommunisten heraus. Angesichts der unvermindert harschen Vorwürfe gegen die RNS-Organe und

ihre mangelhaften Erfassungserfolge sahen sich die britischen Versorgungspolitiker im September 1946 dazu genötigt, öffentlich Stellung zu beziehen. Auf ihre Veranlassung druckte die Zonenpresse vier Rechtfertigungs-Artikel. Die Militärregierung ließ darin verlauten, sie habe sich „für die Wiederbelebung der bestehenden Verwaltung" entschieden, „bevor sie den Versuch machte, inmitten einer drohenden Hungersnot eine neue, nach demokratischen Richtlinien arbeitende Verwaltung aufzubauen. Bei dieser Wahl ließ man sich von der... Erwägung (leiten), daß der Reichsnährstand, obwohl er politisch anfechtbar war und daher laufender Kritik von liberal gesinnten Deutschen ausgesetzt sein würde, sich als leistungsfähig gezeigt hätte, und daß diese Leistungsfähigkeit offensichtlich schnell wiederhergestellt werden könnte. Dabei wurde das ursprüngliche Ziel, eine demokratische Verwaltung aufzubauen, jedoch nie aus dem Auge gelassen, und obwohl die Fortschritte zur Erreichung dieses Zieles klein erscheinen mögen, sind sie doch bedeutend gewesen." Ein großer Teil der Kritik, die an der „Form der heutigen Verwaltung" geübt werde, beruhe auf mangelnder Kenntnis oder auf politischer Einseitigkeit. [65] Ein britischer Historiker geht weit über diese zeitgenössische Argumentation hinaus, wenn er gar behauptet, der Reichsnährstand sei letztlich nurmehr auf dem Papier gestanden, und die „Entnazifizierung" des RNS -für ihn nichts weiter als „a tribut paid by common sense to ideology"- habe dessen „operational efficiency" weitgehend zunichte gemacht! [66] Die Militärregierung räumte demgegenüber ein Demokratiedefizit insofern ein, daß „auch die Hausfrauen, Kinder, Arbeiter und der ganze übrige Personenkreis, aus dem sich die Verbraucherschaft zusammensetzt, die Möglichkeit haben (solle), der Verwaltung ihre Kritik und ihre Vorschläge zu unterbreiten, um sie dadurch über den erreichten Erfolg oder Mißerfolg ihrer Maßnahmen auf dem laufenden zu halten." [67]
Wiederum sollten nach dem Willen der Besatzungsmacht beigestellte Ausschüsse die Foren für die Artikulation dieser Verbraucherinteressen abgeben. Erst Ende April 1947 gab Regional Commissioner Asbury die Weisung, auf Kreisebene solche Verbraucher-Beiräte zu bilden: „I consider that this will help to promote a democratic spirit and will give consumers many advantages by setting up an organisation through which their views can be represented." [68] Diese „Verbraucher"-Ausschüsse verdienten ihre hoffnungsvolle Bezeichnung nicht. Die acht- bis 15köpfigen Bei-Räte sollten zwar aus Verbrauchervertretern, ausdrücklich auch aus Frauen, bestehen, wurden aber von den örtlichen Geschäftsleuten und Versorgungsbeamten beschickt. [69] So saß denn im Ernährungsbeirat beim Landesernährungsamt Bonn jeweils ein Vertreter des Klein- und des Großhandels, der Genossen- und der Gewerk-

schaften sowie der Verwaltung. Den Vorsitz in diesem fünfköpfigen „Kontroll"organ übernahm der Kölner Ernährungsdezernent. [70] Die Rechte der Ausschüsse blieben bescheiden; sie mußten sich darauf beschränken, Klagen anzubringen, Vorschläge zu unterbreiten und Informationen einzufordern. Die Consumer Councils, der RNS-Verwaltung auf jeder Stufe beigefügt, sollten nicht mitentscheiden, sondern höchstens mitreden können: Im Interesse des Leistungsvermögens verzichteten die Briten auf grundlegende Erneuerungen, beließen es zuweilen bei der bloßen Addition demokratischer Elemente.

Zufrieden zeigte sich der Regional Commissioner mit der geleisteten Verwaltungsarbeit in Nordrhein-Westfalen. Dem Historiker hinterließ er die ganz ohne Zweifel vielfach gerechtfertigte Botschaft: „Wenn einmal Geschichte geschrieben wird, wird den Beamten der britischen und deutschen Verwaltungsstellen, die den scheinbar unüberwindlichen Schwierigkeiten... gegenüberstanden, das grosse Verdienst zugebilligt werden, durch ihre Tatkraft und Fähigkeiten etwas Schlimmeres als vorübergehende Verzögerungen vermieden zu haben." [71]

Ein Großteil jener Schwierigkeiten, mit welchen die Verwaltungen in der britischen Zone zu kämpfen hatten, waren hausgemacht: Daß man aus politischen Gründen die obersten britischen Besatzungsbehörden nicht an einem Ort zusammengezogen hatte, mußte enorme Qualitätseinbußen zur Folge haben. Während die Amerikaner ihr föderales Credo ohne Umschweife sofort nach Kriegsende in die Tat umgesetzt hatten, schreckten die Briten davor zurück, möglichst rasch selbstbewußte Länder-Administrationen zuzulassen oder neu aufzubauen. Ein Fehler war es, auf reichsweite Behördenzentralen als Ansprechpartner zu setzen. Der Aufbau einer handlungsfähigen und weisungskräftigen deutschen Versorgungsverwaltung zog sich infolgedessen unverantwortlich lange hin, nämlich bis zum Herbst 1946. Eine durchgreifende Reform der Versorgungsverwaltung fand nicht statt: Provisorische und überflüssige Ämter lähmten den Apparat, der nationalsozialistische Reichsnährstand blieb um der Effektivität willen unangetastet, das Personal der neuen obersten deutschen Versorgungsbehörde wurde aus ehemaligen Beamten Berliner Reichsministerien rekrutiert.

In gewisser Hinsicht mag der nordrhein-westfälische Regional Commissioner recht haben. Bei dem Verwaltungschaos, das zeitweise in der britischen Zone herrschte, hätte alles womöglich noch „viel schlimmer" kommen können, wenn nicht gewitzte altgediente Beamte für „Kontinuität" gesorgt hätten. – Schonungslos entdecken die Kölner Quellen die Korrumpierbarkeit öffentlicher Bediensteter in der Zeit der großen Not. Die gemeinsame Front, die sie einträchtig mit Verteilern und Verbrauchern auf Kosten der öffentlichen Ordnung bildeten, bestand freilich beileibe nicht nur in Köln, sondern gleichermaßen in München und Leipzig, einfach überall dort, wo hungernde Menschen Zugang zu Lebensmitteln hatten.

5.4. Versorgungskette: Konkurrenzkampf mit den Ruhrstädten

Die ihr zustehenden Nahrungsmittelkontingente erhielt die Stadt Köln vom Bonner Landesernährungsamt zugewiesen. In der Endenicher Allee 60, dem -so die 'Volksstimme'- „sattsam bekannten 'Braunen Haus'" [1] wurde über Quantität und Qualität der Lieferungen entschieden. Die Kölner SPD und KPD hatten von den Militärdienststellen immer wieder verlangt, dieses für die Großstadt überlebenswichtige Amt vom bestimmenden Einfluß ehemaliger Nazis zu säubern. [2] Das Landesamt sei, so Bürgermeister Robert Görlinger, „viel zu stark auf den Erzeuger und seine Interessen eingestellt... (, so daß) der Verbraucher und die Großstädte zu sehr im Hintergrund stehen." [3] Im Juli 1946 wurden aufgrund der Hinweise aus Köln bei der Düsseldorfer Militärregierung Überlegungen angestellt, wie weit man wohl gehen könne „in the removal of doubtful individuals from that office". [4] Als auch Radio Hamburg die Anklagen gegen das Bonner Amt aufgreifen wollte, unternahm das Regional Food Team den Versuch, die Sendung zu verhindern, denn „such broadcasts could only raise future doubts in the minds of the public". Die Hörfunkjournalisten, vom Gegenteil überzeugt, setzten sich schließlich durch. [5]

Daß die Domstadt von der Bonner Versorgungsbürokratie benachteiligt würde, stand bei den Ortsausschüssen außer Zweifel. 1946 wurde dort kolportiert, Köln gelte -gemeinsam mit Aachen, Essen und drei westfälischen Städten- in Bonn als „Schwarze Stadt", also „als Stadt die besonders streng von der Besatzung behandelt werde und für die nur das notwendigste geliefert werden darf. Darüber könne man sich mit Recht empören, Köln habe am meisten gelitten und den geringsten Teil an Naziwählern gestellt." [6] Einig waren sich Verwaltungsrat Signon vom Ernährungsdezernat, die Vertreter des Kölner Ernährungshandwerks und die Ortsausschüsse, daß die besseren Qualitäten regelmäßig den Bergarbeitern an der Ruhr, den Krankenhäusern und den Lagern zugespielt würden. Ziel gemeinsamer Anstrengungen müsse es daher sein, im Interesse einer besseren Versorgung der Stadt einen Kölner Beamten an die Spitze des Bonner Amtes zu bringen. [7]

Zu regelmäßigen Klagen der Stadt führte beispielsweise die Verteilung des begehrten weißen Importgetreides und -mehles. Anfang 1946 beanstandete Kattanek in Bonn, „dass zu wenig Auslandsmehl und überwiegend viel Weizenschrot statt Weizenmehl geliefert wird, während festgestellt wurde, daß andere Orte, namentlich die umliegenden Landkreise erheblich besser gestellt sind." Für diese Zurücksetzung habe die Kölner Bevölkerung keinerlei Verständnis. [8] Obwohl Schlange-Schöningen die grundsätzliche Gleichstellung Kölns mit den Städten des Ruhrgebietes im November 1946 persönlich angeordnet hatte, gingen die Zuteilungskonflikte unvermindert weiter. [9] Im März 1947 legte Oberbürgermeister Pünder schärfsten Protest gegen die geltenden Lieferprioritäten ein, denn für Köln bestimmte Weizenzüge aus Bremen würden kurzerhand umdisponiert, seit Wochen fehlten größere Getreidetransporte ganz: „Es besteht hier der Eindruck, dass Köln dauernd zugunsten von Westfalen, Ruhrgebiet und Düsseldorf zurückgestellt worden ist." [10] Die Getreidewirtschaftsstelle wies die Anschuldigung, der Platz Köln werde nachrangig beschickt, zwar zurück, versäumte zugleich aber nicht „in diesem Zusammenhang an die Protest-Kundgebungen in Essen, an Streiks in Gelsenkirchen und Recklinghausen, sowie an Streik-Androhungen und Kundgebungen an vielen Plätzen des Industriegebietes" zu erinnern. Solche Aktionen, die von vorübergehenden Unterbrechungen der Brotversorgung herrührten, seien -so stand zwischen den Zeilen zu lesen- möglichst zu verhindern. [11] Im Juni 1947 forderte das Stadtoberhaupt eine Extrazulage von einem Pfund Brot für die Einwohner der gebeutelten Rheinmetropole; Pünder telegraphierte nach Düsseldorf und Stuttgart: „Ich weise darauf hin, daß Köln gegenüber anderen Gebieten in Bezug auf Brot und Nährmittel monatelang schlechter gestellt, daß jetzt noch Unterschiede in Fleisch- und Fettversorgung bestehen und daß noch im April und Mai in anderen Gebieten höhere Aufrufe an Eiern erfolgten als in Köln. Ich halte daher Sonderaufruf für gerechtfertigt..." [12]

Als im selben Monat die Ruhrstädte und Hamburg offiziell zu Versorgungs-Notstandsgebieten, die künftig bevorzugt beliefert werden sollten, erklärt wurden, gerieten die Kölner in Rage: Der Oberbürgermeister legte gegen dies „bittere Unrecht", Köln in die -vermeintliche- Privilegierung nicht einzubeziehen, „schärfstens Verwahrung" ein. [13] Stadtkommandant Colonel White geißelte die Entscheidung als „phantastische Ungerechtigkeit", [14] und der Kölner Regierungspräsident Dr. Wilhelm Warsch schrieb an Heinrich Lübke, „eine Flamme höchster Empörung" habe die Bevölkerung in der Stadt erfasst: „Ich bestreite ganz entschieden, dass der Notstand in Hamburg und dem Ruhrgebiet grösser ist als in Köln." [15] Die Kölner hatten Erfolg, wenige

Tage später wurde die Domstadt dem Ruhrgebiet gleichgestellt, erhielt das Etikett „Notstandsgebiet" zuerkannt. [16) – Vergeblich, wie Beigeordneter Kattanek berichtete: „Irgendwelche Erfolge haben sich mit der Verleihung dieses an und für sich traurigen Titels bis heute noch nicht eingestellt. Auch meine neueste Anfrage beim Herrn Minister in Düsseldorf konnte mir irgendwelche Zusagen auf Grund dieser Tatsache des Notstandsgebietes nicht bringen..." [17]

Der Wettbewerb der Städte an Rhein und Ruhr hatte bereits im 19. Jahrhundert eingesetzt; zuletzt, in der Weimarer Zeit, war es Düsseldorf gelungen, sich auf Kosten Kölns zu profilieren. [18] Die verheerenden Kriegsfolgen brachten die Domstadt jetzt in die Gefahr, endgültig ins Hintertreffen zu geraten. Seit Kriegsende fühlten sich die Kölner von der Provinzregierung „abgeschrieben; man wollte es nur noch beerben. Nachbarstädte kämpften um die Reichsbankhauptstelle, um die Post- und Eisenbahndirektion, um die internationale Paketumschlagstelle, um den Weinkommissar, um die Produkten- und Warenbörse, um den Sitz von Versicherungsgesellschaften. In diesem 'edlen Wettstreit' wurde in dieser oder jener Nachbarstadt darauf hingewiesen, daß bereits Restaurants, Cafés, Kinos etc. geöffnet seien, während Köln nichts zu bieten habe." [19] Selbst Colonel White hielt dem Kölner Oberbürgermeister die „gute Verpflegung" in den Münchener Gaststätten vor, [20] die Situation in Leipzig empfand er dagegen als „sehr schlimm". [21] Aus Kölner Sicht war das Gleichgewicht der Städte schwer gestört; Köln, die unüberschaubare Trümmerwüste, zurückgeworfen auf Rhein und Dom, sah sich in die Defensive gedrängt – und das keineswegs nur auf dem Versorgungssektor. Dieses kölnische Nachkriegstrauma [22] einte Bürger, Verbraucher und Politiker.

So ist es kein Wunder, daß gerade auch im Ernährungsdezernat intensiv über Stadtvergleich und Städtekonkurrenz nachgedacht wurde. In einem leidenschaftlichen Plädoyer vor dem Städtetag wollte Beigeordneter Kattanek den Versuch unternehmen zu begründen, warum Köln mehr Nahrungsmittel zustünden als seinen Nachbarn an Rhein und Ruhr. Ernährungspolitisch gesehen nehme Köln eine Sonderstellung unter den Kriegsopfern ein, um die es wohl von keiner anderen Stadt der Nord-Rheinprovinz, ja, von keiner Stadt Deutschlands beneidet werde. Er habe nicht die Absicht, so Kattaneks Vortrags-Manuskript, aus der Not, aus dem Elend seiner Mitbürger Kapital zu schlagen. Er verlange keine Vorteile für Köln auf Kosten anderer Städte. Kattanek bekannte sich in seiner Versorgungstheorie grundsätzlich zum gleichen Recht für alle, das selbstverständlich auch allen gerecht werden müsse. Aber: „Die Frage kann nie so gestellt werden, ob die eine Stadt mehr, die andere weniger an Lebensmitteln erhalten hat; die Frage kann immer nur lauten, ob das, was für die eine Stadt lebensnotwendig, auch für die andere Stadt lebensnotwendig ist... Für den Grad der Lebensnotwendigkeit, das heisst: für den Grad der Hilfe, die erforderlich ist, die Not des Lebens zu wenden, gibt es aber keinen einheitlich gültigen Masstab." Von der tatsächlichen Not jedoch müsse ausgehen, wer das Ziel des gleichen Rechtes für alle, die Gerechtigkeit für alle, erreichen wolle. Eine bloße Politik pauschaler Runderlasse könne diesem Ansatz nicht gerecht werden. Nach eindrucksvollen Vergleichen mit anderen Städten, nach heftigen Attacken auf „Sabotage und Unverstand beim Landes-Ernährungsamt Bonn" wollte Kattanek für Köln feierlich Anspruch auf Gleichberechtigung mit anderen Städten erheben, die ernährungsmässig günstiger gestellt seien. Gleichberechtigung in seinem Verständnis war „noch nicht dadurch gegeben, dass die Kölner Bevölkerung (...) gleichwertige Lebensmittelmarken erhält. Sie ist erst dann gegeben, wenn darüber hinaus dem Notstand Rechnung getragen wird, in dem sich Köln im Gegensatz zu anderen Städten befindet; wenn seine Lage als Ausnahmezustand anerkannt und ihm über den Rahmen des Normalen hinaus (...) unverzüglich geholfen wird." [23] – Kattaneks provokantes Plädoyer blieb ungehalten.

Abgeschnürt von seinen angestammten Liefergebieten, unversehens von der Mitte an den „Rand des Rheinlandes" gerückt, geriet Köln in die Rolle einer „Grenzstadt" [24] zur abgesperrten französischen Zone. Immer wieder verzichten zu müssen zugunsten Berlins, darben zu müssen, weil die amerikanische Zone, insbesondere Bayern, nicht lieferte – vor allem aber: hintanstehen und hungern zu müssen, weil Düsseldorf und die Ruhrstädte vorrangig versorgt wurden: So sah die kognitive Versorgungstopographie aus, welche das Kölner Selbstverständnis der Nachkriegszeit zutiefst prägte.

200.000 Tonnen Kartoffeln pro Wirtschaftsjahr hatte Köln allein aus der Gegend um Mayen bezogen. Aus dem benachbarten Westerwald waren ebenfalls Kartoffeln und Futtermittel nach Köln gekommen. Die Zonengrenze schob diesen traditionellen Warenströmen einen Riegel vor. Rasch wandten sich die Kölner im Herbst 1945 nach Norden und Osten: Kaum waren die neuen Verträge perfekt, bestimmte die Militärregierung, daß Oldenburg und Niedersachsen alle Überschüsse nach Berlin zu lenken hätten. [25] 1946 mußten sich die rheinischen Kartoffeleinkäufer nach Süddeutschland orientieren, erhielten aber auch ein gewisses Kontingent Importkartoffeln aus Holland, Belgien, Dänemark, Österreich und der Tschechoslowakei. Das bürokratische Wechselbad, das alle Liefertraditionen leugnete, ging 1947/48 weiter: jetzt richteten sich alle Kartoffel-Hoffnungen in die Eifel, nach Oldenburg und in das Weser-Ems-Gebiet. [26] Devisenmangel, aber auch die britisch-deutsche Bürokratie vereitelten im Herbst 1947 ein in Köln eingefädeltes Selbsthilfeprojekt: Luxemburg hatte sich bereit erklärt, gegen Kohlen-Kompensation 30.000 Tonnen Kartoffeln an den Rhein zu liefern. Die Kölner Importinitiative scheiterte am Veto der Joint Export/Import Agency (JEIA), welche den deutschen Außenhandel abwickelte. [27]

Der Westerwald und der Regierungsbezirk Aachen galten einst als die klassischen Milchlieferanten der Stadt. Beide Gebiete gingen ihr nach dem Kriege verloren. Wie in Leipzig wurde stattdessen ein gewaltiger Fahraufwand erforderlich, um aus 24 Landmolkereien Milch in die Stadt zu bekommen: Die östlichste Bezugsquelle war das 90 Kilometer entfernte Drolshagen im Kreis Olpe, die nördlichsten waren Kevelaer und Xanten, 95 Kilometer von Köln! [28] Eier hatten früher nicht nur Bayern, Niedersachsen und das Weser-Emsland, sondern auch die Niederlande, Bulgarien, Rumänien und die Ukraine nach Köln geschickt. [29] Jetzt waren Eier zur Rarität geworden, und die Kölner trösteten sich mit dem Spruch: „Es geht alles vorüber, es geht alles vorbei, und im Dezember gibts wieder ein Ei!". [30]

Mit Ausnahme des Alten Landes befanden sich sämtliche Obstanbaugebiete außerhalb der britischen Zone. Obst aus dem Alten Land bekam aber nur, wer Kompensationsware, Düngemittel zum Beispiel, anzubieten hatte; diese Lieferbedingung konnte Köln nicht erfüllen. Wenig Obst kam 1947 aus dem nahen Vorgebirge herein; von der dortigen Ernte waren der Marmeladeindustrie „ziemlich grosse Mengen" zugeschanzt worden. [31] Auch die Gemüseversorgung war ganz überwiegend auf die Produktion innerhalb der eigenen Zone angewiesen: Der Gemüseumsatz der Großmarkthalle betrug 1946 720.000 Zentner, hiervon entfielen auf Einfuhren aus den Niederlanden, England, Dänemark und Belgien rund 140.000 Zentner. 400.000 Zentner kamen aus der Kölner Bucht, vom Niederrhein und aus dem Vorgebirge. Schleswig-Holstein hatte widerwillig 180.000 Zentner Gemüse nach Köln verfrachtet. [32] Im Gegensatz zu München bekam Köln die Krux der Reißbrett-Lieferpläne, welche gewachsene Lieferbindungen und persönliche Handelsbeziehungen ignorierten, immer wieder quantitativ und -vor allem qualitativ deutlich zu spüren. Den Gemüsebauern im nördlichsten Land der britischen Zone war der Abschluß mit Bonn aufgezwungen worden. Die Holsteiner Händler hatten wenig Interesse, Aachen und Köln mit Kohlköpfen zu versorgen. Denn in der Rheinprovinz sahen sie -wegen deren Nähe zu Holland- kein sicheres Absatzgebiet für die Zukunft. Die Folge war, daß Lieferverpflichtungen nicht eingehalten wurden, und die unerwünschten Zielgebiete nur Ausschußware abbekamen. [33]) Von Köln aus machten sich deshalb regelmäßig „Sonderbotschafter" auf den Weg in die unbekannten Liefergebiete. Sie nahmen dann mit Bauern und Händlern Fühlung auf, schilderten die Notlage der Stadt, versuchten, für Köln unter den gegebenen Umständen das Beste herauszuholen. Aber „der Eindruck beim Besuch dieser Stellen war sehr deprimierend -ja sogar vernichtend- für uns", berichtete ein professioneller Kölner Bittsteller über seine Reise ins bayerische Donaumoos. „Wir hatten zwar auf dem Papier eine Zusage von 4.000 to. Kartoffeln, jedoch waren wir uns darüber klar, daß es auch nur auf dem Papier stand, und wir beschlossen, zu retten, was noch zu retten war..." [34])

Die Gebiete Weser-Ems, Ostfriesland und Oldenburg hatten 1946 die Hauptlast der Vieh-, Fleisch- und Wurstversorgung zu tragen. Zumeist erreichte die Großstadt jedoch nur dritt- bis viertklassiges Fleisch und minderwertige Wurst. Als in einer Maiwoche von 700 avisierten Tieren lediglich 19 in Kölner Schlachthöfen ankamen, half die Stadt Wuppertal kurzfristig mit Pferdefleisch aus. [35]) Auf ihren tiefsten Stand war die Fleischversorgung der Stadt im Frühjahr 1947 abgesunken, als die Norddeutschen Kühe in einem Zustand lieferten, „der alles bisherige an Minderwertigkeiten übertrifft" (Abb. 25). Kattanek reklamierte, sichtlich betroffen: „Jedem, der die ankommenden Tiere sieht, krampft sich das Herz zusammen und er gibt seinem Abscheu Ausdruck über die Viehhalter, die gegen das Tierschutzgesetz und darüber hinaus gegen jedes menschliche Gefühl entweder aus eigensüchtigen Gründen oder aus Unfähigkeit, Vieh ohne genügende Futtergrundlage solange halten, bis es an Hunger eingeht. Erst kurz vor dem Verenden wird dann dieses fast verhungerte Vieh der Grosstadtbevölkerung zugeführt, die selbst bei den Hungerrationen am Ende ihrer Kräfte ist." Für Kattanek nicht nur ein „Verbrechen an der Kreatur", sondern geradezu „eine Verhöhnung der Not" der Städter. [36]) Im Sommer waren es 85 süddeutsche Kälber, die in ekelerregendem Zustand anlangten: Der Transport der geschlachteten Tiere dauerte Tage, das Kühleis in den unzulänglichen Waggons hielt solange nicht vor. Das Fleisch war schmierig und mit Maden übersät: Nachdem die Schmarotzer abgekratzt waren, gab das Gesundheitsamt die 2.550 kg halbverdorbenes Fleisch zum Verzehr frei! Die Kölner drangen nach diesem Vorfall verstärkt darauf, „daß uns das Schlachtvieh (nicht die Maden) lebend geliefert wird." [37]) Mitte September 1947 schien sich in der Fleisch-Not plötzlich eine Wende anzubahnen. Da im Dürresommer das Weidefutter auf den Feldern verdorrt war, stießen die Bauern ihr Vieh ab. Im Gegensatz zu früheren Jahren bestand nämlich wenig Aussicht, die Tiere, wie üblich, lebend über den Winter zu bringen, um sie im Frühjahr abgemagert auf die Weiden zu schicken und, auf eine baldige Währungsreform hoffend, zurückzuhalten. [38] In Bayern hob ein „Massenauftrieb" in den Schlachthöfen an. Die Ernährungsämter wußten sich des „Fleischsegens" kaum zu erwehren: Die Bayern gaben postwendend ein Kilo Fleisch als Sonderration aus – angeblich zur „heimischen Bevorratung". In Köln war eine großzügige Vorratswirtschaft infolge der zerstörten Kühlhäuser in Mülheim und Ehrenfeld ausgeschlossen. Von diesem unverhofften „Segen" verblieb den Kölnern schließlich eine weit kleinere Portion: in der Domstadt wurde die Fleischration um 100 g auf 400 g pro Zuteilungsperiode heraufgesetzt. [39] Für die rheinischen Großstädte ging der Akquisitionskampf weiter: Im Januar 1948 wurden Emissäre der Stadt, die in Düren und Jülich Vieh abholen wollten, von den dortigen Oberkreisdirektoren davongejagt. „Unter Androhung von Polizeigewalt" sahen sich die Kölner Lastwagen gezwungen, ohne die 500 zugewiesenen Tiere den Rückzug anzutreten. [40] Und selbst in der unmittelbaren Umgebung der Stadt konnte es zuweilen vorkommen, daß Polizisten mit gezogener Pistole gegen mistgabelbewaffnete Bauern vorgehen mußten, um das Rindvieh aus dem Stall zerren zu können. [41]

Mit einer Million Litern Treibstoff hatten die Amerikaner dem städtischen Fuhrpark in den ersten Nachkriegsmonaten ausgeholfen. Unter britischer Besatzung übernahm wieder die deutsche Transportbürokratie die Verwaltung des chronischen Kraftstoffmangels. [42] Gleich den Münchnern machten die Kölner noch 1945 die ernüchternde Erfahrung, daß die ortsansässigen Großhändler die für die Stadt bestimmten Landesprodukte nicht abholen konnten, weil Benzin und Diesel fehlten. Auf diese Weise blieben an einem einzigen Novembertag 30.000 kg Gemüse in rheinischen Sammelstellen, also vor den Toren Kölns, liegen und gingen der Stadt verloren! [43] Die Treibstoff-Zuteilungen an die Stadt wurden kontinuierlich gekürzt. Verglichen mit dem Kontingent im März 1946, betrug die verfügbare Menge an Benzin im Januar 1947 nurmehr 53 und an Diesel nurmehr 26 Prozent! [44] Die Anfuhr von leicht verderblichen Produkten wie Salat und Frischgemüse, angewiesen auf den wendigen und raschen LKW-Transport, litt ununterbrochen unter der Treibstoff-Barriere. Im März und April 1947 mußten tausende Zentner Mietengemüse an andere Städte abgegeben werden – einzig und allein deshalb, weil Köln seine Fahrzeuge nicht betanken konnte. [45] Die Großhändler verzichteten in dieser Zeit im vorhinein darauf, Ware für Köln zu ordern, da sie nicht wußten, wie sie das eingekaufte Gemüse in die Stadt schaffen sollten. [46] Die Benzinnot empörte die hungernden Kölner zu Recht, denn: „Andere Städte, die es offenbar besser können, holen, bei den Bezirksabgabestellen, was für Köln bestimmt war, die Kölner aber nicht abholen können. In solchen Fällen gibt es immer Stimmen, die nach dem starken Mann rufen." [47)] Geradezu irrwitzig mußte den Kölnern da ihre Lage erscheinen, wenn sie ins acht Kilometer entfernte Wesseling blickten. Dort hatten 1.400 Arbeiter das Kraftstoffwerk instandgesetzt. Die Anlage hätte den Treibstoffbedarf ganz Nordrhein-Westfalens decken können. Just in dem Moment, da die Produktion wieder aufgenommen werden sollte, entzogen die Briten dem Werk die Betriebserlaubnis. [48)]

Allein die britische Zone war auf die Einfuhr von 170.000 Tonnen Brotgetreide im Monat angewiesen. [49)] Früher war das Getreide aus Pommern, Mecklenburg, Sachsen, Sachsen-Anhalt, vor allem aus Schlesien nach Köln gekommen. [50)] Heftig umstritten war der Weg, den jetzt das Importgetreide und -mehl ins Rheinland nehmen sollte: Briten und Amerikaner hatten sich, um Devisen zu sparen, gegen die niederländischen Rheinmündungshäfen und für die deutschen Nordseehäfen entschieden. Diese Strecke begrüßten nicht nur Bremer und Hamburger Wirtschaftskreise, sondern auch die Reichsbahn. Deren Generaldirektor erklärte wider besseres Wissen im Februar 1947, daß die damalige Getreide- und Nährmittelkrise „mit der Transportlage der Eisenbahn nichts zu tun habe". Kattanek konnte jedoch darauf verweisen, daß zu jenem Zeitpunkt wieder einmal 800.000 Zentner Getreide für Nordrhein-Westfalen in Bremen auf Halde lagen. Von den vorgesehenen fünf Zügen täglich wurde lediglich einer abgefertigt: Getreidetransporte auf der Schiene von den Nordseehäfen nach Westdeutschland waren unüblich und strapazierten die überlastete Bahn. Die Rheinländer, im Verein mit den Holländern, plädierten, auch um der Umlenkung traditioneller Warenströme für die Zukunft vorzubeugen, für den „normalen" Weg: Sie ergriffen kompromißlos für den seit November 1945 wieder schiffbaren Rhein Partei, die Hauptverkehrsader des deutschen Westens. Die Rheinmündungshäfen Rotterdam, Antwerpen und auch Amsterdam bildeten für sie die natürlichen Zwischenstationen für die Überseefrachten, die ohne Umladung zum Niederrhein und von dort nach Köln gelangen konnten. Jeder, der in Kölns Geschichte groß geworden sei, wisse, so der Oberbürgermeister der Rheinmetropole, „daß hier die Flaggen von England, Frankreich, Belgien, Holland und den Ostseestaaten zu sehen waren. Wir möchten sehr den Tag begrüßen, wo auch wieder englische Schiffe aus dem Londoner Hafen bei uns in Köln anlegen werden." [51)] Kattanek wollte die Mehrkosten, die beim Import via Bremen entstanden, gegen das Devisen-Argument aufgerechnet wissen: „ein zwei Tage längerer Seeweg, der für die ausländischen Schiffe, die gewöhnlich in Zeitcharter fahren, ebenfalls Devisen kostet; längere Liegezeiten; Kohlenverbrauch der Reichsbahn, der sonst Devisen einbringen würde; Warenverlust von etwa 2 % bei der Bahnverladung gegenüber einem halben Prozent bei Kahnverladung ab Rotterdam." [52] Die gefährliche Brotversorgung „von der Hand in den Mund" ging nicht zuletzt auf das Konto der andauernden Transportquerelen – vor dem Hintergrund minimaler heimischer Reserven.

War das Getreide bei den rheinischen Mühlenbetrieben endlich angeliefert worden, begann das Tauziehen um die Absatzgebiete. So trachteten die Kölner Mehlhändler danach, die Bonner Weizenmühle von „ihrer" Bäcker-Klientel fernzuhalten. Die Kölner beklagten, sie hätten beispielsweise den Kreis Euskirchen verloren. Die Bonner Mühle konterte, sie habe die größeren Gebietsverluste, nämlich die südliche Rheinprovinz (Neuwied, Koblenz, Eifel, Trier), zu verkraften. Carl Auer vergaß nicht, sein politisch sauberes Geschäftsgebaren ins Feld zu führen: „Die Bonner Weizenmühle hat bisher in keinem Falle Kunden beliefert, die auf Grund der Verordnung zur Bereinigung der Lieferbeziehungen aufgegeben werden mussten." [53] „Erbitterte Kämpfe" entbrannten um die amerikanischen Mehlzüge, die über die Bahnhöfe Bonntor und St. Gereon in die Stadt gelotst wurden. [54] Große Unruhe unter den Kölner Backbetrieben löste seit Herbst 1945 die innerstädtische Steuerung des Mehles aus. Strittig war der für die Verteilung anzuwendende Schlüssel. Bäckerinnung und Mehlhandel hatten im August 1945 den ursprünglichen Beschluß, die Jahresumsätze von 1939 bis 1943 zugrunde zu legen, umgestoßen; stattdessen gab nun der für eine solche Vorgabe völlig unrepräsentative Monat Juli 1945 die Maßzahlen her.

Der neue Verteilungsmodus begünstigte die im Krieg etablierten Firmen, denn zu diesem Zeitpunkt hatten einige Mehlhändler und zahlreiche Bäckermeister den Betrieb noch nicht wieder aufgenommen, waren noch nicht wieder nach Köln zurückgekehrt. [55] Das Ernährungsamt stand auf der Seite der neuen Regeln und kommentierte intern, „die Firmen, die damals stiften gegangen sind, sollten dafür auch Verständnis haben, anstatt sich 'beschwerdeführend an die Besatzungs-Behörde zu wenden'." [56] Enorme Unterschiede bei der Belieferung waren die Folge: „Der Bäckermeister D. wurde weit über das vernünftige Maß seines Verbrauches vorbeliefert, während andere Bäcker in anderen Bezirken auf Grund der ungleichmäßigen Zuteilung und weil sei ihrem alten Lieferanten treu blieben, nur mit einigen Säckchen beliefert werden konnten." [57] Bäckermeister Peter F. aus Merkenich machte ferner die Beobachtung, daß der Mehlhandel ihn als erklärten Gegner der Nazi-Partei weiter benachteilige, wohingegen Pg.-Kollegen bevorzugt bedient würden. [58] Im Februar 1946 erhob selbst die Kölner Bäckerinnung die Forderung nach gerechter Mehldistribution. Die Verteilpraxis hatte dazu geführt, daß von den 550 Bäckermeistern in Stadt und Land 55 seit Tagen ganz ohne Mehl dastanden, 120 Betriebe verfügten über weniger als zehn Doppelzentner. „Demgegenüber waren einzelne Bäcker mit über 100, 200, ja 300 dz versehen!" [59] Diese Klüngel-Wirtschaft setzte sich bis in den Verkaufsraum, genauer gesagt: bis unter die Ladentheke fort: Dort wurde manchmal ein besseres Brot oder gar ein reines Weizenbrot für die „guten Freunderln" (so eine Münchnerin), also für die gern gesehene, langjährige Stammkundschaft zurückbehalten. Den bloßen „Laufkunden" verblieb dann bestenfalls ein Brot mit überhöhtem Maisanteil: [60] Solche Klassenunterschiede galten freilich nicht nur im Bäckerladen! [61]

„Schärfsten Einspruch" machte der Bürger-Ausschuß Köln-Mitte geltend: die Industrie- und Handelskammer hatte dem Gastwirt Sch. die Konzession für das Opernhaus-Restaurant zuerkannt. „Mit der Konzessionierung Sch.s mutet man der Bevölkerung zu, dass sie in einem Geschäft verkehren soll, dessen Inhaber während der letzten zehn Jahre fast täglich der Gastgeber der höchsten Spitzen der Nazibande war. Sch. hat die Bande... mit besten Sachen bewirtet, und das zu einer Zeit noch (z.B. die letzten Kriegsjahre), wo für gewöhnliche Sterbliche kaum Marmelade da war. In der Klause von Sch. wurde so manche Saforgie abgehalten, und der händereibende Verdiener an allem war der Pg. Sch. Wir verlangen, dass dieser Betrieb, gerade weil er städtisch ist, an ein rassenpolitisches Opfer der Naziherrschaft verpachtet wird..." Die entrüstete Eingabe gipfelte in der Frage: „Welche Kräfte sind hier am Werk, und welcher Nazi hilft hier dem anderen?" [62] Für Hans Böckler waren gerade „die unzähligen Kneipen... reine Brutstätten des Hitlertums gewesen, und zwar unter dem Einfluß der Gastwirte." [63] Die strikte Entnazifizierung der Versorgungswirtschaft zählte zu den Hauptanliegen der Kölner Ortsausschüsse: Sie stellten zum Beispiel die Berufsverbände des Kohlen- und Kartoffelgroßhandels an den Pranger. Dort säßen „in entscheidenden Schlüsselstellungen Pg's, die durch Trägheit und Böswilligkeit zu sabotieren suchen, grosse Gewinne einheimsen..., und ihre Clique zu den Lieferungen begünstigen, die ihrerseits unter den Verbrauchern wieder die Pg's bevorzugen." Deshalb dürfe „kein Pg... eine Monopolstellung im Großhandel innehaben." Sie forderten weiter die „scharfe Überwachung der Erteilung von Gewerbezulassungen für Gemüsehandlungen und Metzgereien" und „die Ausmerzung aller nazistischen Elemente im Einzelhandel". [64] 95 von hundert Groß- oder Einzelhändlern seien Mitglied bei der NSDAP gewesen, vermuteten die rechtsrheinischen Ortsausschüsse. Bei der neugegründeten 'Genossenschaft der Kartoffelgroßhändler', so die Ortsausschüsse als „Vertreter der Verbraucherschaft" noch 1947, handele es sich

um eine reine Tarnorganisation für untragbare Figuren. Die Kartoffelfunktionäre seien in politischer Hinsicht belastet und hätten es sogar nach dem Kriege verstanden, „die Not des Volkes auszunützen." [65]
Im Kölner Raum waren sofort nach Kriegsende auf Weisung der Militärregierung im Einzelhandel mehr als 80.000 Fragebögen erhoben und überprüft worden. In den meisten Fällen war damals das Einzelhandels-Permit ohne weiteres erteilt worden. [66] An der Entnazifizierung des Handels und des Handwerks blieben die Ortsausschüsse, die sich ja auch als Interessenvertretung der Verbraucher verstanden, nicht ganz unbeteiligt. Zwar beschickten sie nicht die bei der Handwerkskammer eingesetzten Entnazifizierungs-Ausschüsse, [67] hatten aber die Möglichkeit, durch Gutachten den Gang des Verfahrens zu beeinflussen. Von 123 Fällen, die ein solcher Ausschuß binnen zweier Monate verhandelte, wurde die Entscheidung bei 25 Personen (20 Prozent) von weiteren Dossiers des zuständigen Ortsausschusses oder der zuständigen Innung abhängig gemacht. 52 Prozent mußten „Betriebseinschränkungen" hinnehmen, 28 Prozent wurden ohne Umschweife abgelehnt. [68] Die Militärregierung hatte gefordert, Parteigenossen vom Handel auszuschließen und junge, unbelastete Kaufleute zuzulassen. [69] Die Kölner Industrie- und Handelskammer hielt dagegen und verschanzte sich hinter dem deutschen Einzelhandelsschutzgesetz, welches die Militärregierung als „nationalsozialistisch verseucht" betrachtete. Im informellen Kreis führender Persönlichkeiten der Stadt, die sich täglich im Vinzenz-Krankenhaus zum Essen (sic!) trafen, verabredete man insgeheim, die strengen Entnazifizierungs-Anweisungen so weit als möglich zu ignorieren. Dieses ökonomisch-administrative Kartell, die „den Zeiten angepaßte Form des 'Kölschen Klüngels'", [70] beschloß, „stillschweigend unser deutsches Recht anzuwenden." [71]
Jetzt müsse durchgegriffen werden, denn es sei ganz überflüssig zu warten, „ob sie sich besseren oder nicht". Angesichts alarmierender Meldungen über den Umfang der „Verluste" beim Kölner Groß- und Kleinhandel schloß sich auch Peter Schlack für die CDU-Fraktion der allgemeinen Forderung an, die Betrüger vom Handel radikal auszuschalten. [72] Als ehemaliger Gründer und Leiter des Reichsverbandes deutscher Konsumvereine und dessen Einkaufsgesellschaft wußte Schlack, wovon er sprach. [73] Zuvor hatte Beigeordneter Kattanek den Stadtverordneten Näherungswerte für die Verwirtschaftungen binnen eines Jahres (hier: 1946) vorgetragen. Seine Prüfstelle hatte von 2.633 Geschäften 466 überprüft; aus den so gewonnen Basisziffern rechnete Kattanek auf alle Verteiler hoch: „Die Gesamtverluste werden hierbei auf über 121.000 kg Fett (Unruhe, Hört-, Hörtrufe), über 22.000 kg Käse, über 859.000

kg Nährmittel (Zuruf Burauen-SPD: Skandal!), über 23.000 kg Fleisch, über 17.000 kg Kaffee-Ersatz, über 136.000 kg Zucker (Zuruf Burauen-SPD: Das ist ein Verbrechen! – Schlack-CDU: Dabei wissen die Geschäfte im voraus Bescheid!) geschätzt." Die Summe aller schwarzen Warenabflüsse in der Versorgungskette vom Erzeuger bis zum Verbraucher bezifferte Kattanek auf rund 20 Prozent. [74] Die Geldstrafe, die ein abgezweigtes, „vermaggeltes" Kilo Fett oder Käse möglicherweise einbrachte, blieb, verglichen mit dem Schwarzmarkterlös, lächerlich gering. Erst nachdem eine Fehlmenge von über 12 Prozent festgestellt worden war, kam der zeitweilige Ausschluß von der Warenverteilung in Betracht. Das dafür zuständige Kontrollgremium hatte von Mitte Mai bis August 1947 335 Kölner Einzelhändler allein wegen der „Verwirtschaftung von Fett und Käse" bestraft. Von der Verteilung dieser Molkereiprodukte wurden im Laufe der drei Monate ausgeschlossen: 82 Geschäfte für drei bis sechs Zuteilungsperioden, immerhin neun Geschäfte für neun, 28 Geschäfte für 12 Perioden und 50 für die gesamte Zeitdauer der öffentlichen Bewirtschaftung. In zwei Fällen wurde eine Verteilsperre für sämtliche Warenarten verhängt. Die Namen der verurteilten Händler wurden in den Lokalblättern angeprangert. Die 'Rheinische Zeitung' vermochte gleichwohl in den ausgesprochenen Strafen keine Abschreckung, höchstens einen Anreiz zu entdecken: „Wem fällt es da nicht bei, auszurufen: Es ist eine Lust zu maggeln!?" [75]

Trümmer-Köln hatte allen Grund, um seine Zukunft zu bangen. Im eitlen Konkurrenzkampf der Städte an Rhein und Ruhr schien sein Schicksal endgültig besiegelt. Die Bande der rheinischen Kapitale zu ihren angestammten Lieferanten waren durchtrennt; auch als Verbraucher galt die Stadt als unattraktiv, alles andere als zukunftsträchtig. Köln wurde zum Bittsteller und mußte bei unwilligen Händlern seine Kontingente geradezu erflehen. Die lebenswichtigen Überseeimporte durften nicht den normalen Weg mit Frachtkähnen über die Kölner Lebensader, den Rhein, nehmen, sondern mußten mit Güterzügen zeitraubend und verlustreich herangeführt werden. Vom zuständigen Landesernährungsamt sah man sich mutwillig mißhandelt und hintangesetzt, während das nahe Revier scheinbar im Fett schwamm. In düsteren Farben zeigte sich also der Versorgungshorizont aus Kölner Sicht. Auch Leipzig konkurrierte mit den Industriestädten Sachsens und Thüringens, konnte sich aber seiner privilegierten Rolle als Messestadt sicher sein. Mitbewerber brauchte München dagegen nicht zu fürchten, völlig unangefochten behauptete die Bayernmetropole ihre Position als Landeshauptstadt.

5.5. Versorgungssoziologie: Die „lästigen Esser"

Daß die Versorgungsverwaltung zu Weihnachten 1946 ein Monate zuvor auf der Lebensmittelkarte aufgedrucktes Versprechen einlöste und eine Kaffee-Sonderzuteilung aufrief, war der 'Rheinischen Zeitung' Anlaß zu einem freudig-bissigen Kommentar, der zur Persiflage auf zeittypische Einstellungen geriet: „O ihr Boshaften und Kleingläubigen, die ihr tückisch argwöhnt, dieser Rückgriff auf eine längst vergessene Periode sei eine hinterhältige Spekulation auf den allzu menschlichen Hang, Vergangenes hinter sich zu lassen und Verfallenes als unnützen Ballast über Bord zu werfen... Wer in dieser Periode des Markensammelns aus der Reihe tanzt, guckt eben in die leere Kaffeetasse." Überglücklich also, wer sie wiederfand: „Kostbare Stücke, ihr unscheinbaren rosenholzfarbenen Abschnitte N 3 und N 4! Fast begehrter jetzt als die seltene blaue Mauritius oder der rote Sachsen-Dreier. Seltsame Welt!" [1)]

Zu den „Nachwirkungen des Nationalsozialismus" rechnete der Sozialwissenschaftler und Nachrichtenoffizier Daniel Lerner im April 1945 den deutschen „Glaube(n) an amtliche Papiere", „eine nationale Krankheit": „Ein Deutscher ohne Ausweis oder ohne Lebensmittelkarte, ohne amtliche Erlaubnis zu sein, wo er ist, und zu tun, was er tut, scheint sich so unwohl zu fühlen wie ein Nackter auf der Straße." [2)] Der damalige US-Geheimdienstler zog voreilige Schlüsse aus seinen Beobachtungen. Die Lebensmittelkarte nämlich ist nicht mit den beliebigen „deutschen" Ausweispapieren in eine Reihe zu stellen; ihre Bedeutung reicht weit über diese hinaus. Sie repräsentierte nichts weniger als den enormen staatlichen Anspruch, die materiellen Grundlagen des Rechtes auf Leben, mithin dieses Grundrecht selbst, zu garantieren und zu organisieren. Mehr noch, ihrem Selbstverständnis nach sollte die Karte allein [3)] Existenzgrundlage und Lebenszuschnitt jedes einzelnen bestimmen. Dieser gewaltigen Aufgabe kam die Karte gegen Kriegsende und in der Nachkriegszeit nicht mehr nach; der zitierte „Glaube" an die behördliche Versorgungsfürsorge und das amtliche Versorgungsdokument schwand in den Jahren 1946/47 zusehends.

Ihre vitale Bedeutung machte die Karte für den Verbraucher zum sakrosankten Papier. Speziell in den ersten Nachkriegsmonaten avancierte sie zum Lebensberechtigungs-Ausweis. Ihrem Inhaber verlieh sie zuallerst das Recht zu sein. Wer die Karte verlor oder mit ihr Schindluder trieb, begab sich -im Verständnis und Urteil der Zeitgenossen- in die Gefahr, sein Lebensrecht zu verwirken. Heinrich Böll erzählt die Geschichte eines Siebzehnjährigen, der das gesamte Markenpaket seiner Familie beim Anstehen verloren hatte. [4)] Voller Verzweiflung stürzt er sich in die eisigen Fluten des Rheines: „Nein, habe ich gedacht, es gibt keine Hilfe und keine Hoffnung, und kein Mensch wird uns die Marken ersetzen, es sind auch zu viele, Vater und Mutter, die beiden Großen, das ganz Kleine und ich, und die Mütterkarte und die Schwerarbeiterkarte von Vater. Es nützt alles nichts, ersäuf' dich, dann haben sie wenigstens einen Esser weniger." [5)] Ein schwarzer Soldat rettet den Unglücklichen; dem satten Amerikaner muß freilich verborgen bleiben, warum der Junge ins Wasser gehen wollte – „wegen so ein paar Fetzen Papier, die vielleicht nicht mal 'nen Dollar wert sind"? [6)] Auf der anderen Seite konnte die Karte ein empfindliches Machtinstrument in den Händen der Verwaltung sein. Zum Beispiel unternahm die Kölner Preisbehörde den Versuch, überfällige Ordnungsstrafen beizutreiben, indem sie beim Ernährungsamt beantragte, säumigen Verbrauchern die Lebensmittelkarte zu verweigern. Die Rechtsabteilung des Amtes wies dieses Ansinnen zurück, denn für die Sperrung von Lebensmittelkarten gab es keine gesetzliche Grundlage. [7)] Ein 'Rundschau'-Leser thematisierte seine Angst vor dem eventuellen Lebensmittel-Entzug: „Auf dem vom Ernährungsamt ausgegebenen Fragebögen findet man die Bemerkung: 'Wer falsche Angaben macht usw., kann mit dem Entzug der Lebensmittelkarten bestraft werden.' – Mit anderen Worten, wer seinen Verpflichtungen nicht nachkommt, wird zum Hungertode verurteilt... Sind sich die verantwortlichen Stellen, die eine derartige Redewendung veranlassen, auch bewußt, was es heißt, keine Lebensmittelkarten zu bekommen?... Einen wirklichen Verbrecher bestraft man mit Freiheitsentzug und Geldstrafe, von der Todesstrafe ganz abgesehen. Aber das Ernährungsamt glaubt Menschen wegen Bagatellen... zum Verhungern verurteilen zu können." [8)]

„Vor der Bezirksstelle 20 in Dellbrück stellten sich... die Verbraucher schon morgens um 6 Uhr an. Kurz vor 9 Uhr wurden die Tore geöffnet; vor der Mittagsstunde bereits wieder geschlossen, weil zu grosser Andrang war. Bei bitterster Kälte 'erstanden' sich Hunderte von Menschen durch stundenlange, quälende Warterei ihre Kalorien für weitere vier Wochen." [9)] Gleich zweimal mußten die Verbraucher -überwiegend Frauen- anstehen; zuerst, um -nach der Überprüfung des Arbeitspasses- die bestätigte Karteikarte zu bekommen, dann, um die begehrten Karten und Marken selbst in Empfang nehmen zu können. „Stundenlang stehen sie so, geduldig, weil sie geduldig sein müssen, weil es um die Erhaltung des nackten Lebens geht, von dem viele dieser Menschen ohne Hoffnung behaupten, daß es nicht mehr lebenswert sei." [10)] Das winterliche Schlangenchaos vor den Bezirksstellen zwang die Verwaltung dazu, die Kölner Ausgabepraxis zu überdenken. Wie sehr das Vergabeverfahren von der Einstufung bis zur Ausgabe der Karten ein Politikum war, wurde bereits am Beispiel der Leipziger Straßen- und Hausbeauftragten deutlich. In der Nazizeit war die Zustellung der Karten in die Wohnungen üblich gewesen. „Schwerwiegende Gründe" sprachen in der Nachkriegszeit gegen dieses Verfahren. In den Häuserruinen wären die Zusteller, für deren eigene moralische Integrität niemand hätte bürgen können, andauernd der Gefahr räuberischer Überfälle ausgesetzt gewesen. „An die Stelle der zwölfjährigen Diktatur ist die Demokratie getreten. Deshalb kann heute der in der Nazizeit ausgeübte brutale Zwang der Ortsgruppenleiter nicht mehr angewandt und infolgedessen der erforderliche Personenkreis von Zustellern nicht mehr aufgebracht und befohlen werden." Im Frühjahr 1947 wurde in Köln ein neues Verfahren, das auf verstärkte Dezentralisierung setzte, getestet und eingeführt. Für jeweils zwei Ausgabetage wurden im Bereich einer Bezirksstelle zahlreiche temporäre Ausgabestellen in Firmen, Diensträumen und Gaststätten eingerichtet. Da jetzt der Stadtbezirk für die Ausgabe maßgeblich war, konnten die Familien eines Hauses oder sogar mehrerer Häuser ihre Marken stellvertretend von einer oder einem Beauftragten abholen lassen. [11] Das sparte eine Menge Zeit und manchen Ärger.

Etwa 490.000 Kölnerinnen und Kölner -200.000 Personen weniger als in München- lebten im August 1946 von Lebensmittelkarten. Mit dieser Ziffer hatte die Rheinmetropole ihren Bevölkerungsstand von 1909/10 wieder erreicht. 75 von hundert Normalverbrauchern waren Erwachsene über 18 Jahre, 11 von hundert zählten zu den Jugendlichen, und die vier Kinderkategorien stellten zusammen 14 Prozent. [12] Das Durchschnittsalter der Kölner Bevölkerung lag demnach deutlich niedriger als in Leipzig oder in München. In den ersten Monaten nach Kriegsende hatte es die städtische Wohnungs- und Versorgungsverwaltung schwer, mit dem unaufhörlichen Rückstrom der Geflohenen und Evakuierten Schritt zu halten: wöchentlich kamen bis zu 6.000, allein im Juli und August kehrten 150.000 heim. [13] Im Jahr 1946 wurden bis März immer noch 2.000 Personen pro Woche eingebürgert, obwohl der Zuzug stark reglementiert war und täglich 200 obdach- und arbeitslose Heimkehrwillige in benachbarte Kreise abgeschoben wurden. [14] Nur wer aufnahmebereite Familienangehörige in der Stadt nachweisen konnte oder einen „lebenswichtigen" Beruf ausübte, hatte eine Chance, wieder aufgenommen zu werden. [15] Anfang 1947, mit Überschreiten der 500.000-Einwohner-Marke, beherbergte die ruinierte Stadt rund zwei Prozent der Bevölkerung in der britischen Zone.

2.000 Kalorien pro Tag hatte Feldmarschall Montgomery im Juni 1945 jedem Normalverbraucher in der britischen Zone zugesichert. [16] Im Sommer 1946 waren noch 1.750 Kalorien am Tag im Gespräch, „immerhin eine recht schöne Zahl", [17] wie Oberbürgermeister Pünder meinte. Ganz im Gegensatz zu den Münchnern versprachen sich die Kölner viel vom kommenden Zonenzusammenschluß: Sie hofften, daß das amerikanisch-britische 1.550-Kalorien-Versprechen wenn schon nicht im Spätherbst 1946, so doch wenigstens ab Januar 1947 für sie Wirklichkeit werden würde. [18] Große Erwartungen wurden also mit der „Angleichung" der eigenen Rationenklasse an die besseren Versorgungssätze in der amerikanischen Zone verbunden. Gerade in den Problemregionen der Versorgung, den städtischen Industriegebieten der britischen Zone, wurde die Fieberkurve der Rationen im Jahr 1947 zur Nagelprobe der Bizone. So wurde beispielsweise die angekündigte Verdoppelung der Fleischration mit großer Freude aufgenommen. [19] Der rheinische Bizonen-Optimismus überlebte das Frühjahr 1947 nicht. Die Soll-Werte für Fleisch, Zucker, Nährmittel, Butter und Fett wurden zwar offiziell angehoben, die Ist-Werte aber blieben auf dem bekannt niedrigen Stand oder sackten sogar ab. Schonungslos und unter großem Beifall rechneten Oberbürgermeister Pünder und Oberstadtdirektor Suth vor den Stadtverordneten mit den „großen Versprechungen" ab. [20] Suth: „Von Monat zu Monat, von Woche zu Woche, von Tag zu Tag haben wir auf Besserung gehofft, und immer wieder sind unsere Hoffnungen enttäuscht worden, zuletzt wieder bei der Vereinigung der englischen mit der amerikanischen Zone auf wirtschaftlichem Gebiet, einer Maßnahme, an die wir besonders große Hoffnungen geknüpft hatten." [21] Die „Angleichung" erwies sich als Farce, die Bizone vermochte 1947 nicht nur in Bayern, sondern auch im Rheinland keine Freunde zu gewinnen; auch die Kölner stimmten nun in den allgemeinen Chor gegen das Zusammenschluß-Experiment ein. Die Presse in beiden Zonen verlieh ihrer Skepsis und Ablehnung gegen die Doppelzone sichtbaren Ausdruck, indem sie erstmals 1947 -offenbar stilbildend- Gänsefüßchen gegen ein „neues" Deutschland-Gebilde anführte: die Worte 'Bizone' und 'bizonal' wurden damals mit abschätziger Vorliebe in Anführungszeichen gesetzt! [22]

Eine Steigerung um 100 Kalorien pro Tag und Kopf der Bevölkerung in der britischen und amerikanischen Zone koste, gab „Die Zeit" ihren Lesern zu bedenken, im Jahr 43 Millionen Dollar. Das sei eine erschreckende Zahl, wenn man sich vor Augen führe, daß eine solche Steigerung gerade ein Kilo Getreide im Monat mehr bedeute, also nicht einmal eine Scheibe Brot am Tag. Die Eigenerzeugung der Doppelzone stelle nämlich nicht mehr als 950 Kalorien am Tag, jede weitere Kalorie müsse importiert werden. Wollte man tatsächlich einen Tagessatz von 1.550 Kalorien ausgeben, liege der finanzielle Aufwand für die Einfuhren bei 510 Millionen Dollar. [23] Ein steigendes Rationenbarometer war die Ausnahme, Rationenkürzungen waren an der Tagesordnung.

Die gesundheitlichen und sozialen Auswirkungen des Rationenlebens wurden von speziellen Arbeitsgruppen der Militärverwaltung ständig beobachtet und analysiert. In dem für Köln zuständigen Nutrition Survey Team arbeiteten ein Arzt, ein Biochemiker und zwei Ernährungswissenschaftler. Seine Basiserhebung führte das Team im März 1946 durch, also nach der ersten einschneidenden Brot- und Nährmittelreduktion. Im Verlauf der Studie wurde eine repräsentative Auswahl von 1.925 Personen aus neun Kölner Straßenzügen befragt. 20 Prozent von diesen gaben unumwunden zu, mehr Lebensmittel als die zugeteilten zur Verfügung zu haben. Wer von Arbeiter-Rationen leben mußte, brachte ein deutlich niedrigeres Körpergewicht als vergleichbare Personen auf die Waage, war offensichtlich außerstande, genügend Extraportionen beizuschaffen. 20 von hundert Schwer- und Schwerstarbeitern gaben an, die Zusatzration mit ihrer Familie zu teilen. Zu niedrig war die Zufuhr von Proteinen, von Fetten und fettlöslichen Vitaminen, insbesondere von Vitamin A, C und D. Die Unterversorgung mit Vitamin C war in den Arbeiterstadtteilen auf der östlichen Rheinseite am schlimmsten. Vitaminreiche Nahrungsmittel wie Obst und Gemüse gelangten seltener dorthin. Und schwarz konnte sie sich kein Arbeiter auf Dauer leisten. [24] 25 Besuche in Haushalten verschiedener sozialer Gruppen ergaben im März 1946, daß dort pro Person und Tag mehr als 700 Kalorien über das offiziell zugebilligte Maß verzehrt wurden. Diese Ziffer variierte in den folgenden Monaten stark. Vom 27. Mai bis 1. Juli untersuchten die Briten 73 Haushalte mit 244 Personen. Ihre Kalorienberechnungen ergaben einen leider nicht repräsentativen, nur tendenziell verwertbaren Buchwert von 287 schwarzen Kalorien pro Person und Tag. [25] Im September 1947 verzeichnete ein Ernährungsbericht nur noch 145 Extra-Kalorien im Durchschnitt.

Ganz miserable Zustände entdeckten die Versorgungsinspektoren immer wieder bei Kranken und Alten, bei der Schuljugend im Alter von sechs bis vierzehn Jahren und bei „reinen" Normalverbrauchern. [26] Der Speiseplan, eher: Diät-Plan, einer typischen Kölner Normalverbraucher- Familie mit zwei Kindern las sich in dieser Zeit so: Das Frühstücksbrot blieb trocken, denn die Marmelade reichte nur für drei, vier Tage. Die ersten drei Wochentage servierte die Hausfrau Sauerkraut und Kartoffeln zum Mittag; am Donnerstag gab es Karottensuppe, am Freitag und Samstag Haferflockensuppe und am Sonntag Kartoffeln und Heringe. Die Suppen kamen, aufgewärmt, am Abend erneut auf den Tisch, nur dienstags und sonntags abends verfeinerten ein wenig Fisch und Käse das Brot. Deutlich voller stellte sich der Küchentisch in einem Schwerarbeiter-Haushalt dar. Hier konnte den Kindern immerhin vormittags ein weiterer Imbiß geboten werden, bestehend aus Milch und Keksen. Ein Marmeladebrot gab es für alle nachmittags zum Kaffee. Zwar bestand die Abendmahlzeit auch hier oft aus den Resten vom Mittag; sie fanden jedoch willkommene Ergänzung in Brot und Butter, Milch und Käse, Kartoffeln und -einmal wöchentlich- in Wurst. [27]

Alte Menschen, die nur über die amtliche Ration und ihre Rente verfügen konnten, und die dem hektischen Schwarzmarkttreiben psychisch wie physisch nicht mehr gewachsen waren, vegetierten nurmehr dahin. In ihren Familien galten sie daher „oft als lästige Esser..., denen man ungern einen Platz in der Enge des Daseins überläßt." Die Fürsorgerinnen berichteten immer wieder über die Not der Alten und ihre aussichtslosen Anstrengungen, sie in Heimen oder Klöstern unterzubringen. [28] Als er für die 75jährige Magdalene R. aus der Zülpicherstraße den zweiten Antrag auf zusätzliche Lebensmittel für Kranke stellte, geriet ein Lindenthaler Arzt völlig aus der Fassung: Die 150 Zentimeter große, auf 42,5 Kilogramm Körpergewicht abgemagerte Hausfrau vor Augen, „diagnostizierte" er grimmig: „Staatlich conc. Hungerl(eiderin)... marant. Zustand." Es war Anfang 1949, als der Mediziner die Lebensverhältnisse seiner Patientin beziehungsreich verglich; er schrieb: „Die Invalidenrente beträgt DM 34,40. Das Gehalt von Herrn Pünder?" Und forderte schließlich: „Also adaequates Verhältnis necesse est." [29] Nicht nur der einzelne Verbraucher mußte immerfort um seine Zulagen ringen, auch die Städte sahen sich genötigt, ihre Zulagenbilanz rechtfertigen zu müssen. Zum heftigen Streit über die Kölner Krankenzulagen war es mit dem Landesernährungsamt im Mai 1946 gekommen. Die vorgesetzte Bonner Behörde machte der Stadt in einem Runderlaß die -vergleichsweise-hohe Anzahl der gewährten Krankenzulagen zum Vorwurf und hielt ihr die Zahlenverhältnisse in Essen als „verhältnismäßig" vor. Das Ernährungsamt des Oberpräsidiums hatte den für Köln ungünstigen Zulagenvergleich damit begründet, daß die beiden Städte als „zwei gleichstark bevölkerte und kriegszerstörte Grosstädte" angesehen werden könnten. Immer wieder fanden sich die Kölner, wie Heinrich Böll kritisierte, in „eine(r) Art Wettstreit der deutschen Städte..., welche die am meisten zerstörte sei", für ihn die „deutscheste Form des Perfektions-Perversionsspiels." [30]

Also antworteten die Kölner aufs neue, es sei doch nicht dasselbe, „ob eine Stadt, wie Köln, fünf Jahre lang fast Tag für Tag und Nacht für Nacht bombardiert worden ist oder ob eine Stadt, wie Essen, fast drei Jahre später als Köln... den ersten Grossangriff zu verzeichnen hatte." Es sei nicht dasselbe, „ob die Einwohnerzahl einer Stadt, wie Köln, von 768.000 auf rund 40.000 zusammenschrumpft oder ob sie, wie in Essen, von 664.000 Bewohnern auf rund 375.000 zurückgeht." Schließlich sei es nicht dasselbe, „ob in eine fast völlig zerstörte Stadt, wie Köln, rund 440.000 als Obdach- und Mittellose, als Ausgehungerte und Kranke aus den entferntesten Zonen Deutschlands zurückkehren oder ob, wie in Essen, rund 130.000 Menschen unter wesentlich geringeren Schwierigkeiten ein Unterkommen finden." Oberstadtdirektor Suth wies die Anschuldigung zurück, die Kölner Ärzte seien besonders großzügig im Verschreiben von Zulagen; nein, die Krankenziffern seien vielmehr ein Beweis für den alarmierenden Gesundheitszustand der Kölner Bevölkerung. Der attackierte Bonner Erlaß sah die Lösung darin, eine Krankenzulagenquote auf der Grundlage der Zahl der Normalverbraucherkarten festzusetzen. Seit wann, replizierten die Kölner spitz, lasse sich aus der Anzahl der Normalverbraucher, der Gesunden und der Kranken, auf die Zahl der Kranken schließen? Was sage denn die Zahl der Normalverbraucher über den Gesundheitszustand der Bevölkerung aus? Garnichts. Und: „Was würde der Oberpräsident zu dem Vorschlag sagen, die hoffenden und stillenden Mütter zahlenmässig auf der Grundlage der Normalverbraucher zu bestimmen? Ich kann mir ersparen, diesen Gedanken weiter zu verfolgen. Er führt zu der nie dagewesenen Groteske, dass sich die Zahl der Schwangeren aus der Zahl der Normalverbraucher herleiten lässt." [31] – Alle Einwände fruchteten nichts, die Quotierung der Milch-Krankenzulage wurde durchgepaukt. 1947 gingen wöchentlich rund 10.000 ärztliche Atteste ein. In der Woche vom 24. Februar bis 2. März 1947 bearbeitete das Ernährungsamt 1.818 Erstanträge und 8.621 Verlängerungsanträge für Krankenzusatzkost. Allein in dieser Woche wurden extra 4.782 Pfund Butter, 1.092 Pfund Nährmittel, 1.486 Pfund Fleisch und 1.282 Pfund Käse sowie 181.943 Liter Vollmilch an die Kranken ausgegeben. Ohne das Bonner Milchlimit wäre weit mehr Milch in der Stadt zur Verteilung gekommen: Die Vollmilch für Kranke war auf einen Viertel Liter je Person und Tag sowie -darüberhinaus- insgesamt auf eine Quote von $2\frac{1}{2}$ Liter je hundert Versorgungsberechtigte beschränkt! Um die Kranken mit ihrem Viertelliter Milch versorgen zu können, waren 19.250 Liter täglich nötig; die Quote gewährte den Kölner Kranken aber maximal 12.000 Liter. [32] Ende 1947 waren rund 83.000 Menschen als Kranke anerkannt – mehr als 15 Prozent der Gesamtbevölkerung; ein Drittel von ihnen war tuberkulös. [33]

Mit Argusaugen wurde in den Städten der soeben gegründeten Bizone die Einführung des Punktesystems für Bergarbeiter beobachtet. In die

Ruhrstädte, die während der Nazizeit eine Spitzenversorgung genossen und bis jetzt durch das Zulagewesen privilegiert waren, würden demnach künftig noch dickere Warenströme fließen: Die Punkte, mit begehrten Genußmitteln und Verbrauchsgütern honoriert, sollten den Kumpels Anreiz zu verstärkter Kohleförderung sein. Vom „Speck-Segen" des Punktesystems blieben die Normal-Arbeiter außerhalb des Bergbaus ausgeschlossen. [34)] Der Industrieverband Bergbau sah die sozialen Differenzen, die in der groß angekündigten Besserstellung lauerten, und verlangte von Gouverneur Asbury, „daß für das Punktsystem benötigte Nahrungsmittel gegen Kohlenexport aus der Mehrförderung eingeführt werden müßten, und daß nicht Speck oder Fleisch aus den für die Gesamtbevölkerung bestimmten Beständen genommen werden dürfe." [35)] Der nordrhein-westfälische Wirtschaftsminister Professor Erik Nölting versuchte von Anbeginn die Wogen zu glätten und bekräftigte, das System solle sich selber tragen. Es sei geplant, für einen Teil der Mehrförderung die Punktwaren im Ausland einzukaufen. [36)] Allen Beteuerungen zum Trotz war letztlich Bevorzugten wie Benachteiligten klar, daß die Bereitstellung der Punktpräsente wie Speck, Kaffee, Zucker, Schnaps und Zigaretten voll und ganz auf Kosten der „übrigen Bevölkerung" ging. [37)]

„Ein amtliches Wort nennt den Menschen, der nur auf seine Einheitskarte lebt, einen Normalverbraucher, auch wenn sein Verbrauch jenseits der Grenzen aller Normen liegt und die ihm gewährten Rationen weder zum Leben noch zum Sterben reichen." [38)] Auch in Köln waren es die Frauen, die -mit den Angestellten und den Beamten- das Gros der Normalverbraucher stellten. Selbst Gefängnisinsassen bekamen durchschnittlich 200 Kalorien mehr als sie! [39)] Die Frauen waren, über alle Zonengrenzen hinweg, die schwarzen Schafe der Versorgung. Politik galt als Männersache, Frauen als minderwertig. Ihr familiäres und gesellschaftliches Engagement wurde als vorübergehend angesehen, sie fungierten -im Selbstverständnis der Zeitals Platzhalterinnen für die verhinderten Männer. [40)] Oberbürgermeister Pünder sah sich sogar einmal veranlaßt, die Kölnerinnen gegen Anwürfe des Stadtkommandanten in Schutz zu nehmen. Colonel White hatte sich in einer Pressekonferenz über ihr Alter, ihre „Häßlichkeit" und ihre „Ungefährlichkeit" beschwert, von der Anmut rheinischer Frauen, womit Deutschland so gerne Propaganda mache, habe er bisher nichts gemerkt. „Daß bei einer Ernährung von täglich 1.150 Kalorien auch die weibliche Anmut Einbuße erlitte," entgegnete das Stadtoberhaupt, sei selbstverständlich, es sei aber gänzlich unnötig, darauf auch noch öffentlich hinzuweisen. [41)] Daß Männer für die Versorgungsnöte der Frauen das Wort ergriffen, kam selten vor. Der Ortsausschuß der Kölner Gewerkschaften verabschiedete zum Beispiel im Mai 1947 eine Entschließung zur Lage der Kölner Arbeiterschaft. An erster Stelle wurde darin die Forderung aufgestellt, rasch Lebensmittel in einem Umfang zuzuteilen, „daß jeder Mann ab sofort mit täglich mindestens soviel Kalorien versorgt wird, die ihm die Arbeitsmöglichkeit geben." – Ausdrücklich verlangten die Gewerkschafter eine Aufbesserung der Rationen für die männlichen Kollegen. Mit keiner einzigen Silbe freilich wurde der verzweifelte Lebenskampf der Kölner Arbeiterfrauen erwähnt, geschweige denn honoriert. [42] Wie die Münchnerinnen hetzten sie oft ohne Kaffee und völlig erschöpft zur Arbeit, hatten weder Brot noch Kartoffeln. Häufig kam es vor, daß Frauen ihre Tagesarbeit noch vor Schluß der Schicht beenden mußten, da sie das Arbeitstempo körperlich nicht mehr durchzustehen vermochten. [43] In Köln-Roggendorf und -Thenhoven pilgerten sie fünf-, sechsmal am Tag zur Milchverteilungsstelle, warteten von 11 Uhr am Morgen bis 20 Uhr am Abend, und dennoch gingen die meisten von ihnen schließlich ohne die Milch für ihre Kinder nach Hause. Aufgebracht schrieben die Mütter und Frauen über den Ortsausschuß an die Verwaltung, sich „so etwas" nicht länger bieten lassen zu wollen. [44] Im Februar 1947 zog eine Delegation von siebzig Frauen, Müttern, Arbeiterinnen und Angestellten „im Auftrag von 2.500 Kölner Familien" zum Rathaus, um ihrem Protest Luft zu machen und um vom Oberbürgermeister Aufklärung über die Mißstände der Versorgung zu erlangen. Es kam zum Eklat; die Frauengruppe mußte unverrichteter Dinge kehrtmachen, denn der Oberbürgermeister und sein Stellvertreter ließen sich aufgrund einer Sitzung entschuldigen. [45] Die unnötige Brüskierung der Frauendeputation war Wasser auf die Mühlen der Kommunistischen Frauengruppe: [46] Eine Chance mehr für die KP, sich „als konsequente Vorkämpfer(in) für die politische und wirtschaftliche Gleichberechtigung der Frau" zu präsentieren, die „im Kampf um die Sicherung des täglichen Brotes die Frauen mehr und mehr davon überzeugen (wollte), daß sie zu uns, in unsere Partei gehören!" [47] Ende März gingen die Frauen auf die Straße. Eine Frauen-Demonstration gegen die Reduzierung der Butter-Ration brachte 1.500 Menschen auf die Beine. [48] Die Männer im Kölner Rathaus lenkten ein und Anfang April 1947, wenige Wochen vor den Landtagswahlen, öffneten sie einer Frauen-Abordnung endlich die Pforten. Die Frauen übergaben Bürgermeister Görlinger eine von tausend Kölnerinnen unterzeichnete Resolution: „Was man uns seit langem an Lebensmitteln zuteilt, kann nicht einmal den Nährwert der KZ-Rationen der Nazizeit erreichen." Es ist beschämend, wie und mit welchen Argumenten die Frauen und Mütter ihr Recht auf Leben verteidigen mußten: „Wir Frauen haben ein Recht, unsere Stimme zu erheben, denn wir haben größtes Mitleid gehabt mit den fremdländischen Kriegsgefangenen und Pflichtarbeitern, denen wir -wie sooft- von unserem kärglichen Brot abgegeben oder heimlich Lebensmittelmarken zugesteckt haben." [49)]

Für weit mehr als irgendein Ausweispapier oder etwa ein Geldschein stand die Lebensmittelkarte: Sie manifestierte den Willen des Staates, das Lebensrecht an sich zu gestalten. Zwar überdauerte der große Anspruch den Zusammenbruch der nationalsozialistischen Herrschaft. Nach dem Kriege aber unterhöhlte jedes uneinlösbare, also „unaufgerufene" Fett- oder Fleisch-Märkchen jedoch den minimalen Restbestand von Vertrauen und Autorität in die Tatkraft der Auftragsverwaltungen Zonendeutschlands. Freilich konnten die Kartenversprechen auch deshalb nicht eingelöst werden, weil es den amputierten Gemeinwesen der Nachkriegszeit eben an Autorität und Machtmitteln mangelte.

Zu den Benachteiligten zählten in den Westzonen -wie auch in der Sowjetzone- die Alten, die Kranken und die Frauen. Ihre Meinung, ihre Arbeit galten nichts. Freilich, eine regelrechte Aussätzigen-Kategorie gab es im Westen nicht. In München und Köln mußten sie sich mit der „Einheitskarte" des Normalverbrauchers abfinden, Anträge auf Zusatzkarten wurden rundweg abgelehnt. Das galt auch für die Geistesarbeiter, die im Westen von Extrakarten ausgeschlossen blieben, in Leipzig jedoch hofiert wurden – sofern sie die richtige politische Gesinnung vorweisen konnten.

5.6. Zusatzversorgung: Das Credo der Selbsthilfe

Die Mitglieder des Ortsausschusses Köln-Ostheim waren mit ihrer Aufbauarbeit zufrieden. Voller Enthusiasmus berichteten sie dem Oberbürgermeister, daß es ihnen gelungen sei, die ortsansässigen Bauern dazu zu bewegen, zweihundert Zentner Kartoffeln zusätzlich anzupflanzen. Eine gute Ernte vorausgesetzt, bedeute diese Initiative, daß die 3.000 Seelen des Vorortes für drei Monate mit Kartoffeln versorgt seien – zum Preis von fünf Pfennigen pro Woche. Hunderte Zentner Getreide wären umgekommen, so die Ostheimer, wenn nicht der Ortsausschuß für eine Dreschmaschine und Arbeitskräfte zum Ausdrusch gesorgt hätte. [1)] Neben Trümmerräumung, Wohnungsnot und Entnazifizierungsfragen zählte die Ernährungsfürsorge zu den zentralen, selbstgestellten Aufgaben der Kölner Ortsausschüsse. Sie deckten Fehler und Defizite der Verwaltung auf, sie beurteilten die Zulassung von Geschäften und Gewerbetreibenden, sie bekämpften Korruption, Schwarz- und Schleichhandel, sie organisierten zuweilen Feld- und Flurschutztrupps und sie schafften es, Lebensmittel in die Stadt zu holen. Gerade ihre Versorgungsanstrengungen waren von guten Erfolgen gekrönt: Allein die Ortsausschüsse Dünnwald und Höhenhaus zum Beispiel beschafften -in Zusammenarbeit mit dem Ernährungsamt- 6.000 Zentner Kartoffeln zusätzlich. Auf die Feststellung, daß diese Kartoffeln „gerecht unter der Bevölkerung" verteilt worden seien, legten sie besonderen Wert. [2)]

Die ersten Selbsthilfegruppen waren kurz nach der Übernahme durch die US-Army in den rechtsrheinischen Arbeitervierteln entstanden: sie sprangen dort nicht einfach bloß in das Verwaltungs-Vakuum ein, sondern, weit wichtiger noch, sie füllten es aus – mit Lebensmitteln vor allem. Nur ungern schlug sich die rechtsrheinische Dependance des Ernährungsamtes mit der neuen, eigensinnigen Konkurrenz vor Ort herum: Immer häufiger würden jetzt solche Orts- oder Bürgerausschüsse an sie herantreten, mokierten sich die Versorgungsbeamten. „Die Ortsausschüsse haben sich nach ihrer eigenen Darstellung selbst eingesetzt und... suchen ihr Hauptbetätigungsfeld auf dem Gebiete der Ernährung und Versorgung der rechtsrheinischen Bevölkerung." Als ihre ureigenste, spezielle Aufgabe betrachteten sie die Versorgung des jeweiligen Ortsteils. „So haben sie besonders in die Kartoffelversorgung eingegriffen und nehmen hier die Verteilung nach eigenem Ermessen vor ohne Rücksicht auf die Festsetzungen des Ernährungsamtes." In Höhenhaus habe der Ausschuß „zusätzliche Lebensmittel, Kartoffeln und Hausbrand" versprochen. [3)] Die Arbeit der „beherzten Männer", die „zugriffen", „ohne zunächst hierzu autorisiert zu sein", [4)] mußte zwangsläufig mit den Aufgaben und dem Selbstverständnis der traditionellen Verwaltungsbürokratie kollidieren. Eine künftige Zusammenarbeit mit den Ortsgruppen erschien dem rechtsrheinischen Ernährungsbeamten unmöglich, „da die Ausschüsse ganz offen erklären, dass sie sich über das Ernährungsamt hinwegsetzten und auch kleinere Bestrafungen nicht fürchteten, da sie ja zum größten Teil längere Freiheitsstrafen bzw. KZ Lager hinter sich hätten." Der hilflose Beamte bat, doch dem „Treiben" der Bürgerausschüsse entgegen zu treten oder deren Arbeit „in angenehmere Bahnen zu leiten". Andernfalls prophezeite er „in kürzester Zeit ein Durcheinander in Verwaltung und Versorgung der Kölner Bürgerschaft". [5)]

Im Gegensatz zu den später ins Leben gerufenen linksrheinischen Ausschüssen, die von den Kommunisten dominiert wurden, verstand sich die erste, die rechtsrheinische Generation Kölner Bürgerkomitees „als zeitweilige und ausschließlich lokale Institution zur Bewältigung der akuten Not." [6)] Die populären Erfolge dieser ersten institutionalisierten Selbsthilfe nach dem Kriege lagen sicher in ihrer Zupack-Mentalität und in der

Tatsache, daß hier stadtkölnische Verteiler und Verbraucher zielsicher an einem Strang zogen. Anhand der Mitgliederlisten vom August 1945 konnte die Sozialstruktur der 28 damals tätigen Ausschüsse aufgearbeitet werden. Die Statistik weist ein Viertel der Ausschuß-Mitglieder als Industriearbeiter, 13 Prozent als abhängig beschäftigte Handwerker und 18 Prozent als Angestellte aus. In diese 'Volksfront der Not' brachten aber auch Beamte, Bauern und Selbständige ihre gerade in den ersten Nachkriegswochen wertvollen Versorgungserfahrungen ein: Immerhin ein weiteres Viertel der Aktivisten waren selbständige Handwerker, Wirte, Einzelhändler, Kaufleute und Unternehmer. [7] Dieser historische Schulterschluß erweiterte den Aktionsradius außerordentlich und ermöglichte im Bedarfsfall schnelles und flexibles Handeln im Interesse der Bürgerschaft. Noch im Frühjahr 1946 war solch pragmatisches Selbstverständnis herauszuhören, als die rechtsrheinischen Ortsausschüsse den Verwaltungen ein Armutszeugnis ausstellten. In den Amtsstuben fehlten „die richtigen Fachleute", „die meisten seien Formalisten und Theoretiker, denen die praktische Erfahrung vollkommen abgehe." [8] Das sympathieträchtige Wirken der Stadtteilgruppen vor Augen, schlug die herausgeforderte Verwaltung den Weg ein, die mißliebige Bewegung - „Terrorgruppen" in der Diktion des Dezernenten Leo Schwering- [9] zu integrieren: Schon im Sommer 1945 gelang es, die Kompetenzen der Komitees auszuhöhlen, sie zu bloßen Beratern und Beobachtern zu stutzen: Man degradierte sie jetzt zu Annahmestellen von „Wünschen, Bedürfnissen und Klagen". Über ihre künftige gesellschaftliche Funktion bestand kein Zweifel: „Jeder einzelne muß das Gefühl haben, an der Gestaltung des allgemeinen Lebens wieder Anteil nehmen zu können. Durch die Einrichtung der Ortsausschüsse ist der Bildung von Unruheherden in der Bevölkerung vorgebeugt; sie bilden eine Art Ventil, das eine radikale oder reaktionäre Beeinflussung gewisser Gruppen der Bevölkerung unmöglich macht..." [10]

Es war ein Ortsausschuß, der sich der frierenden Kinder erbarmte und ab November 1945 eine Schulsuppe austeilte. Für zehn Pfennige kamen 750 Holweider Schulkinder zweimal wöchentlich in den Genuß der warmen Schulspeise. [11] Einen Monat später konnte die Speisung vom Verpflegungsamt auf die 35.000 Volksschüler der Stadt ausgedehnt werden; sie erhielten an drei Schultagen einen halben Liter dicker, süßer Suppe. [12] Seit Februar 1946 war es möglich, auch die Mittel-, Höheren und Fachschüler in die jetzt tägliche Schulmahlzeit einzubeziehen. Fünfmal in der Woche mußten die Kinder mit einer Erbsmehlsuppe, zweimal mit einer Biskuitmehlsuppe Vorlieb nehmen. Die Kölner Militärregierung lieferte den Küchen das Rezept für die Suppen; die Zutaten für einen Teller Erbsmehlsuppe: 30 g gemahlener Zwieback oder Mehl, 40 g Hülsenfrüchte, 10 g Fett, 5 g Salz und 10 g Fleisch- Extrakt oder Fleisch-Aroma. [13] Von Mai an konnten die zwölf- bis 16jährigen noch ein köstliches Zubrot in Empfang nehmen: ein Brötchen! Das Mehl freilich für die Schulbrötchen, jeden Schultag immerhin 37 Zentner, mußte von den allgemeinen Beständen abgezweigt werden. [14] Das Kölner Mehlopfer für die Kinder blieb die Ausnahme. Benachbarte Städte wie Bonn oder Düsseldorf brachten diese Extrazuteilung nicht zustande. Zweimal die Woche beglückten Süßigkeiten aus Pazifikpackungen die Schülerinnen und Schüler: Schokolade, Bonbons oder Fruchtstangen, später gaben die Briten Vitaminschokolade frei. Eine Forderung von Robert Görlinger, [15] auch die Berufsschüler an der Schulspeisung teilnehmen zu lassen, wurde im Sommer realisiert. [16] Somit erhielten im September 1946 insgesamt 60.000 Schüler, etwa 12 Prozent der Gesamtbevölkerung, mehr als 300 Kalorien täglich über ihr Kartenpensum hinaus.

Junge Arbeiter und Lehrlinge mußten jedoch auf die schöne Extraportion verzichten. „Sicher verausgaben die Jungarbeiter und Lehrlinge mehr Körperkräfte als die Schüler", beschwerte sich ein Leser der 'Rheinischen Zeitung'. Er meinte, die Schüler kämen soundso aus finanziell bessergestellten Familien, und er fügte hinzu, „daß in den höheren Schulen viele von jenen HJ-Jungen und BDM-Mädchen sitzen, die sich vor der Niederlage damit hervortaten, junge Menschen aus Arbeiterkreisen zu verfolgen". Das Kölner Verpflegungsamt antwortete, eine Eingabe, auch die jugendlichen Arbeiter zu begünstigen, sei vom Düsseldorfer Ernährungsminister mündlich abgelehnt worden. [17] Probleme bereitete den Köchen die Zubereitung importierter Rohstoffe, besonders mit englischen Suppenkonserven und Kartoffelpuder hatten sie ihre liebe Not. Die Qualität der eintönigen Schulsuppe ließ denn auch vielfach zu wünschen übrig. Die Grieß- und Haferflockensuppen hatten oft einen seifigen oder einen muffig-bitteren Geschmack. Alte Fette und überlagerte Trockenmilch machten den Nachkriegseintopf nicht immer genießbar, 1947 häuften sich die Klagen über Erbrechen nach der Einnahme der Suppe. [18] Die wenig schmackhafte, bei der Lieferung zuweilen schon angesäuerte Brühe wurde von vielen nur ungern gegessen. Die Lehrer mußten ihre Schüler manchmal regelrecht zum Essen zwingen. Kleinere und empfindliche Kinder konnten trotz ihres Hungers ihre Abneigung gegen die schale Suppe nicht überwinden. Die Portionen dieser Kinder wurden dann an die Unerschrockensten als Nachschlag verteilt. Im Kindermund hieß das „kapitulieren". [19]

„Sie meinen wohl, ich könnte lachen, hier vor dem vollen Kessel," seufzte Werkskoch Theo Hüttner. „Aber das ist mehr Galgenhumor. Früher war ich

Koch, heute bin ich Großabnehmer des Städtischen Wasserwerks. Heute wird in Deutschland eben mit Wasser gekocht!" [20] „Gange doch fott, die bedrege uns doch, wo se künne", war die erboste Meinung in den Werks„kantinen". „Wat eß dat dann, die Wasserzupp. Immer Gäsch, Gäsch – un Röbe..." [21] Was würden die Hausfrauen denn tun, kämen ihre Männer tagtäglich mittags zum Essen nach Hause, mußten sich die Suppen-Nörgler befragen lassen. Ohne eine warme Mahlzeit lasse sich die Arbeitszeit doch nicht überdauern. Aus der Not seien so Großküchen-Betriebe entstanden, deren Einsatz auf längere Zeit hinaus volkswirtschaftlich und sozial nicht mehr wegzudenken sei. Im Jahre 1947 bekochten die Großküchen 200.000 Kölner, ein Drittel aller Bewohner. [22]

Die Idee der Gemeinschaftsverpflegung gehörte seit jeher zu den Lieblingsprojekten der britischen Kontrolloffiziere. Kommandant Prior, der das schlimme „absolute Brennstoffverbot" für private Haushalte verhängt hatte, forderte schon im Spätsommer 1945, unverzüglich mit den Planungen für die Massenspeisung zu beginnen. [23] Konrad Adenauer führte dem Major vor, daß durch Großküchen tatsächlich rund 15 Tonnen Brennstoff auf 100.000 Personen je Tag eingespart werden könnten. Die Erfahrung aber zeige, daß in Großküchen mit einem Verarbeitungsverlust von bis zu 30 Prozent gerechnet werden müsse! Der Oberbürgermeister sah in den Massenküchen eine große Gefahr für das mit „Sorgfalt eingeleitete materielle und psychologische Aufbauwerk der Besatzungsbehörden". [24] Im November 1945 waren die Vorbereitungen soweit fortgeschritten, daß täglich 100.000 Portionen gekocht werden konnten. Kopfzerbrechen bereitete den Verpflegungslogistikern der Transport: es fehlte an Thermophoren und an Pferdefuhrwerken! Die Militärregierung hatte nämlich in der Tat die Auflage gemacht, für den Transport von den Küchen zu den Verteilungsstellen -insgesamt eine Strecke von rund 380 Kilometern- ausschließlich Pferdewagen einzusetzen. [25] Vor dem Ernährungsbeirat beim Oberpräsidium entwickelte der Versorgungsoffizier Oberst Gilbert im Sommer 1946 vertraulich eine erschreckende Vision für den kommenden Winter: Er rechne mit weiteren, erheblichen Einschränkungen in der Versorgung. Die Städte müßten deshalb darauf vorbereitet sein, „Massenspeisungen für die gesamte Bevölkerung durchzuführen." [26] Anfang November trug auch Colonel White das brisante Thema in der Routinebesprechung mit den Kölner Stadtoberen vor. Für den Fall des Zusammenbruchs der Nahrungsmittelversorgung im Winter müsse vorgesorgt, das System der Volksküchen und Gemeinschaftsverpflegung müsse „überholt" und die Zahl der städtischen Versorgungszentren auf 200 aufgestockt werden. Im selben Atemzug erkundigte sich der Stadtkommandant vorsichtshalber, welche Wirkung eine solche Mobilmachung in der Versorgung wohl auf die Volksstimmung haben würde. [27] Die Antwort fiel unmißverständlich aus. Mit aller Kraft stemmten sich die Städte an Rhein und Ruhr gegen die -auch in München gefürchtete- „marschierende Volksküche". Die totale Verpflegung kam nicht. [28] Süffisant hatten die Oberstadtdirektoren der Militärregierung erklärt, „dass die Durchführung einer allgemeinen Massenspeisung... eine Verschwendung großen Stiles darstelle und daher nur durchgeführt werden könne, wenn Lebensmittel im Überfluß vorhanden seien"! [29]

55 von hundert der 3.300 Kölner Studierenden im Wintersemester 1946/47 wußten Wege, ihre karge Kartenration aufzubessern. 11 Prozent hatten es gut, denn sie verfügten über einen direkten Draht zu Bauersleuten, 56 Prozent erhielten Beihilfen von Verwandten, 11 Prozent wiederum konnten sich Auslandspakete verschaffen, 32 von hundert gingen auf Hamsterfahrt und 23 von hundert bedienten sich „anderer Quellen", verhökerten zum Beispiel ihre Raucherkarte gegen Brot, Fett und Kartoffeln. [30] Täglich, so die Bauern, klopften zuweilen 30 bis 40 Menschen bei ihnen auf dem Hof an, um zu betteln, zu tauschen, zu kaufen. [31] Oft gingen nicht die Frauen, sondern die Kinder und Jugendlichen auf Obst- und Gemüse-Wallfahrt. Sie zogen dann von Dorf zu Dorf, hausierten für Verpflegung und Unterkunft. [32] Die Vorgebirgsbahn transportierte die Hamsterscharen in den Garten Eden der Kölner, sie machte die Normalverbraucher für einen Tag zu Selbstversorgern: [33]

Am Sonntagnachmittag glichen die Bahnsteige im Vorgebirge einem Gemüsestand im tiefsten Frieden: „Auf allen Straßen ziehen Menschen unter prallen Rucksäcken, Koffern und Taschen aller Art schwitzend dem Bahnhof zu. Äpfel gucken durch die Löcher, Tomaten, Bohnen – ... Die Leute haben Glück: Es ist keine Zugkontrolle. Also Abfahrt – das bedeutet soviel wie eine Woche lang eine schmale Zusatzkost gesichert." Die Sorge aber um die so schwer erarbeitete Hamsterer-Ernte bleibt: Überall drohen Taschenkontrollen und Beschlagnahmungen. Würde auch in der Endhaltestelle der Vorgebirgsbahn in der Trierer Straße heute die Luft rein sein? [34] „Nun nicken sie alle einander beifällig zu, als Frau Schmitz sich nicht damit abfinden will, daß alles so dicht unter ihren Augen wächst, daß es nicht weit davon entfernt Butter, Eier und Milch gibt, während ihre Kinder immer nur den leeren Grund in den Kochtöpfen sehen: 'Gerade das ärgert einen so. Den Kleinen, ihren Nonnen da, denen nimmt man es, und den Großen geht gar nichts ab. Dabei lassen sich die Beamten, die das gerade verhindern sollen, ihr Wohlwollen gut bezahlen. Das Zeug versickert halt irgendwo, und wir gucken in den leeren Himmel.'" [35]

Die Völkerwanderung, die sich täglich in die ländliche Umgebung Kölns ergoß, wurde auf etwa 10.000 Menschen geschätzt, die jeden Tag 40- bis

60.000 kg Obst, Gemüse und Kartoffeln nach Hause schleppten: Eine Versorgung, die zwar sehr kostspielend und zeitraubend sei, urteilte die 'Kölnische Rundschau', gegen die man aber, da die normale Belieferung versage, gemeinhin nichts einwenden würde, wenn nur der alleinstehende Arbeiter und Angestellte nicht zu kurz käme. Was der Behörde nicht gelang, brachten die Hamsterer fertig: „Der Landausflug (wurde) zur Lebensfrage. Die Initiative (ging) vom Landesernährungsamt auf die Bevölkerung über"! [36] Neidlos bewunderte selbst Rolf Kattanek diese gewaltige Versorgungsleistung des „zweiten Versorgungsnetzes". Vor der Vollversammlung der Ortsausschüsse bekräftigte der Dezernent, „er freue sich über jeden Zentner Kartoffeln und Gemüse, der durch private Initiative nach Köln komme." [37]

Allerspätestens im Sommer 1946 hatte sich herausgestellt, daß auf legalen Wegen beileibe nicht genügend Gemüse in die Stadt floß. Stadtkölnische Stellen hatten deshalb das Einverständnis der Militärregierung erwirkt, kleine Hamsterer ungeschoren zu lassen. Vorübergehend war es erlaubt, bis zu dreißig Pfund Hamsterware aus dem Vorgebirge mitzubringen. [38] 1947 holte Nordrhein-Westfalens Ernährungsminister zum großen Schlag gegen die vielfüßige Selbsthilfe aus: Mitte Mai wurde die Vorgebirgsgegend um Roisdorf zum Sperrgebiet deklariert, den Kölnern waren damit ihre angestammten Obst- und Gemüsepfründe genommen. Die abgeschnürte „Grenzstadt" sah sich nun vollends im Hungerkäfig; Lübkes Exekutoren, die Bonner Versorgungsbürokraten, fungierten als Kerkermeister: „Rund um das Sperrgebiet soll ein eiserner Vorhang entstanden sein – mit 'Interzonenpaß', 'Grüner Grenze', Grenzpolizei und Beamten des Landesernährungsamtes. Ein undurchdringlicher Kordon der Abwehr soll Rhabarber, Sellerie und Salat umgeben." [39] Wie befürchtet, rollten die von Kölner Kleineinkäufern abgeschirmten Feldfrüchte nun an der Stadt vorbei: Die Reichsbahn hatte auf der Strecke Brühl-Mülheim-Speldorf eigens einen Eilzug eingesetzt, der die Landesprodukte nach Mülldorf brachte. Von dort wurden sie mit Naheilzügen in den frühen Morgenstunden in die -inzwischen als bedürftige Notstandsgebiete anerkannten- Großstädte des Ruhrgebietes transportiert. [40] Die Versorgungs-Mauer, errichtet in der schlimmsten Hungerszeit, brachte die Stadt in eine Situation, „vergleichbar der eines Kriegsgefangenen hinter dem Stacheldraht, der im Lager zur Passivität, zum Stillsitzen und Abwarten verurteilt ist und nicht die Möglichkeit hat, seinen knurrenden Magen durch eigene Initiative zu beruhigen..." [41] Nach Ansicht der Landesregierung erwiesen sich die Sperrmaßnahmen als ein voller Erfolg: 90 Prozent des Gemüses seien nun ordnungsgemäß erfaßt worden. [42] In der Domstadt wurde der Obst- und Gemüsewall rundweg abgelehnt. Tausende persönlicher Bindungen zu kleinen Gartenbesitzern im Vorgebirge seien zerschnitten worden, von der Kirschen-, Johannis- und Stachelbeerernte hatten die Kölner in diesem Jahr garnichts gesehen. „Nachdem die Kirschenernte vorbei ist, werden auch Sie, Herr Minister, einsehen," schrieb Bürgermeister Robert Görlinger an Heinrich Lübke, „daß Ihr Optimismus zum Schaden der Kölner Bevölkerung sich nicht erfüllt hat." Er forderte, künftig Diebstähle und Plünderungen zu verfolgen statt gegen die hungernden Hamsterer vorzugehen. [43] Die Befürworter beriefen sich auf die schlecht ausgefallene Dürreernte, auf Kohlfliege und Kohlschabe. Spitzfindig warfen sie die Versorgungsziffern von Stadt und Landkreis Köln in einen Topf, rechneten sodann vor, die beiden Kreise hätten immerhin 38,38 Prozent ihres Rationsanspruches erhalten. Die gesamte Nord-Rheinprovinz habe sich mit 36,13 Prozent ihres Gemüsesolls begnügen müssen. [44] Auch die Kölner Priester erhoben ihre Stimme gegen die Sperre. Sie mahnten, „die getroffenen Maßnahmen (hätten) die seit Monaten schwer empfundene Vertrauenskrise erheblich verschärft." [45] Noch im selben Jahr fällte das Bonner Landgericht ein in Köln dankbar aufgenommenes Urteil, wonach die Einführung von Sperrgebieten als gesetzeswidrig abzulehnen sei. [46]

Oberstadtdirektor Willi Suth trauerte dem Ersten Weltkrieg nach. Damals, so erinnerte er sich unter dem Beifall der CDU-Fraktion, hätten ähnliche Verhältnisse wie heute geherrscht. Mit einem entscheidenden Unterschied: „Damals hatte man den Städten weitgehend das Recht zur eigenen Initiative eingeräumt, und Sie werden sich entsinnen, daß von diesem Recht der Initiative... in Köln in weitestem Umfange und mit größtem Erfolg Gebrauch gemacht worden ist." [47] Verglichen mit jener Zeit, in der es ja keine zentralisierte Kommandoversorgung gegeben hatte, war der Handlungsspielraum städtischer Verwaltung natürlich arg zusammengeschrumpft. [48] Überlebens-Initiativen blieben in der zweiten Nachkriegszeit dieses Jahrhunderts fast ausschließlich dem einzelnen überlassen. „Es gab... außer Staub und Stille noch etwas, das, nicht durch Anführungszeichen gesichert, in dieser dritten Heimat, die Bundesrepublik heißt, als Provokation empfunden werden muß: Besitzlosigkeit. Jeder besaß das nackte Leben und außerdem, was ihm unter die Hände geriet: Kohlen, Holz, Bücher, Baumaterialien. Jeder hätte jeden mit Recht des Diebstahls bezichtigen können." Heinrich Böll weiter zur „Kriminalität des Ausnahmezustands": „Wer in einer zerstörten Großstadt nicht erfror, mußte sein Holz oder seine Kohlen gestohlen haben, und wer nicht verhungerte, mußte auf irgendeine gesetzwidrige Weise sich Nahrung verschafft oder verschafft haben lassen." [49] So ist es denn kein Wunder, sondern symptomatisch, daß die moralische Absolution dafür aus

Köln, der Stadt der Selbsthilfe per se, kam. Josef Kardinal Frings, der Kölner Erzbischof und Vorsitzende der Fuldaer Bischofskonferenz, [50] erteilte illegaler aber legitimer Selbsthilfe den kirchlichen Segen. In seiner Silvesterpredigt 1946/47 verkündete er: „Wir werden uns erforschen müssen, jeder für sich, ob er das siebte Gebot treu befolgt hat, das das Eigentum des Nächsten schützt. Wir leben sicher in Zeiten, in denen der staatlichen Obrigkeit mehr Rechte über das Eigentum der einzelnen zustehen als sonst und in denen ein gerechter Ausgleich zwischen denen, die alles verloren, und denen, die noch manches gerettet haben, stattfinden muß. Wir leben in Zeiten, da in der Not auch der einzelne das wird nehmen dürfen, was er zur Erhaltung seines Lebens und seiner Gesundheit notwendig hat, wenn er es auf andere Weise durch seine Arbeit oder durch Bitten nicht erlangen kann." [51] Der gute Name des Kölner Metropoliten stand von Stund an für die vielen Versuche, ungesetzlich zu überleben. „Fringsen", das Hirten-Wort, erlebte eine steile Karriere, denn es kam einem drängenden sozialpsychischen Bedürfnis entgegen. Seine fundamentale Leistung bestand darin, die quälende Kluft zwischen juristischer und Alltagsmoral aufzuheben: Wer „fringste", also zum eigenen Überleben Lebensmittel organisierte oder Kohlen klaute, durfte sich seines Rechtes auf Leben bewußt sein, wußte sich moralisch befreit vom Damoklesschwert der Strafgesetze.

„Selbsthilfe als ultima ratio der Mangellage – wer dazu aufrief, hoffte auf die heilende Kraft des Eigennutzes und nahm damit dessen sozial anarchische Folgewirkungen mit in Kauf." [52] Dieses Selbsthilfe-Urteil hätte nur dann uneingeschränkte Gültigkeit, wenn es der staatlichen Ernährungsfürsorge tatsächlich gelungen wäre, zum mindesten das Existenzminimum kontinuierlich zu sichern. Das war nicht der Fall. Die Frau des sozialdemokratischen Stadtverordneten Peter Fröhlich bekannte freimütig: „Ich habe kein Brot mehr, ich muß zum Schwarzen Markt laufen" [53] : Das Schwarz-Brot wurde -im wahrsten Sinne des Wortes- zur ultima ratio, zur letzten Ration. Anhand der Verhältnisse in Hamburg war es zudem möglich, die allseits akzeptierten Grenzen der neuen Moral herausarbeiten: Den Zeitgenossen erschien keineswegs jedwede Form der Verletzung des Eigentums als gerechtfertigt, und: mit Besserung der Lebensverhältnisse griff das traditionelle Normensystem wieder Platz. [54] Der Erzbischof übrigens hatte offenbar auch in eigener Sache gepredigt. Ein als Handwerker getarnter Spion der britischen Militärregierung inspizierte insgeheim die Keller des Kardinals, des Oberbürgermeisters und weiterer hoher Stadtbeamter. Er fand einen Hinweis aus KP-Kreisen bestätigt, wonach dort „große Mengen" „schwarzer" Kohlen gehortet seien. Die Affäre um die Prominenten-Kohlen wurde niedergeschlagen. [55]

Professionelle Diebe und Hehler, hauptberufliche Schieber und Schwarzhändler fielen natürlich aus dem allgemeinen Frings-Dispens heraus: jene Reichsbahn-Ganoven etwa, die einen ganzen Zug mit Lebendvieh, bestimmt für die britische Zone, auf schwarzen Geleisen nach Belgien rangierten. [56)] Oder jene fünfköpfige Einbrecherbande, die im August 1945 mit vorgehaltenen Waffen ein Lager überfiel und zwei Lastwagen, zwei Fässer Öl und 100 Kisten Margarine erbeutete. Drei 19-, 21- und 22jährige Burschen erhielten vom Hohen Militärgericht zusammen 42 Jahre Gefängnis, der 29jährige Organisator des Coups und der zehn Jahre jüngere MP-Schütze wurden zum Tode verurteilt. [57)] Der für Recht und Ordnung in der Stadt zuständige Beigeordnete erläuterte das Kölner Schwarzmarkt-Konzept so: „Die Polizei will nicht den kleinen Verbraucher dingfest machen, der zur Bekämpfung seiner eigenen Not sich zusätzlich etwas verschafft, sondern sie will die Menschen ermitteln, die nur ihren eigenen Vorteil aus der Not der Allgemeinheit ziehen. (Allgemeines Sehr richtig!)" Dr. Freiherr von Turegg erwähnte namentlich „die berufsmäßigen Schwarzhändler, die weitgehend in den Kreisen des Berufsverbrechertums, aber auch politisch belasteter Menschen zu suchen sind, die eben wegen ihrer politischen Belastung im normalen Geschäftsleben nicht tätig werden können. (Zustimmung)" [58)] Maria Fensky, die für Frauenpolitik zuständige kommunistische Abgeordnete, hatte schon 1945 nach den sozial ausgemusterten Nazis gefragt: „Wo sind z.B. alle die Beamten, die Angestellten, die am Gericht, am Finanzamt, an der Bahn oder an der Post und in der Stadtverwaltung waren? Alle die Nationalsozialisten, die heute nicht wieder eingestellt sind, die aber auch anderswo nirgends beschäftigt sind, die führen ein Leben im Verborgenen. Ich weiß nicht, ob aus übergroßer Bescheidenheit, ich weiß nur, daß sie ihre Zeit dazu nutzen, um sich Lebensmittel zu beschaffen..." [59)]

Die Geschäfte der braunen Schwarzhändler-Mafia gingen sicher gut; sie brachten zwar keine originären Erfahrungen im Handeln mit ins Geschäft, dafür aber konnten sie intime Kenntnisse der Bürokratie und gute Beziehungen zur gesamten Versorgungsmaschinerie investieren. Auf nicht weniger als 20- bis 30.000 Personen schätzte Kattanek diese Gruppe von „Faulenzern", also Leuten, die keinen Arbeitspaß hatten und auch keine Lebensmittelkarten abholten. [60)] Als Schwarzhändler fielen in Köln darüberhinaus noch die Rheinschiffer und die belgischen Besatzungssoldaten besonders unangenehm auf.

Die erste gemeinsame Razzia von deutschen Polizisten und britischer Militärpolizei galt Mitte Juni 1945 dem Domplatz. Auch in Köln schätzte man die soziale Virulenz des Schwarzmarktes von Anfang an falsch ein.

So verkündete der 'Kölnische Kurier' vollmundig: „Der Schwarzmarkt wird beseitigt". [61] Es waren aber regelmäßig nur die kleinen Händler, die an den bekannten „Schwarzen Börsen" von der Polizei aufgegriffen wurden: am Frankenwerft, in der Weidengasse, in der Elsaß- und Merowingerstraße, beim Ehrenfelder Bahnhof, vor den Kasernen in Mülheim und Dellbrück. [62] Womit wurde gehandelt? Zuallerst mit der schwarzen Leitwährung, den amerikanischen Zigaretten, die fünf bis sieben Mark kosteten. In der Publikumsgunst folgten dann die deutschen Zigaretten wie Bosco, Hoco oder Africaine, die aus der französischen Zone importiert wurden und für zwei, drei Mark zu haben waren. Lebensmittel waren nach den Tabakwaren die begehrtesten Kaufobjekte, besonders dann, wenn wieder einmal die Rationen gekappt worden waren. Im Frühjahr 1946 zum Beispiel stieg die Nachfrage nach Kartoffeln, Nährmitteln und -neuerdings auch- nach Brot „ganz gewaltig". Obwohl für diese Artikel jetzt Wucherpreise geboten wurden, blieb das Angebot gering. [63] Im September änderte sich das Sortiment: während die Nachfrage nach Butter, Fleisch und Brot erheblich nachließ, zogen Genußmittel: Zigaretten, Wein und Spirituosen an. [64]

Läßt sich der Schwarzmarkt „zur letzten unerschütterlichen Bastion der Freiheit, der Privatinitiative und von Überlebenschancen im rationierten Meer des erzwungenen Hungers" stilisieren? [65] Es ist gar keine Frage, daß sich im Schwarzmarkt auch der Gedanke der Selbsthilfe und die Idee der Privatinitiative manifestierten und organisierten – ihre unsozialen und egoistischen Implikationen inklusive. Die „unerschütterliche Bastion der Freiheit" jedoch gehört in den Bereich der Nachkriegsmythen und deren konservativer Indienststellungen. [66] Denn, welche Freiheit könnte gemeint sein? Doch wohl kaum die Freiheit der Schwarzhändler, das Marktgeschehen zu bestimmen und horrende Preise zu verlangen, noch weniger die ungeahnte, frappierende Freizügigkeit schwarzer Waren. Gemeint ist vielmehr die ominöse Freiheit der im Karten-Gefängnis einsitzenden Normalverbraucher, ganz einfach auszubrechen und sich am Markt mit den ersehnten Gütern einzudecken. Sich mühelos am Markt bedienen – das konnten die wenigsten. [67] Natürlich versuchten auch in Köln grundsätzlich alle Kreise der Bevölkerung ihr Glück an der Schwarzen Börse. Der „Marktberichterstatter" der Stadt Köln aber machte die Beobachtung: „Derjenige, der noch über viel Geld verfügt, hat seine Lieferanten, die auf Bestellung alles frei Haus liefern. Die breite hungernde Masse dagegen versucht durch Tausch zu zusätzlichen Lebensmitteln zu kommen." [68] Abschließend ein anschauliches Beispiel aus einem Bericht über die soziale Lage in der US-Zone 1947: Angenommen, ein Ehepaar hegte nur den einen „großen" Wunsch, 10 g Butter pro Mahlzeit über die amtliche

Ration hinaus verzehren zu können. Die Befriedigung dieses extravaganten Bedürfnisses allein hätte die beiden zu armen Leuten gemacht und im Monat 500 RM zusätzlich gekostet. „Wer aber", so der Bericht, „ist in der Lage, sich diesen Luxus zu leisten?" [69]

Kollektive, organisierte Selbsthilfe „von unten" paßte den Besatzungsmächten und den neuen Machthabern weder in der Sowjetzone noch in den Westzonen ins Konzept. Für die Apparate, die im Begriffe waren, sich zu etablieren, stellten die gerade auch wegen ihrer erfolgreichen Versorgungsarbeit beliebten Initiativen eine ernste Herausforderung dar. In Leipzig wurden die Betriebsausschüsse zielstrebig demontiert, in Köln die Ortsausschüsse kurzerhand als „Terrorgruppen" abgestempelt und abgewürgt, indem man sie der Oberaufsicht der Stadtverwaltung unterstellte.

Individuelle Selbsthilfe wie das Hamstern zum Beispiel war demgegenüber politisch unbedenklich und deshalb von Seiten der Städte durchaus willkommen. Wer etwas mitbrachte, konnte ja auch nach München mühelos einreisen. Ganz demonstrativ hatte man in Leipzig vor den Wahlen selbst prallen Hamstersäcken Tür und Tor geöffnet. Das schlechtversorgte Köln war auf den Individualverkehr besonders angewiesen, denn wie oft hatten Transportprobleme nicht ausgeräumt werden können, so daß für die Stadt bestimmtes Obst und Gemüse außen vor blieb! Als Lübkes Landwirtschaftsministerium das Vorgebirge zum Sperrgebiet erklärte und damit den Einfall der städtischen Hamsterer unterband, fand sich die ganze Stadt in einem unerbittlichen Gefängnis wieder, rigoros abgeschnitten von allen Versorgungsadern. Das fast grausam zu nennende Sperr-Exempel wurde just an Köln statuiert, das soundso schon am Hungertuch nagte – und ausgerechnet 1947, im schlimmsten Hungerjahr.

5.7. Politische Implikationen: Hungerstreiks in Köln

„Der kleine Mann ist nahe dabei, dieses Leben nicht mehr lebenswert zu finden. Dabei hat er es die zwölf bitteren Jahre gehütet wie seinen kostbarsten Schatz... Er hat Angst." [1]

Die erste große Rationenkürzung im Frühjahr 1946 traf die Kölner wie ein Schlag. Fassungslos erblickten sie darin das große Strafgericht der Siegermächte. [2] Die Briten ihrerseits hatten sich schon vorab das Stimmungsbild in der Zone nach den „drastic cuts" ausgemalt. Sie befürchteten, daß die Bevölkerung der Besatzungsmacht danach erst recht keinerlei „Kredit" mehr einräumen werde. Im britischen Hauptquartier erwartete man größere

Unruhen und Tumulte in den Industriezentren, denn gerade fehlende Organisationsstrukturen und die zunehmende körperliche Schwäche der Arbeiter machten die Situation unberechenbar. Die Jugendbanden würden ihre kriminellen Aktivitäten verstärken. Aufkommende Streiks könnten von feindseliger Haltung, eher jedoch von physischer Schwäche und Arbeitsunfähigkeit herrühren. [3] Noch aber blieben die Kölner Arbeiter ruhig, noch hatte die Hoffnungslosigkeit die Niedergeschlagenheit nicht übermannt. Unruhen und Proteste konnten vermieden werden, „weil der vernünftigere und besonnenere Teil der Belegschaften die Oberhand behielt und beruhigend auf die Unzufriedenen einwirken konnte." [4] Der „früher" überall vorhandene Arbeits- und Aufbauwille, so die Oberstadtdirektoren der größeren Städte Ende Mai 1946, habe merklich nachgelassen und drohe, der Gleichgültigkeit und Arbeitsunlust zu weichen. Die Stadtbevölkerung werde immer apathischer und fatalistischer. [5] So sank zum Beispiel die Tagesleistung eines Ausschachtarbeiters von acht Kubikmetern im Jahre 1936 auf drei Kubikmeter 1946. 1936 waren zwei Kubikmeter Mauerwerk die Tagesleistung von zwei Maurern und einem Hilfsarbeiter. Zehn Jahre später arbeiteten daran sechs Maurer und zwölf Hilfsarbeiter. [6] Im „schwarzen" Hungersommer 1946 herrschten Groll und Mißmut in den Familien. „Das Leben schleppt sich mürrisch und schlaff dahin. Die Erwachsenen werden schwächer und schwächer und die Kinder... sind elend." Die Kölner Rathausfraktionen beschworen das Ende: „Eine Auflösung ohnegleichen steht als Schreckgespenst vor uns. Sie bedeutete... das Ende der Zivilisation in unserem Lande." [7] Trotz aller Verzweiflung werde es zu einer „offenen Auflehnung" gottlob nicht kommen, versprach Dr. Pünder noch im Juli 1946 Regional Commissioner William Asbury anläßlich seines Besuches in der Trümmerstadt. Der „in Jahrhunderten bewährte, demokratische, der Welt zugewandte und im Grunde optimistische Sinn der Kölner" werde dies verhindern, nicht zuletzt auch deshalb, „weil nach den entsetzlichen Verlusten des Hitlerkrieges, den schweren Enttäuschungen des 1. Nachkriegsjahres und dem jammervollen Ernährungszustand die Stoßkraft allmählich erlahmt ist." [8]

Der Oberbürgermeister irrte. Zwar blieb es zu den Kommunalwahlen am 13. Oktober, aus denen die Christdemokraten mit über 53 Prozent als die großen Gewinner hervorgingen, und den ganzen Oktober über noch relativ still in der Stadt. Am 12. November 1946 aber legten die Beschäftigten der Westwaggon AG und der Klöckner-Humboldt-Deutz AG die Arbeit für rund drei Stunden nieder. Rund 5.400 Arbeiter und Angestellte waren damit erstmals in einen kurzfristigen Hungerstreik getreten. Die KHD-Belegschaft formulierte eine Resolution, in der als Protestgründe die unzureichenden

Kartoffel-, Brot- und Nährmittelzuteilungen sowie das Fehlen von festem Schuhwerk und Berufskleidung aufgeführt wurden. [9)] Überdies war es die -neuerdings- ganz brotlose Frühstückspause, welche die Arbeiter an diesem Dienstagmorgen zum Ausstand brachte: „Von 9 Uhr bis 9 Uhr 15 haben die Arbeiter ihre tägliche Frühstückspause. Sie pflegten das Brot zu essen, welches ihre Frauen ihnen von deren eigenen Brotrationen gaben... Tatsächlich ist kürzlich die Brotration nicht eingehalten worden. An diesem Tage waren die Arbeiter ohne Brot, und das veranlaßte die Arbeiter spontan zu handeln... Außerdem erschien in der Presse die Nachricht, daß die Arbeiterkantinen geschlossen werden würden, was auch noch aufreizend wirkte." [10)]
An den nächsten beiden Novembertagen folgten die Belegschaften von sieben weiteren Kölner Betrieben dem Protestbeispiel der Deutzer Arbeiter, darunter die 2.500köpfige Belegschaft der Felten & Guilleaume Carlswerk AG: „Verbitterte Gestalten in zerfetzter Kleidung, mit Gebilden an den Füßen, die kein zivilisierter Mitteleuropäer als Schuhe bezeichnen würde, schleuderten diese Arbeiter ihre Anwürfe gegen die Ernährungs- und Wirtschaftsämter, gegen die Bäckereien, die Butterkremtorte feilbieten, gegen die hohen Preise für bezugscheinpflichtige Waren, gegen die Demontage lebenswichtiger Betriebe, gegen die maßgeblichen Stellen, die nicht genügend Schuhe verteilen, obwohl sie vorhanden sein sollen." [11)]
Während die Arbeitgeber sogleich eine Kommission forderten, welche Sofortmaßnahmen erörtern sollte, „die erforderlich sind, um eine baldige Beendigung des Streiks zu erreichen und eine weitere Ausdehnung des Streiks zu verhindern", [12)] unternahmen die Kölner Gewerkschaftsführer alle Anstrengungen, gegenüber der Militärregierung den Streikcharakter des Ausstandes herunterzuspielen. Da Streiks verboten waren, legten die Betriebsräte Wert auf die beschwichtigende Feststellung, „es habe sich nicht um einen Streik gehandelt, sondern um eine ganz spontane Handlung. Die Arbeiter hätten sich passend, würdig und demokratisch verhalten." [13)] Noch am 14. November schrieb der Betriebsrat des Carlswerkes in diesem Sinne an die Militärregierung, die Klagen und Forderungen der Bevölkerung seien gerechtfertigt. Der sozialdemokratische Betriebs- und Ortsausschußvorsitzende Theodor Fink distanzierte sich zugleich vehement von Demonstrationen auf der Straße, die gewöhnlich von zerbrochenen Fensterscheiben und anderen „disorderly riots" begleitet wären und die just das Gegenteil des Beabsichtigten zur Folge hätten. [14)] Colonel Oswald kam den Arbeitervertretern entgegen und erklärte, er wisse wohl, daß die Demonstrationen „in einer Weise durchgeführt worden sind, die keinen Grund zu Beanstandungen gab und dass es keine Unruhen gab." Er warnte aber vor „unerfreulichen Fol-

gen", wenn die Aktionen fortgesetzt würden. [15] Eine Woche nach den ersten Drei-Stunden-Streiks versammelten sich die Kölner Betriebsräte und Gewerkschaftsführer im Speisesaal der Chemischen Fabrik Kalk. Es war die Erörterung der Versorgungsnöte, welche betriebliche und gewerkschaftliche Repräsentanten der Kölner Arbeiterschaft nun zum zweiten Male nach dem Kriege zusammenführte. [16] Vertreter der Arbeitgeberverbände waren erschienen und Offiziere der Militärregierung, allen voran Stadtkommandant White. Oberbürgermeister Pünder und die zuständigen deutschen Verwaltungschefs hatten der Einladung des Kölner Ortsausschusses der Gewerkschaften nicht Folge geleistet. Paul Weh „verlangte eine sofortige Besserung auf allen Gebieten, da sonst wohl noch vor Weihnachten mit Hungerkrawallen zu rechnen sei." Diskussionsredner stritten für das Recht der Betriebsräte, „in allen Fragen des täglichen Lebens" mitzubestimmen, sowie für das Recht, die Ernährungsverwaltungen zu kontrollieren. Diese beiden Anliegen tauchten später, in dem von einer Arbeitsgruppe verfaßten 11-Punkte-Katalog, „interessanterweise" (Billstein) nicht mehr auf. Darin wurden alle „Forderungen auf Loslösung deutscher Gebiete vom Reich" abgelehnt, die „wirtschaftliche und politische Einheit Deutschlands", verstärkte Einfuhr von Lebensmitteln und eine Reform des Lohn-Preis-Gefüges gefordert. [17]

Am Montag, dem 24. März 1947, frühmorgens um 7 Uhr, brachten die Arbeiter der Westwaggon die zweite Kölner Protestwelle ins Rollen. „Die 1.500 Kalorien, die nur auf dem Papier stehen, kein Brot, keine Nährmittel, keine Kartoffeln, der angekündigte weitere Abzug von Fett: dies alles brachte die Arbeiterschaft zur Erregung. Die Ermahnung der Betriebsvertretung, die Arbeit wieder aufzunehmen, blieb erfolglos", 1.100 Arbeiter traten für einen ganzen Tag in den Ausstand. [18] In den nächsten vier Tagen legten die Humboldtarbeiter in Kalk, die Mülheimer Carlswerker und die Walzwerker (im früheren Böcking-Betrieb), die Belegschaft der Martin & Pagenstecher AG und 2.500 Reichsbahner im Ausbesserungswerk Nippes die Arbeit für mehrere Stunden nieder. [19] Was der Betriebsratsvorsitzende Theodor Fink immer zu verhindern suchte, brach sich am 27. März Bahn. Für 5.000 Arbeiter aus den rechtsrheinischen Großbetrieben gab es an diesem Donnerstag kein Halten mehr: der Protest sprengte die Fabriktore, zog auf die Straße und vor das Kölner Rathaus (Abb. 32). [20] In verrußten und verschmierten Arbeitskleidern skandierten sie: „Wir haben Hunger", „Beendet das Schiebertum und den Schwarzen Markt", „Fort mit Schlange-Schöningen". [21] SPD-Bürgermeister Görlinger, der christdemokratische Stadtverordnete Albers und der Oberbürgermeister sahen sich genötigt, zu den hungernden

Arbeitern zu sprechen, Besonnenheit und Disziplin anzumahnen. „Ich habe auch Hunger", verkündete der Oberbürgermeister lapidar und erntete dafür „einen wahren Pfeiforkan". Genüßlich kommentierte die 'Volksstimme', „die Arbeiter waren nicht gekommen, um Erkundigungen einzuziehen über das persönliche Ergehen des Herrn Dr. Pünder, sosehr sie auch einen guten Appetit bei dem Stadtoberhaupt von Köln als Zeichen seiner Gesundheit zu schätzen wissen." Vier Wochen vor den Landtagswahlen lasen die Kölner Arbeiter in dem kommunistischen Blatt: „Die Verantwortung für die katastrophale Zuspitzung der Ernährungslage trifft in vollem Maße die CDU, die in Nordrhein-Westfalen die stärkste Partei ist und fast alle Positionen in der Verwaltung besetzt hält." Und: „Verantwortlich sind vor allen Dingen aber auch jene Arbeiterführer, deren ganzes Sinnen und Trachten dahin zielt, die Einheit der Arbeiterklasse in einer großen, zielbewußten Partei, in der SED, ja schon gemeinsames Handeln der Arbeiterparteien in politischen Aktionen zu hintertreiben." [22] Gemeint war damit natürlich auch ein Arbeitervertreter wie Theodor Fink, der gar glaubte, sich coram publico für die Arbeiter-Aktionen entschuldigen und bei den Stadtparlamentariern um Verständnis werben zu müssen:

„Die Situation in unserem Großbetrieb war von Montag ab so, daß ich kommen sah, was am Donnerstag mit elementarer Gewalt losbrach. Und wenn ich am Mittwoch noch auf einer Großkundgebung des Carlswerks sagte: Ich lehne es ab, die Verantwortung dafür zu tragen, wenn die Masse sich in die Straßen der Stadt ergießt, Ausschreitungen vorkommen und nachher zu dieser Not und zu diesem Elend vielleicht noch hunderte Menschen mit durchschossener Brust in den Straßen der Stadt liegen..., so war doch am Donnerstag die Situation so, daß ich mich entschließen mußte: Entweder ergoß diese Masse sich ziel- und planlos in die Straßen der Stadt und es trat das ein, was wir verhindern wollten, oder wir mußten als Betriebsrat die Führung übernehmen, die Verantwortung tragen und dem Willen der Massen entsprechend vor das Rathaus ziehen..." [23]

Die Sorge des Streikführers wider Willen war nicht gänzlich aus der Luft gegriffen. In Düsseldorf kam es zum Beispiel während einer Demonstration von 80.000 Menschen zu gewalttätigen Ausschreitungen. Schon am Montag hatte sich Fink von Oberleutnant Tolkowski anhören müssen, jeder Aufstand werde mit Waffengewalt niedergeschlagen. [24] Unmißverständlich hatte sich auch Stadtkommandant White ausgelassen: „Ob diese Leute streiken, kümmert uns nicht. Ihr Streiken richtet sich gegen Deutschland und nicht gegen die Militärregierung", befand er apodiktisch. „Gegen friedliche Demonstrationen sei nichts einzuwenden, wohl aber gegen Umzüge mit Plakaten gegen die Militärregierung und Einschlagen von Fensterscheiben." Für den Fall aber, daß es in Köln zu „Aufruhr und Tumulten" kommen sollte, „würden nicht die Briten eingesetzt werden, um sie zu unterdrücken, sondern Belgier, die nicht auf solch eine lange Tradition in diesen Dingen zurückschauten wie die Briten und wahrscheinlich rücksichtsloser vorgehen würden. Mit der Möglichkeit von Todesfällen müsste dann gerechnet werden." Im selben Atemzug forderte der Kommandant die städtischen Juristen auf, gesetzliche Handhaben aufzutun, um „Agitatoren" festnehmen zu lassen. [25]

Dies Machtwort zielte nicht auf die latent vorhandene nationalsozialistische Propaganda, sondern auf die Kommunisten, die Anfang 1947 bei Klöckner-Humboldt-Deutz, bei Felten & Guilleaume, bei Westwaggon und bei Martin & Pagenstecher, besonders aber in den Ford-Werken, über großen Einfluß auf Belegschaft und Betriebsrat verfügten. [26] Der US-Geheimdienst zitierte Anfang 1947 einen Angestellten aus dem nahen Knapsack mit den Worten: „Die Leute werden Kommunisten – wegen des schlechten Essens... Die Drahtzieher dieser kommunistischen Tendenz sind die Betriebsräte der Werke, die eine ungeheure Stellung haben. Dabei sind diese Betriebsräte meist keine KPD-Mitglieder! Sie würden sich sogar vielleicht zum Teil, wenn befragt, dagegen verwahren, 'Kommunisten' zu sein. Sie sind sozusagen unbewußt Kommunisten." [27] Differenzierter fiel selbst im Streik- und Wahljahr 1947 die Einschätzung einer britischen Militärdienststelle aus. So schrieb noch im November 1947 ein Industrial Relations-Offizier, er habe keine Anzeichen dafür entdecken können, daß die KPD oder eine andere Partei aus der Fettfrage politisches Kapital geschlagen hätte. [28] Ganz so war es freilich nicht. Schon zu den Kommunalwahlen im Oktober 1946 hatte die KP die rhetorische Frage gestellt: „Wo ist die Partei, die den Kampf um bessere Ernährung in den Vordergrund gestellt hat und den Weg aus dem Elend zeigt?" [29] Bis zum Wahltag, dem 20. April 1947, ließ die Partei keine Gelegenheit aus, kompromißlos für die unterversorgte und hungernde Industriearbeiterschaft das Wort zu führen. [30] Auch hatte sie zwischenzeitlich ihre Position in den Kölner Unternehmen deutlich ausbauen können. War die Partei 1946 in den sechs größten Kölner Werken mit 11 Räten vertreten, so saßen 1947 in diesen Betriebsräten 28 kommunistische Arbeiterfunktionäre. Gegenüber der Militärregierung beschwerte sich Hans Böckler, der nordrhein-westfälische Gewerkschaftsvorsitzende, [31] über die seiner Ansicht nach unbotmäßigen Betriebsräte, die „instigators" (Anstifter) der Streiks. Er verwarf die Taktik der KP, das Arbeitsleben mit ihren Funktionären zu durchsetzen und Gewerkschaften und Betriebsräte für ihre politischen Ziele zu mißbrauchen. [32] In Köln jedoch bestand zu keinem Zeitpunkt die Gefahr, „daß die Betriebsräte der großen Industrieunternehmen gegenläufig zur Gewerkschaftslinie tätig wurden." 33) Die Angst der Gewerkschaftler und der britischen Kontrolloffiziere vor einem haushohen kommunistischen Sieg bei den Landtagswahlen erwies sich ebenfalls als unbegründet. Nur 57 von hundert wahlberechtigten Kölnern waren überhaupt an die Urnen gegangen – bei der Stadtverordnetenwahl waren es noch über 73 gewesen. Die parteipolitische Indienststellung der Versorgungsmisere verfing in Köln nur bedingt. Die KP, die im Oktober 9,3 Prozent der abgegebenen Stimmen auf ihre Liste vereinte, konnte zwar ihr Vorjahresergebnis nahezu verdoppeln und erhielt immerhin 17,5 Prozent. 34) Doch mit diesem Erfolg, der durchaus auf Versorgungsprotest zurückzuführen ist, waren zugleich eindeutige Grenzen kommunistischer Resonanz -trotz günstigster Agitationsbedingungen- gezogen. „Der Versuch, die eigene Isolierung über die Politisierung des sozialen Protestes zu durchbrechen, blieb... im Ansatz stecken." 35)

Als es Anfang Mai erneut nicht nur in Köln zu Arbeitsniederlegungen kam, 36) erbat die Militärregierung Auskunft vom Ernährungsminister des Landes. Für Heinrich Lübke waren die Demonstrationen schlichtweg von Moskau gesteuert. Er beharrte weiter auf der roten Gefahr: Denn wenn die Versorgungsverwaltung zusammenbreche, werde die gesamte Wirtschaft kollabieren „and people will collect behind the red flag". 37) Der Hungersommer 1947 zehrte die Arbeiterschaft vollends aus, Erschöpfung und Erkrankung trieben sie zur Verzweiflung. Regierungspräsident Warsch telegraphierte „in großer Sorge" nach Düsseldorf: „Infolge katastrophaler Ernährungslage Stimmung in den breiten Massen des werktätigen Volkes... verzweifelt und sehr beunruhigend. Es muß etwas geschehen." 38) Die Kölner Arbeiter, die - am Ende ihrer Kraft- 39) sich in der dritten Juniwoche erneut weigerten, die Arbeit fortzusetzen, hatten keineswegs Moskau oder den Kommunismus im Sinn. Die Metaller und Chemiearbeiter, die am 16. Juni für mehrere Tage in Streik traten, hatten einzig und allein ihre lebensbedrohliche Brotration von 1.000 g pro Woche vor Augen! 40) Auf den existentiellen Hunger reagierten die Werktätigen nicht mit radikaleren Forderungen, 41) sondern mit zeitlicher Ausdehnung der Streiks. Die 3.400 Ford-Werker in Niehl nahmen nach fünf Tagen, die 5.200 Belegschaftsmitglieder von KHD in Deutz und Kalk erst nach neun Tagen ihre Arbeit wieder auf. Vom 20. bis 22. Juni 1947 erfaßt die Hungerstreikbewegung die gesamte Industrie im Kölner Raum – 25.000 bis 30.000 sahen sich tagelang außerstande zu arbeiten. 42) Die Militärregierung schritt nicht ein, obwohl sich die neuerlichen Arbeiter-Aktionen nicht mit einer Art Streikordnung deckten, welche Oberst Oswald noch im Mai verfügt hatte. Die -im Kontrast zu den früheren Ausfällen des Kölner Stadtkommandanten- moderate Streikdirektive war den Arbeitervertretern über das Regierungspräsidium bekanntgemacht worden. Er erkenne Demonstrationen als ein Mittel der Demokratie durchaus an, ließ der Kommandant des Regierungsbezirkes die Werktätigen wissen. Nur dürften sie nicht zu „größeren Zusammenballungen" führen. Es sei deshalb „unerwünscht, daß die Belegschaften mehrerer Betriebe am gleichen Tage und zu gleicher Stunde Demonstrationszüge veranstalten. Auch sei es nicht erwünscht, daß Fahnen und Transparente oder Musik mitgeführt würden." Die Verantwortung für die Demonstrationen hätten allemal die Betriebsräte zu tragen. [43]

„Die Preise hoch, die Zonen fest geschlossen,
die Kalorien fallen Schritt für Schritt.
Es hungern stets dieselben Volksgenossen.
Die andern hungern nur im Geiste mit." [44]

Im Hungeralltag des Jahres 1947 bekam das Horst-Wessel-Lied diese neue Stoßrichtung. Viele sahen jetzt die Nazipartei unaufhaltsam auf dem Vormarsch, Politiker galten als korrupt und selbstsüchtig, „die Demokratie" erschien der großen Mehrheit als unfähig und ineffizient. Ängste vor dem kommenden Winter, aber auch vor einem bevorstehenden Dritten Weltkrieg gaben der pessimistischen Grundstimmung besonders im Herbst neue Nahrung. [45] Schon im Herbst 1946 hatte sich Stadtkommandant White Gedanken um die Stimmung in der Stadt gemacht. Damals hatte er den Stadtvätern empfohlen, „jetzt für das Pflanzen von Bäumen und blühenden Sträuchern zu sorgen. Kletter- und Schlingpflanzen seien zum Bedecken der Ruinen sehr geeignet. Dieser Punkt möge zwar unbedeutend erscheinen, sei aber wegen der psychologischen Wirkung von grosser Wichtigkeit." Die Bevölkerung wollte der Pflanzenfreund dazu ermuntern, mitzumachen und Blumenkästen an den Fenstern anzubringen. [46]

Mitte November hatte der Bahnbetriebsrat im Namen von 36.000 Reichsbahnern die kraftlose Forderung aufgestellt, „alles daranzusetzen, die Belieferung der jetzigen minimalen Versorgungsrationen... sicherzustellen". [47] Am 9. Dezember unterbrachen die Bediensteten der städtischen Gas-, Wasser- und Elektrizitätswerke für eine Stunde ihre Arbeit. [48] Die Stadtwerker drohten mit Streik, falls sie nicht umgehend mit Einkellerungskartoffeln beliefert würden. [49] Für das Kartoffelultimatum der Stadtbediensteten hatte Lt. Colonel White kein Verständnis. Er hoffe im Interesse der Stadt, daß dieser Streik nicht stattfinden werde. Der Kölner Journalistenzunft trug der

Kommandant unumwunden auf, „dafür zu sorgen, daß der Streik nicht Raum gewinnt. Wenn die Gewerkschaften den Streik unterstützten, so hiesse dies, die Privilegien zu missbrauchen." [50]

Nicht die Kölner Versorgungsbetriebe standen im Januar 1948 still, sondern drei Tage lang die Straßenbahnen. Die Initiative war in den ersten Januartagen einmal mehr von den großen rechtsrheinischen Unternehmen ausgegangen. Ihr Beispiel riß diesmal auch die Bauarbeiter auf den Rheinbrücken mit. [51] Einen Tag nach Beginn des Straßenbahnerstreikes, am 20. Januar 1948, kamen auf Einladung des DGB-Ortsausschusses Köln die Betriebsobleute und Betriebsratsvorsitzenden zusammen. Vier Stunden lang tobte der Streit um den Streik. [52] Schließlich faßte das Angestellten- und Arbeiterparlament den Entschluß, „daß die Arbeiterschaft und die Gewerkschaften als letztes Mittel nur den Streik hätten, wenn mehr als berechtigte Forderungen auf eine bessere Regelung der Wirtschaftsverhältnisse ungehört verhallen. Aus der Mitte der Versammlung wurde der Vorschlag gemacht, in Solidarität mit den Straßenbahnern... und als zusammengefaßte Protestaktion am Mittwoch in allen Kölner Betrieben die Arbeit ruhen zu lassen." [53] Dieser Entschluß „aus der Mitte" war unzweifelhaft ein Kompromiß der beiden Fraktionen. Das Ja zum Streik richtete sich ganz sicher „gegen die an Böcklers Beschwichtigungspolitik orientierte Kölner Gewerkschaftsführung". [54] Die Konzentration des Protestpotentials auf einen eintägigen Generalstreik in Köln erwies sich auf der anderen Seite als gelungener Schachzug der Gewerkschaftsführung. Ihr ging es seit jeher um die Eindämmung, um die „Kanalisierung" der Hungereruptionen. [55] Am Mittwoch, dem 21. Januar 1948, ruhte in 200 Betrieben die Arbeit, 120.000 Arbeiter, Angestellte und Beamte protestierten mit dem 24stündigen Streik für die Verbesserung ihrer Versorgung.

Wie sehr sich das (partei)politische Klima in den Betrieben und in der Stadt mittlerweile verschärft hatte, zeigen die Reaktionen auf das Streikgeschehen. So entdeckte Oberbürgermeister Pünder im Ausstand der Straßenbahner „zwei Quellen". „Einerseits werde die augenblickliche Notlage zu politischen Zwecken ausgenutzt, die vom Osten inspiriert seien." Andererseits seien die Menschen besonders wegen des akuten Fettmangels verzweifelt. [56] Rolf Kattaneks Ernährungsamt tat noch ein übriges: Da die Küchenbetriebe am Tag des großen Streikes nicht kochten, städtische Behörden aber arbeiteten, bekamen die Beamten und Angestellten als Ersatz für das entgangene Mittagessen Lebensmittelmarken. Wer sich also dem Streik nicht anschloß, erhielt extra 600 g Brot, 100 g Fleisch und 25 g Fett in Reisemarken, obwohl sonst nur 5 g Fett und 100 g Brot für die ganze Woche abzugeben waren!

„Wollte man etwa den... mit Marken Bedachten Appetit machen, künftig bei einem allgemeinen Streik den Streikbrecher zu spielen, den man mit ein paar Märkchen an den Arbeitsplatz lockt?"[57] – Eine Sonderzuteilung also für politische Ruhe?

Streiks und Hungerproteste in der unmittelbaren Nachkriegszeit liefern keineswegs den begehrten Stoff für proletarische Revolutionsidyllen. Denn sicher läßt sich eines sagen: Nicht klassenbewußte und zielsichere Arbeiter waren in Köln unterwegs, sondern elende, hungernde Massen, die bloß Brot wollen, nichts als Brot – zum Überleben. Es waren nicht herkömmliche Verteilungskämpfe, sondern existentielle Zuteilungskämpfe, welche die Arbeiterschaft in den Protest und auf die Straße trieben! Diese allererste Triebfeder darf die anhaltende Forschungsdiskussion[58] um die politischen Qualitäten dieses Aufbegehrens nicht vernachlässigen. Genaugenommen lautete die drängende Frage der Zeit nämlich nicht: „Speck oder Sozialisierung?"[59] Die bange Forderung hieß einfach -und nicht nur metaphorisch-: „Speck!" Beißender Hunger schloß die Mehrzahl der Arbeiter vom politischen Denken und Handeln aus, politikunwillig ließen sie den gesellschaftlichen Gestaltungswillen anderer im großen Ganzen gewähren. So gesehen ergeben die Streiks und Hungermärsche in der Tat wenig mehr als „das Bild einer dumpfen sozialen und politischen Gärung, die vor allem von den Führungsgruppen der Arbeiterbewegung, aber auch von führenden Vertretern der britischen und amerikanischen Militärregierung als bedrückend und bedrohlich zugleich angesehen wurde."[60] Einige Autoren entdeckten in der Streikbewegung „Protest aus Verzweiflung mit rudimentären politischen Akzenten".[61] Es fällt freilich schwer, dezidiert gesellschaftspolitische Gehalte in den Aktionen auszumachen. Entschließungstexte zum Beispiel, verfaßt von führenden Gewerkschaftlern, verabschiedet von protestierenden Belegschaften, taugen hierfür nicht als Quelle. Bei der Formulierung der Streikresolutionen stand nämlich nicht immer das Interesse der Belegschaft Pate, sondern das gewerkschaftliche Kanalisationsbestreben. Auf allgemeine Versorgungsforderungen wurden so genehme politische Parolen nur aufgepfropft.[62]

Nirgendwo als in Köln, der Stadt der Selbsthilfe, tritt deutlicher zutage, daß die „Arbeiterbewegungen" der ersten Jahre spontane, zeitweilige und äußerst brüchige Selbsthilfebündnisse der Hilflosen waren. Obschon von politischen oder gar parteipolitischen Intentionen der Streikenden also keine Rede sein kann, steht die enorme politische Wirkung der Aktionen gleichwohl ganz außer Frage.

Insoweit gilt es also, von der „alten gewerkschaftlichen Denkfigur" Abstriche zu machen, die einer „radikalen Aktionsbereitschaft der Arbeitermassen" die „reformistische(...) Genügsamkeit der Führungsgruppen" entgegenstellt. [63] Nutzten die Gewerkschaftsführer alle Chancen, das Protestpotential aufzugreifen „im Sinne einer gezielten gesellschaftspolitischen Aufklärung und bewußten Gewinnung der Massen", [64] den Protest letztlich also aufzuladen im Sinne einer gesellschaftlichen Veränderung oder Neuordnung? Ganz sicher nicht. Die Gewerkschaftsführung beschwichtigte: unablässig empfahl sie sich der Militärregierung als betrieblicher Ordnungshüter, unablässig versuchte sie, den Unmut der Hungerarbeiter einzudämmen. Die mentale Befindlichkeit der Zeit war bestimmt von Versorgungskampf und Vergleichsmentalität: nicht nur stand Stadt gegen Stadt, sondern Verbraucher gegen Verbraucher und Arbeiter gegen Arbeiter. Der Versuch einer gesellschaftspolitischen Mobilisierung wäre inmitten dieser elementaren Auseinandersetzungen, unter solch atomistischen Verhältnissen, selbst beim besten Willen der Arbeiterführer, sicher zum Scheitern verurteilt gewesen. [65]

Die krankhafte Kommunistenfurcht der Briten provozierte verbale, nicht aber militärische Ausfälle. Kein britischer Militär ließ auf demonstrierende Arbeiter schießen. Daß die Arbeiterschaft an Rhein und Ruhr ihre Hungermeinung auf den Straßen lauthals skandieren konnte, daß im provisorischen Kölner Stadtparlament offen und schonungslos auch gegen die Militärregierung polemisiert wurde, weist darauf hin, daß die britische Besatzungsmacht danach trachtete, in gewissen Grenzen ihr Demokratie-Postulat so glaubwürdig als möglich zu vertreten. Dieses Bemühen der Briten wurde durchaus wahrgenommen und anerkannt. So sahen viele die größte „politische Freiheit" nicht in der sowjetischen, nicht in der amerikanischen, sondern eben in der britischen Zone verwirklicht. [66]

Keine Zweifel gab es allerdings unter Zeitgenossen, daß die amerikanische Zone die bestversorgte sei. Den Briten traute man in dieser Hinsicht nichts zu. Das wirtschaftliche Dilemma, in welchem sich ihre Zone befand und aus welchem sich die Briten ohne ein allseits akzeptiertes Kohlemoratorium nicht zu befreien vermochten, sahen die hungernden Deutschen nicht. Im Gegenteil, „den Engländern" wurde blanke Böswilligkeit unterstellt: Auf der Insel würde man sich an deutschen Nahrungsmitteln gütlich tun, wurde kolportiert, während die Deutschen verhungerten. [67] Als der Lord Mayor von Birmingham im Frühjahr 1947 zu Besuch in Köln weilte, um „einen ersten menschlichen Kontakt, einen ersten Konnex der Verständigung und des guten Willens herbeizuführen, kurzum die Tradition einer Freundschaft zu begründen", war die Zahl der „Kleinmütigen" ('Kölner Woche') groß: „Was nützt uns der Besuch, was nützt uns die schöne Geste," so die antibritische

Stimmung in der Stadt, „wenn wir deshalb doch kein Gramm Fett mehr und keine Schuhe an die Füße bekommen." [68] In keiner Hauptstadt wurde die deutsche Versorgungsmisere mit solch großer öffentlicher Anteilnahme verfolgt und diskutiert wie in London. In ihrer eigenen Zone jedoch fanden die ernsten Sorgen der Briten um die Deutschen alles andere als die gebührende Resonanz. Dort sah sich die ums wirtschaftliche und politische Überleben ringende Siegernation einem unablässigen und erniedrigenden Rechtfertigungsdruck ausgesetzt. Die britische Besatzungsmacht warb um Verständnis und Anerkennung: nicht nur beim großen Verbündeten, den Amerikanern, sondern zugleich auch bei den Besiegten. Es sei doch eine unleugbare Tatsache, stellte Lt. Colonel White gegenüber dem Kölner Oberbürgermeister unmißverständlich klar, daß die britische Nation alles, was in ihrer Macht stünde, getan habe und auch weiterhin unternehmen werde, um die Lage in ihrer Zone zu verbessern. Die Deutschen könnten nicht abstreiten, daß die schweren Opfer, welche das britische Volk zur Erleichterung der Last seiner früheren Feinde freiwillig auf sich nehme, den höchsten Grundsätzen der christlichen Zivilisation entspreche. [69]

Mit generalstabsmäßig vorbereiteten Public Relations-Kampagnen wollte die Militärregierung wachsender Unruhe und antibritischen Ressentiments Paroli bieten. Auf Befehl des Militärgouverneurs inszenierten Offiziere der Düsseldorfer Intelligence Section im März 1948 eine großangelegte Image- und Stimmungskampagne; Deckname der mit den Amerikanern abgesprochenen Aktion: „Operation 'Stress'". Die Meinungsoffensive verfolgte drei Ziele. Sie sollte den Deutschen die schlimme Welt-Ernährungslage vor Augen führen, die Versorgungsleistungen der Alliierten ins rechte Licht rücken und Aufgaben und Pflichten der deutschen Versorgungsverwaltung kritisch rekapitulieren. Es lohnt sich, den enormen Propagandaaufwand kurz zu skizzieren: Das Programm wurde eröffnet mit einem achtminütigen Hörfunk-Spot des Militärgouverneurs, ausgestrahlt über den Nordwestdeutschen Rundfunk. Darüberhinaus hatte der NWDR pro Woche zwei Sondersendungen einzuplanen. Die Redakteure von BBC German Service mußten ihren deutschen Kollegen dabei unter die Arme greifen. Ein zehnminütiger Film wurde gedreht, der in allen deutschen Kinos vier Wochen lang gezeigt wurde. Die unter amerikanisch-britischer Überwachung stehende deutsche Nachrichtenschau „Welt im Bild" wurde angewiesen, entsprechendes Filmmaterial zu sammeln und bereitzuhalten. Zwei Info-Broschüren mit einer Gesamtauflage von 1,5 Millionen Stück wurden aufgelegt und verteilt. Eine gab auf typische Versorgungsfragen die bekannten Antworten der Militärregierung: „Fragen ums tägliche Brot – wer hat sie nicht schon gehört oder gestellt". [70] Die Berliner Korrespondenten der drei großen englischen Zeitungen wurden vorab von Presseoffizieren angegangen; von ihnen erwartete man unterstützende, meinungsmachende Leitartikel. 'Die Welt', das zonenweite Sprachrohr der britischen Besatzungsmacht, mußte sämtliche offiziösen Texte ungekürzt abdrucken. Jede Lizenzzeitung hatte -ob sie wollte oder nicht- mindestens zwei vorgefertigte „Auflagenartikel" („mandatory articles" [71]) einzurücken. Um „some variety" vorzugaukeln, konnten die Zeitungen jeweils einer Region unter sechs verschiedenen Beiträgen wählen! [72]

Public Relations-Aktionen wie diese dürften in den Köpfen der Arbeiter nicht allzuviel bewegt haben, denn deren Mägen blieben leer.

Die vergleichsweise „gut" versorgten Münchner kompensierten den Nachkriegshunger mit antipreußischen Tiraden. Ein mentales Muster, auf welches auch die Kölner hätten zurückgreifen können, denn in den ehemals preußischen Rheinlanden waren gleichfalls starke antipreußische Traditionen latent vorhanden. Die miserabel versorgten Kölner aber äußerten ihren Unmut in Hungerdemonstrationen und Massenstreiks. Sie griffen somit ganz selbstverständlich auf ein bewährtes Kampfmittel der Arbeiterschaft zurück. Arbeitsniederlegungen wie im Ruhrgebiet oder in Köln hätte es sicher auch in den Großbetrieben Leipzigs gegeben, wenn nicht die sowjetische Besatzungsmacht und ihre Helfershelfer offenem Versorgungskampf entgegen gestanden hätten.

Die Hinwendung der ostzonalen Arbeiterstädte zu den beiden bürgerlichen Parteien erscheint im Licht westzonaler Hungereruptionen als sehr ruhiger, verhaltener Versorgungsprotest. [73] Jedoch, angesichts der mitleidheischenden Kölner Arbeiterscharen sind Revolutionsidyllen fehl am Platze: Nicht Solidarität, nicht hehre politische Utopien trieben die Arbeiter auf die Straße, sondern allein der drängende Wunsch nach Sättigung. Die Städtekonkurrenz an Rhein und Ruhr geriet im Zeichen der Hungersnot auf diese Weise sogar zur Streikkonkurrenz ihrer hungernden Arbeiter.

6. Schluß: Von den Lebensmittelmarken zu den Markenprodukten

Unnachgiebig zehrte die Hungergeißel die Menschen aus, vor allem die Gebrechlichen, die Alten und die Kranken, verminderte die Schaffens- und Lebenskraft der Männer und der so schmählich benachteiligten Frauen, der Angestellten und der Arbeiter. Die Suche nach etwas Eßbarem hatte diktatorisch vom Denken und Fühlen, von allem Trachten Besitz ergriffen, sie war es, die gemeinsam mit Wohnungsnot und Nachkriegselend jetzt das ganze Leben vollends in ihren Bann schlug. In der unmittelbaren Nachkriegszeit wird der Hunger zum Kristallisationspunkt einer ganzen Gesellschaft, beherrschte der Mangel Wirtschaft und Politik. Das galt nicht nur für Zonen-Deutschland, sondern -mit gewissen Abstrichen- für ganz Europa.

Die Auftragsverwaltungen der Nachkriegszeit reklamierten in Ost- wie in Westdeutschland den hergebrachten Anspruch für sich, den Mangel weiterhin kollektiv zu organisieren und das Lebensrecht eines jeden einzelnen mit Hilfe von Rationskarten zu gewährleisten. Dazu mußten in allen Zonen die Produktion beziehungsweise Importe von Nahrungsgütern gesteuert, Transport und Verteilung geplant und die Konsumtion gelenkt werden. Diese enorme Aufgabe hatten sich Verwaltungskörper gestellt, deren Legitimität auf der Gnade der zuständigen Besatzungsmacht beruhte und deren Autorität gegenüber den Besetzten und Betreuten auf mehr als tönernen Füßen stand.

Die bayerische Landeshauptstadt stand noch vergleichsweise gut da. Am Ende des Krieges hatte sie zwar gelitten, war aber längst nicht zu einem unübersehbaren Trümmerfeld zerbombt wie etwa Köln. Zwar legten die einrückenden US-Kampfverbände die allerersten Grundlagen der Besatzungspolitik in allen drei Städten. Doch allein in München konnten sich die amerikanischen Besatzer auf längere Zeit ganz nach ihren Vorstellungen einrichten. Mit der reichen westlichen Führungsmacht bekam München eine Militärregierung, deren Repräsentanten vor Ort unbeirrt bestrebt waren, den raschen Wiederaufbau in Gang zu bringen. Um die Leistungsfähigkeit der Betriebe und Behörden zu erhalten oder wiederherzustellen, war ihnen offenbar jedes legale und illegale, jedes politisch und moralisch legitime oder illegitime Mittel recht. Schon bald beherrschten informelle deutsch-amerikanische Komplizenschaften und Kumpaneien das Bild in drögen Amtsstuben ebenso wie in der bunten, stetig wachsenden Schwarzmarkt-Szene.

Wenige Wochen nach ihrem Einmarsch hatten die Amerikaner ihre föderalen Absichten in die Tat umgesetzt: Bereits im Mai 1945 schufen sie sich mit der bayerischen Landesverwaltung einen verantwortlichen obersten Ansprechpartner. Ohne zu zögern installierten die Pragmatiker in ihrer Zone unangefochtene und weisungsbefugte Verwaltungen. Solch bruchlose Kontinuität sicherte Effizienz: Die Strukturen der von den Nationalsozialisten aufgebauten Versorgungsverwaltung blieben unangetastet, mit ihnen überlebte im Westen das nach dem Lebensalter gestaffelte Rationierungssystem. Reformen standen in Bayern nicht auf der Tagesordnung: in der Zeit der großen Krise flüchtete man -im vollen Einverständnis mit der Besatzungsmacht- ins Althergebrachte. Die Entnazifizierung der Wirtschaft kam dieweil kaum vom Fleck, wie das erschreckende -aber sicher nicht untypische- Beispiel des Münchner Obst- und Gemüsemarktes überdeutlich vorführt. Dort waren es die Parteigenossen, welche vor und nach dem Krieg unbehelligt die besten Geschäfte machten. Der zuständige Stadtbeamte fühlte sich hilflos, setzte all seine Hoffnungen auf die Besatzungsmacht. Diese freilich dachte nicht daran einzugreifen; sie hatte längst -und viel zu früh- zum Rückzug aus der kommunalen Verantwortung geblasen.

Die erste empfindliche Versorgungskrise kam für die Münchner vergleichsweise spät: erst im Frühjahr 1946 wurde das Brot gefährlich knapp. Es dauerte fast noch ein weiteres Jahr, bis die Bayern wirklich das ganze, lebensbedrohliche Ausmaß der Versorgungskrise am eigenen Leib wahrnahmen – eine bittere Erfahrung, welche die anderen beiden Städte schon seit 1945 machen mußten. Schließlich mangelte es 1947 an Brot und an Kartoffeln, den beiden hauptsächlichen Kalorienträgern. Gleichwohl, München hatte gegenüber Köln und Leipzig große Standortvorteile: Unangefochten regierte die Isarmetropole wie ehedem die bayerischen Agrarlandschaften, München blieb Umschlagplatz der Warenströme und Mittelpunkt Bayerns. Die große besatzungspolitische Alternative 'Prinzip oder Effizienz?' hatten Deutsche und Amerikaner, die beiden Münchner Besatzungspartner, einmütig und eindeutig beantwortet. In der US-Zone triumphierte die ökonomische und politische Effizienz.

Das Hungerjahr 1947 desavouierte nicht nur in den Augen der Bayern den wirtschaftlichen Zusammenschluß des britischen mit dem amerikanischen Besatzungsgebiet. Von offizieller Seite gern als 'Keimzelle der Einheit' apostrophiert, galt den Normalverbrauchern in Köln wie in München das westliche Einheitsmodell, die Bizone, als Versager. Aus bayerischer Sicht hatte die gemeinsame Zone nichts als Verzichtleistungen gebracht, Opfer nicht nur zugunsten des Rheinlandes, sondern gar zugunsten Berlins, der verhaßten Preußenmetropole. Die Kölner warteten in diesem schlimmsten Nachkriegsjahr vergeblich auf die ersehnte Angleichung ihrer Rationen an die üppigeren Portionen der US-Zone. Alltagsgeschichtlich gesehen, vermittelte der mißlungene Start der Bizone die Erfahrung, daß die „Einheit" nur Verluste, nicht aber Vorteile zu bringen vermochte. Bemerkenswert dabei, daß die Enttäuschung über die provisorische „Einheit" in beiden Zonen meinungsbildend wirkte: Im egoistischen Nachkriegsklima hegte jeder den Verdacht, im tobenden Versorgungskampf übervorteilt zu werden. Die unmittelbare Nachkriegszeit hatte allen scheinbar bewiesen: „Einheit" und Austausch brachten nur Nachteile. „Freiheit vor Einheit", die große Maxime Adenauers, welche die deutsche Einheit als Staatsziel so demonstrativ hintansetzte, hatte später auch deshalb leichtes Spiel, weil sie diese Alltagserfahrung formulierte, sie aber außenpolitisch münzte.

Köln und Leipzig lagen in mancher Hinsicht näher beieinander als Köln und München. Beide Handelsstädte mußten sich gegen die harte Konkurrenz nahegelegener Industriereviere behaupten, die womöglich gezielt von der Besatzungsmacht bevorzugt wurden. So hatte die rheinische Metropole regelmäßig das Nachsehen gegenüber den Arbeiterstädten des Ruhrgebietes und gegenüber Düsseldorf, der aufstrebenden Nachbarstadt. Im Gegensatz zu Köln konnte Leipzig allerdings einen wichtigen Trumpf ausspielen: Als unbestrittene Messemetropole und damit als Tor zum Westen war sie die bedeutendste Stadt der sowjetischen Besatzungszone, den Ostteil Berlins ausgenommen. Zumindest zu Messezeiten war es also umgekehrt: Um das Leistungsvermögen der ostdeutschen Wirtschaft unter sichtbaren Beweis zu stellen, wurden auf Kosten anderer sächsischer Städte die Regale in Leipzig aufgefüllt. Hinzu kommt, daß sowohl Amerikas Juniorpartner, die Briten, wie auch ihr Gegenpart, die Sowjets, am Ende des Krieges dem finanziellen und wirtschaftlichen Ruin ins Auge sehen mußten, beide standen tief verschuldet in der Kreide der Vereinigten Staaten. Nahrungsmittelhilfe konnten diese beiden Siegermächte aus eigener Kraftanstrengung nicht oder nur in geringem Umfang leisten. Allein die Amerikaner galten dann im Zonendeutschland als die Gebenden. Die Besetzten warfen die Briten zusammen mit den Franzosen und den „Russen" in den Topf der Ausbeutenden, der Nehmenden, ungeachtet der drückenden finanziellen Aufwendungen des britischen Steuerzahlers.

Es waren die Leipziger und die Kölner, welche die schlimmsten Versorgungserfahrungen nach dem Kriege machen mußten: Weite Bevölkerungskreise, angewiesen allein auf die Normalverbraucherkarte, vegetierten in beiden Städten monatelang bei „Friedhofsrationen" um 800 Kalorien pro Tag. In allen drei Zonen zählten die Frauen zu denjenigen Gruppen, die am meisten hungern mußten. In der Diskriminierung der Frauen unterschieden sich die Zonen kaum voneinander. Im Westen verweigerte man den Überlebensarbeiterinnen grundsätzlich jedwede Zulage zur Grundration, im Osten wurden sie zusammen mit ehemaligen Parteigenossen in die Strafkategorie der „sonstigen Bevölkerung" gesteckt.

Das westliche Zulagensystem, nach Lebensalter gestaffelt, begünstigte diejenigen, die sich bis zu drei Extrarationen erarbeiten, erstreiten oder erschwindeln konnten. Mehr als die Hälfte aller Münchner Einwohner schaffte es, dieses Zulagenmaximum genehmigt zu bekommen. Es benachteiligte grundsätzlich die geistig Schaffenden in Verwaltung, Wissenschaft und Kunst. Just diese Gruppen wollte man im Osten verstärkt an die „neue Ordnung" binden, sie wurden in der SBZ bevorzugt bedient – sofern sie die richtige Gesinnung vorweisen konnten. Das östliche System kopierte die sowjetischen Verhältnisse und verteilte die Lebensmittel nicht nach dem physiologischen Bedarf, also dem Schweiß, der bei der Arbeit floß, sondern nach der gesellschaftlichen Relevanz des Verbrauchers. Diese Arbeit zeigt, wie weit beide Systeme davon entfernt waren, auch nur eine halbwegs „gerechte" Verteilung zu gewährleisten. Die hoch differenzierte ostzonale Versorgungshierarchie, die mit voller Absicht gerade die körperlich Arbeitenden, die „Werktätigen", also die vorgebliche Klientel der SED, kräftig benachteiligte, war in der Sowjetzone keineswegs akzeptiert und stellte auch für die vielen Unzufriedenen im Westen keine erstrebenswerte Alternative dar.

Die Vergabe der Lebensmittelkarten stattete subalterne Stadtbedienstete mit Machtbefugnissen fast über Leben und Tod aus. Und das in einer Zeit, in welcher gleichermaßen unbelastete, sachkundige und vertrauenswürdige Staatsdiener eine rare Spezies waren. Ins Zwielicht gerieten in Köln wie in Leipzig besonders die unteren Chargen, welche die Einstufung in das jeweils gültige Kartenraster vornahmen. Sie fällten damit weitreichende Entscheidungen, die nicht nur das leibliche Wohlergehen bestimmten, sondern zugleich den sozialen Status in der Hungergesellschaft festlegten. In Leipzig übernahm diese Funktion eine Art ambulanter Verwaltung, gebildet aus sogenannten Straßen- und Hausvertrauensleuten, in Köln waren die Angestellten der neu aufgebauten Bezirksstellenorganisation damit betraut. Die einen erwiesen sich mitunter als verbrecherisch und korrupt; so flogen in Köln ganze Schwarzhändlerringe auf, die von Angestellten der Ernährungsverwaltung mitgetragen wurden. Die anderen zeigten sich als üble Schnüffler im Dienste der Partei, welche die verhaßten Tätigkeiten der nationalsozialistischen Blockwarte unter veränderten Vorzeichen fortsetzten.

Eine strukturelle Entnazifizierung fand auch in der britischen Zone nicht statt, die bauernfreundlichen Instanzen des Reichsnährstandes arbeiteten, zum Teil hurtig umbenannt, vielfach mit dem angestammten Personal weiter. Alle Proteste der verbraucherorientierten Städte, von Gewerkschaften, von Sozialdemokraten und Kommunisten trafen bei der britischen Besatzungsmacht auf taube Ohren. Die Londoner Arbeiterregierung bangte um die Existenz des Empires, der Primat der Effizienz stand für sie von daher außerhalb jeglicher Diskussion.

Zwar hatte man in der sowjetischen Besatzungszone bereits 1945 große Umstrukturierungen im Versorgungswesen vorgenommen. So wurden die Institutionen des Reichsnährstandes hier konsequent aufgelöst, und die beiden Verwaltungsstränge (Erfassung und Verteilung) wieder entflochten. Die neuen Machthaber brachen den dominierenden Einfluß der Bauern auf die Versorgungsadministration. Wer sein Ablieferungssoll nicht erreichte, mußte in der Sowjetzone anfangs mit Gefängnisstrafen rechnen. Jedoch, das neue System der „Lieferanweisungen" richtete sich nicht etwa nach dem Bedarf der Verbraucher. Es setzte beim Produzenten an und verfuhr blindlings „von oben nach unten". Bei diesem, die Wünsche und Bedürfnisse des Konsumenten mißachtenden Verständnis von „Planwirtschaft" sollte es fortan bleiben. Grundsätzlich gilt, daß die großen Strukturen der Rationengesellschaft der unmittelbaren Nachkriegszeit in der späteren DDR ungebrochen überlebten: Schlangestehen, Kompensationsgeschäfte, Hochpreismärkte, minderwertige Produkte, kurz: die Versorgungsmängel beherrschten für vierzig Jahre den Alltag nicht nur in der Messestadt. Die Beschaffungsmentalität und ihre Verhaltensmuster bestimmten das Bewußtsein in der DDR auch in den achtziger Jahren, bis hin zu den Demonstrationen des Wendeherbstes von 1989. Galt 'Politik vor Effizienz' wenigstens in den ersten Jahren der Sowjetzone? Kein Zweifel besteht daran, daß nach dem Kriege zunächst die Eliten in Verwaltung, Wirtschaft und Politik rigoros ausgetauscht wurden, später kamen auch mißliebige Sozialdemokraten unter das Rad der Säuberungen. An den Schreibtischen der „neuen Selbstverwaltungen" waren die Unerfahrenen in der Mehrzahl, in ihrer Unsicherheit verschanzten sie sich hinter Fragebögen und Formularen. Ob allerdings die einschneidende personelle Entnazifizierung, welche sich die DDR-Historiographie gerne zugute hielt, tatsächlich auf Dauer Bestand hatte, muß künftige Forschung zeigen, die sich mittlerweile auf zugängliches Archivmaterial stützen kann.

Die Kölner Arbeiter gingen vor Hunger auf die Straße. Mit ihren Streiks und Demonstrationen taten sie es -geradezu im Wechselspiel- ihren Kollegen an Rhein und Ruhr gleich, die ebenfalls zu diesem äußersten Kampfmittel griffen. Die Revolutionsidylle jedoch trügt: Nicht klassenbewußte Arbeiter waren hier auf dem Weg zum Rathaus, sondern hungernde Menschenmassen. Für sie lautete die Alternative nicht: „Speck oder Sozialisierung?", sondern ihre bange Forderung hieß: „Brot, Speck!". Trotz ihrer chronischen Kommunistenfurcht und trotz der damit verbundenen Unwägbarkeiten eröffneten die Briten den Arbeitern die Chance, Fabrikhallen und Straßen wieder als Foren demokratischer Diskussion zu nutzen. Bei der Landtagswahl von 1947 erreichten die Kommunisten mit rund 17 Prozent ihr bestes Kölner Ergebnis nach dem Kriege; trotz dieses Potentials an Protestimmen konnten sich die Christdemokraten der Domstadt auf satte Mehrheiten stützen.

Den Leipzigern blieb der Weg auf die Straße verwehrt. Sie nutzten die ersten, noch relativ freien Nachkriegswahlen, um ihrem Unmut über die „Russenpartei" SED und über ihre schlechte Versorgung zum Ausdruck zu bringen. In sächsischen und thüringischen Industriestädten, in welchen zu Zeiten der Weimarer Republik die beiden Arbeiterparteien dominiert hatten, gingen Christdemokraten und Liberaldemokraten als Wahlsieger hervor. Daß die beiden bürgerlichen Gruppierungen die Einheitspartei überflügeln konnten, zeugt auch davon, daß das Konzept eines Modell-Deutschland auf dem Gebiet der sowjetischen Besatzungszone nicht wahrgenommen worden war – weder im „roten Sachsen", dem Musterland, noch in Leipzig, dem Messe-Aushängeschild der Zone. Auch die Möglichkeit, sich per Stimmzettel womöglich kritisch zu Wort zu melden, wurde den Verbraucherinnen und Verbrauchern im Osten von jetzt an genommen.

Die erste Abstimmung nach dem Kriege in München war richtungsweisend. Die Bewohner der Bayernmetropole waren aufgerufen, sich zu entscheiden, ob sie künftig ihr Obst und Gemüse beim ambulanten Handel oder im „stationären" Einzelhandel beziehen wollten. „Gewählt" wurde, wer eine vorteilhaftere Versorgung versprechen konnte: eine frühe Einübung in die Konsumdemokratie der fünfziger Jahre. Für eine hoffnungsvolle Zukunft inmitten der düsteren Versorgungstristesse standen die Schulspeisungen und die hochwertigen US-Markenprodukte, die -wie schon nach dem Ersten Weltkrieg- ab und an zur Verteilung kamen.

Für die landwirtschaftlichen Erzeugnisse aus eigener Produktion machten die Bayern ihre Grenzen so dicht als möglich, im Kartoffelkrieg standen sich Zuschußländer und Überschußländer kampfentschlossen gegenüber. Auch mental ließen die Bayern die Schranken zu den übrigen Deutschlandteilen herunter, indem sie auf ein bewährtes Muster der Krisenbewältigung zurückgriffen: „Die Preußen" seien an allem schuld, hieß es allenthalben, insbesondere natürlich an der Auszehrung des gesunden Bayernlandes. Mit der grantigen Kultivierung des Preußen-Popanzes war ein Sündenbock nicht nur für aktuelle Versorgungsprobleme gefunden, sondern zugleich ein leichter Weg, mit der nationalsozialistischen Erblast fertig zu werden. In Bayern bedeute Entnazifizierung lediglich Entpreußifizierung, wurde allen Ernstes vertreten. Latente antipreußische Affekte gab es nicht nur in Bayern, sondern ebenso in Sachsen oder in der ehemals preußischen Rheinprovinz. Allein in Bayern wurden sie virulent und politikwirksam. Lieferungen nach Berlin, in die verhaßte Preußenhauptstadt, wurden propagandistisch gar als „Opfer Bayerns für Deutschland" aufgebauscht.

Die Zeit des Hungers stellte die traditionelle Machtbalance unter den Regionen auf den Kopf: Die großen Industriereviere und Ballungsräume wurden zu Bittstellern, während die landwirtschaftlichen Gebiete bestrebt waren, aus ihrer versorgungswirtschaftlichen Schlüsselrolle politisches Kapital zu schlagen. Das bayerische „Selbstbewußtsein", zwischen radikalem Föderalismus und Separatismus pendelnd, blieb über die ersten Nachkriegsjahre hinaus ein bestimmendes, oft unberechenbares Moment bundesrepublikanischer Geschichte. Mit dem Beitritt der wiedererstandenen Länder Mecklenburg-Vorpommern, Brandenburg, Sachsen-Anhalt, Thüringen und Sachsen zur Bundesrepublik gerät das sorgsam austarierte Gleichgewicht der Regionen heutzutage erneut ins Wanken, diesmal sicher zuungunsten Bayerns.

Die Forschung stellt die Frage nach dem geheimen, nicht intendierten „Lehrplan" der Nachkriegsjahre. [1] Welches waren die Lebenserfahrungen, die Verhaltensmuster, die Welt- und Selbstbilder, die Herr und Frau Normalverbraucher aus der „Trümmerzeit" mitnahmen?

Die großen, leitenden Bewußtseinslinien ergeben alles andere als ein Trümmeridyll: Gelernt hatten sie, daß Versprechungen nicht das Papier taugten, auf dem sie gedruckt waren. Unerbittlich waren die Verlockungen nationalsozialistischen Größenwahns zu einem übergroßen Haufen Asche zusammengefallen. Unerbittlich und Tag für Tag strafte der Nachkriegshunger aber auch die alliierten Versorgungsversprechen Lügen. Die Lebensmittelkarte, die das Leben zu garantieren vorgab, trog: Ihre Abschnitte wurden zu Zellen, die Karten erwiesen sich unablässig als lebensgefährliche Kaloriengefängnisse. Dies war nicht die Zeit, die Vertrauen und Glauben aufs neue hervorbrachte – sei es in „die Behörden", in „die Politiker", gar in „die Demokratie", oder kurz: in eine „neue Ordnung" von Staat und Gesellschaft. Der bange, fordernde Vergleich mit dem Nachbarn regierte das Weltbild. Die Deutschlandpartikel: Kreise, Städte, Länder, Zonen schlugen die Türen zu. Gottlob gab es eiserne Vorhänge, Schutzwälle, undurchlässig für den den Export von Gütern! Die Bizone, das erste deutsche Einheitsmodell der Nachkriegszeit, wurde rasch als kläglicher Versager gebrandmarkt, denn sie lieferte nichts. Einheit und Solidarität waren -entgegen dem landläufigen und gern gepflegten Erzählkanon- nicht gefragt, denn sie brachten keine Vorteile. Weit erfolgreicher war, wer sich egoistisch und individuell durchkämpfte: es galt die Kampf-„Moral der 1.000 Kalorien".

Das oberste Gebot jener Grund-Schule des Marktes der Nachkriegszeit hieß, niemals zu zögern und zu zaudern, sondern fraglos zuzugreifen, wenn sich eine günstige Gelegenheit bot, ein paar abgewetzte Schuhe, ein Kilo Weißmehl oder ein Schwarzbrot extra zu ergattern. Solche Über-Lebensweisheit galt im besonderen Maße für die Schwarzen Märkte, die zu gut besuchten Klassenräumen der Alltagsschule wurden. „Massen besuchten täglich den Schwarzen Markt – beim Tausch aber war jeder auf sich und allein vor die Frage nach dem Wert und Gegenwert gestellt. Dennoch lehrte die Erfahrung den Einzelnen, daß der noch illegale Markt zwar der unsozialste, aber effizienteste Weg war, sich die nötigsten Dinge zu verschaffen. Wenn es einen heimlichen Lehrplan der Nachkriegszeit gegeben hat, dann den vom Nutzen des individuellen Einsatzes und der eigenen Leistung, von der Richtigkeit des Mottos 'Hilf dir selbst, dann hilft Dir Gott' und von der zwielichtigen, aber effizienten Marktwirtschaft... Vor dem zaubervollen Begriff der 'Sozialen Marktwirtschaft' verblaßten selbst die bitteren Erfahrungen, die man mit den harten Gesetzen des Marktes gemacht hatte." [2]

Die positiven Bildelemente, die hier dem Schwarzmarkttreiben beigestellt werden, dürften weitgehend rückwärtige Projektionen späterer Erfahrungsschichten darstellen. Denn der Schwarzmarkt galt auch den Zeitgenossen nicht als ein Ort gerechten Ausgleiches. In der Regel tauschten nicht Bedürftige mit Bedürftigen, sondern Habende und Nicht-Habende. [3] Schauen wir uns eine solche „Schwarze Börse" an: Schon der Marktplatz ist gefährlich; selbst die brave Hausfrau ist hier immerzu von Polizei- und MP-Razzien bedroht, Verhaftungen sind an der Tagesordnung. Erbarmungslose Preishaie diktieren die Hinterhof- und Latrinengeschäfte. Die verscherbelten Produkte sind allemal prekär, denn wer kann sich der dunklen Waren sicher sein, die hier blitzschnell für viel Geld oder für teure Zigarettenwährung die Besitzer wechseln. Zu spät offenbart sich die Mogelpackung, wenn die ertauschte Tüte statt kostbarem Mehl nur Gips enthält. Dieser Markt ist ein Moloch, alles andere als ein leuchtendes Vorbild 'Sozialer Marktwirtschaft'! Nein, der Schwarze Markt war seinerzeit diskreditiert und die Frage stellt sich genau andersherum: Wie war es nur möglich, diese wüste Marktsozialisation zu überwinden? Wie konnte auf solch resignativer Basis neues Vertrauen vermittelt werden? Diese gewaltige mentale Aufbauleistung konnte ein blutleeres Wort ganz sicher nicht vollbringen, auch nicht ein (späterhin) noch so „zaubervoller Begriff von 'Sozialer Marktwirtschaft'". Eben das hatten Vergangenheit und Gegenwart den Gebeutelten ja gerade beigebracht: Parolen und Versprechungen waren Schall und Rauch. Nein, es waren handfeste Dinge, welche die entmutigenden Lehrsätze der unmittelbaren Nachkriegszeit im Westen obsolet machten: die Waren und Produkte.

Das erste „Wunder" für die vielen brachte die Währungsreform vom 20. Juni 1948. Zum Bild der „Währung" gehört zunächst das Kopfgeld, dessen Verteilung und Verwendung. Die einen berichten, wie sie sich sofort etwas zu essen kauften, die anderen erstanden sogleich ein dringend benötigtes Kleidungsstück, wieder andere fuhren rasch zum Bauern, um als erste die gehorteten Landprodukte abzusahnen. Schließlich konnte keiner wissen, wie lange die neue Deutsche Mark „gut" sein würde. In München wurde denn auch in den Währungs-Warteschlangen vielfach vermutet, „daß das neue Geld in Kürze auch nicht mehr wert sein wird als das alte." [4] Nicht die noch fremden und frischgedruckten Scheine begründeten das Währungs-Mirakel, sondern die überquellenden Läden und Schaufenster, scheinbar „über Nacht" gefüllt. Hans Werner Richter erinnert sich an seinen Heimweg von der Bezirksstelle am Rotkreuzplatz: „Unterwegs kamen wir an einem kleinen Geschäft vorbei, in dem wir vorher auf Marken eingekauft hatten, ein an sich armseliger Tante-Emma-Laden, und hier erst begann für uns das Wunder der Währungsreform, das eigentliche Wunder. Der Laden sah völlig verändert aus, er barst geradezu von Waren. Die Auslagen waren geschmückt mit allen Gemüsearten, die es gab: Rhabarber, Blumenkohl, Weißkohl, Spinat, alles, was wir so lange entbehrt hatten... Wir betraten den Laden, und jetzt geschah noch ein Wunder. Hatte man uns vorher nicht gerade unfreundlich, aber oft mürrisch bedient, so war man jetzt von zuvorkommender Höflichkeit. Über Nacht waren wir vom Markenkäufer und Bittsteller zu Kunden geworden." [5] Urplötzlich offenbarte sich in den währungsreformierten Schaufenstern vom Montag, dem 21. Juni 1948, eine üppige Produktlandschaft, nicht nur für den Zeitzeugen ein „Traumland aus Kohl und Spinat". Diese Erfahrung wird zur ersten großen Zäsur im Bewußtsein von Herrn und Frau Normalverbraucher: Die Warenfülle verwies bereits auf „die neue Zeit", nämlich die Fünfziger Jahre; jetzt erst war „der Krieg" vorbei. [6] Die gewaltige mentale Substanz dieses Schaufensters liegt in seinem -zunächst noch- vagen Versprechen, in seinem Wechsel auf die Zukunft. Denn noch standen sie außen vor, noch drückten sie ihre Nasen an den trennenden Scheiben platt. Noch wußten sie, die Krisen und Katastrophen seit 1915 in den Knochen spürten, nicht, ob sie dem geradezu mit Händen greifbaren Besserungsversprechen Glauben schenken konnten. Allein in der wahrnehmbaren Tatsache jedoch, daß die gänzlich verlorengeglaubten, erschmachteten Waren wieder auftauchten, lag ein hoffnungsvoller Vorschein, lag die Antizipation späterer Teilhabe. In diesem Signalcharakter und, selbstverständlich, in der späteren Einlösung des Partizipationsversprechens liegt die mentale Kraft des Bildes vom Montag danach.

Der „Wohlstand für alle" (Ludwig Erhard) ließ erst einmal auf sich warten. Vor dem sagenhaften Blick auf die Schaufenster-Schätze regierte Nüchternheit, danach Ernüchterung. Denn wer hatte schon das Geld, um die jetzt feilgebotenen, lange gehorteten Waren zu kaufen? Nach der Währungsreform wurden Bewirtschaftungsvorschriften gelockert und bestimmte Waren von der gelenkten Verteilung befreit; sogleich stiegen die Preise in rasantem Tempo. [7] Der entscheidende Durchbruch in der Versorgung gelang mit dem Jahr 1950. Vom 1. Januar an gab es wieder Brot und Nährmittel im freien Verkauf – nur für Zucker mußten jetzt noch Marken abgegeben werden. Eine Kölner Zeitung jubelte: „Wir atmen auf... Viele unliebsame Berührungspunkte der Bevölkerung mit Aemtern, die der Verwaltung selbst immer leid waren, fallen weg; wir dürfen wieder essen, was wir wollen, der Kaufmann braucht nicht mehr zu kleben und über den 'Schwund' einen heißen Kopf zu bekommen. Die Zeiten liegen hinter uns. Es waren alles in allem an die 160 Monate = 4.800 bittere Tage! Es gibt wieder Butter – und über den Zucker reden wir wohl auch noch mal..." [8] In den Fünfziger Jahren ist die Zeit des Darbens endgültig vorbei, und als Freßwelle schwappt die große Kompensation über das Wirtschaftswunderland: das Montags-Schaufenster erwies sich jetzt als glaubhaft und löste sein Versprechen ein.

Überfluß an Nahrungsmitteln kennzeichnet die neue Konsumwirklichkeit der Fünfziger Jahre, aber auch eine Gattung von Produkten, deren ausdrückliche Aufgabe es ist, das „öffentliche Vertrauen zu gewinnen". Gemeint sind die Markenprodukte, die seit dem ersten Nachkriegsjahrzehnt den Massenkonsum endgültig strukturieren und dominieren. Der Trend ging nun weg vom angebotsorientierten, spezialisierten Fachgeschäft hin zu differenziert sortierten, nachfrageorientierten Supermärkten. Immer mehr lose Ware wurde verpackt und gewann ubiquitäre Eigenschaften: das klassische Markenerzeugnis ist zum gleichen Preis, in der gleichen Aufmachung, in gleicher Qualität und Menge überall zu haben. [9] Im krassen Gegensatz zu den Waren des Schwarzmarktes sollten die Waren des Supermarktes Sicherheitsprodukte sein. Dieses erfolgreiche Marktkonzept hatte der deutsche „Markentechniker" Hans Domizlaff bereits 1937 schlüssig entwickelt und in der Praxis vorexerziert. Der ehemalige Lehrmeister von Goebbels, der sich als Theoretiker im Dienste „der geistigen Rüstungsindustrie" [10] verstand, propagierte bei Herstellern und Werbern die Idee des „Markenvertrauens", dessen Stützen die Kaufgewohnheit, die Preiswürdigkeit des Produktes, vor allem aber der „Glaube an die Qualität" seien. [11)] Aufgabe der Werbeleute war es primär, das nötige Produkt-Vertrauen in die Verpackungs-Versprechen beharrlich aufzubauen. Aber wie der deutsch-amerikanische Werbetheoretiker Stoetzner hatte auch der „Markenphilosoph" Domizlaff in den Jahren nach dem Ersten Weltkrieg die gesellschaftlichen und politischen Dimensionen modernen productplacements studiert. Seiner Meinung nach hatte „der Masse des Volkes" damals ein Ideal gefehlt. Aus der Sicht der Werbeleute waren in solcher Situation die Markenprodukte gefordert, die nicht nur dem materiellen Manko abhelfen konnten, sondern denen die staatstragende Aufgabe zukommen sollte, die Enttäuschten über das geistig-moralische Vakuum hinüberzuretten. Die zweite deutsche Nachkriegsgeschichte in diesem Jahrhundert bestätigt diese Erfahrungen auf eindrucksvolle Weise: Markenartikel bauen zwar das „öffentliche Vertrauen" in erster Linie ganz eigennützig für sich selbst auf. Darüberhinaus aber gewinnt mit den Produkten und ihrer Plazierung das „öffentliche Vertrauen" in Staat und Gesellschaft.

In der Bundesrepublik gelang auf dem Produktpfad die Umwidmung des Glaubens: Der Glaube an das Qualitätsprodukt beerbte den enttäuschten Glauben an Führer, Volk und Vaterland ebenso wie die enttäuschten ersten Nachkriegshoffnungen auf wenigstens 1.500 Bizonen-Kalorien oder gar ein deutsch-amerikanisches Schlaraffenland. [12)] Ganz im Sinne der Werbetheoretiker leisteten Anzeigen bei diesem Umwidmungsprozeß gerade in den Fünfziger Jahren einen unschätzbaren Beitrag. Die Werbung machte umfassende Reeducation-Angebote, gab die gesellschaftlichen Ideale vor und wies natürlich zuverlässig die dorthin einzuschlagenden Konsum-Wege. [13)] Es war die Werbung, die in großem Stile erstmals wieder einlösbare -und somit überzeugende- Umerziehungsprogramme formulierte: Produktvertrauen schuf Staatsvertrauen, wachsender Konsum schuf sich seine Demokratie.

Nicht so in der DDR. In den Schaufenstern dort waren keine Markenprodukte verführerisch ausgestellt! Stefan Heym läßt uns einen Blick in die Auslage der Lebensmittelverkaufsstelle 144 der staatlichen Handelsorganisation (HO) in Ostberlin werfen. „Witte wartete vor dem Schaufenster, den Kopf schräg geneigt, anscheinend versunken in die Betrachtung der Porträts der beiden Führer der Arbeiterbewegung, die über leeren Blechdosen und Pappepackungen den Dekor vervollständigten." Nachdenklich erfährt der Betrachter: „Dafür... haben wir eine Auszeichnung bekommen von der Kreisdirektion der HO, und die Frau Wenzel, unsere Verkaufsstellenleiterin, bemüht sich nun um kolorierte Bilder." [14)] Die leeren Verpackungen und die beiden

Arbeiterführer vermögen keine Besserung der angespannten Versorgungssituation zu versprechen, nicht für die Gegenwart, nicht für die Zukunft. Die Frau, die fünf Pfund Butter kaufen wollte, und nur ein halbes Pfund in ihre Einkaufstasche bekommt, zetert: „Ein halbes? Aber große Bilder im Schaufenster, sollen wir uns den Marx aufs Brot schmieren oder Walter Ulbricht?" Zwei Tage später, am 17. Juni 1953, wird die HO-Verkaufsstelle von aufgebrachten Arbeitern mit dem Schlachtruf „HO schlägt uns KO!" geplündert werden, die Fensterscheibe wird dabei in tausend Scherben zersplittern, die Marx-Ikone wird gerettet und schließlich doch in den Landwehrkanal geworfen werden. [15]

Von den Arbeitern und kleinen Angestellten in der DDR wurde Konsumverzicht verlangt; ihre Löhne waren den -wenn auch stetig sinkenden- horrenden HO-Preisen von Anfang an nicht gewachsen. 1953 brachte ein ganzes Bündel von erfolglosen Sparmaßnahmen, darunter auch unpopulären versorgungspolitischen Entscheidungen, das Faß zum Überlaufen. Am 1. Mai 1953 waren die preisgünstigen Sonderzuteilungen an die „schaffende Intelligenz" aufgehoben worden, dann wurde DDR-Bürgern mit Gewerbe oder Arbeitsplatz in Westberlin sowie allen Selbständigen, Freiberuflern und Hausbesitzern samt Angehörigen, insgesamt rund zwei Millionen Menschen, die Lebensmittelkarte entzogen. Die Juni-Bewegung ging jedoch von den Arbeitern aus, die nicht nur die Erhöhung der Arbeitsnormen traf, sondern auch die Streichung der Subventionen für die bis dato erheblich ermäßigten Arbeiterrückfahrkarten. Hinzu kamen die Anhebung der Branntweinsteuer und die Preiserhöhungen für Textilien und Schuhe. Die Verteuerung selbst rationierter Grundnahrungsmittel wie Eier, Fleisch, Wurst, Backwaren, schließlich auch von Kunsthonig und Marmelade verschärfte erneut die zum Teil erbärmliche soziale Lage von Rentnern und Arbeiterfamilien. [16]
Den 40jährigen, die im Juni 1953 auf die Straße gingen, waren bis dahin 22 Jahre lang Essensvorschriften gemacht worden, und ein Ende der Lebensmittelkarte war nicht abzusehen! [17] Die Analyse des „17. Juni in der Traditionslinie der Arbeiterbewegung" [18] hat es bisher versäumt, die ostdeutschen Streiks und Demonstrationen des Jahres 1953 mit den westdeutschen Hungermärschen der Jahre 1947/48 in Verbindung zu bringen. Da Versorgungsaspekte in beiden Nachkriegsbewegungen deutscher Arbeiter eine auslösende und katalysatorische Rolle spielten, könnte eine detailliert-vergleichende Aufarbeitung sicher weiterführende Aufschlüsse zur Diskussion des „Volksaufstandes" und seines schon damals eher sozial als politisch begründeten Einheitspostulates eröffnen.

„Wissen Sie," läßt Stefan Heym den Chefredakteur der von der SMAD herausgegebenen 'Täglichen Rundschau' am 16. Juni 1953 sagen, „es findet eine Art Wettlauf statt um die deutsche Seele, und ob wir's nun wollen oder nicht, wir müssen mitlaufen." [19)] Acht Jahre später als in der Bundesrepublik, Ende Mai 1958, endete nach knapp 19 Jahren auch in der DDR die Versorgungstyrannis der Lebensmittelkarten. Schon wenige Wochen später forderte Walter Ulbricht den deutsch-deutschen Konsumwettstreit heraus. Auf dem V. Parteitag der SED propagierte Ulbricht den verstärkten Kampf an der „Konsumlinie" und verkündete vollmundig, die Volkswirtschaft der DDR sei innerhalb weniger Jahre so zu entwickeln, „daß die Überlegenheit der sozialistischen Gesellschaftsordnung... gegenüber der Herrschaft der imperialistischen Kräfte im Bonner Staat eindeutig bewiesen wird und infolgedessen der Pro-Kopf-Verbrauch unserer werktätigen Bevölkerung mit allen wichtigen Lebensmitteln und Konsumgütern den Pro-Kopf-Verbrauch der Gesamtbevölkerung in Westdeutschland erreicht und übertrifft." In diesem Sinne versprach der Generalsekretär den in den „goldenen Westen" drängenden DDR-Bürgern den „Sieg des Sozialismus" in der atemberaubenden Zeitspanne von nur drei Jahren! [20)] Die ehrgeizige „ökonomische Hauptaufgabe" mißriet. Die innerdeutschen Versorgungsvergleiche gingen auch künftig regelmäßig zuungunsten der DDR aus. Die bloße Aufführung von Verpackungs- und Worthülsen auf Parteitagen und in Schaufenstern war nicht dazu angetan, Vertrauen in den deutschen Arbeiter- und Bauernstaat entstehen zu lassen.

Schließlich, mit Öffnung der Mauer am 9. November 1989, stürzen sich die so lange Ausgeschlossenen in die Wunderaura westlicher Warenwelten. Möglichst rasch sollen nun die 28 Jahre hinter dem antikonsumtiven Schutzwall nachgeholt, soll jetzt die eigene „Betrugs"geschichte gegen die westdeutsche Erfolgsgeschichte eingetauscht werden.

7. Quellen- und Literaturnachweise

Abkürzungsverzeichnis

AN	Amtliches Nachrichtenblatt der Stadtverwaltung Leipzig
Bay HStA	Bayerisches Hauptstaatsarchiv
Bay StMfELF	Bayerisches Staatsministerium für Ernährung, Landwirtschaft und Forsten
BBC	British Broadcasting Corporation
BDM	Bund deutscher Mädel
BP	Bayernpartei
CCS	Combined Chiefs of Staff
CDU	Christlich Demokratische Union
CIC	Counter Intelligence Corps
CSU	Christlich-Soziale Union
DDR	Deutsche Demokratische Republik
Det.	Detachment
DFD	Demokratischer Frauenbund Deutschlands
DPs	Displaced Persons
DVHV	Deutsche Verwaltung für Handel und Versorgung
DWK	Deutsche Wirtschaftskommission
EA	Ernährungsamt
EAC	European Advisory Commission
FDGB	Freier Deutscher Gewerkschaftsbund
FDJ	Freie Deutsche Jugend
FO	Foreign Office, London
g	Gramm
HAStK	Historisches Archiv der Stadt Köln
HJ	Hitlerjugend
HO	Handelsorganisation
HQ	Headquarters
ICD	Information Control Division
IfZ	Institut für Zeitgeschichte, München
JCS	Joint Chiefs of Staff
kg	Kilogramm
KK	'Kölnischer Kurier'
KPD	Kommunistische Partei Deutschlands
KPdSU	Kommunistische Partei der Sowjetunion

KR	'Kölnische Rundschau'
KWA	Kriegswirtschaftsamt
LDP	Liberaldemokratische Partei
LVZ	'Leipziger Volkszeitung'
LZ	'Leipziger Zeitung'
MG	Military Government
MilGov	Military Government
NKFD	'Nationalkomitee Freies Deutschland'
NSDAP	Nationalsozialistische Deutsche Arbeiterpartei
NWDR	Nordwestdeutscher Rundfunk
OMGBY	Office of Military Government, Land Bayern
OMGUS	Office of Military Government for Germany, US-Zone
Pg.	Parteigenosse
PRO	Public Record Office, Kew
RFT	Regional Food Team
RGBl.	Reichsgesetzblatt
RhZ	'Rheinische Zeitung'
RM	Reichsmark
RNS	Reichsnährstand
RWWA	Rheinisch-Westfälisches Wirtschaftsarchiv zu Köln e.V.
SBZ	Sowjetische Besatzungszone Deutschlands
SED	Sozialistische Einheitspartei Deutschlands
SHAEF	Supreme Headquarters, Allied Expeditionary Force
SMA(D)	Sowjetische Militäradministration (in Deutschland)
SPD	Sozialdemokratische Partei Deutschlands
StA M	Staatsarchiv München
StadtA L	Stadtarchiv Leipzig
StadtA M	Stadtarchiv München
SZ	'Süddeutsche Zeitung'
VdgB	Vereinigung der gegenseitigen Bauernhilfe
VS	'Volksstimme'
WAV	Wirtschaftliche Aufbau-Vereinigung
ZK	Zentralkomitee
ZP	Zuteilungsperiode

Zeitschriftensiglen

APuZ	Aus Politik und Zeitgeschichte. Beilage zur Wochenzeitung 'Das Parlament'
BzG	Beiträge zur Geschichte der Arbeiterbewegung
DA	Deutschland Archiv
GiK	Geschichte in Köln
GW	Geschichtswerkstatt
JbG	Jahrbuch für Geschichte
JG	Journal Geschichte
MGM	Militärgeschichtliche Mitteilungen
VfZ	Vierteljahreshefte für Zeitgeschichte
ZAA	Zeitschrift für Agrargeschichte und Agrarsoziologie

Anmerkungen

1. Einleitung: „Nivellierte Notgesellschaft"?

[1] Süddeutsche Zeitung (SZ) Nr. 53/1946 vom 2.7.46: Zeitgemäße Umbenennung. In der Arbeit findet nicht die wissenschaftliche Einheit 'Kilokalorie' (kcal) Verwendung, sondern, der Alltagssprache entnommen, das Wort 'Kalorie'. Dieser Begriff transportierte im damaligen Sprachgebrauch bestimmte politische, gesellschaftliche und persönliche Konnotationen; im Kontext dieser alltagsgeschichtlichen Untersuchung sollen gerade diese Bedeutungssegmente nicht vernachlässigt werden: Die Notzeit entwickelte einen eigenen Diskurs. H. Schlange-Schöningen sprach zum Beispiel von der „fast schon wieder vergessene(n) Kaloriensprache". H. Schlange-Schöningen (Hrsg.): Im Schatten des Hungers. Dokumentarisches zur Ernährungspolitik und Ernährungswirtschaft in den Jahren 1945-1949, bearbeitet von J. Rohrbach, Hamburg/Berlin (West) 1955, S. 64.

[2] G. Schaffer: Ein Engländer bereist die russische Zone, Berlin (Ost) 1948, S. 179.

[3] SZ Nr. 95/1947 vom 11.11.47.

[4] Kölnische Rundschau (KR) Nr. 63/1947 vom 15.8.47; M. Bestler: Was werden wir eigentlich essen?

[5] Stadtarchiv München (StadtA M), Bürgermeister und Rat (BuR) 1776, K. Scharnagl: Die Ernährungs- und Versorgungslage im bevorstehenden Winter. Vortrag vor dem Deutschen Städtetag in Goslar vom 17.-19.7.1947, S. 3.

[6] Bayerisches Hauptstaatsarchiv (Bay HStA), OMGBY 10/65-1/11, ICD Augsburg: Munich Brief. German Attitude Towards Occupation Forces, 21. July 1947.

[7] So E. Holtmann in seinem Plädoyer „zur analytischen Relevanz der lokalen Ebene", in: Politik und Nichtpolitik. Lokale Erscheinungsformen politischer Kultur im frühen Nachkriegsdeutschland. Das Beispiel Unna und Kamen, Opladen 1989, S. 25-30, S. 26.

8) K.-H. Rothenberger: Die Hungerjahre nach dem Zweiten Weltkrieg. Ernährungs- und Landwirtschaft in Rheinland-Pfalz 1945-1950, Boppard 1980.

9) G. Stüber: Der Kampf gegen den Hunger 1945-1950. Die Ernährungslage in der britischen Zone Deutschlands, insbesondere in Schleswig- Holstein und Hamburg, Diss.phil. Kiel, Neumünster 1984, S. 7.

10) M. Wildt: Der Traum vom Sattwerden. Hunger und Protest, Schwarzmarkt und Selbsthilfe in Hamburg 1945-1948, Hamburg 1986, S. 9f.

11) Schlange-Schöningen (Hrsg.) (1955). Nicht aus kommunaler oder regionaler Sicht, sondern ebenfalls aus zonaler Perspektive, befaßt sich die angekündigte Habilitationsschrift von Günter J. Trittel (Göttingen) mit dem Hungerthema: Hunger und Politik in Westdeutschland 1945-1949. Die Arbeit ist noch nicht erschienen und konnte somit nicht berücksichtigt werden. Trittel hat sich bislang in zahlreichen Beiträgen zur Bodenreform im Westen und zu Versorgungsproblemen der Bizone geäußert.

12) W. Ziegelmayer: Die Ernährung des deutschen Volkes, Dresden/Leipzig 1947, und ders.: Drei Jahre Ernährungswirtschaft in der Ostzone, Berlin 1948.

13) A. Tyrell: Grossbritannien und die Deutschlandplanung der Alliierten 1941-1945, hrsg. vom Bundesministerium für innerdeutsche Beziehungen, Frankfurt 1987.

14) H.-P. Schwarz: Vom Reich zur Bundesrepublik. Deutschland im Widerstreit der außenpolitischen Konzeptionen in den Jahren der Besatzungsherrschaft 1945-1949 (zuerst Neuwied/Berlin 1966), Stuttgart ²1980, S. 203.

15) Z.B. die Publikation des Diplomaten V.N. Belezki: Die Politik der Sowjetunion in den deutschen Angelegenheiten in der Nachkriegszeit (1945-1976), Moskau 1976, kommentiert von A. Fischer: Die Sowjetunion und die „Deutsche Frage" 1945-1949, in: Die Deutschlandfrage und die Anfänge des Ost-West-Konflikts 1945-1949, hrsg. vom Göttinger Arbeitskreis, Berlin 1984, S. 40-57; z.B. Geschichte der sowjetischen Außenpolitik 1945 bis 1976, Berlin (Ost) 1978 und W.J. Sipols/I.A. Tschelyschew/V.N. Belezki: Jalta-Potsdam: Basis der europäischen Nachkriegsordnung, Berlin (Ost) 1985.

16) Sinngemäß zit. A. Fischer (1984), S. 41.

17) Schwarz (²1980), S. 204.

18) Auf diesen Methodenkanon stützte sich bis zur „Wende" von 1989/90 auch die SBZ- und DDR-Forschung. Wissenschaftliche Spekulation beruhte dort jedoch auf einem weitaus dichteren Netz von Informationen, gewonnen aus Quellenpublikationen, Sekundärliteratur und Bewertung politischer Praxis.

19) S. Tjulpanow: Deutschland nach dem Kriege (1945-1949), Erinnerungen, Berlin (Ost) ²1987.

20) Zum derzeitigen Stand alltagsgeschichtlicher Theoriedebatte siehe das von A. Lüdtke herausgegebene Kompendium: Alltagsgeschichte. Zur Rekonstruktion historischer Erfahrungen und Lebensweisen, Frankfurt/New York 1989. Wichtig weiterhin die grundsätzlichen Überlegungen von: R.M. Berdahl/A. Lüdtke/H. Medick u.a.: Klassen und Kultur. Sozialanthropologische Perspektiven in der Geschichtsschreibung, Frankfurt 1982, und G. Zang: Die unaufhaltsame Annäherung an das Einzelne. Reflexionen über den theoretischen und praktischen Nutzen der Regional- und Alltagsgeschichte, Konstanz 1985.

21) Lutz Niethammer konnte seit 1987 ein -„damals" noch- sensationelles Oral History-Projekt über die „volkseigene Erfahrung" in den Industrieregionen der DDR durchführen. Erste Ergebnisse s. L. Niethammer: Annäherung an den Wandel. Auf der Suche nach der volkseigenen Erfahrung in der Industrieprovinz der DDR, in: BIOS - Zeitschrift für Biographieforschung und Oral History, Heft 1/1988, S. 19-66, und derselbe: Politik als Durchsetzung der Gesetze - Aus dem Leben eines Sicherheitsinspektors, in: Journal Geschichte

(JG), Heft 5/1988, S. 54-62.

[22] Zur methodologischen Grundlegung des Vergleiches siehe D. Berg-Schlosser/F. Müller-Rommel (Hrsg.): Vergleichende Politikwissenschaft. Ein einführendes Handbuch, Opladen 1987.

[23] Leipziger Zeitung (LZ) Nr. 32/1946 vom 14.6.46, S. 3.

[24] Zur Zeitung als regional- und alltagsgeschichtliche Quelle siehe P. Stein/K. Wernecke: Zeitungen, in H. Heer/V. Ullrich (Hrsg.): Geschichte entdecken. Erfahrungen und Projekte der neuen Geschichtsbewegung, Reinbek 1985, S. 337-344, und Zang (1985), S. 28ff: Partikulare Wirklichkeit – partikulare Quellen? Zur Pressegeschichte siehe vor allem K. Koszyk: Pressepolitik für Deutsche 1945-1949. Geschichte der deutschen Presse, Teil IV, Berlin 1986, und E. Matz: Die Zeitungen der US-Armee für die deutsche Bevölkerung (1944-1946), Münster 1969.

[25] Korrespondenz im Besitz des Verf.

[26] So zum Beispiel das von L. Niethammer und D.J.K. Peukert geleitete Oral-History-Projekt „Lebensgeschichte und Sozialkultur im Ruhrgebiet zwischen 1930 und 1960" (LUSIR), dessen Forschungsresultate u.a. in einem dreibändigen Werk veröffentlicht sind.

[27] M. Broszat/K.-D. Henke/H. Woller (Hrsg.): Von Stalingrad zur Währungsreform. Zur Sozialgeschichte des Umbruchs in Deutschland, München ²1989, S. XXV.

[28] H. Schelsky: Die Bedeutung des Schichtungsbegriffes für die Analyse der gegenwärtigen deutschen Gesellschaft (1953), in: derselbe: Auf der Suche nach Wirklichkeit, Düsseldorf/Köln 1965, S. 332-335. Eine kritische Überprüfung von Schelskys prominenter Nivellierungs-These will auch das Hamburger Forschungsteam A. Schildt, A. Sywottek, Th. Südbeck und M. Wildt vornehmen. Siehe die Forschungsskizze A. Schildt/A. Sywottek: „Wiederaufbau" und „Modernisierung". Zur westdeutschen Gesellschaftsgeschichte in den fünfziger Jahren, in: Aus Politik und Zeitgeschichte. Beilage zur Wochenzeitung 'Das Parlament' (APuZ), Jg. 1989, Beilage 6-7/89 vom 3.2.1989, S. 18-32, S. 25.

[29] Hans Maier: Die Deutschen und die Freiheit. Perspektiven der Nachkriegszeit, Stuttgart 1985, S. 15.

2. Das nationalsozialistische Versorgungssystem

[1] Kölnische Zeitung Nr. 93/1915 vom 26.1.1915: Reicht unser Brotgetreide aus? zit. nach E. Kleinertz: Konrad Adenauer als Beigeordneter der Stadt Köln (1906-1917), in H. Stehkämper (Hrsg.): Konrad Adenauer. Oberbürgermeister von Köln. Festgabe der Stadt Köln zum 100. Geburtstag ihres Ehrenbürgers am 5. Januar 1976, Köln 1976, S. 33-78, S. 64.

[2] Vgl. auch die Schrift von K. Adenauer: Die neue Regelung unserer Nahrungsmittelwirtschaft, Berlin 1915.

[3] Das „Verfahren zur Herstellung eines dem rheinischen Roggenschwarzbrot ähnelnden Schrotbrotes", entwickelt von Jean und Josef Oebel sowie von Konrad Adenauer, wurde vom Kaiserlichen Patentamt ab 2. Mai 1915 patentiert. Das Deckblatt der Patentschrift ist abgebildet bei Stehkämper (Hrsg.) (1976), Abb. 10.

[4] Kleinertz (1976), S. 73.

[5] Siehe dazu M. Kutz: Kriegserfahrung und Kriegsvorbereitung. Die agrarwirtschaftliche Vorbereitung des Zweiten Weltkrieges in Deutschland vor dem Hintergrund der Weltkrieg I-Erfahrung, I. Teil, in: ZAA, Jg. 32, 1984, S. 51-82, S. 72.

[6] H.-E. Volkmann: Landwirtschaft und Ernährung in Hitlers Europa 1939-45, in: MGM, Jg. 1984, H. 1, S. 9-74, S. 9.

[7] Siehe dazu insbes. D. Petzina: Autarkiepolitik im Dritten Reich. Der nationalsozialistische Vierjahresplan, Schriftenreihe der VfZ Nr. 16, Stuttgart 1968.

[8] Kutz (1984, Teil I), S. 74.

[9] Volkmann (1984), S. 10. Gemeint ist das „Gesetz über die Zuständigkeit des Reiches für die Regelung des ständischen Aufbaues der Landwirtschaft" vom 15.7.1933, RGBl. I, Jg. 1933, S. 495.

[10] „Gesetz über den vorläufigen Aufbau des Reichsnährstandes und Maßnahmen zur Markt- und Preisregelung landwirtschaftlicher Erzeugnisse" vom 13.9.1933, RGBl. I, Jg. 1933, S. 626f. Vier weitere Verordnungen vervollständigten bis zum Frühjahr 1935 den Aufbau des Reichsnährstandes.

[11] So die Definition in §1 Absatz 1 der „Ersten Verordnung über den vorläufigen Aufbau des Reichsnährstandes" vom 8.12.1933, RGBl. I, Jg. 1933, S. 1060f.

[12] Im Jahr 1940.

[13] H. Reischle/W. Saure: Der Reichsnährstand; Aufbau, Aufgabe und Bedeutung, Berlin ²1936, S. 28, vgl. auch ebda., S. 114 und S. 128. Reischle war Stabsamtsführer des Reichsnährstandes und Saure Ministerialdirektor im Reichs- und Preußischen Ministerium für Ernährung und Landwirtschaft.

[14] Ebda., S. 28f. und S. 65f.

[15] „Anordnung des Reichsbauernführers über den Aufbau der Reichshauptabteilung III im Reichsnährstand" vom 6.11.1935, zit. nach Reischle/Saure (²1936), S. 154f.

[16] K. Emig: Das Recht in der Ernährungswirtschaft, in: E.R. Huber (Hrsg.): Idee und Ordnung des Reiches, Bd. 1, Hamburg 1941, S. 31.

[17] So Ernst Rudolf Huber.

[18] RGBl. I, Jg. 1939, S. 1535.

[19] H. Reuß, zit. nach Emig (1941), S. 51.

[20] Emig (1941), S. 52.

[21] Vgl. die „Verordnung über die öffentliche Bewirtschaftung von landwirtschaftlichen Erzeugnissen" vom 27.8.1939, RGBl. I, Jg. 1939, S. 1521-1526, insbes. §§2-5. Zur Verbrauchslenkung durch Propaganda und Werbung siehe U. Westphal: Werbung im Dritten

Reich, Berlin (West) 1989, insbes. S. 137ff.

[22] S. dazu M. Kutz: Kriegserfahrung und Kriegsvorbereitung. Die agrarwirtschaftliche Vorbereitung des Zweiten Weltkrieges in Deutschland vor dem Hintergrund der Weltkrieg I-Erfahrung, II. Teil, in: ZAA, Jg. 32, 1984, S. 135-164, S. 135f., bes. Anm. 84.

[23] Emig (1941), S. 13; ders. ebda. in gleichem Sinne auf S. 50 und S. 55f.

[24] Volkmann (1984), S. 14.

[25] Zu den „Reichsstellen" s. Emig (1941), S. 37-40. Die Reichsstellen befanden über die Importmengen und steuerten die Verteilung der eingeführten Lebensmittel auf dem heimischen Markt.

[26] Siehe dazu Kutz (1984, Teil II), S. 137.

[27] J. Müllenbusch: Die Organisation der deutschen Ernährungswirtschaft. Der Reichsnährstand, Berlin 1941, S. 82.

[28] RGBl. I, Jg. 1939, S. 1498-1501.

[29] Zit. nach G. Winkler: Betrachtungen zur Entwicklung der Nahrungsmittelversorgung und des Verbrauchs an wichtigen Nahrungsmitteln in der Deutschen Demokratischen Republik seit 1945 unter besonderer Berücksichtigung der Abhängigkeit des Nahrungsmittelkonsums von der Einkommenshöhe vor allem in Arbeiter- und Angestelltenhaushaltungen, masch., Habil. Leipzig 1961, S. 44.

[30] J. Riecke: Ernährungswissenschaftliche Lage 24.2.1945. Geheime Reichssache, zit. nach Stüber (1984), S. 35.

[31] Volkmann (1984), S. 62.

[32] Stüber (1984), S. 38.

[33] H.-J. Riecke: Ernährung und Landwirtschaft im Kriege, in: Bilanz des Zweiten Weltkrieges, Oldenburg/Hamburg 1953, S. 329-346, S. 332.

[34] Dieses Urteil findet sich auch bei Volkmann (1984), S. 66. In Köln dagegen schwärmte man nach dem Zweiten Weltkrieg von der Zeit städtischer Eigeninitiative während des Ersten Weltkrieges!

[35] Kutz (1984, Teil II), S. 154. Siehe auch R.-D. Müller: Die Konsequenzen der „Volksgemeinschaft": Ernährung, Ausbeutung und Vernichtung, in W. Michalka (Hrsg.): Der Zweite Weltkrieg. Analysen-Grundzüge-Forschungsbilanz, München/Zürich 1989, S. 240-248.

[36] Siehe auch Wildt (1986), S. 131f., Anm. 10.

[37] Vgl. die Daten der Verluststatistik bei Schlange-Schöningen (Hrsg.) (1955), S. 23, Stüber (1984), S. 52-58, Wildt (1986), S. 20-23.

3. Leipzig, die sächsische Messemetropole

3.1. Zur Geschichte der Versorgung: Kartoffel-Anarchie

[1] Zit. aus dem Gemeindewahlprogramm der SED 1946, abgedr. in LVZ Nr. 79/1946 vom 22.8.46, S. 1-2.

[2] A. Alther: Notizen zur Geschichte der örtlichen Arbeiterbewegung im Verwaltungsbezirk 3, Leipzig, Erlebnisbericht, Stadtarchiv Leipzig (StadtA L), Januar 1962, zit. nach L. Borusiak/U. Naumann: Chronik der Stadt Leipzig 1945-1949, I. Teil 1945-1946, Leipzig 1965, S. 2-6, S. 3f.

[3] Ebda., S. 4f.

[4] In Leipzig gab es seit Sommer 1941 eine immer enger werdende Kooperation zwischen verschiedenen Widerstandsgruppen. Die Widerstandsarbeit wurde im Kern von Mitgliedern der Weimarer Arbeiterparteien, aber auch von parteilosen Intellektuellen getragen. Zur Zeit amerikanischer Besatzung waren auch Mitglieder der früheren Mittelstandsparteien zum Leipziger „Bezirkskomitee Freies Deutschland" hinzugestoßen. Das Leipziger Komitee verstand sich als Teil des Moskauer „Nationalkomitee Freies Deutschland", künftig zitiert: NKFD. Zur Geschichte des Leipziger NKFD siehe H.W. Schmollinger: Das Bezirkskomitee Freies Deutschland in Leipzig, in: L. Niethammer/U. Borsdorf/P. Brandt: Arbeiterinitiative 1945. Antifaschistische Ausschüsse und Reorganisation der Arbeiterbewegung in Deutschland, Wuppertal 1976, S. 219-251.

[5] Borusiak/Naumann (1965), S. 1.

[6] Am 4.12.1943, 20.2.1944, 6.6.1944 und am 27.3.1945.

[7] Ziffern zur Kriegsbilanz aus: Leipzig. Gestern-heute-morgen. Ein Atlas, hrsg. von der Kreisleitung der SED Leipzig, Text von E. Zeigner, Leipzig 1946, S. 10, zit. nach G. Krüger: Der Kampf um die Enteignung der Kriegsverbrecher und Naziaktivisten in Leipzig (1945-1948), Diss. phil., masch., Leipzig 1958, S. 57. Vgl. dazu H.W. Schmollinger: Entstehung und Zerfall der antifaschistischen Aktionseinheit in Leipzig: ein Beitrag zur Geschichte des Widerstands und der Wiedererstehens der Leipziger Arbeiterparteien 1939 bis September 1945, Diss. rer.pol., Berlin 1976, S. 377f.

[8] Angaben nach Borusiak/Naumann (1965), S. 1. Stadtbaurat W. Beyer macht in seinem Artikel: Zur Wiederinstandsetzung unserer Stadt, in: AN Nr. 11/1945 vom 7.7.45, S. 2, folgende Angaben: „Von den rund 220.000 Wohnungen sind rund 35.000 = 15 Prozent zerstört oder unbrauchbar geworden. Im Vergleich zu den übrigen Großstädten wohl ein relativ günstiges Verhältnis..."

[9] Borusiak/Naumann (1965), S. 1, und StadtA L, Verw. Abt. Nr. 769, S. 25, zit. nach Krüger (1958), S. 58.

[10] Ebda. Zum Nachkriegsbild der Stadt siehe die kleine Fotodokumentation von K.H. Mai: Anfangsjahre. Leipzig 1945 bis 1950, Berlin-Kreuzberg 1986.

[11] Details zu militärgeschichtlichen Aspekten der Eroberung Leipzigs siehe Schmollinger (1976), S. 369ff.

[12] Übernahme-Erklärung der öffentlichen Verwaltung der Stadt Leipzig vom 24.5.1945, abgedr. in AN Nr. 3/1945 vom 2.6.45, S. 1. "*Dr. Hans Vierling*, geb. 12.9.1888 in Nossen/Sachsen, studierte von 1908 bis 1912 Rechtswissenschaften an den Universitäten Leipzig und Freiburg (Breisgau). Er arbeitete ab 1919 als Rechtsanwalt beim Amts- und Landgericht in Leipzig. Vierling wurde am 23.4.1945 von den Amerikanern zum Bürgermeister berufen. Vgl. Stadtarchiv Leipzig, Personalakten, Kap. 10 V, Nr. 236." (Krüger (1958), S. 65) Vierling wird von der DDR-Historiographie seine Mitgliedschaft im „Stahlhelm" zum Vorwurf

gemacht.

[13] Nach W.L. Dorn: Inspektionsreisen in der US-Zone. Notizen, Denkschriften und Erinnerungen aus dem Nachlaß, übersetzt und hrsg. von L. Niethammer, Stuttgart 1973, S. 35, Anm. 53.

[14] Kloss war früher Bürgermeister von Knautkleeberg (Sachsen) und 1932/33 Stadtrat in Leipzig gewesen; Dorn (1973), S. 36.

[15] Ebda., S. 35.

[16] "*Heinrich Fleißner*, am 27.5.1888 in Hirschberg/Saale geboren, war vom 1.4.1923 bis 31.7.1933 bereits Polizeipräsident in Leipzig. Wird von der amerikanischen Militärkommandantur am 30.4.1945 erneut zum Polizeipräsident berufen. Am 31.8.1945 wurde Fleißner in den Ruhestand versetzt." StadtA L, Personalakten, Kap. 10 F, Nr. 860, zit. nach Krüger (1958), S. 65. Fleißner wird der Vorwurf gemacht, 1923 für den Tod von sechs Arbeitern bei einer Erwerbslosendemonstration mitverantwortlich gewesen zu sein, z.B. bei Krüger a.a.O.

[17] H. Vierling: Die dringlichsten Aufgaben der städtischen Verwaltung, in: AN Nr. 4/1945 vom 9.6.45, S. 1.

[18] Ebda.

[19] Krüger (1958), S. 59.

[20] AN Nr. 4/1945 vom 9.6.45, S. 1.

[21] AN Nr. 14/1945 vom 26.7.45, S. 1.

[22] Flugschrift vom 16.4.1945, abgedr. in G. Krüger: Zweierlei Besatzungspolitik in Leipzig (April bis September 1945), in: Beiträge zur Zeitgeschichte, Jg. 3, 1960, S. 104-112, S. 105.

[23] Programm des NKFD Leipzig, veröffentlicht am 23.4.1945, zit. nach L. Borusiak/G. Höhnel (u.a.): Chronik der Stadt Leipzig, I. Teil 1945-1946, masch., Leipzig ²1971, S. 19.

[24] Ebda., S. 17.

[25] Verlautbarung des Polizeipräsidiums vom 1.6.45, in: AN Nr. 3/1945 vom 2.6.45, S. 2.

[26] Museum für Geschichte der Stadt Leipzig, D 5484/189, D 5486/201, Protokoll der Aussprache über die Arbeit der Leipziger Antifaschisten unter der Führung der KPD um die antifaschistisch-demokratische Umgestaltung in der Zeit der amerikanischen Besatzung, S. 19, zit. nach Borusiak/Höhnel (²1971), S. 18. Vgl. dazu auch Schaffer (1948), S. 20.

[27] Borusiak/Naumann (1965), S. 9f. Die Amerikaner waren nicht gewillt, eine überwiegend kommunistisch geführte und von Arbeitern aller Couleur getragene politische Massenbewegung zu dulden. Den unmittelbaren Anlaß zum Verbot gab ein Aufruf des NKFD zur Mai-Demonstration.

[28] Kleinkinder bis zu drei Jahren und Kinder zwischen drei und sechs Jahren.

[29] Bis zu 18 Jahren; Erwachsene: über 18 Jahre.

[30] AN Nr. 11/1945 vom 7.7.45, S. 2.

[31] Angaben nach AN Nr. 2/1945 vom 26.5.45, S. 2, vgl. auch AN Nr. 7/1945 vom 23.6.45, S. 2.

[32] Diese Ziffer setzt allerdings qualitativ einwandfreie Waren voraus. Wir müssen jedoch davon ausgehen, daß dieser Wert nicht erreicht wurde. Nach Winkler (1961), S. 70, sind für 1945 durchschnittlich 10,42 Prozent Qualitätsabschlag vorzunehmen, um Werte zu erhalten, die der Versorgungsrealität nahekommen; demzufolge ergäbe sich ein Kalorienwert von ungefähr 674 Kalorien!

[33] Vgl. AN Nr. 4/1945 vom 9.6.45, S. 3.

[34] Siehe Ziegelmayer (1948), S. 97.

[35] AN Nr. 1/1945 vom 19.5.45, S. 2.

[36] AN Nr. 9/1945 vom 30.6.45, S. 2.

37) AN Nr. 5/1945 vom 16.6.45, S. 2.
38) AN Nr. 9/1945 vom 30.6.45, S. 2.
39) Ebda.
40) AN Nr. 19/1945 vom 9.8.45, S. 1.
41) AN Nr. 9/1945 vom 30.6.45, S. 2.
42) Ebda.
43) AN Nr. 7/1945 vom 23.6.45, S. 2.
44) Ebda. und AN Nr. 9/1945 vom 30.6.45, S. 2.
45) AN Nr. 7/1945 vom 23.6.45, S. 2.
46) AN Nr. 9/1945 vom 30.6.45, S. 2.
47) AN Nr. 5/1945 vom 16.6.45, S. 2.
48) AN Nr. 9/1945 vom 30.6.45, S. 2.
49) AN Nr. 7/1945 vom 23.6.45, S. 2.
50) AN Nr. 9/1945 vom 30.6.45, S. 2.
51) AN Nr. 4/1945 vom 9.6.45, S. 2.
52) "*Selbmann, Fritz.* Geboren 29.9.1899 in Lauterbach (Hessen) als Sohn eines Kupferschmiedes. 1915-1917 Bergarbeiter, dann Soldat. 1922 Mitglied der KPD, 1925 Parteisekretär. 1930-1932 MdL Preußen und 1932 MdR. 1931-1933 Bezirksleiter der KPD Sachsen. 1933-1945 inhaftiert (Zuchthaus und KZ). 1945 Vizepräsident in Sachsen, 1946 Minister für Wirtschaft (SED) in Sachsen („Vater der Volkseigenen Betriebe"). 1949-1955 Minister für Industrie der DDR. 1954-1958 Mitglied des ZK der SED. 1956-1958 stellv. Vorsitzender des DDR-Ministerrates. 1958 wegen „Managertums" scharf kritisiert, verlor seine wichtigsten Positionen.... Selbmann starb am 26.1.1975." (H. Weber: Kleine Geschichte der DDR, Köln 1980, S. 186f.)
53) F. Selbmann: Alternative-Bilanz-Credo. Versuch einer Selbstdarstellung, zuerst Halle 1969, München 1975, S. 401.
54) So Borusiak/Naumann (1965), S. 16.
55) Selbmann (1975), S. 519f.
56) Siehe Kap. 4.4. und 5.4.
57) Ebda., S. 518.
58) P. Brandt: Die deutschen Auftragsverwaltungen, in: Niethammer/Borsdorf/Brandt (1976), S. 644-662, S. 654. „Mit ihnen (den Bürgerlich-Konservativen, d.Verf.) Hand in Hand arbeiteten eine Reihe Rechtssozialisten, wie der Personalleiter sämtlicher staatlicher Organe, Hans Weise, der Direktor des Ernährungsamtes, Stoye, der Direktor des Gewerbeamtes, Schattanik, der Stadtschulrat, Prof. Strecker (später Gründer der CDU) u.a.m." (G. Krüger/K. Urban: Die Herausbildung antifaschistisch-demokratischer Verwaltungsorgane in Leipzig (April bis Oktober 1945), in: Staat und Recht Jg. 13, 1964, H. 12, S. 2068-2087, S. 2075, Anm. 29.)
59) Ebda. und Borusiak/Höhnel (²1971), S. 35.
60) AN Nr. 11/1945 vom 7.7.45, S. 2.
61) AN Nr. 10/1945 vom 4.7.45, S. 1.
62) G. Krüger: Zum Neuaufbau einer demokratischen Verwaltung in Leipzig (April-September 1945), in: Wissenschaftliche Zeitschrift der Karl-Marx-Universität Leipzig, Gesellschafts- und sprachwissenschaftliche Reihe, Jg. 9, 1959/60, H. 4, S. 709-711, S. 711.
63) Dorn (1973), S. 39.
64) Schmollinger (Diss. 1976), S. 386.
65) Ebda., S. 387.
66) Die Abgrenzung der Industriestadt Leipzig von ihrem Hinterland wird am Ende

der amerikanischen Besatzungszeit auch vom Ernährungsamt beklagt, siehe Anm. 59 in diesem Kapitel. Das erkannten auch US-Dienststellen; in einem Bericht mit dem Titel: „The Political Atmosphere in Leipzig" heißt es zusammenfassend: „In addition to direct damage resulting from bombing, the city suffers from being isolated, both because of lack of transport and because regional administration has disappeared. This means that food is the number-one problem." (in: Office of Strategic Services, Research and Analysis branch (ed.), European Political Report, Vol. II, No. 23, 8.6.1945, S. 17, NA OSS-File, OSS XL 16957, zit. nach Schmollinger (Diss. 1976), S. 387)

[67] So mußte z.B. ein Programm zur Evakuierung von Wirtschaftlern und Wissenschaftlern durchgeführt werden; in Leipzig fand eine solche Aktion nach Borusiak/Naumann (1965), S. 23f., am 22. und 23. Juli 1945 statt. L. Fuchs: Die Besatzungspolitik der USA in Thüringen von April bis Juli 1945, Diss.phil. Leipzig, masch., Leipzig 1966, S. 156f., stellt die Behauptung auf, sogar Lebensmittel seien von den Amerikanern in den Westen abtransportiert worden.

[68] Die erste Sitzung dieses Gremiums fand unter dem Vorsitz des Kommandanten am 26.6.45 statt. Auf kommunistischen Druck setzte sich der Stadtrat paritätisch aus je 12 Kommunisten, Sozialdemokraten und 'Demokraten', wie sich die Bürgerlichen bis zur Parteiengründung bezeichneten, zusammen; siehe Borusiak/Naumann (1965), S. 25 und 165.

[69] Borusiak/Höhnel (^{2}1971), S. 37.

[70] Siehe dazu N.I. Trufanow: Auf dem Posten des Militärkommandanten der Messestadt, in: Leipzig. Aus Vergangenheit und Gegenwart, Beiträge zur Stadtgeschichte, Leipzig 1981, S. 79-105.

[71] "*Prof. Dr. Erich Zeigner*, geb. am 17.2.1886 in Erfurt, war von Beruf Jurist. 1905-1908 hatte er an der Leipziger Universität Rechtswissenschaft und Volkswirtschaftslehre studiert... 1919 Eintritt in die SPD (Mitglied des Zentralverbandes der Angestellten in Leipzig), 1921 Justizminister in Sachsen, 1922 Mitglied des Reichsrates in Berlin und Abgeordneter des Sächsischen Landtages, 1923 Sächsischer Ministerpräsident (einer Koalition aus SPD und KPD, d.Verf.) (Amtsenthebung Oktober 1923 wegen Gegensatz zur Reichsregierung in Fragen der Außenpolitik und Wiederaufrüstung)... 1924 Haft (Entlassung 1925), 1926 bis 1933 schriftstellerische Tätigkeit, 1933 bis 1939 erwerbslos, 1939 Buchhalter. Dr. Zeigner wurde dreimal während des Faschismus verhaftet und zuletzt im KZ Buchenwald gefangengehalten. Am 1.6.1945 trat Dr. Zeigner als Rechtsrat des Kulturamtes bei der Leipziger Stadtverwaltung ein. Am 16.7.1945 wurde er zum Oberbürgermeister ernannt. Am 5.4.1949 verstarb Prof. Dr. Zeigner. Vgl. Stadtarchiv Leipzig, Personalakten Kap. 10 Z, Nr. 354." (Krüger (1958), S. 77f.)

[72] Trufanow (1981), S. 86.

[73] Oberregierungsrätin E. Trübenbach, Mitglied der SED, war bei der Landesverwaltung Sachsen für Ernährungsfragen verantwortlich.

[74] VS (L) Nr. 20/1946 vom 24.1.46, S. 1.

[75] LZ Nr. 43/1946 vom 27.6.46, S. 4.

[76] F. Selbmann: Reden und Tagebuchblätter 1933-1947, o.O. o.J. (Dresden 1947), S. 85f.

[77] Zu Lebensmittelversorgung in der ersten Zeit sowjetischer Besatzung siehe auch Krüger (1958), S. 60f.

[78] Die Durchsicht der Lebensmittelaufrufe des Leipziger Ernährungsamtes ergibt diesen Befund.

[79] AN Nr. 34/1945 vom 22.9.45, S. 1.

[80] AN Nr. 42/1945 vom 20.10.45, S. 1, Borusiak/Naumann (1965), S. 71f.

[81] Eine Zuteilungsperiode umfaßte 28 Tage, also genau vier Wochen.

82) AN Nr. 47/1945 vom 7.11.45, S. 1, AN Nr. 62/1945 vom 22.12.45, S. 1.
83) E. Zeigner: Rechenschaftsbericht „Das neue Leipzig – acht Monate Aufbau" anläßlich einer Kundgebung am 20.1.1946, StadtA L Dr. 091/1946, zit. nach Borusiak/Naumann (1965), S. 88-92, S. 89.
84) Borusiak/Naumann (1965), S. 158.
85) Weber (1985), S. 62.
86) Zeigner zit. nach Borusiak/Naumann (1965), S. 89, vgl. Anm. 82.
87) VS (L) Nr. 20/1946 vom 24.1.46, S. 1.
88) LZ Nr. 96/1947 vom 25.4.47, S. 3.
89) LZ Nr. 60/1946 vom 17.7.46, S. 3, vgl. auch Borusiak/Naumann (1965), S. 97f. und 103-105.
90) Zit. aus der Flugschrift: Massen heraus! Wir rufen zur Kundgebung der Einheit, Leipzig März 1946, abgedr. in Borusiak/Naumann (1965), S. 111.
91) Möbius: Gedanken zur ersten Leipziger Nachkriegs-Messe, in: Technisches Handwerk Jg. 1946, Nr. 5 vom Juli 1946, S. 1, zit. nach Borusiak/Naumann (1965), S. 120a.
92) Borusiak/Naumann (1965), S. 118-120. Bereits im Oktober 1945 hatte auf Weisung des Militärkommandanten wieder eine kleine Messe, die „Musterschau Leipziger Erzeugnisse", stattgefunden.
93) LVZ Nr. 1/1946 vom 19.5.46, S. 1f.
94) So Leipzigs Ernährungsbürgermeister J. Sachse, zit. nach LZ Nr. 52/1946 vom 7.7.46, S. 4; zur Vita Sachses siehe Kap. 3.3., Anm. 42.
95) LZ Nr. 39/1946 vom 22.6.46, S. 4.
96) Aufruf vom 17.6.46, in: LVZ Nr. 27/1946 vom 21.6.46, S. 1.
97) LVZ Nr. 94/1947 vom 2.4.47, S. 1f., LZ Nr. 96/1947 vom 25.4.47, S. 3.
98) Zu den versorgungspolitischen Implikationen dieser Wahlgänge siehe Kap. 3.7.
99) LZ Nr. 1/1947 vom 1.1.47, S. 5.
100) LZ Nr. 41/1947 vom 18.2.47, S. 4.
101) Siehe auch M. Seydewitz: Wie wir die Grundlagen für den sozialistischen Aufbau schufen, in H. Wehner (Hrsg.): Kampfgefährten, Weggenossen. Erinnerungen deutscher und sowjetischer Genossen an die ersten Jahre der antifaschistisch-demokratischen Umwälzung in Dresden, Berlin (Ost) 1975, S. 256-292, S. 263.
102) Schaffer (1948), S. 32.
103) U. Naumann/L. Borusiak: Chronik der Stadt Leipzig 1945-1949, II. Teil 1947-1949, Leipzig 1967, S. 26-27. Zur dritten Nachkriegsmesse im September 1947 kamen deutlich weniger Besucher; siehe die Ziffern bei Naumann/Borusiak (1967), S. 66. Diese negative Entwicklung wird auf „antisowjetische Propaganda" zurückgeführt, ebda., S. 67.
104) Zit. nach LZ Nr. 73/1947 vom 27.3.47, S. 4.
105) LZ Nr. 64/1947 vom 16.3.47, S. 2.
106) Telegrammtext, StadtA L, St.-V. Nr. 216, Sitzung vom 26.3.47, zit. nach Naumann/Borusiak (1967), S. 33.
107) LZ Nr. 63/1947 vom 15.3.47, S. 4.
108) Bürgermeister J. Sachse zit. nach LVZ Nr. 94/1947 vom 2.4.47, S. 4.
109) LZ Nr. 63/1947 vom 15.3.47, S. 4.
110) LVZ Nr. 94/1947 vom 2.4.47, S. 4.
111) LZ Nr. 85/1947 vom 12.4.47, S. 4.
112) „Sozialdemokrat", Berlin vom 5.7.1947, zit. nach 'Sopade' Informationsdienst Nr. 219/1947 vom 10.7.47, o.S.; vgl. auch LVZ Nr. 172/1947 vom 27.7.47, S. 2.
113) LVZ Nr. 177/1947 vom 2.8.47, S. 1.

114) LZ Nr. 187/1947 vom 13.8.47, S. 1.
115) Ebda.
116) LZ Nr. 284/1947 vom 6.12.47, S. 2.
117) StadtA L, St.-V. Nr. 217, zit. nach Naumann/Borusiak (1967), S. 96.
118) LZ Nr. 284/1947 vom 6.12.47, S. 2, und LZ Nr. 287/1947 vom 10.12.47, S. 2.
119) Sämtliche nachfolgenden Angaben zur Entwicklung der Stadt sind dem Rechenschaftsbericht des Oberbürgermeisters Zeigner vom 19.1.1948, StadtA L, St.-V. Nr. 218, zit. nach Naumann/Borusiak (1967), S. 108f. entnommen.

3.2. Sowjetische Besatzungspolitik: Versuch eines Modells?

1) *Sergej Iwanowitsch Tjulpanow*, geboren 1901, meldete sich 1919 mit 18 Jahren freiwillig zur Roten Armee, Promotion 1936 im Fach Wirtschaftswissenschaft, 1938 Lehrstuhlinhaber für Politische Ökonomie beim Zentralkomitee der KPdSU in Leningrad, vom Sommer 1941 bis August 1942 Leiter der 7. Abteilung der Politverwaltung bei den Truppen der Leningrader, ab August 1942 der Stalingrader Front, 1945 Chef der Informationsverwaltung der SMAD in Berlin, 1949 Rückkehr in die Sowjetunion, Hochschullehrer an der Leningrader Universität und lange Jahre deren Prorektor. Die Erinnerungen an seine Tätigkeit im Nachkriegsdeutschland vollendete er 1983, ein Jahr vor seinem Tod; Angaben nach S. Doernberg: Nachwort, in: ebda., S. 319-332, S. 324-331.
2) Ebda., S. 328.
3) Ebda., S. 328f.
4) Hervorhebung Tjulpanow.
5) Tjulpanow (^{2}1987), S. 11f.
6) D. Staritz: Die Gründung der DDR. Von der sowjetischen Besatzungsherrschaft zum sozialistischen Staat, München 1984, S. 43; vgl. dazu auch H. Weber: Geschichte der DDR, München 1985, S. 64f.
7) Freilich, die Memoiren sind geglättet und an die Geschichtsauffassungen von KPdSU und SED angepaßt; dennoch liegt mit diesem Buch ein Dokument vor, das, behutsame und kritische Interpretation vorausgesetzt, durchaus Einblicke in die Prinzipien sowjetischer Besatzungspolitik bis zur Gründung der beiden deutschen Staaten zu geben vermag.
8) Auf eine detaillierte Schilderung und Bezifferung der Verluste der Sowjetunion soll hier verzichtet werden; siehe z.B. W. Loth: Die Teilung der Welt. Geschichte des Kalten Krieges 1941-1955, München ^{3}1982, S. 43f., und R. Fritsch-Bournazel: Die Sowjetunion und die deutsche Teilung. Die sowjetische Deutschlandpolitik 1945-1979, Opladen 1979, S. 27.
9) Außenpolitische Optionen, wie sie z.B. bei W. v. Buttlar: Ziele und Zielkonflikte der sowjetischen Deutschlandpolitik 1945-1947, Stuttgart 1980, bei Loth (^{3}1982), S. 48f., und bei Schwarz (^{2}1980), S. 217ff., eingehend diskutiert werden.
10) Buttlar (1980), S. 12.
11) Schwarz (^{2}1980), S. 204.
12) Ebda., S. 215, siehe auch A. Fischer: Sowjetische Deutschlandpolitik im Zweiten Weltkrieg 1941-1945, Stuttgart 1975, und Loth (^{3}1982), S. 64ff.
13) So Loth (^{3}1982), S. 47.
14) Ebda., S. 48f.
15) Schwarz (^{2}1980), S. LIX.
16) Ebda., S. LIV.

17) So die Kritik von D. Staritz an H. Duhnke und E. Nolte. D. Staritz: Auf dem Wege zur DDR (1948/1949), in (APuZ), Jg. 1985, Beilage 18 vom 4.5.1985, S. 29-45, S. 29. Die Kritik richtet sich gegen H. Duhnke: Stalinismus in Deutschland. Die Geschichte der sowjetischen Besatzungszone, Köln 1955; und E. Nolte: Deutschland und der Kalte Krieg, Stuttgart ²1985.

18) Tjulpanow (²1987), S. 23, im selben Sinne äußerte sich Tjulpanow bereits in seinem Beitrag: Die Rolle der Sowjetischen Militäradministration im demokratischen Deutschland, in: Autorenkollektiv unter der Leitung von G. Teschner: 50 Jahre Triumph des Marxismus-Leninismus. Die Große Sozialistische Oktoberrevolution und die Entwicklung des Marxismus-Leninismus, Berlin (Ost) 1967, S. 34.

19) Tjulpanow (²1987), S. 23.

20) Tjulpanow schreibt: „Wie aus allen Dokumenten der Sowjetregierung und aus der praktischen Tätigkeit der SMAD ersichtlich ist, sollte die Politik der Sowjetunion gegenüber dem künftigen Nachkriegsdeutschland für das Territorium von ganz Deutschland gelten." (Tjulpanow (²1987), S. 129) Daran ist nicht zu zweifeln.

21) Tagesbefehl an die Rote Armee vom 23.2.1942, zit. nach S. Doernberg: Befreiung 1945. Ein Augenzeugenbericht, Berlin (Ost) 1985, S. 10. Diese Losung wurde bei Kriegsende in den sowjetisch besetzten Gebieten plakatiert.

22) Tjulpanow (²1987), S. 64f.

23) Staritz (1984), S. 70.

24) Tjulpanow verweist in diesem Zusammenhang auf die die Resolution der Berner Konferenz der KPD vom Jahre 1939, die die Errichtung einer demokratischen Volksrepublik vorsahen. Tjulpanow (²1987), S. 336; siehe dazu Staritz (1984), S. 63ff. und weiter unten in diesem Kapitel.

25) Tjulpanow (²1987), S. 63. Anhand der Erinnerungen von W. Leonhard läßt sich leicht nachvollziehen, wie rasch -und überraschend selbst für die Mitglieder der „Gruppe Ulbricht"- sich die ursprünglich in Moskau geplante Besatzungspolitik im Einzelfall an „den Bedingungen" anzupassen vermochte und abgeändert wurde; siehe W. Leonhard: Die Revolution entläßt ihre Kinder, Köln/Berlin ¹⁴1974, S. 268ff., W. Leonhard: Es muß demokratisch aussehen, in: Die Zeit, Jg. 20 (1965), Nr. 22 vom 7.5.1965, auszugsweise abgedrückt in: H. Weber: DDR. Dokumente zur Geschichte der Deutschen Demokratischen Republik 1945-1985, München 1986, Dok. 2, S. 30.

26) So auch Schwarz (²1980), S. LIX; zu den wirtschafts- und reparationspolitischen Zielsetzungen sowjetischer Deutschlandpolitik siehe F. Jerchow: Deutschland in der Weltwirtschaft 1944-1947. Alliierte Deutschland- und Reparationspolitik und die Anfänge der westdeutschen Außenwirtschaft, Düsseldorf 1978, inbes. S. 28ff., und W. Matschke: Die industrielle Entwicklung in der sowjetischen Besatzungszone Deutschlands (SBZ) von 1945 bis 1948, Berlin (West) 1988.

27) Tjulpanow: Mit Zuversicht in die Zukunft, in: Tägliche Rundschau vom 3.5.1948, zit. nach Tjulpanow (²1987), S. 36.

28) A. Fischer: Der Weg nach Pankow. Zur Gründungsgeschichte der DDR (Kolloquien des Instituts für Zeitgeschichte), München 1980, S. 15.

29) Zit. nach Tjulpanow (²1987), S. 15.

30) Siehe auch G.K. Schukow: Erinnerungen und Gedanken, Stuttgart 1969.

31) Tjulpanow (²1987), S. 38.

32) Tjulpanow (²1987), S. 30. Vom Gewinnungskonzept und moralischen Eroberungen spricht auch Th. Eschenburg: Jahre der Besatzung 1945-1949, Stuttgart/Wiesbaden 1983, S. 68f. Tjulpanow stellt eine Verbindung zwischen der Gewinnungspolitik vor Ort und den

Verhandlungszielen der Sowjets auf der zweiten Moskauer Außenministertagung vom 10.3. bis 24.4.1947 her, auf welcher sich die vier Alliierten nicht auf eine gemeinsame Politik gegenüber Deutschland verständigen konnten.

33) Tjulpanow (^{2}1987), S. 32, 33.

34) Schwarz (^{2}1980), S. 265f., vermutet zwei gegensätzliche deutschlandpolitische Schulen, die freilich praktisch nicht nachweisbar sind. Danach zählen zu den Verfechtern einer harten Deutschlandpolitik das Politbüromitglied Schdanow und Oberst Tjulpanow, zu den Tauben die Politbüromitglieder Berija und Malenkow, in Deutschland Botschafter Semjonow, und die Obersten Chefs der SMAD und Marschälle Schukow und Sokolowski. Schwarz sieht in Tjulpanow den „wichtigsten Verfechter" des aggressiven Flügels. Siehe auch Staritz (1984), S. 46.

35) Schwarz (^{2}1980), S. 255f.; siehe z.B. auch D. Geyer: Deutschland als Problem der sowjetischen Europapolitik am Ende des Zweiten Weltkrieges, in: J. Foschepoth (Hrsg.): Kalter Krieg und Deutsche Frage, Göttingen/Zürich 1985, S. 50-65, S. 55.

36) Schwarz (^{2}1980), S. 230, 231, Tjulpanow (^{2}1987), z.B. S. 46.

37) In diesem Sinne erklärte auch A. Hermes (CDU): „Ich ziehe mein Ernährungsamt so auf, daß es den Grundstock für ein Reichsernährungsministerium bilden könnte, was hier in Berlin ja selbstverständlich ist." Zit. nach J.B. Gradl: Anfang unter dem Sowjetstern. Die CDU 1945-1948 in der sowjetischen Besatzungszone Deutschlands, Köln 1981, S. 14.

38) W. Ulbricht vertrat diese These erstmals im Oktober 1945 (Staritz (1984), S. 72); A. Ackermann führte sie in dem Aufsatz: Gibt es einen besonderen deutschen Weg zum Sozialismus? im Februar 1946 detailliert aus, siehe Weber (1986), Dok. 22, S. 64f.

39) Siehe das ausführliche Kapitel bei Staritz (1984), S. 63-75.

40) Die Internationale, Jg. 1937, 3/4, S. 36-45, sinngemäß zit. nach A. Sywottek: Deutsche Volksdemokratie. Studien zur politischen Konzeption der KPD 1935-1946, Düsseldorf 1971, S. 74.

41) Zit. nach E. Kalbe: Wesen und Struktur der Volksfrontbewegung während des zweiten Weltkrieges, in: Wissenschaftliche Zeitschrift der Karl-Marx-Universität Leipzig, Gesellschafts- und sprachwiss. Reihe, Jg. 1966, H. 3, S. 436.

42) A. Ackermann: Aktionsprogramm des Blockes der kämpferischen Demokratie, zit. nach H. Laschitza: Kämpferische Demokratie gegen Faschismus. Die programmatische Vorbereitung auf die antifaschistisch- demokratische Umwälzung in Deutschland durch die Parteiführung der KPD, Berlin (Ost) 1969, S. 197-209, S. 197.

43) Staritz (1984), S. 73.

44) Staritz (1984), S. 74f.

45) A. Ackermann: Der neue Weg zur Einheit, in: Vereint sind wir alles. Erinnerungen an die Gründung der SED, Berlin (Ost) 1966, S. 65ff., S. 79f.

46) Tjulpanow (^{2}1987), S. 28.

47) Tjulpanow (^{2}1987), S. 40.

48) Tjulpanow (^{2}1987), S. 41.

49) Tjulpanow (^{2}1987), S. 188; vgl. dazu auch W. Benz: Potsdam 1945. Besatzungsherrschaft und Neuaufbau im Vier-Zonen-Deutschland, München 1986, S. 58. Zum Bild der Westdeutschen von Russen und Amerikanern in der unmittelbaren Nachkriegszeit siehe W. Buchanan/H. Cantril: How Nations See Each Other. A Study In Public Opinion, Westport 1953.

50) Tjulpanow widmet der Arbeit am Russenbild der Deutschen ein ganzes Kapitel seines Buches: Tjulpanow (^{2}1987), S. 187-202.

51) Tjulpanow (^{2}1987), S. 287.

⁵²⁾ Gemeint sind die Vermutungen über die beiden deutschlandpolitischen Fraktionen, siehe Anmerkung 34 dieses Kapitels.
⁵³⁾ Schwarz (²1980), S. 267.
⁵⁴⁾ H. Weber: Zum Transformationsprozeß des Parteiensystems in der SBZ/DDR, Einleitung in ders. (Hrsg.): Parteiensystem zwischen Demokratie und Volksdemokratie. Dokumente und Materialien zum Funktionswandel der Parteien und Massenorganisationen in der SBZ/DDR 1945-1950, Köln 1982, S. 11-50, S. 17.
⁵⁵⁾ Tjulpanow (²1987), S. 273.
⁵⁶⁾ S.I. Tjulpanow: Gedanken über den Vereinigungsparteitag der SED 1946, in: Zeitschrift für Geschichtswissenschaft (ZfG), Jg. 1970, H. 5, S. 618/619, zit. nach Tjulpanow (²1987), S. 79.

3.3. Versorgungsverwaltung: Domäne der Bürgerlichen?

¹⁾ Siehe Befehl Nr. 1 vom 9.6.1945 der SMAD: Über die Organisation der Militärverwaltung zur Verwaltung der sowjetischen Besatzungszone in Deutschland, als Abb. 5 abgedr. in Tjulpanow (²1987).
²⁾ Angabe bei Staritz (1984), S. 45.
³⁾ Angabe bei Generalleutnant F.J. Bokow: Frühjahr des Sieges und der Befreiung, Berlin (Ost) 1979, S. 419.
⁴⁾ S. Doernberg: Nachwort, in: Tjulpanow (²1987), S. 321f.; in gleichem Sinne äußerte sich Tjulpanow (1967), S. 48.
⁵⁾ Weber (1982), S. 19, und (1985), S. 62, übernimmt sie unkommentiert.
⁶⁾ Siehe dazu Ulbrichts Rede vom 12.5.1960, nach Angaben bei Weber (1985), S. 55f., erstmals abgedruckt in Neues Deutschland (ND), Jg. 1965, Nr. 106 vom 17.4.1965 und in W. Ulbricht: Zur Geschichte der deutschen Arbeiterbewegung. Aus Reden und Aufsätzen. Bd. II, Zusatzband, Berlin (Ost) 1966, S. 209ff.
⁷⁾ Tjulpanow (²1987), S. 59f., im gleichen Sinne siehe Belezki (1976), S. 21.
⁸⁾ Doernberg ebda., S. 321.
⁹⁾ Tjulpanow (²1987), S. 52.
¹⁰⁾ Tjulpanow (²1987), S. 57.
¹¹⁾ So der umständliche Titel der Vereinbarung; der Text der Übereinkunft im folgenden zit. nach Benz (1986), S. 207-225, S. 211; vgl. den englischen Text bei B. Ruhm v. Oppen (Ed.): Documents on Germany under Occupation 1945-1954, London/New York/Toronto 1955, S. 40ff.
¹²⁾ Tjulpanow (²1987), S. 53.
¹³⁾ Ebenso die sowjetische Geschichtsschreibung, siehe Belezki (1976), S. 21ff.: Kap. „2. Die Sabotierung der Potsdamer Beschlüsse in den westlichen Besatzungszonen Deutschlands und den Westsektoren von Berlin durch die Westmächte – ihre konsequente Verwirklichung in der sowjetischen Zone (1945 bis 1946)".
¹⁴⁾ Zur komplizierten Entstehungsgeschichte der Potsdamer Grundsätze siehe Tyrell (1987) und die Kapitel 4.2. und 5.2. dieses Buches zu amerikanischen und britischen Besatzungskonzepten.
¹⁵⁾ Potsdamer Abkommen, d.i. Mitteilung der Dreimächtekonferenz von Berlin vom 2.8.1945, III. Deutschland, Präambel, zit. nach Benz (1986), S. 210.
¹⁶⁾ Ebda., III, A. Politische Grundsätze, 3. (II), S. 212.

[17]) Ebda., 2., S. 211.
[18]) Ebda., B. Wirtschaftliche Grundsätze, 14., S. 215; vgl. den Kommentar Tyrells (1987) zu Artikel 14, S. 568f.
[19]) Siehe Benz (1986), S. 107ff.
[20]) Tyrell (1987), S. 331.
[21]) Potsdamer Abkommen, III., A. 1., S. 211.
[22]) Ebda., 9., S. 213f. Außenminister Molotow hatte bezüglich (IV) die Formulierung eingebracht: „die Errichtung einer zentralen deutschen Verwaltung, bestehend aus Sekretären für verschiedene Verwaltungszweige". „Bevin... befürchtete offenbar, das einheitliche Organ, das der sowjetische Plan augenscheinlich vorsah, könne rasch zum Kern einer Zentralregierung werden." Sein Gegenvorschlag, der grundsätzlich von „keiner Zentralregierung" ausging, jedoch „einzelne zentrale Verwaltungsabteilungen" zuließ, wurde letztlich angenommen; siehe Tyrell (1987), S. 336-340, insbes. 340.
[23]) A. Ackermann in: A. Ackermann/R. Büchner/W. Eggerath/F. Selbmann/R. Siewert/H. Warnke: Von der Geburt der neuen Staatsmacht, in: Staat und Recht, Jg. 14, 1965, H. 5, S. 665-678, S. 672f.
[24]) Oberbürgermeister Vierling in: AN Nr. 4/1945 vom 9.6.45, S. 1.
[25]) Nach H. Weise: Fragen der Personalpolitik, in: AN Nr. 10/1945 vom 4.7.45. Nach Angaben von K. Hutschenreuter in einem Bericht an die Unterbezirksleitung der KPD vom 10.3.46 waren bis zu diesem Zeitpunkt 492 Beamte, 556 Angestellte und 203 Arbeiter, insgesamt also 1.251 Bedienstete der Stadt, vom Dienst suspendiert worden, zit. bei E. Georgi: Die Entwicklung der demokratischen Selbstverwaltung in Leipzig in den Jahren 1945 bis 1948, in: Wissenschaftliche Zeitschrift der Karl-Marx-Universität Leipzig, Gesellschafts- und sprachwissenschaftliche Reihe, Jg. 9, 1959/60, S. 497-508, S. 497, und bei Borusiak/Naumann (1965), S. 82.
[26]) Borusiak/Naumann (1965), S. 32.
[27]) Ebda., S. 82.
[28]) Bezieht man, im Gegensatz zur DDR-Historiographie, die genannten Entlassungsziffern auf die zitierten Angaben von H. Weise, wonach am 18.4.1945 2.240 Beamte und 5.299 Angestellte beschäftigt waren, ergibt sich bei den Beamten eine Entlaßquote von 91 Prozent und bei den Angestellten von 42 Prozent; Weise (1945). Bei A. Ackermann ist gleichwohl zu lesen, „Fachleute, soweit sie nicht schwer belastet waren," seien „von der ersten Stunde an in das Neubeginnen einbezogen" worden; Ackermann (1965), S. 672f. Auch die „Verordnung über den personellen Neuaufbau der öffentlichen Verwaltung" der Landesverwaltung Sachsen vom 17.8.45 ließ die Weiterbeschäftigung von „unabkömmlichen" Staatsdienern zu; vgl. AN Nr. 24/1945 vom 25.8.45.
[29]) AN Nr. 24/1945 vom 25.8.45, S. 1, siehe auch Borusiak/Naumann (1965), S. 39.
[30]) Schmollinger (Diss. 1976), S. 473.
[31]) Borusiak/Naumann (1965), S. 32.
[32]) Georgi (1959/60), S. 498.
[33]) Borusiak/Naumann (1965), S. 82.
[34]) Ebda., S. 144.
[35]) Naumann/Borusiak (1967), S. 94.
[36]) Siehe Schmollinger (1976), S. 250.
[37]) Flugschrift: Was ist der antifaschistische Block? in: Leipziger Dokumente aus acht Jahrhunderten, hrsg. vom Stadtarchiv Leipzig und vom Pädagogischen Bezirkskabinett Leipzig, Leipzig 1964, S. 56, zit. nach Borusiak/Naumann (1965), S. 21.
[38]) Siehe dazu insbesondere Leonhard (^{14}1974), S. 313-320.

39) StadtA L, StV.u.R. Nr. 2727 Bl. 47, und St.-V. Nr. 1 Bl. 34, zit. nach Borusiak/Naumann (1965), S. 63. Auch die Berliner Blockorganisation verzichtete auf die Vokabel „Block" zugunsten der „Einheitsfront der antifaschistisch-demokratischen Parteien", siehe dazu Staritz (1984), S. 95.
40) Leonhard (^{14}1974), S. 293f. Zur kommunalen Personalpolitik siehe auch die Erinnerungen von H. Troeger, abgedr. bei T. Vogelsang: Oberbürgermeister in Jena 1945/46. Aus den Erinnerungen von Dr. Heinrich Troeger, in VfZ, Jg. 25/1977, S. 889-930, inbes. S. 900f.
41) Siehe: Geschichte der deutschen Länder, Bd. 2, Würzburg 1971, S. 819ff.
42) "*Johannes Sachse*, geb. am 17.7.1901 in Leipzig, war von Beruf Rechtsanwalt... Während der Weimarer Zeit war Sachse Mitglied der Deutschen Volkspartei. 1944 wurde er wegen Wehrkraftzersetzung verhaftet. 23.8.45 Eintritt in die LDP. Ab 7.7.1946 Leiter des Amtes für Handel und Versorgung bei der Stadt Leipzig. Sachse schied am 19.4.1950 auf eigenen Wunsch aus der Stadtverwaltung aus. Vgl. Stadtarchiv Leipzig, Personalakten, Kap. 10, Nr. 2717." (Krüger (1958), S. 78)
43) Dem Ernährungsdezernat im Landkreis Leipzig stand gleichfalls ein Liberaldemokrat vor: Dr. Stuhr, siehe LZ Nr. 186/1947 vom 12.8.47, S. 4. Der sächsische Minister für Handel und Versorgung, Dr. G. Knabe, war Mitglied der CDU, siehe LVZ Nr. 188/1947 vom 15.8.47, S. 1.
44) Sachses Vorgänger im Ernährungsamt, Stadtrat Bauer (CDU), wechselte zur Landesregierung nach Dresden; zu Bauers Parteizugehörigkeit siehe Erich Loest: Durch die Erde ein Riß. Ein Lebenslauf, Hamburg 1981, S. 121.
45) Institut für Zeitgeschichte (IfZ)-Archiv, Bestand MF 260, OMGUS A 645/13 A/5: President of the Senate Bremen an Military Government vom 18.3.1946: Account on a discussion the undersigned had with Oberburgermeister Dr. Zeigner and Burgermeister Sachse, both from Leipzig, on the occasion of their visit to Bremen on 13 March 1946.
46) LZ Nr. 25/1947 vom 30.1.47, S. 1, Naumann/Borusiak (1967), S. 11.
47) Naumann/Borusiak (1967), S. 59f.
48) Die Tatsache, daß Sachse und Zeigner gegenüber Senatspräsident Kaisen immer wieder betonten, sie sprächen nicht für die ganze Zone, sondern nur für „ihre Stadt", steht hierzu nicht im Widerspruch, sondern verweist gerade auf den Schaufenster-Charakter, den die Messestadt für den Westen haben sollte und auch hatte; Ifz-Archiv, Bestand MF 260, OMGUS A 645-13 A/5, 18.3.1946, S. 4.
49) Bundesarchiv Koblenz, Nachlaß Külz 141, S. 57; zit. nach Weber (1985), S. 101.
50) 'Leipziger Volkszeitung' und 'Leipziger Zeitung'.
51) Siehe z.B. LVZ Nr. 110/1947 vom 14.5.47, S. 1ff.
52) LZ Nr. 1/1947 vom 1.1.47, S. 5.
53) Zs. Die Versorgung, hrsg. von der Deutschen Verwaltung für Handel und Versorgung, Berlin (Ost), Jg. 2, 1947/48, H. 1, S. 1, künftig zit.: Versorgung.
54) Versorgung Jg. 1, 1946/47, S. 129, und E. Freund: Die Verwaltung der Lebensmittelindustrie in der Ostzone, in: Versorgung Jg. 2, 1947/48, S. 40f.
55) Zusammengestellt nach dem Organisationsplan eines Amtes für Handel und Versorgung bei den Kreisen, siehe G. Milling: Die Planung der Lebensmittelindustrie in der Sowjetischen Besatzungszone Deutschlands, Diss.oec., masch., Berlin (Ost) 1948, S. 26.
56) Der spätere Präsident der DVHV formuliert sinngemäß, man sei zwar von den Abteilungen B der Kriegsernährungsämter ausgegangen, habe aber deren Zuständigkeit auf den Bereich der Erfassung ausgedehnt; Ziegelmayer (1948), S. 21.
57) Ebda., siehe auch Freund (1947/48), S. 40.
58) LVZ Nr. 5/1946 vom 24.5.46, S. 1 und Versorgung, Jg. 1, 1946/47, S. 56-59.

[59] Milling (1948), S. 25.
[60] J.P. Nettl: Die deutsche Sowjetzone bis heute. Politik/Wirtschaft/Gesellschaft, Frankfurt 1953, S. 131.
[61] F. Köhler: Die Entwicklung in Deutschland (1945-1947), Diss.phil., masch., Leipzig 1960, S. 147.
[62] Die „Deutsche Wirtschaftskommission" (künftig zit.: DWK) war als die zentrale deutsche Verwaltungsbehörde in der SBZ eingerichtet worden. Sie wurde auf Befehl Nr. 138 der SMAD am 14.6.1947 gebildet und bestand bis zur Gründung der DDR im Jahre 1949. Die DWK setzte sich aus den Präsidenten der Deutschen Zentralverwaltungen für Industrie, Verkehr, Handel und Versorgung, Land- und Forstwirtschaft, Brennstoff und Energie sowie den Ersten Vorsitzenden des Freien Deutschen Gewerkschaftsbundes (künftig zit.: FDGB) und der Vereinigung der gegenseitigen Bauernhilfe (VdgB) zusammen. Mit der Proklamation der DDR ging die DWK in der „Provisorischen Regierung" der DDR auf. Siehe Bundesministerium für innerdeutsche Beziehungen (Hrsg.): DDR Handbuch, Köln ²1979, S. 258.
[63] Winkler (1961), S. 93f.
[64] LZ Nr. 52/1946 vom 7.7.46, S. 4.
[65] Trufanow (1981), S. 87.
[66] Bay HStA, MWi 11 419, Vermerk über die Dienstbesprechungen mit Vertretern der Sächsischen Landesverwaltung und der Sächsischen Wirtschaft in Hof am 12.10.1945, S. 1.
[67] Die Schilderung des Verwaltungsalltags in Leipzig folgt sinngemäß der Darstellung in dem Bericht von Senatspräsident Kaisen an die Militärregierung vom 18.3.1946, IfZ-Archiv, Bestand MF 260, OMGUS A 645-13 A/5, S. 2.
[68] Bay HStA, MWi 11 419, Vermerk vom 10.12.45, S. 2.
[69] IfZ-Archiv, Bestand MF 260, OMGUS A 645/13 A/5, 18.3.1946, S. 2f. Senatspräsident Kaisen vergleicht diesen Betrag mit den 50 Millionen Mark, die Bremen im gleichen Zeitraum für Kosten der US-Besatzung aufgebracht hat.
[70] LZ Nr. 1/1947 vom 1.1.47, S. 5.
[71] Mit Befehl Nr. 9 der SMAD waren die Landesverwaltungen erstmals angewiesen worden, für das vierte Quartal 1945 einen Produktionsplan aufzustellen; AN 28/1945 vom 5.9.45, S. 1.
[72] Zur Genese des Versorgungsplanes siehe Milling (1948), S. 25-39.
[73] AN Nr. 44/1945 vom 27.10.45, S. 2.
[74] Milling (1948), S. 41.
[75] K. Ritter: Planung. Zur Problematik der Versorgungspläne, in: Versorgung Jg. 1946/47, H. 11, S. 161.
[76] Versorgungsplanung 1948/49, in: Versorgung Jg. 1947/48, H. 6, S. 82.
[77] AN Nr. 44/1945 vom 27.10.45, S. 2.
[78] Versorgung mit Lebensmitteln. Warenbewegung durch Lieferanweisung, in: Versorgung, Jg. 1946/47, S. 37-39, S. 37f.
[79] Ebda., S. 38.
[80] Ritter (1946/47), S. 163.
[81] AN Nr. 63/1945 vom 29.12.45, S. 2; die regelmäßigen Inventuren waren ebenfalls mit Befehl Nr. 55/1945 der SMAD angeordnet worden.
[82] Versorgungsplanung 1948/49, in: Versorgung Jg. 1947/48, H. 6, S. 82.
[83] E. Trübenbach: Erfassung und Kontrolle im Lande Sachsen, in: Versorgung Jg. 1947/48, S. 84f.
[84] Trufanow (1981), S. 87.

85) W. Mühlfriedel: Die Wirtschaftsplanung in der sowjetischen Besatzungszone von den Anfängen bis zur Bildung der Deutschen Wirtschaftskommission, in: Jahrbuch für Wirtschaftsgeschichte (JbWG) Jg. 1985, Bd. II, S. 9-30, S. 13f.
86) Selbmann (1947), S. 116.
87) W. Ulbricht: Die Entwicklung des deutschen volksdemokratischen Staates 1945-1958, Berlin (Ost) 1958, S. 132.
88) LVZ Nr. 198/1947 vom 16.8.47, S. 2.
89) W. Lohse: Die Politik der sowjetischen Militäradministration in der sowjetischen Besatzungszone Deutschlands, Diss.phil., masch., Halle 1967, S. 80.
90) W. Ulbricht: Zur Geschichte der neuesten Zeit, Band I, 1. Halbband, Berlin (Ost) 1955, S. 73.
91) Borusiak/Höhnel (^{2}1971), S. 50.
92) Borusiak/Naumann (1965), S. 37.
93) Krüger/Urban (1964), S. 2078.
94) AN Nr. 63/1945 vom 29.12.45, S. 2.
95) Ebda.
96) AN Nr. 50/1945 vom 14.11.45, S. 2f.
97) LVZ Nr. 189/1947 vom 16.8.47, S. 2.
98) Rat der Stadt Leipzig (Hrsg.): Leipzig in acht Jahrhunderten, bearbeitet von H. Arndt, Leipzig 1965, S. 348 und AN Nr. 30/1945 vom 12.9.45, S. 1.
99) Krüger/Urban (1964), S. 2086.
100) AN Nr. 63/1945 vom 29.12.45, S. 2, und LZ Nr. 80/1947 vom 4.4.47, S. 4.
101) Alle Zahlenangaben nach BPA Dresden, I/A/039, Bl. 7f., zit. nach K.-H. Gräfe: Die Zerschlagung des faschistisch-imperialistischen Staatsapparates und die Herausbildung der Grundlagen der antifaschistisch-demokratischen Staatsmacht im Ergebnis der Befreiung des deutschen Volkes vom Faschismus durch die Sowjetunion und im Prozeß der antifaschistisch-demokratischen Revolution (1945/46): Unter besonderer Berücksichtigung der Entwicklung im damaligen Land Sachsen, Diss.phil., masch., Halle-Wittenberg 1971, S. 189, Anm. 539.
102) LVZ 193/1947 vom 21.8.47, S. 4. Nach der Vereinigung der beiden Arbeiterparteien dürfte die SED allein rund 80 von hundert Straßenbeauftragten stellen.
103) Gräfe (1971), S. 101.
104) Siehe H. Laschitza: Zwei Dokumente der KPD aus den Jahren 1944 und 1945 für das neue, demokratische Deutschland, in: Beiträge zur Geschichte der Arbeiterbewegung (BzG), Jg. 7, 1965, H. 2, S. 258ff., S. 265, und H. Voßke: Dokumente aus der programmatischen Tätigkeit der KPD für den Aufbau eines neuen, antifaschistisch-demokratischen Deutschlands (Februar/März 1945), in: BzG, Jg. 10, 1968, H. 3, S. 470-492.
105) LVZ Nr. 8/1946 vom 28.5.46, S. 4.
106) Die LVZ ergreift unter der Überschrift: „Zänkereien im Amt" für die „lächerlich gemachten" Beauftragten Partei: „Was unternimmt der Rat, um den üblichen abfälligen Bemerkungen gegen die Hausbeauftragten vorzubeugen, durch die einzelne städtische Angestellte ihre eigene Unzulänglichkeit verbergen wollen?" LVZ Nr. 169/1947 vom 24.7.47, S. 4.
107) Institut für Marxismus-Leninismus beim Zentralkomitee der SED (Hrsg.): Geschichte der deutschen Arbeiterbewegung, Bd. 6, Berlin (Ost) 1966, S. 96.
108) LVZ Nr. 282/1947 vom 5.12.47, S. 2, siehe auch LZ Nr. 282/1947 vom 4.12.47, S. 2.
109) LVZ Nr. 218/1947 vom 9.9.47, S. 2; siehe auch F. Kaden (MdL, SED): Die Sorge der Partei: Unser täglich Brot, in: LVZ Nr. 199/1947 vom 28.8.47, S. 3.
110) LVZ Nr. 200/1947 vom 29.8.47, S. 2.
111) LVZ Nr. 255/1947 vom 2.11.47, S. 1.

112) LZ Nr. 79/1946 vom 8.8.46, S. 1f.

3.4. Versorgungskette: Planungsmängel

1) Ackermann (1965), S. 670.
2) H. Barthel: Die wirtschaftlichen Ausgangsbedingungen auf dem Gebiet der DDR 1945-1949/50, Berlin (Ost) 1979, S. 48.
3) LZ Nr. 12/1947 vom 15.1.47, S. 3.
4) Losung des FDGB Sachsen, VS Nr. 59/1946 vom 11.3.46, S. 1.
5) LZ 92/1947 vom 20.4.47, S. 4.
6) LVZ Nr. 200/1947 vom 29.8.47, S. 1.
7) Sopade Informationsdienst Nr. 114/1947 vom 3.3.47, o.S. LVZ Nr. 121/1946 vom 10.10.46, S. 3 und LZ Nr. 88/1947 vom 10.4.47, S. 1. Allein im Kreis Leipzig fehlte im Frühjahr 1947 Saatgut für 913 Hektar Getreide, 228 Hektar Hülsenfrüchte, 927 Hektar Kartoffeln und 2.000 Hektar Gräser; LZ Nr. 71/1947 vom 25.3.47, S. 4 und StadtA L, StV.u.R. Nr. 6028, Bl. 302ff., zit. nach Naumann/Borusiak (1967), S. 37.
8) Archiv der Staatlichen Zentralverwaltung für Statistik, Nr. 135, Paket Nr. 131, zit. nach Barthel (1979), S. 49.
9) LZ Nr. 237/1947 vom 10.10.47, S. 3.
10) Barthel (1979), S. 49.
11) Ebda. und LVZ Nr. 29/1947 vom 5.2.47, S. 3.
12) Gesetze Nr. 11/1945 vom 16.11.45, S. 1.
13) Diese Position wurde von den CDU-Vorsitzenden A. Hermes und W. Schreiber vertreten und traf im Leipziger CDU-Verband auf scharfe Kritik; siehe Weber (1980), S. 28.
14) Z.B. „Bodenreform sichert Volksernährung" in: LZ Nr. 141/1946 vom 19.10.46, S. 1; vgl. mit LVZ Nr. 96/1946 vom 11.9.46, S. 1.
15) I. Deutscher: Reportagen aus Nachkriegsdeutschland, Hamburg 1980, S. 133.
16) E. Schinke: Die agrarpolitische Entwicklung in der Sowjetischen Besatzungszone Deutschlands seit 1945, in: Jahrbuch für die Geschichte Mittel- und Ostdeutschlands, Bd. 11, 1962, S. 238-271, S. 246. In diesem Sinne äußert sich auch F. Baade: Brot für ganz Europa. Grundlagen und Entwicklungsmöglichkeiten der europäischen Landwirtschaft, Hamburg/Berlin (West) 1952, S. 131f.
17) Schinke (1962), S. 245f.
18) J.E. Farquharson: The Management of Agriculture and Food Supplies in Germany, 1944-1947, in: B. Martin/A.S. Milward (Eds.): Agriculture and Food Supply in the Second World War. Landwirtschaft und Versorgung im Zweiten Weltkrieg, Ostfildern 1985, S. 50-68, S. 56, künftig zit.: Farquharson (1985a).
19) Barthel (1979), S. 49.
20) Farquharson (1985a), S. 52.
21) Barthel (1979), S. 49.
22) Archiv der Staatlichen Zentralverwaltung für Statistik, Nr. 135, Paket Nr. 131, zit. nach Barthel (1979), S. 164; siehe auch Nettl (1953), S. 160f.
23) LZ Nr. 226/1947 vom 27.9.47, S. 3, und LZ Nr. 148/1947 vom 28.6.47, S. 3.
24) LZ Nr. 226/1947 vom 27.9.47, S. 3.
25) Nach Angaben des Chefs der landwirtschaftlichen Verwaltung der SMAD, Oberst Kabanow, zit. in: LZ Nr. 214/1947 vom 13.9.47, S. 1.

26) Ebda. und S. Doernberg: Die Geburt eines neuen Deutschland, Berlin (Ost) 1959, S. 231.
27) Erfassung landwirtschaftlicher Erzeugnisse, in: Versorgung 1946/47, H. 1, S. 2-5, S. 2.
28) Fragen des Ablieferungssystems wurden mit den SMAD-Befehlen 163 vom 27.5.1946, 182 vom 24.6.1946, 211 vom 17.7.1946 und 246 vom 12.8.1946 geregelt; siehe auch LVZ Nr. 47/1946 vom 16.7.46, S. 2.
29) Schaffer (1948), S. 169. Nach Einschätzung des Zeitzeugen H. Liebe hätten die Ablieferungsnormen „unter normalen Wirtschaftsverhältnissen... spielend erfüllt werden können." (H. Liebe: Die Organisation der Landwirtschaft in der sowjetischen Besatzungszone, in: Deutsches Institut für Wirtschaftsforschung (DIW) (Hrsg.): Wirtschaftsprobleme der Besatzungszonen, Berlin (West) 1948, S. 188-202, S. 192.)
30) Schaffer (1948), S. 167.
31) LZ Nr. 145/1947 vom 25.6.47, S. 4.
32) Schaffer (1948), S. 167, und IfZ-Archiv, Bestand 260, OMGBY 10/91-1/1, 100 Reports, 30.1.47.
33) LVZ Nr. 5/1946 vom 24.5.46, S. 1.
34) Ziegelmayer (1948), S. 91.
35) 'Freie Märkte' wurden bereits am 30.10.1945 mit Befehl Nr. 122/1945 der SMAD erlaubt; siehe auch Freier Markt, in: Versorgung Jg. 1, 1946/47, H. 1, S. 5-7.
36) Sächsische Volkszeitung (SVZ) Nr. 128/1946 vom 1.1.1946, S. 6 und StadtA L, StV.u.R. Nr. 2662, Bl. 3, zit. nach Borusiak/Naumann (1965), S. 78f.
37) SVZ Nr. 27/1946 vom 3.2.1946, S. 4, zit. nach Borusiak/Naumann (1965), S. 93f.
38) R. Nieschlag: Die Organisation des Handels in der sowjetischen Besatzungszone, in: Deutsches Institut für Wirtschaftsforschung (DIW) (Hrsg.) 1948, S. 268-280, S. 279.
39) Versorgung Jg. 1, 1946/47, S. 7.
40) Siehe S.M. Schwarz: Arbeiterklasse und Arbeitspolitik in der Sowjetunion, Hamburg 1953, S. 229 und Nettl (1953), S. 158.
41) In diesem Sinne argumentiert G. Ellrodt: Warum keine 100%ige Ablieferung? in: LVZ Nr. 121/1946 vom 10.10.46, S. 3. Die sorgfältige Erläuterung Ellrodts deutet darauf hin, daß der zweigeteilte Markt von der Stadtbevölkerung nicht ohne weiteres akzeptiert war.
42) Ende November 1948 wurde im früheren Kaufhaus Althoff das erste Leipziger Kaufhaus der „volkseigenen Handelsorganisation" (HO) eröffnet, im Sachsenhaus (Katharinenstraße 10-12) wurde die erste HO-Gaststätte eingerichtet; Borusiak/Naumann (1965), S. 199 und 201. Siehe H. Barthel: Die Einführung des doppelten Preissystems für Einzelhandelsverkaufspreise in der DDR durch die Schaffung der HO-Läden von 1948 bis 1950/51 als komplexe Maßnahme der Wirtschaftspolitik, in: Jahrbuch für Geschichte (JbG), Jg. 31, 1984, S. 273-297.
43) Siehe Nettl (1953), S. 149f., und Bay HStA, MWi 11 419, Vermerk vom 12.10.1945, S. 2.
44) E. Zeigner: Leipzig, eine lebendige Stadt, Rechenschaftsbericht vor den Stadtverordneten 1946, in: LZ Nr. 9/1947 vom 11.1.47, S. 5. Zum Vergleich: Der sächsische Minister für Handel und Versorgung, G. Knabe, gab an, 1946 seien allein aus den Provinzen und Ländern der Ostzone 272.000 Tonnen Getreide, 2.000 Tonnen Nährmittel, 8.500 Tonnen Fleisch, 1.600 Tonnen Butter, 80.000 Tonnen Zucker, 88.000 Tonnen Kartoffeln, 37.000 Tonnen Fisch und 38.000 Tonnen Gemüse nach Sachsen eingeführt worden; Bericht von der 17. Sitzung des Sächsischen Landtages, in: LVZ Nr. 94/1947 vom 24.4.47, S. 1.

[45]) LZ Nr. 99/1946 vom 31.8.46, S. 3.
[46]) LZ Nr. 4/1947 vom 5.1.47, S. 4, sowie LVZ Nr. 5/1947 vom 7.1.47, S. 4.
[47]) LZ Nr. 99/1946 vom 31.8.46, S. 3.
[48]) E. Trübenbach: Einkellerung der Winterkartoffeln, in: LVZ Nr. 111/1946 vom 28.9.46, S. 1 und 3.
[49]) LVZ Nr. 1/1946 vom 19.5.46, S. 1f., und LVZ Nr. 39/1946 vom 5.7.46, S. 4.
[50]) LVZ Nr. 51/1946 vom 20.7.46, S. 4, LZ Nr. 59/1946 vom 16.7.46, S. 4; LZ Nr. 79/1946 vom 8.8.46, S. 1f.
[51]) LVZ Nr. 118/1948 vom 26.5.48, S. 1, LVZ Nr. 193/1948 vom 21.8.48, S. 1, und Naumann/Borusiak (1967), S. 141 und 174.
[52]) LVZ Nr. 229/1948 vom 2.10.48, S. 1, und Naumann/Borusiak (1967), S. 183.
[53]) Z.B. bei Gräfe (1971), S. 126f.; P. Kirste: Zur internationalistischen Hilfe der Sowjetunion und zur Zusammenarbeit der SMAD mit den antifaschistisch-demokratischen Kräften auf ökonomischem Gebiet 1945, in: H. Barthel u.a. (Hrsg.): Kampfgemeinschaft SED-KPdSU. Grundlagen, Tradition, Wirkungen, Berlin (Ost) 1978, S. 361-367, S. 362f; Lohse (1967), S. 16-18.
[54]) LVZ Nr. 153/1948 vom 6.7.48, S. 2, und Naumann/Borusiak (1967), S. 165f.
[55]) Ebda., S. 141.
[56]) Lies: Auto-Transportgemeinschaft Leipzig.
[57]) LZ Nr. 241/1947 vom 15.10.47, S. 4; in einem Aufruf vom 10.10.1947 hatte das Versorgungsamt „alle verfügbaren Fahrzeuge" für den Kartoffeleinsatz requiriert, LZ Nr. 238/1947 vom 11.10.47, S. 4; während der Kartoffelkampagne waren die Leipziger Kartoffelgroßhändler zu einer G.m.b.H. zusammengeschlossen worden, LZ Nr. 241/1947 vom 15.10.47, S. 4.
[58]) Ebda.
[59]) AN Nr. 54/1945 vom 28.11.45, S. 1.
[60]) F. Selbmann, zit. nach Schaffer (1948), S. 66.
[61]) LZ Nr. 177/1946 vom 1.12.46, S. 3.
[62]) Bürgermeister J. Sachse: Zunehmende Schwierigkeiten in der Treibstoffversorgung, in: AN Nr. 58/1945 vom 8.12.45, S. 1.
[63]) Ein Fernfahrer in: LZ Nr. 50/1946 vom 5.7.46, S. 4; siehe auch Loest (1981), S. 122. Erich Loest war am 1. November 1946 als Volontär bei der LVZ eingetreten, ebda.
[64]) LZ Nr. 62/1946 vom 19.7.46, S. 4.
[65]) Nettl (1953), S. 167. Die Transportkonferenz der Deutschen Zentralverwaltung für Verkehr in der SBZ beschloß schon Anfang 1947 die „Wiederherstellung aller zweigleisigen Eisenbahnstrecken"; LZ Nr. 13/1947 vom 16.1.47, S. 2.
[66]) LVZ Nr. 89/1946 vom 3.9.46, S. 3.
[67]) Archiv des Ministeriums für Verkehr (Berlin, DDR), Akte 339, Telegrammbrief der Generaldirektion der Deutschen Reichsbahn vom 2.5.1946, zit. nach K. Kittner: Die historischen Wurzeln für die Herausbildung der Aktivisten der ersten Stunde und ihre Entwicklung zur selbständigen gesellschaftlichen Kategorie während der antifaschistisch-demokratischen Ordnung. Dargestellt am Beispiel der Deutschen Reichsbahn, Diss. masch., Dresden 1969, S. 145.
[68]) LZ Nr. 120/1947 vom 25.5.47, S. 6.
[69]) VS Nr. 54/1946 vom 5.3.46, S. 1.
[70]) 41.000 Güterwagen, davon 18.000 Kesselwagen, lt. Vermerk vom 12.10.1945 in: Bay HStA, MWi 11 419, S. 2.
[71]) LZ Nr. 40/1946 vom 23.6.46, S. 4.

72) LZ Nr. 120/1947 vom 25.5.47, S. 6, siehe auch LVZ Nr. 5/1947 vom 7.1.47, S. 2.
73) AN Nr. 53/1945 vom 24.11.45, S. 2.
74) VS Nr. 8/1946 vom 10.1.46, S. 3.
75) LZ Nr. 279/1947 vom 30.11.47, S. 4.
76) LVZ Nr. 5/1947 vom 7.1.47, S. 4.
77) Zeigner, LZ Nr. 9/1947 vom 11.1.47, S. 5.
78) LVZ Nr. 5/1947 vom 7.1.47, S. 4.
79) VS Nr. 20/1946 vom 24.1.46, S. 1.
80) Stadtarchiv München (künftig: StadtA M), Ernährungsamt (EA) 87: Die bayerischen Eisenbahnen im Dienst der Lebensmittelversorgung, o.D., S. 10ff.
81) Vgl. Milling (1948), S. 52f.
82) LZ Nr. 49/1946 vom 4.7.46, S. 5, LZ Nr. 176/1947 vom 31.7.47, S. 4, und AN Nr. 6/1946 vom 19.1.46, S. 2.
83) Nettl (1953), S. 206.
84) AN Nr. 53/1945 vom 24.11.45, S. 2.
85) LZ Nr. 248/1947 vom 23.10.47, S. 2.
86) Ebda. und LZ Nr. 255/1947 vom 31.10.47, S. 4.
87) Versorgung Jg. 1, 1946/47, S. 56.
88) Selbmann (1975), S. 519f., ders. (1965), S. 689.
89) Diese Ziffer ist deutlich überhöht; Ende 1947 zählt die Handwerkskammer Leipzig insgesamt 32.623 Gewerbebetriebe aller Branchen in Leipzig, davon 2.282 Großhandels-, 8.450 Einzelhandels- und 15.000 Handwerksbetriebe. Der Lebensmittelbereich dürfte nicht mehr als ein Drittel ausgemacht haben. Angaben bei Naumann/Borusiak (1967), S. 97f.
90) Ebda., S. 691.
91) Aufruf des ZK der Kommunistischen Partei Deutschlands, abgedr. in Weber (1986), S. 32-36, S. 35.
92) Beide Programme sind abgedruckt in: AN Nr. 16/1945 vom 1.8.45, S. 1.
93) AN Nr. 5/1946 vom 16.1.46, S. 1.
94) LVZ Nr. 56/1946 vom 26.7.46, S. 1.
95) VS Nr. 60/1946 vom 12.3.46, S. 4.
96) Versorgung Jg. 1946/47, S. 59.
97) LVZ Nr. 133/1947 vom 12.6.47, S. 4, siehe auch LZ Nr. 26/1947 vom 31.1.47, S. 4.
98) LZ Nr. 134/1947 vom 12.6.47, S. 4.
99) LVZ Nr. 133/1947 vom 12.6.47, S. 4.
100) Ebda.; siehe auch Tjulpanow (^{2}1987), S. 112 und 267; Ulbricht (1958), S. 91.
101) Versorgung, Jg. 1946/47, H. 9, S. 130.
102) Borusiak/Naumann (1965), S. 99.
103) LVZ Nr. 89/1946 vom 3.9.46, S. 4, und LVZ Nr. 181/1946 vom 20.12.46, S. 3.
104) Naumann/Borusiak (1967), S. 225, LZ Nr. 142/1947 vom 21.6.47, S. 3; in der gesamten SBZ erreichten die Genossenschaften ein Viertel der Bevölkerung, Versorgung Jg. 1947/48, S. 86.
105) LVZ Nr. 56/1946 vom 26.7.46, S. 1.
106) Der Privathandel klagte darüber, daß die Genossenschaften eine bessere Auswahl von rationierten Waren erhielten, siehe Schaffer (1948), S. 116. Die Zusatzrationen für Schwerarbeiter zum Beispiel wurden bereits 1945 ausschließlich über die Konsumvereine ausgegeben, AN Nr. 30/1945 vom 12.9.45, S. 1, und AN NR. 38/1945 vom 6.10.45, S. 2. Hart traf es die Leipziger Bäcker, die zugunsten der Konsumbäckerei auf die Brötchenversorgung im Rahmen der Schulspeisung verzichten mußten: „Der Verzicht der Bäcker, denen das Wohl

der Schulkinder gleichermaßen am Herzen liegt, bedeutet ein Opfer, das nicht hoch genug anerkannt werden kann." LZ Nr. 28/1946 vom 4.10.46, S. 3. Möglicherweise versuchte das Leipziger Versorgungsamt den Benachteiligungen des Privathandels in Maßen zu steuern. Als die Behörde im Mai 1947 Gemüse aufrief, das dem Privathandel bereits angeliefert worden war, nicht aber der Konsumgenossenschaft, kam es zu einer heftigen Kontroverse im Stadtparlament, LVZ Nr. 112/1947 vom 17.5.47, S. 4.

[107] VS Nr. 6/1946 vom 8.1.46, S. 3.

[108] Zur Qualität der Nahrungsmittel siehe das nachfolgende Kapitel.

3.5. Versorgungssoziologie: Schlechte Karten für die Frauen

[1] AN Nr. 42/1945 vom 20.10.45, S. 3, und AN Nr. 45/1945 vom 31.10.45, S. 2.

[2] H. Ludwig: Differenzierung der Versorgung, in Versorgung, Jg. 1947/48, S. 52-54, S. 53.

[3] Z.B. bei Winkler (1961), S. 61, und bei Ziegelmayer (1948), S. 97.

[4] Ebda. und Ludwig (1947/48), S. 53.

[5] Die folgende Übersicht über die Einstufung in die Verbrauchergruppen in Leipzig ist zusammengestellt nach Angaben in AN Nr. 42/1945 vom 20.10.45, S. 3, AN Nr. 45/1945 vom 31.10.45, S. 2, und AN Nr. 50/1945 vom 14.11.45, S. 1f.

[6] Zur Bedeutung der Oberbürgermeister-Zusatzrationen siehe Vogelsang/Troeger (1977), S. 908.

[7] Vgl. Sopade Informationsdienst Nr. 281/1947 vom 20.9.47, o.S. Auch Generalleutnant Trufanow berichtet von der Ausgabe solcher Pakete in Leipzig auf seinen Befehl hin; Trufanow (1981), S. 96.

[8] Ludwig (1947/48), S. 53f.

[9] Ebda., S. 54.

[10] Ebda., S. 53.

[11] L. Volin: Survey of Soviet Russian Agriculture, Washington 1951, S. 175, zit. nach Schwarz (1953), S. 230.

[12] Leonhard (^{14}1974), siehe insbes. das Kapitel: „Pajoks" und Privilegien, S. 405-409.

[13] Schwarz (1953), S. 231.

[14] Ulbricht (1955), S. 70.

[15] Leserzuschrift in der Volkszeitung (Sachsen), Nr. 6/1945 vom 27.7.45, S. 4, zit. nach S. Suckut: Die Betriebsrätebewegung in der Sowjetisch Besetzten Zone Deutschlands (1945-1948). Zur Entwicklung und Bedeutung von Arbeiterinitiative, betrieblicher Mitbestimmung und Selbstbestimmung bis zur Revision des programmatischen Konzepts der KPD/SED vom „besonderen deutschen Weg zum Sozialismus", Diss. rer.pol., Frankfurt 1982, S. 115, Anmerkung 5.

[16] LZ Nr. 187/1947 vom 13.8.47, S. 2, und Naumann/Borusiak (1967), S. 58f.

[17] Befehl Nr. 234 der SMAD vom 9.10.1947, abgedr. in: Gesetze Nr. 22/1947 vom 2.12.47, S. 554f. Vgl. auch Kapitel 3.7. dieser Arbeit.

[18] Suckut (1982), S. 115.

[19] Ebda., S. 114.

[20] Ludwig (1947/48), S. 53.

[21] Ähnlich litten „arbeitsunfähige alte Leute" unter dem ernährungspolitischen Verdikt; siehe Schaffer (1948), S. 182.

[22] D. Schubert: Frauen in der deutschen Nachkriegszeit, Bd. 1, Düsseldorf 1984, S. 26.
[23] Winkler (1961), S. 61f.
[24] AN Nr. 30/1945 vom 12.9.45, S. 1. Ehemalige Nazis waren prinzipiell vom Bezug der Schwer- und Schwerstarbeiterkarte ausgeschlossen, auch wenn sie als solche anerkannt waren, AN Nr. 50/1945 vom 14.11.45, S. 2f.
[25] In der differenzierten Gesellschaft der Sowjetunion war ein bis ins kleinste Detail abgestufter Versorgungungsschlüssel nur ein Bestandteil eines hoch differenzierten Verteilungssystems; siehe dazu W. Hofmann: Die Arbeitsverfassung der Sowjetunion, Berlin (West) 1956, S. 397f. und 526ff.
[26] Schubert (1984), S. 35.
[27] Zur Frauenrolle in der unmittelbaren Nachkriegszeit siehe z.B. I. Gamer: Frauenschicksale der Notzeit, in: H.A. Rümelin (Hrsg.): So lebten wir... Ein Querschnitt durch 1947, Heilbronn 1947, S. 66-70; S. Meyer/E. Schulze: „Als wir wieder zusammen waren, ging der Krieg im Kleinen weiter." Frauen, Männer und Familien im Berlin der vierziger Jahre, in: L. Niethammer/A.v. Plato (Hrsg.): „Wir kriegen jetzt andere Zeiten." Auf der Suche nach der Erfahrung des Volkes in nachfaschistischen Ländern. Lebensgeschichte und Sozialkultur im Ruhrgebiet, Bd. 3, Berlin/Bonn 1985 (künftig zit.: Meyer/Schulze 1985a), S. 305-326; S. Meyer/E. Schulze: Von Liebe sprach damals keiner. Familienalltag in der Nachkriegszeit, München 1985 (künftig zit.: Meyer/Schulze 1985b); und Schubert (1984).
[28] LZ Nr. 12/1947 vom 15.1.47, S. 1.
[29] LZ Nr. 12/1947 vom 15.1.47, S. 1.
[30] LVZ Nr. 68/1946 vom 9.8.46, S. 4.
[31] Ebda.
[32] AN Nr. 19/1945 vom 9.8.45, S. 1.
[33] Borusiak/Höhnel (^{2}1971), S. 78f.
[34] LZ Nr. 299/1947 vom 24.12.47, S. 2.
[35] Naumann/Borusiak (1967), S. 99.
[36] P.H. Seraphim: Die Heimatvertriebenen in der Sowjetzone, Berlin (West) 1954, S. 47 und 88.
[37] Borusiak/Naumann (1965), S. 142.
[38] LZ Nr. 191/1946 vom 18.12.46, S. 4.
[39] LZ Nr. 9/1947 vom 11.1.47, S. 5.
[40] LZ Nr. 74/1947 vom 28.3.47, S. 4.
[41] In den Westzonen wird der Kalendermonat als Zuteilungsperiode erst vom 1.3.1948 an eingeführt.
[42] Vgl.: Versorgung mit Lebensmitteln. Das Kartensystem in der sowjetischen Besatzungszone, in: Versorgung Jg. 1946/47, S. 71f.
[43] AN Nr. 20/1945 vom 11.8.45, S. 1, und LVZ Nr. 3/1946 vom 22.5.46, S. 4.
[44] Ebda.
[45] Vgl.: Versorgung mit Lebensmitteln. Zusatzrationen, in: Versorgung, Jg. 1946/47, S. 90.
[46] Leipzig ist hier insofern exemplarisch, als die Verbraucher der Gruppe V und VI sowohl in Leipzig wie auch in der gesamten SBZ etwa ein Drittel der Versorgungsbevölkerung stellten; LZ Nr. 13/1947 vom 16.1.47, S. 1.
[47] Vgl. Winkler (1961), S. 63f.
[48] Alle Angaben zu den täglichen Lebensmittelrationen der Verbrauchergruppen ab 1.11.45 beruhen auf Veröffentlichungen in AN Nr. 42/1945 vom 20.10.45, S. 1, und LVZ Nr. 68/1946 vom 9.8.46, S. 4.

[49] LVZ Nr. 67/1946 vom 8.8.46, S. 1f.
[50] Alle Angaben zur Erhöhung der Soll-Rationen zum 1.8.46 aus LVZ Nr. 48/1946 vom 17.7.46, S. 4, und LVZ Nr. 68/1946 vom 9.8.46, S. 4.
[51] W. Ziegelmayer: Die Ernährung des deutschen Volkes, Dresden/Leipzig 1947, S. 41.
[52] Ulbricht (1955), S. 70.
[53] Die einschlägige Literatur hat bislang nur die Soll-Rationen zur Bearbeitung herangezogen, z.B. auch die gründliche Habilitationsschrift von Winkler (1961).
[54] Winkler (1961), S. 72, Tabelle 6.
[55] Angaben des städtischen Amtes für Handel und Versorgung, zit. in LZ Nr. 55/1947 vom 6.3.47, S. 3, und LZ Nr. 122/1947 vom 29.5.47, S. 2.
[56] Basis der Kalorienberechnungen bilden die bereits erwähnten Lebensmittelaufrufe. Die Kalorienbewertung erfolgte nach Fachmann/Kraut/Sperling: Nährstoff- und Nährwertgehalt von Nahrungsmitteln, Leipzig 1953, und H. Schall: Kleine Nahrungsmitteltabelle, Leipzig 1968. Nach Winkler (1961), S. 70, beträgt der Qualitätsabschlag im Jahr 1945 für Gruppe V 9,02 Prozent und im Jahr 1946 17,38 Prozent der Normalqualitäten; diese Abschläge sind bei den genannten Werten bereits in Ansatz gebracht.
[57] Nach Winkler (1961), S. 72f.
[58] Ebda.
[59] Siehe auch Ziegelmayer (1947), S. 54.
[60] Vgl. A. Karczmar: Die Versorgung Deutschlands mit Nahrungs- und Futtermitteln nach dem zweiten Weltkrieg, Diss.rer.agr., masch., Gießen 1951, S. 32.
[61] Ebda.; Ziegelmayer (1947), S. VII.
[62] Winkler (1961), S. 73.
[63] M. Hengst: Lehren einer Brotanalyse, in: Versorgung Jg. 1947/48, S. 116f.
[64] LZ Nr. 153/1947 vom 4.7.47, S. 3.
[65] Sopade Informationsdienst Nr. 130/1947 vom 21.3.47, o.S.
[66] LZ Nr. 96/1947 vom 25.4.47, S. 3, und LZ Nr. 153/1947 vom 4.7.47, S. 3.
[67] Korrespondenz mit dem Zeitzeugen Prof. Dr. L. Wassermann (im Hause Ulmer Spatz.Vater und Sohn Eiselen GmbH u. Co. KG), Ulm; Schreiben vom 16.8.1982 im Besitz des Verfassers.
[68] Für Roggenmehl war eine Ausbeute von 150 Prozent und für Weizenmehl von 146 Prozent vorgegeben. Während des Krieges betrugen die Ausbeutenormen nur 133 bis 137 Prozent; nach Ziegelmayer (1948), S. 62.
[69] Korrespondenz mit dem Zeitzeugen Dr. H. Huber (im Hause Boehringer Backmittel GmbH), Ingelheim; Gutachtliche Stellungnahme zum Nachbackversuch: Brot der Nachkriegszeit um 1947 bis 1950 vom 9.12.1982, S. 1, im Besitz des Verfassers.
[70] Korrespondenz Wassermann, Schreiben vom 16.8. und 20.12.1982.
[71] Ebda.
[72] Korrespondenz Huber, Gutachten vom 9.12.82, S. 2.
[73] Ebda., Schreiben vom 3.12.82, S. 1. Vgl. auch LZ Nr. 153/1947 vom 4.7.47, S. 3.
[74] Korrespondenz Wassermann 16.8.82, S. 2.
[75] LZ Nr. 124/1947 vom 31.5.47, S. 3.
[76] Naumann/Borusiak (1967), S. 56.
[77] AN 40/1945 vom 13.10.45, S. 1.
[78] LZ Nr. 260/1947 vom 7.11.47, S. 4; siehe auch Naumann/Borusiak (1967), S. 87.
[79] Nach Angaben z.B. bei Huber/Blum (Anm. 114) vom 3.12.82, S. 2, und bei Wassermann vom 16.8.82, S. 3.
[80] LVZ Nr. 187/1946 vom 28.12.46, S. 4. Die Beschreibung der Hausfrau deutet nach H.

Huber/W. Blum darauf hin, daß überlagertes oder (mit Mineralsalzen) verfälschtes Mehl zur Ausgabe kam.
[81] Milling (1948), S. 71.
[82] Ebda., S. 70.
[83] LVZ Nr. 242/1947 vom 17.10.47, S. 1, und LVZ Nr. 22/1947 vom 26.1.47, S. 4.
[84] LVZ Nr. 56/1946 vom 26.7.46, S. 4, und LVZ Nr. 58/1946 vom 28.7.46, S. 4.
[85] LVZ Nr. 36/1946 vom 3.7.46, S. 4.
[86] Milling (1948), S. 88.
[87] LZ Nr. 24/1947 vom 29.1.47, S. 3.
[88] Versorgung, Jg. 1947/48, S. 180.
[89] Allgemeine Fleischer-Zeitung, Berlin, vom 23.3.47, zit. nach Sopade Informationsdienst Nr. 207/1947 vom 26.6.47, o.S.
[90] LZ Nr. 124/1947 vom 31.5.47, S. 4. Nettl (1953), S. 149.
[91] Ziegelmayer (1948), S. 71.
[92] LVZ Nr. 129/1947 vom im 7.6.47, S. 3.
[93] AN Nr. 4/1946 vom 12.1.46, S. 1, und LZ Nr. 39/1946 vom 22.6.46, S. 4.
[94] LVZ Nr. 143/1947 vom 22.6.47, S. 4.
[95] Versorgung, Jg. 1947/48, S. 180.
[96] LVZ Nr. 101/1947 vom 3.5.47, S. 4.
[97] LVZ Nr. 110/1947 vom 14.5.47, S. 1, und LVZ Nr. 111/1947 vom 15.5.47, S. 4.
[98] LVZ Nr. 200/1947 vom 29.8.47, S. 1f.
[99] Milling (1948), S. 40.
[100] LVZ Nr. 200/1947 vom 29.8.47, S. 1f.
[101] Milling (1948), S. 78.
[102] Z.B. im Juli und August 1947; LZ Nr. 186/1947 vom 12.8.47, S. 4. Zucker war in der SBZ zur Genüge vorhanden.
[103] LZ Nr. 28/1946 vom 8.6.46, S. 4. Siehe dazu auch E. Tesch: Die Entwicklung der Marmeladenproduktion in der Ostzone, in: Versorgung, Jg. 1947/48, S. 166f.
[104] LVZ Nr. 47/1946 vom 16.7.46, S. 4.
[105] LZ Nr. 134/1947 vom 12.6.47, S. 4.

3.6. Zusatzversorgung: Eine Lebensnotwendigkeit

[1] F. Selbmann: Anfänge der Wirtschaftsplanung in Sachsen, in: BzG, Jg. 14, 1972, S. 76-82, S. 76f.
[2] H. Schaul: Mitarbeiter der Deutschen Wirtschaftskommission, in: Institut für Marxismus-Leninismus beim Zentralkomitee der SED (Hrsg.): Die ersten Jahre. Erinnerungen an den Beginn der revolutionären Umgestaltungen, Berlin (Ost) 1979, S. 115-132, S. 128.
[3] Vgl. AN Nr. 4/1945 vom 9.6.45, S. 3.
[4] Vgl. AN Nr. 36/1945 vom 28.9.45, S. 2.
[5] E. Lohagen (SED): Die Großen hängen – nicht die Kleinen, in: LVZ Nr. 23/1946 vom 16.6.46, S. 1.
[6] LZ Nr. 34/1946 vom 16.6.46, S. 1.
[7] Ebda. und LVZ Nr. 23/1946 vom 16.6.46, S. 1.

[8]) Die Freimenge erstreckte sich 1947 auf akzeptable 20 Kilogramm „Stoppelkartoffeln" pro Person und Tag; LZ Nr. 264 vom 12.11.47, S. 2.
[9]) Wider die Not! in: LVZ Nr. 118/1947 vom 24.5.47, S. 2.
[10]) LVZ Nr. 183/1947 vom 9.8.47, S. 1.
[11]) Leipziger Schwarzmarktszenerie, LVZ Nr. 109/1947 vom 13.5.47, S. 4.
[12]) Nettl (1953), S. 139.
[13]) Sopade Informationsdienst Nr. 214/1947 vom 4.7.47, o.S.
[14]) Versorgung Jg. 1946/47, S. 105f.
[15]) Selbmann (1975), S. 75.
[16]) Borusiak/Naumann (1965), S. 102.
[17]) Ebda., S. 159.
[18]) LZ Nr. 241/1947 vom 15.10.47, S. 4.
[19]) AN Nr. 23/1945 vom 22.8.45, S. 1, und LVZ Nr. 45/1946 vom 13.7.46, S. 3.
[20]) Gesetze, Nr. 10/1947 vom 28.5.47, S. 202f.
[21]) LZ Nr. 43/1947 vom 20.2.47, S. 4.
[22]) LVZ Nr. 106/1947 vom 9.5.47, S. 1, und LVZ Nr. 107/1947 vom 10.5.47, S. 1.
[23]) LZ Nr. 94/1947 vom 23.4.47, S. 4.
[24]) AN Nr. 1/1945 vom 19.5.45, S. 1.
[25]) StadtA L, StVuR Nr. 2569, Bl. 51, zit. nach Borusiak/Höhnel (^{2}1971), S. 81.
[26]) AN Nr. 4/1945 vom 9.6.45, S. 4.
[27]) Volksstimme Dresden Nr. 63/1946 vom 15.3.46, S. 4.
[28]) Naumann/Borusiak (1967), S. 37f.
[29]) LZ Nr. 123/1946 vom 28.9.46, S. 1.
[30]) LZ Nr. 123/1946 vom 28.9.46, S. 1, und LZ Nr. 158/1947 vom 10.7.47, S. 2.
[31]) AN Nr. 35/1945 vom 26.9.45, S. 1.
[32]) LVZ Nr. 101/1946 vom 17.9.46, S. 4.
[33]) Volksstimme Dresden Nr. 51/1946 vom 1.3.46, S. 4.
[34]) Arndt (1965), S. 364, und Borusiak/Höhnel (^{2}1971), S. 99f.
[35]) Ebda.
[36]) LVZ Nr. 97/1946 vom 12.9.46, S. 1.
[37]) LVZ Nr. 100/1946 vom 15.9.46, S. 3.
[38]) Lohse (1967), S. 84 und 86.
[39]) LVZ Nr. 188/1946 vom 29.12.46, S. 4.
[40]) LVZ Nr. 112/1946 vom 29.9.46, S. 4.
[41]) LVZ Nr. 176/1946 vom 14.12.46, S. 3.
[42]) LVZ Nr. 112/1946 vom 29.9.46, S. 4.
[43]) LZ Nr. 231/1947 vom 3.10.47, S. 2.
[44]) LVZ Nr. 30/1947 vom 6.2.47, S. 4.
[45]) LZ Nr. 158/1947 vom 10.7.47, S. 2.
[46]) Naumann/Borusiak (1967), S. 5.
[47]) Siehe Schwarz (1953), S. 231. Siehe auch H. Altrichter/H. Haumann (Hrsg.): Die Sowjetunion. Von der Oktoberrevolution bis zu Stalins Tod, Bd. 2: Wirtschaft und Gesellschaft, München 1987, S. 465.
[48]) Vgl. Tjulpanow (^{2}1971), S. 95.
[49]) Schmollinger (1976), S. 479.
[50]) Die „Aktiengesellschaft Sächsische Werke" hatte seit 1938 in Espenhain eine moderne Kohleveredelungsanlage zur Gewinnung von Treibstoff aufgebaut.
[51]) Krüger/Urban (1964), S. 2079.

52) Suckut (1982), S. 199.
53) LZ Nr. 206/1947 vom 4.9.47, S. 1.
54) Schaffer (1948), S. 178.
55) Suckut (1982), S. 348.
56) Landesvorstand des FDGB Sachsen: Jahresbericht 1946, Dresden o.J. (1947), S. 88, zit. nach H. Eckart: Zum Anteil des FDGB im Land Sachsen an der Herausbildung und Entwicklung des neuen Inhalts der Arbeiterbewegung in den Jahren 1945 bis 1950, Diss.A, masch., Leipzig 1975, S. 106f.
57) LVZ Nr. 172/1947 vom 27.7.47, S. 2.
58) Schaffer (1948), S. 36ff.
59) Ebda., S. 40.
60) LZ Nr. 283/1947 vom 5.12.47, S. 1.
61) Verordnung über das Verbot von Kompensationsgeschäften vom 2.10.1945.
62) Vgl. z.B. AN Nr. 17/1945 vom 4.8.45, S. 1.
63) LZ Nr. 235/1947 vom 8.10.47, S. 2.
64) Suckut (1982), S. 352.
65) Siehe dazu Staritz (1984), S. 103-108 und S. 132-141.
66) Doernberg (1959), S. 395.
67) Siehe Krüger (1958), S. 143.
68) E. Lohagen: Der Kampf gegen den Schwarzen Markt fängt im Betrieb an! in: LVZ Nr. 132/1947 vom 11.6.47, S. 2.
69) Rubrik 'Partei in Aktion', in: LVZ Nr. 243/1947 vom 18.10.47, S. 1. Siehe auch LZ Nr. 248/1947 vom 23.10.47, S. 4.
70) K. Schenk: Gewerkschaften und Versorgung, in: Versorgung, Jg. 1947/48, H. 12, S. 177f.
71) LVZ Nr. 169/1947 vom 24.7.47, S. 1, und LVZ Nr. 218/1947 vom 9.9.47, S. 2.
72) Befehl Nr. 234 der SMAD vom 9.10.1947, abgedr. in Gesetze, Jg. 3, 1947, Nr. 22 vom 2.12.47, S. 554f.; vollständiger Wortlaut auch in LZ Nr. 235/1947 vom 8.10.47, S. 2.
73) Siehe Staritz (1984), S. 133.
74) Eckart (1975), S. 157.
75) Ulbricht (1966), S. 229.
76) W. Graf: Mängel in der Durchführung der Zusatzverpflegung nach Befehl 234, in: Versorgung, Jg. 1947/48, S. 149f.
77) H. Stammler: Zusätzliche Verpflegung der Werktätigen, in: Versorgung, Jg. 1947/48, S. 66f.
78) LZ Nr. 260/1947 vom 7.11.47, S. 4, und Naumann/Borusiak (1967), S. 81.
79) Naumann/Borusiak (1967), S. 124.
80) StadtA L, StV.u.R. Nr. 252 vom 28.10.1947, S. 1, zit. nach Naumann/Borusiak (1967), S. 85; LZ Nr. 252/1947 vom 28.10.47, S. 1. Ulbricht (1966), S. 227, zitiert im gleichen Sinne W.I. Lenin: Die große Initiative, in: Werke, Bd. 29, Berlin (Ost) 1963, S. 415f.
81) Ulbricht (1966), S. 228.
82) Ebda.; Autorenkollektiv unter der Leitung v. R. Badstübner: Geschichte der Deutschen Demokratischen Republik, Berlin (Ost) 1981, S. 85.
83) H. Barthel: Der schwere Anfang. Aspekte der Wirtschaftspolitik der Partei der Arbeiterklasse zur Überwindung der Kriegsfolgen auf dem Gebiet der DDR von 1945 bis 1949/50, in JbG, Jg. 16, 1977, S. 253-282, S. 269f.
84) W. Ulbricht: Zur Geschichte der deutschen Arbeiterbewegung, Bd. II 1946-1950, Berlin (Ost) ^{5}1960, S. 650.

[85] M. Seydewitz: Neuaufbau im Land Sachsen, in: ZfG, Jg. 17, 1969, H. 7, S. 883-889, S. 885.
[86] StadtA L, Dr./014/1047, zit. nach Naumann/Borusiak (1967), S. 69f.
[87] StadtA L, StV.u.R. Nr. 1618, Bd. 2, und Nr. 528, Bd. 2, zit. nach Naumann/Borusiak (1967), S. 81f.
[88] Seydewitz (1975), S. 256-292, S. 267.
[89] Alle Angaben sind einem Diagramm entnommen, abgedr. in Naumann/Borusiak (1967), S. 160f. Die letztgenannten Werte erscheinen realistisch, vgl. Seydewitz (1969), S. 887. Hinweise auf die anfangs einbezogenen Branchen und Betriebe in LZ Nr. 260/1947 vom 7.11.47, S. 4. Siehe auch Matschke (1988), S. 254ff.
[90] Siehe auch die Berichterstattung über die Leipziger Betriebsrätekonferenz im Oktober 1947; LZ Nr. 241/1947 vom 15.10.47, S. 4.

3.7. Politische Implikationen: Hungerwahlen in Leipzig

[1] Trufanow (1981), S. 99.
[2] Ebda.
[3] Borusiak/Höhnel (^{2}1971), S. 73. Aufgrund der eingeführten Impfpflicht sollen 1945 9.427 Personen behandelt worden sein.
[4] Ebda.
[5] LVZ Nr. 176/1946 vom 14.12.46, S. 3, und Loest (1981), S. 123.
[6] Schaffer (1948), S. 183; vgl. auch Suckut (1982), S. 349f.
[7] LVZ Nr. 22/1947 vom 26.1.47, S. 4.
[8] Eine britische Nachrichtenagentur meldete eine Hunger-Typhus-Epidemie in Leipzig mit 6.000 Infizierten. Diese Meldung wurde von den Leipziger Gesundheitsbehörden entschieden zurückgewiesen. Vgl. LVZ Nr. 172/1947 vom 27.7.47, S. 4, LZ Nr. 186/1947 vom 12.8.47, S. 4, LVZ Nr. 185/1947 vom 12.8.47, S. 2, und LVZ Nr. 198/1947 vom 27.8.47, S. 2.
[9] LVZ Nr. 145/1947 vom 26.6.47, S. 4, und Naumann/Borusiak (1967), S. 15.
[10] Vgl. Naumann/Borusiak (1967), S. 104.
[11] K.-H. Schöneburg/R. Mand/H. Leichtfuß/K. Urban: Vom Werden unseres Staates. Eine Chronik, Bd. 1 (1945-1949), Berlin (Ost) 1966, S. 37.
[12] Staatliche Zentralverwaltung für Statistik, Kreisstelle Leipzig (Hrsg.): Statistisches Jahrbuch 1956 der Stadt Leipzig, Leipzig 1957, S. 15.
[13] Ebda.
[14] F. Selbmann: Die Heimkehr des Joachim Ott. Roman, Halle 1972, S. 77.
[15] LZ Nr. 41/1946 vom 25.6.46, S. 6.
[16] LZ Nr. 41/1947 vom 18.2.47, S. 4.
[17] Ebda.
[18] Selbmann (1972), S. 106.
[19] Ebda.
[20] Leonhard (^{14}1974), S. 366.
[21] Borusiak/Naumann (1965), S. 127.
[22] Zit. des Abstimmungstextes, in: Badstübner (et al.) (1981), S. 67.
[23] LVZ Nr. 32/1946 vom 27.6.46, S. 3.
[24] Ebda. Im selben Sinne hatte sich auch bereits Generalmajor Dubrowski, der SMA-Chef in Sachsen, geäußert: Die Wahl ein Prüfstein politischer Reife, in: LZ Nr. 40/1946 vom

23.6.46, S. 1, und LVZ Nr. 29/1946 vom 23.6.46, S. 1.
[25] Ernährung, Frauen und Volksentscheid, in: LZ Nr. 41/1946 vom 25.6.46, S. 2.
[26] Befehl Nr. 179 der SMAD; siehe LVZ Nr. 33/1946 vom 28.6.46, S. 2.
[27] StadtA L, Akte I/42, S. 152, zit. nach Krüger (1958), S. 134. Häuseranschriebe waren schon 1945 in Leipzig aufgetaucht; siehe Abb. 10: „Hunger".
[28] Zit. nach Krüger (1958), S. 134.
[29] StadtA L, Akte SED, Handakten Bürgermeister Kalk 1946, zit. nach Krüger (1958), S. 134.
[30] Krüger (1958), S. 133.
[31] G. Braun: Die Gemeinden-, Kreis- und Landtagswahlen in der SBZ im Herbst 1946 und die ersten Nachkriegswahlen in Groß-Berlin, M.A. Mannheim, masch., Mannheim 1982, S. 25.
[32] StadtA L, StV.u.R. Nr. 2429 Bl. 231, zit. nach Borusiak/Naumann (1965), S. 129.
[33] Ebda.
[34] Ebda.
[35] Ebda., S. 127.
[36] LVZ-Extrablatt vom 1.7.1946 und LVZ Nr. 361946 vom 2.7.46, S. 1. DDR-Historiographen, wie z.B. Borusiak/Naumann (1965), S. 129f., und Krüger (1958), S. 160, kennzeichnen bei Gegenüberstellungen der Ergebnisse des Volksentscheides die unterschiedlichen Bezugsgrößen nicht.
[37] StadtA L, Akte I/42, S. 87, zit. nach Krüger (1958), S. 135.
[38] StadtA L, Akte I/44, S. 193, zit. nach Krüger (1958), S. 160.
[39] StadtA L, Dr. 091/1946, zit. nach Borusiak/Naumann (1965), S. 90. Zeigner und Sachse bekräftigten diese Einschätzung gegenüber dem Bremer Senatspräsidenten Kaisen: „They said that Leipzig was singularly favorably situated within the eastern zone,... The food situation, too, is better than at other places." IfZ-Archiv, Bestand MF 260, OMGUS A 645/13A/5, 18.3.46, S. 4.
[40] StadtA L, StV.u.R. Nr. 2384, Bl. 8ff., zit. nach Borusiak/Naumann (1965), S. 123. StadtA L, St.-V., Nr. 218, zit. nach Naumann/Borusiak (1967), S. 136. StadtA L, St.-V., Nr. 71, zit. nach Naumann/Borusiak (1967), S. 180.
[41] J. Slawik: Leipzig von München aus. Jenseits des eisernen Vorhanges – ein Blick in die Sowjetzone, in: SZ Nr. 40/1946 vom 17.5.46. Slawik wurde in der Presse der SBZ für diese Darstellung heftig attackiert, siehe die Replik in SZ Nr. 48/1946 vom 14.6.46.
[42] LVZ Nr. 99/1948 vom 29.4.48, S. 2; StadtA L, St.-V., Nr. 218, zit. nach Naumann/Borusiak (1967), S. 136.
[43] LZ Nr. 41/1947 vom 18.2.47, S. 4.
[44] Krüger (1958), S. 160. Dr. Zeigner meint die Durchführung der Verordnung über den Kündigungsschutz der Kleingärtner vom 17.8.1945, in: Gesetze Nr. 6/7 vom 10.10.1945, S. 31f. Nach dieser Vorschrift besaßen Kleingärtner dann keinen Kündigungsschutz, wenn sie als „aktivistische" Nazis eingestuft waren.
[45] Zit. nach Krüger (1958), S. 160.
[46] Borusiak/Naumann (1965), S. 127.
[47] Badstübner (et al.) (1981), S. 67.
[48] LVZ Nr. 43/1946 vom 11.7.46, S. 1, und LZ Nr. 55/1946 vom 11.7.46, S. 1.
[49] Ebda.
[50] LVZ Nr. 46/1946 vom 14.7.46, S. 2.
[51] LZ Nr. 59/1946 vom 16.7.46, S. 1.
[52] LVZ Nr. 47/1946 vom 16.7.46, S. 1.

53) LVZ Nr. 52/1946 vom 21.7.46, S. 1.
54) Siehe die Kontroverse in LVZ Nr. 120/1947 vom 28.5.47, S. 4, LVZ Nr. 122/1947 vom 30.5.47, S. 4, LVZ Nr. 126/1947 vom 4.6.47, S. 4, LVZ Nr. 129/1947 vom 7.6.47, S. 3, LVZ Nr. 134/1947 vom 13.6.47, S. 4.
55) Wahlwerbung der SED in LVZ Nr. 83/1946 vom 27.8.46, S. 1.
56) Gemeindewahlprogramm der SED für Leipzig, in: LVZ Nr. 71/1946 vom 13.8.46, S. 1.
57) Ebda.
58) LVZ Nr. 70/1946 vom 11.8.46, S. 1.
59) LVZ Nr. 121/1946 vom 10.10.46, S. 1. Diese Forderungen standen im Einklang mit einem Wahlaufruf des Zentralsekretariates der SED von Anfang Oktober; LVZ Nr. 123/1946 vom 12.10.46, S. 1.
60) Deutscher (1980), S. 186.
61) Schaffer (1948), S. 129f.
62) 1948 beispielsweise bekamen „in einem Betriebsteil der Stadtwerke und der Verkehrsbetriebe Leipzig" nur diejenigen zwei Zentner Deputatkohle, „die an der Demonstration zum 1. Mai teilgenommen hatten"; Naumann/Borusiak (1967), S. 149f. Siehe auch Weber (Hrsg.) (1982a), S. 46f.
63) LZ Nr. 99/1946 vom 31.8.46, S. 1, und LVZ Nr. 87/1946 vom 31.8.46, S. 1.
64) LVZ Nr. 89/1946 vom 3.9.46, S. 1, und Borusiak/Höhnel (^{2}1967), S. 185. LVZ Nr. 131/1946 vom 22.10.46, S. 1, und Borusiak/Höhnel (^{2}1967), S. 200f.
65) Siehe dazu Braun (1982), S. 85.
66) KPD und SPD hatten bei den Reichstagswahlen vom 20.5.1928 zusammen 54,8 Prozent und bei den Reichstagswahlen vom 6.11.1932 54,9 Prozent der Stimmen in Leipzig erreicht; vgl. Braun (1982), S. 109. Ein Vergleich der Wahlergebnisse der Arbeiterparteien in der Weimarer Republik mit den Nachkriegsergebnissen der SED vermag freilich nur Tendenzen aufzuzeigen.
67) Braun (1982), S. 109.
68) Ebda., S. 83ff.; Weber (1985), S. 138.
69) Deutscher (1980), S. 186.
70) Braun (1982), S. 18.
71) A. Schliebs: Es geht um unser täglich Brot. Die wahre Ursache der heutigen Ernährungslage: Der Hitler-Krieg, in: LVZ Nr. 32/1946 vom 27.6.46, S. 3.
72) Naumann/Borusiak (1967), S. 5.
73) StadtA L, Verw.-Abt. Nr. 2426, zit. nach Georgi (1959/60), S. 504.
74) LVZ Nr. 84/1946 vom 28.8.46, zit. nach Georgi (1959/60), S. 504.
75) Tjulpanow (^{2}1987), S. 173.
76) Braun (1982), S. 77.
77) G. Dertinger, in: Nachlaß Jakob Kaiser im Bundesarchiv Koblenz, Akte 134, abgedr. als Dokument 59 in Weber (Hrsg.) (1982a), S. 148f. Siehe auch Weber (1985), S. 142.
78) Vgl. die Angaben bei Borusiak/Höhnel (^{2}1971), S. 185.
79) Ebda., S. 200f.
80) Weitere Gründe hat Braun (1982), S. 80, zusammengestellt.
81) Von den 18.377 ungültigen Stimmzetteln bei der Landtagswahl waren 325 beschrieben; 110 davon trugen Aufschriften, welche die Lebenssituation kritisch thematisierten, 89 davon erwähnen ausdrücklich die Ernährungslage. Siehe dazu A. Schurig: Darstellung und Würdigung der Ergebnisse der Landtagswahl in der Stadt Leipzig am 20. Oktober 1946, Leipzig o.J. (1947), S. 6f.

82) W. Ulbricht in einer Rede am 2.3.1946, abgedr. als Dokument 23 in Weber (Hrsg.) (1986), S. 65f.
83) Einschätzung sinngemäß nach Gradl (1981), S. 73.
84) G. Braun: Die Wahlen in der SBZ im Herbst 1946, in: Weber (Hrsg.) (1986), S. 545-561, S. 547.
85) So Leonhard (^{14}1974), S. 338, über den Wortlaut des Bodenreform-Gesetzes.
86) Stefan Heym im Gespräch mit V. Ilgen und R. Gries, in Auszügen abgedr. in JG, Jg. 1988, H. 5, S. 4-9, S. 7f.: „Ich bin nicht der Erfinder von Gorbatschow..." Text im Besitz d. Verf.
87) So Andeutungen bei Staritz (1985), S. 94.
88) Tjulpanow (^{2}1987), S. 189.
89) Die Inhalte der politischen 'Einheits'-Kampagne, die seit dem II. Parteitag im Herbst 1947 lief, dürften im Gegensatz zu diesem mentalen, vergleichenden Einheitsverständnis keine breite Akzeptanz erlangt haben. – Obwohl sich die Kampagne auch die Forderung nach Einheit der Zonen aus materiellen Beweggründen zu Nutze machte. Zur Einheitskampagne siehe z.B. Staritz (1985), S. 10ff.; D. Staritz: Zwischen Ostintegration und nationaler Verpflichtung. Zur Ost- und Deutschlandpolitik der SED, 1948 bis 1952, in: L. Herbst (Hrsg.): Westdeutschland 1945-1955. Unterwerfung, Kontrolle, Integration, München 1986, S. 279-289.
90) LVZ Nr. 41/1946 vom 9.7.46, S. 1.
91) LVZ Nr. 121/1946 vom 10.10.46, S. 1.
92) LVZ Nr. 132/1946 vom 23.10.46, S. 2.
93) LVZ Nr. 108/1947 vom 11.5.47, S. 1.
94) Generalmajor Dubrowski in: LVZ Nr. 29/1946 vom 23.6.46, S. 1, und LZ Nr. 40/1946 vom 23.6.46, S. 1.
95) Tjulpanow (^{2}1987), S. 188.

4. München, die bayerische Landeshauptstadt

4.1. Zur Geschichte der Versorgung: Brotkrise und Kartoffeltragödie

[1] Legitimation in deutscher und englischer Sprache abgedr. in M. Meister: So fing es wieder an, München 1986, S. 9. Zur Geschichte Münchens im Jahr 1945 vgl. auch D. Wagner: München '45 – zwischen Ende und Anfang, München 1970.

[2] Meister (1986), S. 14.

[3] Angaben nach: W. Selig unter Mitwirkung von L. Morenz und H. Stahleder: Chronik der Stadt München 1945-1948, Stadtarchiv München 1980, S. 43. Siehe auch W. Zorn: Bayerns Geschichte im 20. Jahrhundert. Von der Monarchie zum Bundesland, München 1986.

[4] W. Hoegner: Der schwierige Außenseiter. Erinnerungen eines Abgeordneten, Emigranten und Ministerpräsidenten, München 1959, S. 191. Einen Eindruck vom Trümmergesicht Münchens vermittelt der Band von R. Bauer: Ruinen-Jahre. Bilder aus dem zerstörten München 1945-1949, München 1983, ³1988.

[5] *Dr. h.c. Karl Scharnagl*, geboren 1881 in München-Haidhausen, war von 1911 bis 1918 Abgeordneter der Zentrumspartei und von 1920 bis 1924 sowie von 1928 bis 1932 Abgeordneter der Bayerischen Volkspartei im Landtag gewesen. Seit 1919 für die BVP im Münchner Stadtrat, wurde Scharnagl 1925 Oberbürgermeister und 1933 von den Nazis des Amtes enthoben. 1929 war ihm die Ehrendoktorwürde der Medizinischen Fakultät der Universität München verliehen worden. Nach dem 20. Juli 1944 wurde Scharnagl aufgrund seiner Kontakte zu Widerstandskreisen um Goerdeler verhaftet und ins KZ Dachau verbracht. Er wird 1946 als Oberbürgermeister durch Wahl in seinem Amt bestätigt, 1948 Zweiter Bürgermeister und tritt 1949 zurück. Der Oberbürgermeister hatte in der ersten Nachkriegszeit großen Einfluß auf die Bildung der bayerischen Landesregierung und zählt zu den Gründern der CSU. Scharnagl starb 1963 in München.

[6] Vgl. die Zusammenstellung bei H.H. Wacker: Münchner Kommunalpolitik nach 1945 – Nachlaßverwaltung oder demokratische Erneuerung? in: F. Prinz (Hrsg.): Trümmerzeit in München. Kultur und Gesellschaft einer deutschen Großstadt im Aufbruch 1945-1949, München 1984, S. 39-59, Anmerkung 43, S. 357.

[7] *Hans Ritter von Seisser* war nach der Niederschlagung der Räterepublik 1919 Stadtkommandant in München und am 9.11.1923 an der Niederschlagung des Hitler-Putsches beteiligt gewesen.

[8] *Franz X. Pitzer* war 1918/19 schon einmal mit der Organisation der Münchner Polizei befaßt gewesen. Am 9.7.1946 wird er vom Stadtparlament durch Wahl in seinem Amt bestätigt. Auch in Leipzig hatte die US-Militärverwaltung den ehemaligen Polizeichef der Weimarer Zeit wiedereingesetzt.

[9] Aufruf an die Bevölkerung vom 9.5.1945, abgedr. in Bauer (³1988), S. 10f.

[10] StadtA M, EA 37, Räumung der Lager in München 28.-30.4.1945.

[11] SZ Nr. 35/1946 vom 30.4.46.

[12] Selig/Morenz/Stahleder (1980), S. 43, s. auch S. 47. Vgl. Meister (1986), S. 12.

[13] SZ Nr. 35/1946 vom 30.4.46.

[14] Niederschrift. Sitzung mit Vertretern der Ernährungswirtschaft am 5. Mai 1945, S. 1, abgedr. bei Meister (1986), S. 21ff.

[15] Ebda., S. 24.

[16] Ebda., S. 61f.

[17] Selig/Morenz/Stahleder (1980), S. 51 und 53.

[18] W. Stelzle charakterisiert das amerikanische Verständnis politischer Verantwortung als „Personalisierung der Politik"; W. Stelzle: Föderalismus und Eigenstaatlichkeit. Aspekte der bayerischen Innen- und Außenpolitik 1945-1947. Ein Beitrag zur Staatsideologie, Diss.phil. München, München 1980, S. 20ff.
[19] Vgl. ebda., S. 67.
[20] StadtA M, Ratskartei 1945/1946.
[21] StadtA M, Ratssitzungsprotokolle (RP), Film 718/1, Stadtratssitzung vom 16.8.1945.
[22] StadtA M, EA 48 und EA 67/2, Besprechung am 14. August 1945, S. 2, Referat Ministerialrat Dr. Feldbauer.
[23] StadtA M, EA 71/3.
[24] IfZ-Archiv, ED 132/5, Baumgartner im August 1945.
[25] Vgl. die statistischen Unterlagen im StadtA M, EA 71/3, EA 73/2, EA 73/3.
[26] StadtA M, Bürgermeister und Rat (BuR) 1774, Manuskript zu Scharnagls Rundfunkansprache am 30.9.1945. Vgl. auch „Das tägliche Gerücht" in SZ Nr. 1/1945 vom 6.10.1945.
[27] StadtA M, BuR 1774, Manuskript zu Scharnagls Rundfunkansprache am 14.10.1945.
[28] StadtA M, BuR 1774, Manuskript zu Scharnagls Rundfunkansprache am 18.11.1945.
[29] Abgedr. bei H. Graml: Zur Frage der Demokratiebereitschaft des deutschen Bürgertums nach dem Ende der NS-Herrschaft. Hermann Maus Bericht über eine Reise nach München im März 1946, in: Miscellanea. Festschrift für Helmut Krausnick zum 75. Geburtstag, Stuttgart 1980, S. 149-168, S. 163.
[30] StadtA M, BuR 1669, Polizei-Wochenbericht an Public Safety vom 4.3.1946, S. 15.
[31] Siehe dazu auch Schlange-Schöningen (Hrsg.) (1955), S. 73f.
[32] StadtA M, EA 73/2 und 73/3, BuR 1723/2, /3, /4 und 1723/5ff., Der Oberbürgermeister: Monatsberichte zur Ernährungs- und Versorgungslage. Vgl. auch SZ Nr. 30/1946 vom 12.4.46 und SZ Nr. 48/1946 vom 14.6.46
[33] SZ Nr. 59/1946 vom 23.7.46; Slawik: Der leere Magen.
[34] StadtA M, EA 73/2 und /3.
[35] StadtA M, A 118, Fettrationen für Erwachsene/Normalverbraucher (75. bis 113. Zuteilungsperiode).
[36] StadtA M, BuR 1723/6, Der Oberbürgermeister: Monatsbericht zur Ernährungs- und Versorgungslage vom 10.7.1946, S. 1.
[37] StadtA M, BuR 1670, Polizei-Wochenbericht an Public Safety vom 7.12.1946, S. 19.
[38] SZ Nr. 88/1946 vom 1.11.46, K. Köbelin: Kartoffelversorgung jetzt sichergestellt.
[39] StadtA M, EA 115, Ernährungsamt: Stand der Kartoffeleinkellerung am 14.11.1946.
[40] StadtA M, EA 115, Rundfunkdurchsage des Ministers vom 19.11.1946. Vgl. Bay HStA, OMGBY CO 467/1, Bericht vom 25.11.1946, S. 3.
[41] StadtA M, BuR 1670, Polizei-Wochenbericht an Public Safety vom 7.12.1946, S. 19.
[42] StadtA M, BuR 1773, Ernährungs- und Wirtschaftsreferat an Oberbürgermeister am 6.5.1947, S. 2.
[43] StadtA M, EA 48, Bezirksinspektion 38 an Ernährungsamt A am 9.5.1947. Im Stadtteil Allach befanden sich vier Flüchtlingslager. Die Flüchtlinge, ohne Beziehungen zur Landbevölkerung, waren den amtlichen Verpflegungsrationen voll und ganz ausgeliefert.
[44] StadtA M, Kriegswirtschaftsamt (KWA) 338, Bericht zur Ernährungslage o.D., S. 9. StadtA M, EA 67/2, Besprechung am 7.11.1947, S. 2.
[45] StadtA M, EA 48, zit. Staatsminister Baumgartner in der Referentenbesprechung am 5.9.1947.
[46] StadtA M, BuR 1773, Der Stadtrat an das Staatsministerium am 24.3.1947.
[47] Zum lenkungspolitischen Hintergrund der Brotkrise im Frühjahr 1947 siehe Kapitel

4.4. und R. Gries: „Und von dem Voglfuada solln mir lebn!" Frühjahr 1947: Versorgungskrise auch in München, in GW Nr. 12/1987, S. 39-42.
 [48] Bay HStA, MA vorl. Nr. 7067, Bl. 101f., Der Oberbürgermeister an den Ministerpräsidenten am 19.12.1947.
 [49] SZ Nr. 23/1947 vom 4.3.1947, vgl. auch Selig/Morenz/Stahleder (1980), S. 243.
 [50] SZ Nr. 42/1947 vom 10.5.47: Warum gibt es keine Kartoffeln?

4.2. Amerikanische Besatzungspläne: Verhinderung von Unruhen und Seuchen

[1] Schwarz (^{2}1980), S. 43. Vgl. die Gemeinsame Erklärung des amerikanischen Präsidenten F.D. Roosevelt und des britischen Premierministers W.S. Churchill (Atlantik-Charta) vom 14.8.1941, abgedr. als Dokument 1 in R. Steininger: Deutsche Geschichte 1945-1961. Darstellung und Dokumente in zwei Bänden, Bd. 1, Frankfurt 1983, S. 37.
 [2] Roosevelt zu Kardinal Spellman, in R.I. Gannon SJ: The Cardinal Spellman Story, New York 1962, S. 222-225, zit. nach Schwarz (^{2}1980), S. 48.
 [3] So Philip Mosely und John L. Snell.
 [4] Schwarz (^{2}1980), S. 56.
 [5] „Directive for Military Government in Germany Prior to Defeat or Surrender" CCS 551 vom 17.4.1944, abgedr. in H. Holborn: American Military Government. Its Organization and Policies, Washington D.C. 1947, S. 135ff.
 [6] Tyrell (1987), S. 264f.
 [7] Tyrell (1987), S. 266; siehe auch J.H. Backer: Priming the German Economy. American Occupational Policies 1945-1948, Durham 1971, S. 6.
 [8] „Handbook for Military Government for Germany", verschiedene Fassungen 1944-1945.
 [9] Tyrell (1987), S. 267.
 [10] Backer (1971), S. 8.
 [11] Worauf Paul W. Gulgowski den Mißerfolg des Werkes zurückführt; P.W. Gulgowski: The American Military Government of United States Occupied Zones of Post World War II Germany in Relation to Policies Expressed by its Civilian Governmental Authorities at Home. During the Course of 1944/45 Through 1949, Frankfurt 1983, S. 82.
 [12] H. Morgenthau: Germany is our problem, New York 1945; der „Morgenthau-Plan" vom 4.9.1944 findet sich als Dokument 6 abgedr. bei Steininger (Bd. 1, 1983), S. 43-47.
 [13] Post-War Programs Committee (PWC-141b) vom 5.8.1944: The Treatment of Germany. Memorandum by the Committee on Post-War Programs, in: FRUS 1944 I, S. 306ff.
 [14] Tyrell (1987), S. 276f.
 [15] Tyrell (1987), S. 277.
 [16] Roosevelt an Hull am 20.10.1944, zit. nach Tyrell (1987), S. 287.
 [17] Siehe Backer (1971), S. 9f., E.F. Ziemke: The U.S. Army in the Occupation of Germany 1944-1946, Washington D.C. 1975, S. 89f., W. Krieger: General Lucius D. Clay und die amerikanische Deutschlandpolitik 1945-1949, Stuttgart 1987, S. 40.
 [18] JCS 1067 vom 24.9.1944: Directive to the Supreme Commander Allied Expeditionary Force Regarding the Military Government of Germany in the Period Immediately Following the Cessation of Organized Resistance.
 [19] Krieger (1987), S. 49.

20) JCS 1067: Directive of the United States Joint Chiefs of Staff to the Commander-in-Chief of the US Forces of Occupation Regarding the Military Government of Germany, April 1945, abgedr. in v. Oppen (1955), S. 13ff., insbesondere Part II. Economic, Pos. 21-22: German Standard of Living. Deutsche Fassung auszugsweise abgedr. als Dokument 7 bei Steininger (Bd. 1, 1983), S. 47-52. Siehe z.B. auch: Backer (1971), S. 22ff., J.H. Backer: Die Entscheidung zur Teilung Deutschlands. Die amerikanische Deutschlandpolitik 1943-1948, München 1981, S. 101f., Tyrell (1987), S. 289ff. und S. 324f.

21) Die Pressionspolitik freilich zeitigte nicht den gewünschten Erfolg, siehe Loth (^{3}1982), S. 108ff.

22) Schwarz (^{2}1980), S. 74.

23) J.H. Backer: Die deutschen Jahre des Generals Clay. Der Weg zur Bundesrepublik 1945-1949, München 1983, S. 43.

24) Lucius Dubignon Clay. Der 1897 geborene US-General übte seit 17.4.1945 das Amt des Stellvertretenden Militärgouverneurs und von 6.1.1947 bis 1.6.1949 das Amt des Militärgouverneurs der amerikanischen Besatzungszone aus. Clay galt später als die Personifizierung der US-Schutzgarantien für Westdeutschland und Westberlin. Als „Sonderbotschafter" übernahm Clay de facto „das Kommando" in Westberlin während des Mauerbaus 1961. Der Schutzpatron verstarb 1978.

25) L.D. Clay: Entscheidung in Deutschland, Frankfurt 1950, S. 32f.

26) R. Murphy: Diplomat among Warriors, London 1964, S. 308.

27) Clay (1950), S. 33.

28) Ebda., S. 57f.

29) Backer (1971), S. 28.

30) Loth (^{3}1982), S. 138.

31) Die Rede J.F. Byrnes am 6.9.1946 in Stuttgart, in Auszügen dokumentiert als Nr. 31 bei Steininger (Bd. 1, 1983), S. 214-216. Siehe dazu z.B. J. Gimbel: Byrnes und die Bizone – eine amerikanische Entscheidung zur Teilung Deutschlands? in: W. Benz/H. Graml (Hrsg.): Aspekte deutscher Außenpolitik im 20. Jahrhundert, Stuttgart 1976, S. 193-210; J. Gimbel: Byrnes' Stuttgarter Rede und die amerikanische Nachkriegspolitik in Deutschland, in: VfZ, Jg. 20, 1972, S. 39-62.

32) Schwarz (^{2}1980), S. 69.

33) Rede Trumans vor dem Kongreß vom 12.3.1947, in Auszügen abgedr. als Dokument 33 in Steininger (Bd. 1, 1983), S. 239f.

34) Schwarz (^{2}1980), S. 138. Clay in der Telekonferenz 5967 am 27.3.1946 (NA, RG 107, ASW box 16, file 430), zit. nach Krieger (1987), S. 170.

35) H.-J. Schröder: Marshallplan, amerikanische Deutschlandpolitik und europäische Integration 1947-1950, in: Aus Politik und Zeitgeschichte Nr. 18/1987 vom 2.5.1987, S. 3-17, S. 4. Weiterführend siehe auch: W. Link: Die amerikanische Stabilisierungspolitik in Deutschland 1921-1932, Düsseldorf 1970.

36) Steininger (Bd. 1, 1983), S. 205f.

37) J. Alsop: Economics to Decide Struggle of West and Soviets in Reich, in: The New York Herald Tribune vom 8.9.1946, zit. nach Schwarz (^{2}1980), S. 117.

38) J. Alsop: The Zone of War, in: The New York Herald Tribune vom 26.12.1947, zit. nach Schwarz (^{2}1980), S. 83. Zur Magnet-Theorie vgl. insbes. W. Abelshauser: Zur Entstehung der „Magnet-Theorie" in der Deutschlandpolitik. Ein Bericht von Hans Schlange-Schöningen über einen Staatsbesuch in Thüringen im Mai 1946, in: VfZ, Jg. 27, 1979, S. 661-679.

39) Krieger (1987), S. 86ff.

40) Ein regelrechter „deutscher Kernstaat" wäre freilich unter organisatorischen Gesichtspunkten die noch bessere Lösung gewesen. Die „große Lösung" wurde später angestrebt, siehe Schwarz (²1980), S. 74. Kriegers Modellverständnis der Bizone akzeptiert deren strukturelle Offenheit, um „für einen eventuellen Zusammenschluß aller Zonen Rechnung zu tragen"; Krieger (1987), S. 14 und 174.

4.3. Versorgungsverwaltung: Das „Kriegsbewährte" überdauert

1) So Krieger (1987), S. 53; ein ähnliches Ergebnis formuliert Tyrell (1987), S. 623.
2) Für die nachfolgenden Angaben siehe H. Zink: The United States in Germany 1944-1955, Princeton/Toronto/New York/London 1957, S. 12ff.
3) Die mangelhafte Ausbildung moniert auch J. Gimbel: Eine deutsche Stadt unter amerikanischer Besatzung, Marburg 1945-1952, Köln/Berlin 1964, S. 59.
4) Dorn (1973), S. 26.
5) Dorn (1973), S. 26.
6) Ein „WASP"; nach Gulgowski (1983), S. 107. Zur Rekrutierung und zum erwarteten Persönlichkeitsprofil des Besatzungsoffiziers ebda., S. 108ff.
7) Dorn (1973), S. 27 und S. 26.
8) Clay an McCloy am 26.4.1945 und Clay an Hilldring am 7.5.1945, Briefe als Dokumente 4 und 6 abgedr. in J.E. Smith (Ed.): The Papers of General Lucius D. Clay. Germany 1945-1949, Vol. 1, Bloomington/London 1974, S. 7 und S. 10ff., künftig zit. C(lay) P(apers).
9) Backer (1983), S. 19.
10) J.E. Smith: Vorwort, S. XXXIV, in: J.E. Smith (1974): CP.
11) Backer (1983), S. 20.
12) Zink (1957), S. 28; vgl. Clays Ausführungen in Clay (1950), S. 68f.
13) Clay (1950), S. 71.
14) Ebda., S. 77.
15) Ebda., S. 72f.
16) Ebda., S. 73f.
17) Zum OMGUS-Aufbau siehe insbes. Zink (1957), S. 29ff.
18) Zum OMGBY-Aufbau siehe z.B. J.C. Barnett: Totalitäre und demokratische Besatzung, Diss.phil. Erlangen, Nürnberg 1948.
19) Zur Geschichte der Food and Agriculture-Abteilungen von OMGUS siehe Backer (1971), S. 39ff.
20) Vgl. J. Gimbel: Administrative Konflikte in der amerikanischen Deutschlandpolitik, in J. Foschepoth (Hrsg.): Kalter Krieg und Deutsche Frage. Deutschland im Widerstreit der Mächte 1945-1952, Göttingen/Zürich 1985, S. 111-128, S. 111ff.
21) Clay (1950), S. 82.
22) Ebda., S. 83 und 72.
23) Vgl. Zink (1957), S. 31.
24) Clay (1950), S. 83. Vgl. dazu Tjulpanow (²1987), S. 48.
25) Siehe dazu F. Baer: Die Ministerpräsidenten Bayerns 1945-1962, Dokumentation und Analyse, München 1971, S. 8f.
26) Stelzle (1980), S. 14.
27) Verordnung „Maßnahmen zur Stärkung der deutschen Zivilverwaltung" vom 26.12.1945; in der bayerischen Fassung abgedr. bei Hoegner (1959), S. 213f.

²⁸⁾ „Keinesfalls dürfen die Mitglieder der örtlichen Militärregierung (Liaison & Security Detachments)... Befehle oder Weisungen erlassen, wenn nicht eine besondere schriftliche Ermächtigung hierfür vorliegt", bestimmt die OMGBY-Anweisung AG 311 MGBCG vom 11.4.1947; StadtA M, Ernährungsamt (EA) 33.

²⁹⁾ *Ernst Rattenhuber*, geb. 1887, gestorben 1951, stand bis Oktober 1945 als monarchistisch gesinnter Krongutverwalter dem provisorischen Amt für Ernährung und Landwirtschaft in Bayern -zuweilen noch als „Landesbauernführer" tituliert- vor. Vgl. Baer (1971), S. 6f. Aus der Sicht des Münchner Oberbürgermeisters Scharnagl wäre Dr. Alois Hundhammer der „zweckmässigste Ernährungsminister" gewesen; StadtA M, BuR 1411, Aktennotiz vom 29.5.1953.

³⁰⁾ *Dr. Josef Baumgartner*, geboren am 16.11.1904 in Sulzemoos/Oberbayern, studierte von 1925 bis 1929 Philosophie, Geschichte und Nationalökonomie in München, 1928 Promotion zum Diplom-Volkswirt und 1929 zum Dr. rer.pol. Bis 1933 war er Funktionär bei bayerischen Bauernvereinen und Mitglied der Bayerischen Volkspartei. 1942 zu acht Wochen Haft wegen Vergehens gegen das Heimtückegesetz verurteilt, 1942 bis 1945 Dienst in der Wehrmacht. 1945 Personalreferent in Rattenhubers Amt für Ernährung und Landwirtschaft; als Staatsminister blieb Baumgartner bis 12.12.1947 im Amt. 1945 gehört er zu den Mitbegründern der CSU, 1948 wechselt er zur Bayernpartei. Baumgartners politische Vita versinnbildlicht geradezu die bayerische Landwirtschafts- und Ernährungspolitik der ersten Nachkriegsjahre. Zu Baumgartner siehe v.a. I. Unger: Die Bayernpartei. Geschichte und Struktur 1945-1957, Stuttgart 1979.

³¹⁾ Das US-Pendant zum Länderrat nannte sich Regional Government Coordinating Office (RGCO). Zu Aufbau und personeller Besetzung der Versorgungsbehörden in der US-Zone oberhalb der Länderebene siehe zuerst die Quelle Schlange-Schöningen (Hrsg.) (1955), S. 57ff. Zur Geschichte der bizonalen Ernährungsverwaltung siehe v.a. T. Pünder: Das bizonale Interregnum. Die Geschichte des Vereinigten Wirtschaftsgebiets 1946-1949, Waiblingen 1966, S. 72ff.

³²⁾ StadtA M, BuR Nr. 1411, Erinnerungen von Stadtdirektor a.D. Dr. R. Wunderer: Darlegung der Schwierigkeiten, mit denen die Stadtverwaltung nach dem 1. Mai 45 zu kämpfen hatte, o.D.

³³⁾ Im Münchner Stadt-Detachment waren außer Torn 1945 noch Major Elmer R. Daniel und Captain Reitzel für Food and Agriculture zuständig.

³⁴⁾ Zur deutsch-amerikanischen „Beziehungsgeschichte" und der „verblüffenden Anbahnung deutsch-amerikanischer Kooperation zwischen dem Herbst 1944 und dem Sommer 1945" siehe das angekündigte Werk von K.-D. Henke: Die amerikanische Besetzung Deutschlands.

³⁵⁾ Meister (1986), S. 90.

³⁶⁾ München unterm Sternenbanner, in: SZ Nr. 36/1946 vom 3.5.46. Vor der Strukturreform arbeiteten in einem Stadt-Detachment rund dreißig Offiziere und fünfzig Mannschaftsdienstgrade; Zink (1957), S. 37.

³⁷⁾ *Militär*kommandant in München war Oberstleutnant Walter Kurtz, der im September 1945 von herabstürzenden Mauertrümmern im Hof des Rathauses tödlich verletzt wurde. Selig/Morenz/Stahleder (1980), S. 83.

³⁸⁾ Ebda., S. 208.

³⁹⁾ Sämtliche Personalangaben lt. SZ Nr. 36/1946 vom 3.5.46.

⁴⁰⁾ Sitzung mit Vertretern der Ernährungswirtschaft am 5.5.1945, zit. nach Meister (1986), S. 36.

⁴¹⁾ StadtA M, BuR 1703, Vormerkung über eine Besprechung am 27.7.1945, S. 1. Im

selben Sinne fordert ein OMGBY-Memorandum (o.D., 1945) von allen MG-Detachments: „Emphasis has been placed on maintaining or reconstituting those measures and functions that have been demonstrated by the Germans to be most effective in war time." Bay HStA, OMGBY 10/189-1/2.

42) StadtA M, EA 67/2.

43) StadtA M, EA 87, Ernährungs- und Wirtschaftsreferat, Vortrag des Referenten vom 9.10.1946, S. 3.

44) StadtA M, EA 30, Anlage zum Dok. vom 20.9.46.

45) StadtA M, Ebda., S. 2f.; StadtA M, EA 67/2. Mit der Entschließung Nr. A/II 85/47 des Staatsministeriums wurde die Organisation der Ernährungsämter B am 1.4.1947 landeseinheitlich angeordnet; StadtA M, EA 68/1.

46) Bay HStA, OMGBY 13/142-1/7, Weekly MG Reports APO 658-1945, Nr. 2, 13.5.1945-20.5.45.

47) Vgl. dazu die Darstellung Meisters (1986), S. 281ff.

48) StadtA M, Ratssitzungsprotokolle (RP), Film Nr. 718/1, zit. Bericht von Stadtdirektor Dr. Wunderer auf der Stadtratssitzung vom 6.12.45.

49) StadtA M, EA 129, Ernährungsamt, Abt. B: Leistungsbericht für das Jahr 1947 vom 5.3.1948, S. 1.

50) StadtA M, RP, Nr. 718/1, zit. Oberbürgermeister Dr. Scharnagl auf der ersten Stadtratssitzung nach dem Kriege am 1.8.1945. Siehe auch Selig/Morenz/Stahleder (1980), S. 67.

51) Münchner Mittag (MM) Nr. 14/1946 vom 13.12.46.

52) Ebda. A. Kroth sollte der einzige Kommunist in leitenden städtischen Diensten bleiben. Siehe auch Hoegner (1959), S. 203.

53) StadtA M, BuR 1776, Scharnagl über Weiß in seiner Rundfunk-Ansprache vom 9.3.1947.

54) Vgl. Selig/Morenz/Stahleder (1980), S. 177.

55) StadtA M RP, Nr. 718/1, zit. Bericht von Stadtdirektor Dr. Wunderer auf der Stadtratssitzung vom 6.12.45.

56) Weitere Entlassungen von Abteilungsleitern waren von der Militärregierung intendiert; Bay HStA, OMGBY 13/142-1/7, Weekly MG Reports APO 658-1945, Nr. 2, 13.5.1945-20.5.45.

57) StadtA M, EA 67/2.

58) StadtA M, Kriegswirtschaftsamt (KWA) 423 a, Leistungsbericht der Abt. B des Ernährungsamtes der Stadt München für das Jahr 1945, S. 19f.

59) Ebda., insbes. die Angaben auf den S. 7, 9, 17, 19 und 21.

60) StadtA M, EA 65/2, Leitung der Markenrücklaufstellen am 31.8.1945.

61) StadtA M, BuR 1411, Bl. 189. StadtA M RP Film 718/1, Stadtratssitzung vom 4.10.1945; der Vortrag des Personalreferenten auch in StadtA M, BuR 1722/2.

62) StadtA M, RP Film 718/1, Stadtratssitzung vom 4.10.1945; der Vortrag des Personalreferenten auch in StadtA M, BuR 1722/2.

63) Zur Entnazifizierungspraxis siehe L. Niethammer: Entnazifizierung in Bayern. Säuberung und Rehabilitierung unter amerikanischer Besatzung, Frankfurt 1972, insbes. S. 144f.

64) StadtA M, BuR 1722/3, Stand der Entlassungen per 15.12.1945, streng vertraulich. StadtA M, BuR 435/2, Dienstbesprechung der größeren bayerischen Städte und Märkte am 19.12.1945, Protokoll, S. 94.

65) StadtA M, BuR 1722/2, Vortrag des Personalreferenten auf der Stadtratssitzung vom 4.10.1945.

66) K. Scharnagl: Politische Begebenheiten meines Lebens, die nicht in Akten stehen.

Meiner Familie, meinen Freunden und Mitarbeitern zur Erinnerung, masch., München 1962, S. 17. Schon im Mai 1945 hatte Scharnagl in einer Denkschrift an die Besatzungsmacht Einwände gegen die Entnazifizierung geltend gemacht. Zu seinem restriktiven Entnazifizierungsverständnis siehe Niethammer (1972), S. 166f.
[67] StadtA M, BuR 1654, Personalreferat, Betrifft: Entnazifizierung, vom 8.1.1946, S. 1.
[68] Scharnagl (1962), S. 19.
[69] StadtA M, EA 48, Besprechung am 7.11.1945.
[70] Bay HStA, OMGBY 13/142-1/7, Weekly MG-Reports APO 658-1945, z.B. Nr. 19, 7.9.-14.9.1945.
[71] Z.B. Dr. Wunderer bei der Stadtratssitzung vom 6.12.1945, S. 488, StadtA M, RP 718/1. Z.B. Ministerpräsident H. Ehard beim 'Staatsbesuch' in München, Stadtratssitzung vom 13.5.1947, S. 112, StadtA M, RP 718/1. Ein „fast freundschaftliches Verhältnis" ergibt sich z.b. in Coburg erst ab Sommer 1947; P. Beyersdorf: Militärregierung und Selbstverwaltung. Eine Studie zur amerikanischen Besatzungspolitik auf der Stufe einer Gemeinde in den Jahren 1945-1948, dargestellt an Beispielen aus dem Stadt- und Landkreis Coburg, Diss.phil. Erlangen-Nürnberg 1966, Erlangen 1967, S. 59.
[72] Zu diesem Ergebnis kommen u.a. auch für die US-Zone P. Brandt: Die deutschen Auftragsverwaltungen, in: Niethammer/Borsdorf/Brandt (1976), S. 644-662; J.F.J. Gillen: State and Local Government in West-Germany 1945-1953, Bad Godesberg 1953, S. 3-5; für Bayern: Niethammer (1972), S. 142f.; für München: Wacker (1984), S. 59.
[73] *Dr.rer.pol. Eric Woldemar Stoetzner* war 1901 in Leipzig als Sohn einer Arbeiterfamilie geboren worden. Er lernte Verlagskaufmann und studierte Wirtschaftswissenschaften. Als Anzeigendirektor der von den Nazis bedrängten Frankfurter Zeitung erfand er den modernen Stellenanzeiger. 1938 emigrierte Stoetzner in die USA, kam 1943 zur New York Times und baute dort das weltweite Anzeigengeschäft auf. Stoetzner erlebte noch den endgültigen Sieg der Westwaren; er starb im Herbst 1990. Siehe R. Gries/D. Schindelbeck: Deutschamerikanischer Januskopf. Zum Tode von Eric W. Stoetzner, in: Das Parlament, Jg. 40, 1990, Nr. 49 vom 30.11.90, S. 21.
[74] Stoetzners Rede: The Coming Battle of Human Minds, in englischer und deutscher Sprache abgedr. in H. Fischer: Die Stoetzner Story. Werbung, Menschen, Politik, München 1986, S. 158-185 und S. 94-96.

4.4. Versorgungskette: Der Kampf um Nahrungsmittel

[1] Bay HStA, OMGBY 10/189-1/2, Memorandum vom 24.8.1945, insbes. S. 7f. Zur US-Landwirtschaftspolitik in Deutschland siehe auch J.E. Farquharson: Landwirtschaft und Ernährung in der Politik der Alliierten 1945-1948, in: J. Foschepoth (Hrsg.) (1985), S. 147-174, insbes. S. 159ff.; Zink (1957), S. 293ff.
[2] Vgl. dazu Schlange-Schöningen (Hrsg.) (1955), S. 25ff.
[3] Ifz-Archiv, ED 132/5, Baumgartner: Die deutsche Ernährungslage, o.D., S. 2f.
[4] StadtA M, EA 33, Bayer. Staatsministerium am 5.12.1947.
[5] J. Baumgartner: Über den Kirchturm hinaus, in: Festschrift zum 2. Jahrestag der Gründung des bayerischen Bauernverbandes (Passau, 7.9.1947), München 1947, S. 15-20, S. 19 (IfZ-Archiv, ED 120/Bd. 283).
[6] Der Versuch der Militärregierung, mit dem Wirtschaftsjahr 1946/47 die Anbauflächen auszuweiten und das im Belieben der Gemeinden und Betriebe stehende Anbausoll durch

eine Anbauverpflichtung zu verschärfen, mißlang: Bei Brotgetreide war eine durchaus akzeptable Ausweitung um 19 Prozent gefordert worden. Um 19 Prozent blieb die Getreideanbaufläche dann hinter dem Anbauplan zurück, bei Kartoffeln wurde der Plan sogar um 30 Prozent unterschritten! StadtA M, EA 32/2, Staatsministerium am 23.8.1946 und am 1.10.1946; StadtA M, EA 33, Staatsministerium am 28.1.1948.

[7] StadtA M, EA 33, Staatsministerium am 28.1.1948.

[8] H. Lehmann: Die Flächenveränderungen der wichtigsten Kultur- und Fruchtarten nach den Ergebnissen der Anbauflächen- und Bodennutzungserhebungen 1925-1946, in: Mitteilungen des Bayerischen Statistischen Landesamtes, Jg. 1946, H. 15, S. 6-12.

[9] Mitteilungen des Bayerischen Statistischen Landesamtes, Jg. 1946, H. 8, S. 10-14.

[10] Mitteilungen des Bayerischen Statistischen Landesamtes, Jg. 1946, H. 14, S. 1f.

[11] SZ Nr. 203/1946 vom 7.12.46.

[12] H. Liebe: Agrarstruktur und Ernährungspotential der Zonen, in: DIW (Hrsg.) (1948), S. 22-35, S. 30f. Siehe auch Baade (1952), S. 133ff.

[13] SZ Nr. 74/1947 vom 30.8.47.

[14] U. Enders: Die Bodenreform in der amerikanischen Besatzungszone 1945-1949 unter besonderer Berücksichtigung Bayerns, Diss. phil. München, Ostfildern 1982, S. 6.

[15] Broszat/Henke/Woller (Hrsg.) (^{2}1989), S. XXXVIII, einführend zum dortigen Beitrag von P. Erker: Revolution des Dorfes? Ländliche Bevölkerung zwischen Flüchtlingszustrom und landwirtschaftlichem Strukturwandel, S. 367-425.

[16] StadtA M, EA 32/1, Amt für Ernährung und Landwirtschaft am 24.7.1945, S. 4f.

[17] In gleicher Weise benutzen Handwerker das „Demokratie"-Argument in ihrem Sinne; vgl. Chr. Boyer: „Deutsche Handwerksordnung" oder „zügellose Gewerbefreiheit". Das Handwerk zwischen Kriegswirtschaft und Wirtschaftswunder, in: Broszat/Henke/Woller (Hrsg.) (^{2}1989), S. 427-467, S. 444.

[18] StadtA M, RP 718/1, Bericht auf der Stadtratssitzung vom 6.12.45.

[19] StadtA M, BuR 1778, Brief von A.G. an den Oberbürgermeister, 7.2.1946.

[20] StadtA M, EA 48, Besprechung mit Offizieren der amerikanischen Militärregierung am 7.11.1945.

[21] StadtA M, BuR 1773, Manuskript der Rundfunkrede Baumgartners vom 12.5.1947, S. 4.

[22] Erker (^{2}1989), S. 393.

[23] StadtA M, EA 48, Besprechung am 15.10.1946, S. 2.

[24] Bay HStA, MA vorl. Nr. 7066, Bericht vom 24.4.1947 über die 5. Sitzung des Ausschusses für Ernährung und Landwirtschaft des Bayerischen Landtages vom 22.4.1947.

[25] StadtA M, BuR 1670, Polizei-Wochenbericht an Public Safety vom 12.10.1946.

[26] StadtA M, EA 119, Ernährungs- und Wirtschaftsreferat am 23.5.1947.

[27] StadtA M, BuR 435/2, Bayerischer Städteverband am 18.11.1947.

[28] StadtA M, BuR 1774, Manuskript der Rundfunkrede Scharnagls am 18.11.1945, S. 3.

[29] Daß der Erfolg solcher Ansprachen im allgemeinen äußerst skeptisch beurteilt wurde, ergibt sich aus ICD-Untersuchungen im Anschluß an einen solchen Appell vom 29.11.1947; Bay HStA, OMGBY 10/71-3/11, ICD Würzburg 5.12.1947, OMGBY 10/65-1/7, ICD Augsburg 5.12.1947. Die SZ Nr. 22/1947 vom 1.3.47 titelte ironisch: Appell an die Kühe! Im Sommer 1945 predigte Pfarrer Schlaipfer in einhundert Landpfarreien, um die Bauern im Auftrag des Kardinals zur Produktabgabe für München zu bewegen. Zur „Schlaipferaktion" siehe StadtA M, EA 44, Oberbürgermeister am 3.10.1945.

[30] StadtA M, EA 73 2/3, Bayerisches Staatsministerium für Ernährung, Landwirtschaft und Forsten (künftig: Bay StMfELF) am 8.7.1946.

31) StadtA M, BuR 1672, Polizei-Wochenbericht an Public Safety vom 22.11.1947, S. 25.
32) StadtA M, EA 32/3, Bay StMfELF am 15.4.1947.
33) SZ Nr. 94/1947 vom 8.11.47, J. Slawik: Leere Keller – volle Mieten.
34) SZ Nr. 106/1947 vom 20.12.47. Bayerns Bauernpräsident Rotermel hatte gegenüber H. Schlange-Schöningen die Meinung vertreten, „durch Kommissionen würden aber die Kartoffeln nicht vermehrt; das Saatgut müssen man nun einmal den Bauern lassen." Bay HStA, MA vorl. Nr. 7067, Besprechung vom 17.11.1947.
35) Alle Angaben zur Münchner Versorgungstopographie entstammen StadtA M, EA 115, Amt für Ernährung und Landwirtschaft am 27.6.1945.
36) Die US-Militärregierung untersagte am 31.7.1946 ausdrücklich den „Austausch von Lebensmitteln zwischen Bayern und dem Kreis Lindau". Grundlage dieser Entscheidung war die Einschätzung des Regional Government Coordinating Office, daß sodurch knappe gegen verhältnismäßig reichlich vorhandene Lebensmittel mit der französischen Zone getauscht würden. Bay HStA, Bevollmächtigter Stuttgart 178, Fernschreiben vom 17.8.1946.
37) StadtA M, BuR 260/11, Leistungsbericht der Direktion der Großmarkthalle für das Jahr 1946; Selig/Morenz/Stahleder (1980), S. 361 und 383.
38) SZ Nr. 21/1947 vom 25.2.1947.
39) StadtA M, BuR 1722/3, Dr. Chr. Haeutle am 26.11.1945.
40) StadtA M, BuR 1758, Protokoll des Staatsbesuches S. 112. Weder Exporte nach Berlin noch ins Rheinland waren „neu" für Bayern: Berlin stand bereits 1938 nach der Region Mannheim-Ludwigshafen an zweiter Stelle in der Rangliste deutscher Großstädte, die bayerische Lebensmittel-Bahntransporte in Empfang nahmen. An dritter Stelle folgte die Stadt Breslau, dann Frankfurt und, hier von besonderem Interesse, auf dem fünften und sechsten Platz Leipzig und Köln; StadtA M, EA 87, Die bayerischen Eisenbahnen im Dienst der Lebensmittelversorgung, S. 11.
41) Vgl. Schlange-Schöningen (Hrsg.) (1955), S. 227ff.
42) SZ Nr. 95/1946 vom 19.11.1946.
43) Bay HStA, MA vorl. 7066, Bay StMfELF an Ministerpräsident am 26.3.1947, S. 4f.
44) Zit. J. Baumgartner im bayerischen Landtag am 30.5.1947, StadtA M, BuR 1773, Manuskript; vgl. SZ Nr. 48/1947 vom 31.5.1947.
45) Chr. Weisz: Versuch einer Standortbestimmung der Landwirtschaft, in: Herbst (Hrsg.) (1986), S. 117-126, S. 124. Siehe v.a. auch G.J. Trittel: Hans Schlange-Schöningen. Ein vergessener Politiker der „Ersten Stunde", in: VfZ, Jg. 35, 1987, S. 25-63.
46) Vgl. Schlange-Schöningen (Hrsg.) (1955), S. 163ff.
47) Das Protokoll der Besprechung vom 17.11.1947, welche die Auseinandersetzungen beendete, findet sich im Bay HStA, MA vorl. Nr. 7067. SZ Nr. 97/1947 vom 18.11.1947: Das Ende des Kartoffelkrieges, Schlange-Schöningens „diplomatische Mission" in Bayern. Heftige Differenzen, insbesondere zwischen Nordrhein-Westfalen und Bayern, gab es 1947 auch um die Fett- und Fleischlieferungen, Die Neue Zeitung vom 7.2.1947. Eine detaillierte Darstellung des Kartoffelkrieges bei W. Benz: Von der Besatzungsherrschaft zur Bundesrepublik, Stationen einer Staatsgründung 1946-1949, Frankfurt 1984, S. 72-78. Lesenswert im Zusammenhang mit dieser Arbeit ist auch die Interpretation des Kartoffelkrieges von Stelzle (1980), S. 144-158.
48) IfZ-Archiv, ED 120, Bd. 113, Regierungserklärung von Ministerpräsident Hoegner am 22.10.1945.
49) Bestandteil bayerischer Importstrategie war auch die Rationenpolitik, siehe Kap. 4.5.; zum antikommunistischen Impetus der Importe aus amerikanischer Sicht siehe Kap. 4.7. Zur wirtschaftsgeschichtlichen Interpretation der Importpolitik siehe Jerchow (1978).

[50] Bay HStA, MA vorl. Nr. 7066, Bay StMfELF an Ministerpräsident am 26.3.1947, S. 2.

[51] Ebda. Aus den Erfahrungen mit Importunsicherheiten im Frühjahr 1946 hatte das Bay StMfELF nicht die erforderlichen Lehren gezogen.

[52] SZ Nr. 27/1947 vom 18.3.47: Der Hunger – ein Transportproblem, Getreide in Bremen, aber leere Brotkörbe in Bayern. Die Angaben zur Leerzugaktion vom bayerischen Verkehrsminister O. Frommknecht, ebda.

[53] Im Frühjahr 1947 standen allein in Bayern 1.200 Loks still, weil die Kohlen fehlten; StadtA M, EA 48, Ministerialreferenten-Besprechung am 16.4.1947.

[54] StadtA M, EA 120, Ernährungsamt B am 10.7.1945.

[55] Die Reichsbahn führte Statistik und gab die Auslastung der Strecke durch den Militärverkehr mit rund 40 Prozent an; es handelte sich bei der Strecken-Sperrung also auch um einen demonstrativen Akt. Die Anforderungen der amerikanischen Besatzungsmacht an die Reichsbahn wurde von Minister Baumgartner als „sehr erheblich" bezeichnet und mit 25 bis 40 Prozent beziffert; StadtA M, EA 48, Ernährungsamt B am 15.10.1946.

[56] Alle Angaben zum Obst- und Gemüse-Zugverkehr im Sommer 1945 aus StadtA M, EA 87, Sitzung am 7.8.1945.

[57] SZ Nr. 76/1947 vom 6.9.47.

[58] Bay HStA, MA vorl. Nr. 7067, Bayerisches Staatsministerium für Wirtschaft an den Ministerpräsidenten am 3.10.1947, Landtagsbeschluß an die Staatsregierung vom 19.7.1947.

[59] SZ Nr. 76/1947 vom 6.9.47.

[60] StadtA M, EA 40/1, 15.10.1946.

[61] SZ Nr. 92/1946 vom 12.11.46; vgl. auch K. Köbelin: Kartoffelversorgung jetzt sichergestellt, Transportschwierigkeiten durch Entgegenkommen der Militärregierung behoben, in: SZ Nr. 88/1947 vom 1.11.46.

[62] SZ Nr. 92/1946 vom 12.11.46.

[63] StadtA M, EA 40/1, Kartoffelwirtschaftsverband Bayern an Ernährungsamt A am 18.10.1946; StadtA M, EA 43/2, Geschäftsbericht vom 1.7.1946-30.6.1947 der Vereinigung der Kartoffelgroßverteiler Münchens GmbH.

[64] Der Sympathieeffekt wurde von der US-Militärregierung sorgsam registriert; Bay HStA, OMGBY CO/467/1, Weekly Intelligence Report vom 18.11.1946. Siehe dazu auch die Versorgungsgeschichte in Kap. 4.1.

[65] SZ Nr. 14/1947 vom 1.2.47.

[66] Ebda.

[67] StadtA M, BuR 1724/3, Referat 10: Monatsbericht für März 1947 vom 11.4.47. Eindrucksvolles Zahlenmaterial zum Kohledefizit der Stadt trug Bürgermeister Thomas Wimmer (SPD) dann anläßlich des „Staatsbesuches" von Ministerpräsident Ehard am 13.5.1947 vor, Protokoll in StadtA M, BuR 1758, S. 40ff.

[68] StadtA M, BuR 1724/10, Referat 10: Monatsbericht für Oktober 1947, o.D; vgl. Selig/Morenz/Stahleder (1980), S. 230.

[69] Detaillierte Angaben zu den Folgen der Stromnot des Jahres 1947 für die Bürger Münchens ebda. S. 292f., 294f.

[70] StadtA M, BuR 1724/8, Referat 10: Bericht über die wirtschaftliche Lage im Monat August 1947.

[71] Selig/Morenz/Stahleder (1980), S. 83.

[72] Die Aufstellung der Bäcker- und Konditoreninnung ist insofern von besonderem Interesse, als sie die Jahreszahlen des Parteieintritts der Betroffenen vermerkt. Nur zwei der 25 belasteten Bäckermeister in Gruppe 1 waren nach 1933 eingetreten, einer 1923/24;

Gruppe 2 war ähnlich strukturiert; in Gruppe 3 (23 Bäcker) waren zehn 1933er und die in der zweiten Hälfte der dreißiger Jahre eingetretenen stellten die Mehrzahl; Gruppe 4 mit 26 Personen verzeichnet Eintrittsdaten von 1937 bis Anfang der vierziger Jahre; die 24 Meister der Gruppe 5 waren bis auf einen (1926) ebenfalls 1937 bis 1940 der NSDAP beigetreten; nicht wesentlich anders stellen sich die Eintrittschronologien in Gruppe 6 (insgesamt 26) und Gruppe 7 (24 Bäckermeister) dar; StadtA M, EA 43/2, Anhang zum Schreiben des Ernährungsamtes vom 7.12.1945.

[73] Selig/Morenz/Stahleder (1980), S. 94.

[74] StadtA M, BuR 1653, Oberbürgermeister an HQ MilGov München am 6.12.1945, S. 1.

[75] Niethammer (1972), S. 157f. Die Direktive trug das Datum vom 15.8.1945.

[76] Zum Gesetz Nr. 8 und seiner Anwendung in Bayern siehe Niethammer (1972), S. 240ff., und Beyersdorf (1967), S. 183ff.

[77] StadtA M, BuR 1652, Wirtschaftsbereinigungsamt am 25.10.1945: Der Oktober-Bericht des Amtes übte Kritik an der Regierung Schäffer, da die Entnazifizierung der Wirtschaft bis dahin keinen Schritt vorwärts gebracht worden sei: „Was bei einigermassen gutem Willen der Regierung Schäffer hätte gelingen können, nämlich eine klare und nicht allzu überstürzte Regelung zu finden, hat nun... einer für die Praxis komplizierten, gesetzlichen Handhabung... weichen müssen..."

[78] Bay HStA, OMGBY 13/142-1/7, Weekly Military Government Report APO 658, Nr. 31 für die Woche vom 1.-7.12.1945: „If these bakers are subject to mandatory removal, existing laws will not permit their retention."

[79] StadtA M, BuR 1653, J. Jhle, stellvertretender Obermeister der Innung des Bäcker- und Konditorenhandwerks München an Oberbürgermeister am 21.1.1946.

[80] StadtA M, BuR 1723/6, vgl. die Monatsberichte des Amtes. Die Ziffern beziehen sich auf alle Handels- und Handwerkszweige.

[81] StadtA M, BuR 1652, Direktorium A am 24.12.1945; Scharnagl verwies die Gesuchsteller, die ihm öfter ganze Belegschaftslisten zur Unterschrift vorlegten, an das Wirtschaftsbereinigungsamt.

[82] Schriftverkehr des EA: StadtA M, EA 38; hier: EA 38/2.

[83] StadtA M, BuR 1653, 12 Firmen der Großmarkthalle am 18.8.1945.

[84] Dieser Lagebericht aus München bestätigt augenfällig die bitteren Vorwürfe, die Fritz Selbmann in seinem Brief an General Eisenhower am 10.6.1945 gegen die Leipziger Nazihändler erhob; siehe Kap. 3.1.

[85] StadtA M, BuR 1653, Bericht des Direktors der Großmarkthalle, Pfeiffer, vom 20.8.1945 an den Oberbürgermeister.

[86] StadtA M, KWA 405, W. Brüchle, Vorsitzender des Landesverbandes Bayern des Obst-, Gemüse-, Südfrucht-Import und Grosshandel e.V. am 15.5.46 an das Wirtschaftsamt.

[87] SZ Nr. 3/1947 vom 7.1.47.

[88] StadtA M, EA 38/3. Der Antrag war am 12.9.1946 gestellt und vom Gartenbauwirtschaftsverband am 20.1.1947 abgelehnt worden; die Antragsteller erhoben am 15.2.1947 Beschwerde gegen diese Entscheidung beim Bay StMfELF. Die „Zulassung zum Großhandel in der Lebensmittelbranche" hatte das Bay StMfEL mit Entschließung Nr. 115 am 19.12.1945 und durch Anordnung vom 14.1.1947 geregelt; StadtA M, EA 32/1 und EA 33.

[89] StadtA M, EA 120, Beschwerde vom 13.7.1945 von Karl S., der sechs Jahre im KZ gewesen war.

[90] Ebda., Schreiben des ambulanten Gewerbes vom 4.9.1945.

[91] Im Mai 1946 reklamierte der ambulante Handel für seine 500 Mitglieder die Hälfte

des Münchner Aufkommens; in die andere Hälfte sollten sich die 240 Spezialgeschäfte und die restlichen 1.360 Einzelhändler, die -neben anderem auch- Obst und Gemüse führten, teilen (StadtA M, EA 120, Besprechung am 4.5.1946). Im Juni 1947 forderte der Einzelhandelsverband für seine Klientel eine Quote von 60 Prozent versus 40 Prozent (StadtA M, EA 67/2, Besprechung am 20.6.1947).

[92] StadtA M, EA 40/1, Bericht vom 21.11.1945.

[93] StadtA M, EA 67/2; in einer Besprechung am 29.1.1947 rügte Einzelhändler Käfer die aktuelle Fischquotierung, wonach der Firma „Nordsee" mit einem Hauptgeschäft und drei Filialen 59 Prozent, den kleinen Fachgeschäften insgesamt aber nur 41 Prozent zugestanden würden.

[94] StadtA M, EA 40/1, Schreiben der „Nordsee" Deutsche Hochseefischerei AG vom 24.7.1946. Die Kürzung der Quoten wurde am 13.8.1946 revidiert.

[95] StadtA M, EA 40/2, Fachgruppe der Kaufleute für Milch- und Milcherzeugnisse am 6.12.1945.

[96] StadtA M, BuR 1758, „Staatsbesuch" von Ministerpräsident Ehard am 13.5.1947, Protokoll, S. 37f.

4.5. Versorgungssoziologie: Das Rennen nach Zulagekarten

[1] SZ Nr. 89/1947 vom 21.10.47, J. Slawik: Mehr Zulagen-Empfänger als Normalverbraucher.

[2] Telegraf vom 14.9.1946, W. Ziegelmayer: Die Ernährung der Sowjetzone.

[3] In der 74.-76. Zuteilungsperiode.

[4] Siehe dazu Schlange-Schöningen (Hrsg.) (1955), S. 72f.

[5] StadtA M, BuR 1722/3, Monatsbericht vom 24.11.1945.

[6] StadtA M, BuR 1723/2, Monatsbericht vom 23.2.1946.

[7] Mit der geringfügigen Änderung, daß den Jugendlichen später auch noch die 19jährigen zugeschlagen wurden und die über 20jährigen als Erwachsene galten. Vom 1.3.1948 umfaßte eine Zuteilungsperiode nicht mehr vier Wochen, sondern einen Kalendermonat.

[8] StadtA M, RP, Film 718/1, Vorträge von Stadtrat Weiß in der Stadtratssitzung vom 17.9.1946, S. 1017ff., und in der geheimen Stadtratssitzung vom 8.10.1946, S. 1193ff.: „Bei der örtlichen Beschränkung auf den Stadtkreis München ist es geboten, bei der Art der Veröffentlichung gewisse Zurückhaltung zu üben."

[9] SZ Nr. 30/1947 vom 29.3.47: Hundertmal zu wenig.

[10] Ebda. und StadtA M, BuR 1775, Manuskript der Rundfunkansprache vom 13.4.1947.

[11] Zorn (1986), S. 592.

[12] StadtA M, KWA 423a, Tätigkeitsbericht des Ernährungs- und Wirtschaftsreferates für das Jahr 1947, S. 18.

[13] Dieser Mittelwert bezieht sich auf die 84. (Beginn: 7.1.46) bis 89. (Ende: 23.6.46) ZP.

[14] Dieser Mittelwert bezieht sich auf die 103. (Beginn: 23.6.47) bis 109. (Ende: 4.1.48) ZP. StadtA M, KWA 423a, Tätigkeitsbericht 1947, S. 18, sowie eigene Berechnungen.

[15] Ebda., zum Vergleich: Im Jahr 1947 wurden die Jugendlichen im Durchschnitt pro Tag mit 1.779, die Kinder mit 1.662, die Kleinkinder mit 1.480, die Kleinstkinder mit 1.229 und die Säuglinge mit 1.206 Kalorien versorgt.

[16] SZ Nr. 70/1946 vom 30.8.46: Der Tag des „kleinen Mannes".

[17]) Zit. nach Clay (1950), S. 120.
[18]) Ebda. S. 296 und IfZ-Archiv, Bestand MF 260, OMGBY, 10/189-1/2.
[19]) Clay am 27.3.1946: „It is our belief that the Russian Zone is feeding approximately 1.500 calories and will continue to do so until the next harvest season. We have insisted on democratic processes in the U.S. zone and have maintained a strict neutrality between political parties. As a result the Communist Party has made little inroad. However, there is no choice between becoming a Communist on 1.500 calories and a believer in democracy on 1.000 calories. It is my sincere belief that our proposed ration allowance in Germany will not only defeat our objectives in middle Europe but will pave the road to a Communist Germany." (CP Dok. Nr. 103, S. 183-185, S. 184; vgl. auch die Dok. Nr. 94, S. 166f., und Nr. 98, S. 177f.) Siehe hierzu den Kommentar von Backer (1983), S. 134f.
[20]) SZ Nr. 78/1946 vom 27.9.46.
[21]) SZ Nr. 111/1946 vom 28.12.46, W. Friedmann: Weniger versprechen – mehr halten!
[22]) Siehe dazu Kap. 6.
[23]) StadtA M, EA 67/2, Tagung des beratenden Ausschusses für Fragen über Verbrauchsregelung am 12.8.1947, S. 3f.; ebda. Besprechung mit dem Groß- und Einzelhandel am 13.8.1947, S. 1.
[24]) Bay HStA, MA vorl. Nr. 7067, AG 430.2 MGBE, Fol. 97-99. Van Wagoner erhob seinerseits schwere Vorwürfe gegen die bayerische Versorgungsbürokratie und sprach vom „Versagen der verantwortlichen bayerischen Regierung", vom „Versagen vieler Bauern, Arbeiter und anderer Teile des bayerischen Volkes".
[25]) Noch 1946 waren die Unterschiede in der US-Zone deutlich geringer ausgefallen: Im ersten Halbjahr jenes Jahres bekamen Teilschwerarbeiter mit 365 zusätzlichen Tageskalorien im Durchschnitt 26 Prozent der Grundration zugewiesen. Schwerarbeiter erhielten täglich 689 (48 Prozent) und Schwerstarbeiter 1.083 Kalorien (76 Prozent) mehr als der Normalverbraucher.
[26]) StadtA M, EA 87, Zusammenstellung der Nährmittelbevölkerung. Bis 1. April 1946 mußte das deutsche Ernährungsamt auch diejenigen Zusatzrationen beschaffen, welche die Deutschen in Diensten der Besatzungsmacht erhielten. Im November 1945 hatten so 7.000 Personen Anrecht auf täglich 500 Kalorien zusätzlich; StadtA M, EA 47.
[27]) M. Krauss: „Deutsche sind Deutsche,... gleichgültig, aus welchem Teil Deutschlands sie stammen" Flüchtlinge und Vertriebene im Trümmermünchen, in: Prinz (Hrsg.) (1984) (zit. Krauss 1984a), S. 320-329, S. 323. Siehe auch Wacker (1984), S. 58; Selig/Morenz/Stahleder (1980), S. 60 und 184. Am 15.6.1950 wurde die Zuzugssperre aufgehoben.
[28]) StadtA M, RP, Film 718/1, Dr. Wunderer in der Stadtratssitzung vom 6.12.1945, S. 493.
[29]) Amt für Statistik und Datenanalyse der Landeshauptstadt München: Statistisches Handbuch der Landeshauptstadt München 1875-1975, München 1974, S. 131 und 135.
[30]) Die sog. Normalarbeiterkarte ersetzte fortan die „halbe Teilschwerarbeiterkarte".
[31]) StadtA M, KWA 423a, Tätigkeitsbericht 1947, S. 11.
[32]) Ebda. und StadtA M, EA 95, Abt. Krankenversorgung am 23.8.1946. Zehn von hundert dieser Bedürftigen übten einen freischaffenden Beruf aus, jeweils etwa 20 von hundert waren Hausfrauen, Arbeiter oder Handwerker, Angestellte oder Beamte. 30 von hundert waren Kinder!
[33]) SZ Nr. 89/1947 vom 21.10.47.
[34]) StadtA M, KWA 338, Denkschrift zur Ernährungslage o.D. (Ende 1947), S. 8.
[35]) SZ Nr. 100/1947 vom 29.11.47.

36) StadtA M, EA 67/2, Besprechung am 9.9.1947.
37) Zit. Stadtrat Weiß in: Passauer Neue Presse vom 7.11.1947. Mit der uferlosen Ausweitung des Zulagensystems blähte sich auch die Versorgungsbürokratie, wuchs der Verwaltungsaufwand. Die Verteilungskosten für ein rationiertes Ei z.b. lagen um zwei Mark über dessen Schwarzmarktpreis; Der Städtetag, Zs. für kommunale Praxis und Wissenschaft, Sonderheft Mai 1948, S. 11.
38) StadtA M, EA 69/1, Schreiben an EA vom 10.5.1946.
39) StadtA M, KWA 338, Ehrenamtlicher Stadtrat J. Lutz (CSU) in der Ausschußsitzung vom 28.11.1947.
40) StadtA M, EA 69, Schreiben vom 28.10.1947.
41) StadtA M, EA 69/1, Landgerichtsdirektor L. an EA am 22.4.1947.
42) StadtA M, BuR 1776, Manuskript einer Rede auf einer Tagung in Goslar (17.-19.7.1947).
43) Ende 1945 kamen auf 100 Frauen in der Stadt 80 Männer, Selig/Morenz/Stahleder (1980), S. 115.
44) A. Kuhn: Vorwort in: Schubert (1984), S. 13-21, S. 15. Zur gesellschaftlichen Bedeutung der Frauen im Nachkriegsmünchen siehe M. Krauss: "... es geschahen Dinge, die Wunder ersetzten" Die Frau im Münchner Trümmeralltag, in: Prinz (Hrsg.) (1984) (zit. Krauss 1984b), S. 283-302.
45) Aus mehreren Zuschriften von Hausfrauen: „Trotz allen Anforderungen durch das stundenlange Anstehen, der Mehrarbeit, die das Kochen mit unzulänglichen Mitteln macht, und der Belastung durch die überfüllten Wohnungen, besonders wenn man Kinder hat, werden wir Hausfrauen bei 50- bis 60stündiger Arbeitszeit nur als Normal-Verbraucher, nicht einmal als Normal-Arbeiter eingestuft." Interessant ist der Wunsch nach einer eigenen Frauen-Interessenvertretung: „Eine unpolitische Hausfrauen-Organisation sollte unsere Wünsche und Schmerzen bei den richtigen Stellen vertreten." (SZ Nr. 69/1947 vom 12.8.47)
46) StadtA M, RP, Film 718/1, Stadtrat Weiss (SPD) und Stadträtin Zehner (CSU) zu einem Antrag der CSU, berufstätigen Frauen die Teilschwerarbeiterzulage zu gewähren; Stadtratssitzung vom 14.1.1947, S. 142f.
47) StadtA M, BuR 1775, Manuskript der Rundfunkrede Scharnagls vom 3.2.1946.
48) StadtA M, BuR 1671, Polizei-Wochenbericht an Public Safety vom 14.6.1947, S. 20.
49) H. Thurnwald: Gegenwartsprobleme Berliner Familien. Eine soziologische Untersuchung an 498 Familien, Berlin 1948, S.191ff. Einen ähnlichen Fall unsolidarischer Gier des Vaters berichtet Frau Meta Schlüter, zit. bei Meyer/Schulze (1985b), S. 96.
50) SZ Nr. 48/1947 vom 31.5.47, B. Pollak: Die Hungrigen und die Gesättigten, Normalverbraucher und Bauern diskutieren.
51) StadtA M, BuR 1670, Polizei-Wochenbericht an Public Safety vom 24.8.1946, S. 20.
52) H. Schelsky: Wandlungen der deutschen Familie in der Gegenwart, Stuttgart ^{2}1954, insbes. S. 88f. Vgl. auch die einführende Bestandsaufnahme zur Familiendiskussion in der Nachkriegszeit von B. Willenbacher: Zerrüttung und Bewährung der Nachkriegs-Familie, in: Broszat/Henke/Woller (Hrsg.) (^{2}1989), S. 595-618, und den dortigen Beitrag von N. Möding: Die Stunde der Frauen? Frauen und Frauenorganisationen des bürgerlichen Lagers, S. 619-647.
53) D. Wirth: Die Familie in der Nachkriegszeit. Desorganisation oder Stabilität? in: J. Becker/Th. Stammen/P. Waldmann (Hrsg.): Vorgeschichte der Bundesrepublik Deutschland. Zwischen Kapitulation und Grundgesetz, München 1979, S. 193-216, S. 204f.
54) R. König: Materialien zur Soziologie der Familie, zuerst Bern 1946, Köln ^{2}1974, S. 55-87.

[55] L. Niethammer: Privat-Wirtschaft. Erinnerungsfragmente einer anderen Umerziehung, in: L. Niethammer (Hrsg.): „Hinterher merkt man, daß es richtig war, daß es schiefgegangen ist" Nachkriegserfahrungen im Ruhrgebiet 1930 bis 1960, Bd. 2, Berlin/Bonn 1983, S. 17-105, S. 40.

[56] Zur *Mutter-Kinder-Insel* und zur Sozialisation der Kinder im Trümmeralltag siehe Y. Schütze/D. Geulen: Die „Nachkriegskinder" und die „Konsumkinder": Kindheitsverläufe zweier Generationen, in: U. Preuss-Lausitz u.a.: Kriegskinder, Konsumkinder, Krisenkinder. Zur Sozialisationsgeschichte nach dem Zweiten Weltkrieg, Weinheim/Basel 1983, S. 29-52. Siehe auch Meyer/Schulze (1985b), S. 100ff., und Thurnwald (1948), S. 96ff.

[57] Eine überzeugende Schilderung männlicher Orientierungsprobleme und mangelnder Alltagskompetenz bei Meyer/Schulze (1985a), S. 313ff.

[58] StadtA M, EA 89, eine Mutter am 8.11.1945 an das Ernährungsamt.

[59] StadtA M, EA 69, Schreiben an EA vom 15.1.1946.

[60] StadtA M, EA 69/1, Schreiben an EA vom 8.1.1946.

[61] StadtA M, EA 121, Schreiben von Josef P. an EA am 2.1.1946.

[62] StadtA M, EA 69/1, Schreiben an EA vom 10.1.1946. Ein beschlagnahmter, anonymer Anschlag gegen „Amibräute" von 1945 verband ebenfalls Fremdenhaß mit Futterneid: "... Mit Fremden hurt die deutsche Frau,/auf schamlose Art, wir wissen's genau./.../Ihr zerrt uns alle, Ihr wisst es genau,/in den Schmutz; auch die Ehre der deutschen Frau!/6 Jahre brauchten sie um den deutschen Soldaten zu besiegen!/Eine deutsche Frau ist in 5 Minuten zu kriegen!/Wir haben weder Cigaretten noch Butter,/dafür hat der Fremde Kaffee und Zucker./Und bringt er erst Schockolade herbei,/dann ist die Hautfarbe einerlei./Zum Schlusse wünschen wir euch viel Vergnügen/und dass euch bald die Russen kriegen... Frauen und Mädels kommt zur Vernunft!!!" Als Faksimile abgedr. bei Bauer (^{3}1988), S. 29.

[63] StadtA M, EA 69/1, Schreiben an EA vom 22.2.1946.

[64] StadtA M, BuR 1670, Polizei-Wochenbericht an Public Safety vom 2.11.1946.

[65] Hans Habe: Off Limits. Roman, Bergisch Gladbach ^{2}1977, S. 47.

[66] Ebda., S. 382.

[67] StadtA M, BuR 1775, Manuskript der Rundfunkrede Scharnagls vom 6.10.1946, wortgetreu nach einer Vorlage des Wohnungs- und Stiftungsreferates in StadtA M, BuR 1773. Ganz in diesem Sinne verlieh der Polizeichronist der „Verwunderung" Ausdruck, daß dem Krankenhaus in der Dietlindenstraße Obstkontingente zugewiesen wurden, „obwohl es fast ausschließlich Geschlechtskranke enthält, die mehr oder weniger ihre Krankheit selbst verschuldet haben"! (StadtA M, BuR 1669, Polizei-Wochenbericht an Public Safety vom 25.2.1946) Nach Scharnagls Verdikt attackierte der Polizeibericht erneut die „reichhaltige Verpflegung" des „Straßenabschaums" der „geschlechtskranken Weiber". (StadtA M, BuR 1670, Polizei-Wochenbericht an Public Safety vom 23.11.1946.)

[68] Zit. bei Meyer/Schulze (1984), S. 66.

[69] StadtA M, BuR 1671, Polizei-Wochenbericht an Public Safety vom 8.3.1947.

[70] StadtA M, BuR 1669, Polizei-Wochenbericht an Public Safety vom 10.6.1946.

[71] StadtA M, BuR 1669, Polizei-Wochenbericht an Public Safety vom 3.6.1946, S. 11. SZ Nr. 64/1946 vom 9.8.46.

[72] Selig/Morenz/Stahleder (1980), S. 208.

[73] SZ Nr. 27/1946 vom 2.4.46.

[74] SZ Nr. 87/1946 vom 29.10.46, G. Kreyssig: Kaufkraft – ohne Ueberhang! Einer OMGUS-Erhebung bei 2.448 Familien in 70 Gemeinden zufolge betrug das mittlere Familieneinkommen in der US-Zone 35 RM pro Woche – ehemalige NSDAP-Mitglieder lagen dabei mit 45 Mark deutlich über dem Durchschnitt; OMGUS Survey Report No. 4 (25

March 1946), zit. bei A.J. Merritt/R.L. Merritt (Eds.): Public Opinion in Occupied Germany. The OMGUS Surveys, 1945-1949, Urbana/Chicago/London 1970, S. 73f.

75) Im November 1946 kostete die Normalverbraucherration 15 RM; Selig/Morenz/Stahleder (1980), S. 212. Ausführliche Haushaltsrechnungen von Berliner Familien hat Thurnwald (1948), S. 67ff., gesammelt.

76) SZ Nr. 39/1946 vom 14.5.46, Was ist das Geld wert? Unterstützungsbedürftig waren damit 4,16 Prozent von 690.000 Einwohnern.

77) Selig/Morenz/Stahleder (1980), S. 91; Meister (1986), S. 268. Vgl. auch M. Fuchs: „Zucker, wer hat? Öl, wer kauft?" Ernährungslage und Schwarzmarkt in München 1945-1948, in: Prinz (Hrsg.) (1984), S. 312-319, S. 314.

78) StadtA M, BuR 1668, Polizei-Wochenbericht an Public Safety vom 29.10.45. Die Münchner Militärregierung sprach ihrerseits in diesem Zusammenhang von „widespread dissatisfaction", Bay HStA, OMGBY 13/142-1/7, Weekly MilGov Reports APO 658 No. 26, 25.10.-31.10.45.

79) StadtA M, BuR 1669, Polizei-Wochenbericht an Public Safety vom 1.4.1946.

80) Selig/Morenz/Stahleder (1980), S. 107 und 142.

81) Clay an Hilldring am 16.2.1946, CP No. 90, S. 161f.

82) So dramatisch die SZ Nr. 48/1947 vom 31.5.47. Vgl. die Erklärung Baumgartners vor dem bayerischen Landtag vom 30.5.1947, StadtA M, BuR 1773.

83) SZ Nr. 62/1947 vom 19.7.47. Im Frühjahr 1948 übrigens schickte der Kaiser von Abessinien ebenfalls Gerste nach München, die eine Brauerei zu 1.100 Litern Vollbier veredelte; Selig/Morenz/Stahleder (1980), S. 344.

84) StadtA M, BuR 1776, Scharnagl-Rede aus Anlaß der Tagung des Deutschen Städtetages in Goslar vom 17.-19.7.1947. Die Versammlung verabschiedete ein Dokument mit dem Titel: „Goslarer Entschließung zur Not des deutschen Volkes"; vgl. Pünder (1966), S. 93.

85) StadtA M, BuR 1671, Polizei-Wochenbericht an Public Safety vom 14.6.1947, S. 20. Unter Hinweis auf die zurückgehende Milchablieferung empfahlen drei G-5-Offiziere aufgrund einer Inspektionsreise durch Bayern schon am 4.7.1945, Kürzungen beim „Zivilbier" zu überdenken. IfZ-Archiv, Bestand MF 260, OMGBY 10/189-1/2, 4.7.1945.

86) Selig/Morenz/Stahleder (1980), S. 350.

87) Ebda., S. 356.

88) Ebda., S. 360.

89) Siehe dazu Kap. 5.5. dieser Arbeit.

90) SZ Nr. 61/1946 vom 30.7.46, Hervorhebung vom Verf.

91) Die Care-Pakete wurden so zu „Abbreviaturen eines kleinen irdischen Paradieses"; H. Glaser: Kulturgeschichte der Bundesrepublik Deutschland. Zwischen Kapitulation und Währungsreform 1945-1948, Bd. 1, München/Wien 1985, S. 68.

92) SZ Nr. 89/1946 vom 5.11.46.

93) SZ Nr. 80/1946 vom 4.10.46.

94) SZ Nr. 61/1946 vom 30.7.46.

95) Mit den künftigen Versorgungsrealitäten sind die breite Durchsetzung der Markenartikel, die Amerikanisierung des Geschmackes und die Fetischisierung der Konserve gemeint.

96) SZ Nr. 61/1946 vom 30.7.46.

4.6. Zusatzversorgung: Die „Lieben Amerikaner!"

1) SZ Nr. 104/1946 vom 10.12.46.
2) Institut für Bayerische Geschichte an der Universität München, Bestand Trümmerbriefe, Brief Nr. 53 vom 26.7.1981, zit. nach Krauss (1984b), S. 285f.
3) Siehe auch Bauer (^{3}1988), S. 90.
4) SZ Nr. 77/1947 vom 9.9.47.
5) M. Krauss: „Vee GAYT ess ee-nen?" Lebenssplitter aus dem Umgang mit Besatzern, in: Prinz (Hrsg.) (1984) (zit. Krauss 1984c), S. 333-338, S. 333.
6) SZ Nr. 104/1946 vom 10.12.46.
7) SZ Nr. 36/1947 vom 19.4.47.
8) StadtA M, EA 412/3, Bay StMfELF an Oberbürgermeister am 13.5.1946; StadtA M, EA 48, Ernährungsamt A an Bay StMfELF am 21.5.46, dessen Antwortschreiben vom 29.5.46.
9) SZ Nr. 56/1946 vom 12.7.46.
10) SZ Nr. 85/1946 vom 22.10.46, Bierner: Kalorien für Kinder. Milch und weiße Semmeln für Schulkinder. StadtA M, BuR 1773, Vorlage des Wohlfahrts- und Stiftungsreferats zur Rundfunkansprache Scharnagls vom 22.9.46. Bay HStA, OMGBY 10/130-1/5, Cumulative Quarterly Report, 1.10.-31.12.1946, vom 10.1.1947, stellt fest, daß eigentlich 300.000 bis 350.000 bayerische Schulkinder aus gesundheitlichen Gründen Zusatzkost benötigten.
11) Selig/Morenz/Stahleder (1980), S. 238.
12) Zu den beiden Hoover-Missionen siehe Backer (1983), S. 185ff., Clay (1950), S. 300, und L.P. Lochner: Herbert Hoover und Deutschland, Boppard 1961, S. 219-258. Hoovers Europareise hatte in München „in vielen Verzweifelten neue Hoffnungen erweckt"; StadtA M, BuR 1671, Polizei-Wochenbericht an Public Safety vom 7.6.1947, S. 26.
13) StadtA M, EA 118, Bay StMfELF am 17.4.1947, Richtlinien für die Durchführung der Schulspeisung im Lande Bayern. SZ Nr. 46/1947 vom 24.5.47, B. Pollak: Gedanken beim Ersatzkaffee.
14) StadtA M, BuR 1773, Referat 6 am 21.5.1947.
15) StadtA M, BuR 1724/8, Monatsbericht der Stadtverwaltung für August 1947, 20.9.47. Zur teilweise schlechten Qualität vgl. Thurnwald (1948), S. 48. Im Oktober 1947 bekamen die Großstadtkinder bis zu 28 Prozent weniger Portionen, um der steigenden Kindernot in den kleineren Gemeinden und Städten zu steuern; SZ Nr. 86/1947 vom 11.10.47.
16) Die Wirkung der Schulspeisung als Sympathieträger ließ die Besatzungsmacht von der ICD durch Interviews ausloten. Sie fielen durchweg positiv aus, vgl. Bay HStA, OMGBY 10/65-1/11, Munich Brief. German Attitude Towards Occupation Forces vom 21.7.1947.
17) SZ Nr. 104/1946 vom 10.12.46, B. Pollak: Liebe Amerikaner!
18) Clay (1950), S. 300.
19) Niethammer (Hrsg.) (1983, Bd. 2), S. 22ff.
20) Kaffee, Schokolade und Südfrüchte, insbesondere Orangen und Bananen, blieben fortan im Bewußtsein der Nachkriegsdeutschen politisch hoch aufgeladen; sie wurden zu Prüfsteinen der Leistungskraft der auf deutschem Boden konkurrierenden Wirtschaftsordnungen: an ihnen schieden sich die Systeme. Siehe dazu die Darstellung der „Wunderwelt des Überflusses" bei Habe (^{2}1977), S. 182, Kap. 6 dieser Arbeit und R. Gries/V. Ilgen/D. Schindelbeck: Gestylte Geschichte. Vom alltäglichen Umgang mit Geschichtsbildern, Münster 1989, S. 67ff.
21) SZ Nr. 36/1946 vom 3.5.46.
22) Einen Überblick zur Geschichte deutscher Amerikabilder vermittelt G. Schwan: Das

deutsche Amerikabild seit der Weimarer Republik, in APuZ Jg. 1986, Beilage Nr. 26 vom 28.6.1986, S. 3-15; zu den gängigen Nachkriegs-Stereotypen einschlägig V. Botzenhart-Viehe: The German Reaction to the American Occupation, 1944-1947, Diss.phil., Santa Barbara 1980, insbes. S. 185ff.

[23] Bay HStA, OMGBY, 13/142-1/8, US. MilGov Monatsbericht No. 5 für Januar 1946; ebda., OMGBY, CO/467/1, US. Mil Gov, Weekly Intelligence Report (Stadtkreis München) vom 8.4.46.

[24] Bay HStA, OMGBY, 10/91-2/22, US. MilGov, Weekly Intelligence Report (Landkreis München) vom 14.10.46.

[25] Ifz-Archiv, Bestand MF 260, OMGBY, 10/91-1/1, Worsening of popular attitude toward the Americans vom 10.12.1946.

[26] Bay HStA, OMGBY, 10/90-1/22, Attitudes of Bavarians Toward the Occupation vom 21.7.1947, S. 23. Über die deutschen Einstellungen zur US-Besatzung informieren Merritt/Merritt (Eds.) (1970), insbes. S. 9-15.

[27] StadtA M, BuR 1669, Polizei-Wochenbericht an Public Safety vom 3.6.1946, S. 12.

[28] StadtA M, EA 87, Schriftwechsel des Oberbürgermeisters mit der Militärregierung am 28.6.1945, 27.7.45, 20.9.45. Headquarters US Forces am 28.1.47, Bay StMfELF am 26.6.47.

[29] SZ Nr. 2/1946 vom 4.1.46, W.F. Kloeck: Illusionen.

[30] StadtA M, KWA 412a; vgl. Selig/Morenz/Stahleder (1980), S. 116.

[31] StadtA M, KWA 412/1.

[32] StadtA M, EA 47, Antworten zum Fragebogen der Besatzungsmacht vom 4.6.1945. Im August 1945 waren zehn Gemeinschaftsküchen in Betrieb; Selig/Morenz/Stahleder (1980), S. 70.

[33] StadtA M, KWA 412a/3, Protokoll der geheimen Hauptausschuß-Sitzung vom 11.9.1945.

[34] StadtA M, EA 412/2, Großküche München am 11.11.1945.

[35] Ebda.

[36] StadtA M, KWA 412a, an Großküche am 2.9.1946.

[37] StadtA M, KWA 412a, an Oberbürgermeister am 8.11.1946.

[38] Selig/Morenz/Stahleder (1980), S. 277.

[39] SZ Nr. 22/1946 vom 15.3.46, Fendt: Großküchen haben sich bewährt. Die Wirte begrüßten auch die Nutzung ihrer Galträume als Wärmestuben, denn auf diese Weise konnten sie ihre Gaststuben auf Kosten der Stadt beheizen; StadtA M, RP, Film 718/1, Berufsmäßiger Stadtrat (Referent) Dr. E. Hamm (später CSU) in der Sitzung des Stadtrates am 22.11.1945; vgl. auch Selig/Morenz/Stahleder (1980), S. 109, 151, 220 und 449.

[40] StadtA M, RP, Film 718/1, Bericht über den Stand der Gaststätten- und Werkküchenversorgung in geheimer Stadtratssitzung am 14.3.1946. StadtA M, KWA 423a, Leistungsbericht 1945, S. 10ff.

[41] Kartoffelgerichte in Gaststätten, Kantinen und Werkküchen waren bis Mitte 1946 markenfrei; StadtA M, EA 115, Bay StMfELF am 30.4.1946.

[42] Diese Regelung stammte aus der Nazizeit und wurde am 28.6.1945 wieder in Kraft gesetzt.

[43] StadtA M, KWA 423a, Leistungsbericht 1946, EA Abt. Gaststätten und Werkküchen am 8.2.1947.

[44] StadtA M, EA 125/1, Thomasbräukeller München, Abend-Speisen-Karte vom 23.6.1946.

[45] StadtA M, EA 125/1, der Arzt Dr. K. am 10.7.1946; vgl. SZ Nr. 41/1946 vom 21.5.46.

⁴⁶⁾ StadtA M, A 69, an Wirtschaftsreferat am 10.12.1947.
⁴⁷⁾ StadtA M, EA 41, EA Abt. Gaststätten und Werkküchen am 9.4.1947; Selig/Morenz/Stahleder (1980), S. 274. Die Essensproduktion der Gaststätten fiel 1947 denn auch dramatisch auf 144.000 Portionen; StadtA M, KWA 423a, Tätigkeitsbericht 1947, S. 21f.
⁴⁸⁾ StadtA M, KWA 423a, Leistungsbericht 1945, S. 12; ebda., Tätigkeitsbericht 1947, S. 21f.
⁴⁹⁾ Gemäß einer Entschließung des Bay StMfELF vom 5.10.1947 sollte das Sonderquantum Fett mit der 109. ZP wegfallen.
⁵⁰⁾ StadtA M, KWA 338, Denkschrift zur Ernährungslage o.D. (Ende 1947), S. 8f.
⁵¹⁾ StadtA M, BuR 1724/3, Monatsbericht für März 1947 vom 11.4.47.
⁵²⁾ StadtA M, BuR 1671, zu dieser Einschätzung gelangt der Polizei-Wochenbericht an Public Safety vom 31.5.1947. In genau diesem Rahmen bewegen sich auch die Ziffern zur Arbeitsleistung in Bay HStA, Bevollmächtigter Stuttgart 178, Bericht über die soziale Lage in der US-Zone von Mitte 1947, S. 52.
⁵³⁾ StadtA M, BuR 1669, Polizei-Wochenbericht an Public Safety vom 4.3.1946, S. 13. Bay HStA, OMGBY, CO 467/1, German Attitudes and Opinions, 16.12.1946, S. 1: „The honest worker is considered stupid..."
⁵⁴⁾ SZ Nr. 70/1947 vom 16.8.47.
⁵⁵⁾ StadtA M, BuR 1724/6, Monatsbericht für Juni 1947 vom 8.7.47.
⁵⁶⁾ StadtA M, RP, Film 718/1, Protokoll der Sitzung des Stadtrates vom 15.4.1947, S. 928f. Ausführlicher zur gewerkschaftlichen (Versorgungs-) Politik: Kap. 5.7. dieser Arbeit.
⁵⁷⁾ *Dr.jur. Dr.rer.pol. Hans Seiß*, geboren 1900 in Selb, war am 2.7.1945 in den Dienst der Landeshauptstadt eingetreten und im Januar 1946 in das Beamtenverhältnis übernommen worden. Seiß' Werdegang wurde im Stadtrat Gegenstand der Diskussion: Der Oberbürgermeister räumte in der Aussprache ein, Seiß sei belastet; der Rechtsrat selbst hatte „zugegeben, mit der Begründung seines Grenadierlebens satt gewesen zu sein, dass er sich freiwillig der Zivilverwaltung (in Polen) zur Verfügung" gestellt habe, dort befaßt mit Requisitionen für die Rüstungsindustrie. (StadtA M, RP, Film 718/1, Stadtratssitzung vom 7.5.1946.) Seiß ging 1965 als Oberverwaltungsdirektor in Pension. Er verstarb 1978.
⁵⁸⁾ StadtA M, EA 81, Rechtsabteilung: Die Behandlung von durch Geschäftsleute gestellten Ersatzanträgen bei Waren-, Marken- und Bezugschein-Verlusten... durch die Rechtsabteilung des Ernährungsamtes und Wirtschaftsamtes München... o.D., S. 10.
⁵⁹⁾ StadtA M, EA 81, Rechtsabteilung an berufsmäßigen Stadtrat Weiß am 20.7.1946, S. 2.
⁶⁰⁾ Einschub vom Verf.
⁶¹⁾ StadtA M, EA 81, Rechtsabteilung an Ref. 1 am 1.8.1946, S. 2.
⁶²⁾ StadtA M, EA 81, Rechtsabteilung an berufsmäßigen Stadtrat Weiß am 15.4.1947.
⁶³⁾ StadtA M, EA 81, Schriftwechsel Rechtsabteilung-Bay StMfELF am 18.3.1947 und 25.3.47.
⁶⁴⁾ StadtA M, EA 101, Schriftwechsel Ernährungs- und Wirtschaftsreferat-Bay StMfELF am 26.6.1947 und 13.10.47. Über die Verwirtschaftung von 5.000 kg Butter berichtete der Münchner Mittag Nr. 14/1947 vom 31.1.47; siehe auch SZ Nr. 57/1947 vom 1.7.47: Wenn der Fettnapf ein Loch hat.
⁶⁵⁾ StadtA M, EA 81, Rechtsabteilung: Die Behandlung von durch Geschäftsleute gestellten Ersatzanträgen..., S. 4.

⁶⁶⁾ Die Zahl der Karten-„Verlierer" sank mit der Neuregelung auf monatlich 1.000 ab; StadtA M, EA 69/1, Ernährungs- und Wirtschaftsref. am 23.7.1946.

⁶⁷⁾ StadtA M, EA 87, Vortrag des Referenten vom 9.10.1946, S. 5f.

⁶⁸⁾ SZ Nr. 26/1947 vom 15.3.47.

⁶⁹⁾ Die größten Verlustposten waren 832 kg Butter, 845 kg Fleisch, 1.249 kg Zucker, 2.150 kg Kartoffeln, 2.284 kg Nährmittel und 2.557 kg Mehl; StadtA M, EA 71/5, Verlustmeldung vom 8.9.1947.

⁷⁰⁾ Selig/Morenz/Stahleder (1980), S. 356; dieses Gerücht kursierte bereits 1946: IfZ-Archiv, Bestand MF 260, OMGBY, 10/86-2/21, CIC-Weekly Report No. 45 bis 21.9.46.

⁷¹⁾ StadtA M, BuR 1703, Besprechung vom 27.7.1945, S. 6.

⁷²⁾ StadtA M, BuR 1703, Dr. Wunderer an Oberbürgermeister am 23.7.1945.

⁷³⁾ Die Schwarzhandels-Ermittler waren der Diebstahls-Abteilung angegliedert; sie liefen Streife, führten Razzien durch und schalteten sich getarnt in den Handel ein. Siehe auch SZ Nr. 26/1947 vom 15.3.1947.

⁷⁴⁾ StadtA M, BuR 1704, Polizeipräsident Pitzer am 29.7.1947. Staatsarchiv München (StA M), Polizeidirektion München (Pol.dir. M) 11344, Polizeipräsidium an Public Safety Office am 21.11.47.

⁷⁵⁾ Fuchs (1984), S. 312 und S. 317.

⁷⁶⁾ Die Polizeibeamten wählten als Bezugsgrößen: 650.000 deutsche Einwohner und 35.000 „Ausländer" in der Stadt. Mit „Ausländern" waren Displaced Persons gemeint, nicht die Legion von US-Soldaten, die den Münchener Schwarzmarkt mit Nachschub aus amerikanischen Heeresbeständen versorgte.

⁷⁷⁾ StA M, Pol.dir. M 11257, Kriminaluntersuchungsabt. am 3.4.1946.

⁷⁸⁾ Die Schwarzmarktszenerie an der Uferstraße beim Deutschen Museum stellte der Polizeichronist für die US-Polizeiabteilung recht dramatisch dar: „Dort ist... der Einsatz uniformierter deutscher Polizisten nunmehr eingestellt worden, weil diese auf Grund der gegebenen Weisungen dort nicht einschreiten können und nur Anpöbelungen und Tätlichkeiten ausgesetzt sind. Die Ausländer stehen dort unter Führung eines Juden, der mit seiner Trillerpfeife das Auftauchen deutscher Polizisten der Händlerschar bekannt gibt, worauf die ganze Horde sofort auf die Beamten losstürmt." (StadtA M, BuR 1669, Polizei-Wochenbericht an Public Safety vom 6.5.1946) Mit solch alarmierenden Berichten versuchte die Polizeiführung, die Genehmigung zu erhalten, auch gegen die unter dem besonderen Schutz der Besatzungsmacht stehenden DPs vorzugehen. Für sie waren deutsche Gerichte nicht zuständig.

⁷⁹⁾ Eine grundlegende Quelle auch zur Versorgungs„kriminalität" ist die Studie des Freiburger Generalstaatsanwaltes K.S. Bader: Soziologie der deutschen Nachkriegskriminalität, Tübingen 1949. Wenig analytische Aufschlüsse dagegen vermittelt der Band von W.A. : Der Schwarzmarkt 1945-1948. Vom Überleben nach dem Kriege, Braunschweig, 1986; siehe dazu die berechtigte Kritik von M. Wildt: Ausgekippter Zettelkasten, in: GW, 1988, H. 16, S. 91f.

⁸⁰⁾ StadtA M, RP, Film 718/1, Protokoll der Sitzung des Stadtrates vom 30.8.1945, S. 153f.

⁸¹⁾ StA M, Pol.dir. M 11257, Kriminaluntersuchungsabt. am 25.2.1947.

⁸²⁾ Selig/Morenz/Stahleder (1980), S. 240.

⁸³⁾ StA M, Pol.dir. M 11344, Polizeipräsidium am 21.11.1947.

⁸⁴⁾ Berechnungen des Verf. nach den Sammelberichten des Polizeipräsidiums in StadtA M, BuR 1705, 1707 und 1708.

⁸⁵⁾ Ebda.

[86] StadtA M, BuR 1704, Polizeipräsident Pitzer an Regierungspräsidium am 29.7.1947; Selig/Morenz/Stahleder (1980), S. 295.
[87] StadtA M, EA 69/1, Pitzer an Ernährungs- und Wirtschaftsamt am 24.9.1946, S. 8. Details zum Münchner Schwarzmarkt und dessen Bekämpfung siehe Boelcke (1986), S. 92ff., 223f., 229f. und 235f., und Selig/Morenz/Stahleder (1980), S. 92, 130, 135, 145, 151, 186, 191, 210, 226, 255, 336 und 374.
[88] StA M, Pol.dir. M 11343, Polizeipräsidium am 17.10.1947.
[89] SZ Nr. 20/1946 vom 8.3.46: Halt! Warenkontrolle! Bay HStA, OMGBY, CO 467/1, Weekly Intelligence Report vom 18.11.46: „Small offenders were allowed to retain their commodities according to an order from the Agriculture Department."
[90] *Adelheid Ließmann*, Stadträtin für die KPD, stand dem Münchener Wirtschaftsamt vor. Die Nazis hatten die Gewerkschafterin 1934 nach Stadelheim und anschließend ins Frauen-KZ Moringen verbracht. Vgl. SZ Nr. 41/1946 vom 21.5.46.
[91] Bay HStA, OMGBY 10/110-2/6, 6.3.1947.
[92] SZ Nr. 73/1946 vom 10.9.46.
[93] Selig/Morenz/Stahleder (1980), S. 278; SZ Nr. 87/1947 vom 14.10.47. Das Hamsterer-Kursbuch las sich so: Der „Kalorien-Expreß" von Hamburg via Köln nach München erschloß den Norddeutschen die „bayrischen Fleischtöpfe". Ein „Vitamin-Zug" Dortmund-Freiburg brachte die Menschen aus dem Ruhrgebiet den badischen Kirschen näher; der „Fisch-Expreß" war ein Interzonenzug, der die Nordseeküste mit Sachsen verband. Dorthin fuhr man mit dem „Seidenstrumpf-Expreß" und die „Nikotin-Bahn" führte in die Pfalz. („Die Tat" vom 28.1.1948, zit. bei H. Kistler: Die Bundesrepublik Deutschland. Vorgeschichte und Geschichte 1945-1983, Bonn 1985, S. 58)
[94] SZ Nr. 75/1946 vom 17.9.46.
[95] SZ Nr. 71/1947 vom 19.7.47, S. Sommer: Wieso leben Sie noch? Der Diskussion des Themas „Moral und Schwarzmarkt" widmet sich Kap. 5.6. im Zusammenhang mit der bekannten Silvester-Predigt 1946 des Kölner Erzbischofs J. Kardinal Frings.

4.7. Gesellschaftliche Implikationen: Hungermentalität in München

[1] Habe (^{2}1977), S. 48.
[2] SZ Nr. 68/1947 vom 9.8.47.
[3] Selig/Morenz/Stahleder (1980), S. 374.
[4] SZ Nr. 68/1947 vom 9.8.47: „Sitzschlangen", „Schlafschlangen" und „Schlangenordner".
[5] Siehe dazu die Überlegungen von L. Clausen: Schlangen. Exkursion in den Quellsumpf der Theorien, in: H. v. Alemann/H.P. Thurn (Hrsg.): Soziologie in weltbürgerlicher Absicht. Festschrift für René König zum 75. Geburtstag, Opladen 1981, S. 307-322.
[6] Für J.-P. Bertaud: Alltagsleben während der Französischen Revolution, Freiburg/Würzburg 1989, S. 156ff., ist die Bäcker- oder Metzgerschlange der revolutionäre Versammlungsort der Frauen. Zur Übermüdung und Erschöpfung infolge zermürbenden Leerlaufes siehe Thurnwald (1948), S. 36f.
[7] Bay HStA, OMGBY, 13/142-1/1, Weekly MilGov Reports APO 658, No. 7 vom 17.6.-22.6.1945: Analysis of queues (1). Vgl. die Einwände des Polizeipräsidenten gegen die Einrichtung einer Großküche.
[8] SZ Nr. 1/1945 vom 6.10.1945.

⁹⁾ SZ Nr. 19/1945 vom 7.12.1945. Die verschiedenen Versionen des Gerüchtes vom unmittelbar bevorstehenden großen Krieg zwischen USA und UdSSR gehörten sicher zu den wichtigsten Bewußtseinsinhalten der Zeit; siehe dazu Merritt/Merritt (Eds.) (1970), S. 134f.
¹⁰⁾ SZ Nr. 47/1946 vom 12.6.1946. Bay HStA, OMGBY, 10/87-2/10, Office of MilGov of Bavaria, ICD/Intelligence Branch am 8.8.46.
¹¹⁾ Bay HStA, OMGBY, 10/109-3/19, Stimmung in der Bevölkerung – War Rumors, 17.6.1947; ebda., OMGBY, 10/109-3/18, Präsidium der Landpolizei von Bayern am 24.9.47.
¹²⁾ Bay HStA, OMGBY, 10/109-3/18, Mail Analysis Unit am 4.10.1946. SZ Nr. 22/1947 vom 1.3.47.
¹³⁾ StadtA M, BuR 1669, Polizei-Wochenbericht an Public Safety vom 13.5.1946.
¹⁴⁾ StadtA M, BuR 1670, Polizei-Wochenbericht an Public Safety vom 28.9.1946, S. 22.
¹⁵⁾ IfZ-Archiv, Bestand MF 260, OMGBY, 10/91-1/1, 13.12.1946.
¹⁶⁾ StadtA M, BuR 1672, Polizei-Wochenbericht an Public Safety vom 20.9.1947, S. 21.
¹⁷⁾ StadtA M, BuR 1776, Manuskript der Rundfunkansprache des Oberbürgermeisters vom 9.3.1947.
¹⁸⁾ Bay HStA, OMGBY, 10/65-1/8, ICD Augsburg, Umfrage nach der Verlautbarung vom 20.5.1947.
¹⁹⁾ StadtA M, BuR 1669, Polizei-Wochenbericht an Public Safety vom 4.3.1946, S. 12.
²⁰⁾ StadtA M, BuR 1670, Polizei-Wochenbericht an Public Safety vom 28.9.1946, S. 23f.
²¹⁾ B. Klemm und G.J. Trittel schlagen in ihrer Kritik an W. Abelshauser vor, „die Jahre 1945-1949 nicht nur als Vorgeschichte der Bundesrepublik und des 'Wirtschaftswunders', sondern auch und vielleicht sogar in erster Linie als 'Nachgeschichte' der Weimarer Republik und der NS-Diktatur zu betrachten – und somit als letzte Phase einer seit 1914 bestehenden ökonomischen und politischen Krisenepoche." B. Klemm/G.J. Trittel: Vor dem „Wirtschaftswunder": Durchbruch zum Wachstum oder Lähmungskrise? Eine Auseinandersetzung mit Werner Abelshausers Interpretation der Wirtschaftsentwicklung 1945-1948, in: VfZ, Jg. 36, 1987, H. 4, S. 571-624, S. 573.
²²⁾ Das konstatieren ohne Ausnahme die zahlreichen Berichte der Besatzungsbehörden; ein Beispiel sei zitiert: Bay HStA, OMGBY, CO 467/1, Monthly Political Activity Report vom 28.2.1946, S. 8: „As reported continuously from October through January, the general feeling of the people toward political activities was one of disinterest. Matters of food, clothing and shelter were of much more concern to the average Upper Bavarian than the 27 Januar elections. People... care less about politics when they are living in overcrowded, unheated dwellings, uncertain of where the next meal will come from... Political interest cannot be successfully forced on a people. Consequently, during the first post-war winter in Germany, there was no spontaneous political interest apparent." Siehe auch Merritt/Merritt (Eds.) (1970), S. 43ff.
²³⁾ Ebda., S. 45.
²⁴⁾ StadtA M, BuR 1670, Polizei-Wochenbericht an Public Safety vom 28.9.1946, S. 23. Bay HStA, OMGBY, CO 467/1, Weekly Intelligence Report vom 21.10.46 vermerkt dazu: „The general opinion of the public regarding the efficiency and of the courtesy of the German Offices is decidedly low and purportedly not greatly changed from the Nazi regime."
²⁵⁾ StadtA M, BuR 1671, Polizei-Wochenbericht an Public Safety vom 8.2.1947.
²⁶⁾ StadtA M, ebda., Polizei-Wochenbericht an Public Safety vom 1.3.1947, S. 22f.
²⁷⁾ StadtA M, ebda., Polizei-Wochenbericht an Public Safety vom 14.6.1947, S. 20.
²⁸⁾ StadtA M, ebda., Polizei-Wochenbericht an Public Safety vom 7.6.1947, S. 26f.
²⁹⁾ SZ Nr. 44/1947 vom 17.5.47.
³⁰⁾ StadtA M, EA 69, Brief an das Wirtschaftsreferat am 10.12.1947.

31) Ihre Freude an Karl Valentins Humor und an der 'Wies'n' ließen sich die Münchner nicht vergällen. Trotz Dünnbier und Brotmarken konnten Oberst Keller und Oberbürgermeister Scharnagl 1946 wieder ein sogenanntes 'Kleines Herbstfest' auf der Theresienwiese eröffnen. Im Frühjahr hatten bereits zwei Frühlingsfeste stattgefunden. Insbesondere zu den „moralisch-politischen Bedenken" eines Oktoberfestes siehe S. Spiegel: Das Herbstfest 1946 im Trümmermünchen: Kein Oktoberfest aber eine richtige Wies'n, in: Prinz (Hrsg.) (1984), S. 339-344. Vgl. Bauer (^{3}1988), S. 208.

32) SZ Nr. 92/1947 vom 31.10.47, W. Friedmann: Was ist ein Sargnagel? Zum Münchner Steuerbescheid-Beschluß siehe auch SZ Nr. 70/1947 vom 16.8.47 und SZ Nr. 88/1947 vom 18.10.47.

33) Zit. von B. Pollak: Gedanken beim Ersatzkaffee, SZ Nr. 46/1947 vom 24.5.47.

34) SZ Nr. 34/1947 vom 12.4.47.

35) SZ Nr. 50/1946 vom 20.6.46, W. Friedmann: Das Streiflicht. Diese Gedankenführung beschrieb auch der Weekly Intelligence Report vom 29.7.1946 (Bay HStA, OMGBY, CO 467/1): „General attitude is that they expected much more from democracy than they actually received. The philosophy and principles of a democratic nation have been introduced by radio, newspapers and magazine to the people of the street; the average man, however, judges a political ideology by the degree to which his basic needs are satisfied." Vgl. u.a. auch U. Zelinsky: Bedingungen und Probleme der Neubildung von Führungsgruppen in Deutschland 1945-1949, in: Becker/Stammen/Waldmann (Hrsg.) (1979), S. 217-233, S. 224.

36) Diese Alltagswendung zit. W. Friedmann in: SZ Nr. 30/1947 vom 29.3.47. StadtA M, BuR 1669: Der Polizei-Wochenbericht an Public Safety vom 21.1.1946 formulierte in diesem Zusammenhang: „Ein Versagen... (der Versorgungspolitik, d.Verf.) bedeutet zugleich Propaganda für die ehemaligen Nazi, da man jetzt schon in den Geschäften offen hören kann, daß die Regelung der Versorgung unter dem Naziregime besser geklappt habe."

37) Vgl. IfZ-Archiv, Bestand MF 260, OMGBY, 10/84-2/5, ICD Opinion Surveys vom 10.10.47: Trends in Attitudes toward National Socialism, S. 1f. Die Zahl derer, die den Nationalsozialismus als grundsätzlich „gute Idee, schlecht ausgeführt" ansahen, stieg in der ersten Hälfte des Krisenjahres 1947 signifikant an; die Zahl derer, für die der NS demgegenüber eine „schlechte Idee" darstellte, ging im gleichen Maße zurück. Vgl. Merritt/Merritt (Eds.) (1970), S. 32f.

38) SZ Nr. 17/1946 vom 26.2.46, W. Friedmann: Moral im Kochtopf.

39) Ebda.

40) SZ Nr. 66/1946 vom 15.8.46, ders.: Muß man nicht glauben?

41) Informationsblatt der Kommunistischen Partei, Unterbezirk München-Oberbayern, Jg. 1946, Nr. 14, Juli 1946.

42) StadtA M, BuR 1669, Polizei-Wochenbericht an Public Safety vom 5.10.1946.

43) Politische Diskussionen bei der Bavaria-Film, siehe IfZ-Archiv, Bestand MF 260, OMGBY, 10/88-2/10, Successfull Russian propaganda. So auch eine Polizei-Meldung in StadtA M, BuR 1671, Polizei-Wochenbericht an Public Safety vom 28.6.1947.

44) Die Tendenz, russische und amerikanische Verwaltungsmethoden zu vergleichen, hatten die Amerikaner in Bayern bereits 1945 festgestellt; IfZ-Archiv, Bestand MF 260, OMGBY, 10/91-2/22, HQ Detachment E1 F3, Land Bayern, Weekly MilGov Report No. 6 bis 22.6.1945.

45) Diesen antikommunistischen Wahlimperativ formulierte das Informationsblatt der Kommunistischen Partei, Unterbezirk München-Oberbayern, Jg. 1946, Nr. 12 vom 5.6.1946.

46) Bay HStA, OMGBY, CO 467/1, Liaison and Security Office, Stadtkreis/Landkreis München, Mitschriften kommunistischer Versammlungen in München vom 31.8.1946 und

vom 4.4.47.

[47)] Bei den Landtagswahlen vom 24.4.1932 hatte die Kommunistische Partei in München noch 12,8 Prozent der Stimmen erhalten.

[48)] Sämtliche Münchner Wahlergebnisse zit. nach Statistisches Handbuch (1974), S. 453 und 457. Vgl. die Angaben zur Sitzverteilung in SZ Nr. 44/1946 vom 30.5.46 und bei Selig/Morenz/Stahleder (1980), S. 168, 176, 217 und 370.

[49)] SZ Nr. 44/1947 vom 17.5.47.

[50)] SZ Nr. 34/1947 vom 12.4.47, G. Kreyssig prägte den Begriff „'Koalitionspartner' HUNGER".

[51)] StadtA M, BuR 1773, Polizeipräsidium München, Kriminalunterschungabt., am 29.5.1946.

[52)] Vgl. SZ Nr. 44/1946 vom 30.5.46. Die Liberalen fielen in der unmittelbaren Nachkriegszeit nicht ins Gewicht; siehe Wacker (1984), S. 48, und B. Mauch: Die bayerische FDP. Portrait einer Landespartei, Diss. Erlangen 1965.

[53)] Die Wirtschaftliche Aufbauvereinigung hatte sich in ihrem Programm und bei den demagogischen Auftritten ihres Vorsitzenden Alfred Loritz nationalsozialistische Inhalte und Elemente zu eigen gemacht. Diese Partei band sicher in den 1946er Wahlen ein Großteil des Protestpotentiales an sich. 1947 zogen im Anschluß an eine Großkundgebung auf dem Königsplatz die aufgeputschten WAV-Anhänger, „Heil-Loritz" skandierend, die Barer Straße hinunter. Siehe Selig/Morenz/Stahleder (1980), S. 274; s. Wacker (1984), S. 45-47; H. Woller: Die Loritz-Partei. Geschichte, Struktur und Politik der Wirtschaftlichen Aufbau-Vereinigung (WAV) 1945-1955, Stuttgart 1982.

[54)] Bei den Landtagswahlen von 1932 hatten in München 28,35 Prozent für die Bayerische Volkspartei und 28,48 Prozent für die NSDAP votiert. Zur Geschichte der CSU siehe Wacker (1984), S. 48f.; A. Mintzel: Die CSU. Anatomie einer konservativen Partei 1945-1972, Opladen 1975, und K. Wolf: CSU und Bayernpartei. Ein besonderes Konkurrenzverhältnis 1948-1960, Diss.phil. Würzburg, Köln 1982.

[55)] SZ Nr. 43/1946 vom 28.5.46. Eine „Aktionsgemeinschaft" von SPD und KPD war in München am 10.8.1945 ins Leben gerufen worden. Nach Intervention von Kurt Schumacher rückte die Münchener SPD Ende 1945 von dem lokalen Aktionsbündnis wieder ab; siehe die Pressekontroverse in der SZ Anfang Januar 1946. Zur Aktionsgemeinschaft siehe Wacker (1984), S. 43-45. Zur Geschichte der Münchner Sozialdemokratie siehe die Biographien des späteren Oberbürgermeisters Thomas Wimmer und des Ministerpräsidenten Wilhelm Hoegner: H.M. Hanko: Thomas Wimmer 1887-1964. Entwicklung und Weg eines sozialdemokratischen Kommunalpolitikers, Diss.phil. München 1976, MBM 73, München 1977, und P. Kritzer: Wilhelm Hoegner. Politische Biographie eines bayerischen Sozialdemokraten, München 1979, insbes. S. 171ff.

[56)] IfZ-Archiv, Bestand MF 260, OMGBY, 10/91-1/1, Wiedergabe von Gesprächen mit Geschäftsleuten, 4.12.1946.

[57)] Unger (1979), S. 18, und Wolf (1982), S. 41.

[58)] P.J. Kock: Bayerns Weg in die Bundesrepublik. Studien zur Zeitgeschichte Bd. 22, Stuttgart 1983, S. 105. Vgl. auch Stelzle (1980), S. 34ff.

[59)] IfZ-Archiv, ED 120/354, Sammlung Hoegner, zit. nach Kock (1983), S. 107. Vgl. Selig/Morenz/Stahleder (1980), S. 144.

[60)] Das Alltagsbewußtsein verband die bayerische Stimmung selbstverständlich nicht mit den diffizilen staatsrechtlichen Überlegungen der Landespolitiker.

[61)] I. Unger: Die Bayernpartei. Geschichte und Struktur 1945-1957, Stuttgart 1979, S. 11.

[62)] SZ Nr. 3/1945 vom 12.10.45.

63) StadtA M, BuR 1668, Polizei-Wochenbericht an Public Safety vom 5.11.1945.
64) SZ Nr. 20/1945 vom 11.12.45, B. Pollak: Dinge, die uns ärgern: Der Kloß im Hals.
65) Stand per 15.8.1947; Baer (1971), S. 89.
66) Unger (1979), S. 16.
67) SZ Nr. 39/1946 vom 14.5.46. Die Preußen „besetzten alte bayerische Positionen und Wohnungen", klagte der Polizei-Wochenbericht an Public Safety vom 28.1.1946 (StadtA M, BuR 1669). Vgl. auch IfZ-Archiv, Bestand MF 260, OMGBY, 10/86-2/21, Weekly Counter Intelligence Corps Reports No. 38 vom 3.8.46.
68) StadtA M, BuR 1670, Polizei-Wochenbericht an Public Safety vom 19.10.1946.
69) Zum Memorandum siehe Unger (1979), S. 14; zu Seelos' Berufung siehe Kock (1983), S. 251.
70) Unger (1979), S. 28.
71) Selig/Morenz/Stahleder (1980), S. 405.
72) StadtA M, BuR 1669, Polizei-Wochenbericht an Public Safety vom 25.2.1946.
73) StadtA M, BuR 1670: Dieses Schreckens-Szenario der künftigen Bizone entwirft der Polizei-Wochenbericht an Public Safety bereits am 21.9.1946!
74) Bay HStA, OMGBY, CO 467/1, Weekly Intelligence Report vom 2.12.1946.
75) SZ Nr. 20/1947 vom 22.2.47.
76) StadtA M, BuR 1671, Polizei-Wochenbericht an Public Safety vom 15.2.1947.
77) StadtA M, BuR 1671, Polizei-Wochenbericht an Public Safety vom 17.5.1947, S. 26.
78) StadtA M, BuR 1672, Polizei-Wochenbericht an Public Safety vom 20.9.1947, S. 23f.
79) Selig/Morenz/Stahleder (1980), S. 377.
80) Die beiden Gedankenketten hat Stelzle (1980), S. 28, zusammengestellt.
81) Ebda.
82) SZ Nr. 25/1947 vom 11.3.47; Selig/Morenz/Stahleder (1980), S. 245.
83) StadtA M, BuR 1773, Manuskript der Rundfunkrede vom 12.5.1947, S. 2.
84) StadtA M, EA 48, Baumgartner vor Referenten am 5.9.1947.
85) Bay HStA, MA vorl. Nr. 7066, Baumgartner an Ehard am 26.3.47, S. 5.
86) SZ Nr. 107/108/1947 vom 24.12.47, G. Seelos: Bayern und die Doppelzone.
87) SZ Nr. 104/1947 vom 13.12.47; Selig/Morenz/Stahleder (1980), S. 323. Zur bayerischen Politik in Frankfurt siehe z.B. H. Troeger: Interregnum. Tagebuch des Generalsekretärs des Länderrats der Bizone 1947-1949, hrsg. von W. Benz und C. Goschler, München 1985, S. 33, 37ff.; Benz (1984), S. 72ff. und v.a. Kock (1983), S. 239ff.
88) Ein dezidiert föderales Bayern-Bekenntnis galt auch für die SPD Wilhelm Hoegners und Thomas Wimmers. Dieser Kurs der bayerischen Sozialdemokratie führte zu innerparteilichen Auseinandersetzungen mit Kurt Schumacher und seinen Münchner Gefolgsleuten. Die beiden Flügel der CSU stritten u.a. um das Maß an Föderalismus, das die Partei vertreten sollte. Von 1947/48 an rivalisierten CSU und BP um die radikalen Bayern-Stimmen; vgl. Wolf (1982), S. 41ff.
89) BP-Veranstaltung im überfüllten Circus Krone am 18.1.1948; Selig/Morenz/Stahleder (1980), S. 332. Siehe auch Zorn (1986), S. 606f.
90) 1947/48 nahm der BP-Kreisverband München insgesamt rund 2.100 Mitglieder auf; Unger (1979), S. 78.
91) Selig/Morenz/Stahleder (1980), S. 369; vgl. ebda. S. 343.
92) Zum bayer. Separatismus siehe Stelzle (1980), S. 29ff.; zu den diversen Varianten des bayer. Separatismus siehe Kock (1983), S. 141ff. Separatistische Bewegungen traten nach dem Krieg außer in Bayern auch in Baden, im Rheinland, in Niedersachsen und in Schleswig-Holstein auf den Plan.

[93] OMGBY, 10/66-1/1, Public Opinion in Bavaria, zit. nach Kock (1983), S. 135.

[94] Die Unzufriedenheit mit der Zonenvereinigung war keineswegs auf Bayern begrenzt, sondern erfaßte die gesamte US-Zone; vgl. OMGUS Report No. 107, abgedr. bei Merritt/Merritt (Eds.) (1970), 220f.

[95] StadtA M, BuR 1671, Polizei-Wochenbericht an Public Safety vom 12.4.1947, S. 18.

[96] Eschenburg (1983), S. 375.

[97] StadtA M, BuR 1671, Polizei-Wochenbericht an Public Safety vom 19.4.1947.

[98] Bay HStA, OMGBY, 10/110-2/6, Landratsamt Hersbruck an MilGov am 22.7.1947.

[99] Die Erfahrungen mit der *Arbeitereinheit* zwischen „Krieg und Kaltem Krieg" in einen historischen Langzeitrahmen stellend, diagnostizierte Niethammer gleichfalls eine zunehmende und in der unmittelbaren Nachkriegszeit ungebremste „Dekomposition" der „Einheitserfahrungen". Siehe L. Niethammer: Rekonstruktion und Desintegration: Zum Verständnis der deutschen Arbeiterbewegung zwischen Krieg und Kaltem Krieg, in: H.A. Winkler (Hrsg.): Politische Weichenstellungen im Nachkriegsdeutschland 1945-1953, Göttingen 1979, S. 26-43, insbes. S. 30 und 35.

[100] SZ Nr. 37/1947 vom 22.4.47.

[101] Siehe dazu J. Foschepoth (Hrsg.): Adenauer und die Deutsche Frage, Göttingen 1988.

5. Köln, die ruinierte rheinische Kapitale

5.1. Zur Geschichte der Versorgung: Hungern „mit mehr Grazie"?

[1] Zit. aus 'Die Zeit' vom 12.9.1946, S. 3.

[2] So der prägnante Titel der ersten visuellen Darstellung der Kölner Trümmerwüste: Colonia deleta. Federzeichnungen von H. Schröder, Köln 1949.

[3] KK Nr. 1/1945 vom 2.4.1945.

[4] Vgl. A. Klein: Köln im Dritten Reich. Stadtgeschichte der Jahre 1933-1945, Köln 1983, S. 252-259.

[5] G. Bönisch: „Alles leer, öde, zerstört" Köln 1945, in: W. Malanowski (Hrsg.): 1945. Deutschland in der Stunde Null, Reinbek 1985, S. 63-94, S. 65. Weitere Details zur erschreckenden Kölner Kriegsbilanz zuletzt bei G. Brunn: Köln in den Jahren 1945 und 1946. Die Rahmenbedingungen des gesellschaftlichen Lebens, in: O. Dann (Hrsg.): Köln nach dem Nationalsozialismus. Der Beginn des gesellschaftlichen und politischen Lebens in den Jahren 1945/46, Wuppertal (1981), S. 35-72.

[6] *Konrad Adenauer* war am 5.1.1876 in Köln geboren worden. Nach juristischer Ausbildung und Tätigkeit avancierte das Zentrumsmitglied 1908 zum Ersten Beigeordneten, 1917 zum Oberbürgermeister der Stadt Köln. Von 1920 bis 1933 amtierte er als Mitglied bzw. Präsident des Preußischen Staatsrates sowie von 1917-1933 als Mitglied des Provinziallandtages und des Provinzialausschusses der Rheinprovinz. Nach dem 20. Juli 1944 wurde der Frühpensionär vorübergehend in Haft genommen. In der unmittelbaren Nachkriegszeit zunächst wieder Kölner Oberbürgermeister, Mitbegründer der CDU und, 1946, deren Vorsitzender in der britischen Zone, außerdem Mitglied des Düsseldorfer Landtages. 1948/49 präsidiert er dem Parlamentarischen Rat und wird am 15.9.1949 zum 1. Bundeskanzler der Bundesrepublik gewählt. Dieses Amt hielt er bis 1963 inne, das Amt des Bundesvorsitzenden der CDU von 1950 bis 1966. Konrad Adenauer starb in Rhöndorf am 19.4.1967.

[7] K. Adenauer: Erinnerungen 1945-1953 (Bd. 1), Stuttgart 1965, S. 21.

[8] Adenauer (1965), S. 33. T. Diederich spricht von den beiden „geradezu metaphysischen Größen" im kölnischen Bewußtsein; T. Diederich: Adenauer als Kölner Oberbürgermeister von Mai bis Oktober 1945, in: Stehkämper (Hrsg.) (1976), S. 499-530, S. 524.

[9] HAStK, Verwaltungsbericht der Stadt Köln 1945, S. 67.

[10] Die Berufungsgeschichte Adenauers siehe ebda., S. 501ff., und Adenauer (1965), S. 19ff.

[11] HAStK, 5/920, Die Verwaltung der Stadt Köln, ihre Leistungen, Probleme, Ziele und Erwartungen. Denkschrift anläßlich des Besuches von William Asbury in Köln, 18.7.1946, S. 7.

[12] R. Billstein: Das entscheidende Jahr. Sozialdemokratie und Kommunistische Partei in Köln 1945/46, Diss. Köln, Köln 1988, S. 16f.

[13] Verhandlungen der Stadtverordneten-Versammlung zu Köln vom Jahre 1945, Köln o.J., 2. Sitzung vom 11.10.1945, S. 10.

[14] KK Nr. 2/1945 vom 9.4.45: „Köln wird auferstehen".

[15] Stadtdechant R. Grosche: Kölner Tagebuch 1944-46, aus dem Nachlaß hrsg. von M. Steinhoff, Köln 1969, S. 131.

[16] Rheinisch-Westfälisches Wirtschaftsarchiv zu Köln e.V. (RWWA), Transkriptionen von „Tonbandaufnahmen von Unterhaltungen über Verhältnisse in der Kölner Wirtschaft während und am Ende des Krieges 1939-1945". Die Zeitzeugen-Gespräche fanden 1959-1962

statt und wurden von Dr. W. v. Thenen moderiert. Künftig zitiert: RWWA, Tonbandprotokolle. Hier: Band Nr. 3 (grün), S. 2, Aussage von Dr. Josef Krämer.

[17] Umgekehrt beraubte die Rhein„grenze" die rechtsrheinischen (Arbeiter-)Stadtteile politischer Partizipationschancen; siehe dazu z.B. M. Rüther: Die Einheitsgewerkschaft in Köln im Jahr 1945. Rahmenbedingungen-Initiativen-Gründung, in: Zs. Geschichte in Köln (GiK), Heft 25/1989, S. 73-110, S. 74, 80ff.

[18] Zum Selbsthilfe-Credo der Stadt und zur Rolle der Ortsausschüsse als Selbsthilfe-Organe siehe Kap. 5.3. und insbesondere Kap. 5.5.

[19] RWWA, Tonbandprotokolle, Band Nr. 3 (rot, 2.), S. 2f. Jöster gibt noch zu bedenken, daß die Kühlhausware infolge des Stromausfalls andernfalls verdorben wäre. Auch Josef Krämer vom Wirtschaftsamt betont, die Leerung der Läger könne man nicht als Plündern im strengen Sinne bezeichnen, eher als Mundraub, „um überhaupt leben und existieren zu können." Ebda., Band Nr. 3 (grün), S. 2.

[20] RWWA, Tonbandprotokolle, Band Nr. 3 (rot, 2.), S. 4. Der damalige Hauptgeschäftsführer der Kölner Industrie- und Handelskammer, Dr. Bernhard Hilgermann verwandte die Gesprächsprotokolle ohne weitere Kennzeichnung in seiner Schrift: Der große Wandel. Erinnerungen aus den ersten Nachkriegsjahren. Kölns Wirtschaft unter der amerikanischen und britischen Militärregierung, Köln 1961, hier: S. 17.

[21] Diederich (1976), S. 506; Adenauer (1965), S. 22f.

[22] H.-P. Schwarz: Adenauer. Der Aufstieg: 1876-1952, Stuttgart 1986, S. 54.

[23] Adenauer (1965), S. 22.

[24] HAStK, 5/675, Verfügung des Oberbürgermeisters vom 27.9.1945.

[25] HAStK, 904/784, abgedr. in Billstein (1988), S. 265-268.

[26] U. Borsdorf/L. Niethammer (Hrsg.): Zwischen Befreiung und Besatzung. Analysen des US-Geheimdienstes über Positionen und Strukturen deutscher Politik 1945, Wuppertal 1976, S. 35.

[27] Diederich (1976), S. 510.

[28] Adenauer (1965), S. 26ff.

[29] Bönisch (1985), S. 82, vgl. mit Hilgermann (1961), S. 34. Muirhead unterstand zunächst der Regierungsbezirk Köln.

[30] Adenauer hatte eine gute Meinung von *Major Prior*; vgl. HAStK, 5/1273, und Diederich (1976), S. 528. Für Schwarz (1986), S. 469, war Prior „ein tüchtiger und vernünftiger Mann mit politischem Instinkt". Nicht so für Hermann Pünder; vgl. H. Pünder: Von Preussen nach Europa. Lebenserinnerungen, Stuttgart 1968, S. 213f.

[31] Verhandlungen der Stadtverordneten-Versammlung zu Köln vom Jahre 1945, 1. Sitzung vom 1.10.1945, S. 4f.

[32] Vgl. die einschlägige Akte im PRO, FO 1013/701; Entlaßschreiben vom 6.10.1945, als Faksimile abgedr. in: Diederich (1976), Abb. 74. Zur detaillierten Diskussion des Entlassungsvorganges siehe Diederich, ebda., S. 524-528, Adenauer (1965), S. 33-39, H.P. Mensing: „Dass sich die Fama auch meiner mysteriösen Angelegenheit bemächtigt hat" Neues zur Entlassung Adenauers als Kölner Nachkriegsoberbürgermeister im Herbst 1945, in: Zs. Geschichte im Westen, Jg. 3, 1988, Heft 1, S. 84-98, M. Rüther: Die Entlassung Adenauers. Zur Amtsenthebung als Oberbürgermeister in Köln, in: GiK, Heft 20/1986, S. 121-146, Schwarz (1986), S. 467-478.

[33] Rüther (1986), S. 128 und 138. „Dr. Adenauer had been dismissed on grounds of inefficiency", notierte *vor Ort* auch Sir William Strang, der politische Berater des britischen Militärgouverneurs. PRO, FO 1049/193, Diary of a tour through Westphalia and the North Rhine Province, 15-17th October 1945.

[34] Zur Katastrophen-Gesellschaft siehe auch B.-A. Rusinek: Gesellschaft in der Katastrophe. Terror, Illegalität, Widerstand. Köln 1944/45, Essen 1989.

[35] Barraclough im „Daily Express" über Eindrücke von einem Inspektionsbesuch in Köln, zit. nach K. Dreher: Der Weg zum Kanzler. Adenauers Griff nach der Macht, Düsseldorf/Wien 1972, S. 260.

[36] *Hermann Pünder*, geboren 1888 in Trier, hatte seine Schulzeit in Köln verbracht, anschließend Rechts- und Staatswissenschaften in Freiburg und Berlin studiert. Das Zentrumsmitglied amtierte von 1926-1932 als Leiter der Reichskanzlei, bis zur politischen Entlassung 1933 als Regierungspräsident in Münster. Nach dem 20. Juli 1944 wurde er unter dem Vorwurf des Hochverrates ins KZ verbracht. Der Mitbegründer der CDU blieb bis 1948 Oberbürgermeister in Köln, im März 1948 wählte ihn das Plenum des Frankfurter Wirtschaftsrates zum Oberdirektor des Verwaltungsrates der Bizone. Pünder war Abgeordneter im Provinzialrat der Nord-Rheinprovinz, im Düsseldorfer Landtag und im Bundestag gewesen. Er starb 1976. Vgl. Pünder (1968) und das Porträt von R. Morsey: Hermann Pünder (1888-1976), in: Zs. Geschichte im Westen, Jg. 3, 1988, H. 1, S. 69-83.

[37] Pünder (1968), S. 213. 1947 gelang es der Stadtverwaltung, die Versetzung von Oberst White zu vereiteln (Verhandlungen der Stadtverordneten-Versammlung zu Köln vom Jahre 1947, 3. Sitzung vom 12.3.1947, S. 61). Später fungierte er als Kreis Resident Officer (KRO) im Stadtkreis Köln (vgl. HAStK, 2/331a).

[38] HAStK, 5/319, Wochenberichte vom Januar/Februar 1946.

[39] HAStK, 82 V 536, 1.3.1946, Rationenskala der 86. ZP.

[40] HAStK, 2/132, Kattanek am 5.3.1946 an MilGov Stadtkreis Köln.

[41] Nur die Aschermittwochs- und Karfreitagsgebote waren einzuhalten; Kirchenzeitung für das Erzbistum Köln, Jg. 1, 1946, Nr. 1 vom 31.3.1946.

[42] HAStK, 5/319, Wochenbericht vom 16.3.1946.

[43] HAStK, 2/339, Besprechung vom 29.4.1946.

[44] HAStK, 5/319, Wochenbericht vom 9.5.1946.

[45] Ebda., Wochenbericht vom 6.6.1946.

[46] Ebda., Wochenbericht vom 11.7.1946. Die Fettration rutschte von 400 g auf 200 g je Periode.

[47] HAStK, 2/331a, Gemeinsame Entschließung der Fraktionen der CDU, SPD, KPD und der Gruppe Bauwens vom 18.7.1946. Vgl. auch Verhandlungen der Stadtverordneten-Versammlung zu Köln vom Jahre 1946, 8. Sitzung vom 18.7.1946, S. 213.

[48] KR Nr. 29/1946 vom 25.6.46.

[49] Die Zeit vom 12.9.1946, S. 3: Zerbrochene Stadt, doch ungebrochene Menschen.

[50] Südkurier (Konstanz) Nr. 89/1946 vom 9.7.46, abgedr. bei Dann (1981), S. 243f..

[51] KR Nr. 42/1946 vom 9.8.46 und Nr. 44/1946 vom 16.8.46.

[52] Kalorienangaben nach: HAStK, 82 V 501 und 5/918, sowie Statistisches Amt der Stadt Köln (Hrsg.): Statistisches Jahrbuch der Stadt Köln, Jg. 33, 1947, S. 45.

[53] HAStK, 82 V 187/2, Telegramm vom 9.10.1946.

[54] Von den benötigten 300.000 Zentnern konnten nur 250.000 ausgeliefert werden; HAStK 5/169, Bericht vom 4.12.1946.

[55] VS Nr. 72/1946 vom 7.11.46; vgl. dazu KR Nr. 67/1946 vom 5.11.46 und KR Nr. 68/1946 vom 8.11.46 und RhZ Nr. 71/1946 vom 2.11.46. Die Statistik des Ernährungsamtes wies in der zweiten und vierten Woche der 94. ZP ein Tagesmittel von 963 Kalorien aus; auf diese Zeiten beziehen sich die aufgeführten Zeitungs-Kommentare.

[56] Verhandlungen der Stadtverordneten-Versammlung zu Köln vom Jahre 1946, Entschließung in der 11. Sitzung am 21.11.1946, S. 286; vgl. HAStK, 2/10.

[57] R. Billstein hat die Entstehungsgeschichte der „Streiks und Hungerdemonstrationen in Köln 1946 bis 1948" mustergültig aufgearbeitet, in: R. Billstein (Hrsg.): Das andere Köln. Demokratische Traditionen seit der Französischen Revolution, Köln 1979, S. 403-445. Zur Forschungsdiskussion siehe Kap. 5.7.: Hungerstreiks in Köln.

[58] HAStK, 5/319, Wochenbericht vom 2.1.1947.

[59] HAStK, 5/918, Zahlenwerk der 4. Woche der 98. ZP.

[60] HAStK, 82 V 187/2, Pünder in gleichlautenden Fernschreiben an das Hamburger Zentralamt für Ernährung und Landwirtschaft und an die Düsseldorfer Getreidewirtschaftsstelle am 14.3.1947.

[61] HAStK, 5/319, Wochenbericht vom 19.2.1947.

[62] HAStK, 5/319, ebda., 82 V 187/2, Kattanek am 19.4.1947 und Großhandels-Abteilung an Kattanek am 5.5.47.

[63] RhZ Nr. 34/1947 vom 26.4.47; vgl. VS Nr. 34/1947 vom 5.5.47.

[64] HAStK, 82 V 501 und 5/918, Zahlenwerk der 100. ZP.

[65] Ebda., 101. bis 103. ZP.

[66] HAStK, 82 V 501 und 5/918, Zahlenwerk der 102. ZP.

[67] RhZ Nr. 48/1947 vom 14.6.47.

[68] HAStK, 5/319, Wochenbericht vom 20.5.1947.

[69] Verhandlungen der Stadtverordneten-Versammlung zu Köln vom Jahre 1947, Entschließung in der 8. Sitzung vom 4.9.1947, S. 254.

[70] HAStK, 5/169, Situationsbericht am 5.11.1947.

[71] Schlange-Schöningen (Hrsg.) (1955), S. 140f.

[72] HAStK, 5/1337, Hauptamt Ernährung und Landwirtschaft an Oberstadtdirektor Suth am 21.10.1947.

[73] VS Nr. 2/1948 vom 5.1.48.

[74] KR Nr. 1/1948 vom 3.1.48, KR Nr. 3/1948 vom 8.1.48; HAStK, 82 V 121, Akte Ernährungsbeirat Bonn, Niederschrift der Besprechung am 7.1.1948.

[75] Billstein (1979), S. 430. Zwei Tage später zieht der Bayerische Gewerkschaftsbund nach: Am Freitag, dem 23.1.1948, ruhte aus Protest gegen den Hunger auch in München und in ganz Bayern die Arbeit. Auf dem Königsplatz, vor 50.-60.000 Demonstranten, beschwören die Redner die Existenzgefährdung der Schaffenden. Selig/Morenz/Stahleder (1980), S. 335.

5.2. Britische Besatzungspolitik: Pragmatisch und konstruktiv

[1] D. Petzina/W. Euchner: Wirtschaftspolitik in der Besatzungszeit, in: dieselben (Hrsg.): Wirtschaftspolitik im britischen Besatzungsgebiet 1945-1949, Düsseldorf 1984, S. 7ff., S. 8.

[2] A.S. Milward: Großbritannien, Deutschland und der Wiederaufbau Westeuropas, in: ebda., S. 25-39.

[3] Siehe dazu Tyrell (1987), S. 273.

[4] L. Kettenacker: Die alliierte Kontrolle Deutschlands als Exempel britischer Herrschaftsausübung, in: Herbst (Hrsg.) (1986), S. 51-63, S. 54.

[5] Tyrell (1987), S. 607.

[6] Ebda., S. 609.

[7] F.S.V. Donnison: Civil Affairs and Military Government North-West Europe 1944-1946, H.M. Stationery Office, London 1961, S. 202.

⁸⁾ Die britische Alternative zu JCS 1067 trug den Titel: „Germany and Austria in the Post-Surrender Period: Policy Directives for Allied Commanders in Chief"; vgl. auch U. Schneider: Nach dem Sieg: Besatzungspolitik und Militärregierung 1945, in: J. Foschepoth/R. Steininger (Hrsg.): Die britische Deutschland- und Besatzungspolitik 1945-1949, Paderborn 1985, S. 47-64, S. 49.

⁹⁾ Zur Geschichte der EAC siehe H.-G. Kowalski: Die „European Advisory Commission" als Instrument alliierter Deutschlandplanung 1943-1945, in: VfZ, Jg. 19, 1971, S. 261-293; Benz (1986), S. 35ff.

¹⁰⁾ Tyrell (1987), S. 302.

¹¹⁾ Ebda., S. 297.

¹²⁾ Der Verzicht auf den unbedingten Entnazifizierungsanspruch bei leitenden Wirtschaftsbeamten wurde auch von der Labour-Regierung mitgetragen; vgl. Tyrell (1987), S. 298.

¹³⁾ Zur Besatzungskonzeption der indirect rule siehe z.B. Donnison (1961), S. 195.

¹⁴⁾ Donnison (1961), S. 242.

¹⁵⁾ R. Birley im Vorwort zu R. Ebsworth: Restoring Democracy in Germany. The British Contribution, London/New York 1960, S. VIIf.

¹⁶⁾ W. Rudzio: Großbritannien als sozialistische Besatzungsmacht in Deutschland – Aspekte des deutsch-britischen Verhältnisses 1945-1948, in: L. Kettenacker/M. Schlenke/H. Seier (Hrsg.): Studien zur Geschichte Englands und der deutsch-britischen Beziehungen, München 1981, S. 341-352.

¹⁷⁾ Schwarz (²1980), S. 160.

¹⁸⁾ Ebda., S. 165.

¹⁹⁾ Tyrell (1987), S. 546 und 622.

²⁰⁾ PRO, CAB 128 (5), Cabinet Minutes vom 6.6.1946, zit. nach Farquharson (1985b), S. 121; vgl. die Daten bei Jerchow (1978), S. 347.

²¹⁾ Ebda., S. 323.

²²⁾ Farquharson (1985b), S. 121f.

²³⁾ J. Foschepoth: Großbritannien und die Deutschlandfrage auf den Außenministerkonferenzen 1946/47, in: Foschepoth/Steininger (Hrsg.) (1985), S. 65-85, S. 66.

²⁴⁾ Jerchow (1978), S. 172.

²⁵⁾ FRUS 1946, Bd. 2, S. 868, zit. nach Foschepoth (1985), S. 69.

²⁶⁾ Foschepoth (1985), S. 70.

²⁷⁾ Ebda., S. 70ff.

²⁸⁾ Farquharson (1985), S. 125.

²⁹⁾ Ebda., S. 128ff. Scharfe Kritik an der britischen Besatzungskompetenz gehörte auch nach der Zonenvereinigung zu Clays Standardtopoi, siehe z.B. CP, Dokumente Nr. 61, 94, 204 und 222.

³⁰⁾ Farquharson (1985), S. 140, schreibt: „But in longer term the British had to win the battle for a firm US commitment to be sole bi-zonal supplier."

³¹⁾ Vgl. auch R. Steininger: Westdeutschland ein „Bollwerk gegen den Kommunismus"? Großbritannien und die deutsche Frage im Frühjahr 1946, in: MGM, Jg. 38, 1985, H. 2, S. 163-206.

5.3. Versorgungsverwaltung: Die additive Demokratie

[1]) Diese knappe Skizze nach Donnison (1961), S. 276f., Farquharson (1985b), S. 34f., und U. Reusch: Die Londoner Institutionen der britischen Deutschlandpolitik 1943-1948. Eine behördengeschichtliche Untersuchung, in: Historisches Jahrbuch, Jg. 100, 1980, S. 318-443, S. 379ff.

[2]) *Sir Brian H. Robertson*, 1896 als Sohn eines Generalfeldmarschalls geboren, tat gegen Kriegsende als Verwaltungsoffizier in Italien Dienst. In Deutschland bekleidete der General zunächst von 1945 bis 1947 das Amt des stellvertretenden Militärgouverneurs, dann bis 1949 das Amt des Militärgouverneurs der britischen Zone und 1949/50 avancierte er zum Hohen Kommissar in Deutschland. Danach übernahm er bis 1953 den Oberbefehl über die britischen Luftstreitkräfte im Nahen Osten. Robertson verstarb 1974.

[3]) F.S.V. Donnison: Civil Affairs and Military Government. Central Organization and Planning, H.M. Stationery Office, London 1966, S. 291ff.

[4]) Vgl. H. Pietsch: Militärregierung, Bürokratie und Sozialisierung. Zur Entwicklung des politischen Systems in den Städten des Ruhrgebietes 1945 bis 1948, Duisburg 1978, S. 27.

[5]) Zu Barraclough: Dreher (1972), S. 24. Barraclough behielt den Posten des Militärbefehlshabers der Nord-Rheinprovinz.

[6]) Siehe dazu auch Stüber (1984), S. 82.

[7]) Farquharson (1985b), S. 34.

[8]) Mit „Ländern" sind in diesem Kontext die kleineren Länder wie Braunschweig, Hamburg, Lippe, Oldenburg, oder Schaumburg-Lippe gemeint. Dieser Ebene entsprachen die „Regierungsbezirke" des Landes Preußen.

[9]) Ziffer nach PRO, FO 1013/77, RFT Reports Oktober und November 1946.

[10]) Zit. und Darstellung nach Schlange-Schöningen (Hrsg.) (1955), S. 33ff., insbes. S. 37, und Farquharson (1985b), S. 41-43. Zur Geschichte der Versorgungsbürokratie in der britischen Zone ausführlicher: Stüber (1984), S. 78-113.

[11]) Die Ausweitung der Kompetenzen der beiden Wirtschaftszentralämter in der britischen Zone wurde natürlich auch „unter dem Eindruck betrieben, daß die englische Position gegen die Amerikaner gehalten werden müsse." Der Zeitpunkt hierfür sei „mit der Bildung des Vereinigten Wirtschaftsgebietes" zusammengefallen, formulierte I. Girndt: Zentralismus in der britischen Zone. Entwicklungen und Bestrebungen beim Wiederaufbau der staatlichen Verwaltungsorganisation auf der Ebene oberhalb der Länder 1945-1948, Diss.phil. Bonn, Bonn 1971, S. 123.

[12]) *Dr. Hans Schlange-Schöningen.* Der 1886 geborene und 1960 verstorbene Gutsbesitzer saß von 1924 bis 1932 für die DNVP, aus welcher er 1930 wieder austrat, im Reichstag. 1931 bis 1932 gehörte er als Reichskommissar für Osthilfe und Minister ohne Geschäftsbereich der Reichsregierung an. 1946 übernimmt der verbraucherfreundlich eingestellte Christdemokrat das Zentralamt für Ernährung in der britischen Zone, 1947 den Direktorposten für Ernährung und Landwirtschaft im Vereinigten Wirtschaftsgebiet. Das Mitglied des ersten Bundestages geht 1950 bis 1953 als Botschafter nach London. Schlange-Schöningen und seine Versorgungspolitik wurde wegen seiner politischen Vergangenheit von kommunistischer Seite unablässig attackiert. Vgl. zu seinem Werdegang Schlange-Schöningen (Hrsg.) (1955), insbes. S. 39-44; Trittel (1987).

[13]) Im Frühjahr 1946, Wildt (1986), S. 37.

[14]) Zur Genesis des neuen Landes siehe u.a. W. Först: Kleine Geschichte Nordrhein-Westfalens, Düsseldorf 1986, insbes. S. 28ff.

15) *Dr. h.c. Heinrich Lübke* wurde 1894 in Enkhausen im Sauerland geboren; der Vater war Schuhmacher und betrieb nebenbei eine kleine Landwirtschaft. Von 1926 bis 1933 führte der studierte Agraringenieur die Deutsche Bauernschaft und die Siedlungs-AG „Bauernland". Seit 1931 saß er als Zentrumsabgeordneter im Preußischen Landtag und wurde nach 1933 aus politischen Gründen zeitweilig verhaftet. Seine Tätigkeit für ein Industriebau-Unternehmen zwischen 1937 und 1946 gab später Anlaß zur Kritik: Lübke war stellvertretender Leiter einer an KZ-Bauten beteiligten Gruppe. Von Oktober 1946 bis 1952 nahm Lübke ein Mandat im Landtag, seit 1949 im Bundestag wahr. Vom 6. Januar 1947 bis 31. Dezember 1952 amtierte Lübke als Landwirtschaftsminister in Nordrhein-Westfalen, von 1953 bis 1959 hatte er dieses Fachressort in Bonn inne. 1959 wurde Lübke für zwei Amtszeiten zum Bundespräsidenten gewählt. Er verstarb 1972. Zu Lübke siehe die Apologie von H.G. Quarta: Heinrich Lübke. Versuch einer biographischen Darstellung, Buxheim 1978, insbes. S. 39ff.

16) Eschenburg (1983), S. 91. Lübke geriet in der Debatte über die Bodenreform unter Beschuß Adenauers und der CDU-Fraktion; siehe Först (1986), S. 53; Quarta (1978), S. 57.

17) PRO, FO 1013/1055, Director G.B. Youard, HQ. Food & Agriculture Dept., Bonn, an Regional Economic Officer, Düsseldorf, am 15. Juli 1947, Vermerk: Confidential.

18) HAStK, 5/1337, Verwaltungsgliederung gem. Anordnung vom 18.9.1947. Das „Landesernährungsamt Bonn" war für die Kölner aufgrund seiner Besetzung mit NS-Beamten und seiner Verteilungspolitik ein rotes -genauer: braunes- Tuch! Siehe dazu auch das nachfolgende Kap. 5.4.

19) HAStK, 82 V 545, Ernährungsausschuß des Landesverbandes Nordrhein-Westfalen des Deutschen Städtetages am 1.12.1947.

20) Ebda., HAStK, 82 V 547, Tagung der Ernährungsdezernenten der Stadtkreise am 24.4.1947; HAStK 5/169, Der Kölner Oberstadtdirektor am 13.5.47. Der Deutsche Städtetag unterstützte dieses Ansinnen und beschloß mit Unterstützung von Bürgermeister Wimmer und Stadtrat Weiss aus München eine Resolution, derzufolge „die Erfassung nicht eine Angelegenheit der bäuerlichen Selbstverwaltung sein kann." HAStK, 82 V 545, 1. Sitzung des Ernährungs- und Versorgungsausschusses des Deutschen Städtetages am 9.4.48.

21) HAStK, 82 V 547, Tagung der Ernährungsdezernenten der Stadtkreise am 24.4.1947, S. 3.

22) PRO, FO 1013/444, HQ Regierungsbezirk Cologne, November 1947.

23) PRO, FO 1013/443, HQ Regierungsbezirk Cologne, October 1947.

24) Siehe Dann (Hrsg.) (1981), S. 160 und 248.

25) Verhandlungen der Stadtverordneten-Versammlung zu Köln vom Jahre 1946, Köln o.J., Burauen in der 11. Sitzung vom 21.11.1946, S. 281.

26) Neue Illustrierte Nr. 8/1946, S. 8.

27) HAStK, 82 V 109/1, 7.6.1947. Zuständig für Food: Captain J. Molloy.

28) Pünder (1968), S. 220. Einschub vom Verf.

29) *Gustav Adolphs*, 1873 in Herdecke geboren, war seit 1911 Fuhrparkdirektor in Köln gewesen, als er 1933 aus politischen Gründen entlassen wurde. 1939 wurde der Beamte durch Mobilmachungs-Befehl eingezogen und als Leiter des Ernährungsamtes der Stadt Köln eingesetzt. 1945 versah Adolphs als Beigeordneter das Hauptamt für Ernährung und Landwirtschaft der Stadt und wechselte anschließend ins Dezernat für Wirtschaft, Verkehr, Fuhrpark und Häfen.

30) Dazu R. Billstein: Die Kölner Arbeiterparteien und der Wiederaufbau der städtischen Verwaltung 1945/46, in: Billstein (Hrsg.) (1979), S. 362-384, S. 370ff.

[31] HAStK, 2/1170, Besprechungen am 10.9.1945 und 24.9.45; siehe dazu H. Treiß: Britische Besatzungspolitik in Köln, in: Dann (Hrsg.) (1981), S. 73-92, S. 79.

[32] *Rolf Kattanek*, geboren 1902 in Köln, war seit 1920 bei der Stadt Köln beschäftigt. Nachdem er 1937 „aus rassepolitischen Gründen" aus der Stadtverwaltung entfernt worden war, arbeitete er als Wirtschaftstreuhänder. Am 14.3.45 nahm er seine städtische Karriere als Leiter des Hauptamtes Allgemeine Verwaltung wieder auf. In der zweiten Hälfte dieses Jahres trat Kattanek der SPD bei.

[33] Vgl. Pünder (1968), S. 214-221, und Billstein (1979), S. 375-378.

[34] KK Nr. 40/1945 vom 12.10.45.

[35] HAStK, 2/2646, Der Oberbürgermeister an MilGov Köln am 31.8.1946.

[36] Gewerkschaften und Ortsausschüsse standen dem Direktor des Ernährungsamtes reserviert gegenüber, „weil dieser gleichzeitig Aufsichtsratsvorsitzender in einer Zuckerfabrik sei und noch andere Posten inne habe." HAStK, 3/19/5, Sitzung mit den Ernährungsbehörden am 31.5.1946, S. 2.

[37] HAStK, 2/1193, Verzeichnis der leitenden Beamten und Angestellten der Stadtverwaltung, Stand per 1.3.1947.

[38] Ebda. Diese Liste weist für die Kölner Stadtverwaltung insgesamt 99 leitende Beamte und Angestellte aus, davon 33 „parteipolitisch ungebundene", 38 Sozialdemokraten, 24 Christdemokraten und vier Kommunisten.

[39] HAStK, 5/670, Besprechung vom 21.10.1946.

[40] Sie bzw. ihre Witwen wurden durch den Bezug von Ruhegehältern und Hinterbliebenenpensionen in die alten Beamten-Rechte eingesetzt.

[41] HAStK, 5/144, Personalamt am 24.6.1948. Zur Geschichte der „sogenannten Entnazifizierung" (Billstein) in Köln siehe Billstein (1988), S. 15-23, und Treiß (1981). Zur Entnazifizierung in den Ruhrstädten vgl. Pietsch (1978), S. 73-78; in Nordrhein-Westfalen: U. Reusch: Versuche zur Neuordnung des Berufsbeamtentums, in: Foschepoth/Steininger (Hrsg.) 1985), S. 171-181, und I. Lange: Entnazifizierung in Nordrhein-Westfalen. Richtlinien, Anweisungen, Organisation, Siegburg 1976. Ihr Fazit (siehe S. 58): „Ein trauriges Kapitel deutscher Geschichte, zugleich aber ein so trostloses Kapitel deutscher und englischer Verwaltungsgeschichte, wie es kaum vorstellbar ist."

[42] Verhandlungen der Stadtverordneten-Versammlung zu Köln vom Jahre 1945, 2. Sitzung vom 11.10.1945, S. 11.

[43] Kattaneks Unterschrift auf der NSDAP-Mitgliedskarte Nr. 750.418 vom 1.7.1931 fehlte, unter dem Datum 30.7.36 fand sich der Vermerk: „nicht aufgenommen". Nach Zeugenaussagen hatte er 1933 als Bannerträger einer Stahlhelm-Delegation angehört, die Exkaiser Wilhelm II. in seinem holländischen Exil ihre Aufwartung machte. VS Nr. 9/1948 vom 8.1.48, KR Nr. 11/1948 vom 24.1.48, VS Nr. 11/1948 vom 26.1.48, Westfälische Rundschau Nr. 12/1948 vom 29.1.48.

[44] Einen generellen Überblick über die „Verbrechen und Vergehen im Amte" gibt Bader (1949), S. 119-122.

[45] VS Nr. 19/1948 vom 13.2.48.

[46] HAStK, 3/19/1, Mitteilungen und Eindrücke bei Besprechungen und Sitzungen in der Zeit vom 20.-25.8.1945.

[47] Verhandlungen der Stadtverordneten-Versammlung zu Köln vom Jahre 1945, 2. Sitzung vom 11.10.1945, S. 14. Hilgermann über die Korruptionspraxis in der Kölner Handwerkskammer: "... es wurde gestohlen, betrogen, es kam zu einer unheimlichen Korruption. In der Kammer wurden täglich auf den verschiedensten Abstellplätzen Butter, Eier, Wein, Tabakwaren, Damenstrümpfe und dergl. gefunden..." B. Hilgermann: Als die Weichen ge-

stellt wurden. Die Kölner Industrie- und Handelskammer nach dem Zusammenbruch, Köln 1971, S. 39.

[48] HAStK, Acc. 348/1, Hauptamt Ernährung und Landwirtschaft am 5.3.46, 3.6.46 und 18.6.46.

[49] KR Nr. 33/1946 vom 9.7.46 und KR Nr. 34/1946 vom 12.7.46.

[50] VS Nr. 44/1947 vom 12.6.47. Zu diesem „Skandal im Kölner Ernährungsamt" siehe auch: RhZ Nr. 47/1947 vom 11.6.47, KR Nr. 46/1947 vom 17.6.47 und HAStK, 5/169, Hauptamt Ernährung und Landwirtschaft am 26.2.1948.

[51] RhZ Nr. 56/1947 vom 12.7.47.

[52] RhZ Nr. 67/1947 vom 20.8.47: Butter, Käse, Menschen und Moral.

[53] StadtA M, BuR 1724/11, Bericht über die wirtschaftliche Lage im Monat November 1947, S. 1.

[54] VS Nr. 18/1947 vom 6.3.47: Brauchen wir neue Stadtdirektoren? *Theodor Scharmitzel* war in der Tat kein gelernter Verwaltungsbeamter, sondern Verleger eines mittleren Zeitungsunternehmens im Bergischen Land. Arentz (1981), S. 117, 122ff., 134.

[55] KR Nr. 30/1947 vom 18.4.47, diese Bewertung vertrat auch die RhZ Nr. 32/1947 vom 19.4.47.

[56] Verhandlungen der Stadtverordneten-Versammlung zu Köln vom Jahre 1947, Abgeordneter Gérard (KP) in der 3. Sitzung vom 12.3.1947, S. 58-60, inbes. S. 60.

[57] VS Nr. 27/1947 vom 10.4.47 und VS Nr. 29/1947 vom 17.4.47. Innerhalb des Amtes wurde mit zumindest fragwürdigen Methoden nach der undichten Stelle, den illoyalen Informanten, gefahndet: Der christdemokratische Personalratsvorsitzende ließ die leitenden Beamten im Dezernatsbereich einen Strafantrag gegen die 'Volksstimme' wegen Beleidigung (übler Nachrede) und eine eidesstattliche Erklärung unterschreiben, „nicht der Schreiber dieses Artikels noch der geistige Urheber" zu sein. HAStK, 5/169, an die Staatsanwaltschaft beim Landgericht im März 1947.

[58] So auch Holtmann (1989), S. 293.

[59] Zum Erfolg der Kommunisten bei diesem Urnengang siehe Kap. 5.7. Nach den Wahlen faßte die VS nach: VS Nr. 31/1947 vom 24.4.47, VS Nr. 36/1947 vom 12.5.47 und VS Nr. 39/1947 vom 22.5.47.

[60] Zur sogenannten zweiten Phase britischer Besatzungspolitik in Köln siehe Treiß (1981), S. 81ff., im Rheinland siehe Pietsch (1978), S. 34ff.

[61] Zur Revision der Deutschen Gemeindeordnung von 1946: Ebsworth (1960), S. 80ff.; H. Pünder: Die deutschen Gemeinden gestern, heute und morgen, Köln 1948; W. Rudzio: Die Neuordnung des Kommunalwesens in der Britischen Zone. Zur Demokratisierung und Dezentralisierung der politischen Struktur: eine britische Reform und ihr Ausgang, Diss.phil. Frankfurt, Frankfurt 1968.

[62] Pietsch (1978), S. 62.

[63] Ebda., S. 65f.

[64] Die Kölner Ortsausschüsse, welche in diesem Sinne ebenfalls forderten, „von unten" am Verwaltungsgeschehen der Stadt teilzuhaben, sollen in dieser Studie nicht sosehr als Organ der Stadtverwaltung, sondern als Organisation zur Selbsthilfe vorgestellt werden; siehe deshalb Kap. 5.6.

[65] KR Nr. 51/1946 vom 10.9.46.

[66] Farquharson (1985b), S. 81; seine Rechtfertigungsgründe siehe auch S. 37ff.

[67] KR Nr. 51/1946 vom 10.9.46.

[68] PRO, FO 1013/76, HQ MilGov Land North Rhine/Westphalia, Monthly Report April/1947.

[69] HAStK, 2/1409, HQ MilGov Land North Rhine/Westphalia, Weisung vom 30.4.47: Consumer Councils.
[70] KR Nr. 49/1947 vom 27.6.47. Als Delegierter des Deutschen Städtetages war Oberbürgermeister Pünder in den Verbraucherausschuß beim ZEL in Hamburg berufen worden, der sich schon im Juli 1946 konstituiert hatte; HAStK, 2/1409.
[71] HAStK, 2/2606, W. Asbury: Ein Überblick über die Verhältnisse in Nordrhein-Westfalen, o.D.

5.4. Versorgungskette: Konkurrenzkampf mit den Ruhrstädten

[1] VS Nr. 14/1947 vom 20.2.47.
[2] PRO, FO 1013/303, HQ MilGov Regierungsbezirk Cologne am 17.6.46.
[3] Verhandlungen der Stadtverordneten-Versammlung zu Köln vom Jahre 1946, Bürgermeister Görlinger (SPD) in der 7. Sitzung am 13.6.1946, S. 132. Einschub vom Verf.
[4] PRO, FO 1013/303, Internal Affairs and Communications Branch, North Rhine Region, am 15.7.1946.
[5] PRO, FO 1039/929, HQ MilGov North Rhine Region, RFT Report 26.5.-27.6.1946, S. 5.
[6] HAStK, 3/19/5, Bericht über die Sitzung der rrh. Ortsausschüsse am 20.3.46. Im Zusammenhang mit dem Topos „Schwarze Stadt" spricht der Viererausschuß von der „engherzigen Einstellung und Abneigung gegen Köln" im Bonner Landesernährungsamt; HAStK, ebda., am 30.3.46. Das Amt selbst will das Etikett in gewisser Weise positiv gefüllt wissen: „Die Industriegebiete, insbesondere die 'Schwarzen Städte', müssen bevorzugt beliefert werden, das geschieht innerhalb der Nord-Rheinprovinz auf Kosten der übrigen Bevölkerung." HAStK, 5/169, Oberpräsident am 25.9.1946.
[7] HAStK, Sitzung der Ortsausschüsse mit den Ernährungsbehörden am 31.5.1946; vgl. die Berichte in KR 23/1946 vom 4.6.46 und RhZ Nr. 28/1946 vom 5.6.46.
[8] HAStK, 82 V 187/2, Amt für Ernährung und Landwirtschaft am 5.1.1946, Hauptamt 7 am 10.1.46.
[9] HAStK, 2/1409, Telegramm an Oberbürgermeister, eingegangen am 15.11.1946. Diese Zusicherung hatten die Kölner deswegen in Hamburg erwirkt, weil sie Nachteile durch die Einrichtung eines Sonder- „Ernährungsamtes Ruhr" befürchteten.
[10] Ebda., an Getreidewirtschaftsstelle beim Düsseldorfer Ministerium am 6.3.1947. Der Wochenbericht der Abteilung Großhandel vom 10.3.47 bestätigt diese Vorwürfe; HAStK, 82 V 547.
[11] HAStK, 82 V 187/2, Antwortschreiben vom 13.3.1947.
[12] HAStK, ebda. und 82 V 110 (Entwurf), Telegramm vom 16.6.1947.
[13] HAStK, 5/169 und 2/1409, Rundschreiben an 27 potentielle Fürsprecher Kölns vom 28.5.1947; vgl. KR Nr. 45/1947 vom 6.6.47.
[14] HAStK, 2/339, Besprechung vom 2.6.1947. Vgl. auch HAStK, 2/1172, Besprechung vom 28.5.47: Pünder berief sich auf die Zusage britischer und deutscher Stellen, „daß Köln von irgendwelchen Sondermaßnahmen niemals ausgeschlossen werden solle."
[15] HAStK, 2/1409, Regierungspräsident am 6.6.1947.
[16] RhZ Nr. 49/1947 vom 18.6.47; KR Nr. 46/1947 vom 17.6.47.
[17] Verhandlungen der Stadtverordneten-Versammlung zu Köln vom Jahre 1947, Kattanek in der 8. Sitzung am 4.9.1947, S. 248.

[18]) Först (1986), S. 13.
[19]) Hilgermann (1961), S. 36f.
[20]) HAStK, 5/670, Besprechung am 18.11.1946.
[21]) HAStK, 2/1171, Pressekonferenz am 10.9.1947.
[22]) Der Direktor des Statistischen Amtes der Stadt, Dr. L. Fischer, zählte 1952 die „Benachteiligungen Kölns infolge und seit seiner Zerstörung" in einer Denkschrift auf, in: HAStK, Ec 78.
[23]) HAStK, 82 V 545, Manuskript vom 3.6.1946 für einen Vortrag am 6.6.1946 vor dem Städtetag. Der Entwurf stammte von Mariaux.
[24]) KR Nr. 46/1947 vom 17.6.47.
[25]) HAStK, 5/674, Oberstadtdirektor am 31.1.47; Verhandlungen der Stadtverordneten-Versammlung zu Köln vom Jahre 1945, 6. Sitzung vom 15.11.1945, S. 100.
[26]) Verhandlungen der Stadtverordneten-Versammlung zu Köln vom Jahre 1947, 8. Sitzung vom 4.9.1947, S. 249.
[27]) HAStK, 5/169, Bericht vom 27.10.1947; Verhandlungen der Stadtverordneten-Versammlung zu Köln vom Jahre 1947, 9. Sitzung vom 12.12.1947, S. 268. Zu den diffizilen Import-Prozeduren siehe Jerchow (1978), S. 322-350.
[28]) HAStK, 5/674, Oberstadtdirektor am 31.1.47.
[29]) Verhandlungen der Stadtverordneten-Versammlung zu Köln vom Jahre 1945, 6. Sitzung vom 15.11.1945, S. 100.
[30]) RWWA, Tonbandprotokolle, Bd. Nr. 4, S. 5.
[31]) HAStK, 5/319, 25. Wochenbericht vom 26.6.1947. Im Vorgebirge seien 40 Prozent des Baumbestandes durch den Krieg vernichtet worden, der Ertrag der verbleibenden 60 Prozent müsse der Marmeladeindustrie zugeführt werden, erklärte Kattanek. Verhandlungen der Stadtverordneten-Versammlung zu Köln vom Jahre 1947, 2. Sitzung vom 7.3.1947, S. 27f.
[32]) Ebda.
[33]) HAStK, 69/10, Marktverwaltung am 16.12.1946.
[34]) HAStK, 5/169, Bericht über eine „Inspektionsreise" vom 9.12.1946, S. 2.
[35]) HAStK, 3/19/5, Ortsausschüsse, Sitzungsprotokoll vom 31.5.46; RhZ Nr. 28/1946 vom 5.5.46.
[36]) HAStK, 69/9, Direktion der Schlacht- und Viehhöfe am 24.4.1947, Hauptamt Ernährung und Landwirtschaft am 30.4.47.
[37]) VS Nr. 58/1947 vom 31.7.47 und RhZ Nr. 63/1947 vom 6.8.47; HAStK, 5/169, Nachrichtenamt der Stadt am 29.9.47.
[38]) HAStK, 5/1337, Hauptamt Ernährung und Landwirtschaft am 21.10.1947, S. 4f.
[39]) SZ Nr. 78/1947 vom 13.9.47, SZ Nr. 80/1947 vom 20.9.47, und KR Nr. 73/1947 vom 19.9.47.
[40]) HAStK, 5/169, Bericht des Marktbeauftragten vom 9.1.1948, KR vom 10.1.48.
[41]) HAStK, 3/19/5, Ortsausschüsse, Sitzungsprotokoll vom 31.5.46.
[42]) Verhandlungen der Stadtverordneten-Versammlung zu Köln vom Jahre 1945, 4. Sitzung vom 25.10.1945, S. 66.
[43]) HAStK, 69/10, Marktverwaltung am 26.11.1945.
[44]) HAStK, 2/1172, Pünder am 20.1.1947; VS Nr. 4/1947 vom 16.1.47.
[45]) HAStK, 5/319, Wochenbericht vom 27.3.1947.
[46]) VS Nr. 40/1947 vom 29.5.1947.
[47]) RhZ Nr. 44/1947 vom 31.5.47.
[48]) HAStK, 2/2646, Oberbürgermeister an MilGov Cologne am 18.7.1946; KR Nr. 26/1947 vom 1.4.47.

⁴⁹⁾ Ziffer bezieht sich auf 1946; aus: Die Welt am 9.11.1946.
⁵⁰⁾ RWWA, Tonbandprotokolle, Bd. Nr. 4, S. 17.
⁵¹⁾ Verhandlungen der Stadtverordneten-Versammlung zu Köln vom Jahre 1946, Pünder in der 9. Sitzung vom 29.8.1946, S. 225.
⁵²⁾ Verhandlungen der Stadtverordneten-Versammlung zu Köln vom Jahre 1947, Kattanek in der 2. Sitzung vom 7.3.1947, S. 22. Diese Argumente wurden auch dem Stadtkommandanten vorgetragen; Colonel White erwiderte, seine Regierung sei nicht bereit, die „übermässig hohen Umschlaggebühren der Belgier und Holländer" zu zahlen. HAStK, 2/1172, Montagsbesprechung vom 13.1.1947. Zur Hafenkontroverse siehe auch Jerchow (1978), S. 332-335.
⁵³⁾ HAStK, 82 V 187/2, Denkschrift über die Mehlversorgung der Stadt- und Landkreise Köln durch die Weizenmühle Carl Auer GmbH vom 13.6.1947.
⁵⁴⁾ RWWA, Zeitzeuge Heuckeshoven: Tonbandprotokolle, Bd. 3 (rot), S. 4.
⁵⁵⁾ Bereits nach dem ersten Tausend-Bomber-Angriff vom 31.5.1942 hatten zahlreiche Bäckereien, Metzgereien und Einzelhandelsgeschäfte schließen müssen; Dann (Hrsg.) (1981), S. 30.
⁵⁶⁾ HAStK, 82 V 187/2, Bericht eines betroffenen Mehlhändlers vom 8.11.1945; Ernährungsamt A, Bericht vom 21.11.45.
⁵⁷⁾ HAStK, 82 V 187/2, Bericht eines Mehlhändlers vom 8.11.1945.
⁵⁸⁾ HAStK, 3/19/48, Eingabe über Ortsausschuß Köln-Marienburg am 5.11.1945.
⁵⁹⁾ HAStK, 82 V 188, Bäckerinnnung am 26.2.1946.
⁶⁰⁾ Die Herstellung von reinem Weiß- oder Weizenbrot war verboten; grundsätzlich waren rund 30 Prozentteile Maismehl beizumischen.
⁶¹⁾ Die KPD Alt-Ehrenfeld machte die neuen Kunden-Klassen am 12.6.1947 zum Gegenstand einer Anfrage bei der Stadtverwaltung; HAStK, 82 V 188. Vgl. VS Nr. 25/1946 vom 27.5.46. In der Alltagssprache der DDR gab es bis zur „Wende" dafür das Wort „Bückwaren".
⁶²⁾ HAStK, 3/19/19, Schreiben vom 12.10.1945. Nazi-Konzessionierungen zu bekämpfen und die Geschäfte an NS-Opfer zu übergeben, hatte sich auch der Ortsausschuß Köln-Deutz zum Ziel gesetzt, HAStK, 3/19/30.
⁶³⁾ Zit. nach Bönisch (1985), S. 78.
⁶⁴⁾ HAStK, 3/19/6, Bericht über die von den bisher bestehenden Ortsausschüssen festgestellten Mißstände des öffentlichen Lebens und Vorschläge zu deren Beseitigung, o.D. (1945).
⁶⁵⁾ HAStK, 3/19/36, Fink/Schumacher: Was geht im Kartoffelgrosshandel Kölns vor? o.D. (1947). Als sachverständiger Kritiker der neuen Handelsorganisationen zeichnete sich *Franz Josef Heuckeshoven* vom Ortsausschuß Köln-Marienburg aus; siehe HAStK, 3/19/45 (20./23.8.1945).
⁶⁶⁾ VS Nr. 74/1946 vom 14.11.46.
⁶⁷⁾ In einem solchen Neuner-Ausschuß saßen drei Mitglieder der betreffenden Innung, je ein Vertreter der KPD, SPD, CDU und der Gewerkschaften sowie ein Volljurist als Vorsitzender. Zur Besetzung von Entnazifizierungs-Ausschüssen generell „legte" Stadtkommandant White am 14.10.1946 in einer Besprechung „auseinander": „Schumacher sei für die Labour-Regierung 'ein Engel', aber die CDU entspreche nicht deren Vorstellungen vom Himmel.' Deshalb ist die Regierung in London auch gegen eine Majorisierung der Entnazifizierungs-Ausschüsse durch CDU (= 'Verkleidete Nazi')." HAStK, 5/670.
⁶⁸⁾ HAStK, 82 V 116, Zusammengefaßtes Ergebnis von fünf Berichten aus dem Zeitraum vom 21.3. bis 23.5.1946.

⁶⁹⁾ PRO, FO 1039/929, HQ MilGov North Rhine Region, RFT Report 26.5.-27.6.1946: „Trade & Industry: De-nazification of the larger organisations is being dealt with first. Licences are refused to Nazi wholesalers and retailers but persecuted firms are being reopened whenever practicable. The underlying policy throughout is the equitable distribution of foodstuffs."

⁷⁰⁾ Hilgermann (1961), S. 26; Kommentar von Brunn (1981), S. 69.

⁷¹⁾ B. Hilgermann: Als die Weichen gestellt wurden. Die Kölner Industrie- und Handelskammer nach dem Zusammenbruch, Köln 1971, S. 10. Hilgermann polemisierte ferner gegen die „Denunziation" von belasteten Kaufleuten durch ehemalige Angestellte oder Mitkonkurrenten, S. 32f.

⁷²⁾ *Peter Schlack*, der ehemalige Reichstagsabgeordnete des Zentrums, zählte zum Gründerkreis der Kölner CDU; vgl. H.-J. Arentz: Die Anfänge der Christlich-Demokratischen Union in Köln, in: Dann (Hrsg.) (1981), insbes. S. 123 und 125. Verhandlungen der Stadtverordneten-Versammlung zu Köln vom Jahre 1947, 3. Sitzung vom 12.3.1947, S. 5.

⁷³⁾ Die Stadtverordneten Schlack und Lis Hoffmann (SPD) sprachen am 30.5.1946 anläßlich der Wiedergründung der beiden Kölner Konsumgenossenschaften 'Eintracht' und 'Hoffnung'; KR Nr. 20/1946 vom 24.5.46. Zur Geschichte der beiden rivalisierenden Konsumvereine siehe W. Herrmann: Wirtschaftsgeschichte der Stadt Köln 1914 bis 1970, in: H. Kellenbenz (Hrsg.): Zwei Jahrtausende Kölner Wirtschaft, Band 2, Köln 1975, S. 359-473, S. 416f.

⁷⁴⁾ Verhandlungen der Stadtverordneten-Versammlung zu Köln vom Jahre 1947, 2. Sitzung vom 7.3.1947, S. 36. Zur Diskussion dieses Zahlenwerkes siehe RhZ Nr. 28/1947 vom 5.4.47.

⁷⁵⁾ RhZ Nr. 56/1947 vom 12.7.47 und RhZ Nr. 67/1947 vom 20.8.47: Butter, Käse, Menschen und Moral. Vgl. VS Nr. 102/1947 vom 22.12.47.

5.5. Versorgungssoziologie: Die „lästigen Esser"

¹⁾ RhZ Nr. 84/1946 vom 18.12.46.

²⁾ Borsdorf/Niethammer (Hrsg.) (1976), S. 39.

³⁾ Im Verbund mit den Bezugsscheinen für Kleider, Schuhe, Seife, Rauchwaren etc.

⁴⁾ Heinrich Böll: Am Ufer, in: Die Verwundung und andere frühe Erzählungen, Bornheim 1983, S. 207-228.

⁵⁾ Ebda., S. 211.

⁶⁾ Ebda., S. 228.

⁷⁾ Ausnahme: Nur bei Verdacht auf Doppelbezug konnte vom Ernährungsamt eine Kartensperre gegen einen Beschuldigten verhängt werden. HAStK, 82 V 525, Vorlage der Rechtsstelle des Ernährungsamtes am 5.3.1947 an Kattanek, Amt für Ernährung und Landwirtschaft an Preisbehörde am 24.3.1947.

⁸⁾ KR Nr. 58/1947 vom 29.7.47: Bestrafung mit dem Hungertod?

⁹⁾ RhZ Nr. 7/1947 vom 22.1.47.

¹⁰⁾ VS Nr. 87/1946 vom 30.12.1946: Die Schlange.

¹¹⁾ Verhandlungen der Stadtverordneten-Versammlung zu Köln vom Jahre 1947, Beigeordneter Kattanek in der 2. Sitzung vom 7.3.1947, S. 36f. Bereits am 21.9.1945 hatte der Ortsausschuß Köln-Marienburg festgestellt: „Die Zustellung in die Häuser ist, nach dem

Spitzelsystem der Nazi, Blockwart usw. nicht mehr durchführbar..." HAStK, 3/19/45.

[12] HAStK, 82 V 528, Zahlenwerk der 91. ZP (22.7.-18.8.46).

[13] Statistisches Jahrbuch der Stadt Köln, Jg. 33, 1947, S. 11, HAStK, 82 V 528, HAStK 5/925, vgl. dazu Brunn (1981), S. 37-39.

[14] Verhandlungen der Stadtverordneten-Versammlung zu Köln vom Jahre 1946, 3. Sitzung vom 7.3.1946, S. 34.

[15] RhZ Nr. 28/1946 vom 5.6.46, KR Nr. 34/1946 vom 12.7.46, HAStK, Nr. 2/347, Vermerk vom 8.4.46.

[16] KK Nr. 14/1945 vom 26.6.45. Colonel White visierte zwei Jahre später, aller Versorgungsgeschichte zum Trotz, diese weit überhöhte Ziffer immer noch an. HAStK, 2/1172, Besprechung vom 30.6.1947.

[17] Verhandlungen der Stadtverordneten-Versammlung zu Köln vom Jahre 1946, 9. Sitzung vom 29.8.1946, S. 223.

[18] KR Nr. 56/1946 vom 27.9.46.

[19] RhZ Nr. 9/1947 vom 29.1.47: Mehr Fett und Fleisch.

[20] Siehe den Bericht der KR Nr. 15/1947 vom 21.2.47: Versprechungen machen nicht satt! Die Bevölkerung verzichtet auf Papier-Kalorien. Von „grausamer" Enttäuschung sprach die VS Nr. 10/1947 am 6.2.47.

[21] Verhandlungen der Stadtverordneten-Versammlung zu Köln vom Jahre 1947, 2. Sitzung vom 7.3.1947, S. 18f.; siehe auch 1. Sitzung vom 20.2.47, S. 4ff. Die Kölner Kalorien-Enttäuschung griff am 8.3.47 auch das 'Berliner Volksblatt Vorwärts' auf.

[22] Neue Illustrierte Nr. 10/1947: Bizonale Sorgen. Die Springer- Presse umstellte die Abkürzung 'DDR' bis August 1989 mit den Strichzeichen.

[23] 'Die Zeit' Nr. 5/1947 vom 30.1.47, S. 1.

[24] PRO, FO 1013/1921 und FO 1050/670, No. 1 Nutrition Survey Team: Preliminary Report on the Nutrition Survey of the General Population of Cologne, March 1946.

[25] PRO, FO 1050/670, No. 1 Nutrition Survey Team, Dietary Report No. 3 (Köln 27.5.-1.7.1946).

[26] PRO, FO 1013/1026, HQ MilGov Land North Rhine/Westphalia: Summary of Report of Seventh Combined Nutrition Survey-April 1947 vom 12.5.47.

[27] PRO, FO 1013/1973, No. 1 Nutrition Survey Team: Household Dietary Investigation carried out in Cologne, 27.8.-3.9.1947.

[28] Hauptstaatsarchiv Düsseldorf, NW 43/467, Dr. Bering: Auszug aus den Berichten der Familienfürsorgerinnen über die Notlage der Kölner Bevölkerung (Stand vom November 1946), S. 6.

[29] HAStK, 82 V 121, Dr. med. Edward K. am 14.2.1949. Diese Diagnose beweise, so Kattanek, „dass Dr. K. wesentliche Voraussetzungen für die Ausübung seiner Praxis fehlen..." Er überlasse es dem Gesundheitsdezernenten, „geeignete Schritte gegen Dr. K. zu unternehmen." Ebda. am 25.2.49.

[30] Heinrich Böll: Stichworte, in: Aufsätze-Kritiken-Reden, Köln/Berlin (West) 1967, S. 173.

[31] HAStK, 2/132, Der Oberstadtdirektor am 18.5.1946.

[32] Verhandlungen der Stadtverordneten-Versammlung zu Köln vom Jahre 1947, 2. Sitzung vom 7.3.1947, S. 33f.

[33] Verhandlungen der Stadtverordneten-Versammlung zu Köln vom Jahre 1947, 9. Sitzung vom 12.12.1947, S. 261.

[34] Zur Akzeptanz und Kritik des Punktesystems innerhalb des Bergbaus siehe: U. Borsdorf: Speck oder Sozialisierung? Produktionskampagnen im Ruhrbergbau 1945-1947,

in: H. Mommsen/U. Borsdorf (Hrsg.): Glück auf, Kameraden! Die Bergarbeiter und ihre Organisationen in Deutschland, Köln 1979, S. 345-366, S. 359ff; W. Abelshauser: Der Ruhrkohlenbergbau seit 1945. Wiederaufbau, Krise, Anpassung, München 1984, S. 36ff.

[35] Zit. August Schmidt, von 1946 bis 1953 1. Vorsitzender des Industrieverbandes Bergbau, entnommen: KR Nr. 27/1947 vom 4.4.47.

[36] KR Nr. 15/1947 vom 21.2.47.

[37] Dazu auch Abelshauser (1984), S. 40.

[38] KR Nr. 54/1947 vom 15.7.47.

[39] Ebda.

[40] Das herrschende Frauenbild zeichnen zahllose Erhebungen der Besatzungsmächte nach. PRO, FO 1050/252, Public Opinion Research Office, German Morale Reports No. 1-4, 1947; vgl. ebda., FO 1013/83A.

[41] HAStK, 2/1172, Montags-Besprechung am 15.12.1947.

[42] HAStK, 2/1409, Entschließung vom 9.5.1947, unterzeichnet von Paul Weh.

[43] HAStK, 5/918, Gesundheitsamt an den Oberpräsidenten der Nord-Rheinprovinz am 2.5.1946.

[44] HAStK, 3/19/59, Vorgang vom 7.6.1947.

[45] KR Nr. 17/1947 vom 28.2.47. Siehe auch die Münchner Frauendemonstration gegen den Schwarzmarkt, gleichfalls im Jahr 1947 (Abb. 20).

[46] VS Nr. 17/1947 vom 3.3.47.

[47] VS Nr. 9/1947 vom 3.2.47.

[48] PRO, FO 1050/435, Food Demonstrations in Land Nord Rhine/Westphalia, 27.3.1947. Wie Frauen-Demonstrationen zu verhindern seien, war schon im November 1946 Thema einer Besprechung mit den zuständigen Besatzungsoffizieren gewesen. HAStK, 5/670, HQ MilGov Stadtkreis Köln am 15.11.1946, S. 7f.

[49] RhZ Nr. 27/1947 vom 2.4.47 und VS Nr. 25/1947 vom 5.4.47.

5.6. Zusatzversorgung: Das Credo der Selbsthilfe

[1] HAStK, 3/19/1, Ortsausschuß Köln-Ostheim am 25.6.1945.

[2] HAStK, 3/19/7, Bericht über die Tätigkeit der Ortsausschüsse o.D. (1945).

[3] HAStK, 3/19/1, Amt für Ernährung und Landwirtschaft, Stützpunkt Köln-Brück, am 20.6.1945.

[4] HAStK, 2/300, Denkschrift über die Kölner Ortsausschüsse vom Viererausschuß.

[5] HAStK, 3/19/1, Amt für Ernährung und Landwirtschaft, Stützpunkt Köln-Brück, am 20.6.1945.

[6] Billstein (1988), S. 219. Zur Geschichte der Ortsausschüsse grundlegend der Beitrag von D. Hirschberg: Die Kölner Ortsausschüsse, in: Dann (Hrsg.) (1981), S. 93-116; zum Vergleich mit den revolutionären Räten nach dem Ersten Weltkrieg und zur Typologie siehe H. Matzerath: Städte nach zwei Weltkriegen, in: W. Först (Hrsg.): Städte nach zwei Weltkriegen, Köln 1984, S. 10-29, abgedr. auch in: GiK, Jg. 1984, H. 15, S. 104-131.

[7] Hirschberg (1981), S. 106f. Zur Rolle Bürgerlicher in antifaschistischen Aktionskomitees L. Niethammer: Aufbau von unten. Die Antifa-Ausschüsse als Bewegung, in: Niethammer/Borsdorf/Brandt (1976), S. 699-717, S. 703f.

[8] HAStK, 3/19/5, Entwurf. Bericht über die Sitzung am 20.3.1946.

9) HAStK, 904/504, abgedr. in Dann (Hrsg.) (1981), S. 206. Der Publizist und Bibliotheksdirektor *Dr. Leo Schwering*, geboren im Jahre 1883, war vor 1933 Zentrumsabgeordneter im Preußischen Landtag gewesen. Als führendes Mitglied des Kölner Kolping-Widerstandes wurde er 1944 verhaftet und ins KZ-Durchgangslager Deutz verbracht. Nach dem Krieg ist er die treibende Kraft bei der Gründung der „Christlich-Demokratischen-Partei" (CDP) in Köln. Schwering wird zum ersten Vorsitzenden der Rheinischen CDU gewählt, für die er von 1946 bis 1958 ein Mandat im Landtag von Nordrhein-Westfalen wahrnimmt. Siehe u.a. L. Schwering: Vorgeschichte und Entstehung der CDU, Köln 1952. Dann (Hrsg.) (1981), v.a. S. 117ff., S. 120ff. und S. 128ff.

10) HAStK, 3/19/7, Bericht über die Tätigkeit der Ortsausschüsse o.D.

11) HAStK, 3/19/37, Ortsausschuß Köln-Holweide am 24.11.1945.

12) HAStK, 82 V 110, Amt für Ernährung und Landwirtschaft am 15.12.1945. Die Versorgungsbürokraten sprachen von einer „Süssanrichtung aus Teigwaren unter Zusatz von wenig Magermilchpulver und Süßstoff"!

13) HAStK, Acc. 375, Nr. 12, HQ MilGov Stadtkreis Köln am 28.2.1946.

14) KR Nr. 18/1946 vom 17.5.46.

15) Der 1892 geborene Fabrikarbeiter *Robert Görlinger* war 1909 der SPD beigetreten. Zehn Jahre später wurde er in den Kölner Ortsvorstand gewählt und errang für die Sozialdemokratie ein Stadtverordnetenmandat. Der Geschäftsführer der Kölner Arbeiterwohlfahrt stand von 1926 bis 1933 der Rathausfraktion seiner Partei vor. Görlinger emigrierte nach Frankreich, wurde dort interniert und 1943 ins KZ Sachsenhausen verschleppt. Seit Ende März 1946 bekleidete der Ortsvorsitzende der SPD das Amt des ersten Stellveteters des Kölner Oberbürgermeisters und wurde 1947 in den nordrhein-westfälischen Landtag, 1949 in den Bundestag gewählt. Er amtierte 1948/49 und 1950/51 als Oberbürgermeister der Domstadt. Görlinger starb 1954. Vgl. u.a. Billstein (1988), S. 43ff.

16) RhZ Nr. 8/1946 vom 26.3.46, Bericht über die 4. Sitzung des Provinzialrates der Nord-Rheinprovinz.

17) RhZ Nr. 10/1947 vom 1.2.47.

18) HAStK, Acc. 375, Nr. 93, Berichte der Öffentlichen Nahrungsmittel-Untersuchungsanstalt Köln vom 15.2.1947, 18.3.47, 14.10.47.

19) HAStK, Acc. 375, Nr. 12, Familienfürsorge im Hauptamt Gesundheit und Wohlfahrt am 4.7.1946. Zur Geschichte der Schulspeisung in Köln: Verhandlungen der Stadtverordneten-Versammlung zu Köln vom Jahre 1947, 2. Sitzung vom 7.3.1947, S. 34.

20) Neue Illustrierte Nr. 2/1946: Der kleine Mann hat das Wort.

21) RhZ Nr. 95/1947 vom 26.11.47: Die warme Mahlzeit im Betrieb.

22) Ebda. und Westdeutsche Rundschau, Wuppertal, vom 22.10.1947. Diese Ziffer beinhaltet auch die Schulsuppen. Details zur Arbeiterverpflegung in Köln siehe M. Rüther: Betriebsräte in Köln von 1945 bis 1952. Ihre Aufgaben und Tätigkeit unter besonderer Berücksichtigung des Arbeiterverhaltens, Diss.phil., masch. Köln 1990, Köln 1990, S. 161ff.

23) Verhandlungen der Stadtverordneten-Versammlung zu Köln vom Jahre 1945, 1. Sitzung vom 1.10.1945, S. 4/5.

24) HAStK, 2/1408, Oberbürgermeister an Det. 622 am 1.9.1945. Ebda., 5/1273, Verwaltungskonferenz vom 4.9.1945; Diederich (1976), S. 512.

25) HAStK, 2/339, Bericht betr. Volks- und Schulspeisung o.D. (Ende 1945), ebda., Acc. 375, Nr. 20; KK Nr. 46/1945 vom 3.11.45: Volksspeisung für 300.000 Kölner; Verhandlungen der Stadtverordneten-Versammlung zu Köln vom Jahre 1945, 6. Sitzung vom 15.11.1945, S. 100f.

26) HAStK, 5/169, Aktennotiz von Signon vom 2.7.1946.

27) Ebda., Besprechung vom 6.11.1946. Vgl. HAStK, 5/670.
28) Bis Anfang Oktober 1947 hatten sich gerade 35.000 von 455.000 Kölnern zur Gemeinschaftsverpflegung gemeldet; HAStK, 3/19/5, Kattanek auf der Vollversammlung der Ortsausschüsse am 7.10.47.
29) Ebda., 5/169, Oberstadtdirektor am 11.11.1946.
30) HAStK, 2/1624, Bericht über die Hauptergebnisse der Kölner Studentenbefragung Wintersemester 1946/47, 24.2.-8.3.1947.
31) KR Nr. 65/1947 vom 22.8.47.
32) KR Nr. 6/1946 vom 5.4.46.
33) Neue Illustrierte Nr. 16/1947, S. 6.
34) Auf Anordnung des Regional Food Team mußten auch kleinste Mengen beschlagnahmt werden; HAStK, 82 V 112, Oberpräsident am 19.6.1946.
35) Darstellung eines Hamstersonntages im Vorgebirge nach: KR Nr. 63/1947 vom 15.8.47, M. Bestler: Was werden wir eigentlich essen?
36) KR Nr. 30/1946 vom 28.6.46.
37) HAStK, 3/19/5, Vollversammlung der Ortsausschüsse am 7.10.1947, S. 6.
38) HAStK, 69/10, Hauptamt Recht und Sicherheit am 12.9.1946.
39) KR Nr. 40/1947 vom 23.5.47: „Sperrgebiet! – Betreten verboten" Die Bevölkerung zu den Auswirkungen eines Ministererlasses.
40) RhZ Nr. 44/1947 vom 31.5.47 und RhZ Nr. 48/47 vom 14.6.47, VS Nr. 45/47 vom 16.6.47.
41) KR Nr. 46/1947 vom 17.6.47: Stillsitzen hilft nicht!
42) HAStK, 5/1337, 29. Zusammenkunft der Oberstadtdirektoren am 3.7.1947 in Hamm, Anlage A vom 26.6.47; KR Nr. 56/1947 vom 22.7.47.
43) RhZ Nr. 55/1947 vom 9.7.47: Haben sich die Sperrgebiete bewährt?
44) Ebda. sowie KR Nr. 56/1947 vom 22.7.47.
45) RhZ Nr. 61/1947 vom 30.7.47: Kölner Geistlichkeit gegen Sperrgebiete.
46) KR Nr. 88/1947 vom 11.11.1947.
47) Verhandlungen der Stadtverordneten-Versammlung zu Köln vom Jahre 1947, 2. Sitzung vom 7.3.1947, S. 21.
48) Zum Vergleich des Ersten mit dem Zweiten Weltkrieg in den rheinischen Städten siehe Matzerath (1984).
49) Heinrich Böll: Heimat und keine (1965), in: Aufsätze, Kritiken, Reden, Köln/Berlin 1967, S. 201-204, S. 204.
50) *Josef Kardinal Frings* (1887 bis 1978) hatte von 1924 bis 1937 als Pfarrer in Köln-Braunsfeld gewirkt. Der Erzbischof von Köln (1942 bis 1969) und Purpurträger (seit 1946) hatte von Kriegsende bis 1965 den Vorsitz in der Fuldaer Bischofskonferenz inne.
51) Sonderdruck Köln 1947, S. 11, zit. nach M. Overesch: Deutschland 1945-1949. Vorgeschichte und Gründung der Bundesrepublik. Ein Leitfaden in Darstellung und Dokumenten, Düsseldorf 1979, S. 98. Siehe auch die nachträgliche Interpretation in: Für die Menschen bestellt. Erinnerungen des Alterzbischofs von Köln Josef Kardinal Frings, Köln 1973, S. 56f.
52) Holtmann (1989), S. 186. Boelcke (1986), S. 175, sieht „im extremen Durchbruch (des) radikalen Egoismus" die Verwirklichung „anarchistische(r) Strömungen, ohne daß sie damals eine entsprechende philosophische oder ideologische Grundlegung erfuhren."
53) Verhandlungen der Stadtverordneten-Versammlung zu Köln vom Jahre 1947, 3. Sitzung vom 12.3.1947, S. 87.
54) Wildt (1986), S. 122f.
55) PRO, FO 1013/354, W. Craig Moore, Land Governmental Structure Department,

HQ MilGov Land Nordrhein/Westfalen am 13.10.1947. Es handelte sich offenbar um jeweils fünf Tonnen Kohlen; vgl. HAStK, 2/1172, Besprechung vom Montag, dem 15.12.1947. Diese Kohlen waren möglicherweise nicht zum privaten Gebrauch bestimmt. Die Stadt betrieb nämlich Kompensationsgeschäfte in großem Stile und tauschte Kohlen gegen Benzin und Baumaterialien. Vielleicht wurden solche Kompensations-Kohlen in den Kellern verläßlicher Honoratioren zwischengelagert. Auch Konrad Adenauer sah sich in diesen Monaten mit dem Vorwurf konfrontiert, er „hätte den Keller voll Koks"; siehe H.P. Mensing: Adenauer. Briefe 1947-1949, Berlin 1984, Dok. Nr. 651, S. 86. „Dem 'Fringsen' gab Adenauer moralischen Schutz", konstatiert P. Koch, der Adenauers „Kampf um Koks und Kalorien" eigens ein Kapitel widmete, in: Konrad Adenauer. Eine politische Biographie, Reinbek 1985, S. 153-159, S. 157.

[56] HAStK, 69/11, Pressebesprechung am 2.7.1946, S. 2.

[57] KK Nr. 4/1946 vom 15.1.46.

[58] Verhandlungen der Stadtverordneten-Versammlung zu Köln vom Jahre 1947, 2. Sitzung vom 7.3.1947, S. 48. Vgl. die Vorlage in HAStK, 2/121: Bericht zur Lage auf dem Schwarzmarkt (1947).

[59] Verhandlungen der Stadtverordneten-Versammlung zu Köln vom Jahre 1945, 6. Sitzung vom 15.11.1945, S. 96.

[60] KR Nr. 2/1946 vom 22.3.46.

[61] KK Nr. 17/1945 vom 17.7.45 und Nr. 18/1945 vom 24.7.45.

[62] Verhandlungen der Stadtverordneten-Versammlung zu Köln vom Jahre 1947, 2. Sitzung vom 7.3.1947, S. 47. Weitere Details zum Kölner Schwarzmarktszene siehe Boelcke (1986), S. 88, 198ff. und 237ff.

[63] HAStK, 82 V 112, Polizei-Präsidium: Bericht über die Schwarzhändler-Tätigkeit vom 31.3.1946 und vom 1.5.46.

[64] Ebda., Bericht vom 30.9.1946.

[65] Boelcke (1986), S. 6 und 250. In diesem mythischen Sinne erinnert sich auch J. Lenzner: Brennende Kehle. Schwarzer Markt 1945-1948, Bremen 1988.

[66] Zum Kanon der Nachkriegsmythen siehe Gries/Ilgen/Schindelbeck (1989). Zum Schwarzmarkt-Mythos einschlägig Siegfried Lenz: Lehmanns Erzählungen oder So schön war mein Markt. Aus den Bekenntnissen eines Schwarzhändlers, Hamburg 1964.

[67] Zur Diskussion der Bedeutung der in der unmittelbaren Nachkriegszeit gemachten Erfahrungen für die weitere Geschichte siehe das Schlußkap. 6. dieser Arbeit.

[68] HAStK, 2/121: Bericht zur Lage auf dem Schwarzmarkt (1947).

[69] Bay HStA, Bevollmächtigter Stuttgart 178, Bericht des Sekretariates des Länderrats des amerikanischen Besatzungsgebietes über die soziale Lage in der US-Zone, 1947, S. 34.

5.7. Gesellschaftliche Implikationen: Hungerstreiks in Köln

[1] Neue Illustrierte Nr. 2/1946: Der kleine Mann hat das Wort.

[2] HAStK, 2/132, Hauptamt 7 am 5.3.1946.

[3] PRO, FO 1050/419: G.S. Appreciation on Effect of German food cuts on internal situation in the British Zone. Secret.

[4] HAStK, 3/19/5, Viererausschuß am 30.3.1946.

[5] HAStK, 5/1336, Tagung der Oberstadtdirektoren der grösseren Städte der Nord-Rheinprovinz und von Westfalen am 31.5.1946.

6) Zahlen zur Ernährungslage, veröffentlicht vom Wirtschaftswissenschaftlichen Institut der Gewerkschaften (Britische Zone), o.D. (1947).
7) Verhandlungen der Stadtverordneten-Versammlung zu Köln vom Jahre 1946, gemeinsame Entschließung der vier Rathausfraktionen in der 8. Sitzung am 18.7.1946, S. 213.
8) HAStK, 2/2646, Der Oberbürgermeister am 18.7.1946.
9) Billstein (1979), S. 414; Rüther (1990), S. 193ff.
10) HAStK, 5/670, HQ MilGov, Stadtkreis Köln, Notizen über die Besprechung über die Ernährungskrise am 15.11.1946, S. 8.
11) RhZ Nr. 75/1946 vom 16.11.46: "... weil wir Hunger haben".
12) HAStK, 2/132, Büro des Oberbürgermeisters am 12.11.1946.
13) RhZ Nr. 75/1946 vom 16.11.46 in ihrem Bericht über die Besprechung aller Beteiligten bei der Militärregierung vom 13.11.1946. Das Protokoll in HAStK, 5/670, datiert diese Sitzung auf 15.11.46. Vgl. die wortgleiche Wiedergabe in VS Nr. 75/1946 vom 18.11.46.
14) PRO, FO 1013/161, Betriebsrat der Felten & Guilleaume Carlswerk A.G. an MilGov Cologne am 14.11.1946. Secret.
15) HAStK, 5/670, HQ MilGov, Stadtkreis Köln, Notizen über die Besprechung über die Ernährungskrise am 15.11.1946, S. 3.
16) Siehe Billstein (1979), S. 419f.
17) RhZ Nr. 77/1946 vom 23.11.46: Die Kölner Betriebsräte zur Not des Volkes.
18) VS Nr. 24/1947 vom 27.3.47: Streiks gegen den Hunger.
19) 1.500 Arbeiter aus den Reichsbahn-Betriebswerkstätten demonstrierten am 1.4.1947 vor dem Rathaus; RhZ Nr. 27/1947 vom 2.4.47 und VS Nr. 25/1947 vom 5.4.47. Kölner, Wuppertaler und Essener Reichsbahner hatten schon Mitte Februar 1947 mit Streiks gedroht. Eine ihrer Hauptforderungen bestand darin, den Lokomotivführern ab sofort 2.000 Kalorien zuzubilligen. Die Einschätzung der Militärregierung dazu findet sich in PRO, FO 1013/43, 12./13.2.1947.
20) KR Nr. 25/1947 vom 28.3.47.
21) RhZ Nr. 26/1947 vom 29.3.47.
22) VS Nr. 25/1947 vom 31.3.47: Verantwortung.
23) Verhandlungen der Stadtverordneten-Versammlung zu Köln vom Jahre 1947, 4. Sitzung vom 29.3.1947, S. 101.
24) Ebda.
25) HAStK, 2/1172, deutsches Protokoll der Besprechung vom 24.3.1947.
26) Billstein (1979), S. 433.
27) IfZ-Archiv, Bestand MF 260, OMGBY, 10/91-1/1, 11.1.1947.
28) PRO, FO 1013/1806, Industrial Relations am 18.11.1947.
29) HAStK, ZSV/32/1, Flugblatt: "...tja Luftveränderung mein Lieber".
30) R. Billstein: Organisation, Programmatik und Politik der KPD in Köln 1945/46, in: Dann (Hrsg.) (1981), S. 171-191, S. 191.
31) *Hans Böckler*, der sozialdemokratische Gewerkschaftsfunktionär, war bereits von 1924 bis 1928 Mitglied der Kölner Stadtverordnetenversammlung und von 1928 bis 1933 Mitglied des Reichstages gewesen. Während der Nazizeit wird der Kopf der illegalen Gewerkschaftsbewegung verfolgt und inhaftiert. Nach 1945 organisierte er den Aufbau der Einheitsgewerkschaften, zunächst in der britischen Zone, übernahm dann von 1949 bis 1951 den Vorsitz des Deutschen Gewerkschaftsbundes (DGB). Die Stadt Köln verlieh ihm gemeinsam mit Konrad Adenauer Anfang 1951 die Ehrenbürgerwürde. Böckler verstarb wenige Wochen später, kurz vor seinem 75. Geburtstag.

32) PRO, FO 1013/76, HQ MilGov Land North Rhine/Westphalia, Monthly Report for April, 1947, Appendix B. Confidential.
33) Rüther (1990), S. 204.
34) Vgl. die aufschlußreiche Analyse des Stimmverhaltens von Frauen und Männern in HAStK, 5/972, Statistisches Amt am 25.4.1947.
35) Billstein (1981), S. 191. Die Militärregierung meldete nach Berlin: „It is, however, very significant that although circumstances in the shape of food shortage and other hardships, have been so favourable to the extension of Communist influence, the progress made by the party in the field of Industrial Relations is still comparatively slight." PRO, FO 1013/76, HQ MilGov Land North Rhine/Westphalia May 1947: Influence of K.P.D. in Works Councils.
36) Am 8.5.1947 legten 4.000 Beschäftigte des Carlswerkes die Arbeit nieder und versammelten sich zu einer Protestkundgebung. KR Nr. 37/1947 vom 13.5.47; RhZ Nr. 39/47 vom 14.5.47.
37) PRO, FO 1013/93, HQ MilGov Land North Rhine Westphalia an Regional Commissioner am 13.5.1947. Confidential.
38) HAStK, 2/1409, an Ministerpräsident Arnold am 21.6.1947.
39) RhZ Nr. 50/1947 vom 21.6.47.
40) Und die Angst vor dem Sperrgebiet; PRO, FO 1013/76, HQ MilGov Land North Rhine/Westphalia, Monthly Report June 1947, S. 4.
41) Vgl. die Forderungen der Betriebsrätekonferenz vom 21.6.47; siehe dazu u.a. Rüther (1990), S. 207f.
42) Ebda. Details zur dritten Kölner Streikwelle im Sommer bei Billstein (1979), S. 423-428, und v.a. bei Rüther (1990), S. 204ff.
43) HAStK, 2/1409, Der Regierungspräsident an die Oberbürgermeister und Landräte am 13.5.1947.
44) PRO, FO 1050/251, Public Safety MilGov Hansestadt Hamburg am 5.11.1946.
45) PRO, FO 1013/,83A, Public Opinion Research Office: German Morale Report. No. 2., Mid-September, 1947; ebda., No. 4, Mid-October, 1947.
46) HAStK, 5/670, Protokoll der Besprechung am 18.9.1946.
47) KR Nr. 70/1947 vom 15.11.47.
48) PRO, FO 1013/1797, HQ MilGov Land North Rhine/Westphalia, Sub Regional Manpower Office, 13.12.1947. Die Gewerkschafter hinterließen bei den Düsseldorfer Industrial Relations Offizieren einen beruhigenden Eindruck: „The Trade Unions are in full control of the situation and are of the opinion that they will have no difficulty in controlling their members..."
49) VS Nr. 98/1947 vom 12.12.47.
50) HAStK, 2/1171, Pressekonferenz in der Stadtkommandantur am 10.12.1947.
51) RhZ vom 10.1.1948.
52) Die 'Volksstimme' hatte die politischen Differenzen in den Betrieben zwischen Gewerkschaft und Belegschaft bereits Anfang Januar publik gemacht, als sie formulierte: Die gesamte Belegschaft der Westwaggon sei „trotz der Aufforderung der Gewerkschaft zur Wiederaufnahme der Arbeit gestern um 7 Uhr in den Streik getreten." VS Nr. 3/1948 vom 7.1.48.
53) VS Nr. 9/1948 vom 21.1.48. Im Zusammenhang mit dieser denkwürdigen Konferenz erhellt ein Briefwechsel der zuständigen Manpower-Abteilungen die Situation in den Ford Werken; PRO, FO 1013/749, Dispute at Ford Works, Cologne, 7.2. und 9.2.1948.
54) Billstein (1979), S. 429.

[55] Rüther (1990), S. 214f.
[56] HAStK, 2/1172, Protokoll der Besprechung vom 19.1.1948. Ähnlich äußerte sich Ernährungsdezernent Kattanek vor dem Ernährungsbeirat des Landesernährungsamtes am 7.1.48; HAStK, 82 V 121.
[57] VS Nr. 11/1948 vom 26.1.48: Ernährungsamt verteilt.
[58] Bis 1978 zusammengefaßt bei Pietsch (1978), S. 271-291.
[59] So die zugespitzte Formulierung von Borsdorf (1979), S. 345-366.
[60] Chr. Kleßmann/P. Friedemann: Streiks und Hungermärsche im Ruhrgebiet 1946-1948, Frankfurt/New York 1977, S. 55.
[61] Ebda., S. 77.
[62] Rüther (1990), S. 216.
[63] K. Schönhoven: Die deutschen Gewerkschaften, Frankfurt 1987, S. 208.
[64] Kleßmann/Friedemann (1977), S. 77.
[65] Zu dieser Ansicht kommt auch Rüther (1990), S. 215f.
[66] PRO, FO 1013/104, Public Opinion Research Office, Political Division: Special Report No. 130. Germans Compare the Four Zones of Occupation, November 1947. Befragt wurden 1.664 Deutsche aus Schleswig-Holstein und Niedersachsen.
[67] PRO, FO 1050/252, Public Opinion Research Office: German Morale Report No. 1. New Series. End August 1947.
[68] 'Kölner Woche', Sonderausgabe April 1947, F. Berger: Die Freundschaft der Leidenden. Birmingham und Köln reichen sich die Hände.
[69] HAStK, 82 V 533, HQ MilGov Stadtkreis Cologne am 23.7.1946. Auf ausdrückliche Anordnung des britischen Stadtkommandanten mußte diese Grundsatzerklärung allen städtischen Beamten, Angestellten und Arbeitern bekannt gemacht werden.
[70] Ein Exemplar der Broschüre findet sich im HAStK, ZSV/205/7. Im Landesernährungsministerium verwahrte man sich gegen den Tenor der Schrift, die den deutschen Ernährungsbehörden die alleinige Verantwortung an der Versorgungsmisere zuschob. Ein detaillierter Verriß der Broschüre schließt mit dem Satz: „Es muss... mit grösstem Nachdruck dagegen Einspruch erhoben werden, dass von Vertretern der Mil.Reg. immer wieder Behauptungen aufgestellt werden, die das Vertrauen zur Arbeit der deutschen Verwaltung völlig untergraben." PRO, FO 1013/1040, Vermerk zum Flugblatt vom 5.4.1948, Dr. M./Schr. III E.
[71] Siehe dazu Koszyk (1986), S. 30.
[72] PRO, FO 1013/1040, PR/ISC Regional Staff. Land North Rhine/Westphalia: Publicity on Food Situation in Germany, 28.1.1948.
[73] In welchen Leipziger Betrieben es gärte, auf welche Weise und von wem Hungerproteste dort womöglich „kanalisiert" oder gar niedergeschlagen wurden, sind spannende Fragen, deren Beantwortung erst heutzutage mit Öffnung der Archive möglich wird.

6. Schluß: Von den Lebensmittelmarken zu den Markenprodukten

1) Niethammer (Hrsg.) (1983, Bd. 2), S. 17.

2) M. Wildt: Hunger, Schwarzmarkt und Rationen – der heimliche Lehrplan der Nachkriegszeit, in: Improvisierter Neubeginn. Hamburg 1943-1953. Ansichten des Photographen Germin, Hamburg 1989, S. 46-55, S. 55; vgl. Wildt (1986), S. 125-130.

3) So schreibt Niethammer (Hrsg.) (1983, Bd. 2), S. 64, über den Schwarzmarkt: „Eine Sphäre, die Unrecht verstärkt, Hilfsbereitschaft ausgrenzt, Solidarität zerbricht und individuelle Aneignung zum System erhebt, die sich aber auch mit Mangel an Alternativen oder deren Unbeweglichkeit, Leistungsschwäche und Korruption schmücken kann und die den Reiz der Phantasie, der individuellen Bewährung und der freien Optimierung von Möglichkeiten hat."

4) Selig/Morenz/Stahleder (1980), S. 378.

5) H.W. Richter: Traumland aus Kohl und Spinat, in: Mein erstes Geld. Währungsreform 1948, Augenzeugenberichte, Freiburg/Basel/Wien 1985, S. 67-70, S. 69.

6) Siehe dazu auch U. Herbert: „Die guten und die schlechten Zeiten". Überlegungen zur diachronen Analyse lebensgeschichtlicher Interviews, in: Niethammer (Hrsg.) (1983, Bd. 1), S. 67-96, S. 82ff.

7) Details zur weiteren Versorgungsgeschichte bis 1950 siehe Stüber (1984), S. 333-433.

8) HAStK, 82 V 538.

9) W. Bongard: Fetische des Konsums, Hamburg 1964, S. 60.

10) H. Domizlaff: Propagandamittel der Staatsidee. Als Manuskript gedruckt, Leipzig 1932, S. 16. Siehe dazu auch den aufschlußreichen Beitrag von G. Voigt: Goebbels als Markentechniker, in: W.F. Haug (Hrsg.): Warenästhetik. Beiträge zur Diskussion, Weiterentwicklung und Vermittlung ihrer Kritik, Frankfurt 1975, S. 231-260.

11) H. Domizlaff: Die Gewinnung des öffentlichen Vertrauens. Ein Lehrbuch der Markentechnik. Neu zusammengestellte Ausgabe, zuerst Hamburg 1939/1940, Hamburg 1982, S. 147f.

12) A. und M. Mitscherlich geißeln diese Umwidmung des Glaubens in: Die Unfähigkeit zu trauern, München ^{19}1977, S. 205. Sie wenden ein, „diese künstlichen Einstimmungen, Appetitanregungen, diese Versprechungen, mit dem Kauf eines Artikels, der Übernahme eines Jargons und ähnlichem sei ein Ideal zu erreichen, hätten nur an der Peripherie mit Moral zu tun. Diese Angleichungsvorgänge wären alltäglich-harmloser Natur. Sind sie das? Denn die Überzeugung, beim Überfall auf Holland oder die Tschechoslowakei... handle es sich um eine gerechte Sache, wird mit genau dem gleichen Instrumentarium aufbereitet wie der 'Glaube' an die Qualitäten einer neuen synthetischen Faser oder eines Waschmittels."

13) Werbeslogans z.B. formulieren leitende Bewußtseinsbestände, als „Zeitgeist"-Repliken können sie zu Spiegeln der Gesellschaftsgeschichte werden. Siehe die Beiträge: R. Gries/V. Ilgen/D. Schindelbeck: „Mach mal Pause" „Keine Experimente!" Die Ära Adenauer: Zeitgeschichte im Werbeslogan, in JG, Jg. 1989, Nr. 3, S. 9-15, und D. Schindelbeck: Konsumhymnen. Alltag und Mentalität der Nachkriegszeit im Spiegel der Lyrik, in: Der Deutschunterricht (DU), Jg. 42, 1990, H. 4, S. 56-70.

14) Stefan Heym: 5 Tage im Juni. Roman, Frankfurt/Main 1977, S. 69.

15) Ebda., S. 68ff.

16) D. Staritz: Geschichte der DDR 1949-1985, Frankfurt 1985, S. 79f; I. Spittmann/K.W. Fricke (Hrsg.): 17. Juni 1953. Arbeiteraufstand in der DDR, Köln 1982, insbes. S. 6ff.

17) Die Lebensmittel waren von 1915-1923 und seit 1939 bewirtschaftet.

[18] K. Ewers/Th. Quest: Die Kämpfe der Arbeiterschaft in den volkseigenen Betrieben während und nach dem 17. Juni, in: Spittmann/Fricke (Hrsg.) (1982), S. 23-55.

[19] Im Buch steht die Figur des Obersten M.P. Solowjow für den Kulturoffizier Michail Petrowitsch Sokolow; Heym (1977), S. 106. Heym hatte Sokolow am 21.6.1953 ein Memorandum zu den Juni-Ereignissen zukommen lassen; abgedr. in: Spittmann/Fricke (Hrsg.) (1982), S. 149-153.

[20] Protokoll der Verhandlungen des V. Parteitages der Sozialistischen Einheitspartei Deutschlands. 10. bis 16. Juli 1958 in Berlin, Bd. 1, Berlin (Ost) 1959, S. 221, zit. nach Staritz (1985), S. 123f.

Unveröffentlichte Quellen

Stadtarchiv der Landeshauptstadt München (StadtA M)
Bestand 'Bürgermeister und Rat' (BuR)
Archivalien Nr. (nach der alten Kennzeichnung): 189, 190, 260/10 I-II, 260/11, 260/12 I-II, 391, 397, 435/1-2, 436/1-4, 1354, 1411, 1411a, 1411b, 1609, 1636, 1644, 1645, 1648, 1652, 1653, 1654, 1655, 1668, 1669, 1670, 1671, 1672, 1679, 1680, 1681, 1703, 1704, 1705, 1707, 1708, 1715, 1716, 1717, 1722, 1723, 1724, 1746, 1753, 1758, 1773, 1774, 1775, 1776, 1778, 1789, 1791, 1792, 1811, 1835/1, 1838, 1839, 1870, 1952, 1953, 1983, 2002, 2359, 2524b, 2535/1
Bestand 'Kriegswirtschaftsamt' (KWA)
Archivalien Nr.: 317, 338, 339, 400, 401, 402, 405, 405, 408, 409, 410, 412a/1-3, 413a, 413, 414a, 415, 415a, 416, 417, 418, 419a, 421, 422, 424, 425, 426/1-2, 427, 438, 439, 442, 452, 455, 461, 462, 467, 469, 470
Bestand 'Ernährungsamt' (EA)
Archivalien Nr.: 2, 5, 6, 7, 8, 9, 10, 15, 17, 19/1-6, 21, 22, 23, 25, 26, 30, 32/1-6, 33, 35/1-3, 36, 37, 38/1-11, 39, 40/1-2, 41, 42, 43/1- 4, 44, 45, 46, 47, 48, 49, 56/1-2, 59, 61/1-2, 63, 64/1-3, 65/1-2, 66/1-2, 67/1-5, 68/1-5, 69/1-4, 71/1-6, 72/1-2, 73/1-18, 74/1-2, 77/1- 2, 81, 82, 87, 88, 89, 93, 94, 95, 96, 97, 98, 99, 100, 101, 103, 104, 107, 108, 109, 110, 111, 115, 116, 117, 118, 119, 120, 121, 122, 123, 124, 125/1-2, 128/1-14, 129, 132, 142
Bestand 'Wahlamt' (WA)
Archivalien Nr.: 152, 215, 216, 220, 221/I-II, 223, 224/I-II, 225
Bestand 'Ratssitzungsprotokolle' (RP)
Filme Nr.: 718/1 (Stadtratssitzungen ab 1.8.1945), 719/1-2 (Stadtratssitzungen 1946), 720/1-2 (Stadtratssitzungen 1947)

Staatsarchiv München (StA M)
Bestand 'Polizeidirektion München' (Pol.dir M)
Archivalien Nr.: 10242, 10243, 10244, 10263, 10264, 10265, 10954, 10955, 10956, 10957, 10958, 10959, 11159, 11183, 11233, 11234, 11235, 11240, 11251, 11255, 11257, 11343, 11344, 11346, 11366, 19931

Bayerisches Hauptstaatsarchiv München (Bay HStA)
Bestand 'Office Military Government Bavaria' (OMGBY)
Microfiches Nr.: 10/65-1/7-9, 10/65-1/11-12, 10/65-3/12, 10/71-3/11, 10/78-1/3-4, 10/84-1/14-21, 10/84-2/5, 10/84-2/15, 10/86-2/8, 10/87- 2/10, 10/88/1/11-12, 10/90-1/5, 10/90-1/22, 10/91-1/3, 10/109-3/18-19, 10/110-2/6-7, 10/110-3/19, 10/130-1/5, 10/176-2/1-9, 10/183-1/2, 10/183-1/26, 10/189-1/2, 10/190-2/2-3, 13/110-2/8, 13/142-1/7-8, CO/445/1-2, CO/467/1
Bestand 'Bayerische Staatskanzlei' (MA)
Archivalien Nr.: 130222, 130223, 130224, 130225, 130226, 130230, 130231, 130232; Abg. 1976: Signaturen 7064-7070; MA vorl. Nr. 7066, 7067

Bestand 'Bevollmächtigter Stuttgart'
Archivalien Nr.: 134, 135, 136, 137, 178
Bestand 'Ministerium für Wirtschaft' (MWi)
Archivalien Nr.: 11419, 11420, 11421, 11422, 11423, 11424

Institut für Zeitgeschichte – Archiv (Ifz-Archiv)
Bestand ED 120 (Nachlaß Dr. Wilhelm Hoegner)
Bände Nr.: 113, 122, 123, 133, 135, 141, 194, 202, 220, 225, 226, 227, 257, 280, 281, 282, 283
Bestand ED 132 (Nachlaß Dr. Josef Baumgartner)
Bände Nr.: 5, 6, 7, 75, 77, 105, 117, 118
Bestand MF 260, OMGUS (Zentrale)
Microfiches Nr.: A645/13A/5, POLAD/730/28-31, POLAD/734/32-33, 3/156-2/40, 10/86-2/21, 10/88-2/19, 10/91-1/1, 10/91-2/22, 10/108-2/2, 10/110-2/8, 17/257-1/10

Historisches Archiv der Stadt Köln (HAStK)
Bestand 2 – Oberbürgermeister
Archivalien Nr.: 10, 13, 117, 121, 132, 133, 134, 135, 234, 235, 300, 331a-c, 337, 339, 340, 347, 349, 613, 614, 1168, 1171, 1171a, 1172, 1180, 1188, 1193, 1404, 1408, 1409, 1411, 1412, 1624, 2605, 2606, 2615, 2646
Bestand 5 – 'Oberstadtdirektor'
Archivalien Nr.: 32, 67, 144, 150, 169, 170, 204, 313, 316, 319, 321, 324, 393, 670, 674, 675, 676, 880, 883, 910, 915, 916, 917, 918, 920, 921, 925, 961, 967, 972, 977, 981, 982, 1157, 1270, 1336, 1337
Bestand 3 – 'Stadtvertretung'
Beschlußbuch des Rates der Stadt: 1/63
Verhandlungen der Stadtverordneten: 2/84, 2/85
Ortsausschüsse: Signaturen 19/1 bis 19/64
Acc. 375 (Abteilung Schulspeisung)
Bände Nr.: 12, 13, 14, 15, 16, 20, 21, 32, 33, 37, 49, 69, 93, 94, 95, 96, 118, 121, 128
Acc. 355 (Schulamt): Band Nr. 29
Bestand 'Zeitgeschichtliche Sammlung V'
Archivalien Nr.: 25/1, 25/3, 25/6, 25/7, 31/1, 31/2, 32/1, 35/2, 35/3, 120/1, 120/2, 121, 180/4, 181/2, 181/4, 316/11, 316/15, 370/3, 370/6, 370/7, 370/9, 370/11, 370/12, 370/18, 370/23, 370/24, 370/25, 371/2
Bestand 69
Akten Nr. 7, 9, 10 und 11
Bestand 904 (Nachlaß Dr. Leo Schwering)
Bände Nr.: 126, 532, 533 und 597

Nordrhein-Westfälisches Hauptstaatsarchiv (NRW HStA)
Akten-Signaturen BR 1023-188 und NW 43/467

Rheinisch-Westfälisches Wirtschaftsarchiv zu Köln e.V. (RWWA)
Bestand 1 – 'Industrie- und Handelskammer zu Köln'
Bände Nr.: 136/5, 144/4, 146/1-5, 171/1, 173/1-2, 175/1, 175/4, 176/3- 5, 201/1-7, 240/1, 243/4-5, 252/1-2, 278/1, 285/1, 288/6, 289/4, 294/1-4, 295/1-2
Ohne Signatur:
Transkriptionen von „Tonbandaufnahmen von Unterhaltungen über Verhältnisse in der Kölner Wirtschaft während und am Ende des Krieges 1939-1945". Die Zeitzeugen-Gespräche fanden im Zeitraum von 1959-1962 statt und waren von Dr. W. v. Thenen moderiert worden.

Public Record Office, Kew (bei London) (PRO)
Bestand FO 1013: 'Control Commission for Germany (BE), North Rhine and Westfalia Region'
Records No.: 19, 22, 31, 42, 43, 44, 74, 76, 77, 79, 80, 82, 83a, 84, 85, 93, 104, 110, 161, 242, 245, 297, 302, 303, 312, 315, 317, 345, 354, 443, 444, 445, 528, 606, 607, 610, 701, 704, 716, 749, 777, 778, 780, 808, 811, 816, 817, 1021, 1023, 1024, 1025, 1026, 1027, 1028, 1030, 1031, 1032, 1033, 1034a-b, 1036, 1038, 1039, 1040, 1049, 1054, 1055, 1059, 1157, 1162, 1168, 1499, 1765, 1766, 1772, 1774, 1791, 1792, 1793, 1796, 1797, 1798, 1805, 1806, 1913, 1914, 1920, 1921, 1922, 1923, 1924, 1939, 1940, 1941, 2030
Bestand FO 1039: 'Economic Division'
Records No.: 13, 17, 74, 106, 120, 121, 122, 131, 156, 624, 637, 761, 762, 786, 929, 933
Bestand FO 1049: 'Political Division'
Records No.: 124, 137, 141, 154, 193, 239, 300, 419, 420, 421, 422, 521, 543, 564, 581, 627, 632, 792, 826, 827, 828, 829, 830, 831, 832, 833, 834, 835, 906, 1004, 1053, 1054, 1055, 1056, 2109, 2117, 2193, 2194
Bestand FO 1050: 'Internal Affairs and Communications Division'
Records No.: 65, 106, 107, 139, 144, 146, 163, 165, 184, 250, 251, 252, 268, 325, 326, 327, 419, 435, 642, 643, 646, 647, 648, 649, 655, 670

Gedruckte Quellen

A. Ackermann/R. Büchner/W. Eggerath/F. Selbmann/R. Siewert/H. Warnke: Von der Geburt der neuen Staatsmacht, in: Staat und Recht, Jg. 14, 1965, H. 5, S. 665-678
A. Ackermann: Der neue Weg zur Einheit, in: Vereint sind wir alles. Erinnerungen an die Gründung der SED, Berlin (Ost) 1966, S. 65ff.
K. Adenauer: Die neue Regelung unserer Nahrungsmittelwirtschaft, Berlin 1915
– ders.: Erinnerungen 1945-1953 (Bd. 1), Stuttgart 1965
Amt für Statistik und Datenanalyse der Landeshauptstadt München (Hrsg.): Statistisches Handbuch der Landeshauptstadt München 1875-1975, München 1974
K.S. Bader: Soziologie der deutschen Nachkriegskriminalität, Tübingen 1949
J.C. Barnett: Totalitäre und demokratische Besatzung, Diss. phil. Erlangen, Nürnberg 1948
Bayerisches Statistisches Landesamt (Hrsg.): Statistisches Handbuch für Bayern, München 1946
P. Bloch: Zwischen Hoffnung und Resignation. Als CDU-Politiker in Brandenburg 1945-1950, hrsg. von S. Suckut, Köln 1987
F.J. Bokow: Frühjahr des Sieges und der Befreiung, Berlin (Ost) 1979
H. Böll: Aufsätze-Kritiken-Reden, Köln/Berlin (West) 1967
– ders.: Die Verwundung und andere frühe Erzählungen, Bornheim 1983
– ders. (Hrsg.): Niemands Land. Kindheitserinnerungen an die Jahre 1945 bis 1949, Bornheim 1985
Colonia deleta. Federzeichnungen von H. Schröder, Köln 1949
I. Deutscher: Reportagen aus Nachkriegsdeutschland, Hamburg 1980
S. Doernberg: Befreiung 1945. Ein Augenzeugenbericht, Berlin (Ost) 1985
W.L. Dorn: Inspektionsreisen in der US-Zone. Notizen, Denkschriften und Erinnerungen aus dem Nachlaß, übersetzt und hrsg. von L. Niethammer, Stuttgart 1973
K. Emig: Das Recht in der Ernährungswirtschaft, in: E.R. Huber (Hrsg.): Idee und Ordnung des Reiches, Bd. 1, Hamburg 1941
J. Kardinal Frings: Für die Menschen bestellt. Erinnerungen des Alterzbischofs von Köln, Köln 1973
J.B. Gradl: Anfang unter dem Sowjetstern. Die CDU 1945-1948 in der sowjetischen Besatzungszone Deutschlands, Köln 1981
R. Grosche: Kölner Tagebuch 1944-46, aus dem Nachlaß hrsg. von M. Steinhoff, Köln 1969
H. Habe: Off Limits. Roman der Besatzung Deutschlands, Bergisch Gladbach [2]1977
St. Heym im Gespräch mit V. Ilgen und R. Gries: „Ich bin nicht der Erfinder von Gorbatschow...", in: JG, Jg. 1988, H. 5, S. 4-9
– ders.: 5 Tage im Juni. Roman, Frankfurt/Main 1977
B. Hilgermann: Als die Weichen gestellt wurden. Die Kölner Industrie- und Handelskammer nach dem Zusammenbruch, Köln 1971
– ders.: Der große Wandel. Erinnerungen aus den ersten Nachkriegsjahren – Kölns Wirtschaft unter der amerikanischen und britischen Militärregierung, Köln 1961
W. Hoegner: Der schwierige Außenseiter. Erinnerungen eines Abgeordneten, Emigranten und Ministerpräsidenten, München 1959
H. Holborn: American Military Government. Its Organization and Policies, Washington D.C. 1947
R. König: Materialien zur Soziologie der Familie, zuerst Bern 1946, Köln [2]1974
W.I. Lenin: Die große Initiative, in: Werke, Bd. 29, Berlin (Ost) 1963

S. Lenz: Lehmanns Erzählungen oder So schön war mein Markt. Aus den Bekenntnissen eines Schwarzhändlers, Hamburg 1964

W. Leonhard: Die Revolution entläßt ihre Kinder, Köln/Berlin ^{14}1974

H. Liebe: Agrarstruktur und Ernährungspotential der Zonen, in: Deutsches Institut für Wirtschaftsforschung (DIW) (Hrsg.): Wirtschaftsprobleme der Besatzungszonen, Berlin 1948, S. 22-35

– ders.: Die Organisation der Landwirtschaft in der sowjetischen Besatzungszone, ebda., S. 188-202

E. Loest: Durch die Erde ein Riß. Ein Lebenslauf, Hamburg 1981

K.H. Mai: Anfangsjahre. Leipzig 1945 bis 1950, Berlin-Kreuzberg 1986

– ders. und F.R. Fries: Porträt einer Zeit. 1945-1950 in Leipzig, Halle/Leipzig 1990

Mein erstes Geld. Währungsreform 1948, Augenzeugenberichte, Freiburg/Basel/Wien 1985

M. Meister: So fing es wieder an, München 1986

G. Milling: Die Planung der Lebensmittelindustrie in der sowjetischen Besatzungszone Deutschlands, Diss.oec., masch., Berlin 1948

J. Müllenbusch: Die Organisation der deutschen Ernährungswirtschaft. Der Reichsnährstand, Berlin 1941

R. Murphy: Diplomat among Warriors, London 1964

R. Nieschlag: Die Organisation des Handels in der sowjetischen Besatzungszone, in: DIW (Hrsg.) (1948), S. 268-280

H. Pünder: Die deutschen Gemeinden gestern, heute und morgen, Köln 1948

– ders.: Von Preussen nach Europa. Lebenserinnerungen, Stuttgart 1968

H. Reischle/W. Saure: Der Reichsnährstand. Aufbau, Aufgabe und Bedeutung, Berlin ^{2}1936

H.-J. Riecke: Ernährung und Landwirtschaft im Kriege, in: Bilanz des Zweiten Weltkrieges, Oldenburg/Hamburg 1953, S. 329-346

B. Ruhm v. Oppen (Ed.): Documents on Germany under Occupation 1945-1954, London/New York/Toronto 1955

H.A. Rümelin (Hrsg.): So lebten wir... Ein Querschnitt durch 1947, Heilbronn 1947

G. Schaffer: Ein Engländer bereist die russische Zone, Berlin 1948

K. Scharnagl: Politische Begebenheiten meines Lebens, die nicht in Akten stehen. Meiner Familie, meinen Freunden und Mitarbeitern zur Erinnerung, masch., München 1962

H. Schaul: Mitarbeiter der der Deutschen Wirtschaftskommission, in: Institut für Marxismus-Leninismus beim Zentralkomitee der SED (Hrsg.): Die ersten Jahre. Erinnerungen an den Beginn der revolutionären Umgestaltungen, Berlin (Ost) 1979, S. 115-132

H. Schlange-Schöningen (Hrsg.): Im Schatten des Hungers. Dokumentarisches zur Ernährungspolitik und Ernährungswirtschaft in den Jahren 1945-1949, bearbeitet von J. Rohrbach, Hamburg/Berlin (West) 1955

G.K. Schukow: Erinnerungen und Gedanken, Stuttgart 1969

A. Schurig: Darstellung und Würdigung der Ergebnisse der Landtagswahl in der Stadt Leipzig am 20. Oktober 1946, nebst Anlagen 1-15, Leipzig o. J. (1947)

L. Schwering: Vorgeschichte und Entstehung der Christlich-Demokratischen Union, Köln 1952

F. Selbmann: Alternative-Bilanz-Credo. Versuch einer Selbstdarstellung, zuerst Halle 1969, München 1975

– ders.: Die Heimkehr des Joachim Ott. Roman, Halle 1972

– ders.: Reden und Tagebuchblätter 1933-1947, o.O. o.J. (Dresden 1947)

M. Seydewitz: Neuaufbau im Land Sachsen, in: ZfG, Jg. 17, 1969, H. 7, S. 883-889

- ders.: Wie wir die Grundlagen für den sozialistischen Aufbau schufen, in: Wehner (Hrsg.) (1975), S. 256-292
J.E. Smith (Ed.): The Papers of General Lucius D. Clay. Germany 1945-1949, Vol. 1, Bloomington/London 1974, zit.: C(lay) P(apers)
Staatliche Zentralverwaltung für Statistik, Kreisstelle Leipzig (Hrsg.): Statistisches Jahrbuch 1956 der Stadt Leipzig, Leipzig 1957
H. Thurnwald: Gegenwartsprobleme Berliner Familien. Eine soziologische Untersuchung an 498 Familien, Berlin 1948
H. Troeger: Interregnum. Tagebuch des Generalsekretärs des Länderrats der Bizone 1947-1949, hrsg. von W. Benz und C. Goschler, München 1985
S. Tjulpanow: Deutschland nach dem Kriege (1945-1949), Erinnerungen, Berlin (Ost) ^{2}1987
- ders.: Die Rolle der sowjetischen Militäradministration im demokratischen Deutschland, in: Autorenkollektiv unter der Leitung von G. Teschner: 50 Jahre Triumph des Marxismus-Leninismus. Die Große Sozialistische Oktoberrevolution und die Entwicklung des Marxismus-Leninismus, Berlin (Ost) 1967
- ders.: Gedanken über den Vereinigungsparteitag der SED 1946, in: ZfG, Jg. 1970, H. 5, S. 618f.
N.I. Trufanow: Auf dem Posten des Militärkommandanten der Messestadt, in: Leipzig. Aus Vergangenheit und Gegenwart. Beiträge zur Stadtgeschichte, Leipzig 1981, S. 79-105
W. Ulbricht: Die Entwicklung des deutschen volksdemokratischen Staates 1945-1958, Berlin (Ost) 1958
- ders.: Zur Geschichte der deutschen Arbeiterbewegung. Aus Reden und Aufsätzen, Bd. II, Zusatzband, Berlin (Ost) 1966
- ders.: Zur Geschichte der deutschen Arbeiterbewegung, Bd. II 1946-1950, Berlin (Ost) ^{5}1960
- ders.: Zur Geschichte der neuesten Zeit, Bd. I, 1. Halbband, Berlin (Ost) 1955
G. Vajs: Am Morgen nach dem Kriege. Erinnerungen eines sowjetischen Kulturoffiziers, Berlin (Ost) 1981
Th. Vogelsang: Oberbürgermeister in Jena 1945/46. Aus den Erinnerungen von Dr. Heinrich Troeger, in: VfZ, Jg. 25, 1977, S. 889-930
H. Weber: DDR. Dokumente zur Geschichte der Deutschen Demokratischen Republik 1945-1985, München 1986
H. Wehner (Hrsg.): Kampfgefährten, Weggenossen. Erinnerungen deutscher und sowjetischer Genossen an die ersten Jahre der antifaschistisch-demokratischen Umwälzung in Dresden, Berlin (Ost) 1975, S. 256-292
W. Ziegelmeyer: Die Ernährung des deutschen Volkes, Dresden/Leipzig 1947
- ders.: Drei Jahre Ernährungswirtschaft in der Ostzone, Berlin 1948

Literaturverzeichnis

W. Abelshauser: Der Ruhrkohlenbergbau seit 1945. Wiederaufbau, Krise, Anpassung, München 1984
- ders.: Wirtschaft in Westdeutschland 1945-1948, Rekonstruktion und Wachstumsbedingungen in der amerikanischen und britischen Zone, Stuttgart 1975
- ders.: Zur Entstehung der „Magnet-Theorie" in der Deutschlandpolitik. Ein Bericht von Hans Schlange-Schöningen über einen Staatsbesuch in Thüringen im Mai 1946, in: VfZ, Jg. 27, 1979, S. 661-679

H. Altrichter/H. Haumann (Hrsg.): Die Sowjetunion. Von der Oktoberrevolution bis zu Stalins Tod, Bd. 2: Wirtschaft und Gesellschaft, München 1987

H.-J. Arentz: Die Anfänge der Christlich-Demokratischen Union in Köln, in: Dann (Hrsg.) (1981), S. 117-138

F. Baade: Brot für ganz Europa. Grundlagen und Entwicklungsmöglichkeiten der europäischen Landwirtschaft, Hamburg/Berlin (West) 1952

J.H. Backer: Die deutschen Jahre des Generals Clay. Der Weg zur Bundesrepublik 1945-1949, München 1983
- ders.: Die Entscheidung zur Teilung Deutschlands. Die amerikanische Deutschlandpolitik 1943-1948, München 1981
- ders.: Priming the German Economy. American Occupational Policies 1945-1948, Durham 1971

F. Baer: Die Ministerpräsidenten Bayerns 1945-1962. Dokumentation und Analyse, München 1971

H. Barthel: Der schwere Anfang. Aspekte der Wirtschaftspolitik der Partei der Arbeiterklasse zur Überwindung der Kriegsfolgen auf dem Gebiet der DDR von 1945 bis 1949/50, in: JbG, Jg. 16, 1977, S. 253-282
- ders.: Die Einführung der doppelten Preissystems für Einzelhandelsverkaufspreise in der DDR durch die Schaffung der HO-Läden von 1948 bis 1950/51 als komplexe Maßnahme der Wirtschaftspolitik, in: JbG, Jg. 31, 1984, S. 273-297
- ders.: Die wirtschaftlichen Ausgangsbedingungen auf dem Gebiet der DDR 1945-1949/50, Berlin (Ost) 1979
- ders. u.a. (Hrsg.): Kampfgemeinschaft SED-KPdSU. Grundlagen, Tradition, Wirkungen, Berlin (Ost) 1978

R. Bauer: Ruinen-Jahre. Bilder aus dem zerstörten München 1945-1949, München 1983, ^{3}1988

J. Becker/Th. Stammen/P. Waldmann (Hrsg.): Vorgeschichte der Bundesrepublik Deutschland. Zwischen Kapitulation und Grundgesetz, München 1979

G. Beier: Der Demonstrations- und Generalstreik vom 12. November 1948. Im Zusammenhang der parlamentarischen Entwicklung Westdeutschlands, Frankfurt 1975

V.N. Belezki: Die Politik der Sowjetunion in den deutschen Angelegenheiten in der Nachkriegszeit (1945-1976), Moskau 1976

W. Benz: Potsdam 1945. Besatzungsherrschaft und Neuaufbau im Vier-Zonen-Deutschland, München 1986
- ders.: Von der Besatzungsherrschaft zur Bundesrepublik. Stationen einer Staatsgründung 1946-1949, Frankfurt 1984

W. Benz/H. Graml (Hrsg.): Aspekte deutscher Außenpolitik im 20. Jahrhundert, Stuttgart 1976

R.M. Berdahl/A. Lüdtke/H. Medick u.a.: Klassen und Kultur. Sozialanthropologische Perspektiven in der Geschichtsschreibung, Frankfurt/Main 1982

D. Berg-Schlosser/F. Müller-Rommel (Hrsg.): Vergleichende Politikwissenschaft. Ein einführendes Handbuch, Opladen 1987

J.-P. Bertaud: Alltagsleben während der Französischen Revolution, Freiburg/Würzburg 1989

P. Beyersdorf: Militärregierung und Selbstverwaltung. Eine Studie zur amerikanischen Besatzungspolitik auf der Stufe einer Gemeinde in den Jahren 1945-1948, dargestellt an Beispielen aus dem Stadt- und Landkreis Coburg, Diss.phil. Erlangen-Nürnberg 1966, Erlangen 1967

R. Billstein (Hrsg.): Das andere Köln. Demokratische Traditionen seit der Französischen Revolution, Köln 1979

– ders.: Das entscheidende Jahr. Sozialdemokratie und Kommunistische Partei in Köln 1945/46, Diss. Köln, Köln 1988

– ders.: Die Kölner Arbeiterparteien und der Wiederaufbau der städtischen Verwaltung 1945/46, in: ders. (Hrsg.) (1979), S. 362-384

– ders.: Organisation, Programmatik und Politik der KPD in Köln 1945/46, in: Dann (Hrsg.) (1981), S. 171-191

– ders.: Streiks und Hungerdemonstrationen in Köln 1946 bis 1948, in: ders. (Hrsg.) (1979), S. 403-445

W.A. Boelcke: Der Schwarzmarkt 1945-1948. Vom Überleben nach dem Kriege, Braunschweig 1986

W. Bongard: Fetische des Konsums, Hamburg 1964

G. Bönisch: „Alles leer, öde, zerstört" Köln 1945, in: Malanowski (Hrsg.) (1985), S. 63-94

U. Borsdorf: Speck oder Sozialisierung? Produktionskampagnen im Ruhrbergbau 1945-1947, in: Mommsen/Borsdorf (Hrsg.) (1979), S. 345-366

U. Borsdorf/L. Niethammer (Hrsg.): Zwischen Befreiung und Besatzung. Analysen des US-Geheimdienstes über Positionen und Strukturen deutscher Politik 1945, Wuppertal 1976

L. Borusiak/G. Höhnel (u.a.): Chronik der Stadt Leipzig, I. Teil 1945-1946, masch., Leipzig ^{2}1971

L. Borusiak/U. Naumann: Chronik der Stadt Leipzig 1945-1949, I. Teil 1945-1946, masch., Leipzig 1965

V. Botzenhart-Viehe: The German Reaction to the American Occupation, 1944-1947, Diss.phil., Santa Barbara 1980

Chr. Boyer: „Deutsche Handwerksordnung" oder „zügellose Gewerbefreiheit". Das Handwerk zwischen Kriegswirtschaft und Wirtschaftswunder, in: Broszat/Henke/Woller (Hrsg.) (^{2}1989), S. 427-467

P. Brandt: Die deutschen Auftragsverwaltungen, in: Niethammer/Borsdorf/Brandt (1976), S. 644-662

G. Braun: Die Gemeinden-, Kreis- und Landtagswahlen in der SBZ im Herbst 1946 und die ersten Nachkriegswahlen in Groß-Berlin, M.A. Mannheim, masch., Mannheim 1982

G. Braun: Die Wahlen in der SBZ im Herbst 1946, in: Weber (Hrsg.) (1982), S. 545-561

M. Broszat/K.-D. Henke/H. Woller (Hrsg.): Von Stalingrad zur Währungsreform. Zur Sozialgeschichte des Umbruchs in Deutschland, München ^{2}1989

G. Brunn: Köln in den Jahren 1945 und 1946. Die Rahmenbedingungen des gesellschaftlichen Lebens, in: Dann (Hrsg.) (1981), S. 35-72

W. Buchanan/H. Cantrill: How Nations See Each Other. A Study In Public Opinion, Westport 1953

R. Büchner/H. Freundlich: Zur Situation in den zeitweilig englisch und amerikanisch besetzten Gebieten der sowjetischen Besatzungszone (April bis Anfang Juli 1945), in: BzG, Jg. 14, 1972, S. 992-1006

Bundesministerium für innerdeutsche Beziehungen (Hrsg.): DDR Handbuch, Köln ²1979

W. v. Buttlar: Ziele und Zielkonflikte der sowjetischen Deutschlandpolitik 1945-1947, Stuttgart 1980

L. Clausen: Schlangen. Exkursion in den Quellsumpf der Theorien, in: H. v. Alemann/H.P. Thurn (Hrsg.): Soziologie in weltbürgerlicher Absicht. Festschrift für René König zum 75. Geburtstag, Opladen 1981, S. 307-322

W. Conze/M.R. Lepsius (Hrsg.): Sozialgeschichte der Bundesrepublik Deutschland. Beiträge zum Kontinuitätsproblem, Stuttgart 1983

O. Dann (Hrsg.): Köln nach dem Nationalsozialismus. Der Beginn des gesellschaftlichen und politischen Lebens in den Jahren 1945/46, Wuppertal 1981

R. Detje u.a.: Von der Westzone zum Kalten Krieg. Restauration und Gewerkschaftspolitik im Nachkriegsdeutschland, Hamburg 1982

T. Diederich: Adenauer als Kölner Oberbürgermeister von Mai bis Oktober 1945, in: Stehkämper (Hrsg.) (1976), S. 499-530

S. Doernberg: Die Geburt eines neuen Deutschland 1945-1949, Berlin (Ost) 1959

H. Domizlaff: Die Gewinnung des öffentlichen Vertrauens. Ein Lehrbuch der Markentechnik. Neu zusammengestellte Ausgabe, zuerst: Hamburg 1939/1940, Hamburg 1982

F.S.V. Donnison: Civil Affairs and Military Government. Central Organisation and Planning, H.M. Stationery Office, London 1966

– ders.: Civil Affairs and Military Government. North-West Europe 1944-1946, H.M. Stationery Office, London 1961

K. Dreher: Der Weg zum Kanzler. Adenauers Griff nach der Macht, Düsseldorf/Wien 1972

H. Duhnke: Stalinismus in Deutschland. Die Geschichte der sowjetischen Besatzungszone, Köln 1955

C. Dümcke: Ökonomische und soziale Aspekte der Versorgungspolitik in den Jahren 1945-1958, in: Jahrbuch für Soziologie und Sozialpolitik, Jg. 1984, S. 132-142

R. Ebsworth: Restoring Democracy in Germany. The British Contribution, London/New York 1960

H. Eckart: Zum Anteil des FDGB im Land Sachsen an der Herausbildung und Entwicklung des neuen Inhalts der Arbeiterbewegung in den Jahren 1945 bis 1950, Diss.A, masch., Leipzig 1975

U. Enders: Die Bodenreform in der amerikanischen Besatzungszone 1945-1949 unter besonderer Berücksichtigung Bayerns, Diss. phil. München, Ostfildern 1982

P. Erker: Revolution des Dorfes? Ländliche Bevölkerung zwischen Flüchtlingszustrom und landwirtschaftlichem Strukturwandel, in: Broszat/Henke/Woller (Hrsg.) (²1989), S. 367-425

Th. Eschenburg: Jahre der Besatzung 1945-1949, Stuttgart/Wiesbaden 1983

K. Ewers/Th. Quest: Die Kämpfe der Arbeiterschaft in den volkseigenen Betrieben während und nach dem 17. Juni, in: Spittmann/Frikke (Hrsg.) (1982), S. 23-55

Fachmann/Kraut/Sperling: Nährstoff- und Nährwertgehalt von Nahrungsmitteln, Leipzig 1953

J.E. Farquharson: Landwirtschaft und Ernährung in der Politik der Alliierten 1945-1948, in: Foschepoth (Hrsg.) (1985), S. 147-174

- ders.: The Management of Agriculture and Food Supplies in Germany, 1944-1947, in: Martin/Milward (Eds.) (1985) (zit.: Farquharson 1985a), S. 50-68
- ders.: The Plough and the Swastika. The NSDAP and Agriculture in Germany 1928-45, London/Beverly Hills 1976
- ders.: The Western Allies and the Politics of Food. Agrarian Management in Postwar Germany, Leamington/Dover/New Hampshire 1985 (zit.: Farquharson 1985b)

M. Fichter: Zur Entwicklung und Anwendung der US-Gewerkschaftspolitik in Deutschland 1944-1948, Opladen 1982

A. Fischer: Der Weg nach Pankow. Zur Gründungsgeschichte der DDR (Kolloquien des Instituts für Zeitgeschichte), München 1980
- ders.: Die Sowjetunion und die „Deutsche Frage" 1945-1949, in: Die Deutschlandfrage und die Anfänge des Ost-West-Konflikts 1945-1949, hrsg. vom Göttinger Arbeitskreis, Berlin 1984, S. 40-57
- ders.: Sowjetische Deutschlandpolitik im Zweiten Weltkrieg 1941-1945, Stuttgart 1975

H. Fischer: Die Stoetzner Story. Werbung, Menschen, Politik, München 1986

L. Fischer: Denkschrift über die Benachteiligungen Kölns infolge und seit seiner Zerstörung, Köln 1952

W. Först: In Köln 1918-1936. Kleine Stadtgeschichte im 20. Jahrhundert I, Düsseldorf 1982
- ders.: Kleine Geschichte Nordrhein-Westfalens, Düsseldorf 1986
- ders. (Hrsg.): Städte nach zwei Weltkriegen, Köln 1984

J. Foschepoth (Hrsg.): Adenauer und die Deutsche Frage, Göttingen 1988
- ders.: Großbritannien und die Deutschlandfrage auf den Außenministerkonferenzen 1946/47, in: Foschepoth/Steininger (Hrsg.) (1985), S. 65-85
- ders. (Hrsg.): Kalter Krieg und Deutsche Frage. Deutschland im Widerstreit der Mächte 1945-1952, Göttingen/Zürich 1985

J. Foschepoth/R. Steininger (Hrsg.): Die britische Deutschland- und Besatzungspolitik 1945-1949, Paderborn 1985

K.W. Fricke: Zur Geschichte der Kommunalwahlen in der DDR, DA, Jg. 12, 1979, S. 454-459

R. Fritsch-Bournazel: Die Sowjetunion und die deutsche Teilung. Die sowjetische Deutschlandpolitik 1945-1979, Opladen 1979

L. Fuchs: Die Besatzungspolitik der USA in Thüringen von April bis Juli 1945, Diss.phil. Leipzig, masch., Leipzig 1966

M. Fuchs: „Zucker, wer hat? Öl, wer kauft?" Ernährungslage und Schwarzmarkt in München 1945-1948, in: Prinz (Hrsg.) (1984), S. 312-319

H. Füchsel: Zur Entstehung des Befehls Nr. 234 der SMAD zur „Steigerung der Arbeitsproduktivität und Verbesserung der materiellen Lage der Arbeiter und Angestellten" vom 9. Oktober 1947 und seiner Ausführungsbestimmungen, in: Barthel u.a.(Hrsg.) (1978), S. 369-376

E. Georgi: Die Entwicklung der demokratischen Selbstverwaltung in Leipzig in den Jahren 1945 bis 1948, in: Wiss. Zs. der Karl-Marx-Universität Leipzig, Gesellschafts- und sprachwiss. Reihe, Jg. 9, 1959/60, S. 497-508

Geschichte der deutschen Arbeiterbewegung, Bd. 6, 1945 bis 1949, hrsg. vom Institut für Marxismus-Leninismus beim Zentralkomitee der SED, Berlin (Ost) 1966

Geschichte der Deutschen Demokratischen Republik, von einem Autorenkollektiv unter Leitung von R. Badstübner, Berlin (Ost) 1981

Geschichte der deutschen Länder, Bd. 2, Würzburg 1971

Geschichte der sowjetischen Außenpolitik 1945 bis 1976, Berlin (Ost) 1978

D. Geyer: Deutschland als Problem der sowjetischen Europapolitik am Ende des Zweiten Weltkrieges, in: Foschepoth (Hrsg.) 1985, S. 50-65

J.F.J. Gillen: State and Local Government in West-Germany 1945-1953, Bad Godesberg 1953

J. Gimbel: Administrative Konflikte in der amerikanischen Deutschlandpolitik, in: Foschepoth (Hrsg.) (1985), S. 111-128

– ders.: Byrnes' Stuttgarter Rede und die amerikanische Nachkriegspolitik in Deutschland, in: VfZ, Jg. 20, 1972, S. 39-62

– ders.: Byrnes und die Bizone – eine amerikanische Entscheidung zur Teilung Deutschlands? in: Benz/Graml (Hrsg.) (1976), S. 193-210

– ders.: Eine deutsche Stadt unter amerikanischer Besatzung, Marburg 1945-1952, Köln/Berlin 1964

I. Girndt: Zentralismus in der britischen Zone. Entwicklungen und Bestrebungen beim Wiederaufbau der staatlichen Verwaltungsorganisation auf der Ebene oberhalb der Länder 1945-1949, Diss.phil. Bonn, Bonn 1971

H. Glaser: Kulturgeschichte der Bundesrepublik Deutschland. Zwischen Kapitulation und Währungsreform 1945-1948, Bd. 1, München/Wien 1985

H.J. Grabbe: Unionsparteien, Sozialdemokratie und Vereinigte Staaten von Amerika 1945-1966, Düsseldorf 1983

K.-H. Gräfe: Die Zerschlagung des faschistisch-imperialistischen Staatsapparates und die Herausbildung der Grundlagen der antifaschistisch-demokratischen Staatsmacht im Ergebnis der Befreiung des deutschen Volkes vom Faschismus durch die Sowjetunion und im Prozeß der antifaschistisch-demokratischen Revolution (1945/46): Unter besonderer Berücksichtigung der Entwicklung im damaligen Land Sachsen, Diss. phil., masch., Halle-Wittenberg 1971

H. Graml: Zur Frage der Demokratiebereitschaft des deutschen Bürgertums nach dem Ende der NS-Herrschaft. Hermann Maus Bericht über eine Reise nach München im März 1946, in: Miscellanea. Festschrift für Helmut Krausnick zum 75. Geburtstag, Stuttgart 1980, S. 149-168

H. Grebing/P. Pozorski/R. Schulze: Die Nachkriegsentwicklung in Westdeutschland 1945-1949. 2 Bände, Stuttgart 1980

R. Gries: „Und von dem Voglfuada solln mir lebn!" Frühjahr 1947: Versorgungskrise auch in München, in: GW Nr. 12/1987, S. 39-42

R. Gries/V. Ilgen/D. Schindelbeck: Gestylte Geschichte. Vom alltäglichen Umgang mit Geschichtsbildern, Münster 1989

– dies.: „Mach mal Pause" „Keine Experimente!" Die Ära Adenauer: Zeitgeschichte im Werbeslogan, in: JG, Jg. 1989, H. 3, S. 9-15

R. Gries/D. Schindelbeck: Deutsch-amerikanischer Januskopf. Zum Tode von Eric W. Stoetzner, in: Das Parlament, Jg. 40, 1990, Nr. 49 vom 30.11.1990, S. 21

P.W. Gulgowski: The American Military Government of the United States Occupied Zones of Post World War II Germany in Relation to Policies Expressed by its Civilian Governmental Authorities at Home. During the Course of 1944/45 Through 1949, Frankfurt/Main 1983

H.M. Hanko: Thomas Wimmer 1887-1964. Entwicklung und Weg eines sozialdemokratischen Kommunalpolitikers, Diss.phil. München 1976, MBM 73, München 1977

W. Haus: Die örtliche Verwaltung in Mitteldeutschland 1945-1961, in: Der Städtetag, Jg. 14 (1961), S. 589-596

H. Haushofer/H.J. Recke: 50 Jahre Reichsernährungsministerium – Bundesernährungsministerium. Hrsg. vom Bundesministerium für Ernährung, Landwirtschaft und Forsten, Bonn 1969

U. Herbert: „Die guten und die schlechten Zeiten". Überlegungen zur diachronen Analyse lebensgeschichtlicher Interviews, in: Niethammer (Hrsg.) (Bd. 1, 1983), S. 67-96

L. Herbst (Hrsg.): Westdeutschland 1945-1955. Unterwerfung, Kontrolle, Integration, München 1986

G. Hering: Der Neuaufbau einheitlicher freier Gewerkschaften 1945 in Leipzig, Leipzig 1965

W. Herrmann: Wirtschaftsgeschichte der Stadt Köln 1914 bis 1970, in: Kellenbenz (Bd. 2, 1975), S. 359-473

D. Hirschberg: Die Kölner Ortsausschüsse, in: Dann (Hrsg.) (1981), S. 93-116

W. Hofmann: Die Arbeitsverfassung der Sowjetunion, Berlin (West) 1956

E. Holtmann: Politik und Nichtpolitik. Lokale Erscheinungsformen politischer Kultur im frühen Nachkriegsdeutschland. Das Beispiel Unna und Kamen, Habil. Erlangen-Nürnberg 1986, Opladen 1989

P. Hüttenberger: Nordrhein-Westfalen und die Entstehung seiner Parlamentarischen Demokratie, Siegburg 1973

J. Irek: Mannheim in den Jahren 1945-1949. Geschichte einer Stadt zwischen Diktatur und Republik, Stuttgart/Berlin/Köln/Mainz 1983

F. Jerchow: Deutschland in der Weltwirtschaft 1944-1947. Alliierte Deutschland- und Reparationspolitik und die Anfänge der westdeutschen Außenwirtschaft, Düsseldorf 1978

A. Karczmar: Die Versorgung Deutschlands mit Nahrungs- und Futtermitteln nach dem zweiten Weltkrieg, Diss. rer.agr., masch., Gießen 1951

H. Kellenbenz (Hrsg.): Zwei Jahrtausende Kölner Wirtschaft, Bd. 2, Köln 1975

L. Kettenacker: Die alliierte Kontrolle Deutschlands als Exempel britischer Herrschaftsausübung, in: Herbst (Hrsg.) (1986), S. 51-63

L. Kettenacker/M. Schlenke/H. Seier (Hrsg.): Studien zur Geschichte Englands und der deutsch-britischen Beziehungen, München 1981

P. Kirste: Zur internationalistischen Hilfe der Sowjetunion und zur Zusammenarbeit der SMAD mit den antifaschistisch-demokratischen Kräften auf ökonomischem Gebiet 1945, in: H. Barthel u.a. (Hrsg.) (1978), S. 361-367

H. Kistler: Bundesdeutsche Geschichte. Die Entwicklung der Bundesrepublik Deutschland seit 1945, Stuttgart 1986

– ders.: Die Bundesrepublik Deutschland. Vorgeschichte und Geschichte 1945-1983, Bonn 1985

K. Kittner: Die historischen Wurzeln für die Herausbildung der Aktivisten der ersten Stunde und ihre Entwicklung zur selbständigen gesellschaftlichen Kategorie während der antifaschistisch-demokratischen Ordnung. Dargestellt am Beispiel der Deutschen Reichsbahn, Diss., masch., Dresden 1969

A. Klein: Köln im Dritten Reich. Stadtgeschichte der Jahre 1933-1945, Köln 1983

E. Kleinertz: Konrad Adenauer als Beigeordneter der Stadt Köln (1906-1917), in: Stehkämper (Hrsg.) (1976), S. 33-78

Th. Kleinspehn: Warum sind wir so unersättlich? Über den Bedeutungswandel des Essens, Frankfurt 1987

J. Klekamp: Vom Zusammenbruch zum „Wirtschaftswunder"? Die Kölner Industrie in den Jahren 1945-1948, in: GiK, Jg. 1980, H. 8, S. 119-149

B. Klemm/G.J. Trittel: Vor dem „Wirtschaftswunder": Durchbruch zum Wachstum oder Lähmungskrise? Eine Auseinandersetzung mit Werner Abelshausers Interpretation der

Wirtschaftsentwicklung, in: VfZ, Jg. 36, 1987, H. 4, S. 571-624
Chr. Kleßmann/P. Friedemann: Streiks und Hungermärsche im Ruhrgebiet 1946-1948, Frankfurt/New York 1977
P. Koch: Konrad Adenauer. Eine politische Biographie, Reinbek 1985
P.J. Kock: Bayerns Weg in die Bundesrepublik. Studien zur Zeitgeschichte Bd. 22, Stuttgart 1983
F. Köhler: Die Entwicklung in Deutschland (1945-1947), Diss. phil., masch., Leipzig 1960
K. Koszyk: Pressepolitik für Deutsche 1945-1949. Geschichte der deutschen Presse, Teil IV, Berlin 1986
H.-G. Kowalski: Die „European Advisory Commission" als Instrument alliierter Deutschlandplanung 1943-1945, in: VfZ, Jg. 19, 1971, S. 261-293
M. Krauss: „Deutsche sind Deutsche,... gleichgültig, aus welchem Teil Deutschlands sie stammen" Flüchtlinge und Vertriebene im Trümmermünchen, in: Prinz (Hrsg.) (1984) (zit. Krauss 1984a), S. 320-329
– dies.: "... es geschahen Dinge, die Wunder ersetzten" Die Frau im Münchner Trümmeralltag, in: Prinz (Hrsg.) (1984) (zit. Krauss 1984b), S. 283-302
– dies.: „Vee GAYT ess ee-nen?" Lebenssplitter aus dem Umgang mit Besatzern, in: Prinz (Hrsg.) (1984) (zit. Krauss 1984c), S. 333-338
W. Krieger: General Lucius D. Clay und die amerikanische Deutschlandpolitik 1945-1949, Stuttgart 1987
P. Kritzer: Wilhelm Hoegner. Politische Biographie eines bayerischen Sozialdemokraten, München 1979
G. Krüger: Der Kampf um die Enteignung der Kriegsverbrecher und Naziaktivisten in Leipzig (1945-1948), Diss. phil., masch., Leipzig 1958
– ders.: Zum Neuaufbau einer demokratischen Verwaltung in Leipzig (April-September 1945), in: Wiss. Zs. der Karl-Marx-Universität Leipzig, Gesellschafts- und Sprachwiss. Reihe, Jg. 9, 1959/60, H. 4, S. 709-711
– ders.: Zweierlei Besatzungspolitik in Leipzig (April bis September 1945), in: Beiträge zur Zeitgeschichte, Jg. 3, 1960, S. 104-112
G. Krüger/K. Urban: Die Herausbildung antifaschistisch-demokratischer Verwaltungsorgane in Leipzig (April bis Oktober 1945), in: Staat und Recht, Jg. 13, 1964, H. 12, S. 2068-2087
M. Kutz: Kriegserfahrung und Kriegsvorbereitung. Die agrarwirtschaftliche Vorbereitung des Zweiten Weltkrieges in Deutschland vor dem Hintergrund der Weltkrieg I-Erfahrung. I. Teil in: ZAA, Jg. 32, 1984, S. 59-82; II. Teil in: ZAA, Jg. 32, 1984, S. 135-164
I. Lange: Entnazifizierung in Nordrhein-Westfalen. Richtlinien, Anweisungen, Organisation, Siegburg 1976
H. Laschitza: Kämpferische Demokratie gegen Faschismus. Die programmatische Vorbereitung auf die antifaschistisch-demokratische Umwälzung in Deutschland durch die Parteiführung der KPD, Berlin (Ost) 1969
H. Laschitza: Zwei Dokumente der KPD aus den Jahren 1944 und 1945 für das neue, demokratische Deutschland, in: BzG, Jg. 7, 1965, H. 2, S. 258ff.
C.F. Latour/Th. Vogelsang: Okkupation und Wiederaufbau. Die Tätigkeit der Militärregierung in der amerikanischen Besatzungszone Deutschlands 1944-1947, Stuttgart 1973
H. Lehmann: Die Flächenveränderungen der wichtigsten Kultur- und Fruchtarten nach den Ergebnissen der Anbauflächen- und Bodennutzungserhebungen 1925-1946, in: Mitteilungen des Bayerischen Statistischen Landesamtes, Jg. 1946, H. 15, S. 6-12

J. Lehmann: Untersuchungen zur Agrarpolitik und Landwirtschaft im faschistischen Deutschland während des Zweiten Weltkriegs 1942-1945, Diss. Rostock 1977

W. Link: Die amerikanische Stabilisierungspolitik in Deutschland 1921-1932, Düsseldorf 1970

L.P. Lochner: Herbert Hoover und Deutschland, Boppard 1961

W. Lohse: Die Politik der sowjetischen Militäradministration in der sowjetischen Besatzungszone Deutschlands, Diss. phil., masch., Halle 1967

W. Loth: Die Teilung der Welt. Geschichte des Kalten Krieges 1941-1955, München ^{3}1982

A. Lüdtke (Hrsg.): Alltagsgeschichte. Zur Rekonstruktion historischer Erfahrungen und Lebensweisen, Frankfurt/New York 1989

W. Malanowski (Hrsg.): 1945. Deutschland in der Stunde Null. Reinbek 1985

B. Marshall: German Attitudes to British Military Government, 1945-1947, in: Journal of Contemporary History, Jg. 15, 1980, S. 655-684

B. Martin: Landwirtschaft und Ernährung in Japan im zweiten Weltkrieg, in: Studia Historiae Oeconomicae, Jg. 17, 1982, Poznan 1983, S. 129-151

B. Martin/A.S. Milward (Eds.): Agriculture and Food Supply in the Second World War. Landwirtschaft und Versorgung im Zweiten Weltkrieg, Ostfildern 1985

W. Matschke: Die industrielle Entwicklung in der Sowjetischen Besatzungszone Deutschlands (SBZ) von 1945 bis 1948, Berlin (West) 1988

E. Matz: Die Zeitungen der US-Armee für die deutsche Bevölkerung (1944-1946), Münster 1969

H. Matzerath: Städte nach zwei Weltkriegen, in: Först (Hrsg.) (1984), S. 10-29, abgedr. auch in: GiK, Jg. 1984, H. 15, S. 104-131

B. Mauch: Die bayerische FDP. Portrait einer Landespartei, Diss. Erlangen 1965

W. Meinicke: Die Entnazifizierung in der sowjetischen Besatzungszone 1945-1948, in: ZfG, Jg. 32, 1984, S. 968-979

H.P. Mensing: „Dass sich die Fama auch meiner mysteriösen Angelegenheit bemächtigt hat" Neues zur Entlassung Adenauers als Kölner Nachkriegsoberbürgermeister im Herbst 1945, in: Zs. Geschichte im Westen, Jg. 3, 1988, H. 1, S. 84-98

A.J. Merritt/R.L. Merritt (Eds.): Public Opinion in Occupied Germany. The OMGUS Surveys, 1945-1949, Urbana/Chicago/London 1970

— dies. (Eds.): Public Opinion in Semisovereign Germany. The HICOG Surveys 1949-1955, Urbana/Chicago/London 1980

S. Meyer/E. Schulze: „Als wir wieder zusammen waren, ging der Krieg im Kleinen weiter." Frauen, Männer und Familien im Berlin der vierziger Jahre, in: Niethammer/v. Plato (Hrsg.) Berlin/Bonn 1985 (zit.: Meyer/Schulze 1985a), S. 305-326

— dies.: Von Liebe sprach damals keiner. Familienalltag in der Nachkriegszeit, München 1985 (zit.: Meyer/Schulze 1985b)

— dies.: Wie wir das alles geschafft haben. Alleinstehende Frauen berichten über ihr Leben nach 1945, München 1984

A.S. Milward: Großbritannien, Deutschland und der Wiederaufbau Westeuropas, in: Petzina/Euchner (Hrsg.) (1984), S. 25-40

A. Mintzel: Die CSU. Anatomie einer konservativen Partei 1945-1972, Opladen 1975

A. Mitscherlich/M. Mitscherlich: Die Unfähigkeit zu trauern, zuerst 1968, München ^{19}1977

N. Möding: Die Stunde der Frauen? Frauen und Frauenorganisationen des bürgerlichen Lagers, in: Broszat/Henke/Woller (Hrsg.) (^{2}1989), S. 595-618

H. Mommsen/U. Borsdorf (Hrsg.): Glück auf, Kameraden! Die Bergarbeiter und ihre Organisationen in Deutschland, Köln 1979

R. Morsey: Hermann Pünder (1888-1976), in: Zs. Geschichte im Westen, Jg. 3, 1988, H. 1, S. 69-83

W. Mühlfriedel: Die Wirtschaftsplanung in der sowjetischen Besatzungszone von den Anfängen bis zur Bildung der Deutschen Wirtschaftskommission, in: Jahrbuch für Wirtschaftsgeschichte (JbWG), Jg. 1985, Bd. II, S. 9-30

R.-D. Müller: Die Konsequenzen der „Volksgemeinschaft": Ernährung, Ausbeutung und Vernichtung, in: W. Michalka (Hrsg.): Der Zweite Weltkrieg. Analysen-Grundzüge-Forschungsbilanz, München/Zürich 1989, S. 240-248

U. Naumann/L. Borusiak: Chronik der Stadt Leipzig 1945-1949, II. Teil 1947-1949, Leipzig 1967

J.P. Nettl: Die deutsche Sowjetzone bis heute. Politik/Wirtschaft/Gesellschaft, Frankfurt 1953

L. Niethammer: Annäherung an den Wandel. Auf der Suche nach der volkseigenen Erfahrung in der Industrieprovinz der DDR, in: BIOS – Zeitschrift für Biographieforschung und Oral History, Jg. 1, 1988, H. 1, S. 19-66

– ders.: Aufbau von unten. Die Antifa-Ausschüsse als Bewegung, in: Niethammer/Borsdorf/Brandt (1976), S. 699-717

– ders.: Die amerikanische Besatzungsmacht zwischen Verwaltungstradition und politischen Parteien in Bayern 1945, in: VfZ, Jg. 15, 1967, S. 153-210

– ders. (Hrsg.): „Die Jahre weiß man nicht, wo man die heute hinsetzen soll". Faschismuserfahrungen im Ruhrgebiet, Lebensgeschichte und Sozialkultur im Ruhrgebiet 1930-1960, Bd. 1, Berlin/Bonn 1983

– ders.: Entnazifizierung in Bayern. Säuberung und Rehabilitierung unter amerikanischer Besatzung, Diss.phil. Heidelberg, Frankfurt 1972

– ders. (Hrsg.): „Hinterher merkt man, daß es richtig war, daß es schief gegangen ist". Nachkriegserfahrungen im Ruhrgebiet, Lebensgeschichte und Sozialkultur im Ruhrgebiet 1930-1960, Bd. 2, Berlin/Bonn 1983

– ders.: Politik als Durchsetzung der Gesetze – Aus dem Leben eines Sicherheitsinspektors, in: JG, Jg. 1988, H. 5, S. 54-62

– ders.: Privat-Wirtschaft. Erinnerungsfragmente einer anderen Umerziehung, in: Niethammer (Hrsg.) (Bd. 2, 1983), S. 17-105

– ders.: Rekonstruktion und Desintegration: Zum Verständnis der deutschen Arbeiterbewegung zwischen Krieg und Kaltem Krieg, in: H.A. Winkler (Hrsg.) (1979), S. 26-43

L. Niethammer/U. Borsdorf/P. Brandt: Arbeiterinitiative 1945. Antifaschistische Ausschüsse und Reorganisation der Arbeiterbewegung in Deutschland, Wuppertal 1976

L. Niethammer/A. v. Plato (Hrsg.): „Wir kriegen jetzt andere Zeiten." Auf der Suche nach der Erfahrung des Volkes in nachfaschistischen Ländern. Lebensgeschichte und Sozialkultur im Ruhrgebiet 1930 bis 1960, Bd. 3, Berlin/Bonn 1985

E. Nolte: Deutschland und der Kalte Krieg, Stuttgart ²1985

M. Overesch: Deutschland 1945-1949. Vorgeschichte und Gründung der Bundesrepublik. Ein Leitfaden in Darstellung und Dokumenten, Düsseldorf 1979

D. Petzina: Autarkiepolitik im Dritten Reich. Der nationalsozialistische Vierjahresplan, Stuttgart 1968

D. Petzina/W. Euchner (Hrsg.): Wirtschaftspolitik im britischen Besatzungsgebiet 1945-1949, Düsseldorf 1984

H. Pietsch: Militärregierung, Bürokratie und Sozialisierung. Zur Entwicklung des politischen Systems in den Städten des Ruhrgebietes 1945-1948, Diss.phil. Bochum 1976, Duisburg 1978

H. Potthoff/R. Wenzel: Handbuch politischer Institutionen und Organisationen 1945-1949, Düsseldorf 1983

U. Preuss-Lausitz u.a.: Kriegskinder, Konsumkinder, Krisenkinder. Zur Sozialisationsgeschichte seit dem Zweiten Weltkrieg, Weinheim/Basel 1983

F. Prinz (Hrsg.): Trümmerzeit in München. Kultur und Gesellschaft einer deutschen Großstadt im Aufbruch 1945-1949, München 1984

F. Prinz/M. Krauss (Hrsg.): Trümmerleben. Texte, Dokumente, Bilder aus den Münchner Nachkriegsjahren, München 1985

W. Protzner (Hrsg.): Vom Hungerwinter zum kulinarischen Schlaraffenland. Aspekte einer Kulturgeschichte des Essens in der Bundesrepublik Deutschland, Wiesbaden 1987

T. Pünder: Das bizonale Interregnum. Die Geschichte des Vereinigten Wirtschaftsgebietes 1946-1949, Waiblingen 1966

H.G. Quarta: Heinrich Lübke. Versuch einer biographischen Darstellung, Buxheim 1978

Rat der Stadt Leipzig (Hrsg.): Leipzig in acht Jahrhunderten, bearbeitet von H. Arndt, Leipzig 1965

U. Reusch: Versuche zur Neuordnung des Berufsbeamtentums, in: Foschepoth/Steininger (Hrsg.) (1985), S. 171-181

K.-H. Rothenberger: Die Hungerjahre nach dem Zweiten Weltkrieg. Ernährungs- und Landwirtschaft in Rheinland-Pfalz 1945-1950, Boppard 1980

W. Rudzio: Die Neuordnung des Kommunalwesens in der Britischen Zone. Zur Demokratisierung und Dezentralisierung der politischen Struktur: eine britische Reform und ihr Ausgang, Diss.phil. Frankfurt, Frankfurt 1968

– ders.: Großbritannien als sozialistische Besatzungsmacht in Deutschland – Aspekte des deutsch-britischen Verhältnisses 1945-1948, in: Kettenacher/Schlenke/Seier (Hrsg.) (1981), S. 341-352

K.-J. Ruhl (Hrsg.): Neubeginn und Restauration. Dokumente zur Vorgeschichte der Bundesrepublik Deutschland 1945-1949, München 1982

B.-A. Rusinek: Gesellschaft in der Katastrophe. Terror, Illegalität, Widerstand. Köln 1944/45, Essen 1989

M. Rüther: Betriebsräte in Köln von 1945 bis 1952. Ihre Aufgaben und Tätigkeit unter besonderer Berücksichtigung des Arbeiterverhaltens, Diss., masch., Köln 1990

– ders.: Die Einheitsgewerkschaft in Köln im Jahr 1945. Rahmenbedingungen-Initiativen-Gründung, in: GiK, Heft 25/1989, S. 73-110

– ders.: Die Entlassung Adenauers. Zur Amtsenthebung als Oberbürgermeister in Köln, in: GiK, Heft 20/1986, S. 121-146

H. Schall: Kleine Nahrungsmitteltabelle, Leipzig 1968

C. Scharf/H.-J. Schröder (Hrsg.): Die Deutschlandpolitik Frankreichs und die Französische Zone 1945-1949, Wiesbaden 1983, S. 185-203

– dies. (Hrsg.): Die Deutschlandpolitik Großbritanniens und die britische Zone 1945-1949, Wiesbaden 1979

H. Schelsky: Auf der Suche nach Wirklichkeit, Düsseldorf/Köln 1965

– ders.: Wandlungen der deutschen Familie in der Gegenwart, Stuttgart ^{2}1954

A. Schildt/A. Sywottek: „Wiederaufbau" und „Modernisierung". Zur westdeutschen Gesellschaftsgeschichte in den fünfziger Jahren, in: APuZ, Jg. 1989, Beilage 6-7/89 vom 3.2.1989, S. 18-32

D. Schindelbeck: Konsumhymnen. Alltag und Mentalität der Nachkriegszeit im Spiegel der Lyrik, in: Der Deutschunterricht (DU), Jg. 42, 1990, H. 4, S. 56-70

E. Schinke: Die agrarpolitische Entwicklung in der sowjetischen Besatzungszone Deutschlands seit 1945, in: Jahrbuch für die Geschichte Mittel- und Ostdeutschlands, Bd. 11, 1962, S. 238-271

H. Schmitz: Die Bewirtschaftung der Nahrungsmittel und Verbrauchsgüter 1939-1950. Dargestellt am Beispiel der Stadt Essen, Essen 1956

H.W. Schmollinger: Das Bezirkskomitee Freies Deutschland in Leipzig, in: Niethammer/Borsdorf/Brandt: Arbeiterinitiative (1976), S. 219-251

– ders.: Entstehung und Zerfall der antifaschistischen Aktionseinheit in Leipzig: ein Beitrag zur Geschichte des Widerstandes und des Wiedererstehens der Leipziger Arbeiterparteien 1939 bis September 1945, Diss.rer.pol., Berlin 1976

K.-H. Schöneburg/R. Mand/H. Leichtfuß/K. Urban: Vom Werden unseres Staates. Eine Chronik, Bd. 1 (1945-1949), Berlin (Ost) 1966

K. Schönhoven: Die deutschen Gewerkschaften, Frankfurt 1987

H.-J. Schröder: Marshallplan, amerikanische Deutschlandpolitik und europäische Integration 1947-1950, in: APuZ, Jg. 1987, Beilage Nr. 18 vom 2.5.1987, S. 3-17

D. Schubert: Frauen in der deutschen Nachkriegszeit. Bd. 1: Frauenarbeit 1945-1949, Quellen und Materialien, hrsg. von A. Kuhn, Düsseldorf 1984

Y. Schütze/D. Geulen: Die „Nachkriegskinder" und die „Konsumkinder": Kindheitsverläufe zweier Generationen, in: Preuss-Lausitz u.a. (1983), S. 29-52

G. Schwan: Das deutsche Amerikabild seit der Weimarer Republik, in: APuZ, Jg. 1986, Beilage Nr. 26 vom 28.6.1986, S. 3-15

H.-P. Schwarz: Adenauer. Der Aufstieg: 1876-1952, Stuttgart 1986

– ders.: Vom Reich zur Bundesrepublik. Deutschland im Widerstreit der außenpolitischen Konzeptionen in den Jahren der Besatzungsherrschaft 1945-1949, zuerst Neuwied/Berlin 1966, Stuttgart ²1980

S.M. Schwarz: Arbeiterklasse und Arbeitspolitik in der Sowjetunion, Hamburg 1953

W. Selig/L. Morenz/H. Stahleder: Chronik der Stadt München 1945-1948, Stadtarchiv München 1980

P.H. Seraphim: Die Heimatvertriebenen in der Sowjetzone, Berlin (West) 1954

W.J. Sipols/I.A. Tschelyschew/V.N. Belezki: Jalta-Potsdam: Basis der europäischen Nachkriegsordnung, Berlin (Ost) 1985

S. Spiegel: Das Herbstfest 1946 im Trümmermünchen: Kein Oktoberfest aber eine richtige Wies'n, in: Prinz (Hrsg.) (1984), S. 339-344

I. Spittmann/K.W. Fricke (Hrsg.): 17. Juni 1953. Arbeiteraufstand in der DDR, Köln 1982

D. Staritz: Auf dem Wege zur DDR (1948/1949), in: APuZ, Jg. 1985, Beilage Nr. 18 vom 4.5.1985, S. 29-45

– ders.: Die Gründung der DDR. Von der sowjetischen Besatzungsherrschaft zum sozialistischen Staat, München 1984

– ders.: Geschichte der DDR 1949-1985, Frankfurt 1985

– ders.: Sozialismus in einem halben Lande. Zur Programmatik und Politik der KPD/SED in der Phase der antifaschistisch-demokratischen Umwälzung in der DDR, Berlin (West) 1976

– ders.: Zwischen Ostintegration und nationaler Verpflichtung. Zur Ost- und Deutschlandpolitik der SED, 1948 bis 1952, in: Herbst (Hrsg.) (1986), S. 279-289

H. Stehkämper (Hrsg.): Konrad Adenauer. Oberbürgermeister von Köln. Festgabe der Stadt Köln zum 100. Geburtstag ihres Ehrenbürgers am 5. Januar 1976, Köln 1976

P. Stein/K. Wernecke: Zeitungen, in: H. Heer/V. Ullrich (Hrsg.): Geschichte entdecken. Erfahrungen und Projekte der neuen Geschichtsbewegung, Reinbek 1985, S. 337-344

R. Steininger: Deutsche Geschichte 1945-1961. Darstellung und Dokumente in zwei Bänden, Bd. 1, Frankfurt 1983
- ders.: Westdeutschland, ein „Bollwerk gegen den Kommunismus"? Großbritannien und die deutsche Frage im Frühjahr 1946, MGM Jg. 38, 1985, H. 2, S. 163-206
W. Stelzle: Föderalismus und Eigenstaatlichkeit. Aspekte der bayerischen Innen- und -Außenpolitik 1945-1947. Ein Beitrag zur Staatsideologie, Diss.phil. München, München 1980
G. Stüber: Der Kampf gegen den Hunger 1945-1950. Die Ernährungslage in der britischen Zone Deutschlands, insbesondere in Schleswig-Holstein und Hamburg, Diss.phil. Kiel, Neumünster 1984
S. Suckut: Die Betriebsrätebewegung in der Sowjetisch Besetzten Zone Deutschlands (1945-1948). Zur Entwicklung und Bedeutung von Arbeiterinitiative, betrieblicher Mitbestimmung und Selbstbestimmung bis zur Revision des programmatischen Konzeptes der KPD/SED vom „besonderen deutschen Weg zum Sozialismus", Diss. rer.pol., Frankfurt 1982
A. Sywottek: Deutsche Volksdemokratie. Studien zur politischen Konzeption der KPD 1935-1946, Düsseldorf 1971
H.G. Thien/H. Wienold/S. Preuß (Hrsg.): Überwältigte Vergangenheit. Erinnerungsscherben. Faschismus und Nachkriegszeit in Münster i.W., Münster 1984
J. Thies: What is going on in Germany? Britische Militärverwaltung in Deutschland 1945/46, in: Scharf/Schröder (Hrsg.) (1979), S. 29-50
H. Treiß: Britische Besatzungspolitik in Köln, in: Dann (Hrsg.) (1981), S. 73-92
G.J. Trittel: Das Scheitern der Bodenreform im „Schatten des Hungers", in: Foschepoth/Steininger (Hrsg.) (1985), S. 153-170
- ders.: Die Bodenreform - ein Beitrag der Besatzungsmächte zur gesellschaftlichen Strukturreform Nachkriegsdeutschlands 1945-1949, in: ZAA, Jg. 30, 1982, S. 28-47
- ders.: Die Bodenreform in der britischen Zone 1945-1949, Stuttgart 1975
- ders.: Hans Schlange-Schöningen. Ein vergessener Politiker der „Ersten Stunde", in: VfZ, Jg. 35, 1987, H. 1, S. 25-63
I. Unger: Die Bayernpartei. Geschichte und Struktur 1945-1957, Stuttgart 1979
G. Voigt: Goebbels als Markentechniker, in: W.F. Haug (Hrsg.): Warenästhetik. Beiträge zur Diskussion, Weiterentwicklung und Vermittlung ihrer Kritik, Frankfurt 1975, S. 231-260
L. Volin: Survey of Soviet Russian Agriculture, Washington 1951
H.-E. Volkmann: Landwirtschaft und Ernährung in Hitlers Europa 1939-45, in: MGM, Jg. 1984, H. 1, S. 9-74
H. Voßke: Dokumente aus der programmatischen Tätigkeit der KPD für den Aufbau eines neuen, antifaschistisch-demokratischen Deutschlands (Februar/März 1945), in: BzG, Jg. 10, 1968, H. 3, S. 470-492
D. Wagner: München '45 - zwischen Ende und Anfang, München 1970
H.H. Wacker: Münchner Kommunalpolitik nach 1945 - Nachlaßverwaltung oder demokratische Erneuerung? in: Prinz (Hrsg.) (1984), S. 39-59
H. Weber: Geschichte der DDR, München 1985
- ders.: Kleine Geschichte der DDR, Köln 1980
- ders. u.a. (Hrsg.): Parteiensystem zwischen Demokratie und Volksdemokratie. Dokumente und Materialien zum Funktionswandel der Parteien und Massenorganisationen in der SBZ/DDR 1945-1950, Köln 1982
H. Wehner/K.-H. Gräfe: Zur Politik der sowjetischen Militäradministration in Sachsen. Die

Zusammenarbeit zwischen den sowjetischen Besatzungsorganen und der Landesverwaltung Sachsen 1945 bis 1947, in: ZfG, Jg. 23, 1975, S. 897-907

J. Weise: Kammern in Not – zwischen Anpassung und Selbstbehauptung: die Stellung der Industrie- und Handelskammern in der Auseinandersetzung um eine neue politische und wirtschaftliche Ordnung 1945-1956; dargestellt am Beispiel rheinischer Kammern und ihrer Vereinigungen auf Landes-, Zonen- und Bundesebene, Diss. Köln 1988, Köln 1989

Chr. Weisz: Versuch zur Standortbestimmung der Landwirtschaft, in: Herbst (Hrsg.) (1986), S. 117-126

U. Westphal: Werbung im Dritten Reich, Berlin (West) 1989

M. Wildt: Der Traum vom Sattwerden. Hunger und Protest, Schwarzmarkt und Selbsthilfe in Hamburg 1945-1948, Hamburg 1986

– ders.: Hunger, Schwarzmarkt und Rationen – der heimliche Lehrplan der Nachkriegszeit, in: Improvisierter Neubeginn. Hamburg 1943-1953. Ansichten des Photographen Germin, Hamburg 1989, S. 46-55

B. Willenbacher: Zerrüttung und Bewährung der Nachkriegs-Familie, in: Broszat/Henke/Woller (Hrsg.) (^{2}1989), S. 595-618

H. Winkel: Die Wirtschaft im geteilten Deutschland 1945-1970, Wiesbaden 1974

H.A. Winkler (Hrsg.): Politische Weichenstellungen im Nachkriegsdeutschland 1945-1953, Göttingen 1979

G. Winkler: Betrachtungen zur Entwicklung der Nahrungsmittelversorgung und des Verbrauchs an wichtigen Nahrungsmitteln in der Deutschen Demokratischen Republik seit 1945 unter besonderer Berücksichtigung der Abhängigkeit des Nahrungsmittelkonsums von der Einkommenshöhe vor allem in Arbeiter- und Angestelltenhaushaltungen, masch., Habil. Leipzig 1961

D. Wirth: Die Familie in der Nachkriegszeit. Desorganisation oder Stabilität? in: Becker/Stammen/Waldmann (Hrsg.) (1979), S. 193-216

K. Wolf: CSU und Bayernpartei. Ein besonderes Konkurrenzverhältnis 1948-1960, Diss.phil. Würzburg, Köln 1982

H. Woller: Die Loritz-Partei. Geschichte, Struktur und Politik der wirtschaftlichen Aufbau-Vereinigung (WAV) 1945-1955, Stuttgart 1982

– ders.: Gesellschaft und Politik in der amerikanischen Besatzungszone. Die Region Ansbach und Fürth, München 1986

G. Zang: Die unaufhaltsame Annäherung an das Einzelne. Reflexionen über den theoretischen und praktischen Nutzen der Regional- und Alltagsgeschichte, Konstanz 1985

W. Zank: Wirtschaft und Arbeit in Ostdeutschland 1945-1949. Probleme des Wiederaufbaus in der Sowjetischen Besatzungszone Deutschlands, München 1987

U. Zelinsky: Bedingungen und Probleme der Neubildung von Führungsgruppen in Deutschland 1945-1949, in: Becker/Stammen/Waldmann (Hrsg.) (1979). S. 217-233

E.F. Ziemke: The U.S. Army in the Occupation of Germany 1944-1946, Washington D.C. 1975

H. Zink: The United States in Germany 1944-1955, Princeton/Toronto/New York/London 1957

W. Zorn: Bayerns Geschichte im 20. Jahrhundert. Von der Monarchie zum Bundesland, München 1986

Abbildungsnachweis

Karl Heinz Mai, Leipzig (Fotothek K.D. Mai): Abbildungen 1 bis 11;
Hans Schürer, München: Abbildungen 12 bis 17, Abb. 19;
Stadtarchiv der Landeshauptstadt München: Abbildungen 18, 20, 21;
Historisches Archiv der Stadt Köln/Walter Dick: Abbildungen 23, 26, 28, 31, 32;
HAStK/Peter Fischer: Abbildungen 22, 29, 30;
HAStK/Dr. Hans Schmitt: Abbildung 24;
HAStK/sonstige Quellen: Abbildungen 25, 27.

Dank

Die vorliegende Studie ist von den Philosophischen Fakultäten der Freiburger Albert-Ludwigs-Universität als Dissertation angenommen worden. Betreuer der Arbeit war Herr Prof. Dr. Bernd Martin; ihm sei an dieser Stelle zuerst gedankt. Dank schulde ich sodann den Archivaren, die mir einen Weg durch Akten und Archive bahnten. Stellvertretend seien Dr. Bernhard Neidiger und Dr. Eberhard Illner (Köln) sowie Hermann Schwenger (Mannheim) genannt. Das Stipendium der Studienstiftung des Deutschen Volkes gab eine gewisse finanzielle Sicherheit. Ich freue mich sehr, in meinem Vertrauensdozenten Herrn Prof. Dr. Otto J. Stärk (Freiburg) einen stets hilfsbereiten Freund und Förderer junger WissenschaftlerInnen kennengelernt zu haben. Mein Dank gilt ferner den Institutionen, deren Zuschüsse den Druck ermöglichten. Für ihr besonderes Engagement danke ich Frau Dr. Katrin Keller vom Leipziger Geschichtsverein, Herrn Georg Mölich vom Landschaftsverband Rheinland in Köln und Herrn Direktor Dr. Richard Bauer vom Stadtarchiv der Landeshauptstadt München. Diese Arbeit möchte ich meinen Eltern Josefine und Gerhard Gries widmen; aus der täglichen Anschauung und Erfahrung unseres Ladenburger Bäckerei- und Konditoreibetriebes erwuchs mir das Thema 'Versorgung' wie von selbst.

Freiburg im März 1991　　　　　　　　　　　　　　Rainer Gries

Verlag Westfälisches Dampfboot

Literatur zum Thema

Rainer Gries/ Volker Ilgen/ Dirk Schindelbeck

Gestylte Geschichte

Vom alltäglichen Umgang mit Geschichtsbildern.
Mit Beiträgen von H.Glaser und M.Salewski

317 S. - DM 38,00 - ISBN 3-924550-36-0

Warum die Fünfziger Jahre in den Achtzigern Hochkonjunktur haben ...

Kanzler Kohl im Kabinenroller: Was treibt den Enkel dazu, sich hinter den Lenker des Messerschmitt-Vehikels zu zwängen? Helmut Kohl ist keine Ausnahme; in den achtziger Jahren feiert die Adenauer-Ära fröhliche Urständ. ,,Geschichte", hier die Geschichte der Fünfziger Jahre, wird zu einem Alltags- und Gegenwartsphänomen; sie wird als Droge den Defiziten unserer Zeit entgegengestellt. Die alltäglichen Aneignungen von Geschichte werden nicht schriftlich, sondern in Form von Bildern vermittelt.

Die Autoren sind den umlaufenden Geschichtsbildern jener Epoche auf ungewöhnliche Weise nachgegangen. Aussagekräftige Bilder manifestieren sich beispielsweise im Modellbau, werden in vielfältiger Weise von der Werbung aufgegriffen und von Politikern wie Helmut Kohl und Norbert Blüm benutzt: **Geschichte wird in der entwickelten Konsumgesellschaft gebraucht und verbraucht, Geschichte wird als ,,Heimat" zum Konsumgut.**

Gesamtverzeichnisse beim Verlag:
Achtermannstr. 10 - 4400 Münster - 0251/56268

Verlag Westfälisches Dampfboot
Literatur zum Thema

Thomas Balistier
Gewalt und Ordnung
Kalkül und Faszination der SA.
Mit einem Vorwort von B.J.Warneken
209 S. - DM 29,80 - ISBN 3-924550-37-9

Barbara Böttger
Das Recht auf Gleichheit und Differenz
Elisabeth Selbert und der Kampf der Frauen um Art.3.2 Grundgesetz.
Mit einem Vorwort von Ute Gerhard
311 S. - DM 39,80 - ISBN 3-924550-44-1

Barbara Böttger beleuchtet die Geschichte und die Auseinandersetzungen um den Gleichberechtigungsgrundsatz (Artikel 3.2) im Grundgesetz. Zum anderen erzählt Elisabeth Selbert, eine der „Mütter des Grundgesetzes", hier erstmals ihre Lebensgeschichte. Diese Zusammenschau bietet eine neue und fundierte Darstellung eines Angelpunktes auch heutiger Frauenbewegung.

Hermann Kuhn
Bruch mit dem Kommunismus
Über autobiographische Schriften von Ex-Kommunisten im geteilten Deutschland
325 S. - DM 39,80 - ISBN 3-924550-45-X

Als krisenhafte Lebensgeschichte von Engagement und Hoffnung zu Enttäuschung und Bruch haben A. Koestler, A. Kantorowicz, R. Giordano, H. Brandt, G. Zwerenz, E. Loest und viele andere das Scheitern des herrschenden Kommunismus beschrieben. Die Bewältigung des Bruches mit der Partei im Schreiben ist gleichzeitig Suche nach einem „dritten" Weg.

Elmar Altvater
Die Zukunft des Marktes
Ein Essay über die Regulation von Geld und Natur nach dem Scheitern des 'real existierenden' Sozialismus.
386 S. - DM 38,00 - ISBN 3-924550-48-4

Angesichts der Umwälzungen in Osteuropa und der weltweiten ökologischen Krise fragt Elmar Altvater nach der Zukunft des Marktes In einer „Sichtung der gegenwärtigen Bestände" werden Mechanismen und Resultate marktförmiger Prozesse dargestellt. Damit werden zentrale Brennpunkte des heutigen und zukünftigen sozialen und politischen Geschehens ins Blickfeld gerückt, die politisches Handeln zukünftig bestimmen werden.

Gesamtverzeichnis beim Verlag: Achtermannstr. 10 - 4400 Münster - 0251/56268

Literatur zum Thema

Hansgeorg Conert
Die Ökonomie des unmöglichen Sozialismus
Krise und Reform der sowjetischen Wirtschaft unter Gorbatschow
288 S. - DM 36,00 - ISBN 3-924550-43-3

Reihe:
Theorie und Geschichte
der bürgerlichen Gesellschaft

Heide Gerstenberger
Die subjektlose Gewalt
Theorie der Entstehung bürgerlicher Staatsgewalt (Band 1)
658 S. - DM 78,00 - ISBN 3-924550-40-9

Reinhart Kößler
Arbeitskultur im Industrialisierungsprozeß
Studien an englischen und sowjetrussischen Paradigmata (Band 2)
514 S. - DM 65,00 - ISBN 3-924550-41-7

Geoff Eley
Wilhelminismus, Nationalismus, Faschismus.
Zur historischen Kontinuität in Deutschland. Vorwort von Alf Lüdtke und Adelheid von Saldern (Band 3)
320 S. - DM 62,00 - ISBN 3-924550-47-6

Logie Barrow, Dorothea Schmidt, Jutta Schwarzkopf (Hrsg.)
Nichts als Unterdrückung?
Geschlecht und Klasse in der englischen Sozialgeschichte (Band 4)
ca. 250 S. - ca. DM 45,00 - ISBN 3-924550-51-4

Gesamtverzeichnisse beim Verlag: 4400 Münster - Achtermannstr. 10 - 0251/56268